U0418525

中国文化英译教程

Translating Chinese Culture into English

A Course Book

王琴玲 黄勤 / 主编

清華大學出版社
北 京

内 容 简 介

本书围绕中国文化专项内容，分专题进行撰写。《中国文化英译教程》具有鲜明特色：立足中国文化，译例丰富，选材广泛；翻译方法和技巧讲解切入点灵活多变；兼顾系统性，凸显各章节的特色；注重培养学生的语篇意识和翻译能力，理论联系实际；注重译本对比，培养学生批判性思维；补充相关著作选读。

图书在版编目(CIP)数据

中国文化英译教程/王琴玲，黄勤主编. —北京：清华大学出版社，2015(2023.3重印)

ISBN 978-7-302-39471-6

Ⅰ.①中… Ⅱ.①王… ②黄… Ⅲ.①中华文化—英语—翻译—教材 Ⅳ.①H315.9

中国版本图书馆 CIP 数据核字(2015)第 036241 号

责任编辑：朱敏悦
封面设计：汉风唐韵
责任校对：王荣静
责任印制：杨 艳

出版发行：清华大学出版社
网 址：http://www.tup.com.cn，http://www.wqbook.com
地 址：北京清华大学学研大夏 A 座 **邮 编**：100084
社 总 机：010-83470000 **邮 购**：010-62786544
投稿与读者服务：010-62776969，c-service@tup.tsinghua.edu.cn
质量反馈：010-62772015，zhiliang@tup.tsinghua.edu.cn
印 装 者：天津鑫丰华印务有限公司
经 销：全国新华书店
开 本：185mm×260mm **印 张**：28 **字 数**：590 千字
版 次：2015 年 4 月第 1 版 **印 次**：2023 年 3 月第 3 次印刷
定 价：49.00 元

产品编号：056628-01

前　言

在第20届世界翻译大会会员代表大会上，国际译联将2014“北极光”杰出文学翻译奖授予了中国著名翻译家许渊冲。他在北大畅春园的斗室里接受采访时说：“中国文化是博大精深、独一无二的，我们中国人一定要知道自己民族文化的价值。我们中国文化正在走向复兴，作为中国人，我们不能妄自菲薄。我始终觉得，中国人要有自己的文化脊梁。”事实上，我国长期存在“文化逆差”或者说“文化赤字”，这与我国的大国地位是不相称的。我们所处的国际化环境需要富有成效的交流，在推动中国文化“走出去”方面，翻译可以发挥重要的桥梁作用。汉英翻译将向全世界介绍源远流长、丰富多彩的中华文化，加强中国与国际社会的平等对话与交流。在这个过程中，翻译人才的培养，尤其是汉译外人才的培养刻不容缓。

综观目前国内出版的翻译类教材，大多数以文学翻译、科技翻译为基调，很少涉及中国文化专项内容的翻译。尽管有的教材稍有提及，但缺乏系统性，未能全面深入地介绍和探讨中国文化及其汉英翻译。因此，编写以翻译和传播中国文化为目的的教材就非常有必要。正是应这一时代的要求，笔者着手编写了这本中国文化英译教材。此外，编者长期从事中国文化英译教程的讲解，积累了丰富素材，将其归类整理便于与同行交流和沟通，也将进一步促进和完善教学。

在编写体例上，本书紧紧围绕中国文化专项内容，分专题进行撰写。编者本着理论联系实际和循序渐进的原则，在第一章结合典型的例子简要介绍了语言、文化和翻译这三者之间的关系以及著名翻译理论家奈达（Eugene Nida）关于文化的分类，即生态学（ecology）、物质文化（material culture）、社会文化（social culture）、宗教文化（religious culture）和语言文化（linguistic culture）五大方面，并在此基础上探讨了翻译过程中处理文化因素的两种翻译策略——异化（foreignization）和归化（domestication）。接着，分中西专名文化差异与汉英翻译、中西称谓文化差异与汉英翻译、中西颜色词文化差异与汉英翻译、中西动植物文化差异与汉英翻译、中西数字文化差异与汉英翻译、中西方位文化差异与汉英翻译、中西成语典故文化与汉英翻译、中西委婉语文化差异与汉英翻译、中西宗教文化差异与汉英翻译、中西饮食文化差异与汉英翻译、中国茶文化与汉英翻译、中国酒文化与汉英翻译、中国建筑文化与汉英翻译13个章节系统展开讲解和论述。各章节第一部分是概述，然后围绕所涉及的专题对比中西文化的差异，提出相关翻译原则和翻译策略，结合大量译例分析说明具体的翻译方法和技巧，在此基础上补充相关著作选读，加深学生对相关文化专项的理解和领悟，最后是翻译练习，为学生提供翻译实践的机会，便于他们学以致用，理论联系实际。书后附有翻译练习参考答案，便于学生自测自查，同时也为老师讲解评析学生练习提供参考。总体而言，教材整体结构设计和每个单元的具体编排结构合理，循序渐进，环环相扣，符合学生认知和理解的规律。

编者长期从事高校英语教学，有丰富的英语教学和翻译实践经验，主编和参编多部教材。这部教材从某种程度上来说是编者多年从事中国文化英译课程教学的经验总结。与目前国内出版的其他翻译教材相比，《中国文化英译教程》具有以下突出的特点和鲜明的特色：

1. 立足中国文化，译例丰富，选材广泛

编者结合每个文化专项的具体内容，选取大量丰富的译例进行翻译方法和技巧的讲解，形象生动，深入浅出，避免空洞的说教，将知识性和趣味性完好地结合在一起。几乎所有的译例均选自文学名著名篇，如《红楼梦》、《水浒传》、《浮生六记》、《镜花缘》、《儒林外史》、《骆驼祥子》、《围城》等，译例都出自名家之手，在翻译方法和技巧上具有很好的借鉴价值。此外，编者在进行译例分析时补充了很多文化背景信息，进一步丰富了学生对涉及的文化专项和具体的文化词语的理解和领悟。

2. 翻译方法和技巧讲解切入点灵活多变

编者结合各个章节所涉及的文化专项内容进行了翻译方法和技巧的讲解、分析，但切入点灵活多变，避免千篇一律。例如，第四章中西颜色词文化差异与汉英翻译中提出翻译过程中颜色词翻译的增色法、减色法、变色法等；第五章中西动植物文化差异与汉英翻译重点探讨翻译过程中文化形象的保留、省略、转换等；第十章中西宗教文化差异与汉英翻译从文化空白着手，具体谈文化空白的保留、阐释、省略和替换等方法；第十三章中国酒文化与汉英翻译探讨酒文化词语翻译的异化和归化等。这样就避免了每个章节都只谈直译、直译加注、音译、意译、增译、改译等方法和技巧所导致的单调和枯燥，于变化中发现规律、寻求统一。

3. 兼顾系统性，凸显各章节的特色

本书各个章节基本围绕概述、中西文化差异的对比分析和文化专项内容翻译原则和方法分析等方面展开论述，但每一章的结构并非固定不变。在结构安排上，编者兼顾系统性原则，凸显各章节的特色，力求不拘一格。具体来说，即尽量凸显各章节体现出的中国文化的特色，如第三章中以《水浒传》为例着重探讨汉语社交称谓语的分类和翻译；第四章从颜色词的情感功能方面总结颜色词的汉英翻译；第五章从概念意义和内涵意义的对比分析来探讨动植物文化的汉英翻译；第六章重点从数字的语义模糊性来探讨数字的汉英翻译；第八章从广义的成语入手，探讨包括习语、俗语、歇后语在内的成语文化的汉英翻译，尽量丰富学生对中国博大精深的成语文化的理解和传译；第九章从委婉语的语用功能着手探讨其汉英翻译。此外，在最后的四章，即中西饮食文化差异与汉英翻译、中国茶文化与汉英翻译、中国酒文化与汉英翻译、中国建筑文化与汉英翻译，对具有鲜明中国特色的饮食文化、茶文化、酒文化和建筑文化进行了全面系统的总结和分析，希望能让学生对这些有着丰富内涵的中国文化有更细致深刻的认识和了解，从而更好地促进中国文化的传播。

4. 注重培养学生的语篇意识和翻译能力，理论联系实际

这本教材的另一个特点是注重培养学生的语篇意识，强调“翻译应以语篇为基本单位”的理念，因为语篇在意义上具有相对完整性，能促使学生在翻译过程中跳出语言结构形式的束缚，使译文表达更忠实、通顺。因此，在练习的设计中，编者兼顾了句子翻译和段落翻译，练习难易程度适当，可操作性强，便于学生学以致用，理论联系实际。在注重学生汉英翻译能力培养的同时，进而提醒学生在注重各文化专项词语和句子翻译，强调语篇翻译的重要性。

5. 注重译本对比，培养学生批判性思维

这本教材的一个显著特点是译例丰富，取材广泛。所谓取材广泛，不仅是指译例选自不同的名著名篇，而且指译例分析过程中始终注意译本的对比，即同一作品不同译家译本的对比，或不同作品中相同文化专项内容译本的对比，如译例分析中不仅有《红楼梦》中杨译本和霍译本的对比，《浮生六记》林语堂译本和雪莉·布莱克译本的对比，《水浒传》沙博理译本和赛珍珠译本的对比，而且在中西委婉语的差异和翻译、中西饮食文化的差异和翻译等章节还针对《红楼梦》和《浮生六记》中委婉语的翻译进行了比较，就《红楼梦》、《围城》、《骆驼祥子》、《浮躁》中饮食文化的翻译进行了对比等。这种译本的对比分析无疑将促进学生批判性思维的发展，从而进一步培养学生的汉英翻译能力。

6. 补充相关著作选读，注重理论联系实际

这本教材选材视野开阔，学生可以有机会接触和学习各个文化专项的内容和翻译方法。同时，为了更好地促进理论和实践相结合，每一章还选取了专家和学者的相关著作以拓展和延伸学生在这一章的学习，进一步提升学生的理论认识。

本教程由王琴玲和黄勤共同编写。

本教程适合我国高校英语专业和翻译专业高年级本科生、硕士研究生、英语基础较好的非英语专业本科生和研究生、高校英语教师以及其他英语爱好者学习汉英翻译之用。笔者在教程的编写过程中参考了很多国内已经出版的各类汉英翻译方面的书籍和期刊文章，在此谨向作者和译者表示衷心的感谢，对由于辗转引用而难以查找出处的文献作者表示深深的歉意。鉴于编者学识水平有限，谬误和不当之处在所难免，敬请译界专家和读者批评指正，不吝赐教。

王琴玲　黄　勤

2014 年 11 月 12 日

目　　录

第一章　导　　论

第一节　语言与文化

正如 Juri Lotman 所言："没有一种语言不是植根于某种具体的文化之中的；也没有一种文化不是以某种自然语言的结构为其中心的。"（郭建中，2010）语言与文化是不可分割的。一方面，语言是用来反映文化的；另一方面，语言也只有在反映文化时才有意义。

（一）文化的定义和特点

在中国的古籍中，"文"既指文字、文章、文采，又指礼乐制度、法律条文等；"化"是"教化"、"教行"的意思。就社会治理的角度而言，"文化"是指以礼乐制度教化百姓。汉代刘向在《说苑》中说："凡武之兴，谓不服也，文化不改，然后加诛。"此处"文化"一词与"武功"相对，含教化之意。南齐王融在《曲水诗序》中说："设神理以景俗，敷文化以柔远。"其"文化"一词也为文治教化之意。《现代汉语词典》中对"文化"的定义是："人类在社会历史发展过程中所创造的物质和精神财富的总和，特指精神财富，如文学、艺术、教育、科学等。"中国的文人学者对文化有着自己的定义，如：

文化的内容"是文学、美术、音乐、哲学、科学这一类的事"。

——陈独秀

"文化是生活的样法。"

"文化，就是吾人生活所依靠的一切。"

——梁漱溟（1893—1988）（思想家、哲学家、教育家）

英语中的"culture"一词源于拉丁文"cultura"，其最早的意义是"耕作、种植、作物、居住、练习"等。法文的 culture 也是"栽培、种植"之意，但又引申为对人的性情的陶冶和品德的培养。"文化"一词的中西两个来源殊途同归，今人都用来指称人类社会的精神现象，抑或泛指人类所创造的一切物质产品和非物质产品的总和。历史学、人类学和社会学通常在广义上使用文化概念。

随着社会文明的发展，"culture"一词的外延不断延伸，内涵不断丰富，文化一词尚无统一的定义。在近代，给文化一词下明确定义的首推英国人类学家 E. B. 泰勒。他于1871年出版了《原始文化》一书。他指出：

Culture is that complex whole which includes knowledge, belief, art, law, morals, custom, and any other capabilities and habits acquired by man as a member of society.

—E. B. Tyler (1871)

（“据人种志学的观点来看，文化或文明是一个复杂的整体，它包括知识、信仰、艺术、伦理道德、法律、风俗和作为一个社会成员的人通过学习而获得的任何其他能力和习惯。”）

英国人类学家A. R. 拉德克利夫—布朗认为，文化是一定的社会群体或社会阶级与他人的接触交往中习得的思想、感觉和活动的方式。文化是人们在相互交往中获得知识、技能、体验、观念、信仰和情操的过程。他强调，文化只有在社会结构发挥功能时才能显现出来，如果离开社会结构体系就观察不到文化。

美国文化人类学家A. L. 克罗伯和K. 科拉克洪在1952年发表的《文化：一个概念定义的考评》中分析考察了100多种文化定义，然后他们对文化下了一个综合定义，为现代西方许多学者所接受：

Culture consists of patterns, explicit and implicit, of and for behavior acquired and transmitted by symbols, constituting the distinctive achievement of human groups, including their embodiment in artifacts; the essential core of culture consists of traditional (i. e. historically derived and selected) ideas and especially their attached values; culture systems may, on the one hand, be considered as products of action, on the other as conditioning elements of further action.

— Kroeber and Kluckhohn (1952)

“文化存在于各种内隐的和外显的模式之中，借助符号的运用得以学习与传播，并构成人类群体的特殊成就，这些成就包括他们制造物品的各种具体式样，文化的基本要素是传统（通过历史衍生和由选择得到的）思想观念和价值，其中尤以价值观最为重要。”

关于文化的分类H. H. Stern (1992) 根据文化的结构和范畴把文化分为广义和狭义两种概念。广义的文化即大写的文化（Culture with a big C），狭义的文化即小写的文化（culture with a small c）。广义地说，文化指的是人类在社会历史发展过程中所创造的物质和精神财富的总和。它包括物质文化、制度文化和心理文化三个方面。

物质文化是指人类创造的种种物质文明，包括交通工具、服饰、日常用品等，是一种可见的显性文化；制度文化和心理文化分别指生活制度、家庭制度、社会制度以及思维方式、宗教信仰、审美情趣，它们属于不可见的隐性文化，包括文学、哲学、政治等方面的内容。狭义的文化是指人们普遍的社会习惯，如衣食住行、风俗习惯、生活方式、行为规范等。

Hammerly (1982) 把文化分为信息文化、行为文化和成就文化。信息文化指一般

受教育本族语者所掌握的关于社会、地理、历史等知识；行为文化指人的生活方式、实际行为、态度、价值等，它是成功交际最重要的因素；成就文化是指艺术和文学成就，它是传统的文化概念。

中国学者从广义和狭义两个角度界定文化。他们认为，广义的文化是指人类创造的一切物质产品和精神产品的总和；狭义的文化专指包括语言、文学、艺术及一切意识形态在内的精神产品。社会学和人类学通常使用广义上的文化的概念（贾玉新，1997）。

因为文化具有多样性和复杂性，所以很难给出一个清晰准确的分类标准。因此，这些对文化的划分，只是从某一个角度来分析的，是一种尝试。

文化的一般特征主要有：

（1）文化是由人类进化过程中衍生出来或创造出来的。自然存在物不是文化，只有经过人类有意或无意加工制作出来的东西才是文化。例如，水不是文化，水库才是文化；石头不是文化，石器才是文化等。

（2）文化是后天习得的。文化不是先天的遗传本能，而是后天习得的经验和知识。例如，男男女女不是文化，"男女授受不亲"或男女恋爱才是文化；前者是遗传的，后者是习得的。

（3）文化是共有的。文化是人类共同创造的社会性产物，它必须为一个社会或群体的全体成员共同接受和遵循，才能成为文化。

（4）文化是一个连续不断的动态过程。文化既是一定社会、一定时代的产物，是一份社会遗产，又是一个连续不断的积累过程。每一代人都出生在一定的文化环境之中，并且自然地从上一代人那里继承了传统文化。

（5）文化具有民族性和特定的阶级性。文化具有时代性、地区性、民族性和阶级性。自从民族形成以后，文化往往是以民族的形式出现的。一个民族使用共同的语言，遵守共同的风俗习惯，养成共同的心理素质和性格，此即民族文化的表现。

（二）语言的定义和特点

语言是人类最重要的交际工具，是人们进行沟通交流的各种表达符号。人们借助语言保存和传递人类文明的成果。语言是民族的重要特征之一。一般来说，各个民族都有自己的语言。汉语、英语、法语、俄语、西班牙语、阿拉伯语是世界上的主要语言，也是联合国的工作语言。汉语是世界上使用人口数量最多的语言，英语是世界上使用最广泛的语言。语言是人类特有的，是人类区别于动物的显著标志。

关于语言的定义也有很多种，如：

* Language is the principal means whereby we conduct our social lives.

— Claire Kramsch

* 语言是从劳动当中并和劳动一起产生出来的，这个解释是唯一正确的解释。

——恩格斯

* 人类所特有的用来表达意思、交流思想的工具，是一种特殊的社会现象，由语音、词汇和语法构成一定的系统。

——《汉英双语·现代汉语词典》

* 语言是人类特有的一种符号系统。当作用于人与人的关系的时候，它是表达相互反应的中介系统；当作用于人和客观世界的关系的时候，它是认知事物的工具；当作用于文化的时候，它是文化信息的载体和容器。

——许国璋

语言的特点主要表现在以下几个方面。

1. 任意性

在语言世界里，它们所代表的语音和语义之间的关系是任意的。瑞士语言学家索绪尔认为，语言由所指部分（语音）和受指部分（语义）组成。根据他的观点，两者是没有固定关系的，在被表达的概念和表达概念的语音链中根本没有内在的必然联系。汉语把生自己的那个妇女称作"妈妈"，而英语中则是"mother"。每一种语言都有自己的叫法，没有什么道理可言。同样，我们和家人住的建筑物在英语中被叫作 house，法语中叫作 maison，俄语中叫作 dom，西班牙语叫作中 casa，这种指称关系是约定俗成的。

2. 移位性

语言可以涉及真实的、想象的、过去的、现在的或将来的事情。当我们听新闻广播的时候，我们知道这个世界上遥远的地方发生了什么事，至于谈什么，则不受时间和空间的限制；而动物却只能"谈论"当时当地的事物，不能传递关于"昨天"、"明天"等信息。语言的这个特征是因为从记忆力和信息提取量的角度来看，人脑是专门为语言组织的，和其他物种的头脑是无法比较的。

3. 创造性

创造性是人类语言最显著的特征之一。它为传送以前从未传送过的信息和理解新信息提供了机会。一种语言的语法规则和单词是有限的，但是句子是无限的。每个语言使用者都是在创造性地使用语言，甚至刚开始学说话的小孩也能把语音和单词放在一起，形成新的组合去表达意思，去表达那些成人并未教授给他们的新的语言和表达方式。英汉语言皆是如此，近年来在网络上走红的很多语言表达方式就是创造性使用语言的典型例子。如"拼孩"(mompetition）是妈妈们之间的比拼，比谁的孩子看上去更好、更聪明，或比别人的孩子更超前，并且努力在这一竞争中抢占上风；"男闺蜜"(bromeo）是因为共处时间甚至长于你的女性朋友而遭到嫉妒的男性朋友，他是你最忠实的朋友之一，在任何情况下都会毫不犹豫地支持你；"经济适用男"（budget husband）来源于"经济适用房"，由名字可以看出，经济适用男的经济实力不如那些"钻石男"，但这种平凡却能保证稳定。他们不管从经济上还是情感上都比较可靠；"经济适用女"（budget wife）是"经济适用男"的对照版。

4. 时代性

作为一种交流的工具，语言是不断发展变化的，不同的时代会涌现出具有那个时

代特征的词汇和语言表达方式，所以语言具有鲜明的时代性特征。很多语言表达因为过时基本被大家所遗忘，很少有人再用，如“臭老九”（stinking ninth category），“四有新人”（new generation of people with lofty ideas，moral integrity，good education and a strong sense of discipline），“三八红旗手”（woman-pace setter ），取而代之的是汉语流行语的出现。自改革开放以来，我国的政治、经济、文化、思想等各个方面都发生了翻天覆地的变化，而作为记录和反映这些变化的语言也正在不断发生新的变化，各种新词不断涌现，如“大排档”（sidewalk snack booth），“吃香”（be very popular），“宰人”（rip off），“私房菜”（private home cuisine），“诈捐门”（charity fraud），“暴力拆迁”（forced relocation），“太太团”（WAG：wives and girlfriends），“低碳经济”（low-carbon economy），“宅男/宅女”（indoors man/indoors woman）等。

5. 二元性

语言是一种系统，它包括两个子系统：语音系统和语义系统。所谓系统，就是一种完整、严密的组织结构，内部的成分不可任意增减或更换。正是因为这种系统性，语言才能利用有限的手段来表达无限的内容。

除了上述这些特点外，语言还具有其他一些特点和属性，如普遍性与多样性，天赋性与习得性，经济性与效用性，规范性与变异性等。

（三）文化与语言的关系

语言是文化的一部分，并对文化起着重要作用。有些社会学家认为，一方面，语言是文化的冠石，没有语言，就没有文化；另一方面，语言又受文化的影响，反映文化。可以说，语言反映一个民族的特征，它不仅包含着民族的历史和文化背景，而且蕴藏着该民族对人生的看法、生活方式和思维方式。语言与文化相互影响，互相作用；理解语言必须了解文化，理解文化必须了解语言。

人们从不同的角度研究语言与文化的关系，从而形成了各自不同的观点：

1. 一种观点是“包含说”。持该观点的学者认为，语言包括在文化之内，语言是文化的重要组成部分。

（1）语言显然可以包括在“文化”之内，不过语言在文化中占有特殊地位，它不仅是文化的组成部分，而且是人类文化诞生和发展的关键，也是文化传播的工具。

（2）语言是文化的一部分，但不能说文化就是语言。因为语言系统只不过是文化大系统中的一个子系统。换言之，语言不等于文化，文化大于语言。语言系统本身是构成文化系统的各种要素之一，而文化大系统的其他要素都必须由语言来表达，从而达到演进发展。

（3）无论从哪方面看，文化都离不开语言。语言与文化既密切联系，又互相区别。语言是一种文化，而且是最初始的文化，但只是文化的组成部分，文化的一个方面，而并非它的全部。

2. 另一种观点是“载体说”。人们通常把语言称作文化的载体。

(1) 语言是文化传播和传承最重要的手段。这是语言的实用文化价值。

(2) 语言不可能既是文化的工具，又是文化的有机组成部分。语言与文化相互交叉，相互渗透，形成血肉相依的关系。但是，它们毕竟是两码事。语言是文化最重要的载体之一，文化是语言最重要的属性之一。

对语言和文化的关系问题，不应采取简单化、偏执化乃至虚无化的态度，也不能把语言和文化完全对立起来，而应从普遍联系的角度辩证地加以分析。可以说语言和文化是相互依存、密切联系的，很难抛开其中一者来谈另一者的存在与发展，一味地强调某一者的主体性、决定性和独立性都是不客观的。语言与文化一经产生就形成了相互影响、相互促进、共同发展的关系。

语言是反映民族文化的一面镜子。在语言的诸多要素中，词汇和文化的关系最为密切。一个民族的语言和词汇一定会在某种程度上反映该民族的文化特征。换句话说，一个民族的文化特征总是会在语言中打下深刻的烙印。以汉语语言为例，中国历史悠久，有着极其浓厚的文化沉淀，这种多姿多彩的中国文化在汉语中得到了具体的体现，很多词语和句子表达结构都突显了鲜明的民族特色。

以亲属称谓为例，中国几千年的封建思想的影响导致了人们在亲属称谓上的等级观念，有了父系和母系、直系和旁系、近亲和远亲等的划分，在亲属称谓上极其复杂精确，这与大力提倡平等观点的西方文化中的称谓关系是完全不同的。以英语单词“aunt”为例，翻译成汉语，有“姑妈、姑姑、婶婶、阿姨、姨妈、伯母、舅妈”等多种称呼。同样，“uncle”一词也可以有“叔叔、伯伯、舅舅、姨爹、伯父”等多种称谓与之相对应；“cousin”也可以根据不同的上下文和人物关系翻译成“堂姐、堂妹、堂兄、堂弟、表兄、表弟、表妹、表姐”等多种称谓。这些五花八门复杂的称谓系统一定会让不了解中国文化的西方读者瞠目结舌。

由于文化和生存于文化中的语言两者之间的密切关系和相互影响，不仅词语之间的对应关系不完全一致，就连同一个词语在不同的文化中也蕴含着不同的文化内涵。其中典型的区别体现在中西饮食文化上。以 breakfast 为例，看到这个单词中国人首先想到的是油条、豆浆、面条、粥；而浮现在西方人脑海里的恐怕是牛奶、面包、黄油、果汁、咖啡等，同一个词语让生活在不同文化中的人产生的联想是完全不同的。

此外，汉语的发展具有悠久的历史，很多人名、地名在长期的使用演变中被赋予丰富的文化内涵，烙上了鲜明的文化印记，如“泰山”。泰山气势雄伟磅礴，有“五岳之首”、“天下第一山”之称。自古以来，中国人就崇拜泰山，有“泰山安，四海皆安”的说法。在汉族传统文化中，泰山一直有“五岳独尊”的美誉。自秦始皇封禅泰山后，历朝历代帝王不断在泰山封禅和祭祀，并且在泰山上下建庙塑神，刻石题字。古代的文人雅士更对泰山仰慕备至，纷纷前来游历，作诗记文。泰山宏大的山体上留下了 20 余处古建筑群，2200 余处碑碣石刻。正是因为有这样的历史渊源，汉语中才有很多与泰山有关的习语和表达，如古人以“泰山北斗”来喻指人道德高、名望重或有卓越成

就、为众人所敬仰的人；“重于泰山”比喻作用和价值极大；“泰山压顶”本义为泰山压在头上，比喻遭遇到极大的压力和打击；“有眼不识泰山”比喻自己的见识太少，有名望的人在自己眼前也认不出来，是一种比较恭敬的说法。

因此，我们从以上诸例可以清楚地看到语言和文化的关系密不可分，文化的创造离不开语言，语言的变化和发展也离不开文化的发展。

第二节 文化与翻译

语言是文化的载体，文化又深深地植根于语言，语言与文化关系密切。语言与文化的密切关系注定了翻译与文化的密切关系。因此，翻译不仅涉及语言问题，也涉及文化问题。译者不仅要了解外国的文化，也要深入了解自身的民族文化，并在此基础上将两种文化进行比较。正如王佐良先生（1984）所说：“翻译者必须是一个真正意义上的文化人。”

（一）文化与翻译的宏观研究

研究文化和翻译的关系大致可以从两个方面着手。一是从宏观方面进行研究；二是从微观方面进行研究。

一个国家，一个民族要发展，就离不开文化交流，但文化交流就必须通过翻译。翻译是文化交流的桥梁和纽带；没有翻译，就没有真正意义上的文化交流。翻译在很大程度上促进了各国、各民族之间的文化交流，与此同时，促进了各国、各民族自身文化的发展与繁荣。例如，从明朝末年到近代的西方学术思想向中国传播的“西学东渐”的历史过程中，西方的哲学、天文、物理、化学、医学、生物学、地理、政治学、社会学、经济学、法学、应用科技、史学、文学、艺术等大量传入中国，对于中国的学术、思想、政治和社会经济都产生重大影响。翻译在这个过程中无疑起到了举足轻重的作用。

因此，从宏观方面研究文化与翻译的关系就是要研究翻译对于一个国家和民族文化发展所起的作用。翻译界有不少的专家和学者为这方面的研究作出了很大的贡献，其中较为显著的是以 Susan Bassnnett 和 Andre Lefevere 为代表的翻译研究学派和以 Even-Zohar为代表的多元体系派。不过，这两个学派主要是通过文学翻译的研究来解释翻译文学与文化的关系，或者说翻译文学对目的语国家文化发展的影响和作用，有一定的局限性。我们所要研究的翻译与文化的关系，应该不仅仅限于文学翻译，还包括非文学翻译、科技翻译、外贸翻译、医学翻译等诸多方面。

（二）文化与翻译的微观研究

当代英国翻译学理论家苏姗·巴斯内特（Susan Bassnett）曾经将语言比喻为文化

有机体中的心脏，她说："如同做心脏手术时不能忽略心脏以外的身体部分一样，我们在翻译时也不能冒险将翻译的言语内容和文化分开处理。"（Bassnett，1994）我国著名语言学家王佐良先生也曾经说过："他（翻译工作者）处理的是个别词，他面对的则是两大片文化。"（王佐良，1989）翻译理论学者斯内尔—霍恩比（Mary Snell-Hornby）则明确指出翻译是一种"跨文化活动"，翻译的最大困难是两种文化的不同（Snell-Hornby，1988）。由此可见，语际间的翻译不仅仅是语言符号及其意义的转换，更是两种不同文化的相互沟通和移植，翻译实际上也就在一定程度上成为一种文化的交流。

1. 文化翻译研究的三个层次

具体地说，文化与翻译的微观研究就是要研究在翻译的过程中，究竟哪些文化因素在影响和制约翻译，又怎样影响和制约译者在翻译过程中文本的选择和翻译策略的选择；研究在具体的翻译过程中，词语所真正蕴含的文化内涵以及怎样更好地传递这种文化内涵；在翻译过程中，由于文化因素的介入，误译是怎样产生的以及怎样才能避免文化误译等问题。为了更清晰地讨论文化翻译问题，可以分为三个层次：即宏观层面的社会操控、中观层面的语言形式和微观层面的文化语句。

社会操控对翻译活动的影响表现为一种由外到内向翻译各个方面和层次辐射的方式，包括文本的选择、文本内容在翻译过程中的取舍、译入语词语的选用等无不受到社会操控。语言形式主要是指语言的词法、句法以及文体形式的研究。生活在不同的民族文化中的人自然而然会有着不同的思维模式，这种思维模式的区别和特征无疑会在各自的语言使用中得以体现。因此，原语和译语语言形式的对比、转换研究对翻译实践活动具有特别重要的意义，也可以说是翻译活动的主体部分。文化语句是指一种语言中极具民族文化特色的词语（cultural-loaded words），具有文化独特性，难以在另外一种语言文化中找到对应的表达方式，是翻译随时会遇到的难题。通常，不同的译者会采用不同的翻译策略，反映出译者不同的文化翻译观。

2. 翻译研究中文化的分类

为更好地研究文化与翻译的关系，译界学者通常将文化进行一定的分类，其中得到大家广泛认同的是著名翻译理论家奈达（Eugene Nida）关于文化的分类，它同时涵盖了物质和意识形态两个领域，即生态学（ecology）、物质文化（material culture）、社会文化（social culture）、宗教文化（religious culture）和语言文化（linguistic culture）五大方面（Nida，2001）。

(1) 生态文化与翻译

各个民族由于生活的地域的不同，其生态环境自然也呈现出不同的特点，具体表现在动植物、气候条件、地形地貌等方面。这种生态条件的差异无疑会影响到各个民族的文化，从而使文化呈现出鲜明的地域性特征。"东风"和"西风"在汉英两种语言文化中的区别就是一个典型的例子。在汉语文化中，"东风"通常指代"春风"，是温暖、和煦的象征，这恰恰与英语文化中的"西风"不谋而合，因此有了朱自清的散文《春》："盼望着，盼望着，东风来了，春天的脚步近了"；有了雪莱的 *Ode to the West*

Wind：Oh，wind，if winter comes，can spring be far behind? 从这个典型的例子中，我们可以清楚地认识到生态文化对翻译所产生的影响也不容忽视。

（2）宗教文化与翻译

宗教文化一般包括宗教传说和宗教信仰，是构成汉英语言文化特色的一个十分重要的方面。不管是西方文化中根深蒂固的基督教文化，还是汉语言文化中的佛教、道教、儒教，宗教文化，在其各自的语言文化中都得到了充分的体现，在英汉语言中，有关宗教文化的词句可以说比比皆是。只有充分了解各自不同的宗教文化，才能准确理解宗教文化词语，从而传递出原语所承载的宗教文化内涵，顺利完成翻译任务。杨宪益先生将“谋事在人，成事在天”翻译成“Man proposes，Heaven disposes”就充分体现了在翻译过程中其宗教文化对译者所产生的影响和制约。

（3）社会文化与翻译

社会习俗文化是一个民族在长期的社会生活中相沿成习，并为世代传承的精神文化，表现为该民族在衣、食、住、行中所信奉或遵守的行为习惯，具有鲜明的民族文化特征，体现在人们日常生活和人际交流中。这种社会习俗上的差异也给翻译带来了很大的困扰，译者必须首先正确地把握该社会习俗的特点，才能在目的语中准确传递原语的语义和它蕴含的文化内涵。如《红楼梦》第十三回中“摔盆”的习俗：在起动棺材时，先由主丧孝子跪在灵前将一瓦盆（灵前祭奠烧纸用）摔碎，这一习俗就叫作“摔盆”，或称“摔丧”。摔盆讲究一次摔破，且越碎越好，因为该盆被认为是死者在阴间使用的锅，只有摔得粉碎才能带到阴间。不清楚地了解这一社会习俗，译者恐怕是难以动笔的。霍译本在译文中保留了这一民俗文化信息，将之翻译成“smashing the bowl when the bearers came in to take up the coffin and walking in front of it in the funeral procession”。

（4）语言文化与翻译

语言与文化密切相关，英汉语言在语音、词汇和句法等方面都具有各自不同的特点，当语言表达形式上的这些特点本身作为信息的内容传达时，因为语言文化的差异，可译性受到一定限制。例如，很多人名、地名在长期的使用演变中被赋予了丰富的文化内涵，烙上了鲜明的文化印记。一个典型的例子是汉语中的“泰山”一词，它既可以指“五岳之尊”的泰山（Mountain Tai），又喻指“德高望重或有卓越成就之人”，如“有眼不识泰山”（fail to recognize a great person），还是亲属称谓系统中对“岳父”（father-in-law）的尊称，因此在汉英翻译中不了解原语在其文化背景中的真正内涵是无法在目的语中准确传递其寓意的。同样，汉语中很多人名也具有非常丰富的文化内涵，如潘安、邓通、陈世美等。潘安即西晋文学家潘岳，有“河阳一县花”之称，是为数不多的用花来比喻其样貌的美男子之一，位于中国古代十大美男子之首；邓通是蜀郡南安人，汉文帝男宠，凭借与汉文帝的亲密关系，依靠铸钱业，广开铜矿，富甲天下；陈世美，又作陈士美，是传统戏曲《秦香莲》、《铡美案》中的人物。在剧中是忘恩负义、抛妻弃子的反面人物，最后被包拯所斩，也因此在后世成为负心人的代名词。如果没有这种文化背景知识，想准确理解“貌比潘安”（as handsome as Pan An）、“邓通之财”（as rich as Deng Tong）等很难，翻译就无从下手了，这些问题在汉英翻译中也很值得译者关注。

（5）物质文化与翻译

物质文化涉及人们生活的衣食住行等方方面面，有些物质文化词语在不同的文化中完全一致，而有些在英汉两种文化中却不尽相同，在不同的文化中有着不同的寓意或者在一种文化中具有另一种文化中所不具有的寓意，物质文化词语这种不完全对等的关系也给译者带来了一定的困扰。如汉语中的“醋”（vinegar）除了指“中国各大菜系中传统的调味品”外，还经常和其他的词语搭配，构成文化寓意非常丰富的表达，如“吃醋”（嫉妒）、“醋坛子”（比喻在男女关系上嫉妒心很强的人，也可说作“醋罐子”）等。这两个词语中的“醋”显然不是指人们日常生活中吃的醋，而是含有英语中的 vinegar 所不具有的引申义，即“嫉妒”之意，故不能按照字面意思直译，否则只能让目的语读者不知所云。

3. 异化和归化

翻译既然与文化密切相关，就很自然地产生了另一个问题：如何处理文本中的文化因素，尤其是源语文化与目的语文化差异较大的文本？在翻译界，通常有两种比较对立的意见，即异化（foreignization）和归化（domestication）。前者主张译文应以源语或原文作者为归宿，后者则认为译文应以目的语或译文读者为归宿。就翻译中涉及的文化转换而言，我们可分为以源语文化为归宿（source language culture oriented，or SL culture-oriented）和以目的语文化为归宿（target language culture oriented，or TL culture-oriented）这两种原则和方法。

对于异化和归化的定义，不同的学者提出了很多不同的见解。其中，美国翻译理论家劳伦斯·韦努蒂（Lawrence Venuti）的定义得到了翻译界的广泛认同。韦努蒂（Venuti，1995）认为，归化即“采取民族中心主义的态度，使外语文本符合译入语言的文化价值观，把原作者带进译入语文化”。同时，他也明确指出，“异化是对文化价值观的一种民族偏离主义的压力，接受外语文本的语言和文化差异，把读者带入外国情调”。

归化的翻译“尽量不干扰读者，使作者靠近读者”。这就要求翻译必须以透明、流畅和隐形的方式进行，将译文的异质成分降到最低。韦努蒂认为归化主导了英美的翻译文化。他本人非常排斥归化的翻译，因为这种策略“根据种族中心主义思想，迫使外语文本符合英美目的语文化的价值观”。而当代学者奈达（Nida，1969）相继提出动态对等（dynamic equivalence）和功能对等（functional equivalence），其实质也是遵循译入语国家的语言习惯和文化模式。因此，英语成语“to grow like mushrooms”在译成中文时，可用汉语成语“雨后春笋”来表达。奈达成了归化派的代言人。

韦努蒂可以说是异化的代表人物。异化的翻译“尽量不打扰作者，让读者靠近作者”。韦努蒂（Venuti，1995）认为，异化方法“显示外语文本的语言和文化异质性，把读者推到国外”，是非常可取的，也可以称为“抵抗式翻译”，旨在通过凸显原文的

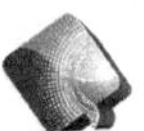

异质成分，并保护其不受译入文化的支配，显示译者的存在。著名翻译理论家纽马克（Newmark，1988a）认为，我们可以将翻译分成交际翻译和语义翻译，其中交际翻译强调译作应服从目的语文化和读者，而语义翻译则强调译作应服从源语文化和作者。在他看来，语义翻译显然优于交际翻译。虽然他并未明确表明自己的立场，但他的翻译思想似乎表明了他对异化策略的支持。

实际上，如果考虑到作者的意图、文本的类型、翻译的目的和读者的要求等可变因素，“归化”和“异化”均有其存在和应用的价值。中国古典名著《红楼梦》迄今有几个不同的版本，其中最完整的译本是杨宪益夫妇的 *A Dream of Red Mansions* 和霍克斯（David Hawkes）的 *The Story of the Stone*（本书中简称杨译和霍译）。这两种译本在处理文化内容的翻译中基本上采用了两种不同的翻译策略，即霍克斯的归化策略和杨氏夫妇的异化策略。如下例：

（1）“真是巧得很，我才要找姐姐去。因为穿着这袍子热，先来换了夹袍子再过去找姐姐，不想**天可怜**，省我走这一趟，姐姐先在这里等我了。”（《红楼梦》第七十二回）

“As a matter of fact it's rather a stroke of luck that you have come here today. I was on my way to see you just now. The only reason I dropped in here was because this gown I am wearing is too hot and I wanted to change into something cooler before going to see you. But ***God is good to me***, it seems: your being here means that I am saved the trouble of going out again.”（霍译）

“Still, this is very opportune. I was meaning to go and see you, but felt so hot in this heavy gown that I came back first to change into a lighter one. Now ***Heaven has taken pity on me*** and saved me a trip by having you waiting here.”（杨译）

（2）***巧媳妇做不出没米的粥***来，叫我怎么样呢？（《红楼梦》第二十四回）

Even ***the cleverest housewife can't make bread without flour***! You're lucky you've only got me to contend with.（霍译）

Even ***the cleverest housewife can't cook a meal without rice***. What do you expect me to do?（杨译）

一般来说，霍克斯的归化策略以读者为中心，为了便于读者理解，常用英语读者喜闻乐见的文化形象替换原文形象，或者在正文中直接补充解释性信息；而杨氏夫妇的异化策略以原文为中心，为了忠于原文，保留原文的异国情调，在翻译时一般都保留了原文的特点和形象。例（1）中的“天可怜”是贾琏随口而说，但反映了儒教思想中“天地尊亲师”思想对他的影响，也体现了宗教信仰对人们日常生活语言的影响和儒教思想在民间社会普遍存在的现象。杨译本的异化翻译“Heaven has taken pity on me”正好传达了这种宗教联想和启示意义。但霍译本着为目的语读者着想的原则，用英美读者熟悉的形象“God”代替“Heaven”，更符合目的语读者的宗教信仰和阅读体验。同样的道理，例（2）中的“巧媳妇做不出没米的粥”在杨译本中被译为“the cleverest housewife can't cook a meal without rice”，直译保留了原文的异国情调，而霍译本却将目的语读者更熟悉的形象"bread"替换了原文形象，更便于英美读者理解和接受，是典型的归化翻译。

但这里所说的归化和异化策略并不是一分为二、互相对立的，它们所代表的是译者的总体倾向，并不是绝对的"非此即彼"。

(1) 就是婶子，见**生米做成熟饭**，也只得罢了。(《红楼梦》第六十四回)

And for Aunt Feng herself, when she sees that ***the rice is cooked and know that it can't be uncooked***, she'll have to put up with it. (霍译)

When Aunt Xifeng sees that ***the rice is already cooked***, she'll have to put up with it. (杨译)

(2) 俗话又说，**"女大十八变"**。况且有本事的人，未免就有些调歪。(《红楼梦》第七十八回)

"For a growing girl there are eighteen hazards" the proverb says. Quite apart from that, I think these very gifted people are apt to play up a bit. (霍译)

As the saying goes, ***"A girl changes eighteen times before reaching womanhood."*** And the smarter the girl, the more out of hand she'll get. (杨译)

如以上两译例所示，"生米做成熟饭"和"女大十八变"在霍译本中基本都是直译，分别被翻译为"the rice is cooked and know that it can't be uncooked"和"For a growing girl there are eighteen hazards"，和杨译本的直译法几乎如出一辙，都采用了异化的翻译策略，并不是在所有的译文中都一味归化，如把例 (1) 中的"生米做成熟饭"简单归化翻译成"what is done can't be undone"。因此，归化和异化的翻译策略在《红楼梦》的两个译本中同时并存，只不过杨译以异化为主，而霍译本以归化为主。杨译本和霍译本的译者在处理文化因素时所采取的不同的翻译策略是不同情境下作出的特定选择。两个译本在不同制约条件下所选择的翻译策略都达到了各自的目的，因此可以说都是适当的。

第三节 相关论著选读

论文化/语言层面的异化/归化翻译

罗选民

(清华大学 北京 1000084)

摘 要：最近，翻译界对归化和异化的讨论很多，散见于国内的各种外语类刊物，《中国翻译》2002年第五期还专辟一专栏来讨论这一问题，这些文章大大推动了归化和异化的研究，但不少文章只是停留在语言研究的层面上，曲解了后殖民理论参照体系

中的异化/归化问题。本文采用比较的方法，从文化和语言的层面探讨文学翻译中的异化现象。

关键词：归化；异化；翻译；跨文化；后殖民主义

（一）引言：问题的提出

近年来，国内的外语类学刊发表了不少有关归化和异化的文章，这些文章努力将西方文学批评和比较文学理论中关于归化和异化的讨论运用于翻译理论和实践之中，有的文章高屋建瓴，从文化的角度对直译和意译作出概括，还有的文章运用关联理论来寻求归化和异化的最佳关联点，这些文章从不同的角度拓宽了归化和异化的研究。

但归化和异化翻译的讨论仍存在一些误区，最明显的是将归化与异化翻译等同于直译与意译，将文学策略和文化的意识形态同语言的策略和翻译的技巧等同起来，从而将关于归化和异化的讨论拉回到传统和经验的讨论之中。这样做有碍归化和异化翻译研究的发展。《中国翻译》2002年第五期有王东风和葛校琴等的文章，探讨了归化和异化翻译的研究方向及存在的问题，是归化和异化翻译研究的新成果。本文将从文化和语言的层面来探讨翻译的归化和异化问题。

（二）关于直译与意译

直译与意译是归化和异化讨论的源头，不少学者常常把它们放在一起来讨论。王东风在“归化与异化：矛与盾的交锋”一文中就对它们作了比较深入的探讨。文章开门见山地指出：“归化与异化之争，是直译与意译之争的延伸，可谓由来已久。”但他没有将它们简单地归于一类，而是指出：“归化和异化可看成直译和意译概念的延伸，但并不完全等同于直译与意译。……如果说直译和意译是语言层次的讨论，那么，归化和异化则是将语言层次的讨论延续升格至文化、诗学和政治层面。也就是说，直译和意译之争的靶心是意义和形式的得失问题，而归化和异化之争的靶心则是处在意义和形式得失旋涡中的文化身份、文学性乃至话语权利的得失问题。”（王东风，2002：24-25）。笔者基本上赞同上述观点，并就直译/意译与异化/归化翻译补充一点自己的看法。

在谈到直译和意译时，人们常常用英文词语 literal translation 和 free translation。此时人们关心的是语言层面的技术处理问题，即如何在保持原语形式的同时，不让其意义失真；而意译则认为语言有不同的文化内涵和表达形式，当形式成为翻译的障碍时，就要采取意译。还有人提出形合与意合来与直译和意译对称。在中国的翻译史上，赞成直译和意译的均有人在。初期佛典翻译中的文质说，唐代玄奘的“求真”与“喻俗”，近代有严复的“信达雅”、鲁迅的“宁信而不顺”及赵景深的“宁顺而不信”等，都是从直译和意译的角度来探讨翻译的原则。

我们并不反对将直译/意译同归化/异化翻译放在一起讨论，但我们应该注意到它们之间的差异。以往，归化/异化翻译同直译/意译的相似性讨论得多一些；而它们之间的差异却没有得到充分的讨论。直译和意译是翻译的两种主要方法，它们并非是排斥性的；相反，它们是互补性的。在同一翻译中，直译和意译都可能有。这与文体有关系，在有些文体中，意译会多一些；而在另一些文体中，直译可能会多一些。关于直译和意译的讨论，译界已基本达成共识。直译和意译不等同于有些人所说的死译和胡译。鲁迅和其弟周作人的直译作品《域外小说集》曾招来许多的批评，被视为直译的代表。一些学者谈到鲁迅，必将提到他的翻译主张“宁信而不顺”，而忽略了其他。其实，鲁迅关于直译的真正含义是他在《且介亭杂文二集》的“题未定草”中所说的：“凡是翻译，必须兼顾两面，一当然力求其易解，一则保持原作的丰姿。”（鲁迅，1984：246）可见，鲁迅并非不要顺，只是在两者不可兼得之时，才宁取信而舍顺。鲁迅的“硬译”绝不是生搬硬套，也不是逐字翻译，而是在引介外国进步文学作品的同时，努力输入新的表现方法来丰富汉语的句法与语汇。“易解”与“丰姿”才是鲁迅关于直译的真正内涵。那么，周作人又是如何看待直译的呢？1925 年，周作人在其《陀螺序》中提到：“我现在还是相信直译法，因为我觉得没有更好的方法。但是直译也有条件，便是必须达意，尽汉语力所能及的范围内，保存原文的风格，表现原语的意义，换一句话说就是信与达。”（周作人，1984：111）什么样的翻译是死译和胡译呢？周作人用了两个很有趣的例子。如英文“lying on his back”，如果译成“卧在他的背上”便是死译，如果译成“坦腹高卧”便是胡译，它的直译应该是“仰卧着”。可以说，周氏兄弟把直译和意译问题谈得很透了。我们今天偶然还能看到一些关于直译和意译的讨论，但有新见者鲜寡。

翻译的归化/异化（domesticating translation and foreignizing translation）是由美国学者 L. Venuti（文努蒂）于 1995 年提出的，该术语源自德国学者 Schleiermacher（施莱尔马赫）1813 年宣读的一篇论文。Schleiermacher 着重探讨了翻译与理解之间不可分割的关系，指出翻译有两种情况：让读者靠近作者，或让作者靠近读者。如果让读者靠近作者的语境，他就能感受到异国的情调。在这里，Schleiermacher 使用了“foreign”一词（陈德鸿，张南峰，2000）。根据上述两种翻译情况，Schleiermacher 提出了以作者为中心的译法和以读者为中心的译法，这一做法突破了传统的直译和意译的界限，对后来的学者产生了很大的影响，Venuti 的异化/归化观无疑受到了 Schleiermacher 理论的启发。不过，Schleiermacher 的理论是基于德国的阐释学之上，是翻译的哲学思考，而 Venuti 却将 Schleiermacher 的论点放在后殖民语境下来考察，从而得出了异化的翻译主张，是翻译的文化思考。

Venuti 为什么青睐异化的翻译主张呢？我们可看看他在《翻译再思》一书中的一段话。他十分欣赏布朗绍的名言，并以突出的位置将它引用在自己的文章中：“翻译是纯粹的差异游戏：翻译总得涉及差异，也掩饰差异，同时又偶尔显露差异，甚至经常突出差异。这样，翻译本身就是这差异的活命化身。”在他看来，差异在翻译中被弱化的原因有二：首先，长久以来，翻译的讨论被遮蔽了，它在目的语坐标的价值体系中

处于边缘化地位，差异非但没有活现，反而处于融化的过程之中；其次，“二战”后，英美英语的价值标准在战后形成了全球性的优势，确定了英美国家主体文化的语境。这种语境只接受在意识形态上符合英美文化的意识形态的外语文本，对其他的则加以排斥。在这样一种背景下，归化翻译为了迎合接受者的口味，总是依照译入语的特定的政治、文化、意识形态的规范对译入文本进行调整，于是，弱式文化只得听从英美文化的摆弄，成为殖民者进行文化殖民的工具（Venuti 1992：11-13）。

我国近十年来的有关归化与异化的翻译讨论是以 1987《现代外语》上登载的论文《归化——翻译的歧路》开始的。然而，该文作者不会料到异化与归化会作为一对新的理论范畴而得到广泛的讨论。正如我们前面讲到，作为翻译技巧的归化和异化是互补的，而西方学者讨论的归化与异化却是相互排斥的。美国学者 Venuti 在讨论异化翻译时，对归化翻译的策略作出了描述：遵守目标语文化当前的主流价值观，公然对原文采用保守的同化手段，从而达到让译文符合本土典律、出版潮流和政治的需求。归化翻译的最大特点就是采用流畅地道的英语进行翻译，在这类翻译中，翻译者的努力被流畅的译文所掩盖，译者为之隐形，不同文化之间的差异也被掩盖，目的语主流文化价值观取代了译入语文化价值观，原文的陌生感已被淡化，译作由此而变得透明。从后殖民理论吸取营养的异化翻译策略则将归化翻译视为帝国主义的殖民和征服的共谋，是文化霸权主义的表现。所以，Venuti 提倡异化的翻译策略。根据这一策略，译者和译语读者在翻译的过程中努力摆脱来自强势文化的羁绊。异化翻译并不应理解为对应的翻译，它并不能提高译文的忠实性。后殖民学者 Robinson 认为，异化翻译与直译和逐字翻译相关联，只是没有直译那么极端，因为它们并不坚持在翻译中恪守原文句法序列中的个别词语的意义，但却坚持要保留原味（王东风，2002：26）。在异化翻译中，新的东西可能会加进去，从而凸显译者的身份，提高翻译的地位，并且对翻译的文化霸权进行有力的回击。

可见，西方学者的归化/异化翻译是处于政治意识形态中的两个对立的概念，处在话语权利的两个极端，它们不存在调和或妥协。这与我们前面讨论的直译/意译明显不同。但我们很多的讨论是把它们当作对等的概念来对待的，这样做，可能会带来理论上的误解和实践上的困惑。

（三）英汉语中的归化/异化

在英汉语中，异化与归化的内涵究竟有多丰富？这是我们在研究和讨论归化/异化与直译/意译时值得注意的问题。Venuti 是用 domesticating/foreignizing translation 来表达归化/异化翻译的，它和我们以往探讨的 free translation/literal translation 有某些相同之处，但就其本质而言，存在明显的差异。当我们说直译/意译和形合/意合时，前者是方法，后者是结果；如果我们再说神似和形似，则是对这一结果的描写。在后殖民主义理论的参照体系中，归化/异化与意译/直译是两个不同的范畴，犹如两个圆，其边缘只有小部分重叠。异化/归化翻译结果不能用形似和神似来描述。异化和归化是一种策略，在实践中，直译、改译、增译等方法都可能被采用。作为一对专有翻译术语，foreignizing translation/domesticating translation 只是在最新的英文学术著作中得到阐述；而 free translation/literal translation 则不然。“看一个翻译是归化翻译还是异化翻译，完全取决于文化形态的重构，翻译在这一形态中得到生产和销售；什么是归化或异化只有在考虑到改变译入语文化的价值关系时才能得到界定。”（Mona Baker，1998：243）

“当前在对‘归化’问题的认识上，译界同人应该区分归化法的两种前提：一是忠实原则下的归化；二是非忠实前提下的归化。前者总体上是规定性的，后者则是描述性的；前者是原语中心论的，后者则是译语和译语文化取向的。”（葛校琴，2002：33）这一区分基本上是对的。然而，我们还可对它们的性质作出区分：忠实原则下的归化是语言层面的，关心的是翻译的艺术效果，是一种翻译方法；非忠实前提下的归化是文化层面的，关心的是翻译的意识形态，是一种翻译策略。至今，我们讨论的翻译研究存在两种不同的异化和归化：一种是 Venuti 的术语，已在前面提到；另一种是在中国反复使用的归化/异化，英文常用 localization or adaptation 和 alienation 来指代它们。异化和归化翻译表现为文化的思考，从翻译的意识形态看其对文学乃至文化产生的影响，属于文学批评和哲学范畴。带有后殖民解构意义的异化一词运用到翻译之中是近几年的事，反映在翻译实践上，主要体现为以书写符号为表现形式的文学翻译。

西方学者曾用一个图表来大致显示著名学者 Jerome 对不同性质的翻译所作的区分（Mona Baker，1998）。根据当前关于翻译的归化/异化讨论，笔者也想借用两个图表来揭示它们之间的差异：

1)（If translation is carried out on the dimension of linguistics）

translation as art
- assimilation
  - free
  - sense-for-sense
- alienation—word-for-word

2)（If translation is carried out on the dimension of cultural studies）

Translation as ideology
- domesticating（colonializing）
- foreignizing（decolonializing）

上述图表说明了传统意义上的异化/归化和现代意义上的异化/归化具有不同的功能与目的。在汉语中，我们用同样的词语来表示它们，但在英语中，语言层面的归化/异化是用 assimilation/alienation 来表达的，而文化层面的归化/异化是用 domesticating/foreignizing 来表达的。当然，我们也可像处理“文化”一词的定义一样，用首字母大写的 Domesticating/Foreignizing 来指作为文化策略的归化和异化，用首字母小写的 domesticating/foreignizing 来指当今语言文化层面上的意译/直译。小写字母的归化/异化是意译/直译的延伸与发展，而大写字母的归化/异化是意译/直译的革命，开拓了翻译研究的新领域。

（四）归化与异化的理论和实践

将归化/异化和直译/意译现象等同的问题在葛校琴文章中得到了讨论。葛在探讨这一对概念时有一个前提，即在抛开归化/异化的当下语境，是根据其字面意思来考虑的（Gentzler，Edwin，2001）。归化/异化的两种翻译倾向自有翻译以来就经常交锋。在20世纪，有围绕鲁迅的“硬译”而展开的洋化与归化之争。在此以前，严复、林纾、梁启超等人的翻译，均可视为归化的翻译。“鲁迅的‘硬译’及他的翻译思想是出于他‘反对封建主义，改造国民性’的理念。但鲁迅的意图招致了误读，‘硬译’的倡议最终湮没在归化论的喧嚣声中。后来傅雷的‘神似’论、钱钟书的‘化境’说可以说都是归化论的延伸。可见，归化/异化的讨论往往都是归化论占上风，虽说大家都赞成要保留洋味。”（葛校琴，2002：33）葛文是针对国内兴起的新一轮归化/异化讨论而来的。因为在这次关于异化/归化的讨论中，人们几乎“一边倒地认为翻译应该提倡异化”。

客观地说，葛的提醒不无道理。但笔者觉得，要辩证地对待国内有关归化/异化翻译的问题。我们在响应西方学者提出的归化/异化翻译主张的同时，提高了欧化翻译，即当年鲁迅所提倡的并受到梁实秋等人诘责的“硬译”的地位。当年鲁迅曾希望翻译能够传达新思想，并为中国的语言引进新的表现形式，从而给中国文化输入新的血液，带来新的生机。遗憾的是，在20世纪，归化/异化的讨论往往都是归化论占上风。虽然我们今天仍存在理论上的误读，但我们接受了Venuti等西方学者的观点。尽管在实践中，这些观点被误解了，但这种误解并非是坏事，当前关于异化的呼吁和实践创造了异化/直译前所未有的大好局面，使翻译研究从过去的语言层面上升到文化的层面，直译的方法得到广泛的认可。

（五）结语

关于两种不同层面的异化与归化的讨论还会继续下去，它们谁也取代不了谁。但在中国特定的语境下，我们对文化层面的异化/归化问题要作更多的思考。因为这一讨论不仅对翻译研究本身，对文化人类学、社会学、比较文学等都将产生积极的影响。

《外语学刊》2004（1）：102-106.

思考题

1. 如何定义语言和文化？语言和文化之间是什么关系？
2. 文化与翻译的关系是什么？文化在翻译过程中是如何起作用的？
3. 异化和归化的翻译策略有何区别？在翻译过程中该如何取舍？

第二章 中西专名文化差异与汉英翻译

第一节 概 述

姓名属于专有名词，是一个人的代号，是人在社会生活中的一个区别性符号，是人在交往中的一个称谓，也是人一生身份的重要标志。尤其是名人，著名学者等，人名有时甚至成为那个领域中的“标志”。如果不能准确地、规范地进行表达，会给交流和信息传递带来许多困惑，甚至造成混乱。由于汉语和英语分别属于两个完全不同的语系，汉语和英语的姓名在书写方式和排列顺序上大相径庭，在进行人名英译时，既要进行文字的转化，又要考虑到对方的习惯和接受问题，因此难免会产生各种不同的翻译法或拼写方式，从而导致姓名翻译的混乱和无序。这种混乱状况不仅常常造成误解和尴尬，而且妨碍了文化间的正常交流，有时甚至有损一个国家或民族的尊严，因此姓名翻译的规范化势在必行。

各种语言文字间的翻译，每每都离不开对人名、地名的翻译。人名、地名的翻译是外文翻译工作中十分重要的一个环节。在一篇译文中，人名、地名翻译得统一规范与否，直接关系到人们对译文文意的认识和理解。由于中华民族人口众多、海外侨胞分布广阔，加之历史形成的香港、澳门、台湾问题，从中华民族的整体上看，我们在人名、地名翻译的统一规范化方面还存在着许多问题。

地名是历史的精髓要素之一，虽是一个个简单的名称，却道尽了地与人、地与事、地与物的种种关系。中国地名体现了中国历史上的民族融合、疆域政区的变化、传统文化等观念，是中国历史文化的重要组成部分。地名大如省、自治区、市县名称，小到镇、村、街道、桥梁名称，还有大量的雅称、简称、别称等。有的地名历千年不变，有的地名则多次更换，每个地名的背后都有一段故事，每个地名的后面另有一串地名。地名的由来、命名的原则、寓意都蕴含着历史的传承和传统文化的精髓。一个地名，就是一个历史片段；一个地名，就是一幅风情画卷。看似杂乱无章的地名，其实蕴含着众多的逸闻趣事，更承载着城市的人文底蕴。如“中国”又称“中华”，古代亦称“华夏”、“九州”、“神州”。“中国”一名，由来已久。商代的领土包括黄河流域和长江流域的广大地区。但是商王朝直接统治的地区只有黄河中下游一带，更大范围的地区分封给各诸侯国或一些部族管理。到了后期，人们只把以王都为中心的王朝直接统治的区域称为“商”。而“商”位于东、西、南、北四方土地的中央，成为国中之国，所以当时称“商”为“中国”。到了西周时期，把帝王所在的京都或中原地区也称为中

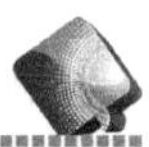

国。“中国”这一名称含有“京都”及“地区位于中央”的意思，同时也指政治、文化的中心。“中国”一词在古代也指华夏民族居住的地区。

地名是历史的产物，是国家领土主权的象征，是日常生活的向导，是社会交往的媒介。在信息化社会中，地名在国际政治、经济、外交、外贸、科技、文化交流、新闻出版以及社会生活方面都起着非常重要的作用。用汉语拼音字母拼写中国地名，不仅是中国的统一标准，而且是国际标准，全世界都要遵照使用。

译名是严肃的学术性问题，需要有严谨的治学态度，来不得任何疏忽。早在 1961 年，著名翻译家傅雷就曾指出“统一译名是一件长时期的艰巨任务，属于专门学术机构的业务范围”。解决译名混乱的现象，一方面，需要有关机构制定具体详尽的人名等专名翻译规范及细则；另一方面，译者、编辑等相关人士要本着精益求精、不辞辛劳的严谨治学态度。唯有如此，方可促进专名翻译的规范。

本章结合丰富的实例，分析比较了中西方姓名文化、中国地名的命名文化，在此基础上总结了专名翻译的原则和规范及其要注意的问题。此外，引用大量实例，介绍了《浮生六记》英译本中林语堂先生在地名翻译方面，尤其是山川河流等专名方面的翻译策略和方法。

第二节　人名文化与汉英翻译

人名作为一种文化载体，又为某一民族所特有，因此具有丰富的文化内涵，集中体现了民族文化的特点。它们语源广、典故多、文化容量大，且变异纷繁。人名不仅仅是人们相互区别的语言标志，而且隐含着不同民族的历史、宗教、习俗、道德等方面的信息。在对人名进行翻译时，对于一些沿用已久、广为人知的人名，要遵从约定俗成的原则，例如孔子、孟子等。其他的要采取不同的角度，用恰当的翻译方法来处理。

（一）汉英人名的文化比较

姓名是一种社会现象。它是社会的人的特有标志，作为区别性的符号，是人类文明发展到一定程度的产物。姓名还是一种文化现象，产生于一定的社会文化背景之下，蕴藏着特定的文化内涵，与文化的各个部门、历史等有着广泛而密切的联系。

1. 中西姓氏来源比较

(1) 汉族的姓氏来源

中国的姓氏是非常多的，但究竟有多少，到现在为止还没有完全准确的统计数字。宋朝人编写的《百家姓》收入常见姓 484 个。严扬帆先生编辑的《新编千家姓》收姓 3107 个。近年出版的《中国姓氏纪编》共收入 5730 个。中国台湾出版的《中华姓符》收姓 6363 个。历史上曾经有过的姓数量相当大，但现在常用的姓也就 100 个左右。其来源主要有以下几个方面。

以祖先的图腾为姓 即以所崇拜的动植物名称为姓。如牛、马、龙、熊、杨、李、林等。

以封地为姓 即以朝代名或国名为姓。如赵、宋、秦、韩、齐、陈、管、曹、蔡、魏等。

以居住地为姓 即以祖先居住的地方为姓。如，春秋战国时期齐国的大夫分别居住在都城的四隅——东郭、西郭、南郭、北郭。由此便以东郭、南郭为姓。郑大夫住在西门，由此便以西门为姓。传说中的伏羲居住在东方，他的后代便以东方为姓。

以官职为姓 即以祖先担任的官名为姓。如“司徒”是古代掌管教育和文化的官职，“司马”是掌管军事的官职，他们的后代就以这些官名为姓。

以职业为姓 即以祖先的职业为姓。如石匠姓石、制陶人姓陶、巫术者姓巫、屠夫姓屠、乐手姓乐等。

以颜色名称为姓 即以自然界的颜色作为姓。如白、黄、蓝、青等。

复姓 复姓，即合姓，就是合父母姓氏为双姓。较耳熟的如“上官、司马、司徒、司空、夏侯、尉迟、诸葛、端木、欧阳、皇甫、慕容”等。

中国女性无论结婚前后都保留自己独立的家姓，即男女各姓。但在英美等西方国家，按照传统习惯，妇女结婚后一般都要使用丈夫的姓，即妇随夫姓。例如，Marie White 小姐与 John Brown 先生结婚，婚后女方的姓名为 Marie Brown。中国香港地区的妇女结婚后往往将丈夫的姓加在自己的姓名前。许多去国外学习和工作的华人，包括外语院系的学生，为便于与外国人的交往，往往给自己起一个“洋名”，但姓是不改的；而许多来华学习或工作的外国人，为便于与我国人员的交往，常常给自己起一个汉语名字，不仅名是汉语的名，而且姓也是汉语的姓。

(2) 英语国家的姓氏来源

英语国家的姓氏体系基本上是一致的。英语姓氏主要始于盎格鲁—撒克逊民族，随着 18 世纪英帝国的殖民开拓的兴盛而传播到世界各地。尽管中西方文化有很大差异，但汉英姓氏来源却有着很多共通之处。英语国家的姓氏主要来源于以下几个方面。

地名 世界各民族的姓都跟地名有密切关系，英语民族的姓也不例外，如 Allington、Ford、Scott 等姓最先是由祖先居住的地名而沿用下来的。此外，还有些姓来源于地形、地貌、景物等的名称，如居住在湖泊区域的祖先有可能以 Lake（湖），Loch（湖）等为姓；居住在江河畔的祖先有可能以 Brook（小河），River（江河）等为姓。源于居住环境名称的姓还有 Field（原野），Hill（山），Waters（水域），Ford（浅滩），Wood（森林）等。

职业名称 在英国中世纪后期，经济曾出现过突发的繁荣景象。各种手工业纷纷兴起，于是人们根据自己的职业或工种来取姓。英语中以职业名称为姓氏的情况同汉语中的情况相似，但职业范围要广得多，以职业名称为姓的人名比中国要多得多。例如，常见的 Smith 姓是英语国家中一个十分普通的姓，因为在早期的英国社会有各种

各样的工匠，如金匠 Goldsmith、铜匠 Coppersmith、铁匠 Blacksmith 等。其他还有面包师 Baker、理发师 Barber、渔民 Fisher、裁缝 Tailor、猎人 Hunter、屠夫 Butcher、海员 Sailor、木匠 Carpenter 等都是常见的姓氏。这些姓在一定程度上折射出当时的社会生活环境及经济发展状况。

动植物名称 某些人出于对动物或植物的崇拜和赞颂，以它们的名称作为自己的姓。汉语中也有以动物名称为姓的，但由于审美情趣不同，所选动物也不同。相比之下，英语国家以动物名称为姓的要多得多，而且有的确实还有点滑稽。例如，有姓鸟的 Bird、有姓鱼的 Fish、有姓狗的 Dog、有姓马的 Horse、有姓羊的 Lame、有姓公牛的 Bull、姓鹅的 Goose、姓夜莺的 Nightingale、姓狮子的 Lion、姓狐狸的 Fox 等。真是五花八门，无奇不有。

颜色名称 一些姓来源于颜色的名称，如 Brown（棕色的）、Pink（粉红色的）、Red（红色的）、Silver（银色的）、White（白色的）等。

物体或器物的名称 如 Agate（玛瑙），Coffin（棺材），Glass（玻璃），Lever（杠杆），Stone（石头），Vane（风向标）等。

个人特征 根据某些人的外貌、气质、性情、举止、智力及生理特征，人们用一些描述性的词语来称呼他们（即起绰号）。比如，Longman 表示高个子、Small 指身体瘦小、Bunch 指驼背、Fat 指胖子、Strong 指身强体壮者、Armstrong 指手臂有力量的人等。再如，一个名叫 Tom 的人长得很高，人们就给他起个外号 Longfellow 或 Longman（高个子）；一个名叫 Barry 的人说话很刻薄，人们就给他起个外号叫 Stern（刻薄的）。久而久之，他们的姓名就可能分别成为 Tom Longfellow（或 Longman）和 Barry Stern 了。汉语中没有此类姓。

派生人名 借助人名为词干表示血统承袭关系或其他关系的词缀来构成姓。手法主要如下：①**用前缀 Mac-（或 Mc-）来构成姓**，如 MacDonald、Mc David 等。前缀 Mac-源于盖尔语，意为某人之子。②**用前缀 O'-来构成姓**，如 O'Clery、O'Henry 等。前缀 O' 源于爱尔兰语，意为某个人的后裔。③**用后缀-son 来构成姓**，如 Magson、Stevenson、Williamson 等。后缀-son 意为某人之子。④**用后缀-man 来构成姓**，如 Bowman、Whitman 等。该后缀在古英语中有 servant 之意，由其构成的姓往往表示主仆关系。⑤**用后缀-smith 来够成姓**，如 Blacksmith、Goldsmith 等。因该后缀含有“金属工”之意，由其构成的姓往往表示某人的祖先所从事的工作与金属或出卖某种金属制品有关。

自然现象 以自然现象为姓，如雪（Snow）、雨（Rain）、雷（Thunder）、霜（Frost）、云（Cloud）、夏天（Summer）、冬天（Winter）、五月（May）等。汉语中没有此类姓氏。

双姓 英语姓中有不少是双姓。双姓是由两个不同的姓组成的，其间常用连字号隔开；在结构上，比较有名或重要的放在后面。如英国画家 Edward Coley Burne-Jones 中的 Burne-Jones 就是由其母的姓 Burne 加上其父的姓 Jones 构成的双姓，因这两个家族都很有名，值得纪念。双姓起源于18世纪末的英国，当时使用它主要出于两个原因：一是避免人名雷同现象；二是继承土地、财产权。人们一旦使用双姓，其后代就继续沿用下去。

2. 中国人名的命名原则和方式

汉语传统的人名一般由姓、名、字三部分组成。姓本是“只知其母不知其父”的母系社会的产物。姓是部族的标志，一个姓往往代表着一个母系部落的族号。一些最古老的姓都从“女”，如“姜”——周族先祖后稷；“姬”——黄帝的姓；“姚”——舜的姓。

作为一个符号的姓与名，虽然不能决定人的命运，但它却一直带有时代的信息，留下了家族血统的烙印，凝聚着父母对孩子的深情厚谊和殷切期望，它对人生起着潜移默化的作用。名字是家庭教育的起步，是父母对孩子人生前景灌注着人生信念的名字，将规范、作用和影响着人的一生。一般来说，汉语中的命名方式大致有如下几类。

以生辰八字命名 排出取名者的八字，找出五行喜忌，取名时要补偏救弊。例如，鲁迅先生在《闰土》一文中写道“闰土，五行缺土，取名闰土”。这种命名就是把一个人的生辰八字与金、木、水、火、土这“五行”进行对照，如缺某一行则用该行的字来命名。假如孩子缺金，就可在名字中增加与金相关的字，如“鑫”；假如五行缺土，就可在名字中加土字，如“垚”；假若五行缺木，则会在孩子的名字中使用带“木”的字眼，如“森”、“林”等字，以弥补孩子生辰八字中的不足。

以出生地点命名 如《四世同堂》的作者老舍之子生于新加坡，故名“小坡”。今较多见的是用父母籍贯命名或组合命名，如我们看到“汉生，宗宁、宝沪、燕生”等名字，其出生地或祖籍多在武汉、南京、上海、河北等地。

以出生时间和季节命名 如“腊梅、冬雪、夏至、春生、秋生”等。秦始皇正月元日（初一）生，正、政古义通，故取名“政”。《红楼梦》中，贾政的大女儿正月初一生，取名“元春”，三个妹妹也随她用“春”字为名。作家老舍姓舒，光绪二十四年十二月三十日生，正是立春第一天，取名“庆春”。以落地时辰命名则是中国人的传统习惯，如我国著名乒乓球运动员徐寅生就是以落地时辰命名的典型例子。

以排行顺序命名 所谓排行（seniority among brothers and sisters），是指同辈兄弟强调“长幼有序”，“睦如手足”，有一些特定的排行字，如伯（孟）—仲—叔—季—稚—幼，如“张三、李二、王四”等。

以贵重金属命名 汉英人名都有以金属名用作人名的习惯，其中以日常生活接触最多的“金、银、铜、铁、锡”用得最多。在汉语人名中，如金发、银祥、铜根、铁生、锡宝，名字中都含有一个金属名。此外还有以金属的排列顺序给众多子女排行取名的传统，如金锁、银锁、铜锁、铁锁，分别表示老大、老二、老三和老四等。

以父母的名字命名 如父亲姓王、母亲姓邱，儿子叫王秋明；父亲姓安、母亲姓王，则可以将女儿取名为王安忆等。

以动植物来命名 如莺、燕、雁、凤、龙、虎、鹤；芙蓉、菊、莲、松、桃、

梅等。

以重大历史事件命名 如“建国”、“文革”、“解放”、“国庆”等。

文学作品中人物姓名的命名方式赏析

(1) 茶房**李三**赶紧过来，沏上盖碗茶。他们自带茶叶。(老舍《茶馆》)

The waiter ***Li San*** hurries over to prepare their lidded cups of tea, the leaves of which they have brought themselves. (英若诚译)

(2) 子兴道：“不然。只因现今大小姐是正月初一所生，故名**元春**，余者方从了‘春’字。”(《红楼梦》第二回)

“You don’t understand,” said Zixing. “They named the eldest girl ***Yuan-chun*** because she was born on New Year’s Day, and so the others have *Chun* in their names too.” (杨译)

(3) 却说庄客**王四**，一觉直睡到二更方醒觉来，看见月光微微照在身上，吃了一惊。跳将起来，却见四边都是松树。(《水浒传》第二回)

When ***Wang the Fourth*** awakened it was already the second watch. He was startled to find himself bathed in pale moonlight. He leaped to feet and looked around. On all sides were pine trees. (沙博理译)

(4) 回头见**鸳鸯**穿着水红绫子袄儿。(《红楼梦》第二十四回)

He turned and noticed that ***Yuanyang*** was wearing a pink silk jacket. (杨译)

(5) **莺儿**听见这般蠢话，便赌气红了脸，撒手冷笑。(《红楼梦》第五十九回)

This stupid gibe made ***Ying er*** flush with anger. She let go of the woman with a scornful laugh.

(6) 这人姓多，**排行第九**，因他年老，俺们都称**多九公**。(《镜花缘》第八回)

His surname is Tuo, and he is ***number nine in his family***, so we call him ***Old Tuo Number Nine***. (林太乙译)

(7) 武后赏雪心欢，趁着酒兴，又同**上官婉儿**赌酒吟诗。(《镜花缘》第四回)

Empress Wu, together with her daughter Princess Taiping and the Imperial Concubine ***Shangkuan Waner***, was drinking and admiring the snow scene from the window. (林太乙译)

(二) 中国人名英译的原则和方法

中国人名翻译的基本原则是“名从主人”和“约定俗成”。我们可以采用按照汉语拼音方案拼写人名，先姓后名，姓和名的第一个字母大写。但是，用汉语拼音翻译人名会体现不出人名的寓意，体现不出男性人名的阳刚之美和女性人名的阴柔之美。因此，在音译不能充分传递原语文化的情况下需要进行必要的变通。

1. 国家对于人名英译的规范性的相关规定

早在 1958 年，全国人民代表大会就批准推行《汉语拼音方案》。1974 年 5 月，中国文字改革委员会制定出《中国人名汉语拼音字母拼写法》，并于 1976 年 9 月修订后重新发布。这是关于中国人名的拼写细则，即中国人名的翻译准则。此项准则规定中国人名译成外文时应该将姓氏和名字分写，姓和名开头字母大写，可省略调号，依照中国人的习惯姓在前名在后。例如，著名数学家华罗庚，译成英文应为 Hua Luogeng，这是唯一正确的拼写法。

1978 年 9 月，国务院批转文字改革委员会、外交部、测绘总局、地名委员会《关于改用汉语拼音方案作为我国人名地名罗马字母拼写法的统一规范的报告》。文件指出：改用汉语拼音字母作为我国人名地名罗马字母拼写法，是取代威妥玛式等各种旧拼法，消除我国人名地名在罗马字母拼写法方面长期存在混乱现象的重要措施，并规定用汉语拼音拼写中国人名地名适用于罗马字母书写的各种语文，如英语、法语、德语、西班牙语和世界语等。

1982 年，国际标准化组织通过采用《汉语拼音方案》作为拼写中国专有名词和词语的国际标准。而中国人名属于专有名词，译成外文必须用汉语拼音拼写。从此，中国人名以拼音字母的方式书写得到了国际认可。

2. 人名翻译的特殊情况处理

中国人名英译一般采取音译形式，如蒲松龄译成英文应为 Pu Songling。中国人名的拼写除必须遵守以上基本规范外，还必须注意以下一些特殊情况。

(1) 拼写汉语姓名时，复姓要连写，如 Ouyang Xiu（欧阳修），Zhuge Liang（诸葛亮）。遇到复姓双名时同时将其姓与名的拼音连写且都不加连字符，姓与名的首字母都要大写。

(2) 当以 a、o、e 开头的音节连接在其他音节后面，如果音节的界线发生混乱，可能同前一音节的尾字相拼时，可用隔音号隔开，如“Sun Qi'an”是“孙琪安”，以区别于“孙谦”；Wu Yu'e 是“吴玉娥”，以区别于“吴悦”。

(3) 一些常见的著名历史人物的姓名，原来有惯用拼法的，即约定俗成（如孔夫子 Confucius，孙逸仙 Sun Yat-sen，张学良 Chang Hsuen-Bang，李政道 Tsung-Dao Lee，努尔哈赤 Nurhachi，忽必烈 Kublai Khan，宋庆龄 Soong Ching-ling，蒋介石 Chiang Kai-shek，杨振宁 Chen Ning Yang/Frank Yang，成吉思汗 Genghis Khan，达赖喇嘛 Dalai Lama 等），可以不改，必要时也可以改用新拼法，后面括号注惯用拼法。

(4) 对于华裔外籍人士、华侨以及其他已正式采用西方名字的同胞，我们应该遵从“名从主人”的原则。如张乔治先生，译名为 George Zhang，已在外国正式应用，应当视同外国人名，不再更动，只在外译中时予以汉化。对于这些姓名，译者不能盲目翻译，要尊重他们的选择，通常都是采用“英文名＋姓”的原则，如邵逸夫 Run Run Shaw，李小龙 Bruce Lee，成龙 Jacky Chan，周润发 Yun-fat Chow，周杰伦 Jay Chou 等。

(5) 中国人的名不能简缩为大写的字母。这与《规范》规定“姓前名后”、“名字不缩写”是一致的。邹长安不能拼成 C. A. Zou；张弥曼不能拼写成 Zhang M. M. 。

(6) 如果一个字母既可作前一音节韵母的最后一个字母，又可作后一音节的声母，音节界限容易发生混淆时，也要用隔音符隔开。如 Yanan 既可念作 Yan'an ，又可念作 Ya'nan；再如，刘昌安，罗马化表示应该是 Liu Chang'an，而不是 Liu Changan；还有 Zhang Huang'en（张皇恩）和 Zhang Huan'gen（张唤根）等。

(7) 汉语中“吕 ”姓在翻译成英语时，应该拼写成“Lü”，而不能用“v”或“u”代替，如吕淑萍应该拼成“Lü Shuping”而不是“Lv Shuping”或“Lu Shuping”。

(8) 少数民族人名的英译。总的原则是：少数民族人名按普通话的读音拼写，而不能按自己的方言或少数民族语读音来拼写。其具体的表达方法如下。

①人名按汉语拼音拼写。如萨楚尔夫拼写为 Sachuerfu，阿不都热苏力拼写为 Abuduresuli，索非娅拼写为 Suofeiya。

②中间有点的人名可按民族习惯分开写，开头第一个字母大写，其余小写。如吾满江·艾力拼写为 Wumanjiang Aili，阿依古丽·赛帕尔拼写为 Ayiguli Saipaer，司马义·萨依木拼写为 Simayi Sayimu。

③只有名字的不分开写（有些少数民族没有姓，只有名），中间也不加连线。如斯勤夫拼写为 Siqinfu，扎西东珠拼写为 Zhaxidongzhu，罗布卓玛拼写为 Luobuzhuoma。

④使用汉姓的姓和名可分开写，且名字中不加连线。如赵格日乐图拼写为 Zhao Geriletu，陈巴特尔拼写为 Chen Bateer。

⑤姓和名的首字母大写，名字中不加连线。如吉呷布铁拼写为 Jiga Butie，沙马拉毅拼写为 Shama Layi。

⑥汉文人名中间有点的，字母中间不能加点。如阿顿·华多太拼写为 Adun Huaduotai；穆赤·云登嘉措拼写为 MuchiYundengjiacuo。中国少数民族人名用汉语拼音来作为英译的表达比较复杂，主要问题是在用汉语拼音字母音译转写时不要漏掉元音字母，因为按少数民族语拼写姓名时很多都只有辅音字母。同时，还要注意区别其中的姓和名。

(9) 有一些中国帝王名称有国号、谥号或帝号，英译时先音译后加解释。吴王夫差 Fuchai，the King of the Wu State；秦始皇 Qin Shihuang，the first emperor of the Qin Dynasty；魏文帝 Wei Wendi，the Emperor Wen of the Wei Kingdom；晋王完颜亮 Wan Yanliang，an emperor of the Jin Dynasty (period)；末代皇帝溥仪 Puyi，the last emperor of the Qing Dynasty。

3. 字、号的翻译

古代人的名字和现代有很大的差别。名，一般指人的姓名或单指名。幼年时由父母命名，供长辈呼唤。“字”，是男子 20 岁（成人）举行加冠礼时取字，女子 15 岁许嫁举行笄礼时取字，以表示对本人尊重或供朋友称呼。“号”也叫别称、别字、别号。《周礼·春官·大祝》：“号为尊其名更美称焉。”名、字是由尊长代取，而号则不同，号初为自取，称自号；后来，才有别人送上的称号，称尊号、雅号等。无论是字还是号，可以自由地抒发和标榜使用者的志向和情趣，都只有文人士层的人才有，下层百姓是没有的。如陶潜号五柳先生，李白号青莲居士，白居易号香山居士，欧阳修号醉翁等。英语中的“爵号”（courtesy title）相当于汉语中的“尊称”，能够表达汉语名字中“字”的含义。汉语中的“号”可以译成英语的 pen name 或 literary name。

（1）余幼聘金沙于氏，八龄而夭；娶陈氏。陈名芸，**字**淑珍，舅氏心馀先生女也。（《浮生六记》卷一，第 5 页）

I was engaged in my childhood to one Miss Yü, of Chinsha, who died in her eighth year, and eventually I married a girl of the Ch'en clan. Her name was Yün and her ***literary name*** Suchen.（林语堂译）

（2）有同习幕者，顾姓名金鉴，**字**鸿干，**号**紫霞。（《浮生六记》卷四，第 219 页）

There was a colleague of mine, also learning the same profession at the place; his name was Ku Chinchien, ***literary name*** Hungkan and "***fancy name***" Purple Haze.（林语堂译）

（3）庙旁住着一家乡宦，姓甄，名费，**字**士隐。（《红楼梦》第一回）

Beside this temple lived a gentleman named ZhenFei, whose ***courtesy name*** was Shiyin.（杨译）

（4）话说这位唐秀才名敖，**表字**以亭。（《镜花缘》第七回）

The Hsiu-tsai Tang was called Ao, and had ***the literary name*** of Yiting.（林太乙译）

评析　从上面的译例中我们不难发现，关于“字”、“号”的翻译，译者并未达成共识，字和号都可以译为 literary name，这就给英美读者造成了一定的困扰。因为“字”是亲朋好友或者同事等经常使用的对称和尊称，和英语中的 courtesy title 比较相似，所以将“字”译为 courtesy name 比 literary name 更为贴近，而且较准确地表达了汉语“字”的内涵和语体色彩。“号”为士大夫和文人墨客的自称和美称，蕴含着使用者的情趣、志向、嗜好、抱负等，多用于书稿文集的署名，宜译为 literary name，也可译为 pen name。一般来说，要音译的字、号、衔等可按名的处理方法来拼写，如青莲居士（Qinglian Jushi），香山居士（Xiangshan Jushi），子建（曹植字）Zijian 等。

（三）文学作品中人名的文化内涵和翻译

文学创作历来以“人”为中心，而越是著名的大师，越是谨慎地为自己作品主人公选择名字。作品中人物的姓名，有的展示人物形象，有的昭示人物性格，有的暗示人物命运。作品中主人公的名字，往往鲜明地体现着作家的创作意图，寄托着作家的爱憎情感，反映作家的观点立场，预示人物的性格和命运（包惠南，2001）。很多英美文学大师的作品中的主人公的名字就非常具有代表性，其寓意深刻，几乎家喻户晓，如莎士比亚悲剧《哈姆雷特》中的“Hamlet”，现在常用来喻指“优柔寡断，犹豫不决

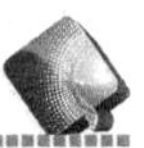

的人或行为”。莎士比亚喜剧《威尼斯商人》中的“Shylock”被用来暗指“冷酷无情的商人，敲诈勒索的放债者”等。中国的文学名著也不例外，很多人物的命名都具有深刻的寓意，在小说人物形象的成功刻画上功不可没。当然，这些具有深刻寓意的文学作品中的人物姓名的翻译也给译者带来了很大的困难。究竟采用怎样的翻译策略和方法，不同的译者有着不同的选择和取舍。

1. 音译

(1) ***唐敖***正在眺望，只觉从空落一小石块，把头打了一下。(《镜花缘》第八回)

Tang Ao was still watching it when a small stone dropped from the air and hit him on the head. (林太乙译)

(2) **宝玉**一时醒过来，方知道是**袭人**送扇子来，羞得满面紫胀，夺了扇子，便忙忙地抽身跑了。(《红楼梦》第三十二回)

When ***Baoyu*** came to himself and saw ***Xiren*** there, blushing all over his face he snatched the fan and ran off without a word. (杨译)

(3) 大家点了菜，***鸿渐***和孙小姐都说胃口不好，要吃清淡些，便一人叫了个米线。***辛楣***不爱米线，要一碟三鲜糊涂面。(《围城》)

They gave their order. ***Hung-chien*** and Miss Sun both said they didn't have much appetite and wanted something bland, so each ordered a serving of rice noodles. ***Hsin-chien*** did not care for rice noodles and ordered a dish of three-delicacy mixed noodles. (凯利，茅国权译)

评析 中文名字英译一般采用汉语拼音法。译例(1)、(2)和(3)中的名字都是采用的音译法，不同的是，例(3)中的人名“鸿渐”和“辛楣”分别音译为“Hung-chien”和“Hsin-chien”，没有按照普通话音译，而采用的是威妥玛式注音方法。威妥玛拼音历史悠久，其特点是符号音值合乎西方人的语感。目前中国港、澳、台地区的中文人名及其海外华人人名的英语翻译多不采用汉语拼音，而是采用威妥玛式拼音的注音加闽南话或者广东话发音来进行标注的。对国际知名海外华裔著名科学家或历史人物，保持其传统拼法，不按汉语拼音拼写，以防止造成误解。例如，董建华 Tung Chee-Hwa，赵无极 Zao Wou Ki，马英九 Ma Ying-Jeou，连战 Lien Chan，李敖 Lee Ao，李嘉诚 Li Ka Shing，何厚铧 Edward Ho Hau-wah，霍英东 Henry Fok Ying-tung。

2. 音译加注

(1) 这士隐正痴想，忽见隔壁葫芦庙内寄居的一个穷儒，***姓贾名化***、***表字***时飞、***别号***雨村者，走了出来。(《红楼梦》第一回)

His rueful reflections were cut short by the arrival of a poor scholar who lived next door in Gourd Temple. His name was ***Jia Hua***, his ***courtesy name*** Shifei, and his ***pen-name*** Yucun.

Jia Hua—homophone for "false talk". (杨译)

（2）钱先生周岁时“抓周”，抓了一本书，因此得名“**钟书**”。（陈宏薇，1996：49）

When Qian was just one year old, he was told by his parents to choose one thing among many others, he picked up a book of all things. Thereupon his father very gladly gave him the name: ***Zhongshu*** (=***book lover***)。

评析 中国人名音译时为西方人提供了了解人名发音的机会，但很多时候很难让西方读者了解作者隐含在名字中的深意，从而导致原文隐喻意义的流失。为避免人名音译造成的缺憾，可采用音译加注的方法，这也是目前较为普遍流行的人名译法。上述译例中的“贾化”和“钟书”均采用了音译加注的方法，分别被译为 Jia Hua-homophone for “false talk”，Zhongshu（=book lover），其中“贾化”是“假话”的谐音，加注解释为“false talk”；“钟书”被加注解释为“book lover”，均保留了原文作者隐含在人名中的寓意，不失为好的译文。

3. 意译法

（1）**鸳鸯**笑道：“鲍二家的，老祖宗又拉上赵二家的。”贾母也笑道：“可是，我那里记得什么抱着背着的，提起这些事来，不由我不生气！……”（《红楼梦》第四十七回）

“It was Bao Er’s wife，my old love，not Zhao Er’s，” said ***Faithful***，laughing.

“That’s what I said，didn’t I ?” Grandmother Jia snapped. “Well，Zhao or Bao or brown cow how can I be expected to remember such things? The very mention of them makes me feel angry…”（霍译）

（2）二门口该班的小厮们见了***平儿***出来，都起来了，又有两个跑上来，赶着平儿叫“姑娘”。（《红楼梦》第三十九回）

When they saw ***Patience*** coming out of the courtyard，the pages on duty at the gate stood up，and two of them came running up to her.（霍译）

（3）那宝玉听见贾政吩咐他“不许动”，早知多凶少吉，那里承望贾环又添了许多的话。正在厅上干转，怎得个人来往里头去捎信，偏生没个人，连**焙茗**也不知在那里。（《红楼梦》第三十三回）

Jia Zheng’s ominous “stay where you are” as he went out with the chamberlain had warned Bao-yu that something dire was imminent—though just how much more dire as a result of Jia Huan’s malicious intervention he could not have foreseen and as he stood where his father had left him，he twisted and turned himself about，anxiously looking for some passer-by who could take a message through to the womenfolk inside. But no one came. Even the omnipresent ***Tealeaf*** was on this occasion nowhere to be seen.（霍译）

（4）未生之前，林氏梦登五彩峭壁，醒来即生此女，所以取名***小山***。隔了两年，又生一子，就从姐姐小山之意，取名***小峰***。（《镜花缘》第七回）

It is said that on the eve of the baby’s birth，Mistress Lin dreamt of climbing a

steep hill of rainbow colours and that when she woke up, the baby was born. So she called the baby ***Little Hill***. Two years later, when the family was further blessed by a son, the Tangs decided they might as well as call him ***Little Summit***.（林太乙译）

评析 在中国历代单部小说中，《红楼梦》可以说是塑造人物最多的一部。对如此众多的人物命名实在是一件不容易的事情人，然而曹雪芹在人物命名方面却表现出了超人的艺术水平。《红楼梦》中的人物名字可以按照“有隐意”和“无隐意”分为两大类，前者主要是对小说情节无关紧要的人物，后者主要运用到小说中一些关键人物。作者往往采用谐音的修辞手段通过隐含的笔法，将人物在小说中的命运暗喻其中，使姓名本身具有隐示人物品行和故事情节的审美效果，为提高小说的艺术魅力增添了不少色彩。针对《红楼梦》中人名的翻译，霍译本和杨译本采取了不同的翻译策略。

霍译本和杨译本的音译形成了非常鲜明的对照，霍译本中保留了主要人物名字的汉语发音并用汉语拼音来表达。但是对丫鬟及仆人的名字，霍克斯主要采用意译。如译例（1）中的“鸳鸯”；例（2）中的“平儿”和例（3）中的“焙茗”分别被意译为“Faithful”、“Patience”、“Tealeaf”。书中的其他人名如“袭人”被意译为“Aroma”，“晴雯”被意译为“Skybright”，“娇杏”被意译为“Lucky”，“霍启”被意译为“Calamity”等。这样西方读者在读到这些人名的第一时间便能领会到人物性格及其特点，此种译法在语言文字上也更为简练，更能传达原著人物的魅力，从而使译语读者对人物产生更深刻的印象。

林太乙同样是采用意译的方法，将例（4）中的人名“小山”和“小峰”分别翻译成“Little Hill”和“Little Summit”，意译姓名在一定程度上可以增强文学作品的文学性、艺术性和可读性。这种意译的做法在《镜花缘》的人名翻译中也使用得很多，如人名“婉如”被意译为“Pleasant”，“红蕖”被意译为“Red Lotus”等。

第三节 地名文化与汉英翻译

地名是各民族语言中的普遍现象。作为一种语言符号，除了表示城市、农村、河流、山脉、道路、街巷等地理位置以外，地名词与社会、文化历史的联系也是很密切的。它的词义往往既反映着人们对地形、地物及地理位置的具体认识，同时也反映着该地的历史人文的变迁。而这一切都是借助地名的语音特点和词义特点来表现的。所以，汉语中的地名，也是中国社会历史文化信息的承载体。而且地名标志的翻译是一个国家领土主权的象征，所以不容忽视。

（一）中国地名的构成和文化内涵

地名虽说是简单的名称，却蕴含着丰富的文化内涵。“城阙辅三秦，风烟望五津。

与君离别意，同是宦游人。海内存知己，天涯若比邻。无为在歧路，儿女共沾巾。”（《送杜少府之任蜀州》）。唐朝大诗人王勃这首脍炙人口的五言律诗中的“三秦”是指陕西，其称谓的由来是：秦朝末年，秦亡后项羽三分关中（即今陕西省），以咸阳以西和甘肃省东部地区封秦降将章邯为雍王，咸阳以东封司马欣为塞王，陕西北部地区封董翳为翟王，合称“三秦”，其三秦名称由此延续下来。陕西简称“陕”或“秦”，又称“关中”，古时指函谷关以西至陇关以东其中间地段，大体上是今陕西辖地。要想成功地翻译地名首先要弄清楚地名的构成特点和地名所反映的历史文化印记和宗教文化色彩等。

1. 中国地名的结构特点

地名分通名（generic terms）和专名（specific terms）。汉语地名一般由专名和通名两部分组成，专名在前，通名在后。如湖北省武汉市中的“省”和“市”就是通名，放在后面；而“湖北”和“武汉”属于专名，放在前面。一般来说，通名和专名都是有特定意义的实词。

地名中的通名根据不同的性质大致可以分为三大类（胡芳毅、熊欣，2012）：

（1）自然地理环境类通名

山类（mountains）：山（mountain，hill，mount）、峰（peak，mount）、岭（ridge，mountain，range）、冈（low and flat ridge of a hill）、坡（slope）、丘（mound，hillock）、陵（hill，mountain）、高原（plateau）、山脉（mountain）、山谷（valley）

水类（waters）：水（river）、河（river）、江（river）、湖（lake）、泊（lake）、溪（creek）、池（pool，pond，lake）、潭（pool，lake）、沟（ditch，gully）、浦（river mouth，water's edge）、海（sea）、洋（ocean）、川（river）

地貌类（geomorphology）：岛（island）、港（port）、湾（bay，gulf）、洲（sandbank，sandbar）、角（cape，promontory）、屿（isle，island）、半岛（peninsula）、群岛（islands，archipelago）、盆地（basin）、沙漠（desert）、绿洲（oasis）、草原（grassland）、三角洲（delta）、平原（plain）、海峡（channel，strait）

（2）人类居住聚落建筑及经济活动建筑的通名

聚落类：乡（township）、村/庄（village）、镇（town）、巷/弄/里（lane）、街（street）、道（avenue，boulevard）、路（road）、胡同（lane，alley）、支弄（sub-lane）、坊（lane）、新村（quarter，estate）、小区（area）、新街（new street）、大街（main street，avenue）、林荫大道（boulevard）、花园（garden）、广场（square）

建筑类：楼 tower（烟雨楼 the Tower of Mist and Rain）、台 terrace（千山仙人台 Divine Terrace）、亭 pavilion（兰亭 the Orchid Pavilion）、阁 tower（滕王阁 Tengwang Tower）、寺 temple（竹林寺 Bamboo Forest Temple）、庙 temple（水仙庙 the Narcissus Temple）、宫 palace（故宫 the Imperial Palace）、观 Taoist temple（白云观 the White Cloud Taoist Temple）、堂 hall（玉澜堂 the Hall of Jade Ripples）、铺（shop，

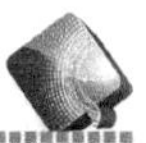

store)、集（market，fair）、墟（country fair）、场（market）、市（market）

经济活动地： 保税区（bonded area）、出口加工区（export processing zone）、自由贸易区（free trade zone）、外商投资区（foreign investment zone）、开发区（development zone）、工业区（industrial zone）、工业园（industrial park）

通名用字的不同除了性质种类的区别以外，同一种类的通名往往因地区不同而不同，比如同是反映河流的"溪"、"浦"、"港"就只在福建、浙江、苏南、上海等地通用，如青浦、漳浦、明溪、张家港，北方却很少见。前面提到的"里"、"弄"、"巷"、"胡同"等，词义基本接近，但"里"、"胡同"为北方城市多用，"巷"为南方城市多用，"弄"（里弄、弄堂）则为江南及上海一带专用，而"坊"、"口"、"条"也多在北京一带。这些例子充分体现了通名的区域性特征。

现代汉语的词汇在数量上是以双音节为主的，但在历史上却经历了一个从单音节到双音节的发展过程。汉语地名词的发展也不例外。地名是由专名和通名构成，也包括单音节地名和多音节地名。单音节地名常见于中国古代国名和地名。如齐、楚、燕、韩、赵、魏、秦"战国七雄"。在现代地名中，一些省份和城市名的简称基本上是单音节词，如鄂（湖北）、皖（安徽）、鲁（山东）、渝（重庆）、沪（上海）；双音节地名比比皆是，如北京、武汉、长沙、南昌、桂林、大理、成都、佛山等；三音节地名有：白鱼潭、登龙桥、和畅堂、状元坊等；四音节、五音节、六音节等多音节的地名也不在少数，如大兴安岭、呼伦贝尔大草原、喜马拉雅山等。这说明，地名词在语音上的演变过程与整个现代汉语词汇的发展步调是一致的。

2. 中国地名的文化内涵

地名是一种社会现象，是人类社会交往的产物。它是人类社会出现以来，人们根据自己的观察、认识和需要，对具有特定方位、范围及形态特征的地理实体给以共同约定的文字代号。地名虽然是符号标志，但又是一种超越时空的文化现象。从历史和文化的角度来分析，地名不仅仅是代表地理实体的一种符号，它还具有意义。地名是民族历史和文化的一部分，与人类的社会实践紧密相连。它从一开始就蕴含着丰富的文化内涵。

对于中国来说，地名已是一种文化的传承。就如同，人们说："上有天堂，下有苏杭。"不仅仅因为杭州的山水美丽，苏州的园林迷人，更重要的是其深厚的历史文化底蕴。杭州的一山一水一路一桥都有美丽的故事和传说，如保俶塔有吴越王钱俶的故事，雷峰塔和断桥有白娘子和许仙的故事，灵隐有飞来峰的传说，岳庙有岳飞抗金的故事等，沉淀着历史文化，给人们一种情操的陶冶，寄托着一种美好的向往。真可谓是一个地名一段历史；一个地名一段文化。中国地名的由来、发展和变化反映了汉民族的社会文化风貌，体现了汉民族的文化心态和民间习俗等。

(1) 地名与宗族

汉族社会是一种宗族的社会。宗族是汉民族社会构成的重要支柱。皇帝把天下当作皇家的王土，百姓自然将本宗族的居住地视为本族的乐土。尤其在农村，人们的宗族观念根深蒂固，往往同族同姓的人家居住在一起，由此形成一个村落，这些村落的名字便以聚居的宗族人姓命名。例如，赵家庄、陈家湾、郑家屯、许家寨、毛家冲、杨家庄等。中国姓氏数百家，几乎每姓都有很多地名。遍及全国各地以姓氏命名的村庄表现了汉民族重宗族的社会心态。

例：此间独龙冈前面有三座山冈，列着三个村坊：中间是**祝家庄**，西边是**扈家庄**，东边是**李家庄**。(《水浒传》第四十七回)

Before Lone Dragon Mountain are three cliffs, and on each of these is a village. ***Zhu Family Village*** is in the center, ***Hu Family Village*** is to the west, ***Li Family Village*** is to the east. (沙博理译)

(2) 地名与经济类型与文化产物

遍及全国各地以姓氏命名村庄中的“集”、“市”、“店”、“场”、“墟”、“铺”等，均为农村贸易、商业中心所在地。现在中国农村的许多商贸中心仍沿用“集”、“市”、“店”、“场”、“墟”、“铺”等称呼。历史悠久的城镇中的许多地名也反映出历史上社会经济、手工业、商业的状况。许多街名、胡同名同过去某个时代的社会市场、手工业、畜牧业等经济活动有关系。例如，菜市口、绒线胡同、鲜鱼巷、骡马市大街、琉璃厂等。

(3) 地名与历史

北京是元、明、清及民国初期的京都，官府、王府、衙门很多，其中有些官府的名称仍保留至今，如相府胡同（宰相官府的旧址）、国子监街（明清的国子监所在地）等。

北京的许多名园，大都是清朝皇家或王公贵族的园林及私宅府第，如颐和园、圆明园、景山公园、钓鱼台、恭王府、天坛、故宫内的御花园等。

(4) 地名与各民族语言接触

中国是多民族的大家庭，历史上的民族融合在地名中也有所体现。例如，北京、天津等地的“胡同”便是从元代蒙古语而来。蒙古语的“胡同”一词指水井。元代北京人喝水靠水井，许多胡同因此而得名，至今北京市的许多胡同名就是汉语词加胡同的混合地名。

(5) 地名与不同时代的社会政治观念

地名有历史的稳定性，许多地名沿袭下来。然而地名并非一成不变。地名的改变反映了各个时代不同的社会政治观念。例如，内蒙古自治区的首府呼和浩特市，过去汉族统治者推行大汉族主义政策，先后将这座城市命名为“归化”（明朝）、“归绥”（民国初年）等。1954年，归绥市被改名为蒙语的音译呼和浩特市。呼和浩特，蒙语是“绿色的都市”的意思。为了实行民族团结和睦邻政策，一些原来不平等的地名或反映大汉族主义的地名被改为平等、和睦、友好的地名。例如，把与朝鲜接壤的安东市改为丹东市，把广西与越南交界的镇南关改为友谊关。

(6) 地名与军事

北方地区的许多村名、地名都带有“营、屯、堡、盘、寨、卫、关、旗”等字。“屯”是军队屯田的地方,“营”是军营,军队驻扎的地方,“盘”也是营盘,驻军的地方,而“堡、寨、卫、关”都是与军队的防御工事有关的名称。

例:话说这***清风山***离青州不远,只隔得百里来路。这***清风寨***却在青州三岔路口,地名清风镇。(《水浒传》第三十三回)

Clear Winds Mountain was not far from Qingzhou, a hundred li or so. ***The fort*** was located in Clear WindsTown. (沙博理译)

(7) 地名与社会心态

由于历史上中国长年战乱,因此社会上普遍产生一种求天下太平、安宁,求福寿、昌盛的心态,把安居乐业、福寿康泰、和平昌盛的生活当作美好的理想。这种心态也反映到地名上。例如,吉安、安庆、平安、福建、福州、永宁、永吉、延安等。

例:且说施恩和武松两个离开***安平寨***,出得孟州东门外来。(《水浒传》第二十九回)

Shi En and Wu Song left the ***Anping Stockade*** and departed from Mengzhou Town through the East Gate. (沙博理译)

(8) 地名与宗教信仰

许多地名反映了旧时人们的宗教信仰。中国的宗教信仰主要有:佛教、道教、伊斯兰教、天主教、基督教。佛教的建筑物多用寺、庵命名。道教建筑多用观、宫、堂、庙、阁命名。伊斯兰教(清真)的建筑物多称寺,如清真寺或礼拜寺。天主教的教堂为天主堂。

例:乘骑至***华阴庙***。(《浮生六记》卷四,第331页)

One day we went on horseback to ***the Huayin Temple***. (林语堂译)

张顺等九人,晁盖等十七人,宋江、戴宗、李逵,共是二十九人,都入***白龙庙***聚会。——这个唤做“白龙庙小聚会。”(《水浒传》第四十回)

The nine leaders of Zhang Shun's party, the seventeen of Chao Gai's, plus Song Jiang, Dai Zong and Li Kui, a total of twenty-nine, entered ***the White Dragon Temple***. This event later became known as the “White DragonTemple Small Meeting.” (沙博理译)

(9) 地名与自然、地理

湖南,因位于洞庭湖以南而得名。又为境内湘江流经全省,故又简称“湘”。湖北,因位于洞庭湖以北而得名。黑龙江,因境内的黑龙江而得名。浙江,因境内的钱塘江(古称浙江)而得名。云南省省会昆明有滇池,故简称“滇”。赣水自南而北流经江西全省,因此江西简称“赣”。与浦、洼、港、埠等有关的地名有:连云港、香港、蚌埠、青浦。与山、川、桥梁、关口、陵、峡有关的地名有:四川、铁岭、山海关、张家口、海口、青铜峡、武夷山等。

（二）地名的翻译

地名的翻译应以音译（transliteration）为主，力求准确规范、通俗易懂。中国地名的音译要严格遵守《汉语拼音方案》，同时可参照《外国地名译名手册》（中国地名委员会编，商务印书馆出版）或《世界地名译名手册》（辛华编，商务印书馆出版）。自 1984 年，中国地名委员会等颁布了《中国地名汉语拼音字母拼写规则》及现行的汉语拼音方案，绝大多数地名都可以直接引用拼音的写法来翻成英语。同时，为了使译名地名易于为外国人接受，一般可以省略四声的变化，以符合外国人拼写的习惯，因此可以称之为一种具有汉语特色的音译。

1. 国家行政区域划分的翻译

省名的英译

（1）专名部分音译，用汉语拼音字母拼写，通名部分英译通常意译为 Province。例如，湖北省 Hubei Province；黑龙江省 Heilongjiang Province。在非正式场合可去掉其行政区划的级别省的意译，直接译为 Hubei，Heilongjiang。

（2）要注意的是陕西省和山西省，这两个地名是同音字，汉语拼音都是 Shanxi，因此在翻译时为了使外国人不误认为是一个地方，所以国家地名委员会决定将以上两地名分别译成 Shaanxi Province 和 Shanxi Province。

（3）另一值得注意的是，有一些省名，如西藏、内蒙古，按汉语拼音应写为 Xizang，Neimenggu，而按民族的语言拼写译成 Tibet，Inner Mogolia 或 Nei Mogol。

市名的英译

（1）专名部分音译，用汉语拼音字母拼写，通名部分英译通常意译为 City。例如，北京市 Beijing City，武汉市 Wuhan City，景德镇市 Jingdezhen City（通名已专名化时按专名音译）。但天津和重庆市（中国直辖市名）也可译为 Tianjin Municipality，Chongqing Municipality。

（2）有些通名，如山、河、江、湖、海、港、峡、关、岛等构成城市名时，按专名处理，即音译这些通名，再意译“市”City。例如，都江堰市 Dujiangyan City，绥芬河市 Suifenhe City。

（3）以 a，o，e 开头的音节连接在其他音节后面的时候，地名中的隔音符号必须留着以防止音节界限的混淆。例如，西安市 Xi'an City（如果省略隔音符号，就成为 Xian）。

（4）台湾、香港、澳门地名的英译：澳门 Macao，香港 Hong Kong，台湾 Taiwan。

县名的英译

（1）专名部分音译，用汉语拼音字母拼写专名或用音译转写法，通名部分英译通常意译为 county。例如，孝昌县 Xiaochang County，马尔康县 Markam County。

（2）专名是单音节，通名也是单音节，这时通名应视作专名的组成部分，先音译

并与专名连写，后重复意译，括号内为该地所在省、市、地区。例如，礼县 Lixian County（甘肃陇南地区），陕县 Shanxian County（河南）。

(3) 县以人名命名的地名英译时，方法同上。例如，左权县 Zuoquan County，子洲县 Zizhou County。

少数民族地区地名的英译

我国非少数民族地区地名译成英文时，是直用该地名的汉语拼音形式，如武汉 Wuhan，南昌 Nanchang，贵州 Guizhou 等，而少数民族地区地名则按少数民族地区地名在当地的文字读音采用相应的汉语拼音字母表示。由于历史及其他方面的原因，广西壮族自治区和宁夏回族自治区的地名一般同汉族地名，没有转写的问题。

内蒙古自治区地名的英译　该区地名一般由蒙古文地名发音转换成汉语拼音，此汉语拼音地名即蒙古文地名的英译名，如 Hohhot City 呼和浩特市，Ordos City 鄂尔多斯市，Hulun Buir City 呼伦贝尔市，Bayannur City 锡林郭勒盟。由于多种原因，该区内有少数地名按汉语拼音拼写，故英语也同汉语拼音，如 Baotou City 包头市，Ningcheng County 宁城县。

西藏自治区地名的英译　西藏自治区的地名一般由藏文地名发展转换成汉语拼音即英译名，如 Lhasa City 拉萨市，Qamdo Prefecture 昌都地区，Lhuntse County 隆子县，Xigaze Prefecture 日喀则地区，Nyingchi Prefecture 林芝地区。

新疆维吾尔自治区地名的英译　该区地名一般按维吾尔音转换法译成英语，如 Urumqi City 乌鲁木齐市，KaramayCity 克拉玛依市，Turpan Prefecture 吐鲁番地区，Aksu Prefecture 阿克苏地区，MongolianAutonomous Prefecture of Bayingolin 巴音郭楞蒙古自治州，Kirgiz Autonomous Prefecture of Kiz-ilsu 克孜勒苏柯尔克孜自治州，Hotan County 和田县，Qagan Nur 查干诺尔。新疆也有少数地名按汉语普通话发音，地名音译也按汉语拼音拼出，如 Wujiaqu City 五家渠市，Qinghe County 青河县。

2. 其他地名的译法

简称的译法　音译，考虑到外国人对中国地名简称不一定熟悉，因此一般加全称翻译。例如，京 Jing：Beijing Municipality，晋 Jin：Shanxi Province，沪、申 Hu；Shen：Shanghai Municipality，汴 Bian：Kaifeng City，蓉 Rong：Chengdu City，淄 Zi：Zibo City。

美称、别称的译法　意译加注。例如，冰城 City of Ice：Harbin，花城 City of Flowers：Luoyang，江城 City of River：Jilin City，油城 Oil City ：Dongying，桥都 Bridge City：Shaoxing，蝴蝶王国 Land of Butterflies：Taiwan，滨城 Border City on the Sea：Dalian，雾都 Fog City：Chongqing，钢都 Steel City：Anshan。

单音节专名的译法　专名是单音节，通名也是单音节，这时通名应视作专名的组成部分，先音译并与专名连写，后重复意译，分写书写，共同组成地名。例如，泰山 Taishan Mountain，沅江 Yuanjiang River，巢湖 Chaohu Lake，黄河 Huanghe River，青县 Qingxian County，王村 Wangcun Village。

通名中相同汉字的不同译法 因为汉字有的是多义字（含多个少数民族语言与汉语表达不一致），加上英语本身也有不少同义现象，有同一汉字的不同译法是自然的。例如，（河南）平顶山 Pingding Hill，（香港）大屿山 Lantau Island，（陕西）太白山 Mount Taibai，（青海）巴颜喀拉山 Bayan Har Mountains，（香港）飞鹅山 Kowloon Peak，（西藏）江尼山 Gyang-nyi Ri，（香港）狮子山 Lion Rock，（内蒙古）白音山 Bayan Ul，（西藏）阿伊拉山 Ayila Ri'gyu，（西藏）喜马拉雅山 Himalayas，（香港）上花山 Sheung Fa Shan。

通名中不同汉字的相同译法 如英语中的 river，可表汉语中的"江、河、水、川、溪、曲、藏布"等。例如，the Zhujiang River 珠江，the Daqing River 大清河，the Chenshui River 辰水，the Tanglang River 螳螂川，the Gutian River 古田溪，Nyang River 尼洋曲，Gar River 噶尔藏布。

通名专名化地名的翻译 是指地名专名中的单音节通名，如"山、河、湖、桥、岛、市、镇、县、乡"等字是整个专名不可缺少的部分。英译时，先将这种专名音译，再加通名英译，共构完整的地名。例如，井冈山市 Jinggangshan City，绥芬河市 Suifenhe City，洪湖市 Honghu City，上海市 Shanghai City，大石桥市 Dashiqiao City，青岛市 Qingdao City，景德镇市 Jingdezhen City。

用人名命名的地名的译法

专名用两字者居多，按一般办法翻译。例如，黄骅市 Huanghua City，志丹县 Zhidan County，业民乡 Yemin Township，屈原礁 Quyuan Reef。

县市级以下有时用三个字的专名 + 通名，名字按一般名字规则写。例如，刘胡兰乡 Liu Hulan Township，欧阳海乡 Ouyang Hai Township。而自然实体用三个字的专名时，这三个字一般连为一体，如张广才岭 Zhangguangcai Mountain。

其他非自然实体名的构成

人名 + 通名，如杜甫草堂 Du Fu Thatched Cottage；

人名 's + 通名，如宋庆龄故居 Song Qingling's Former Residence；

通名 + of + 人名，如伯夷叔齐墓 Tombs of Boyi and Shuqi。

（三）山川河流的翻译

山川河流的翻译基本上也是秉承地名英译的一般原则，但也有很多约定俗成的译名。这些译名通行流行已久，与汉语拼音原则不符，但已为人们普遍接受，可以不改，也可以改为国家颁布的标准译名。约定俗成指事物的命名和社会习惯往往是群众经过长期社会实践而确定、形成的。以前，中国地名是少数人译出来经过社会实践，得到社会多数人公认，即约定俗成，就起到了社会交际作用。例如，长江 the Yangtse River，黄河 the Yellow River，珠江 the Pearl River。上述三个地名，国家公布的英译法分别为 the Changjiang River，the Huanghe River，the Zhujiang River。现在两种译法都通用。

《浮生六记》是清朝长洲人沈复（字三白，号梅逸）著于嘉庆十三年（1808 年）的自传体散文。卷四“浪游记快”中记录了作者和友人游山玩水的闲适生活，其中涉及很多山川河流的描述。对于山川河流的翻译，林语堂先生采用了不同的翻译方法，如音译、意译等。

（1）饭毕，仍自得云，河亭共游八九处，至**华山**而止，各有佳处，不能尽述。（《浮生六记》卷四，第 285 页）

After dinner we went again in the direction of Tehyun and Hot'ing and visited eight or nine places as far as ***the Huashan Hill***, all beautiful in their own ways, but impossible to go into with full details here.（林语堂译）

（2）癸卯春，余从思斋先生就维扬之聘，始见**金（山）**、**焦（山）**面目。（《浮生六记》卷四，第 227 页）

In the spring of 1783, I accompanied my teacher to Yangchow and in this way got a glimpse of the ***Chinshan and Chiaoshan Hills***.（林语堂译）

（3）**邓尉山**一名元墓，西背太湖，东对**锦峰**，丹崖翠阁，望如图画。（《浮生六记》卷四，第 311 页）

The Tengwei Hill is also known as “Yuan Tomb”; it faces ***the Chinfeng Peak*** on the east and the Taihu Lake on the west, and with its red cliffs and green towers, the whole hill looks like a painting.（林语堂译）

（4）**黄山**仅见其脚，惜未一瞻面目。（《浮生六记》卷四，第 243 页）

I also got a glimpse of the foot of ***Huangshan***, or ***the Yellow Mountain***, but unfortunately could not go up and explore the whole place.（林语堂译）

（5）清明日，先生春祭扫墓，挈余同游。墓在**东岳**。（《浮生六记》卷四，第 213 页）

On the Ch'ingming Festival, my tutor was going to visit his ancestral grave and brought me along. The grave was situated at ***Tungyo***, or ***East Sacred Hill***.（林语堂译）

（6）虽不能远游**五岳**，而近地之虎埠、灵岩，南至**西湖**，北至平山，尽可偕游。（《浮生六记》卷一，第 47 页）

Even if I cannot accompany you to ***the Five Sacred Mountains***, then, we can travel to the nearer places, like Huch'iu and Lingyen, as far south as ***the West Lake*** and as far north as P'ingshan.（林语堂译）

（7）循塘东约三十里，名**尖山**，一峰突起，扑入海中。（《浮生六记》卷四，第241 页）

About thirty li eastwards further down the embankment, there was ***the Needle Hill***, which rose up abruptly and ended up in the sea.（林语堂译）

（8）园左有山，俗呼**鸡笼山**，山峰直竖。（《浮生六记》卷四，第 225 页）

On the left of the garden there was a hill, commonly known as ***the Chicken Coop Hill***, whose peak went up perpendicularly.（林语堂译）

（9）近城有***石镜山***。（《浮生六记》卷四，第243页）

There is a hill near the town called ***the Stone Mirror Hill***.（林语堂译）

（10）墓在西跨塘***福寿山***祖茔之侧，每年春日必挈芸拜扫。（《浮生六记》卷一，第39页）

His tomb was situated on ***the Hill of Good Fortune and Longevity*** in Hsikuat'ang by the side of our ancestral tomb.（林语堂译）

评析 在以上的译例中，林语堂先生采用了各种不同的翻译方法来译"山"，主要有以下几种做法。

①专名是单音节，通名也是单音节，这时把通名视作专名的组成部分，先音译并与专名连写，后重复意译，分写书写，共同组成地名。如例（1）中的"华山"（the Huashan Hill)，例（2）中的"金山/焦山"(the Chinshan and Chiaoshan Hills)，例（3）中的"锦峰"(the Chinfeng Peak)。

②音译。如例（4）中的"黄山"（Huangshan)，例（5）中的"东岳"（Tungyo)。

③意译。如例（4）中的"黄山"（the Yellow Mountain)，例（5）中的"东岳"（East Sacred Hill)，例（6）中的"五岳"(the Five Sacred Mountains)，例（7）中的"尖山"（the Needle Hill)，例（8）中的"鸡笼山"（the Chicken Coop Hill)，例（9）中的"石镜山"（the Stone Mirror Hill)，例（10）中的"福寿山"（the Hill of Good Fortune and Longevity)。采用意译的方法可以让读者对这些山脉的命名理据和文化有更清楚的了解，如看到"尖山"（the Needle Hill)，读者很容易联想到山的形状；看到"五岳"意译为"the Five Sacred Mountains"，读者不免感受到几分神圣。自古以来，人们都有着求福寿、昌盛的心态，把安居乐业、福寿康泰、和平昌盛的生活当作美好的理想。这种心态也反映到地名上，典型的要属写意性的地名"福寿山"，命名文化中充分体现了人们希望福泰民安，延年益寿的愿望，意译为"the Hill of Good Fortune and Longevity"可以让目的语读者对该地名蕴含的丰富的文化内涵一目了然，这恐怕是音译的翻译方法所不能及的。

（11）墓侧有堂三楹，名曰"大观亭"。面临***南湖***，背依***潜山***。（《浮生六记》卷四，第315页）

By the side of his tomb, there was a hall called the Majestic View Pavilion, a three-roomed affair, facing ***the South Lake*** in front and looking out on ***the Ch'ienshan Hill*** at its back.（林语堂译）

（12）四山抱列如城，缺西南一角，遥见一水浸天，风帆隐隐，即***太湖***也。（《浮生六记》卷四，第297页）

On all sides we were surrounded by a girdle of mountains like a city wall, broken

only at the southwestern corner where we got a glimpse of water joining the sky at the horizon with some sailing boats dimly discernible on it, this being ***the Taihu Lake***.（林语堂译）

（13）***武昌***黄鹤楼在黄鹄矶上，后拖***黄鹄山***，俗呼为***蛇山***。楼有三层，画栋飞檐，依城屹峙，面临***汉江***，与***汉阳***晴川阁相对。（《浮生六记》卷四，第317页）

The Tower of Yellow Stork at ***Wuchang*** is situated on the Yellow Swan Cliff, being connected with ***the Yellow Swan Hill*** at the back, popularly known as ***the Snake Hill***. The three-storeyed Tower with its beautifully painted eaves and girders, stood on top of the city overlooking ***the Han River*** in a way that counterbalanced the Ch'ingch'uan Tower at ***Hanyang*** on the opposite shore.（林语堂译）

（14）***渡江***而北，渔洋所谓“绿杨城郭是扬州”一语，已活现矣。（《浮生六记》卷四，第227页）

On crossing ***the Yangtze River*** to the north, I saw before my very eyes the walls of green willows of Yangchow, as the poet Wang Yüyang described it.

（15）余亦兴发，奋勇登其巅，觉***西湖***如镜，杭城如丸，***钱塘江***如带，极目可数百里，此生平第一大观也。（《浮生六记》卷四，第213页）

Being in a mood for adventure, we climbed up to its very top where, as we looked down, ***the West Lake*** appeared like a mirror and the City of Hangchow like a tiny little mud-cake, while the ***Ch'ient'ang River*** wended its way like an encircling girdle. We could see at least hundreds of Li away, in fact, this was the grandest sight I ever saw in my life.（林语堂译）

评析　在以上各种河流湖泊的翻译中，林语堂先生的做法也不太统一，具体表现为：

①专名音译，通名意译，共同组成地名。如例（13）中的“汉江”（the Han River），例（15）中的“钱塘江”（the Ch'ient'ang River）。

②专名是单音节，通名也是单音节，通名视作专名的组成部分，先音译并与专名连写，后重复意译，分写书写，共同组成地名。如例（12）的“太湖”（the Taihu Lake）。

③意译。如例（11）中的“南湖”（the South Lake），例（14）中的“（长）江”（the Yangtze River），例（15）中的“西湖”（the West Lake）。这些译名虽然不符合地名音译的原则，但都是约定俗成的表达方法，已经被人们广为接受。

第四节　相关论著选读

汉语专名英译原则

舒启全

（成都大学外语系　四川成都　610016）

摘　要： 汉语专名英译，说来容易，实行起来却错误百出。这大大伤害了我们国家的尊严和人民的名誉。究其原因，主要是学习和宣传“汉语拼音方案”、“汉语拼音正字法基本规则”、“中国人名汉语拼音字母拼写法”、“中国地名汉语拼音字母拼写规则”、“少数民族语地名汉语拼音字母音译转写法”、“地名管理条例”等国家法规不够，有法不依，各自为政，追求新奇等。为了促进汉语专名英译规范化，本文提出的八条原则，是作者学习并分项归纳上述国家法规和联合国经社理事会的有关规定的具体体现。

关键词： 汉语专名英译；法规；规范化

我们编纂了一部《汉英专名大词典》（*A Great Chinese-English Dictionary of Proper Names*），收入了重要的人名、地名、组织机构名、国际会议名、重大事件名、学会协会名、公报公约名、政党名、战争名、武器名、条约名、公司名、大学名、报纸名、期刊名、电台名、出版社名、通讯社名、电视台名、博物馆名、图书馆名、宗教名、民族名、寺庙名、节日名、名著名、自然保护（风景）区名、国家公园名、奖金奖品名、名胜古迹名、国际年名、国际日名等特定的专名50多万条，总结了如下汉语专名英译原则，望能在汉语专名英译中起到促进规范的作用。

（一）符合国际标准的原则

联合国经济及社会理事会（Economic and Social Council）地名标准化会议决定采用世界多数国家使用的罗马字母作为拼写地名的统一形式，并要求各国主权范围内地名的罗马字母标准拼写形式，应以本国官方（或通用）文字名称为准。凡以罗马字母为通用文字的国家，其地名则以官方规定的拼写形式为准；不使用罗马字母文字的国家，其地名却需本国官方制订罗马字母转写方案，提交联合国地名标准化会议批准，方可在国际上生效。

1977年在雅典举行的联合国第三届地名标准化会议上，我国代表团提出的关于采用汉语拼音方案作为中国地名罗马字母拼法的国际标准的提案获得了通过。经国务院宣布，我国从1978年1月1日起，在所有对外文件和书刊中，中国人名、地名的拼写

实施汉语拼音字母（即罗马字母）拼写取代“威妥玛式”拼写。国际标准化组织文献工作标准技术委员会（ISO/TC46）已确定我国的《汉语拼音方案》作为中文文献转写为罗马字母的国际标准（草案）（ISO7098）。1982年，国际标准化组织（ISO）采用汉语拼音字母作为拼写汉语的国际标准。中国国务院1978年批转中国文字改革委员会、中华人民共和国外交部、国家测绘总局、中国地名委员会“关于改用汉语拼音方案拼写中国人名地名作为罗马字母拼写法的实施说明”的第一条规定：“用汉语拼音字母拼写的中国人名、地名，适用于罗马字母书写的各种语文，如英语、法语、德语、西班牙语、世界语等。”由此可见，汉语专名英译时，对所有的中国人名、地名和所有中国专名中包含的人名、地名以及地名性专名，都用汉语拼音字母拼音译写，既是符合国际标准的，又是国际英语，特别是中国英语的重要组成部分。“从历史上看，英语中还从未产生任何如此规范的中国人名、地名的拼写系统。”（金惠康，2004）

（二）符合国家标准的原则

1958年2月11日，第一届全国人民代表大会第五次会议通过了《汉语拼音方案》并批准公布实行。这大大有利于克服汉语各方言间的语音差异，规范汉民族的共同语，即普通话。按国际惯例，以主体民族共同语作为全国通用的共同语。1982年11月，我国第五届全国人民代表大会第五次会议通过的《中华人民共和国宪法》，写进了“国家推广全国通用的普通话”条文。在《汉语拼音方案》的基础上，于1988年7月，我国又制定了进一步规定词的拼写规范的《汉语拼音正词法基本规则》（*Basic Rules for Hanyu Pinyin Orthography*）。汉语专名英译时，必须以国家公布的《汉语拼音方案》和《汉语拼音正词法基本规则》等法规作为中国人名、地名和所有专名中包含的中国人名、地名的罗马字母拼写的统一规范。如我国少数民族人名、地名的英译必须依据《汉语拼音正词法基本规则》的“4.2.5 非汉语人名、地名本着‘名从主人’的原则，按照罗马字母（拉丁字母）原文书写；非罗马字母文字的人名、地名，按照该文字的罗马字母转写法拼写”和《中国人名汉语拼音字母拼写法》的第三条规定“《少数民族语地名汉语拼音字母音译转写法》可以适用于人名的音译转写”，以及《少数民族语地名汉语拼音字母音译转写法》的第二条“少数民族文字用拉丁字母的，音译转写以其文字为依据。与《汉语拼音方案》中读音和用法相同或相近的字母，一律照写；不同或不相近的字母分别规定转写方式；文字不用拉丁字母的，根据文字的读音采用相应的汉语拼音字母表示。没有文字的，根据通用语音标记”。分连次序依民族习惯，例如，阿沛·阿旺晋美（藏语）Ngapoi Ngawang Jigme、阿不都热衣木（维吾尔语）Abdurehim、嘉雅（蒙语）Jayaa、库马什（哈萨克语）Khulmash、呼和浩特 Hohhot、乌鲁木齐 ûrûmqi、拉萨 Lhasa 等。此外，我国少数民族地名中，罗马字母拼写法无“zu”（族）字，英译照抄，如湘西土家族苗族自治州 Tujia-Miao Autonomous Prefecture of Xiangxi，双江拉祜族佤族布朗族傣族自治县 Lahu-Va-Blang-Dai Autonomous County of Shuangjiang 等。“朝鲜族”和“藏族”的罗马字母拼写法，对外分别使用“Korean”

和“Tibetan”，如延边朝鲜族自治州 Korean Autonomous Prefecture of Yanbian，甘孜藏族自治州 Tibetan Autonomous Prefecture of Garzê 等。少数民族人名、地名的记音用加符字母不能漏写，例如，察隅县 Zayû County（西藏）、改则县 Gerzê County（西藏）、德格县 Dêgê County（四川甘孜）、甘德县 Gadê County（青海果洛）等。

（三）符合行业标准的原则

行业标准是由国务院有关行政主管部门制定，在全国某个行业内统一实行的标准。翻译行业有翻译行业的标准。要翻译中国专名，其中，地名英译就必须统一实行中国地名委员会、中国文字改革委员会、国家测绘局 1984 年联合发布的《中国地名汉语拼音字母拼写规则（汉语地名部分）》和国家测绘局、中国文字改革委员会 1976 年共同修订的《少数民族语地名汉语拼音字母音译转写法》等行业标准的原则；人名英译就必须统一实行《中国人名汉语拼音字母拼写法》、《汉语拼音正词法基本规则》等行业标准原则。行业标准的主要法规有：

1. 人名分汉语姓名和少数民族语姓名。汉语姓名按照普通话拼写，姓氏（包括复姓）和名字分写。笔名（化名）当作真实姓名拼写。例如，邓小平 Deng Xiaoping、欧阳兆和 Ouyang Zhaohe、司马迁 Sima Qian、诸葛亮 Zhuge Liang、吴宓 Wu Mi、鲁迅 Lu Xun 等。但对已经专名化的称呼，连写。例如，包公 Baogong、西施 Xishi 等。

2. 在各外语中地名的专名部分原则上音译，用汉语拼音字母拼写，通名部分（如省、自治区、市、江、河、湖、海等）采取意译。例如，四川省 Sichuan Province、广安地区 Guang'an Prefecture 等。但在专名是单音节时，其通名部分应视作专名的一部分，先音译，后重复意译。例如，荣县 Rongxian County、湘江 Xiangjiang River、淮河 Huaihe River、澧水 Lishui River、花溪 Huaxi Brook、渤海 Bohai Sea、太湖 Taihu Lake、石岛 Shidao Is-land、巫山 Wushan Mountain、盲谷 Manggu Valley 等。对通名已专名化的，按专名处理。例如，武夷山自然保护区 Wuyishan Nature Reserve、西湖风景区 Xihu Scenic Spots & Historic Sites、黑龙江省 Heilongjiang Province、绥芬河市 Suifenhe City、都江堰市 Dujiangyan City、黄金坝镇 Huangjinba Township、山海关市 Shanhaiguan City、秦皇岛市 Qinhuangdao City 等，其中的通名“山”、“湖”、“江”、“河”、“堰”、“坝”、“关”、“岛”等都已专名化。

3. 以人名命名的地名，人名中的姓和名连写。例如，中山市 Zhongshan City、张广才岭 Zhangguangcai Mountain、欧阳海水库 Ouyanghai Reservoir、郑和群礁 Zhenghe Reefs 等。但以人名命名的非自然地理实体地名，姓和名分写，人名前置或后置按习惯用法，可分三种译写法：中山陵 Sun Yat-sen's Mausoleum、昭君墓 the Tomb of Wang Zhaojun、黄继光纪念馆 Huang Jiguang Memorial 等。

4. 我国香港、澳门、台湾的人名地名英译时，在用汉语拼音拼写后面应括注惯用拼。例如，余平仲（香港）Yu Pingchong（YuPing Tsung）、崔德祺（澳门）Cui Deqi（Chiu TakKei）、谢世哲（台湾）Xie Shizhe（Hsieh Shih-che）、香港 Xianggang

(Hong Kong or Hongkong)、澳门 Aomen (Macao)、高雄 Gaoxiong (Kaohsiung) 等。

5. 地名中的数词一般用拼音译写。例如，六盘水市 Liupanshui City、五台山 Wutai Mountain、三八路 Sanba Road、五一广场 Wuyi Square 等。但地名中的代码和序数词用阿拉伯数字译写。例如，863 高地 Height 863、延安路 1378 号 1378 Yen'an Road、第一拖拉机厂 No. 1 Tractor Works、成都第 19 中学 Cheng-du No. 19 Middle School 等。

6. 人名、地名中凡以 a、o、e 开头的非第一音节，在 a、o、e 前用隔音符号“’”隔开。例如，西安市 Xi'an City、建瓯市 Jian'ou City、天峨县 Tian'e County、第二松花江 Di'er Songhua River、羊士谔 Yang Shi'e 等。汉语拼音韵母 ü 跟声母 n、l 拼时，上面两点不能省去。例如，旅顺港 Lüshun Port、吕梁地区 Lüliang Prefecture、女山湖 Nüshan Lake、吕不韦 Lü Buwei 等。但 ü 与声母 j、q、x 拼时，上面两点则要省去。例如，曲靖市 Qujing City、白居易 Bai Juyi 等。

(四) 符合名从主人的原则

“名从主人”是各国翻译和转写人名地名所必须遵循的一条基本原则。汉语人名、地名和所有专名中包含的人名、地名以及地名性专名（如建筑物、公园、广场、街道、名胜古迹等），都应以普通话的标准语音为准音译。例如，江泽民 Jiang Zemin、上海市 Shanghai Municipality、成都大学 Chengdu University、重庆大学学报 Journal of Chongqing University、安徽日报 Anhui Daily、北京广播电台 Radio Beijing、四川电视台 Sichuan TV Station、南京天文馆 Nanjing Planetarium、北京图书博览会 Beijing International Book Fair、峨眉山圣寿万年寺铜铁佛像 Bronze and Iron Buddhist Sculptures in the Shengshouwannian Temple，Emei Mountain、望江楼公园 Wangjianglou Park、天府广场 Tian Fu Square、敦煌石窟 Dunhuang Grottoes、上海公报 Shanghai Communique 等。

有少数汉字地名，由于汉语是声调语言，同音异调就会产生同名异读。因此，不能按普通语言词典而必须按中国人名、地名词典的读音和拼写英译，才能“名从主人”。例如，陕西省 Shaanxi Province、山西省 Shanxi Province、荥阳市 Xingyang City、荥经县 Yingjing County、林芝地区 Nyingchi Prefecture、林周县 Lhünzhub County、米林县 Mainling County、单城镇 Shancheng Township（山东）、单城镇 Dancheng Township（黑龙江）、扎达县 Zanda County、扎陵湖 Gyaring Lake、浍河 Kuaihe River（山西）、浍河 Huihe River（河南、安徽）、阿克乔克山 Akxoki Mountain（新疆塔城市）、阿克乔克山 Akqoka Mountain（新疆昭苏县）等。

(五) 符合音同意合的原则

人们为了互相了解和交流而起的人名地名，翻译时只有音同还不够，还需意合。

也就是说，除了音译以外，还需意译，才能达到起名的目的。根据我国的有关法规，汉语专名英译中，意译的情况有：

1. 所有汉语专名，英译时，除应音译的外，都应意译，如“世界博览会”World's Fair（Exposition）、“中国社会科学院”Chinese Academy of Social Sciences、“天山山脉”Tian Shan Mountains 等。

有些专名，有时音意融译，如“武则天明堂”the Imperial Academy of Empress Wuzetian、“杜甫草堂”Du Fu's Thatched Cottage、“福建人民出版社”Fujian People's Publishing House、《徐霞客游记》*The Travel Notes of Xu Xiake* 等。

2. 人名、地名，一般情况都是音译，但在文学作品、旅游图等出版物中，含有特殊意义并需要意译的，则意译。例如，我国著名翻译家杨宪益和戴乃迭在英译《红楼梦》时，对其中的人名、地名，一般用汉语拼音音译，有特殊意义的则用意译，如“贾母”译成 Lady Dowager、“刘姥姥”Granny Liu、“大观园”Grand View Garden、“怡红院”Happy Red Court 等。《西游记》的译者詹纳尔（W. J. F. Jenner）把“沙僧”译成 Friar Sand、“铁扇公主”Princess Iron Fan、“西梁女国”The Womanland of Western Liang、“火焰山”The Fiery Mountains 等。在旅游图等出版物中，“上海城隍庙-豫园”译为 Shanghai's Town God's Temple-Yuyuan Garden、“鲁迅纪念馆”Lu Xun Memorial Hall、“颐和园”Summer Palace、黄果树瀑布 Huangguoshu Falls、“铜锣湾”Causeway Bay、“蜀南竹海”the Bamboo Forest in Southern Sichuan 等。

3. 凡有职务、称呼、绰号等与姓氏分写的人名和凡有衔称的人名命名的地名，职务、称呼、绰号、衔称等一律意译，如“林语堂博士”Dr. Lin Yutang、“孙中山先生故居”former residence of Dr. SunYat-sen 等。

4. 凡地理名称明显反映地理方位和地理特征的，用意译，如我国的“珠江”译成 Pearl River、“黄海”Yellow Sea、“象鼻山”the Elephant Hill 等。

5. 凡表示方位、大小、新旧这类方向词、区别词（如东、南、西、北、上、下、前、后），在地名组成中对后续的专名部分起修饰作用的，一般意译，如我国的“东海”the East China Sea、“西湖”the West Lake 等。

6. 凡以数字或日期命名的地名都意译。如我国的“千佛岩”译成 Thousand-Buddha Crag、“长江三峡”Three Gorges of Yangtze River 等。

7. 凡国际上习惯意译的地名都意译。如我国的“大运河”译为 Grand Canal、“长城”Great Wall、“白云山”White Cloud Mountain 等。

8. 有些地理通名为一词多义时，翻译应视通名所属类别和习惯译法而定。如汉语通名“山”：“峨眉山”译成 Mount Emei、“万寿山”Wanshou Hill、“西岭雪山”Xiling Snow Mountains、“念青唐古拉山”the Nyainqüntanglha Range、“大屿山”Lantau Island、“拉旗山”Victoria Peak、“狮子山”Lion Rock 等。又如“海”：黄海 Yellow Sea、草海 Caohai Lake、大滩海 Long Harbor、牛尾海 Port Shelter、赤水竹海 Chishui Bamboo Forest 等。

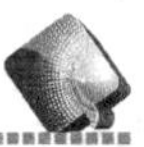

（六）符合约定俗成的原则

对那些在规范和统一之前的专名翻译，与其改为规范翻译可能引起人们对已习惯的旧译产生新的混乱，还不如顺其自然，按国际通用的约定俗成原则来处理。如“大公报”L'Impartial、“中国兴业银行”Chinese Industrial Development Bank、“开平矿务局”Chinese Engineering & Mining Co.、“双鲁河”Beas River、“观音湾”Afternoon Beach、《法政学报》*Friend of Commons*、“新学术研究院”China Study Centre等。这就要求我们对那些已经约定俗成的专名翻译，要查一查有关的权威词典。

（七）符合同名同译的原则

名从主人，理所当然应是同名同译。但由于各种复杂原因，同名不同译的情况屡见不鲜。这种同名不同译而引起的专名混乱，也只有通过实施“同名同译”的原则和其他相应的措施，从源头上理顺才能得到澄清。对那些因种种原因，一个专名有两个及其以上名称的，应客观公正地如下处理。

1. 对历史人名、地名，原有的惯用拼法可以不变；若必要时，后面应括注，如孔夫子 Kongfuzi（Kung Fu-tzu 或 Confucius）、孙中山 Sun Zhongshan（Sun Yat-sen）、汴京 Bianjing（现 Kaifeng）、渝州 Yuzhou（现 Chongqing）等。

2. 海外华侨及外籍华人、华裔的姓名，均以本人惯用拼法为准。例如，丁肇中 Samuel Chao Chung Ting、谭良 Tom Leung、黎全恩 David Chuenyan Lai 等。

3. 凡同一专名有新、旧拼写、官方用名和习惯用名之别的，把新拼写、官方用名作正名，旧拼写、习惯用名作副名括注于后。例如，“毛泽东”Mao Zedong（Mao Tse-tung）、“北京”Bei-jing（Peking）、“长江”Changjiang River（Yangtze River）等。

4. 凡属界河界山；跨国度的山、河、岛屿；国际共有的公海、海峡；有领土争议的地区，按各自的拼写名称，用括注副名表示。例如，我国与尼泊尔之间的界峰——珠穆朗玛峰（萨加玛塔峰）[中—尼] Mount Qomolangma（SāgarmāthāPeak）、Sāgarmāthā Peak（Mount Qomolangma）萨加玛塔峰（珠穆朗玛峰）[尼—中]，又如我国与俄罗斯的界河——黑龙江（阿穆尔河） [中—俄] Heilong Jiang（Amur）、Amur（Heilong Jiang）阿穆尔河（黑龙江）[俄—中] 等。

5. 根据我国《地名管理条例》第四条的“（三）全国范围内的县、市以上名称，一个县、市内的乡、镇名称，一个城镇内的街道名称，一个乡内的村庄名称，不应重名，并避免同音”的规定，凡汉语人名地名相同的，当然同名同译，但应括注所属单位或行政区划以示区别。例如，李丽 Li Li [成都七中高三（1）班学生]、李丽 Li Li（四川诚信公司公关部主任）、和平镇 Heping Town（黔惠水）、和平镇 Heping Town（吉东丰）等。

6. 汉语专名同，但英译时因少数民族语发音不同而拼写不同的，应特别注意。例如，"阿扎乡" Arza Township（西藏嘉藜县），而西藏扎囊县的"阿扎乡"则应拼写成 Ngagzha Township；又如以"扎"开头的少数民族地名，英译时也不同，如"扎左镇" Zazuo Township（贵阳市）、"扎陵湖" Gyaring Lake（青海）、"扎达县" Zanda County（西藏阿里地区）、"扎囊县" Chanang County（西藏山南地区），"扎兰屯市" Zalantun Township（内蒙古呼伦贝尔盟）、"扎赉特旗" Jalaid County（内蒙古呼伦兴安盟）、"扎龙自然保护区" Zhalong Nature Reserve 等。

（八）符合开拓创新的原则

专名翻译具有历时性与共时性的属性。历时性使专名翻译体现着历史的发展和积淀，使专名历史译法具有延续性，在继承的基础上不断发展创新；共时性使专名翻译与时俱进，开拓创新，给活生生的语言不断输入新的理念、新的事物，在规范中更加完美，使音译与义译并举，异化与归化同行，创新与循旧——旧词新用兼施，从而打上生动灵活、除旧创新的时代烙印。如"太极拳广场" Taijiquan Square、"世界武术锦标赛" World Wushu Championships、"端午节" Dragon Boat Festival、"义和团" Boxer、"红卫兵" Red Guards、"第三世界" The Third World、"亚洲四小龙" Four Little Dragons of Asia、"十五"计划 the 10th Five-Year Plan、"中国英语" Chinish、"扶贫工程" Anti-Poverty Project、"中国公用计算机互联网" Chinanet、"中国红客联盟" China's Association of Honkers、"转世灵童" Reincarnation Boy、"中国民航" CAAC、"香港特别行政区" HKSAR、"中国传统中药" TCM、"汉语水平考试" HSK、"外办" Waiban 等，都已融入了国际英语，并且英语中的"欧佩克"（OPEC）、"埃佩克"（APEC）、WTO 和 GNP 等也已融入了汉语。这不仅表现了汉语专名英译的创新，也反映了我国与国际接轨的现实和世界上使用人口最多、范围最广的汉英两种语言相互融入的包容性。

《成都大学学报》（社科版）2006（3）：106-109.

翻译练习

一、把下面的句子翻译成英语，注意句子中人名和地名的翻译。

1. 崂山位于青岛市东部的崂山区，距市中心 40 公里，是中国著名的道教名山。（《今日中国》2005 年第 5 期）

2. 占地 1035 公里的乌伦古湖是全国十大内陆淡水湖之一。（《今日中国》2005 年第 4 期）

3. 在南方每年到了秋天，总要想起陶然亭的芦花，钓鱼台的柳影，西山的虫唱，玉泉的夜月，潭柘寺的钟声。（郁达夫《古都的秋》）

4. 被誉为中国画史上传统派四大家之一的潘天寿三十多幅不同时期的书画代表作将在香港艺术馆展出。（《中国翻译》2013 年第 1 期）

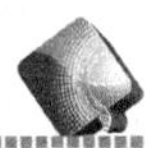

5. 寒山寺，位于苏州阊门枫桥镇上，距城约 3.5 千米，初建于 501—519 年。（朱一飞、汪涵昌编著《中国文化胜迹故事》）

6. 鄱阳湖、洞庭湖、太湖、洪泽湖、巢湖等五大湖，烟波浩渺，犹如太初遗珠，齐聚长江、淮河流域。（《首届中国湖泊论坛南京宣言》）

7. 小二黑和小芹相好已经两三年了。（赵树理《小二黑结婚》）

8. 济公劫富济贫，深受穷苦人民爱戴。（孟庆升《新编实用汉英翻译教程》）

9. 孩子上学后，会有一个老师和同学使用的“学名”，这个名字暗指他的才智、勤勉或学识。（龙毛忠等《中国文化概览》）

10. 武大回到厨下来，问老婆道：“我叫他又不应，只顾望县前这条路走了去，正是不知怎地了!”（《水浒传》第二十三回）

二、段落翻译

中国人一生会有好多名字。满月过后，人们就会给婴儿取个乳名，这个乳名只有家庭成员、亲朋好友能用。名字由家里的长辈或有文化的朋友给取。男孩的名字反映了父母的愿望，希望他健康、长寿、富贵、有才、有德、勤勉、孝顺、爱国、聪明。女孩的名字一般与奇异的花儿、可爱的鸟儿、动听的乐器、发光的珠宝等有关。然而，在一些农村家庭女孩一般不给取名字，而只是简单地依次叫大妹、二妹、三妹等。（龙毛忠等《中国文化概论》）

第三章 中西称谓文化差异与汉英翻译

第一节 概 述

称谓词与人们生活息息相关，可以说，只要与人交往必然需要使用称谓词。按照《现代汉语词典》称谓语的解释是：“人们由于亲属和别的方面的相互关系，以及身份、职业等而得来的名称，如父亲、师傅、厂长等。”在实际的使用过程中，人们往往把称谓语和称呼语混为一谈。严格来说，称谓和称呼是两个不同的概念。称呼是当面称呼用的表示彼此关系名称的词语，是一种处于使用状态的动态的词汇现象，具有一定的非系统性、灵活性；而称谓语则是对他人介绍，表示身份的词语，是一种相对处于贮存状态的静态的词汇现象，具有一定的系统性、稳定性。此外，称谓语在一定的区域内具有社会性、全民性，全体成员都会按照社会的约定自觉使用；而称呼语则更多地带上了使用者的个人色彩，往往具有特殊性、个性化。我们认为区别称谓与称呼的根本点在于言语交际。称呼仅指言语交际中使用的名称；而称谓则不受此限制，有些词语可以表示人的身份、职业、关系等，是称谓词语，但一般不用于言语交际，不是称呼词语。因此，本章所研究的称谓包括言语交际中的称谓和非言语交际中的称谓。

公元前 3 世纪的《尔雅》就已系统阐释了先秦亲属称谓，这是对汉语亲属称谓进行系统总结、概括最早的文献。仪礼类著作《仪礼》把亲属关系与丧服、敬祖以及礼的其他方面相联系，从而反映出亲属称谓具有庞杂的文化内涵和与人类社会生活密不可分的纽带关系。同时，文人学者的杂著笔记往往涉及称谓研究，如北齐颜之推的《颜氏家训》等。孔子有言：“名不正，则言不顺；言不顺，则事不成；事不成，则礼乐不兴；礼乐不兴，则刑罚不中；刑罚不中，则民无所措手足。”所谓名，即与我们现在所说的亲属称谓有关。正确使用称谓目的就是孔子所说的“正名分”。

中国人是最为讲究称谓的，因而其称谓之多，称谓之细，称谓之复杂，恐怕在世界上也是名列前茅的。按照称谓词意义的不同，从语用和语义层面上可将称谓词分为两大类：亲属称谓和社会称谓。另外，称谓词按照内容来分，可分为亲属称谓、社会称谓、职官称谓、礼貌称谓、年龄称谓、性别称谓等。按照人称来分，可分为自称、对称、他称。按照使用场合来分，可分为叙述性称谓和对话性称谓。按照语体来分，可分为口头称谓和书面称谓。按照礼貌感情来分，可分为谦称、敬称、昵称、傲称、蔑称、戏称等。以文化典籍为例：60 多万字的《三国志》就有 1800 多个称谓词，其中包括 1400 多个社会称谓和 300 多个亲属称谓。诞生于 18 世纪中叶的伟大小说《红楼

梦》中，作者描写的中心“贾府”是个四世同堂的大家庭，从“水”字辈到“草”字辈，共涉及五代血缘关系。从横向看，史、王、薛三大家族与贾家又有着纵横交错的血亲、姻亲关系。因此，《红楼梦》一书中反映这种复杂的亲属关系的语言符号——亲属词的系统自然也就十分复杂。而在交际过程中，由于君臣、主仆、同僚及朋友的社会关系的介入，使得书中亲属之间相互称呼所形成的亲属称谓系统与亲属词系统并不完全一致，也更加复杂。所以，《红楼梦》一书所表现的汉民族的亲属关系、社会关系以及他们之间相互称谓的状况，非常集中且很有代表性，它基本上反映了中国封建社会中亲属称谓的全貌。

称谓是民族文化的反映。汉语称谓数量众多，文化底蕴丰富，与英语称谓数量贫乏形成鲜明对比。由于英汉称谓文化的巨大差异，在翻译称谓语时必然会遇到问题。本章拟以民族文化为背景，通过分析英汉称谓语，尤其是亲属称谓语和社会称谓语的差异来探讨英汉称谓语翻译的策略和方法。

第二节　汉英亲属称谓语的比较和翻译

在中国数千年的文化史上，“家”、“家族”是人们根深蒂固的一种观念。古人云：“天下之本在国，国之本在家。”因此有人说：“中国文化全部都是从家族文化筑起。”由此可见，家、家族已经成为中国文化中的一个基本意象，是中国文化研究中不可忽视的课题，而作为家族文化的一个典型代表——称谓系统的研究则显得意义重大。汉语亲属称谓系统堪称世界上最丰富、最复杂的亲属称谓系统之一。根据称谓词产生的源头、依附的方面以及传统习惯这三项原则，亲属称谓可以分为父系、母系、夫系、妻系四个系统。在中国封建大家族中，几代同堂，少则几十人，多则几百人，人员之间关系甚是复杂。为了指称明确，亲属之间的称谓不仅数量众多，而且语义指代非常明晰。赵元任先生曾在《中国人的各种称呼语》(*Chinese Terms of Address*) 一书中列举了114种亲属称呼语，而且每种称呼又有面称、背称、正式文气之称等不同的称呼语。相比较而言，西方社会的核心家庭 (nuclear family) 中，家庭成员相对较少，结构相对简单，称谓语也远没有汉语称谓语庞大复杂，因而中西称谓语呈现出很大的差异，在翻译过程中，我们必须要掌握这种称谓文化的差异才能寻求跨文化交际中称谓语词语翻译的规律。

(一) 汉英亲属称谓语的差异

汉英亲属称谓语 (kinship terms) 的差异有很多表象，具体表现在以下几个方面。

1. 汉英亲属称谓语语义不完全对应

中国与西方价值体系和文化价值观有所不同，其亲属称谓语言也反映这种不同。中国向来“重名分、讲人伦”，亲属间称谓词语数量多，使用规则繁杂。相比之下，英语亲属称谓词语比较简单，数量少且指称宽泛。亲属称谓的民族性、区域性决定了汉英两种语言转换过程中会时常出现“词汇空缺”和语义不对应的现象。

(1) 汉语称谓语男女有别。汉语称谓系统中男女之间的生理差异构成区分亲属差异的重要标志，父系与母系称谓的区别是父母性别对立的延伸，其中，堂表兄弟姐妹的区分就是这一特征的具体表现。比如，英语称谓中一个英语单词“cousin”，在汉语称谓中有“表哥”、“表弟”、“表姐”、“表妹”、“堂哥”、“堂弟”、“堂姐”和“堂妹”8个称谓语与之相对应。从这个例子可以看出，英语称谓语所指代的范围往往比汉语要广，概括性也更强。

(2) 汉语称谓语讲辈分，长幼有序。汉语亲属称谓注重辈分，血亲传统分为“九族”，上有四代长辈，下有四代晚辈，长幼序列为：高祖、曾祖、祖、父、本人、子、孙、曾孙、玄孙。而在英语中则辈分淡化，与汉语对应的只有表示祖孙三代的称谓词。如要表示高祖、曾祖、曾孙或玄孙，则需使用形容词 great 或 great 的重叠使用，即 great great grandfather（高祖），great grandfather（曾祖），great grandson（曾孙），great great grandson（玄孙）。与此类似，汉语亲属称谓还讲究长幼有序，而英语中长幼不分。因此，英语的 brother、sister 分别表示汉语中的“哥哥”和“弟弟”、“姐姐”和“妹妹”。

(3) 汉语称谓语讲血缘，内外有别。在汉语中，亲属一般分两大类。一类是血亲，即有血缘关系的亲属；而另一类则是姻亲，即由婚姻关系形成的亲属。血亲和姻亲在汉语称谓中泾渭分明。例如，grandfather，grandmother 分别表示汉语中的“爷爷、外公”，“奶奶、外婆”。如果要区别，只能用 paternal grandfather 和 maternal grandfather 或者 on the father's side（父亲方面的）和 on the mother's side（母亲方面的）之类的表达来加以说明了（包惠南，2001)。与此类似的还有英语中的 uncle（伯伯、姨夫等）和 aunt（姑妈、姨妈等）等称谓语。

2. 汉英称谓语自身的变化不同

时代在发展，社会在进步，文化和语言也处在动态的发展和变化之中，作为文化典型代表之一的称谓文化也理所当然地烙上了时代的特色。如现代父母子女之间的关系似乎随着沟通变得更为和谐，虽不能像西方社会很多国家那样直呼父母姓名，但在称谓上也出现了很多港台味十足的“老爸”、“老妈”和“老姐”等称呼。这里的“老”字不过是用来表示亲属之间的亲密关系而已，翻译时绝不能直接翻译成“old”，否则就贻笑大方了。还有值得一提的就是“姐姐”这一亲属称谓。在中国家庭关系处理中，除了婆媳关系是大家一直讨论的话题外，姑嫂关系也是很让人纠结的一个问题。因此，在中国很多现代家庭里，姑嫂为了能和睦共处，基本上不用“嫂子”这一称谓，即使使用也仅作为背称，即向他人谈及时采用，更多的时候，尤其是面称时，基本上都采用“姐姐”这一称谓，听起来让对方倍感亲切，当然也可能在翻译时给译者带来困扰。此外，由于中国曾实行“计划生育”政策，倡导一对夫妻只生一个孩子，所以现代很多家庭都是独生子女，“三哥”和“五弟”之类的排行称谓相应减少，亲属称谓系统也

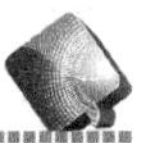

随之不断简化。相比较而言，英语的称谓系统随着时代的进步而产生的变化要小，相对比较缓慢。

3. 汉英称谓语的泛化程度不同

在中国，彼此之间没有血缘关系的人使用亲属称谓来互称或自称的现象很常见。在社交过程中，使用亲属称谓来称呼非亲属的这种特殊的称谓方式，就是拟亲属称谓。使用拟亲属称谓语来表示恭敬、亲热、谦虚，使被称呼者感到尊重，这样就拉近了彼此间的距离，反映了中华民族传统的伦理观念。实际上，泛化了的汉语亲属称谓语并不表实义，如对陌生人都可以面称“爷爷”、“哥哥”、“大姐”等。这里的“大姐”既不能表明辈分，也不能说明排行，根本没有严格区分辈分和长幼关系。由于不同的文化背景，中西拟亲属称谓语的数量和指称的范围有很大的不同。由于文化的差异，在英美国家对非亲属使用亲属称谓语是不符合习俗的，即使在亲属之间，人们也习惯于使用姓名称谓。不过也存在一些为数不多的拟亲属称谓语，但使用范围并不广。例如，长辈称呼晚辈的时候也可以用“my son”或“my child”来表达对晚辈喜爱的情感和亲切的意味；晚辈则可以用“grandpa”和“granny”来称呼长辈，既亲切又礼貌；儿童有时也会使用“uncle”或者“aunt”的方式来称呼非亲属但两家关系较为亲密的长辈等。

（二）汉英亲属称谓语的翻译

在人类社会中，称谓系统是一个极其庞大的语言文化系统。它是人类终年累月形成的规则和长期约定俗成的习惯相辅相成的产物，因此具有鲜明的民族性。布龙菲尔德在《语言论》中说过：“人们的亲属关系看上去似乎是一件简单的事情。其实，不同语言中所用的亲属名称极难分析。”如此说来，亲属称谓语的翻译绝非易事。值得一提的是，《红楼梦》的两个译本都非常重视汉英亲属称谓语系统的差异，为了更好地帮助译文读者厘清小说亲属关系脉络，都在译本中增加了家谱树图，只是呈现的方式不同而已。杨译本列出的是 Chief Characters in the Novel and Their Relationships，以贾府为主。家谱图表以活页的形式夹在书中，以便读者随时查询。霍译本则将提供的 Genealogical Tables 置于正文前，分别以贾、王、史三家为谱系脉络，追根溯源，一目了然，似乎比杨译本略胜一筹。英汉亲属称谓语在上述各方面的差异决定了翻译手段的多样化，需要根据语境采用种种不同手段来解决这些因差异而产生的翻译难题，如换算和变通，具体与淡化等（包惠南，2001）。

1. 换算和变通

通过以上的比较分析我们可以看到汉英亲属称谓语的差异大致有三种情况，一是汉英称谓语完全对等，如“父亲，母亲”和“father，mother”；二是汉英称谓语不完全对等，或者是部分对等，如“姐姐”和“sister”，“哥哥”和“brother”，“表妹”和“cousin”，“姑姑”和“aunt”等；三是汉英称谓语的对等缺失。汉语称谓词数量众多、名目繁杂，而英语称谓语相对而言数量很少，因此汉英称谓语的翻译过程中力求对等往往是不可行的，这就需要译者依据具体的语篇语境，对原语的称谓进行换算变通，译成英语中对应或相近的称谓，以符合译入语的表达习惯。

（1）你为什么向报馆辞职不先跟我商量？就算我不懂事，至少你也应该先到这儿来请教**爹爹**。（钱钟书《围城》）

Why did you quit your job without first discussing it with me? So maybe I don't understand anything, but at least you should have come here first and asked for ***your father***'s advice.（凯利，茅国权译）

（2）鸿渐，你听见没有？以后你不听我的话，我就告诉**婆婆**。（钱钟书《围城》）

Hung-chien, did you hear that? From now on if you don't listen to what I say, I'll tell ***your mother***.（凯利，茅国权译）

（3）刘太太也称赞丈夫心思敏捷，只担心方鸿渐本领太糟，要**大舅子**替他捧牢饭碗。（钱钟书《围城》）

Mrs. Liu also approved of her husband's keen reasoning, her only qualm being that Fang was inept and would need ***her husband*** to keep his job for him.（凯利，茅国权译）

（4）宝玉道："这些药都是不中用的。**太太**给我三百六十两银子，我替**妹妹**配一料丸药。"（《红楼梦》第二十八回）

"None of those things are any good," said Bao-yu. "***You*** give me three hundred and sixty taels of silver and I'll make up some pills for ***Cousin Lin***."（霍克斯译）

"All these drugs," expostulated Pao-yu, "are of no earthly use. Were you, ***mother***, to give me three hundred and sixty taels, I'll concoct a supply of pills for ***my cousin***."（乔利译）

（5）是年冬，值其**堂姊**出阁，余又随母往。（《浮生六记》卷一，第6页）

In the winter of that year, one of my ***girl cousins***, (the daughter of another maternal uncle of mine) was going to get married and I again accompanied my mother to her maiden home.（林语堂译）

In the winter of that same year, when one of my ***girl cousins*** was about to be married, I once again accompanied my mother to her family home for the wedding celebrating.（雪莉·布莱克译）

（6）**武大**叫一声："**大嫂**开门！"只见芦帘处，一个妇人来到帘下，应道："**大哥**，怎地半早便归？"武大道："你的**叔叔**在这里，且来厮见。"（《水浒传》第二十四回）

"***Wife***, open the door," ***Wu the Elder*** shouted. A bamboo curtain was raised, and a man appeared, "what are you doing home so early," she asked. "Your ***brother-in-law*** is here. I want you to meet him."（沙博理译）

评析　例（1）中的"爹爹"是一种对自己长辈或长者的称呼。在中国大多数地区是父亲的称呼，有部分地区是祖父的称呼。此句中的"爹爹"是妻子孙柔嘉对丈夫方

鸿渐的父亲的称呼。同样，例（2）中的“婆婆”是孙柔嘉对方鸿渐母亲的称呼，译者根据人物身份将这两个称谓变通译为“your father”和“your mother”，避免了译入语读者理解上的困惑。例（3）中，刘太太有意把自己丈夫的妹妹许配给方鸿渐，如此以来，如果联姻成功，方鸿渐自然成为了刘太太丈夫的妹夫，而刘太太的丈夫则成为方鸿渐的“大舅子”，即自己妻子的哥哥（《现代汉语词典》）。所以此处的“大舅子”分明就是刘太太对自己丈夫的称谓，如果直译成“his wife's brother”甚为不妥，读者会不知所云，方鸿渐并未结婚何来“wife”？而译者通过变通而采用的 her husband 的译法则简单直接，通俗易懂，不会引起任何的歧义。

例（4）是宝玉与母亲王夫人的对话。贾府作为显赫权贵的社会上层的代表，是一个礼数尊卑等级严格的贵族府邸。子女在父母面前也要恭肃严整，恪守礼数。即便身为幼子的宝玉在母亲面前可以偶尔撒娇，但在称呼上却是丝毫不能含糊，一定要使用官称“太太”，母子间对话也不能像府中下人那样随意。霍译将官称的“太太”译为“you”，体现了母子间对话的亲昵随意。而乔译则处理得颇为谨慎，不仅使用了比较正式的“mother”，还使用了表达“客气、委婉”的虚拟语气“were to”的形式，体现出了权贵子弟在母亲面前毕恭毕敬的语气。应该说，乔译在此处的处理更贴近原文的时代特点和语境，霍译中的第二人称以及祈使句的使用都更像是现代母子间的对话，没有体现出源语社会的特点。两位译者对此的处理虽不尽相同，但都在一定程度上对原文进行了换算和变通。同样，两位译者都根据宝玉和林妹妹的关系将“妹妹”这个称谓语进行变通，翻译成 cousin 而不是 sister。

例（5）选自清代文人沈复所著自传体经典之作《浮生六记》。林语堂和雪莱·布莱克两位译者都把原文中“堂妹”一词翻译成“girl cousin”，可谓英雄所见略同。“Cousin”一词在汉语中大概有诸如“堂哥”、“堂妹”、“表姐”、“表妹”等 8 个与之相对应的称谓语，两位翻译家正是考虑到这种中西称谓系统的巨大差异，在翻译过程中实行变通，在“cousin”一词前加上“girl”这个修饰限定语以示性别，在最大程度上传达了原文的文化信息和文化色彩，又具有可读性，成功地实现了跨文化交流的目的。

例（6）中，“武大”直译是可行的，但“大嫂”和“大哥”是武大郎夫妇二人对彼此的称呼，如直译成“sister-in-law”和“elder brother”必定会让目的语读者误会他们两人之间的关系，因此沙博理对此进行了变通，译出“大嫂”真正指代的对象“wife”，而“大哥”则省略不译。同样，“叔叔”一词若直译成“uncle”，则毫无疑问会让读者对说话人之间的辈分混淆，其实在汉语中，妻子对自己丈夫的弟弟通常以“小叔子”相称，此处，沙博理更多地考虑了目的语读者的需求，将“叔叔”一词译成英语世界里读者比较熟悉的 brother-in-law，由此可见译者对中国传统文化底蕴的了解和熟知。

2. 具体与淡化

由于不同的语言表达习惯，有时为了使译入语读者明确理解称谓语指代的对象，翻译时要明确指出其所指对象；同时也可尽量淡化复杂且与故事情节的发展等方面关系并不密切的亲属称谓，以求译文简洁易懂。

(1) 你再亲自到西府去请老太太、**大太太**、**二太太**和**你琏二婶子**来逛逛。(《红楼梦》第十回)

You can go to the West Mansion to deliver invitation in person to the old lady, ***Lady Xing***, ***Lady Wang*** and ***Xifeng***. (杨译)

(2) 刘姥姥道："也没甚说的，不过是来瞧瞧**姑太太**、**姑奶奶**，也是亲戚们的情分。"(《红楼梦》第六回)

"I've no special business," put in Granny Liu. "I just came to call on ***Her Ladyship*** and ***Madam Lien***, seeing as how we are related." (杨译)

(3) 余笑曰："俟妹于归后，我当邀**妹丈**来，一住必十日。"

俞曰："我亦来此，与**嫂**同榻，不大妙耶？"(《浮生六记》卷一，第36页)

Once I said to her in fun, "When you get married, I am going to invite ***your husband*** to come and keep him for ten days at a stretch."

"I'll come here, too, then," said Miss Yu, "and sleep in the same bed with ***Yün***. Won't that be fun?" (林语堂译)

"After you get married," I threatened her, "I shall invite ***your husband*** here and keep him with me for ten whole days. How will you enjoy that?"

"I shall come here too," Yu said, "I'll stay and go to bed with ***Yuen***. Wouldn't that be exciting?" (雪莉·布莱克译)

(4) **二奶奶三奶奶**彼此做眼色，脸上的和悦表情同时收敛。(钱钟书《围城》)

Second Daughter-in-law and Third Daughter-in-law exchanged glances, simultaneously wiping the genial expressions from their faces. (凯利，茅国权译)

(5) **老太太**觉得儿子偏袒媳妇，**老先生**觉得儿子坍尽了天下丈夫的台。(钱钟书《围城》)

Mrs. Fang felt her son sided too much with his wife, while ***Mr. Fang*** felt that his son was a complete disgrace to all husbands in the world. (凯利，茅国权译)

(6) 办公有一定时间的，大哥，三弟，我们**老二**也在外面做事，并没有成天不回家。(钱钟书《围城》)

There are fixed hours for work. Eldest Brother, Third Brother, and ***my husband*** also work outside without having to stay out all day. (凯利，茅国权译)

评析 译者在以上例子中均采用了具体化的翻译手段。汉语中同胞兄妹姐弟，称谓分明，以示长幼；而英语的称谓则模糊得多，汉译英时，往往采用去掉汉语中的数字排行称谓，而直译出人名或不译。在例(1)中，对于不熟悉中国称谓语的外国读者来说，如果将"大太太、二太太和你琏二婶子"翻译成"eldest lady, second lady and second aunt Lian"之类的称呼则会让他们不知所云，最好的做法就是将具体的指代对象明说，把她们的姓名直接译出，就较易被英语读者理解和接受。例(2)也直接把

“姑太太，姑奶奶”译为“Her ladyship，Madam Lien”，进一步明确了“姑太太”和“姑奶奶”所指的对象，使译文读者更容易理解其亲属称谓所指的对象。

例（3）是《浮生六记》中作者与其母义女俞六姑的一段对话。因为俞六姑是作者母亲的义女，与其妻当是“姑嫂”相称；倘若俞六姑结婚，她的丈夫自然就成了作者的妹夫，即原文中的“妹丈”。为了让目的语读者明确了解说话人之间错综复杂的关系，两位译者都把原文中的“妹丈”和“嫂”两个称谓语具体化，明确指出了其指称对象，即“your husband”和作者的妻子“Yün（Yuen)”，读者自然就能心领神会了。

“奶奶”一词可以作为对家中女主人的称谓。例（4）中的“二奶奶三奶奶”是对《围城》中方家二媳妇和三媳妇的称呼，所以译者在翻译的时候为避免人物关系混淆，直接点明了其指代的具体对象，便于目的语读者理解。例（5）中的“老先生”、“老太太”和例（6）中的“老二”也被译者根据具体的语境具体化为“Mr. Fang”，“Mrs. Fang ”和“my husband”，同样以一种很直接的称谓明确称呼对象，使读者一目了然。

（7）忽见素云进来说：“我们奶奶请二位姑娘商议要紧的事呢。***二姑娘***、***三姑娘***、***四姑娘***、***史姑娘***、宝二爷，都等着呢。”（《红楼梦》第四十二回）

Just then Su-yun came in to announce，“Our mistress wants you both to go and discuss important business. All ***the other young ladies*** are there with Master Pao.”（杨译）

（8）邢夫人笑道：“……你们***姑娘***、***姐姐***、***妹妹***都在这里呢，闹的我头晕，今儿不留你们吃饭了。”（《红楼梦》第二十四回）

I am so dizzy from the rumpus ***the girls*** have raised here that I won’t keep you to dinner.（杨译）

评析 译者没有翻译出（7）中的“二姑娘、三姑娘、四姑娘、史姑娘”和（8）中的“姑娘、姐姐、妹妹”，只是分别把她们淡化成“the other young ladies”和“the girls”，原因在于这些人物都是与故事情节的发展本身并无直接联系的陪衬性人物，笼统性的泛化翻译使译文更简洁，更易被译文读者理解和接受，倘若把原文的称谓逐字翻译无疑是弄巧成拙，反而增加目的语读者阅读的困难。

3. 释义法

汉英称谓语的对等缺失情况是非常常见的现象，如“妯娌”、“连襟”等在英语中都没有对应的称谓。《现代汉语词典》中“妯娌”的定义是“哥哥的妻子和弟弟的妻子的合成”，“连襟”的定义是“姐姐的丈夫和妹妹的丈夫之间的亲戚关系”。在这种对等缺失的情况下，汉译英时只能采用释义的方法才可以再现原文的指称对象，如把“妯娌”翻译成“women who are married to brothers”，同样“连襟”则可以翻译成“men who are married to sisters”。这样的例子数不胜数。

（1）袭人道：“那是我两***姨姐姐***。”（《红楼梦》第十九回）

“My mother’s sister’s child.”（杨译）

（2）“……况且这通身的气派竟不像老祖宗的***外孙女儿***，竟是个嫡亲的***孙女***。”（《红

楼梦》第三回）

"Her whole air is so distinguished! ***She doesn't take after her father, son-in-law of our Old Ancestress, but looks more like a Jia.***"（杨译）

"And everything about her so distingue! ***She doesn't take after your side of the family, Grannie. She is more like a Jia.***"（霍译）

（3）二人旧嫌尽释，亲热得犹如结义姐妹（因为亲姐妹倒彼此嫉妒的），孙柔嘉做梦也没想到她做了***妯娌***间的和平使者。（钱钟书《围城》）

All their old ill was forgotten, and they became as close as sworn sisters (natural-born sisters being jealous of each other). Never would Sun Jou-chia have dreamed she had become an angel of peace between ***the two sisters-in-law***.（凯利，茅国权译）

（4）同时问**丈人丈母**什么日子方便，他要挑个饭店好好的请**亲家**。（钱钟书《围城》）

At the same time Hung-chien was to ask ***his mother-and-father-in-law*** to decide upon a convenient say, so he could pick a restaurant and invite ***his relatives*** out in proper style.（凯利，茅国权译）

评析 例（1）中的"姨姐姐"翻译成"sister"或"cousin"都欠妥当。Cousin可以指称汉语称谓系统中八个亲属词，这组词在性别区分上是先将母亲和父亲分开，再按父亲兄弟姐妹方面和母亲兄弟姐妹方面分开，最后再按亲属词指称区分男女。如此复杂的称谓语在杨译中通过释义的方法处理为"my mother's sister's child"，通俗易懂，让英语读者对说话人之间的关系一目了然。例（2）中杨译和霍译两种译文都准确地表达了原文旨在区分"外孙女"和"孙女"的意图，释义的翻译方法也似乎惊人地相似，真是英雄所见略同。

例（3）中的"妯娌"指的是方家老二和老三的媳妇，这里译者在译文中明确点明了她们sister-in-law的身份，便于目的语读者理解人物之间的关系。同样，例（4）中"亲家"是两家儿女相婚配的亲戚关系。最早始于唐代，最初这一称呼只流行于皇亲国戚的联姻上。后来，亲家称呼通行到了民间，一般老百姓也开始使用这一称呼，并一直沿用至今。"亲家"是汉语文化中一种独特的称谓，英语中没有对应的称谓。译者将其简单翻译成"relatives"，但读者可以根据此句的具体语境推断出这个亲戚的具体身份，不会影响他们对译文的理解。

（三）拟亲属称谓语的汉英差异和翻译

拟亲属称谓语（fictive kinship terms）指在社交过程中使用亲属称谓语来称呼非亲属的一种特殊称谓。这种称谓是中国传统习俗，充分体现了汉民族文化的内涵。在社交过程中，人们之所以经常用拟亲属称谓语是因为这种称谓语能够在很大程度上缩短交际双方的距离，使对方感到被尊重或者亲近，从而达到很好的交际效果。汉语中这种拟亲属称谓语使用极其广泛，不仅大量使用于日常生活的各个场景，而且在文学作品中使用的频率也非常之高，如《红楼梦》中的拟亲属称谓语俯拾皆是，美国著名汉

学家葛浩文（Howard Goldblatt）的《狼图腾》中拟亲属使用的特点也非常显著，尤其体现在书中“父”与“子”的翻译上。《狼图腾》是一部有关人与自然、狼性、狼道与天道的长篇小说。在这部小说中，蒙古族老人毕利格和北京知青陈阵并没有血缘关系。但老人有时称陈阵为“孩子”，而陈阵则按照蒙古族的习惯，称老人为“阿爸”，显得两人之间就像“父子”一样。要想成功地翻译好这些拟亲属称谓，首先应该了解汉语拟亲属称谓的表现形式。

1. 汉语拟亲属称谓语的使用原则和表现形式

汉语亲属称谓语的使用遵循一定的原则，陈松岑先生1989年在《礼貌语言初探》中把它归为以下几个原则：

(1) 以辈分为标准选择称呼：这里把辈分根据年龄差异划分为长辈、同辈和晚辈三个级别。

(2) 以双方是否熟悉为标准：亲属称谓用于缩小距离，使人感到亲切。

(3) 以交际场合的性质为标准：亲属称谓多用于非正式场合。在正式场合中，对那些可以使用亲属称谓的熟人，我们要回避使用亲属称谓。比如，在学校称呼一位职业是教师的邻居，学生宜称呼对方为老师，而不应称叔叔或者阿姨。

(4) 以听话人的社会特征为标准：同样使用亲属称谓，称谓对象的社会身份不同，使用的称谓也要随之变化。

(5) 从儿称谓标准：从儿称谓是指从说话人的子女或孙辈去称呼对方。这种称谓方式显然是降低了辈分，但体现了谦逊和尊敬。

根据以上原则，在汉语中我们可称呼同辈人为大哥、大妹子等，属于父辈的称之为大爷、大婶等，属于祖辈的称之为爷爷、奶奶；有时对比较熟悉的人，常常在亲属称谓语前冠以被称呼者的姓或名，如王大妈，孙大哥等；对于属于父辈年龄的脑力劳动者称呼伯伯、阿姨，而对工人等体力劳动者则称呼大妈、大叔等。可以说，这种拟亲属称谓在汉语中是人们日常交际必不可少的一部分，但在讲英语的国家却很少使用。如在英国，孩子们通常称呼朋友的父母名字或者以 Mr./Mrs. 加姓称呼，但在汉语中我们往往称呼朋友的父母“叔叔”和“阿姨”以表示礼貌和尊重，否则就显得很生分。

2. 汉英拟亲属称谓语的翻译

汉英拟亲属称谓语在数量和使用中都存在着巨大差异，汉语中亲属称谓语极度泛化的现象给汉英翻译带来了很大的困难，在英译时十分棘手，同时在一定程度上体现了译者的文化取向。

1) 直译法

在翻译拟亲属称谓语时最简单的一种翻译方法是直译。所谓直译就是按照拟亲属称谓语的字面意思直接翻译。直译拟亲属称谓语有利于保留原语中称谓语的文化内涵，可以更好地促进文化交流和传播，但有时可能会造成目的语读者理解上的困惑，混淆人物之间的相互关系，这恐怕就需要读者根据上下文去推理和判断了。

(1) 恰值士隐走来听见，笑道：“***雨村兄***真抱负不浅也!”雨村忙笑道：“不过偶吟

前人之句，何敢狂诞至此。”（《红楼梦》第一回）

He was overheard by Shiyin, who arrived just then. “I see you have high ambitions, ***Brother Yu-tsun***!” he joked. “Not in the least,” replied Yu-tsun, somewhat embarrassed. “I was merely reciting some lines by a former poet. I don't aspire so high. To what do I owe the pleasure of this visit?”（杨译）

(2) 周瑞家的认了半日，方笑道：“***刘姥姥***，你好呀！你说说，能几年，我就忘了。请家里来坐罢。”（《红楼梦》第六回）

Zhou Rui's wife scrutinized her questioningly for some moments before finally recognizing her. “Why, it's ***Grannie Liu***! How are you? It's so many years since I saw you last, I'd forgotten all about you! Come in and sit down!”（霍译）

It took the other some time to recognize her. Then she answered with a smile, “Why, it's ***Granny Liu***! I declare, after all these years I hardly knew you. Come on in and sit down.”（杨译）

(3) 尤二姐陪笑忙迎上来万福，张口便叫：“***姐姐***下降，不曾远接，望恕仓促之罪。”说着便福了下来。凤姐忙陪笑还礼不迭。（《红楼梦》第六十八回）

“Forgive me, ***sister***, I had no idea that you were planning to favor me with an inspection or I should have gone outside to meet you.” This was followed by another low curtsey, which Xi-feng, smiling graciously, returned.（霍译）

评析 直译的一个显著特点是能再现原文称谓语的文化内涵。例（1）中，士隐和雨村没有任何亲属关系，却依然称呼雨村“兄”，这正是“兄”这个亲属称谓的一种变体使用，通常是陌生人人际交往时的相互称谓，意表对对方的尊重和亲切友好，是中国很常见的一种社交礼仪。但在讲英语的国家，这种用法似乎很罕见。因此杨译中采用的直译法 Brother Yu-tsun 能让目的语读者深刻体验到一种异域文化情调，从而加深对原语文化的理解和认识。同样地，在中国几千年的文化历史中，人们通常称年长的老妇人“姥姥”或“奶奶”以示对她的尊重和礼貌。例（2）中的刘姥姥是《红楼梦》中用以称呼三进荣国府的王板儿的外祖母的一个特定的称谓，书中几乎每个人都这样称呼她。尽管拼写有些许差异，但杨译和霍译都采用了直译法，很好地向目的语读者传递了汉语文化中尊重长辈老者的文化内涵。例（3）中的“姐姐”一词是亲属称谓语泛化程度最高的称谓语之一，也是《红楼梦》中拟亲属称谓语的典型代表。原文中尤二姐称王熙凤“姐姐”是因为她们嫁给了同一个男人贾琏。旧时的中国实行一夫多妻制，这些妻子姨太太之间便以姐妹相称。不同于霍译本中其他地方对“姐姐”一词采用文化替代的做法，此处的“姐姐”一词被直译为“sister”，巧妙再现了原文中尤二姐极力想讨好贾琏正室的乖巧，保留了原作想要传递的文化信息，使目的语读者能更好地理解原语文化和目的语文化之间的差异。

(4) 戴宗连忙扶住答礼，问道：“足下高姓大名？”那汉道：“***小弟***姓杨，名林，祖贯彰德府人氏，多在绿林丛中安身。”（《水浒传》第四十三回）

Quickly Tai Ch'ung lifted him up again and returning his courtesy he asked, "Noble sir, what is your high name and your great surname?" That fellow answered, "***Your younger brother*** is surnamed Yang and named Ling and my ancestors were men of Chang Te Fu and we have ever been robbers and men of the wood."(赛珍珠译)

(5) 那汉道："小人姓汤，名隆，……敢问***哥哥***高姓大名?"(《水浒传》第五十三回)

That fellow replied, "This humble one is named T'ang Lung… Dare I ask ***my elder brother***' high surname and great name?"(赛珍珠译)

评析　以上的例(4)和例(5)均选自中国四大名著之一——《水浒传》。这里的"小弟"和"哥哥"并非是对有亲属关系的两个人的称呼，其中"小弟"是自称，表示说话者的谦虚；而"哥哥"则是他称，是说话者对听话者的一种表示礼节性的尊称。赛珍珠不遗余力地将原文的称谓语原汁原味地直译入英语，显然是希望通过这种陌生化的语言表述使英语读者了解传统汉语称谓语的多样性及其在人际之间交往的重要性。这也从另一个侧面印证了赛珍珠对原文称谓语所内含的中国传统文化底蕴的了解和尊重。

2) 替换法

替换法也是拟亲属称谓语翻译时常用的方法之一，就是用人称代词替换中国称谓系统中那些处于礼貌、尊重和客气等而使用的拟亲属称谓，这样的替换显然是利于目的语读者的理解和接受的。

(1) 甄宝玉未及答言，贾宝玉听了兰儿的话心里越发不合，想道："这孩子从几时也学了这一派酸论。"便说道："***弟***闻得***世兄***也诋尽流俗，性情中另有一番见解。今日***弟***幸会芝范，想欲领教一番超凡入圣的道理，从此可以净洗俗肠，重开眼界，不意视***弟***为蠢物，所以将世路的话来酬应。"(《红楼梦》第一百一十五回)

Baoyu wondered irritably when the boy had picked up this pedantic twaddle. He said to Chen, "***I*** have heard that ***you*** too are against all that is vulgar and have a superior understanding of life. ***I*** am very lucky to have met you today and would like to hear some of your transcendent views to cleanse my heart of vulgarity and enable me to see things in a new light. I didn't think you would take ***me*** for such a fool as to fob me off with mundane talk of that kind."(杨译)

(2) "***世兄***的才名，***弟***所素知的。在***世兄***是数万人里头选出来最清最雅的。至于***弟***乃庸庸碌碌一等愚人，忝附同名，殊觉玷辱了这两个字。"(《红楼梦》第一百一十五回)

"Long have ***I*** known of ***your*** great gifts. I fear that, before a person of such egregious purity, refinement and grace, ***I*** am but an ordinary and foolish mortal, and that by sharing your name I do but tarnish its luster."(霍译)

评析　在以上两个例子中，杨译本和霍译本都把拟亲属称谓语"弟"和"世兄"

用人称代词“I”和“you”替换，指代明确，避免了可能对目的语读者造成的误解和混淆，使他们读起来更得心应手。在汉语文化中类似“弟”和“世兄”之类的称谓不仅表达了说话者对听话者的尊重，也表明了谈话者双方彼此的地位和辈分等，这种替换的翻译方法虽然指代清楚，便于英语读者理解和接受，但称谓语本身所含的丰富的文化内涵却消失殆尽，所以译文并非是完全达意让人信服的。

3）释义法

释义法是指舍弃原文中的具体形象，直接解释出原文的意思。在翻译一些具有鲜明民族色彩的词语时，如果直译不能使译入语读者明白意思，而加注又使译文太啰唆，并且原文重意不重形时可采用释义法。它既可使译文简洁明了，又不损害对原文信息的传达。这种翻译技巧对拟亲属称谓语的翻译来说很实用。

（1）甄宝玉逊谢道：“老伯大人请便。侄儿正欲领***世兄们***的教呢。”贾政回复了几句，便自往内书房去。（《红楼梦》第一百一十五回）

Chen Pao-yi modestly declined, saying, “Venerable Uncle, Great Man, please do not stand on ceremony. Your young nephew indeed wishes to receive instruction from ***my friends whose father is the friend of my father.***”（布拉姆韦尔·邦斯尔译）

（2）平儿道：“若论此事，还不是大事，极好处置。但她现是姑娘的***奶嫂***，据姑娘怎么样为是？”（《红楼梦》第七十三回）

Patience turned to Ying-chun questioningly. “It would be easy enough to deal with this matter if it weren't that this woman is ***the wife of your foster-brother***. It's really up to you, miss.”（霍译）

Ping-erh asked Ying-chun, “What's your opinion, miss? A little business like this is easy to handle, but she's ***your nanny's daughter-in-law*** after all.”（杨译）

（3）鸿渐道：“她是柔嘉的***奶妈***，很忠实，不会揩油。”（钱钟书《围城》）

Hung-chien said, “She used to be Jou-chia's ***wet nurse***. She's very loyal. She wouldn't cheat us.”（凯利，茅国权译）

（4）我孙柔嘉一个大学毕业生到你们方家来当没有工钱的***老妈子***！哼，你们家里没有那么阔呢。（钱钟书《围城》）

I, Sun Jou-chia, a college graduate, going to your family as an unpaid ***maidservant***! Humph, your family isn't so well off as all that.（凯利，茅国权译）

评析 例（1）的译文选自英国传教士布拉姆韦尔·邦斯尔神父（Bramwell Bonsall, 1886—1968）的《红楼梦》英译本。句中“世兄”是旧时对辈分相同的世交（如父亲的学生、老师的儿子、父亲世交好友的儿子）等的称呼，有时对辈分较低的世交也尊称为世兄。说话者以“世兄”相称意在表达对对方的尊重和友好，其亲密关系也暗含其中。这种称谓语在英语读者的文化中找不到与之对应的表达方式，因此译者采用释义法，将“世兄”直接解释为其具体所指代的对象“my friends whose father is the friend of my father”。同样，在例（2）中，“奶嫂”指迎春奶妈（旧时受雇给人家

奶孩子的妇女）的儿媳妇，是孕育在中国传统文化的特定的文化产物，因此两位译者都采用了释义法，分别译为“the wife of your foster-brother”和“your nanny's daughter-in-law”，两种译文殊途同归，简洁明了，便于英语读者理解。

例（3）中的“奶妈”是封建社会等级差别造成的一种旧的社会习俗，也称保姆、乳娘、嬷嬷等，名称五花八门，因时代不一而名称各异。但总而言之，她从事一种专门为别人哺乳、带育婴儿的行当。这和英语中的“wet nurse”（a woman hired to suckle a child of someone else ）意思很相近，因此译者借用了这个英语读者非常熟悉的词语对奶妈进行了解释，清楚易懂。例（4）显然是孙柔嘉用“老妈子”这个称呼自称讽刺方鸿渐。“老妈子”旧指岁数较大的女仆，和英语中的“maidservant”意思不谋而合，译者以此对老妈子进行解释，让读者一目了然。

4）省略法

省略是指原文中有些称谓语词在译文中不翻译出来。换言之，省略是删去一些可有可无的，或可能引起误解或在目的语中没有对应表达方式的称谓语，但省略并非把原文的意义删去。

（1）（鸳鸯）一面说，一面就起身要去。贾琏忙也立身说道：“好***姐姐***，再坐一坐，兄弟还有事相求。”（《红楼梦》第七十二回）

She got up to go. Jia Lian too rose to his feet. “Do stay a little longer. I want to ask you a favor.”（霍译）

（2）平儿道：“就是官媒婆那***朱嫂子***。因有什么孙大人家来和咱们求亲，所以他这两日天天弄个帖子来赖死赖活。”（《红楼梦》第七十二回）

“That professional go-between,” Ping-erh explained. “The family of some official named Sun wants to arrange a match with us, so recently she's been turning up here every day with a card, making a regular nuisance of herself.”（杨译）

（3）***孩子***啊，你以为我是来杀小狼的吧。（姜戎《狼图腾》）

You thought I came to kill him, didn't you?（葛浩文译）

评析 例（1）和例（2）中的拟亲属称谓语“姐姐”和“朱嫂子”均被省略未译。贾琏叫鸳鸯“姐姐”是为了找她帮忙而刻意讨好她。如果把“姐姐”在英语中对应的“sister”译出来则会让目的语读者对两人的关系大惑不解，所以译者为避免这种误解将其省略不译。例（2）中的“朱嫂子”不过是说话者对管媒婆的一种尊称，可有可无，即使省略也完全不影响句子的意思和读者的理解，省略不译也似乎很是合理，不然很容易弄巧成拙。例（3）选自作者姜戎以自己11年的草原生活感悟，以近乎自传体的叙事视角，倾其半生心血著成的一部有关人与自然、人性与狼性、狼道与天道的长篇小说《狼图腾》。文中的北京知青陈阵受到了蒙古老人毕利格老人的关照，所以老人很多时候都是称他“孩子”，但实际上陈阵不是毕利格的儿子或女婿，也不是其收养或暂时寄养的人。通读全文，我们可以发现很多时候“孩子”都被翻译成了“my child”或“my boy”。北京的知青陈阵来到草原，举目无亲，而蒙古族人民的热情为他营造出一种家庭气氛，老人更是把陈阵当“孩子”看，态度慈祥和蔼。因此把“孩子”译成不太正式、比较亲密的“boy”和“child”非常贴切。不过在教训、教诲陈阵时，毕利格老人却换了语气，葛浩文也因此作了灵活的处理，如此句中的“孩子”就被省略了。

第三节　汉语社交称谓语的分类和翻译

称谓语是人类社会文化生活的产物，具有浓厚的民族文化特色。人们使用称谓语不只是使受话者理解说话人的思想和感情，与此同时，说话和受话双方都在通过语言界定他们之间的关系，确定对方的身份、角色、社会地位等。社交称谓语是用来表示人和人之间的社会人际关系，它体现了人在社会中的地位以及所扮演的角色使用的名称。社交称谓语作为一套约定俗成的社会交际符号，是历史文化积淀的产物，具有鲜明的民族特色。中英社交称谓语的巨大差异是中英文化在语言层面上对社会等级权势、血缘亲缘关系及个体社会地位的投影与折射。因此，社交称谓语的研究是不同民族文化之间实现沟通与交流的桥梁和纽带，是社会语言学研究的重要课题。在实际的交流活动中，尤其是在正式社交活动中，人们经常使用谦称称谓自己和与自己有关的人或事，用尊称称谓交际活动中的对方和与对方有关的人或事等。汉语中常见的社交称谓语含有大量的谦称、敬称等，由于交际环境的复杂性，语体的灵活性，其语义的模糊性也随之增加，因此理所当然成为翻译领域讨论的重点。

1. 自称称谓语与谦称

汉语中自称称谓语使用非常频繁。所谓自称，就是自己称呼自己（《现代汉语词典》，1534）。中国人“卑己尊人”的礼貌原则在称呼语中体现得淋漓尽致。讲礼貌，尚谦让，这是中华民族的传统美德，人们在说话时总是尽量谦卑，于人唯恐礼数不周，于是在社交称谓中产生了与敬称相对应的谦称，以进一步表示对交际对方的尊敬。因此，这里的“自称”广义上包括“谦称”，但在狭义上两者还是有区别的。“谦称”含有谦虚之意，而“自称”有表示谦虚的时候，但很多时候还含有自负、盛气凌人或轻佻的语气，如《水浒传》中就有很多表示狂妄自大，很不礼貌的自称称谓语。

自称称谓语在英语中数量很少，基本上使用“I”和“we”，不过有时也会使用不定代词“one”或“yours sincerely，yours faithfully”等。相比较而言，汉语中自称称谓语分类很细，数量也远远超过英语中的自称称谓语数量。不仅如此，汉语中的自称称谓语会随着说话人的身份地位、年龄、职业等变化而变化，并且非常具有时代特色，如表示自谦的“在下”、“小侄”、“晚辈”等称谓语；表示家庭地位的“臣妾”、“妾”、“贱妾”等女性对自己的丈夫的自称词；表示宗教类别的“贫道”、“小道”、“老衲”等自称词；表示尊卑身份的“小人”、“下人”、“奴才”、“小的”等仆人对主人或下属对上司的自称词；表示时代特征的“吾”、“余”等古汉语自称词等。

(1) 芸曰：“托言归宁。君先登舟，**妾**当继至。”（《浮生六记》卷一，第62页）

"Oh, I could say that I am going to see my mother," Yun said. "You can go ahead, and ***I*** shall come along to meet you."（林语堂译）

（2）薛霸道："不敢动问大人高姓?"二人道："**小人**素不识尊官，何与我金子?"（《水浒传》第八回）

"May I have your name, Sir?" queried Xue Ba. "But ***we*** don't know Your Honor. Why should you give us gold?" they asked.（沙博理译）

（3）林冲答道："恰才与**拙荆**一同来间壁岳庙里还香愿，林冲听得使棒，看得入眼，着女使锦儿自和**荆妇**去庙里烧香……"（《水浒传》第七回）

"***My wife*** and I just arrived at the Temple of the Sacred Mountain next door to burn incense. Hearing the cheers of your audience, "I looked over and was intrigued by your performance. I told ***my wife*** and her maidservant Jin Er, to burn the incense without me…"（沙博理译）

Ling Chong answered, I was just now coming to the temple to fulfill a vow with ***that stupid one who is my wife***. I heard you were here fencing and as I perceived it was easy to watch you at it. I told my maidservant Chin Er to go with ***my wife*** to the temple…"（赛珍珠译）

（4）阎婆惜自想道："你不来睬我，指望**老娘**一似闲常时来陪你话，相伴你要笑！我如今却不要!"（《水浒传》第二十回）

"You never come to see me," Poxi thought, "and now you expect ***me*** to talk and play around with you as usual. Not a chance!"（沙博理译）

评析 鉴于谦称是汉语言文化中所独有的一种现象，在英语语言文化中非常少见，很难在英语中找到贴切的对等语，因此要想把谦称比较准确地移植到译入语当中并非易事。以上前三例中的自称均为谦称，例（1）中"妾"是古时中国身为妻子的在自己丈夫面前的自称，林语堂先生把它译为"I"。同样，例（2）中的"小人"是两位差拨的谦称，具有浓厚的文化伴随意义，因而沙博理先生只好把"小人"翻译成了"we"，虽然都未能翻译出其语用含义，但在英语中已经能让读者了解和明白了。例（3）中"拙荆"和"荆妇"都是自谦语，用来指某男子的妻子。沙博理使用意译法，放弃了说话人的谦虚态度。所以"拙荆"和"荆妇"都翻译成了"my wife"。赛珍珠把"荆妇"也翻译成"my wife"，但"拙荆"直译成"that stupid one who is my wife"。这里的"拙荆"和"荆妇"都翻译成"my wife"似乎更好一些。如果把"拙荆"直译成"that stupid one who is my wife"，译语读者会认为林冲和妻子之间的关系很不好，否则也不会那样侮辱他妻子，从而导致一些不必要的误会。例（4）中的自称"老娘"并非谦称，而是有挑衅和盛气凌人之意，同例（2）一样，也是用人称代词替换。以上几例这样翻译也有所欠缺，即未能把原语中该称谓的文化语用含义体现出来，因此译者这时就处于两难境地。如果一定要把该称谓的文化语用含义传递出来，译者就必须适当地加上一些注释，以阐释该称谓在汉语中的具体含义，从而在一定程度上有助于译语读者的理解。

2. 他称与尊称

礼貌待人，谦和让人是中国传统的行为规范，这一点在称谓上得到了淋漓尽致的表现。汉语中可根据对方的年龄、身份、职业、地位等来称呼他人，因此人们通常使用尊称或者敬称。总体而言，汉语尊称和英语尊称有相似之处，但前者不仅体现等级高低，有时还涉及辈分、排行等问题。在英汉语中尊称大致可分为两类：一类是臣对君（包括对诸侯、后妃）的称呼；另一类是家仆对主人以及下级对上级官员的称呼。英语中尊称数目非常有限，因此尊称的汉译英对译者来说将是一件非常棘手的事情。

（1）袭人连忙回道："**太太**别多心，并没有这话……"（《红楼梦》第三十四回）

"No, no, ***madam***. Don't misunderstand me. Nothing of that sort…"（杨译）

（2）贾珍道："犬妇之丧，累蒙**郡**驾（北静王）下临，荫生辈何以克当。"（《红楼梦》第三十四回）

"***Your Highness***, I am quite overwhelmed by the honor you do us in graciously condescending to be present at the funeral of my daughter-in-law." said Cousin Zhen.（霍译）

（3）贾政……忙陪笑问道："**大人**既奉王命而来，不知有何谕见？"（《红楼梦》第三十三回）

"What instructions have you for me, ***sir***, from the prince?"（杨译）

（4）方先生，是你！你家***少奶奶***不舒服，带了李妈到陆家去了，今天不回来了。（钱钟书《围城》）

Oh, it's you, Mr. Fang. ***Your wife*** wasn't feeling well. She went to the Lus with Mama Li and won't come back tonight.（凯利，茅国权译）

评析 带有谦逊色彩的称谓和带有尊敬色彩的称谓都属于礼貌称谓。谦称是礼貌的一种，而尊称则是另一种礼貌。《红楼梦》中的尊称称谓系统千头万绪，如上例中的"太太"、"大人"、"郡"等。除此之外，还有很多诸如"大老爷"、"二老爷"、"夫人"、"奶奶"等多种尊称称谓。与汉语相对应的英语尊称称谓有表示君臣关系的尊称 Your Highness 和 Your Majesty，表示下级对上级、家仆对主人的尊称 madam，miss，Your Ladyship（对女性）和 My Lord，Your Lordship，sir，Your Honor（对男性）等。在以上三例中，译者都根据不同的情况在这两类英语称谓语中做出了取舍，分别将"太太"、"郡"和"大人"译成"madam"，"Your Highness"和"sir"，尽量做到了"近似对等"的翻译，也比较符合目的语读者的阅读习惯和文化水平。

同样，例（4）中的"少奶奶"在古代是官宦富贵人家仆人称主人的儿媳妇的名称或人们对他人儿媳妇的尊称。此句中的称呼应该是房东太太对方鸿渐媳妇孙柔嘉的尊称，译者根据具体的语境将其翻译为"your wife"，符合人物的身份，合情合理。

3. 描述性称谓与雅俗称

称谓是一个严整的系统，是人们在交际过程中形成的错综复杂的人际关系在语言

上的反映。交际关系的复杂性决定了称谓类别的多样性。不同的称谓反映了交际双方的角色身份、社会地位、情感好恶等。言语交际所要表达的许多意义往往不必通过语句，而是通过称谓就可以明白无误地表达出，在文学作品中尤其如此。英语中有一类描述性称谓，它没有固定的称谓对象，是由人们在日常交谈或文学作品中用于刻画人物性格、塑造人物形象、抒发说话人或作者的情感、增强语言的艺术感染力的称谓。根据称谓的内涵，描述性称谓分为雅称与俗称两类，俗称又分为贬称、骂称等若干小类（包惠南，2001：115）。在汉英翻译过程中，由于中英文化差异，称谓的翻译，尤其是中国小说中称谓语的翻译一直是翻译界的难点之一，而描述性称谓语由于没有固定的称谓对象更成为困扰译者的难点。

（1）有人叫她***“熟食铺子”***，因为只有熟食店会把那许多颜色暖热的肉公开陈列；又有人叫她***“真理”***，因为据说“真理是赤裸裸的”。（钱钟书《围城》）

Some called her a ***charcuterie***—a shop selling cooked mets—because only such a shop would have so much warm-colored flesh on public display. Others call her ***“Truth”***, since it is said that “the truth is naked”.（凯利，茅国权译）

（2）贾母笑道：“你不认得他：他是我们这里有名的一个***泼辣货***，南京所谓‘辣子’，你只叫她***‘凤辣子’***就是了。”（《红楼梦》第三回）

“You don’t know her yet.” The lady Dowager chucked. “She’s the terror of this house. In the south they’d call her ***Hot Pepper***. Just call her ***Fiery Phoenix***.”（佚名）

（3）“是难找呀！找童男身子的小伙是不可能了，要找只能是个***二锅头***。”（贾平凹《浮躁》）

“They’re hard to find! No chance of finding someone unspoiled. Your best bet is to look for ***a guy going around for the second time***.”（葛浩文译）

（4）那些水手因他无一不知，都同他取笑，替他取个反面绰号，叫做***“多不识”***。（《镜花缘》第八回）

The sailors ironically call him ***Know-Nothing Tuo***（because he knows everything).（林太乙译）

评析 这些例子中的称谓语都是文学作品中非常典型的描述性称谓，有助于人物形象的刻画，在很大程度上增强了作品的可读性和趣味性。

例（1）、例（2）、例（3）、例（4）中的称谓语都是谑称，即采用比喻的手法，以生动的语言，鲜明的形象，给人以诙谐、幽默的感觉，对于塑造人物形象，刻画人物性格可以起到言简意赅的作用，在很大程度上增添了作品的文学性。例（1）中的“熟食铺子”和“真理”是对鲍小姐的戏称，因为她衣着过于暴露。此外，《围城》的“黑甜”和“朱古力小姐”是典型的雅称。所谓雅称就是用含有褒义而又好听的词语对所喜欢的人进行称呼的称谓语，具有亲切、喜爱或赞美的感情色彩。译者采用直译法，将其译为“Dark Sweetie”和“Miss Chocolate”，体现了原文的意蕴和文采。同样，例（2）中的“凤辣子”是对王熙凤的戏称，也非常形象地表现了人物风风火火的火辣性格，进一步丰满了人物形象的刻画。而例（4）中的“多不识”是《镜花缘》中对多九公的戏称，因为他游历丰富，见多识广而得此名。“Know-Nothing Tuo”的称谓正话反说，以诙谐幽默的笔调丰富了多九公这个人物形象。

例（3）中的“二锅头”是一种物美价廉的烈性酒的牌子，盛行于北方地区。此处“二锅头”是对二婚者的一种谑称。“二锅头”、“二婚头”是谐音，言外之意就是“二手货、不值钱”的意思。在中国传统文化中，人们普遍对结过两次以上婚的人抱有偏见，这在崇尚婚姻自由平等的西方发达国家是不可思议的事情。译者在翻译这个描述性称谓语时，根据自己的理解，充分认识到原文作者的交际意图不是凸显“二锅头”这种酒文化，而是对结过两次以上婚的人的一种谑称的实质，而该文化语境在译文读者的认知语境中不存在。因此，译者舍去“二锅头”作为酒的文化意象，让译文读者根据上下文语境充分推导出“a guy going around for the second time”是表达结过两次婚的隐含含义，其中“going around”有“分配、供应”等意思。

《水浒传》中的描述性称谓赏析

《水浒传》中人物的描述性称谓十分丰富，在很大程度上增强了文学作品的文学性、可读性和艺术感染力。如：

（5）李逵，祖贯是沂州，沂水县，百丈村人氏。本身一个异名，唤做**黑旋风**李逵。他乡中都叫他做**李铁牛**。（《水浒传》第三十七回）

One of our prison guards, Li Kui, from Baizhang Village, Yishui County, in Yizhou Prefecture. He's nicknamed ***Black Whirlwind***. In his native parts he's also known as ***Iron Ox***.

（6）“小人因好结识江湖上好汉，人都叫小人做**菜园子**张青。俺这浑家姓孙，全学得他父亲本事，人都唤他做**母夜叉**孙二娘。”（《水浒传》第二十六回）

“I know a lot of men in the gallant fraternity, and they call me Zhang Qing ***the Vegetable Gardener***. My wife's family name is Sun. She learned all her father's skills, and she's known as ***Sun the Witch***.”

（7）那梢公呆了半晌，做声不得，方问道：“李大哥，这黑汉便是山东**及时雨**宋公明么?”（《水浒传》第二十六回）

The boatman was stupefied, speechless. Finally he asked: “Brother Li, you mean this swarthy fellow is Song Jiang ***the Timely Rain*** from Shandong?”

（8）“这个好汉却是小弟结义的兄弟，姓张，是小孤山下人氏，单名洪字，绰号**船火儿**，专在此浔阳江做这件稳善的道路。”（《水浒传》第二十六回）

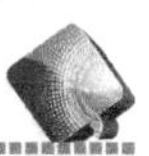

"He's a blood brother of mine, from Little Lone Mountain. His name is Zhang Heng, and he's known as ***the Boat Flame***. His specialty is conducting this 'quiet and respectable' business on the Xunyang River."

(9) 小人姓刘，名唐，祖贯东潞州人氏；因这鬓边有这搭朱砂记，人都唤小人做**赤发鬼**。(《水浒传》第十三回)

Your servant's family name is Liu, my given name is Tang. My ancestral home is in East Luzhou Prefecture. Because of this scarlet birthmark on the side of my temple, since childhood I've been known as the ***Red-Haired Demon***.

(10) "姓石，名秀，金陵人氏，为要闲管替人出力，又叫**拼命三郎**！我是个卤汉子，礼教不到，和尚休怪！"(《水浒传》第四十四回)

"Shi Xiu, from Jinling," was the curt reply. "Because I fight injustice, even when it's no affair of mine, I'm known as ***the Rash***. I'm a crude fellow any manners. Forgive me."

(11) 背后只见又赶上三筹好汉，也杀将来；前面赤发鬼刘唐，第二石将军石勇，第三**催命判官**李立。(《水浒传》第四十一回)

Afraid to come out, Song Jiang watched as three more gallants appeared. The first was Liu Tang the Red? Haired Demon, the second was Shi Yong the General, the third was ***Hell's Summoner*** Li Li.

(12) 鲁智深喝道："你这两个**撮鸟**！酒家不看兄弟面时，把你这两个都剁做肉酱！且看兄弟面皮，饶你两个性命！"(《水浒传》第九回)

"***Scurvy knaves***," bellowed Sagacious. "If it weren't for my brother here, I'd pound you both into mincemeat! Only because he asks it, I'll spare your lives."

评析 《水浒传》中出现的人物，大多都有自己的绰号，这是其人物描写上的显著特点。在介绍人物出场时，除了描写他们的相貌、性情、出身外，往往还会给出一个绰号。这些绰号生动形象，基本上概括了人物的性格特征，能给读者留下很深的印象。《水浒传》中绰号的命名特点，大约可分为以下几类：一是根据人物本身的品性来分，如"黑旋风"李逵、"拼命三郎"石秀；二是根据人物所使用的兵器命名，如"大刀"关胜、"没羽箭"张清；三是根据人物的相貌特征来命名，如"豹子头"林冲、"花和尚"鲁智深。怎样翻译这些描述性很强的称谓也成为《水浒传》翻译中的一个难题。

《水浒传》常见的两大英译本分别是由赛珍珠和沙博理翻译的。沙博理的译本由于比较完整地再现了原著，较好地展现了中国文化，被誉为目前最好的《水浒传》英译本。《水浒传》中人物的绰号基本上属于谑称，对这种典型的描述性称谓，沙译本体现了其鲜明的个性特点。如例(5)中的"黑旋风"(Black Whirlwind)采用了直译法。第三十七回说他"不搽煤墨浑身黑"。此外，他蛮力大如牛，打仗杀人勇往直前，往往“忘我”且“投入”，所以作者给他“黑旋风”的绰号，喻指他能撼天动地。此处“黑旋风”直译成“Black Whirlwind”很生动形象。对于以上译例中的“李铁牛”、“及时雨”、“船火儿”、“赤发鬼”等描述性称谓，沙博理基本上都采用了直译法，分别译为“Black Whirlwind”、“Iron Ox”、“the Timely Rain”、“the Boat Flame”、“the Red-haired Demon”。此外，很多描述性称谓也采用了意译法，如例（10）中的“拼命三郎”（the Rash）。石秀平生性直，路见不平，便要去舍命相护，便被赋予“拼命三郎”的绰号，译文中的“rash”（鲁莽的；不顾后果的）应该能让英语读者感受到石秀这个人物的性格特点。其他意译的比较成功的例子如“菜园子”（Vegetable Gardner），“母夜叉”（the Witch），“催命判命官”（Hell's Summoner），“撮鸟”（Scurvy knaves）等。例（12）中的“撮鸟”是詈词。鸟，借作“屌”。本意是比较傻，脑子反应慢的意思。鲁智深是《水浒传》中第五个出场的好汉。鲁智深虽胸无点墨，但骂人语言丰富多彩，水浒中无人能敌！经典的例子是他总挂在嘴边的一个词“撮鸟”。沙博理在翻译“撮鸟”时使用了“the bird”、“knave”、“wretch”、“scurvy knave”和“scoundre”等词语。不同译词的使用不仅可以较为准确地表达原文的意思，而且可以丰富译文的词汇，使译文不至于呆板，更重要的是丰富了“撮鸟”的意义。从某种层面来说，《水浒传》既是文学上当之无愧的古典名著，也是语言学上的不朽之作。它为我们研究古代的称谓习俗提供了大量具体生动例证。可以毫不夸张地说，《水浒传》是一部称谓学上的“百科全书”。

第四节　汉英称谓语的语用功能与翻译

作为一种普遍的语言现象，称谓语存在于所有语言之中。它为人们恰当地开始谈话、建立、维持和协调人际、社会关系提供了手段。值得研究的是，在特定的社交语境中，称谓语不仅反映了交际双方的角色身份、社会地位和亲疏程度的差异，而且表达了说话者对听话者的态度和思想感情，而听话者通过对方所选择的称呼形式可以了解说话者的真实意图和目的。正如奈达在给谭载喜的《新编奈达谈翻译》的序言中这样写道：“我们认为，对语际交流活动进行分析，必须把语境因素考虑进来。也就是说，不仅要认真分析原文的一切用词，还要分析原文产生的原因，以及分析人们是怎么去理解原文的。任何一篇原文都必须置于特定的语境之中才有意义可言。”由此可见，奈达充分考虑到了语言使用层次，即语境在翻译中的应用，以便在翻译时能够准确地表达其语用功能。

毋庸置疑，对称谓语的翻译也不例外，特定语境决定特定称谓词的语义值，称谓语若离开了它所依赖的语境，就难以确定其言外之力（illocutionary force），从而译文

难以表达原称谓的含义，造成翻译失真。翻译时应在动态对等的层次上进行源语和目的语的比较，力求更加等值地表达出称谓语在特定的语境中所隐含的更多意义。语用意义（pragmatic meaning）包括的内容很广，但主要包含：内涵意义、风格意义、情感意义、社会意义和交际意义（Leech，1983）。这五类意义是一个整体，但在不同的称谓语中它们的相对突出程度会有所不同。

1. 称谓语的内涵意义（connotative meaning）

内涵意义是一种通过语言所指内容来传递的意义（What is communicated by virtue of what language refers to）（Leech，1983）。内涵意义不是单独存在的意义，而是附加在“所指意义”上的意义。在不同的语言中，某些词语的内涵意义可能相同，也可能不同。称谓语的内涵意义是文学作品最重要的意义之一，这种意义只有结合语境才能真正地推导出来。当然，文学作品的语境不仅包括句子的上下文，也包括其社会背景。在很多时候，社会背景对理解作者的意图和说话者的意思似乎更为重要。

（1）正盼望着，只见一个***老妈妈***出来，宝玉如得了珍宝。（《红楼梦》第三十三回）

Then suddenly，in answer to his prayers，an ***old woman*** appeared-a darling，precious treasure of an old woman (or so she seemed at that moment).（霍译）

（2）当下茶果已撤，***贾母***命两个老嬷嬷带了黛玉去见两个舅舅。（《红楼梦》第三回）

The tea things and dishes were now cleared away，and ***Grandmother Jia*** ordered two old nurses to take Dai-ya round to see her uncles.（霍译）

Now the refreshments were cleared away and ***the Lady Dowager*** ordered two nurses to take Daiyu to see her two uncles.（杨译）

（3）全家托一个佣人，太粗心大意了。这个***李妈***靠得住靠不住？（钱钟书《围城》）

It's quite thoughtless to entrust the running of the entire household to the maid. Is this ***Mama Li*** dependable?（凯利，茅国权译）

评析 例（1）中的“老妈妈”是《红楼梦》中对年龄较长的下人和女佣等的礼貌性称谓，属于拟亲属称谓，是中国的传统习俗，颇能体现汉民族文化的内涵。如果按照字面直译成 old mum/mother，则会让目的语读者对它具体指代的对象产生误解。因此，弄清楚这些称谓语的真正内涵应该是翻译的第一步，这里“老妈妈”被译为“old woman”是合情合理的，符合人物实际的身份。而例（3）的译文与此有些不同，译者在译文中没有将“李妈”的奴仆身份点明，而是直接按字面意思翻译为“Mama Li”，似乎会让读者对其身份有疑惑，不过本句中另一个词“maid”应该能起到解惑的作用，同时直译也有利于这种对佣人的独特称谓文化的传播。

例（2）中，“贾母”杨译为“the Lady Dowager”，而霍译为“Grandmother Jia”。贾母，又称史太君，中国古典小说《红楼梦》中的主要角色之一，娘家姓史，也是四大家族之一。贾母是贾府的最高权位者。“dowager”即“a woman with property or title from her late husband”。这个称谓与贾母的地位吻合，故杨译比霍译要贴切，既符合译入语的用法，同时更好地再现了贾母这个称谓真正的内涵。霍译“Grandmother Jia”反映了贾母在府上的辈分，但未能表现她至高无上的地位。

2. 称谓语的风格意义（stylistic meaning）

由于使用场合不同，语言的实际运用可分为不同的层次，如 formal、colloquial、literary、familiar、slang，因此在不同的使用场合，词语在交际中会表达不同的风格意义。称谓系统中很多礼貌性称谓措辞非常考究，即使在熟人和亲属等之间也不乏很多正式的称谓语，在翻译时要尽量贴近原文的风格才能准确传达说话者的意图。

（1）“**令郎**真乃龙驹凤雏！非小王在**世翁**面前唐突，将来‘雏凤清于老凤声’未可量也。”（《红楼梦》第十五回）

“I trust I will not offend ***you*** by saying so to your face,” he said, “but I venture to prophesy that the fledging of ***yours*** will one day sing sweeter than the parent bird.”（霍译）

“***Your son*** is truly a dragon’s colt or young phoenix. May I venture to predict that in time to come this young phoenix may even surpass the old one?”（杨译）

（2）贾政答道：“**犬子**岂敢承谬金奖；赖**藩郡**馀恩，果如所言，亦荫生辈之幸矣。”（《红楼梦》第十五回）

“***My son*** is doubtless unworthy of the compliment ***your highness*** is going enough to pay him. If thanks to your encouragement, he turns out as you say, we shall count ourselves truly fortunate.”（霍译）

“***My worthless son*** does not deserve such high praise,” rejoined Jia Zheng hurriedly with a courteous smile. “If thanks to the grace of ***Your Highness*** such proves the case, that will be our good fortune.”（杨译）

（3）王夫人哭道：“宝玉虽然该打，**老爷**也要保重。”（《红楼梦》第三十三回）

“No doubt Bao-yu deserved to be beaten,” said Lady Wang tearfully, “but it is bad for ***you*** to get over excited.”（霍译）

“I know Baoyu deserves a beating,” sobbed Lady Wang. “But you mustn’t wear yourself out, ***sir.***”（杨译）

（4）王夫人道：“扯你娘的臊！又欠你**老子**捶你了。”

宝玉笑道：“**我老子**再不为这个捶我。”（《红楼梦》第二十八回）

“You’re a naughty boy to make fun of your poor mother,” said Lady Wang. “A good whipping from your ***Pa*** is what you need.”

“Oh, ***Father*** doesn’t whip me for that sort of thing nowadays,” said Bao-yu.（霍译）

评析 例（1）和例（2）两例均来自《红楼梦》第十五回，内容是北静王和贾政谈论贾宝玉。虽然是熟人之间的闲谈，但用的却是正式文体，表明了贵族之间交际的特点。杨译中将“令郎”和“犬子”分别译为“your son”和“my worthless son”，相

对于霍译而言更贴近原文的语体特点，正式庄重，体现了说话双方的自谦和对彼此的尊重。

例（3）中的“老爷”是典型的官称。明清两代，北京做了五百年的首都，是官吏集中的地方，也是“官称”集大成的地方。流风所及，形成了“官派”，养成了官称的习惯。其中一个显著特点是亲族、父子母女之间一律用官称，不用亲属称谓。兄妹之间称呼自己的父亲不说“父亲”、“爹”、“爸爸”等，而称“老爷”，这是“官派”；亲生母子，在一般情况下也只称“太太”、“老太太”等官称，不叫“母亲”、“妈”等。影响所及，北京民间，也不同于乡下，也习惯用“官派”称谓。市井之间，到处称爷；寒素之家亦称太太、奶奶等。因此杨译中的“sir”一词较好地传递出原文“老爷”一词所承载的风格意义，再现了原文中官称的正式庄重的特点，而霍译中仅用人称代词“you”来指代“老爷”，虽然指称对象明显，易于读者理解，但选词过于口语化和非正式。

例（4）是王夫人和宝玉母子之间非常生活化的一段对话，原文称谓语“老子”和“我老子”极富口语化色彩，霍译中的“Pa”、“father”和原文的语体特征一致，虽说是母亲对儿子的斥责，但听起来却倍显亲切。

3. 称谓语的情感意义（affective meaning）

情感意义是关于说话者或写文章的人的感情和态度的意义，包括他对听者和他所谈事物的态度（what is communicated of the feelings and attitudes of the speaker/writer）（Leech，1983）。情感意义通常通过所指意义或内涵意义借助语调、音情感色或感叹等手段表达出来。情感意义在骂人话里表现得最为典型。

（1）我这老冤家，是那一世造下的孽障？偏偏儿的遇见了这么两个不懂事的小冤家没有一天不叫我操心！（《红楼梦》第二十九回）

“I'm a miserable old sinner,” she grumbled. “It must be my punishment for something I did wrong in a past life to have to live with a pair of such obstinate, addle-headed ***little geese***! I'm sure there isn't a day goes by without their giving me some fresh cause for anxiety.”（霍译）

“What sins have I committed in a past existence to be plagued with two such ***troublesome children***?” she lamented. “Not a day goes by without something to worry about.”

（2）两个冤家，都难丢下，想着你来又惦记着他。（《红楼梦》第二十八回）

Two ***lovely boys***,

Are both in love with me,

And I can't get either from my mind.（霍译）

Two lovers have I,

From both I'm loath to part,

For while I think of one,

The other's in my heart.（杨译）

（3）贾政便问："该死的**奴才**！你在家不读书也罢了，怎么又做出这些无法无天的事来?"（《红楼梦》第三十三回）

"Miserable ***scum*** !" said Jia Zheng. "It is not enough, apparently, that you should neglect your studies when you are at home. It seems that you must need go perpetrating enormities outside."（霍译）

"You ***scoundrel***!" thundered his father. "Not content with shirking your studies at home, you commit such wicked crimes outside!"（杨译）

评析 冤家，一般指仇人，或者死对头的意思；也指对情人的昵称，如元王实甫《西厢记》第四本第一折："望得人眼欲穿，想得人心越窄，多管是冤家不自在。"例（1）是贾母因为宝玉和黛玉拌嘴生气，本想趁着看戏让他们两人见面就和好，没想都不去看戏，于是如此抱怨说他们两个是"小冤家"，听似谴责，实则倍显亲切疼爱之意，因此这里的"小冤家"指"似恨实爱、给自己带来苦恼而又舍不得的人"。杨译将其意译为"troublesome children"，而霍译则用俚语"goose"（a man who is a stupid incompetent fool；笨蛋，傻瓜），虽说并不是十分准确，但似乎显得更形象生动。例（2）这个曲是锦香园的妓女云儿应薛蟠之邀所唱。这里的"冤家"是一句纯中国式的罗曼蒂克的情话，是爱侣的"昵称"，是山盟海誓的称谓。杨译"two lovers"显然要比霍译"two lovely boys"准确生动，再现了"冤家"丰富的文化内涵，也使目的语读者的阅读体验更增添了几分情趣。

忠顺亲王府里唱小旦的戏子，小名琪官。他生得妩媚温柔，宝玉和他是好友。例（3）中贾政责骂宝玉为"奴才"亦为忠顺王爷争宠琪官而引起。这里"奴才"一词表达了贾政对儿子不务正业的强烈不满与斥责，并非其指称意义，因此霍译和杨译都采用了意译法，将其分别翻译成"scum"（worthless people 人渣）和"scoundrel"（a wicked or evil person 恶棍；无赖），将说话者的愤怒表现得栩栩如生，和原文所要传递的情感如出一辙。

4. 称谓语的社会意义（social meaning）

社会意义是"一段话语所表示的关于使用该语言的社会环境的意义"（what is communicated of the social circumstances of language use）（Leech，1983）。社会意义可揭示说话者身份、地位、教育程度、性别、年龄、背景等。文学作品中各具特色的称谓语就充分说明了这种意义。

（1）余曰："***卿***既知诗，亦当知赋之弃取?"

芸曰："《楚辞》为赋之祖，**妾**学浅费解。"（《浮生六记》卷一）

"Now that ***you*** know poetry," I said, "I should like also to know your taste for fu poems."

"The Ch'u Tz'u is, of course, the fountain head of fu poetry, but ***I*** find it difficult to understand."（林语堂译）

（2）秦钟道："业师于去岁辞馆，**家父**年纪大了，残疾在身，公务繁冗，因此尚未议及延师。"（《红楼梦》第七回）

"My tutor died last year," confided Qin Zhong. "***My father***'s old and unwell, with so much to keep him busy that he hasn't had time to find me another yet."（杨译）

（3）"**令堂**以老人之病皆由姚姬而起。"（《浮生六记》卷三，第134页）

"***Your mother*** thinks that old man's illness is all due to that Yao girl."（林语堂译）

（4）我只煎了一块排骨给**姑爷**吃，留下好几块生的浸在酱油酒里，等一会煎了给你吃晚饭。（钱钟书《围城》）

I just fried a pork chop for ***Master***. There are several ones left over that are marinating in wine and soy sauce. I'll fry them in a moment for your dinner.（凯利，茅国权译）

评析　有些词语有厚重的文化内涵和韵味，在英语中又不能完全找到相对应的词汇，翻译就只有勉为其难，不得已而为之，追求"相似"、"相近"和"折中"便成了权宜之策，林氏也不例外。例（1）中"卿"是"你"的尊称，常用于国君对臣子，丈夫对妻子。"妾"是"我"的谦称，用于妻子对丈夫，表示谦恭。原文中"三白"称芸"卿"，芸自称"妾"。小两口互敬互爱，举案齐眉，相敬如宾，受中国传统的"三纲、五常"的道德观念的影响，男尊女卑，妻为夫纲，跃然纸上。原文的夫妻是典型的中国传统的夫妻代表，而译文的"I"和"you"这类中性词却无法传递这种具有深厚文化内涵的词语，恭敬和谦让的意味都丢失了。

在汉语称谓中，自称父母兄弟要谦虚，加"家"字或"舍"字，如"家父"、"家母"、"舍弟"等；而称对方父母兄弟姐妹要客气，加"令"字，如"令尊"（对方父亲）、"令堂"（对方母亲）、"令兄"和"令妹"等，例（2）和例（3）正是如此。不管是杨译还是林氏译本，原文中的"家父"和"令堂"所传递的文化内涵和社会意义似乎都没有真正得以体现，不过译文中"my father"和"your mother"指代明确，读者理解起来也很容易。

例（4）中"姑爷"是俗称。姑爷一词由姑娘衍生而来。过去大户人家的女孩年岁稍长，就会被丫鬟仆人称为姑娘。主人生来辈分大，所以就叫娘。出嫁之后，其夫婿的辈分和女孩相同，故下人一般都称其为姑爷。词句中的姑爷是孙柔嘉的奶妈李妈对方鸿渐的尊称，故翻译成"master"一词正好体现了李妈奴仆的身份和地位。

同样，在很多其他文学作品中称谓语的社会意义也非常显著，如《水浒传》中的亲属称谓蔚为壮观，表示夫妻关系的称谓包括官人、娘子、拙夫、丈夫、拙荆、荆妇、大哥、大嫂、二嫂以及大姐等，所以翻译时一定要根据其社会意义明确称谓语的指代对象，不然很容易错译或者误译。

5. 称谓语的交际意义（communicative meaning）

交际意义是语言符号用于建立、保持某种人际关系表示出来的意义。在很多文学作品中称谓语所表示的这种意义非常明显，明确表示了交际双方相互之间的关系。

(1) 当下雨村见了士隐，忙施礼陪笑道：“**老先生**倚门伫望，敢是街市上有甚新闻否?”士隐笑道：“非也。适因小女啼哭，引他出来作耍，正是无聊之甚。**贾兄**来得正妙，请入小斋一谈，彼此皆可消此永昼。”(《红楼梦》第一回)

As soon as he caught sight of Shiyin, Yucun clasped his hands in greeting and smiled ingratiatingly. “I could see you standing there gazing, ***sir***. Has anything been happening in the street?” “No, no,” said Shiyin. “It just happened that my little girl was crying, so I brought her out here to amuse her. Your coming is most opportune, ***dear boy***. I was beginning to feel most dreadfully bored. Won't you come into my little den, and we can help each other to while away this tedious hot day?”(霍译)

(2) 凤姐儿正自看着园中景致，一步步行来赞赏。猛然从假山后走出一个人来，向前对凤姐儿说道：“请**嫂子**安。”凤姐见了，将身往后一退，说道：“这是**瑞大爷**不是?”(《红楼梦》第十一回)

Xi-feng was making her way through the garden, admiring the view as she went, when a figure suddenly stepped from behind an artificial hill of rock and made its way towards her: “How are you, ***cousin***?”

Xi-feng gave a start of surprise and retreated a step. “Isn't it ***Cousin Rui***?”(霍译)

Xi-feng strolling this sight when a man appeared without warning from behind an artificial rockery and accosted her with, “Greetings, ***Sister-in-law***!”

She stepped back, startled, and asked, “Is it ***Master Jui***?”(杨译)

评析 例(1)中，霍译本将士隐称谓雨村的饱含尊敬和平等意味的“雨村兄”，变成了英国人口头禅性质的爱称词dear加boy，使得雨村成了“可爱的小伙子”。这种归化处理的结果，不仅丧失了汉语中朋友间相互称兄道弟的文化特色；更严重的是，他将原文中交际双方秀才相亲的平等关系歪曲成了上下或老幼有别的不平等关系。

例(2)中的一段话表面看上去不过是两人寒暄时的寥寥数语，实际上是一场心照不宣的较量，这一点可以从两人使用的称谓系统上反映出来。称谓词的选择是交际时人际距离和正式程度的体现。本来，就他们两人的关系而言，贾瑞可以选择使用“奶奶”这一社会地位称谓或“嫂子”这个亲属称谓来称呼王熙凤。在这一段里贾瑞一口一个“嫂子”，表明他想把自己和王熙凤的交际语境和人际距离限定在私人和亲属的层面上，意在拉近双方的距离，尽献殷勤，足以展示他的别有用心。王熙凤故以“瑞大爷”这一社会地位称谓来回敬对方，而不是用与“嫂子”相对应的“兄”、“弟”这样的亲属称谓，以便把交际语境和人际距离限定在正式和非亲属的层面上，意在与对方保持距离。霍译将“嫂子”和“大爷”均译成亲属称谓语“cousin”，很显然是试图更为清楚地向译文读者交代交际双方从家族、辈分角度存在的关系，但却忽略了两人使用不同的称谓语的别有用心，贾瑞对凤姐的痴心妄想和凤姐的有意回避。杨译中的“Master Jui”既不失礼，又恰到好处地保持了她与贾瑞的距离。因此，对于译者而言，关键在于能否参透称谓语的人际意义，读懂人物的心理，将称谓语所承载的交际意义

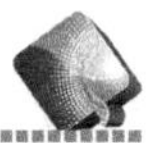

正确并完全传达到译文当中。

从以上的分析我们可以看出，称谓语的翻译看似简单，实则非常复杂，译者必须根据交际的语境，细心把握推敲其语境意义，精心选择对应的称谓语，只有这样才能真正译出其内涵意义、风格意义、社会意义、情感意义、交际意义等语用意义，达到语义等值，语用对等的功效。

第五节　相关论著选读

英汉称谓语的语用功能比较与翻译

尹富林

（安徽工业大学文法学院　安徽马鞍山　243002）

摘　要：有关称谓语的研究由来已久。然而，不论是西方学者还是汉语语言学家都侧重对各自语言中的称谓体系的研究和概括，并认为称谓语不仅具有一定的语义特点，而且还具有一些普通的语用功能。本文从跨文化交际的角度对英汉称谓语所含的普通语用功能进行比较，认为英汉称谓体系存在较大差异，即便在语用功能方面可能具有某些共通的作用，但在表达方式和实际使用等方面的差异十分明显。因此，在翻译过程中，只能根据一定的语境和上下文来确定其语用含义，立足于等效交际价值的实现。

关键词：称谓；体系；语用功能；跨文化交际；翻译；等效

（一）引言

不同的民族有其不同的称谓系统。每种称谓系统都是这个民族内部社会交际的产物，反映着该民族的风俗、文化。因此，它不仅是语言学家（特别是社会语言学家）的研究对象，而且是人类学家、心理学家以及语言文化研究者的研究内容。西方的一些学者（Brown & Gilrnan，1960）从社会语言学的角度对印欧语系中第二人称代词 tu（你）和 vous（您）的指称用法进行了深入的研究，发现了在不同社交场合下使用 T/V 指称的一些规律。Lyons（1968：470-481）、Fillmore（1971）、Ingrma（1978）等试图将称谓纳入语法范畴来研究，探讨其指称系统。Levinso（1983）、Zwicky（1974：791）等则偏向于把它作为指示语（deixis）来研究，并认为它不仅是一种人称指示，而且具有独立的言语行为（Levnisno，1953：71）。我国学者对汉语称谓体系的研究由来已久。早期的研究可追溯到公元前问世的《尔雅·释亲》。清代著名学者梁章矩还专门著述了一部《称谓录》，内容涉及亲属、官职、师友、邻里、同僚等各种关系以及各种行业的称谓词语。近现代的研究更多，其中影响较大的主要有：赵元任（1985）《中国人的各种称呼语》114种；吕叔湘、江蓝生（1985）的《近代汉语指代词》等。纵观中西方一些学者对称谓的研究，不难发现人们对不同称谓语的社交功能的认识已相当系统，特别是在称谓语体系研究方面取得了很大的成就，只是在跨文化比较方面还不够全面。本文拟从跨文化交际的角度，通过英汉两种语言中称谓语的对比以及两种体系中称谓语的某些共通语用功能的比较，探讨英汉称谓语“等值”翻译的可行性。

（二）英汉称谓语的比较

英语中对称谓的研究大多集中在其指示功能上（Levinson，1983），主要涉及姓名称谓、亲属称谓、名称称谓以及一些具有呼唤功能的人称代词称谓（如 Hey you…）等。称谓的常用表达方式可归结为：“Mr. /Msr. /Ms＋姓氏”，“头衔（如 Dr. /Prof. 等）＋姓氏”，直名称谓（一般只呼名字或用昵称），亲属称谓，专名称谓（如 **Sir, Madam** 等）等。

汉语中给称谓的定义是“人们由于亲属和别方面的相互关系，以及由于身份、职业等而得来的名称”（《现代汉语词典》）。根据这一定义，称谓语至少可分为四种类型：亲属关系称谓（如父亲、叔叔等）、职业关系称谓（如铁匠、司机、会计等）、身份关系称谓（如教授、将军等）和其他关系称谓（如伙计等）。实际上，汉语中的称谓体系比英语的更为复杂。比如，以上前三种称谓语中绝大部分（父亲等除外）可与姓氏构成复合称谓（如张叔叔、张铁匠、张教授等），可用两种表达式来概括：“姓氏十先生/女士/小姐/头衔称谓/职业称谓/亲属称谓/其他名称”和“老/小＋姓氏”（如老/小王）。其中，“先生/小姐/亲属称谓”既可单独使用，又可与其他称谓构成复合称谓语（如警察叔叔、护士小姐、华哥等），而职业称谓总是必须与其他称谓一起使用的（如张司机、司机同志等），但像“伙计”这样的其他关系称谓只能单用。英语中虽然没有这么多限制，但也只有少数几个头衔称谓才可和姓氏一道构成复合称谓语（如 Dr. / Prof. Smith）。

此外，汉语中还有人称代词作称谓（如“你/您”等）和使用名字作称谓的情况（见 3.1）。为了便于比较，现仅就英汉语中表示三代亲属关系的称谓语做一对比，异同可见一斑。

众所周知，汉语中表示亲属关系的称谓语至少要分成两种情况：直系亲属称谓关系（如父亲、母亲、爷爷、奶奶、哥哥、姐姐、弟弟、妹妹等）和旁系亲属称谓关系。而英语中表示亲属关系的称谓相对比较简单，试比较表 3-1 和表 3-2。

表 3-1

汉语	爷爷/奶奶	父亲/母	哥/姐	弟/妹	儿/女	孙子/孙女
英语	grandpa/ grandma	father/ mother	brother/ sister	brother/ sister	son/ daughter	grandson/ granddaughter

表　3-2

汉语	外公/外婆	伯父/伯母	叔叔/婶婶	姑父/姑母	姨父/姨母	舅父/舅母	堂哥/堂嫂	堂姐/姐夫
英语	grandpa/grandma	uncle/aunt	uncle/aunt	uncle/aunt	uncle/aunt	uncle/aunt	cousin	cousin
汉语	堂弟/弟媳	堂妹/妹夫	表哥/表嫂	表弟/表妹	侄儿/侄女	外侄/外侄女	外孙/外孙女	……
英语	cousin	cousin	cousin	cousin	nephew/nicee	nephew/niece	grandson/grandda-ughter	…

表 3-1 所列汉语为直系亲属的三代称谓；表 3-2 所列汉语为旁系亲属的三代称谓。虽然不算全面，但通过英、汉语中这些亲属称谓的对比完全可以看出较大差异。首先，汉语中“直、旁”（即内外）关系分明，英语中不是很分明（如爷爷和外公不分）；其次，汉语中父系和母系称谓有别（伯/叔/舅），英语中没有区别；再次，汉语中重血缘关系（如姑/姨，堂哥/表哥等），英语中无此界限；此外，汉语中长、幼分清，而英语中可以不加区分；最后，汉语中男女有别，英语中不一定十分明确。

仅此三代亲属称谓语，英语和汉语就有这么多差别，实际使用中的差别肯定会更大。因此，在英汉称谓语的翻译中只追求形式的对等显然不切合实际，唯有通过语义和语用含义方可探讨等值翻译的出路。

（三）英汉称谓语的语用功能比较

Fillmore（1972）、Zwicky（1974）和 Levinson（1983）等都从指称和社交功能的角度对称谓体系进行了大量的研究，认为英语称谓语常具有表达“身份、权势、语境、得体”等语用含义。卫志强（1994）、包惠南（2001）等研究了汉语的亲属称谓语，认为汉语称谓语不仅具有前面几种语用功能，还具有表达“亲疏、好恶”等语用功能。下面就英汉称谓语的这些语用功能做一比较。

1. 体现“亲、疏”关系

英汉语称谓体系中表示亲疏关系的语用指示主要体现在两个方面：一是亲属称谓；二是非亲属称谓。汉语以亲属称谓体现亲疏关系极为明显。其表现方式主要有：直系（内）/旁系（外）、从儿称谓（伍铁平，1984）、“第二人称或第一人称复数＋称谓”（吕叔湘、江蓝生，1985）等。在非亲属称谓方面，表示亲疏含义的常有“老/小＋姓氏”（如“老王”并不一定表示年龄上的老）、雅/俗称谓（包惠南，2001）或直名称谓或用“姓氏/名字＋亲属称谓”（如“陈伯”、“凤姐”）等方式。有时也常有“职业称谓＋亲属称谓”（如“的哥”、“警察叔叔”等）和“排行＋亲属称谓”（如“三哥”）等方式，以示亲密。在英语中，亲属称谓没有明显的亲疏之别。因此，在表达亲疏关系时不同于汉语的称谓体系。常用的方式有：昵称（John→Johnny/Jack）、名字称谓、从儿称谓、雅俗称谓等。有时，上年纪的讲英语人会称年轻人为“son”，以示亲切（君良，1979）。汉语中也有上年纪的人称年轻人“娃子”的。

通过比较，我们发现，在表达“亲疏”的语用含义时，汉语中的表达方式名目繁多而且称谓严格，英语中的表达方式笼统而简单。

2. 体现“身份、权势”

英汉语中表示“身份、权势”含义的称谓主要体现于非亲属称谓语中。汉语中的身份称谓多以“姓氏＋职业名称”的方式构成（如“张木匠”、“李医生”等），而英语中除了几个传统习用称呼语（如Doctor，Judge，Professor等）可跟姓氏并表达一定的敬称外，没有像“Carpenter Smith”这样的称谓。汉语中表示“权势”含义的称谓比较丰富，主要的表达形式有“（姓氏＋）头衔或职务”以及一些旧式特殊称呼语（如朕、大人等）。英语中除了少数几个头衔称谓语（Professor，President等）可加姓氏外，均采用头衔或职务直接称谓（如mayor，manager等）。其实，有些汉语中常用的，在英语中却不用（如说“张经理”，但不说“Manager Zhang”）。

此外，如果考虑到表示“身份、权势”的称谓往往同“敬、谦”的含义交织在一起的情况，可描述的表达式就更多。比如，汉语中的“您/你”、“姓氏＋先生/太太/小姐/头衔称谓”、“敬词/谦词＋称谓”（如老伯、贤弟、师娘、犬子、小弟、晚生、贫僧等），英语中也有“Mr. /Mrs. /Ms＋姓氏”、“相应人称代词＋特殊称谓”（如My Lord，His/Her Honor等）等方式。另外，用某些专名称谓表达身份也是两种称谓体系中共有的特征（如朕，大人，sir，madam等）。

3. 体现“语境、得体”的特点

称谓的得体与否主要取决于一定的语境，因此称谓语的运用总是带有一定的语境和得体的指示含义。Fillmore（1971）认为，表示身份、地位的称谓语具有明显的语境指示。汉语中也是如此：“主席”、“总理”总是出现在一些官方的或正式的场合，“店小二”总是出现在非官方场合。其实，除身份称谓外，不同语体中的称谓也具有语境和得体指示。比如，在英语交际中，首次见面用“I'm Dr. Smith”来介绍自己似有吹嘘之嫌，但用“I'm Mr. （Smith）”倒是可以接受的，而常采用的则是比较正式的“My name is (John Smith)”形式（何自然，1987：60）；而在汉语交际中，首次见面（特别是身份相当的人）总要自谦一番，介绍自己时常用“在下/鄙人姓甚名谁”的正式语体，很少用“我叫张三”的方式，更不用说“我叫……先生/小姐”了。

4. 体现“好恶”的情感

在具体的语言交际中利用称谓来表达交际者喜好与厌恶的情感是常有的事。但由于文化传统、价值观念、道德标准、生活方式等方面的差异，不同语言的使用者对同一种称谓语不一定产生同样的情感。比如，汉语中称别人“儿子”有时带有骂人的含义，英语中则没有；英语中称别人“小猴子”往往带有厌烦或不满的口气，汉语中却常常带有赞美的语气。

此外，称谓语表达的好恶情感有时也取决于一定的语境。比如，英语中一个母亲对自己孩子的称呼，开始由昵称后因不听话变为直呼其名，再后变到称呼其全名，反映了母亲因孩子不听话由高兴变到恼火这一情感流露的动态过程（何自然，1987：64)。汉语中的“小子”称谓若是用于同辈称呼常带有骂人的口气，若是长辈称呼下辈则常带有夸赞的口气。

以上几种语用功能是英汉语中称谓成分所具有的常用功能。通过比较，我们知道一个称谓语可能只具有一种语用含义，也可能具有两种或两种以上的语用含义。即使是具有同一种语用功能的称谓，在两种语言中的表达方式亦会各不相同。

（四）英汉称谓语的翻译

从以上分析可以得出这样的结论：英汉称谓体系不仅在形式上存在着很大的差别，在语义和语用方面虽然具有一些共同的特点，但差别仍然十分明显。因此，在英汉翻译过程中，对待不同称谓体系的称谓语不能只看形式上的对等，即使在语义和语用上亦难以做到完全等值。具体翻译可采用以下几种翻译方法：

1. 语义等值法

前面已经讨论过，英汉语中有些称谓语具有等同的语义和交际价值，在翻译的时候完全可以“对号入座”，比如英汉语中的一些亲属称谓语：父亲——father，爸——dad，mother——母亲，Mom——妈，儿子——son，女儿——daughter 等。另外，像汉语中“姓氏＋先生/太太/小姐/教授/博士等”这一类表达式也可以对号入座，译成“Mr. /Mrs. / Miss/Prof. /Dr. ＋姓氏”的格式。

2. 语义增减法

由于英汉称谓系统中有许多称谓语没有完全的对等成分，不能对号入座，特别是英汉亲属称谓语，汉语的比较清晰、细致，而英语的较笼统、含糊。在互译过程中，应根据上下文作些补充或删减，以符合不同语言的习惯，这是很有必要的。比如：

(1) My grandfather is his cousin，so he' s kith and kin to me somehow，if you can make that out，I can't.

我的祖父跟他是堂兄弟或表兄弟，因此他和我有亲戚关系，也许你能够把这个关系弄清楚，我可弄不清。

(2) 忽见素云进来说：“我们奶奶请二位姑娘商议要紧的事呢。二姑娘、三姑娘、四姑娘、史姑娘、宝二爷，都等着呢。”(《红楼梦》第四十二回)

Just then Su-yun came in to announce，“Our mistress wants you both to go and discuss important business. All the other young ladies together with Master Pao are there.”

例 (1) 中的“cousin”比较含糊，但鉴于“grandfather”这一语境，所以增译成“堂兄弟或表兄弟”，例 (2) 中的排行数字在译文里都被简化了。

3. 语用等效法

在英汉称谓翻译过程中，有很多称谓语既不能在形式上找到翻译对等语，又找不到合适的语义等值语（有时即便找得到，与原文的意思亦很难吻合），唯一的办法就是吃透上下文，弄清楚交际双方的关系、身份、语气、语境以及可能的语用含义，才能使译文自然、通畅。例如：

(3)“What' s your name，boy?” the policeman asked…

(4)“Hold on，Arthur，my boy，” he said，attempting to make his anxiety with facetious utterance.

(5)“You needn' t look for it，” said Della. “It' s sold. I tell you-sold and gone，too. It's Christmas Eve，boy…”

(6)“I will，so help me!” Danny cried with abrupt conviction. “I' ll beat you to death in the ring，my boy…”

以上四例中均采用“boy”一词作为称谓语。但在例（3）中，“boy”出自警察之口，因而带有一种上对下的威严口气，因此可译成“伙计”。例（4）中的“my boy”显然带有一种关切和亲热的语气，可译成“贤/老弟”。例（5）中的“boy”是在说话人告诉听话人一些未知的事情之后对听话人的称谓，明显带有一种安慰和无奈的语气，可译成“乖孩子/亲爱的”。例（6）中由于使用了“cried”，“beat”，“death”等词使说话人和听话人处在气氛激烈的语境中，因此，这里的“my boy”明显带有一种讥讽和蔑视的口气，可译成“小子”。

当然，为了译文在语用上具有同等的交际效果，对原文称谓语进行适当的调整也是可取的，比如汉语中对上了年纪的妇女称奶奶被视为尊敬，而西方的老太太宁愿你称呼她的名字也不愿领受这个“Grandma”的尊称（何自然，1980；1987）。

（五）结语

综上所述，英汉称谓语不仅在体系上存在着差别，在形式和语义方面也存在着很大的差别，即便是在语用功能方面有一些相通之处，但其语用含义、表达和理解方式以及文化内涵都不一定相同。因此，在英汉翻译过程中，追求完全的等值不仅难以做到，同时也是不切实际的。对某个称谓语来说，即使全面了解了它在各个层面的差异，也只能使译文在一定的程度上“等值”或“等效”。

《中国翻译》2005（3）：26-28.

翻译练习

一、把下面的句子翻译成英语，注意句子中称谓语的翻译。

1. 他觉得什么部位被猛地敲击了一下，眼睛就潮湿了。他不由自主就脱口而出：“妈，儿子回来了!”（宗利华《租个儿子过年》）

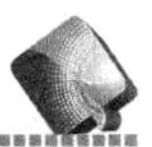

2. 第二房娶的是南原庞家村殷实人家庞修瑞的奶干女儿。(陈忠实《白鹿原》)

3. 这个女人从下娇顶着红绸盖巾进入白家门楼到躺进一具薄板棺材抬出这个门楼，时间尚不足一年。(陈忠实《白鹿原》)

4. “他不想想不靠我们周家的栽培，什么酥小姐，糖小姐会看中他!”(钱钟书《围城》)

5. 周太太果然等着他，盘问个仔细，还说：“别忘了要拜我做干娘。”(钱钟书《围城》)

6. 鸿渐四点多钟到家，老妈子一开门就嚷：“大少爷来了，太太，大少爷来了，不要去请了。”(钱钟书《围城》)

7. 那人道：“姓施，名恩。使得好拳棒，人都叫他做‘金眼彪施恩’。”(《水浒传》第二十七回)

8. 杨雄大喜，便问道：“足下高姓大名？贵乡何处？因何在此?”(《水浒传》第四十三回)

9. 董斜川客观地批判说：“内人长得相当漂亮，画也颇有家法。”(钱钟书《围城》)

10. 那人道：“是小人的浑家，‘有眼不识泰山’，不知怎地触犯了都头。可看小人薄面，望乞恕罪。”(《水浒传》第二十六回)

二、段落翻译

贾母便说：“这都不要拘礼，只听我分派你们就坐才好。”说着便让薛李正面上坐，自己西面坐了，叫宝琴、黛玉、湘云三人皆紧依左右坐下，向宝玉道：“你挨着你太太。”于是邢夫人王夫人之中夹着宝玉，宝钗等姊妹在西边，挨次下去便是楼氏带着贾菌，尤氏李纨夹着贾兰，下面横头便是贾蓉之妻。(《红楼梦》第五十四回)

第四章 中西颜色词文化差异与汉英翻译

第一节 概 述

五行是中国朴素辩证的哲学思想。五行并不单单是木、火、土、金、水五者的相生相克，而是包含了多种内容的繁杂的体系，其中之一就是中国五行符号系统中的色彩系统。五行所对应的颜色分别是：木（青），火（赤），金（白），水（黑），土（黄）。在这个五色体系中，又分为了正色和间色，正色即是这五种颜色，间色是指正色相混而得的结果。南朝梁皇侃云："正谓青，赤，黄，白，黑五方正色也。不正谓五方间色也，绿，红，碧，骈（流）黄。"也就是青黄相融谓之绿，赤白相融谓之红，青白相融谓之碧，赤黑相融谓之紫，黄黑相融谓之骈（流）黄。

这五色的对应系统也是相当庞大的，这时它们不仅仅是五种颜色，而且成为了包含着丰富信息的符号。在中国人的心目中，颜色不仅是一种光谱，而且是一种地位、身份和权力的象征，如唐代大臣们的朝服，不同品级的朝服颜色是不一样的，而且在不同的朝代，即使是同等级的官员，朝服的颜色也是不一样的。这些信息也与人们的身体有关，如青色对应肝脏，赤色对应心脏等；又与人们的生活相关，五色对应着五方，如北京的天坛四方分别放了赤色、白色、黑色、青色的泥土，中间放了黄色的泥土，以土的颜色来代表五方，进行着每年一次的祭拜，保佑中华民族的昌盛。再如，人们经常把颜色与季节联系在一起，大地回春之时，人们骑上青马、穿上素衣、佩戴青玉，于城东郊举行迎春活动；立夏之际，人们穿黄衣、佩黄玉，于王宫庙前行祭礼；立秋之时，人们着白衣、佩白玉，于西郊接秋；冬日来临，天气寒冷，人们穿黑衣、佩黑玉，于北郊祭冬。颜色还与人们的思想有很大关系，如色彩所代表的感情，以及通过五行的相克所延伸出来的颜色的相克等。

《红楼梦》被誉为中国封建文化的百科全书，而色彩是其中不可缺少的重要部分。据统计，在《红楼梦》的色彩描述中，关于主要的颜色红、赤、朱、绛的次数分别为629 次、28 次、29 次、24 次，共 700 次，其他的颜色，诸如黄、白、绿、青等更是穿插全书始末。曹雪芹用这些色彩来勾勒他的毕生之作，并非只为表面的点缀，在这些瑰丽的色彩背后，还隐藏着很多的信息。曹雪芹在《红楼梦》中运用了大量的间色，像"红"、"绿"、"靠红"等，而非仅涉及皇权的正色。因此，深谙五行之道和色彩的曹雪芹以这种思维方式为指导，把这两者恰当地融合在《红楼梦》之中，用了"一种隐蔽而有力的暗示"来定义了现实世界，传播了丰富的信息。

英汉两种语言在其漫长的发展过程中涌现了许多表示颜色的词语，但由于这两种截然不同的文化对各种颜色有着不同的感知，对颜色的联想意义更为丰富多彩，从而使颜色词也不可避免地打上各自民族文化的烙印。要想掌握和理解英汉颜色词的差异，必须了解颜色词本身所承载的深层文化内涵。英汉颜色词的文化内涵有不少相同之处，但不同之处更多，这类词语所表达的文化内涵与其民族文化思想息息相关。当我们使用颜色词时，应很好地领会其含义，斟酌其用法，切莫望文生义。此外，词汇的变迁受文化的影响，由于中西文化的不断交流与渗透，颜色词也会不断地被赋予新的内涵而逐步融合。为了掌握英语并做到真正理解，应尽可能充分感受、体验和了解西方社会文化背景的语言特征。通过对颜色词的把握理解，总结汉英词汇中所蕴含的不同文化内涵，并逐步由意义形成文化，由文化到思维，最终达到能用恰当的词汇在不同的语言交际中进行贴切的转换。

本章在对中英颜色文化词语进行分类后，比较了颜色文化词在不同的文化背景中所蕴含的丰富的文化内涵，并在此基础上探讨了颜色词的汉英翻译方法和技巧。

第二节　汉英颜色词的分类和比较

（一）汉英颜色词的分类

汉英两种语言中的颜色词数量都极为丰富，为了能够在汉译英中选择恰当的颜色词，首先需要了解颜色词的种类。汉英颜色词基本上可以分为三类：基本颜色词（basic color words）、实物颜色词（color words with colors of objects）和程度颜色词（color words in degrees），又被称作色差颜色词（包惠南，2004：160）。

1. 基本颜色词

基本颜色词指那些用以表达客观世界中基础色的颜色词，如 white（白色），black（黑色），brown（褐色），purple（紫色），pink（粉红色），green（绿色），blue（蓝色），grey（灰色）等。英语中有 11 种基本颜色词，即 white（白色）、black（黑色）、grey（灰色）、brown（棕色）、red（红色）、green（绿色）、yellow（黄色）、blue（蓝色）、purple（紫色）、pink（粉色）、orange（橙色）。汉语中的基本颜色词与英语基本对应，唯独“青”较为特殊。由于这些词作为人类的基本视觉特性，是所有颜色翻译的基础，因此在不同文化背景下，此类颜色词的含义完全相同，在翻译中非常简单。但是在实际文本中，因为基本颜色词和其他颜色词之间的相似性，必须认真区分其是否属于基本颜色词。

(1) 乃怀青铜三百，信步至虞山书院。墙外仰瞩，见丛树交花，***娇红稚绿***，傍水依山，极饶幽趣。（《浮生六记》卷四，第 301 页）

I walked on foot to the Yushan College with three hundred cash in my pocket.

Looking in from the outside, I saw there was a profusion of trees and flowers in ***charming red and green.*** （林语堂译）

（2）妇呼有客，即闻履声杂沓而出。有挽髻者，有盘辫者；傅粉如粉墙，搽脂如榴火；或***红袄绿裤***，或***绿袄红裤***。（《浮生六记》卷四，第259页）

As soon as the woman shouted "Welcome guests!" we heard a confusion of footsteps of girls coming out. Some had regular coiffures, and some had their queues done up on top of their heads, all powered like white-washed walls and rouged like the fiery pomegranate flowers; some in ***red jackets and green trousers*** and others in ***green jackets and red trousers.*** （林语堂译）

（3）一夜，忽见数十里外有***红灯***，大如栲栳，浮于海中，又见红光烛天，势同失火。（《浮生六记》卷四，第309页）

One night I suddenly saw miles and miles away a ***red light***, about the size of a big basket, bobbing up and down upon the high sea, and the horizon reddened as if illuminated by a great fire. （林语堂译）

2. 实物颜色词

实物颜色词指用各种植物、动物、矿物和日常用品等表达物品颜色的颜色词，包括单词和复合词。例如：银白（silver），金色（gold），樱桃红（cherry），亚麻色（flaxen），苹果绿（apple-green），栗色（chestnut-brown），铅灰（lead-gray）等。实物颜色词来源于生活，不仅生动形象，而且可以使人产生丰富的联想。《红楼梦》中很多颜色词是通过比喻物构成的合成词。汉语中这类词是把指称具有某种颜色的实物的词与相应的单音节颜色词连用，构成具有形象感的颜色词。此类颜色词的特点是数量大，但每一个实物颜色词往往只代表某一基本颜色范畴内的某一色调。因为在不同的地域和文化背景中，人们对于不同的实物的色调感觉和引申含义的认识不同，所以这类颜色词带有强烈文化印记，翻译时需要考虑读者的实际文化背景。

（1）只见芳官穿着***海棠红***的小棉袄，底下绿绸洒花夹裤，敞着裤腿，一头乌油油的头发披在脑后，哭的泪人一般。（《红楼梦》第五十八回）

Musk looked at Parfumee, in her ***crab flower-red*** padded tunic and patterned green silk trousers unbound at the ankles, her glossy black hair hanging down her back, crying as if her heart would break. （霍译）

（2）想毕抽身回来。刚要寻别的姊妹去，忽见前面一双***玉色***蝴蝶，大如团扇。（《红楼梦》第二十七回）

She had started back to rejoin the other girls when a pair of ***jade-colored*** butterflies the size of a circular fan appeared before her. （杨译）

（3）凤姐看袭人身上穿着***桃红***百字刻丝银鼠袄子，***葱绿***盘金彩绣绵裙，外面穿着青缎灰鼠褂。（《红楼梦》第五十一回）

Xifeng saw that she was wearing an ermine-lined ***peach-red*** silk tapestry jacket with

a hundred-beads design, a ***yellow-green*** padded skirt embroidered with colored silk and gold thread, and a black satin coat lined with squirrel. （杨译）

（4）只见他穿着半新的**藕色**的绫袄，青缎掐牙背心，下面水绿裙子。（《红楼梦》第四十六回）

The maid was wearing a ***light purple*** silk tunic, none too new, a black satin sleeveless jacket with silk borders, and a pale green skirt. （杨译）

3. 程度颜色词

英汉语中为了表示颜色的程度，在基本颜色词之外增加了很多直接表示程度的颜色词。通常有两种表现形式，即前加式和后加式。

前加式　在汉语中，单音节颜色词前面可以有修饰成分，表示颜色的程度、性质和状态，如大赤、纯青、正白、浅绛、大红、浅碧等。

英语中也有很多表示色差的程度颜色词。例如在 red（红色）基础上，还有 carmine、crimson、garnet、incarnadine、poppy、ruby、scarlet 都表示深红色。同时，英语中还可以通过复合构词手段来表达复杂的颜色概念，例如为表示颜色深，可在基本颜色词之前加 deep、dark 等词，如 deep-red（深红色）；为表示颜色浅，可以加 light、pale 等词；如果要表示颜色明快，可以使用 bright、vivid 等词；如果要表示颜色暗沉，可以使用 dull、dirty 等词。另外，也可用“形容词+后缀-ish”表示程度浅，其中-ish 加在形容词之后，表示“略……的”、“稍……的”，如 yellowish“微黄的”、blackish“稍黑的”（带黑色的）、greenish“淡绿色”等。

（1）门前的麦垅和葡萄架子，都濯的***新黄嫩绿***的非常鲜丽。（冰心《笑》）

Washed by the rain, the wheat fields and grape trellises in front of the cottage door presented a picturesque scene of ***vivid yellow*** and ***tender green***. （张培基译）

（2）**青翠**的叶上已经凝聚着细密的露珠，这显然是昨夜被人遗弃了的。（郭沫若《路畔的蔷薇》）

The numerous fine dewdrops on the fresh ***green leaves*** clearly showed that the roses had just been cast away the previous night. （张培基译）

（3）宝玉因见他外面罩着**大红**羽缎对襟褂子，因问：“下雪了么?”（《红楼梦》第八回）

Pao-Yu saw that she was wearing a ***crimson*** camlet cloak which buttoned in front. “Is it snowing outside?”（杨译）

后加式　后加修饰成分一般是以重叠方式出现，强调其程度深。它突出了人们的心理感受，感染力很强。如“白茫茫”除了表颜色外，还突出了范围广阔、无边无际；“黑压压”突出了沉闷、压抑；“绿油油”突出了盎然生机；“金灿灿”突出了明亮夺目等。英语中可用 vivid、bright、livid、lurid、pallid、pale、dull、drab、faded、colorless 等来加强语意，如 a vivid flash of lighting（一道明晃晃的闪电），a pallid shy（灰蒙蒙的天空）等。

(1) 马道婆看看***白花花***的一堆银子，又有欠契，并不顾青红皂白，满口里应着，伸手先去抓了银子掖起来，然后收了欠契。(《红楼梦》第四十八回)

At the sight of this ***gleaming*** pile of silver and the promissory note, the priestess did not scruple to assent with alacrity. First she put away the silver and then the note.

(2) 今儿雪化尽了，***黄澄澄***的映着日头，还在那里呢，我就拣了起来。(《红楼梦》第五十二回)

Today after the snow had melted and it lay ***glinting*** in the sun, I picked it up where I'd dropped it. (杨译)

(3) 如此亲朋你来我去，也不能胜数。只这四十九日，宁国府街上一条***白漫漫***人来人往，花簇簇宦去官来。(《红楼梦》第十三回)

So relatives and friends past continuing came and went. Indeed, for forty-nine days the street outside the Ning Mansion was ***a sea of mourners in white*** interspersed by officials in their brilliant robes. (杨译)

(二) 汉语基本颜色词的区分

那么如何区分基本颜色词与次要颜色词呢？我们不妨从以下几个方面考虑（刘丹青，1990）：

(1) 基本词的所指范围不能包括在其他词中，如“桃红”属“红”，不是基本词；

(2) 基本词表示的颜色不能限于指少数事物，如“苍白”限于指脸色，不是基本词；

(3) 整个词的意义不能从构成成分推定，如“米色”、“粉红”、“咖啡色”都能从构成成分推定，不是基本词。

此外，词汇的基本与次要之分也会体现在运用的其他方面，常说的基本词汇三个特点——全民常用性、稳固性、能产性便是根据其在语言系统及运用中的地位、作用而得出的。

1. 词形。现代汉语的颜色词有三种词形：(1) 单音词，如“黑、白、红”；(2) 以第 (1) 种词为构词成分的复合词，如“乳白、深红、银灰”；(3) 由本身不能表示颜色的成分带上“色”构成，如“橙色、棕色、咖啡色、古铜色”。三种词形里，第 (2) 种的词义都包含在第 (1) 种的某个词中，如“乳白”属“白”，因此都不是基本词。第 (3) 种离开“色”便没有颜色义、而前面两种也能加“色”(黑色、乳白色)，但离开“色”仍是颜色词。因此第 (3) 种不能算基本词，而且第 (3) 种都属于意义能从构成成分推定的，不符合基本颜色词的要求。这样，只有第 (1) 种词形，即单音词，才可能是基本颜色词（整个现代汉语基本词汇也以单音词为主）。这样的词在现代汉语共有九个：白、黑、红、黄、绿、蓝、青、灰、紫。

2. 语义。在三种词形中，只有单音词中除“青”以外的八个词才符合上面的三条标准。“青”，在古代是五色（青、黄、赤、黑、白）之一，是基本词，但在现代汉语

中，它的意义分别包括在“绿”和“蓝”中，而且所指事物很有限，已不属基本词。而第（3）种词形不符合语义标准，如上述。因此，现代汉语共有八个基本颜色词，其中又分两类：“白、黑、红、黄、绿、紫”的颜色义，既是历时的本义，又是共时的基本义；“蓝”和“灰”的颜色义在今天已是基本义，但其本义却分别是一种植物和草木灰，颜色义是由此引申出来的。

（三）颜色词的表情功能

颜色词作为生活中不可缺少的部分，除描绘客观事物的色彩外，还可以用来表示人的情绪，表达人的心理感受及精神状态，给人以强烈的艺术感受。由于通感、听觉的作用，人们可以感觉到颜色的不同性格特征和表情冲力。所以，不同的颜色会给人以不同的感受与联想。颜色词所具有的这些表情特征使人们在言语活动中很自然地将反映色彩的颜色词用作传递情感的工具，从而使色彩具备了表“情”功能。例如，红色常常用来表示“兴奋、害羞、激动、气愤”等情感；白色表示“紧张、悲伤、冷漠”等；青色常用来表示“沮丧、愤怒”等；灰色表示“失望、消沉、伤心”等心情；紫色常用来形容人“激动或者气愤”时的神色。如：

（1）鸿渐瞧她脸颊***微红***，嘴边强笑，自幸见机得早，隐匿了一大部分的情节。（钱钟书《围城》）

Hung-chien noticed a ***slight redness*** in her cheeks and a forced smile about her mouth.（凯利，茅国权译）

（2）柔嘉***脸红***的像斗鸡的冠，眼圈也红了。（钱钟书《围城》）

Her face ***flushed as red as*** the comb on a fighting cock，and the rims of her eyes also turned red.（凯利，茅国权译）

（3）阿丑***吓得脸涨得比鸿渐还红***，道：“我听见妈妈对爸爸说的。”（钱钟书《围城》）

Ah Ch'ou was so frightened ***his face turned redder*** than Hung-chien's，and he stammered out，“I —I heard Mama and Papa say it.”（凯利，茅国权译）

（4）柔嘉瞧他***脸青耳红***，自知说话过火，闭口不响。（钱钟书《围城》）

Seeing his ***livid face and reddened ears***，Jou-chia realized her remarks had gone too far and kept silent.（凯利，茅国权译）

（5）探春没听完，已***气的脸白***气噎，抽抽咽咽的一面哭，一面问道：“谁是我舅舅?”（《红楼梦》第五十五回）

Before she had finished，Tanchun's face was ***white with anger***. Nearly choking with sobs she demanded，“Who' s my uncle?”（杨译）

（6）她心中忽然***漆黑***。她几乎后悔嫁了祥子，不管他多么要强，爸爸不点头，他一辈子是个拉车的。（老舍《骆驼祥子》）

The thought filled her with ***black despair***. She almost regretted having married Xiangzi. No matter how hard he tried to get ahead, if her father didn't help he would remain a rickshaw puller forever.（施晓菁译）

（7）不想今儿才有些消息，又遭秋纹等一场恶意，心内早**灰了一半**。（《红楼梦》第二十四回）

Today she had at last found an opening, only to ***have her hopes immediately dashed*** by Ripple's malice. She felt very discouraged.（霍译）

（8）袭人听了这话，又是恼，又是愧，带要说几句，又见宝玉已经**气的黄**了脸。（《红楼梦》第三十一回）

Annoyance and mortification tempted Xiren to make a sharp retort. She only controlled herself because Baoyu was already ***livid with rage***.（杨译）

（9）宝玉道："青天白日，这是怎么说，珍大爷知道，你是死是活？"一面看那丫头，虽不标致，倒还干净，些微亦有动人处，***羞的面红耳赤***，低首无言。（《红楼梦》第十九回）

"A fine way to carry on in broad daylight!" cried Baoyu. "Do you want Lord Jia Zhen to kill you?" Meanwhile he was sizing up the maid, no beauty but a girl with a fair complexion and a certain charm. ***Red to the ears with shame***, she hung her head in silence.（杨译）

评析　同汉语一样，英语颜色词也可用来表达喜、怒、哀、乐，传递心理活动，评价是非曲直，如 wave a red flag（做惹人生气的事），go black in the face（气得脸色发紫），black mood（情绪低落），black-browed（愁容满面），be in the blues（没精打采、闷闷不乐），blue Monday（郁闷的星期一，与快乐的周末相对而言），to turn purple with rage（因愤怒而脸色发紫）等。胡文仲（2000）的《英美文化词典》中有一个非常典型的例子：

Mr. Brown is a very ***white*** man. He is looking rather ***green*** the other day. He has been feeling ***blue*** lately. When I saw him, he was in a ***brown*** study. I hope he'll be in the ***pink*** again.

短短一段话，含有五个颜色词，它们无一不体现着颜色词的表"情"功能。其中 white：honest"正直的"；green：sickly look"病色"；blue：depressed"情绪低落的"；in the brown study：in deep thought"沉思"；in the pink：healthy"很健康的"。

随着人们对色彩审美价值认识的深入，欣赏、描绘色彩之美，并用它来表情达意成为语言艺术的一个重要组成部分。所以，掌握汉英颜色词并深刻理解其表"情"功能有利于中英民族跨文化交际的建设与发展。

第三节　汉英颜色词的社会文化内涵

一个社会的语言是该社会文化的一个方面，而每种语言一定具有自身的文化内涵。颜色本身是一种自然现象，但其体现出的文化内涵却大相径庭。中英语言文化中对基本颜色词的分类差别不大。汉语中有赤、橙、黄、绿、青、蓝、紫，英语中有 red（红），white（白），black（黑），green（绿），yellow（黄），blue（蓝），purple（紫），gray（灰），brown（棕）。而由于中英文化的差异，以及受各自社会习俗、历史、思维方式、地理环境、宗教、文化和价值取向等因素的影响，这些基本颜色对于不同文化的人而言，在视觉和心理上所引发的联想和象征意义也不尽相同，由此还导致了中英两国人民在思维方式、语言习惯方面都不可避免地存在着许多差异，反映到颜色词上也就带有鲜明的民族文化特色。它们之间既有共性又有差异，即英汉语言中相应的颜色词有些意义部分相同，但有些意义不同或截然相反。

1. 红色（red）

中国传统文化中，红色往往与庆祝活动或喜庆日子有关，内涵比较单一。例如，中国人习惯用红色字体表现喜庆的日子，由此，中文里衍生出“满堂红”、“红火”、“红运”、“红双喜”等词汇。“开门红”是指工作一开始就取得了好成绩；“走红运”指走好运，“大红人”指受器重的人；“事业红火”指事业兴旺。红色也象征着革命和进步，中国历史上多次出现过反抗暴政的组织，以红巾包头或以红旗为号，如“红巾军”以及穿红衣提红灯的“红灯照”。解放后五星红旗成了中国的国旗。在文学作品中，“红”也用于指年轻女性，如“红妆”（女子盛装），“红颜”（少女）。戏剧中的一些红脸人物（如关羽）被看作是忠心耿耿的英雄。再如“红榜”（honor roll），“红利”（bonus；extra dividend），“红尘”（the world of mortals），“红人”（a favorite with somebody in power），“红运”（good luck），“红袖”（beauty），“红豆”（love pea），“红娘”（matchmaker）等。

在英文中，red 一词的用法与内涵呈现出多样化特点。尽管有 red letter day（纪念日、喜庆的日子），the red carpet（红地毯、比喻隆重的接待或欢迎），但更多的场合，红色为不祥之兆。因此，英语文化概念中的“red”是同流血、殉难以及不好的事情相关联的，有“血腥、暴力、恐怖、愤怒、困境、淫荡”等多种含义。“red”会令人们联想到可怕的东西，如 a red battle（血战），see the red light（灾祸临头），red rag（斗牛用的红布，激怒人的东西、令人愤怒的事），see red（发怒、生气），red light district（红灯区）。英国人认为，红色表示为信仰和博爱献身，在某些圣餐仪式上穿红色表示圣爱，在纹章艺术中红色表示高兴，血红色是坚毅不拔的象征。在教堂装饰中，红色用于圣神降临节或用于怀念殉教先烈。

语言还反映民族的特征，蕴藏着一个民族的价值观，如在英语中，red 还指“负债”或“亏损”，这是因为人们总是习惯用红笔登记负数，进而衍生出如 red ink（红墨水，赤字），in the red（亏损），red balance（赤字差额）等词汇或用语。在中英两种语言环境中，对颜色词的运用还体现出中英两个民族在观察与思维上存在差异。中英两个民族在对同一物体，经过思维会得出不同的颜色词，汉语中常用的带“红”字的词语，翻译成英语，不一定要用“red”，如红糖（brown sugar），红茶（black tea），红榜（honor roll），红豆（love pea）。

2. 白色（white）

在比较常见的情形下，中英两个民族都用白色象征纯洁、清白，如中文里的“洁白无瑕”、“坦白”。但在“白色（white）”一词的衍生含义与用法上，中英两种语言也有着很大的差异。伴随着中国文化的历史积淀，在中文语言中，“白色”除上面提到的“纯洁、清白”外，还常见有以下几种意思：

①从白色与其他颜色的强烈对比效果中引申出“白”代表“什么都没有”的意思，如“一穷二白”、“白干（了）”、“白白浪费”、“凉白开”等；

②一种病态或指弱的意思，如“白痴”、“苍白无力”；

③“白色”有“凶”、“丧”的含义，如死了人办丧事，民间就用的是“红白喜事”中的“白事”一词，且在葬礼上戴白花；

④从白骨（此处的“白”系指白颜色）的用法是引申出恐怖之意（如“白色恐怖”），进而衍生出妖魔化的含义，如“白骨精”、“白眼狼”等。

在西方文化里白色常代表“好的”和“正面的”意义，白色是美丽、吉祥的象征，如 white day（吉祥日）；婚礼上新娘常佩白花，穿白色婚纱，戴白手套。英语中的“white”也有引申含义，如 a white day（吉日），a white hope（足以为某一团体带来荣誉的人），a white elephant（无实用价值的东西），white alert（解除警报），days marked with a white stone（幸福的日子），a white lie（善意的谎言），a white night（不眠之夜），a white war（不流血的战争）等。

3. 黑色（black）

在我国古代，黑色是一种尊贵和庄重的颜色，是夏和秦代所崇尚的正色。在中国，黑色陶瓷、黑色漆器和水墨画发展较早，在人们日常生活中占有特殊地位。在汉族传统文化中，“黑”有时与“白”相对而言，如黑白分明、颠倒黑白、黑白电视；有时“黑”又与“红”对举，例如“黑心”（阴险狠毒之心）就是“红心”（忠诚之心）的反义词。在英格兰民族传统文化中，“black”有时与“white”相对而言，如 call black white（颠倒黑白），put down in black and white（见诸文字），swear black is white（强词夺理）。

除了表示颜色的黑以外，在英汉文化中黑色都被看作悲哀、不幸或恐怖神秘含义，有“不好的”、“坏的”、“邪恶的”意思。汉语有“黑帮”、“黑道”；英语有 black money（黑钱，匿报的非法收益），black-letter day（倒霉的一天）、a black mood（很坏的情绪）、black box（黑匣子）、black mark（污点）。由于人类思维的全民性，以及文化、

语言的互相渗透，英汉语表示“黑色”的词在运用时有其共性，如 black market（黑市），blacklist（黑名单），black-hearted（黑心的）。另外，同样由于价值取向的因素，和红色墨水在记账时表示“亏损”的意思相反，黑色在记账时用以表示“盈利”，如英语中就有使用“black”来表示盈利和赚钱词汇，例如 black figure /in the black（盈利、赚钱）。英语中的 black 另有“庄重”、“严肃”之意。如 A black tie dinner（很正式的聚餐会，与会者必须穿礼服，系黑色领带）。

4. 绿色（green）

因为绿色是植物茂盛的颜色，因此中英文化中都把绿色看作“春天、希望、新鲜”等的象征，它象征着乡村的宁静与自然界的和谐，如 green peace（保护动植物的“绿色和平组织”），greenbelt（绿化地带），greenhouse（温室）。Green Card 是绿卡（一种允许外国人进入美国工作的许可证），从绿色可以联想到生命力。

在汉语言环境中，“绿”的常见衍生词义和用法大体主要有两种：

①中国古代作品里常用绿字来描写年轻貌美的女子，常以“绿窗”代闺阁，“绿云”指女子黑润而稠密的头发；

②“绿”在汉语中也常用作表示卑贱，如“绿帽子”专指那些妻子与他人私通的男人。

英语中 green 也带轻微贬义色彩，如 green horn 指“新到一个地方不了解当地习惯的人”，常用于移民；还有“不成熟，无经验，未熟的”，“新鲜”或“嫉妒”等含义，如 green hand（生手，没有经验的人），green corn（嫩玉米），a green apple（未熟的苹果）green meat（鲜肉），green-eyed（嫉妒/眼红）。另外，由于美元是绿色的，受价值取向的影响，所以“green”又和金钱有了联系。俚语中用 green back（绿色背面）指代美钞，因而英语中的“green”还是金钱的象征，如 green power（金钱的力量）。

5. 黄色（yellow）

黄色在中国历史上被视为神圣、正统的颜色，其主要原因是华夏祖先生活在黄土高原，华夏文化发源于黄河流域。《诗经集传》中提到“黄，中央土之正色”。隋唐以后，皇帝都穿黄色龙袍，黄色由此代表着至高无上的皇权。古代的中国对黄颜色的使用有着极其严格的封建等级规定，黄色为皇族所专用，一般百姓是绝不可随便使用黄色的，如黄袍加身就意味着做了皇帝或皇威至此。中国古代对黄色的尊崇形成于古人“拜金”的价值取向——这是中国文化在颜色词运用与演进中唯一体现价值取向的现象。另外，在汉语中，黄色还用表示“淫秽下流”的意思。

在英语言环境中，yellow 的用法和引申意义并不复杂。在英国的纹章艺术中，黄色代表忠诚、智慧、坚贞和光荣。在基督教艺术作品中，出卖耶稣的犹大总是身穿黄色衣服。英语里的 yellow pages 黄页并非指黄书，而是指分类电话簿，这里的“yellow”仅表示纸张是黄颜色的。此外，“yellow”还表示“懦弱的、卑怯的”，如 He is a yellow man.（他是个胆小鬼），yellow dog（卑鄙小人）。

6. 蓝色（blue）

蓝色是大海和晴朗天空的颜色，能使人感到舒服，起镇静作用。英国女作家凯瑟琳·马思婷（Kathryn Marsden）在1995年出版的《100分活力》（*All Day Energy*）一书中说：“红色有时被看成好斗的颜色。过去公路照明用的钠汽灯属于光谱上的红色，因街头罪案的增加一直受到指责。后来把钠汽灯换成水银灯（属光谱中的蓝色），街头犯罪率就有所下降。”如果情绪激动或是要平静一下过于活跃的大脑，柔和而令人心旷神怡的蓝色能给你一份祥和与宁静。古汉语作品中的“青”、“碧”和“苍”都包含着蓝色的意思，所以有“青出于蓝”之说。旧时儒生所穿的服装为“蓝衫”，古人诗云：“甲门才子鼎科人，拂地蓝衫榜下新。”汉语中的“蓝本”指主要原始资料或著作所根据的底本。“蓝图”既可指用感光后变成蓝色的感光纸制成的图纸，又可指建设计划。

在英语中，蓝色表示高雅和忠诚，如美国英语中的blue book（名人录，蓝皮书），the blue blood（贵族出身），True blue will never stain. （忠实可靠的人决不会做坏事）。蓝色在英国还被认为是当选者和领导者的标志，象征着对美好事业或前景的追求，为许多人所喜爱。因此，英国历史上的辉格党、现在的保守党、剑桥和牛津大学的运动队和啦啦队都以深蓝或浅蓝色为标志。

有时，英语中的“blue”的文化内涵倒是和汉语的“黄色”所表达的“淫秽、色情”内涵一致，如blue movie/film（色情电影），blue revolution（性解放或淫秽读物泛滥），blue joke（猥亵的笑话）。在英语成语中，蓝色却是忧伤的象征，如be（fall）in the blues“无精打采”，cry the blues“情绪低落”，feel blue“闷闷不乐”，sing the blues“垂头丧气”，look blue“神色沮丧”，out of the blue“出乎意料”，turn blue with fear“吓得脸发青”，be blue in the face“弄得脸上突然变色”。英语中有很多由“blue”构成的词语，但汉译时却已全无“蓝色”之意，如a bolt from the blue（晴天霹雳），into the blue（无影无踪），once in a blue moon（难得有一次），till all is blue（到极点，无限期地）等。

7. 紫色（purple）

紫是蓝与红合成的颜色。古人以紫微星垣比喻皇帝的住处，因称皇宫为“紫禁宫”。“紫气东来”表示祥瑞，传说老子出函谷关，关令尹喜见有紫气从东而来，知道将有圣人过关，果然老子骑青牛前来，喜便请他写下了《道德经》。从唐代起，即以服装的颜色来分辨官位品级，使“品色衣”成为定制：皇帝穿黄袍衫，亲王及三品服用紫。由此可见，紫色在传统文化中崇高的地位。《论语·阳货》云：“恶紫之夺朱也。”

在西方，紫色一般是高贵、优雅、权力的象征，英语里be born in the purple意为“出身于王室或显贵之家”；而raise sb. to the purple就是“立某人为帝王或把某人升为红衣主教”；“marry into the purple”指嫁入名门望族。

文学作品中颜色词的社会文化内涵

以上所说的关于颜色词丰富的社会文化内涵也在文学作品中得到了淋漓尽致的体现，大大增强了文学作品的艺术性和可读性。

(1) 鸿渐这孩子，自己**白白**花钱栽培了他，看来没有多大出息。（钱钟书《围城》）

He had ***wasted*** his money educating Hung-chien, who obviously didn't amount to much.（凯利，茅国权译）

(2) 宝钗亦悄悄地笑道："还不快作上去，只管姐姐妹妹的。谁是你姐姐？那上头穿**黄袍**的才是你姐姐，你又认我这姐姐来了。"（《红楼梦》第八回）

Suppressing a smile Baochai replied, "Hurry up and finish instead of talking such nonsense. Who are you calling 'sister'? That's your sister sitting up there in the ***golden robes***. Why call me your sister?"（杨译）

(3) 斜川有了好太太不够，还在诗里招摇，我们这些光棍看来真**眼红**。（钱钟书《围城》）

It isn't enough for Hsieh-ch'uan just to have a lovely wife. He has to flaunt his good fortune in his poetry so we bachelors go ***red-eyed with envy*** when we read it.（凯利，茅国权译）

(4) 明儿又要送南安府里的礼，又要预备娘娘的重阳节礼，还有几家**红白大礼**，至少还得三二千银子用，一时难去支借。（《红楼梦》第七十二回）

Tomorrow I have to send presents to the Prince of Nanan and prepare Double-Ninth gifts for Her Imperial Highness; then there are ***weddings and funerals*** coming up in several other families too.（杨译）

(5) 每每一年半倒有半年出游在外，因此学业分心，以致屡次赴试，仍是一领**青衫**。（《镜花缘》第七回）

Since he loved to travel and spent half of each year doing so, he had failed to pass any but the elementary examinations, and still wore ***the blue collar of a scholar of the lowest rank***.（林太乙译）

(6) 今**名登黄榜**，将来出仕，恐不免结党营私。（《镜花缘》第七回）

If ***his name is posted as a successful candidate***, and he fills an official post, we cannot be sure of his loyalty.（林太乙译）

(7) 又嫌她衣服**不够红**，不像个新娘，尤其不赞成她脚上颜色**不吉利的白**皮鞋。（钱钟书《围城》）

She also felt her clothes weren't ***red*** enough for a bride and was especially disapproving of her shoes, which were ***an inauspicious white***.（凯利，茅国权译）

评析 以上几个译例都充分体现了颜色词所蕴含的丰富的社会文化内涵。例 (1)中的“白”并不指代颜色本身，而是暗指“徒然无益”(in vain) 之意；例 (2) 中的“黄”和例 (5) 中的“青”都体现出颜色词和服饰颜色的尊卑观念两者之间的关系。在中国，尤其是古代对服饰的颜色有很严格的规定，其服饰的颜色决定了着装人的身份尊卑之分。其中黄色颜色明快，鲜艳而又华丽，是高贵的象征，如例 (2) 中贾政与王夫人所生的长女，贾宝玉的姐姐元春加封为贤德妃，因其身份高贵而穿黄袍 (golden robe)，在贾府也都通称娘娘。例 (5) 中的“青衫”(the blue collar) 是古时学子所穿之服。唐制，文官八品、九品服以青。这里的“青衫”暗指唐教官职卑微，仕途不得意。

例 (3) 中的“眼红”并非眼睛的疾病，而是“嫉妒”之意。例 (4) 中的“红白大礼”也体现了颜色词暗含的丰富的文化寓意，指代指婚丧嫁娶的礼仪 (weddings and funerals)，民俗文化蕴味浓厚。根据中国传统婚俗，新婚时新娘子要穿红衣以示喜庆吉祥；同时根据中国习俗，在大婚或者春节这样喜庆的日子也不应该穿着白色的衣服或鞋子，显得不够吉利。例 (7) 这句话里，方太太正是因为孙柔嘉还是新婚娘子却穿着不够红艳，且效仿西洋人在大婚第一次登婆家门穿着白皮鞋而生气。保留颜色直译有利于读者知晓这些中国文化中的传统习俗。

例 (6) 中古代科举制度殿试后录取进士，揭晓名次的布告，因用黄纸书写，故而称黄甲、金榜。因为多由皇帝点定，俗称皇榜，考中进士就称金榜题名。因此译者将其意译为“his name is posted as a successful candidate”也就很容易被目的语读者理解和接受了。

总之，汉英颜色词的意义积淀着大量的文化信息和内涵，含有鲜明的时代特色和民俗语义。它们真实地反映了中西方社会的精神风貌，留下了鲜明的文化烙印。因此，在颜色词的使用和互译中，要真切地了解产生与使用该语言的国家的文化传统、价值观念、风土人情等，通过表层意义剖析其深层的文化内涵，从而有效地促进中西方文化的交流和汉英互译。

第四节 汉语颜色词语的翻译策略和方法

各种语言中的颜色词虽然数量有限，但是却反映了不同民族、不同时代人们的文化心理、审美情趣和时代风尚。我们都清楚地认识到：(1) 各种语言中颜色词的光谱界定不完全一致；(2) 颜色词所产生的联想意义因文化系统而异。因此颜色词翻译具有它本身特殊的性质和难度，需要译者细细推敲，谨慎处理。《红楼梦》是中国历代文学作品中运用颜色最多的一部书，曹雪芹使用最多的是“红”系词汇，此系中一共出现三十九种红色词汇，例如大红、朱红、银红、猩红、桃红、绛红、水红、嫣红、飞红、

石榴红、杏红、海棠红等。这些频繁出现的颜色词汇也是翻译时其大部分文化含义消失的文化负载词中的一种。

（一）汉英颜色词的语义对比

受地理环境、民情风俗、思维方式、宗教信仰、民族心理等因素的影响，“颜色词属于文化限定词，具有强烈的民族文化特征，每个民族都有自己的颜色观，在不同的民族文化中，同一种颜色表达不同的文化心理，引起不同的联想，具有不同的文化内涵”（包惠南，2001）。因而在英、汉语言中，有大量表达效果相似，但表达形式有所不同的与颜色相关的词。

1. 汉语的颜色词使用的基本含义，英语中却习惯于用另一个颜色词来表示同一种颜色。有时，汉语中的“红”就不是简单地对应英语的“red”。比如“红茶”，由于欧美人强调的是茶叶的颜色而非茶水的颜色，因而对等的英文是“black tea”；与“红葡萄酒”对等的是“purple wine”，不是“red wine”；红糖的翻译是“brown sugar”，而非“red sugar”。同理，由于文化差异，“She was beat black and blue”应该译为“她被打得青一块、紫一块”。“青一块、紫一块”对汉语读者来说，读起来更自然顺口，几乎与英语读者对“black and blue”的反应是完全对等的。如果将“black and blue”译成“黑一块、蓝一块”，汉语读者对此会觉得别扭，甚至不知所云。

这里的译语用了另一个颜色词来表示源语中的颜色，最贴切而又最自然地再现了源语的信息。同时，译语中的信息接受者对译文信息的反应应该与原语接受者对原语信息的反应基本相同。

2. 汉语颜色词用的是文化引申义，而英语中习惯于用另一颜色词来表示相同的文化引申含义。比如把“眼红”在英语中用“green-eyed”来表达。因为在汉语中的“眼红”可引申为嫉妒，而英语中的“red”是没有这种引申义的，但恰好“green”有这种引申义。可以说，英语读者联想的“green-eyed”和汉语读者联想的“眼红”不谋而合。

3. 英语中使用的是其文化引申含义，而在汉语中直接引用该文化引申含义。因为汉语中本没有一个颜色词可以表示相同的文化引申含义，但是由于日益频繁的文化交流，在汉语中也产生了相同的引申含义。英语中很多蕴含强烈文化引申义的与颜色相关的词不改变形式直接移植到了汉语中，例如 blue print（蓝图）；black humor（黑色幽默）；White House（白宫），指美国政府；White Book（白皮书），指美国等国的官方文件；blue book（蓝皮书），指英国官方文件；green consumerism（绿色消费），red-light district（红灯区）；black market（黑市）；Yellow Pages（黄页），指电话号码簿；Yellow Book（黄皮书），指法国等国家的政府报告；blue-collar workers（蓝领阶层）；grey-collar workers（灰领阶层）；white-collar workers（白领阶层）。

4. 颜色词在译语中找不到相对等的颜色词，因而只能采用译语中意义相同的非颜色词来代替。如果紧扣原文形式的翻译有可能引起原语文本联想意义的严重误解或者在原语文本风（stylistic values）的恰当欣赏上造成重大失误，那么，就应当作些反映原语文本联想含义所必需的调整（刘重德，2003），把引申义译出来。如黄色在英语和汉语中的引申含义差别比较大。在英语中，“yellow”可以表示“胆小、卑怯、卑鄙”的意思，例如 a yellow dog（可鄙的人，卑鄙的人）；a yellow livered（胆小鬼）。再如，白色（white），汉民族文化中，白色与死亡、丧事相联系，如“红白喜事”中的“白”译为“funeral”。英语中的“white”有时表达的含义与汉语中的“白色”没有什么关系，如 a white lie（善意的谎言）；the white coffee（牛奶咖啡）；white elephant（昂贵又无用之物）。而汉语中有些与“白”字搭配的词组，实际上与英语“white”所表示的颜色也没有什么联系，而是表达另外的含义，如白开水（plain boiled water）；白菜（Chinese cabbage）；白字（wrongly written or mispronounced character）；白搭（no use）；白费事（all in vain）。

（二）汉语颜色词语的翻译策略和方法

英汉基本颜色词虽然数量大体相当，但它们反映各自文化特质，有不同程度的差异，因而成为跨文化交际的一个误点，也成为中英翻译中的一个难点。颜色词的翻译可以运用直译、意译、增译、改译等方法来消除颜色词所造成的文化差异。

1. 直译法（保留颜色词）

保留颜色词直译指的是在译文中使用与原语概念意义相同的颜色词，从而保留原语的颜色意象，适用于文化伴随意义基本相同的基本颜色词。虽然英汉两种语言植根于两种不同的文明之中，但由于人类社会生活的共同之处，所以作为中西民族用以表达各自思想的物质载体，汉英两种语言必须也存在着共性。因此，在英汉互译中，当我们遇到颜色词时，有时可以直接在目标语中找到对应的颜色词来翻译源语的颜色词。

在《浮生六记》的林语堂译本中我们可以找到很多这样的例子：

（1）邓尉山一名元墓，西背太湖，东对锦峰，***丹崖翠阁***，望如图画。（《浮生六记》卷四，第 311 页）

The Tengwei Hill is also known as “Yuan Tomb”; it faces the Chinfeng Peak on the east and the Taihu Lake on the west, and with its ***red cliffs and green towers***, the whole hill looks like a painting. （林语堂译）

（2）山门一启，即见佛面，**金光与绿荫**相映，庭阶石础苔积如绣。（《浮生六记》卷四，第 296 页）

As soon as the Temple gate was opened, we saw the Buddha's face, whose ***golden color*** mingled with the ***green shade*** of the trees, and on the steps and the stone structures there was a thick layer of moss like fine velvet. （林语堂译）

（3）时值霜叶*初红*，灿如桃李。（《浮生六记》卷四，第 315 页）

The tree leaves were just ***turning red***, resplendent like peach and pear blossoms. （林语堂译）

（4）洞石皆**深绛色**，旁有一庵甚幽静。（《浮生六记》卷四，第245页）

The rocks of the cave were of a ***deep red color***, with a very nice and quiet temple by its side.（林语堂译）

（5）过佛山镇，见人家墙顶多列盆花，叶如冬青，花如牡丹，又**大红，粉白，粉红**三种，盖山茶花也。（《浮生六记》卷四，第257页）

At the Buddhist Hill Hamlet, I saw that over the top of the walls of people's homes were placed many potted flowers, whose leaves were like Ilex and whose flowers were like peony, in three different colors of ***red, pink and white***. These were camellias.（林语堂译）

（6）行礼的时候，祭桌前铺了**红毯**，显然要鸿渐夫妇向空中过往祖先灵魂下跪。（钱钟书《围城》）

When it was time for them to pay respects, ***a red carpet*** was spread before the sacrificial table, obviously intended for Hung-chien and his wife to kneel down before the souls of the Fang's departed ancestors.（凯利，茅国权译）

（7）没有关系，我去买几个**红封套**，替你给他们得了。（钱钟书《围城》）

Never mind, I'll go buy some ***red envelopes*** and give them out for you. That'll settle it.（凯利，茅国权译）

评析　以上的译例中汉语颜色词基本上都能在英语中找到对应的词，如例（1）中"丹"对"red"，"翠"对"green"；例（2）中"金"对"golden"；例（3）中"红"对"red"；例（4）中"深绛"对"deep red"；例（5）中"大红、粉白、粉红"对"red, white, pink"等。保留源语的颜色词直译能够最大限度再现源语的文化意象，传递文化信息和内涵，如果能在目的语中找到对应的颜色词，直译应该是最佳的翻译方法。

同样，例（6）中"红毯"也被直译为"red carpet"，这是因为在英汉文化中遇到重要时刻或重大事情都用红地毯以示隆重欢迎、盛大欢送、隆重接待等，此句虽然描述的是英美读者并不熟悉的中国传统的祭祀文化，但英汉文化的共性直译能很好地帮助读者理解该仪式的重要性，有利于文化传播。例（7）的"红封套"体现了中国另一个传统习俗，即在过春节时晚辈给长辈拜年，而长辈通常要给晚辈"压岁钱"，或者长辈跟晚辈第一次见面要给"见面礼"，而"压岁钱"或"见面礼"通常要放在红封套或红信封里。这里的直译似乎让英美读者有些困惑，但上文中方鸿渐提到孙柔嘉第一次见他的两个侄儿，理应给"见面钱"的，这样前后文联系起来应该就不难理解了。

2. 意译法（减色法）

减色法指源语中有颜色词，翻译时却隐去了颜色词的翻译方法。在很多情况下，源语中的颜色词所表达的是一种象征意义或引申义，在目标语中找不到相对应的颜色词，为了准确传达作者思想，翻译时只能用目标语中意义相同却不带颜色词的词语来代替源语中的颜色词，从而使译文最大限度地传递信息即原文中有颜色词，翻译时却隐去了颜色词。《浮生六记》和《红楼梦》中都有丰富的译例。译本对颜色词的处理颇具特色，很多地方都翻译得非常传神，值得借鉴。

《浮生六记》译例分析

（1）秀峰**今翠明红**，俗谓之"跳槽"，甚至一招两妓。（《浮生六记》卷四，第279页）

Hsiufeng used to ***go from one girl to another***, or "jump the through," in the sing-song slang, and sometimes even had two girls at the same time.（林语堂译）

（2）忽旁开一门，呀然有声，一鹑衣少年出，面有**菜色**，足无完履。（《浮生六记》卷四，第295页）

Then suddenly a side door was opened with a crash and a young man in tatters and a pair of broken shoes appeared, wearing a ***pale anaemic complexion***.（林语堂译）

（3）归途见林柿正**黄**，就马上摘食之。土人呼止，弗听，嚼之，涩甚，急吐去。（《浮生六记》卷四，第331页）

On my way back I saw some wild persimmons, which were of a ***ripe color***. I picked one from the tree while on horseback, and was going to eat it then and there. The native people tried to stop me, but I wouldn't listen to them. Only after taking a bite did I find it to have a very harsh flavor.（林语堂译）

（4）剔灯入帐，芸已寒热大作，余亦继之，困顿两旬；真所谓乐极灾生，亦是**白头**不终之兆。（《浮生六记》卷一，第33页）

True it is that when the cup of happiness overflows, disaster follows, as the saying goes, and this was also an omen that we should not be able to live together until ***old age***.（林语堂译）

（5）余镌"愿生生世世为夫妇"图章二方，余执**朱文**，芸执**白文**，以为往来书信之用。（《浮生六记》卷一，第27页）

I have carved two seals with the inscription "That we might remain husband and wife from incarnation to incarnation". I kept ***the seal with positive characters***, while she kept ***the one with negative character***, to be used in our correspondence.（林语堂译）

（6）是时风和日丽，遍地黄金，**青衫红袖**，越阡度陌，蜂蝶乱飞，令人不饮自醉。（《浮生六记》卷二，第229页）

The sun was beautiful and the breeze was gentle, while the yellow rape flowers in the field looked like a stretch of gold, with ***gaily dressed young men and women*** passing by the rice fields and bees and butterflies flitting to and fro—a sight which would make one drunk without any liquor.（林语堂译）

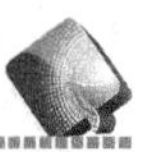

评析　《浮生六记》中，林语堂先生为更好地传递原文的文化信息，为目的语读者所理解和接受，很多时候采用了意译的方法。例（1）中的“今翠明红”原指“牲口离开所在的槽头到别的槽头去吃食或比喻人离开原来的工作，另谋高就”，这里喻指“男女间爱情上喜新厌旧，见异而迁”，确切地说，是指秀峰每次找“花船”上不同的女孩子来消遣和玩乐。如果直译的话，目的语读者一定会不知所云，难以理解。例（2）中“面有菜色”语出《礼记・王制》：“虽有凶旱水溢，民无菜色。”常常用来形容因饥饿而显得营养不良的样子，译文“pale anaemic complexion”准确表现了少年发白而没有血色的面部。例（3）中柿子未成熟时是绿色或者青色的，成熟后慢慢变黄，所以这里的“黄”是对成熟的柿子的描写，所以译者将其意译成“ripe color”是很到位的，也便于读者理解。例（4）中“白头”指“夫妇互相敬爱，共同生活到年老”，翻译成“old age”准确明了。例（5）中的“朱文”和“白文”语出明・杨慎《升庵诗话・石碣阳镌额》：“三代钟鼎文有款识，隐起而凸曰款，以象阳；中陷而凹曰识，以象阴，刻之印章，则阳文曰朱文，阴文曰白文。”印章上的文字有朱文和白文之分。“朱文”即指印面上的文字凸起，印文呈红色，所以又称阳文；“白文”即指印面上的文字凹人，因此又称阴文。译者将其意译为“positive characters”和“negative characters”不失为好的翻译策略。例（6）中“青衫红袖”以衣服喻指青年男女，译文“gaily dressed young men and women”准确再现了原文的文化信息和内涵，虽然不得不舍弃颜色词意译，不及原文中人物描写生动形象，但从目的语读者的角度来看却是极佳的译文。

《红楼梦》译例分析

颜色词在《红楼梦》中出现的频率很高，从书中人物的容貌、服饰到居家的摆设、用具，甚至在表现人物的思想活动方面都离不开颜色词。《红楼梦》中颜色词的巧妙运用从一个侧面体现了曹雪芹卓越的文学才能。

（1）贾爷也曾留下话与和尚转达老爷，说：“读书人不在‘**黄道**’、‘**黑道**’，总以事理为要。”（《红楼梦》第一回）

Mr. Chia asked the monk to tell the scholars are not superstitious about ***lucky or unlucky days*** but like to act according to reason.（杨译）

（2）又有五六个老嬷嬷雁翅摆在两旁，碧纱橱后隐隐约约有许多**穿红着绿**戴宝簪珠的人。（《红楼梦》第四十二回）

And behind the green gauze screen the doctor glimpsed other figures ***wearing gay silks*** and trinkets set with precious stones and pearls.（杨译）

（3）林黛玉自觉忘情，不觉**红了脸**，拿袖子遮了脸，翻身向里装睡了。（《红楼梦》第二十六回）

Dai-yu realized that she had been caught off her guard. She covered her ***burning face*** with her sleeves, and turning over towards the wall, pretended to be asleep.（霍译）

（4）刚至园门前，只见贾母房内的小丫头名唤傻大姐的笑嘻嘻走来，手内拿着个**花红柳绿**的东西，低头一壁瞧着，一壁只管走，不防迎头撞见邢夫人，抬头看见，方才站住。（《红楼梦》第七十三回）

She had just reached the gate when Sister Numskull, one of the Lady Dowager's maids, came along chortling to herself over some ***gaudy object*** in her hands, and as her head was lowered bumped into Lady Hsing.（杨译）

（5）宝玉说道："**青天白日**怕什么？我因为好些时候没到园里逛逛，今儿趁着酒兴走走，那里就撞着什么了呢？"（《红楼梦》第一百零八回）

"What does it matter in ***broad daylight***?" he asked. "It's so long since I've had a stroll in the Garden that I went after drinking to clear my head. How could anything there possibly give me a turn?"（杨译）

（6）可巧连日有王公侯伯世袭官员十几处，皆系荣宁非亲即友或世交之家，或有升迁，或有黜降，或有婚嫁**红白**等事，王夫人贺吊迎送，应酬不暇，前边更无人。（曹雪芹《红楼梦》第五十五回）

It happened now that a dozen or so promotions, demotions, ***marriages or funerals*** in the families of nobles or hereditary officials related to or friendly with the Rong and Ning houses kept Lady Wang busy for several days in a row, paying visits of congratulation or condolence. This left her less time than ever to attend to affairs at home.（杨译）

评析 例（1）中按中国古代历法家的迷信说法，"黄道"是"吉日"，"黑道"是"凶日"。因为在中国传统文化中，黄色乃帝王之色，人们以黄色为尊；而传说中的阴曹地府暗无天日，所以黑色象征死亡、邪恶与不吉利。这与英语中黄色和黑色的所指意义相距颇大，不宜以其"实"色直译，而宜虚译出其深层含义。故将"黄道"译成"lucky days"，"黑道"译成"unlucky days"。例（2）中"穿红着绿"语出明·冯梦龙《醒世恒言·钱秀才错占凤凰俦》："那颜俊虽丑陋，最好妆扮，穿红着绿，低声强笑，自以为美。"所以"穿红着绿"是以颜色指代穿着，形容衣着鲜艳华丽，故结合上下文将其翻译成"wearing gay silk"。红色是表情功能非常丰富，常用来表示兴奋、激动、害羞、气愤等情感。例（3）中"红了脸"指黛玉在宝玉听见自己感情的自然流露时害羞，不觉脸涨得通红。译者结合上下文将其翻译成"burning face"不仅合情合理，而且非常形象生动。例（4）中的"花红柳绿"本意是形容明

媚的春天景象，这里指贾母房内的小丫头手里捧着的东西颜色鲜艳，翻译成“gaudy object”应该是比较恰当的。例（5）中“青天白日”语出唐·韩愈《与崔群书》：“青天白日，奴隶亦知其清明。”此处指“大白天”，故将其翻译成“broad daylight”。汉语中有“红白喜事”的说法，而英语中很少使用颜色来修饰“事情”。考虑到西方读者的语言习惯，例（6）中译文使用了归化的翻译方法，直接译出了“红白事”之所指（“红事”指“marriage”；“白事”指“funerals or death”）。但是译文读者看到的只是译文，完全不知道汉语文化中结婚和葬礼分别与“红色”和“白色”有何种关联，这恐怕是中英两种语言和文化差异所造成的遗憾了。

3. 增色法

增色法指源语中没有出现颜色词，但译者可根据目标语的表达习惯增加一个或几个颜色词以达到与源语相同或相似的艺术效果的方法。

（1）晓来谁染***霜林醉***，总是离人泪。（王实甫《西厢记》）

Why like wine-flushed face is ***frosted forest red***?

It's dyed in tears the parting lovers shed.（许渊冲译）

（2）黛玉笑道：“咱们如今都系***霞影纱***糊的窗，何不说‘***茜纱窗***下，公子多情’呢?”（《红楼梦》第七十九回）

“We all have ***rosy-cloud gauze*** pasted on latticed windows nowadays,” she replied. “Why not say Under ***madder-gauze window***, a young lordling filled with longing?”（杨译）

评析　枫叶经霜而红本为自然现象，而在崔莺莺的感觉中，那片片枫叶像是被她的伤心血泪染红，如同“醉”了一般。这种缘情敷色的抒情手法加强了文学的可读性，使读者的心灵也为之撼动。如将例（1）直接英译为“ why is frosted forest drunk?”恐怕英美读者难以理解其意境。出于文化因素的考虑，许教授在翻译时将“醉”还原成“红”，可谓独具匠心。例（2）中“霞影纱”是一种银红色、质地轻软的纱。“茜纱窗”是现代词，是一个专有名词，指怡红院的窗子。茜，指茜草，一种草类，根红色。而怡红院的窗户是用红色的软烟罗糊的，故名茜纱窗。译文中增加了两个颜色词“rosy”（蔷薇色的）和“madder”（茜草色）更便于目的语读者的理解和接受。

4. 增译法

增译或加译，旨在于译文中明示出原语读者视为当然，而译语读者却不知道的意义。由于不同的文化背景，有些目标语中的颜色词在源语中找不到其相对应的词。针对联想缺省的情况，为了使读者更好地理解原文，我们在翻译时可以附加解释。

（1）远惭西子，近愧王嫱。……若非宴罢归来，瑶池不二；定应吹箫引去，***紫府***无双者也。（《红楼梦》第五回）

She would put His Shih to shame and make Wang Chiang blush… Verily she has no peer in fairyland, no equal in ***the Purple courts of heaven***.（杨译）

（2）（他们……也在和汪精卫里应外合地演出），有些唱双簧，有些装**红白脸**。（《毛泽东选集》第二卷，第535页）

With some wearing ***the white make-up of the stage villain*** and others ***the red make-up of the hero***.（《毛泽东选集》第二卷英译本，第252页）

评析 例（1）本是对贾宝玉神游太虚境时相遇的那位绝色仙姑的描写，"瑶池"、"紫府"在中国文化里是"仙境"的代名词。但西方人并无把"紫府"当成"仙境"一说。仅仅将"紫府"译成"the purple courts"会使原文的文化信息丧失殆尽，外国人看了定会如坠云雾。稍加增益，译成"the purple courts of heaven"，译语读者就不难理解了。

在中国戏剧脸谱中，忠义之士及英雄人物常用红色，如三国时代的关羽、宋代的赵匡胤等。白色在戏剧脸谱艺术中象征奸邪、阴险。如秦代的赵高、三国时代的曹操、明代的严嵩等人都是白色脸谱。在翻译例（2）时如不加词解释，译成"Some painted their faces red and some white"，那些不熟悉中国舞台脸谱所代表的意义的外国读者就很难理解，文化信息无从传递，翻译的准确性就大大降低了。所以译文通过"the stage villain"及"the hero"的增益起到了画龙点睛、传达文化信息的作用。

5. 改译法（变色法）

改译也可以称为变色法，指表达同一种意思时，英汉语有时会使用不同的颜色词，此时把源语中的颜色词变换成目标语中相应的颜色词，使之符合读者所处的文化背景和语言习惯的方法。例如，汉语"黄色电影"、"红茶"、"红眼"等可分别变色为英语的"blue films"，"black tea"和"green-eyed"。

（1）贾芸想道："怪道叫'***怡红院***'原来匾上恁样四个字。"（《红楼梦》第二十六回）

"So that's why it's called '***The House of Green Delights***'," Jia Yun told himself. "The name is taken from the inscription."（霍译）

（2）平儿一一的拿与他瞧着，说道："这是昨日你要的**青纱**一匹，奶奶另外送你一个实地子月白纱作里子。"（《红楼梦》第四十一回）

Pingerh picked them up one by one to show them to her. "This is the ***green gauze*** you admired yesterday," she said. "And here is some pale grey gauze from our mistress for alining."（杨译）

（3）袭人看时，只见腿上半段**青紫**，都有四指宽的僵痕高了起来。（《红楼梦》第三十四回）

Then she clenched her teeth at the sight of his thighs, all ***black and purple*** with weals four fingers wide.（杨译）

（4）薛姨妈见里头丫头传进话去，更骇得***面如土色***，即忙起身，带着宝琴别了一声，即刻上车回去了。弄得内外愕然。（《红楼梦》第八十五回）

When Aunt Xue heard the news, she went ***white in the face***. Taking Baoqin with her, she made a distracted farewell and went straight out to her carriage, leaving the

whole assembly in a state of high alarm.（霍译）

（5）宝钗悄悄的笑道："还不快作上去，只管姐姐妹妹的。谁是你姐姐？那上头穿**黄袍**的才是你姐姐，你又认我这姐姐来了。"（《红楼梦》第十七回）

"Sister!" said Baochai with a little laugh. "Stop fooling about and get on with your poem! That's your sister, sitting up there in the ***golden robe***. I'm no sister of yours!"（霍译）

评析　汉语中的"红"褒义十足，可以象征吉祥、成功、喜庆、相思、爱情等，在中国古典名著《红楼梦》中，这些象征意义更是体现得淋漓尽致。《红楼梦》主人公怡红公子贾宝玉一方面是对爱情忠贞不渝的典范；另一方面又是日趋没落的贾府寄予复兴家业厚望的对象。所以"红"之于他既代表爱情，又象征作者或是家族赋予他的希望。而英语与之对应的red却蕴含着暴力、血腥、危险等贬义。因此，在例（1）中，Hawkes认为，用"red"来译贾宝玉的住处"怡红院"很难表达汉语"红"的诸多内涵意义，而英语中的"green"有着与"红"相类似的褒奖含义，故而他把"怡红院"译成了"The House of Green Delights"。Hawkes的这种译法显然是出于译文读者接受能力的考虑，即考虑到对译文在目的语读者中产生的效果。正如Hawkes本人所说的那样，用"green"来替换"红"会造成一定的语义损失，但在语义损失不可避免的情况下，也不失为翻译中的一种探索。例（2）中，"青"在古代就是一个多义词，可用来指代绿色、蓝色和黑色这三种颜色。至于它到底指什么颜色，要根据与之进行搭配和组合的词语，以及在什么情形下使用，译者根据目的语读者的接受能力将其译为"green"。同样，译者根据译入语读者所处的文化背景和语言习惯，将例（3）和例（4）中的"青紫"和"面如土色"分别改译成"black and purple"和"white in the face"，更便于读者理解和接受，更好地完成读者和文学作品之间的对话。黄色在中国古代为尊贵之色，象征帝王皇权，也是皇室家族专用的颜色。例（5）中，贾元春贵为贵妃，她身上穿的"黄袍"，不仅指其颜色，也是其高贵身份和地位的象征。英语中的基本颜色词"yellow"虽然在概念意义与"黄"基本一致，但它却不具有"黄"的这种象征意义。而英语中实物颜色词"golden"因为源于"黄金"，一方面表示黄色，另一方面又通常被用来象征财富地位和高贵血统，所以在一定意义上能够反映汉语中的"黄"的文化伴随意义，因此译者采用了基实互换的翻译方法，即在翻译中用目的语中的实物颜色词"golden"代替原语中的基本颜色词"yellow"。

就颜色而言，由于英汉颜色词在文化伴随意义上存在很大的差异，在许多情况下，很难做到既保留源语的颜色意象，又传达源语颜色词的文化伴随意义。如果译者想在形式上忠实于原文，保留源语的颜色词，他就可能会在意义上有所损失；反之，如果他想在意义上完全忠实于原文，就不得不在形式上，即颜色意象上有所变动。上述的分析告诉我们，当意义上的忠实与形式上的忠实发生冲突的时候，应该本着以意义为原则，对源语中的颜色词进行灵活多样的处理，因为翻译的实质就是帮助不同语言的人们了解彼此的风俗习惯，从而消除文化差异造成的隔阂。

第五节 相关论著选读

不同眼中的不同颜色——汉英颜色词联想意义的对比分析

张笑难

（北京第二外国语学院国际文化学院 北京 100024）

摘 要：不同语言中的基本颜色词最初都来源于人类对自然界的基本感知，因而在对物体的颜色属性进行指代这个方面，不同语言中的基本颜色词其用法和语义是相似甚至是相同的。然而，不同国家和不同文化背景的人对颜色刺激的心理感受不尽相同，这就造成了不同语言中同一颜色词的联想意义可能差别很大。东西方文化差异造成了汉英基本颜色词的联想意义的异同。

关键词：英语教学；汉英对比；颜色词

当人最初看到颜色的时候，一定产生了想把这种颜色描述出来的冲动。这种冲动导致了颜色词的产生。各种各样的颜色，从白色到黑色，都是人脑对物质某种属性的反映。众所周知，物质保持其基本属性，所以，人们对同一物质的基本反映应当是相似的，他们对于色谱的感受也是基本相同的。换句话说，欧洲人看到的黑色的东西亚洲人决不会看成是白色。黑—black、白—white、红—red、黄—yellow、绿—green、蓝—blue是大多数语言中的基本颜色词。这些颜色词最初来源于人类对客观世界的观察并用于对客观世界进行最朴素的描述。例如，白天是白色的，夜晚是黑色的，天空是蓝色的，植物是绿色的。Berlin和Kay认为，所有的自然语言都具有2～11个基本颜色词。这些基本颜色词包括：黑、白、红、黄、绿、蓝、褐、紫、粉、橙和灰。Berlin和Kay认为，在连续的色谱上有11个可被人在心理上定义的焦点或者说区域，并且其中至少6个区域具有层次关系。所有只有2个颜色词的语言一定只有黑、白2个颜色词；具有3个颜色词的语言一定是有黑、白和红三色；具有4个颜色词的语言，其4个颜色词是黑、白、红以及绿和黄其中之一；具有5个基本颜色词的语言，其基本颜色词一定是黑、白、红、绿和黄；具有6个颜色词的语言，这6个颜色是黑、白、红、绿、黄和蓝；具有7个颜色词的语言比只有6个颜色词的语言多了1个褐色。至于剩下的4个焦点——紫、粉、橙和灰，它们之间不具有层次关系，其中的任何一个都不一定比其余3个在语言进化的过程中更早出现。这就是著名的BK假设。

然而，颜色除了是物质本身的一种特性外，还在一定程度上反映了不同的文化和社会的特征。我们知道，色彩是绘画的基本要素，而绘画几乎是人类情绪和感受的最直接表现。颜色词在一定程度上也是人类情绪和感受的表现。对于人类对颜色的情绪

反映，很多研究者已经进行了广泛的研究。从研究结果来看，有的情绪反映具有共同性。但是，有的情绪反映却和文化有着密切的联系。文化传统赋予了颜色大量的含义，使人们产生某种文化方面的联想。文化传统也赋予颜色词某种象征意义，对此，Mario Pei 称之为“习惯性象征词”。文化赋予颜色的象征意义由于地域的不同可能差异很大。由于颜色与文化的这种关系以及人类情感反映和颜色的直接联系，我们可以从颜色词的意义差别来研究不同文化的差异。

（一）颜色词对颜色的描述

颜色词的基本作用是对物体颜色的客观描述。物体的颜色是一种客观事实，这决定了一种特定的颜色其客观表象是一定的。例如，汉语用“蔚蓝”来描述晴朗的天空，而英语也会用具有同样意义的单词“azure”；说中文的人看到红色的玫瑰，说英文的人不会觉得同样的玫瑰是黑色的。在大多数情况下，颜色词的这种用法是相同的。

然而，在某些情况下，由于不同的观察习惯和文化原因，不同的颜色词可能用于描述同一种物质的客观表象。“红茶”和“黑茶”就是最常用的一个例子。英语说“black tea”（黑茶），汉语说“红茶”，为什么同样的一种茶被描述成了不同的颜色？答案似乎是中国人通过茶水来判断茶的颜色，而说英语的人通过茶叶本身来判断茶的颜色。事实上，中国人并不仅仅是出于茶水的颜色偏红就决定称这种茶为“红茶”。在中国文化里，红和绿是一对颜色对，常常成对出现。换句话说，红和绿在中国文化里达到了某种完美的平衡。了解到这一点，就无怪乎中国人称这种茶为红茶了，因为其他茶的颜色都基本编绿。除此以外，黑色在中国文化中常常带有非常消极的暗示，很难想象中国人会用黑色来为其最喜爱的饮品命名。就英文的人称这种茶“黑”并不是因为他们没有中国人的种种文化上的不安，而是他们更倾向于客观地描述事物——当他们看到茶叶是黑色时就称这种茶为黑茶。

红糖——“brown sugar”是又一个例子。中国人称“brown sugar”为“红”糖，其实，褐色更接近于红糖本身的颜色，英语定名为“brown sugar”是比较精确的。中国人当然不会在观察红糖的颜色时犯错误，只是他们觉得，糖是甜的，是幸运和幸福的象征，而在中国文化里，“红色”常常代表幸运、幸福、喜庆、成功，我们习惯上把接近红色的事物笼统称为“红”。除此以外，和红茶一样，这里面也有平衡的因素。由于有另外一种糖叫“白糖”，红色和白色在中国文化里又刚好是一对颜色对，所以，用红色这个白色的对偶色来命名红糖也就可以理解了。毕竟，红色和褐色还比较接近。

颜色词在中国文学作品里也有大量的应用。在文学作品里，即使用于描述真正的颜色，颜色词在使用时也是模糊地来表现作者的情感倾向和文学意境，这在中国的文学作品里非常普遍。例如，“青、苍”这两种在文学作品里大量出现的颜色。“青”到底是什么颜色？是蓝、是绿、是黑？“青出于蓝而胜于蓝”，“蓝”是一种染料，可见“青”是蓝色。“君不见高堂明镜悲白发，朝如青丝暮成雪”，很明显“青丝”是黑头发。另外，有“青睐”、“垂青”、“青眸”等说法，“青”当然是指黑色的眼珠儿。那么，“青史留名”是什么意思？是用绿竹简写历史，“青”是绿色。“苍”同样比较特殊，“兼葭苍苍”，指深绿色的芦苇叶，“两鬓苍苍十指黑”，“苍苍”是花白的头发。现在我们说某人面色“苍氨”，大概是说他的脸色燎白。这种模糊性，对外国人来说，实在难以理解；而对于中国人来说，似乎却是不言而喻的。西方文化和思维方式讲究科学精确。英文中颜色词的数量可以从一个侧面反映出谓文化的这种倾向。据 John Gage 的不完全统计，除去不同英语方言中同一颜色词的不同变化，艺术家专用的颜色词，以及装潢设计师、纺织品设计师和颜料生产商的专业颜色术语，英文中还有数百个颜色词。由此可以看出西方人在鉴别物体的颜色时精细到了何种的程度。另外一个有趣的事实是，英文中没有表示物体有颜色的形容词，即没有形容词对应于中文形容词——“彩色的”。尽管“colorful”有着近似的含义，但说一个物体“colorful”并不是指物体有颜色，而是指物体的色彩丰富。也许西方人，不需要用一个不确指某种颜色的非颜色词来表达物体的客观颜色特性。

从根本上讲，中国文化注重神似，思维特征具有整体性、意向性、模糊性。古人从直观经验中发现，万物都有对称性，任何现象都是一一对立的，因此必须注意对称，保持适中，兼顾两面，互相联系。只有当这两方面处于均衡对称状态时，才能在视觉上产生美感，心理上得到满足，取得稳定感。另外，古代中国人把宇宙看作是混沌的整体，以模糊的思维去认识模糊的整体，所谓“只可意会，不可言传”。西方文化讲究科学精确，一丝不苟。他们以自然为认知对象，始终坚持尊重客观的态度，理性主义把主体作为“旁观者”，对客体，尤其是客观世界进行研究，因此具有客观性、分析性和精确性。

（二）颜色词对情绪和感受的反映

除了用于描述物体的颜色，颜色词也广泛用于反映人的情绪和感受。当颜色词用于这个方面时，它们更深地受到所处的文化的影响，从而产生了不同的联想意义。

一般来讲，每一种颜色都会激发人的几种不同的感受。例如，在世界范围类，红色通常代表活力、激情、暴力和危险。但是，不同的文化往往特别强调其中的某一种感受，并且对该种感受赋予某些特殊的内涵。这就使得颜色词在不同的语言里代表了不同的情绪和感受。

现代汉语中红色象征着幸运、幸福、吉祥如意。其实，从远古时代起，中国人就喜欢红色。《诗经》中有“贻我彤管，彤管有炜”的句子，即称赞赠送的佩物红而有光泽。这些美好的含义甚至大大超过了红色本身所最容易激发的诸如活力、激情、暴力和危险等感受，因而被广泛用于婚礼、生日及其他的一些庆典。特别是在红色和中国革命相联系以后，其代表的活力和激情等正面情绪被大大强化。在中文里可以很容易地发现诸如“红人”（red man）——a favorite with somebody in power，“走红”（walk into red）——being popular，being hot，“红榜”（red post）——honor roll，“红利”（red profit）——bonus，“红运”（red fate）——good luck 和“红光满面”

(red face) ——one's face glowing with health 等具有褒义的词。比较这些词和它们在英文里对应的单词，我们可以发现，在英文里具有同样意义的单词和红色没有任何关系。事实上，英语为母语者有时不仅不认为红色和幸运之间存在关系，反而认为红色代表愤怒甚至暴力、恐怖，例如“have red hands”（犯杀人罪），“red ruin”（火灾），“catch somebody red-handed”（当场抓获），“red tape”（官样文章），“red tapism”（文牍主义），“red hearing”（题外话），“his ideas are red”（他的思想激进）等。又如“to see red”是“发怒”、“冒火”的意思，“waving red flag”中的“red flag”指“使人生气的东西”，在汉语中很容易引起误解。“to paint the town red”指“狂欢”、“痛饮”，来源于古罗马士兵用战败者的鲜血将所征服城市的墙壁涂红，以示胜利，的确是充满了血腥色彩。在英语里，“in the red”的意思是“to be losing money,”表示“亏损、负债”，中世纪时的墨水是稀少和珍贵之物，教士们记账但买不起墨水时只能用动物的血来代替，今天我们所说的“财政赤字”就是源于此。当然，人们的感受总会有相通之处，不管在中国还是英语国家，红色往往与喜庆的日子和庆祝活动有关。英语中的“red-letter days”指喜庆的日子或纪念日，因为日历上这些日子都是用红色标明的。汉语说“脸红”，指“难为情”、“不好意思”，英语中“become red-faced”表达同样的意思。

在中国文化里，黄色是被赋予最高特权的颜色。中国古代的哲人认为，整个世界主要基于五种基本的颜色——青、赤、黄、白、黑，黄色居五色之中，是至高无上的，也因此被认为是代表中华民族的颜色。“黄者，中和之色，自然之性，万世不易”，即黄色为万世不变的大地自然之色，代表着土地和中心（被认为是中国起源的中原地区土壤的颜色是黄色的），是最尊贵的颜色。黄帝处于中央地区，因此被尊称为“黄帝”。黄色也就成了帝王之色，“黄袍”、“黄门”、“黄榜”都与帝王有关。只有皇家才有权穿黄色的衣服，使用黄色的器皿。平民百姓被禁止使用任何和黄色有关联的物品。尽管后来黄色逐渐被大多数老百姓所使用，但普通人仍然对黄色充满敬畏，认为黄色是贵族的色彩。佛教也崇尚黄色，认为它象征“阳光、光明”，是太阳的颜色。在西方，情况则完全不同。英文单词“皇帝”（emperor）和黄色没有任何关系，英文为母语者从来没有担心过会因为使用黄色物品而引起麻烦。事实上，黄色在西方所代表的意思是非常复杂的，因为在西方，圣人彼得（St. Peter）穿着黄色的衣服代表着公正、荣誉和智慧，而犹大（Judas）穿黄色衣服则是叛徒、嫉妒、懦弱的象征。有时候，黄色也代表着平庸和不重要。“yellow dog”（卑鄙之徒），“the yellow press”（哗众取宠的书刊），“yellow journalism”指故意耸人听闻、歪曲事实的黄色新闻编辑作风。至于“Yellow Book”（黄皮书），“yellow pages”（黄页），没有什么褒贬义，只是用黄色纸张印刷的罢了。在现代汉语中，“黄色”由西方传入了色情、淫秽的意思，成了一个不好的字眼。“黄色书刊”、“黄色电影”、“黄色笑话”指低级下流的东西；而“生意黄了”、“好事黄了”又有“失败”的意思。

在汉语和英语里，白色都是真诚和纯洁的象征。但是相对于英文，中文对白色似乎更不友好一些。在中国，白色更多地和死亡和悲恸联系在一起。因而，白色对中国人来说也暗示着不幸。除此以外，白色的恐怖、不吉利之义，正好与红色相反。因此，相对于中国共产党，国民党就常常跟白色联系在一起（关于这种文化上的颜色平衡，我们在第一部分已进行了讨论）。国民党控制的军队被称为“白军”，国民党控制的地区被称为“白区”，国民党的残酷被称为“白色恐怖”。如果将上面的这些词直译成“white army”，“white area”，“white terror”，说英语的人恐怕很难理解指的是什么。而且在汉语里，有时“白”与颜色毫无关系，例如“白开水”（boiled water）“白肉”（plain boiled pork）等。和中国人不同，英语为母语者倾向于认为白色是高贵和幸运的颜色。这源自英语国家的宗教故事——Magi 和 Druids 在基督复活时穿着白色的衣服。因此，白色在西方国家被广泛地用在婚礼上。许多和白色有关的英文单词都有正面的含义，这一点和中文正好相反。例如，在英文里吉日被称作“白色的日子”（a white day），幸福的日子被称作“用白色石头标记的日子”（days marked with a white stone），善意的谎言被称作“白色的谎言”（a white lie），做善事的女巫被称作“白色的女巫”（a white witch），公开认错被称作“和白纸站在一起”（stand with a white sheet）。

黑色在中国古代用于服饰，其实是一种高贵的颜色。秦代崇尚黑衣，西汉时帝王、官员的朝服也是黑色。只是从古到近，黑色的象征意义一般是贬义。中国的“文化大革命”时期曾有过大批带“黑”字的词语，如“黑五类”、“黑帮”、“黑干将”等，当时是指“反毛泽东思想”或“反革命”的意思。现代汉语中的“心黑”只某人心肠坏、心狠，“黑车”有时并不是指黑颜色的车，而是违法的车。“黑市”、“黑货”、“黑孩子”、“黑话”、“黑名单”中的“黑”都是秘密而又违法的意思。英语与汉语相同，“黑”也常与“坏的”、“邪恶的”联系在一起。如“blacklist”（黑名单），“black-hearted”（黑心的），“black market”（黑市），“blackmail”（勒索、敲诈）、“black art”（妖术），“black dog”（沮丧）、“black sheep”（害群之马）等。但是在英语中，“be in the black”表示“盈利”，与“be in the red”恰好相反，本文前面已对此作了解释。提起“绿色”，我们想到的是生命、活力、希望、新鲜等美好的字眼，但是在汉语中，不少带“绿”的词语都含有贬义，“绿帽子”就是其中之一，指某人之妻与他人私通。此外还用“脸都绿了”、“肝都绿了”指脸色难看或生气。古人认为“赤黄青白黑”是正色，而“绿”属于间色，是一种不正的颜色。在英语中，“green with envy”、“green-eyed”表示嫉妒，相当于汉语里的“红眼病”。“green”还表示没有经验，知识浅薄等。“greener”指新手，“greenhorn”指生手、没有经验的人，带有贬义。“he is green”可翻译成汉语“他还嫩了点儿”。

前面讨论过，在中国古代，“青”可表示蓝、绿、黑三种颜色。“蓝”在古代是一种能做染料的草本植物。“春来江水绿如蓝”就是这个意思。在英语中，蓝色表示忧郁、沮丧等意思。“having the blues”（情绪低沉）、“a blue Monday”（倒霉的星期一）；蓝色同时也有高贵的含义，如“blue blood”（贵族血统）、“blue book”（名人录）。但

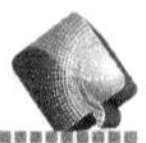

是汉语中的“黄色影片”，在英语中却是“blue film”。英文中还有一个词“blue moon”，其本意是指出现在同一个月的第二次月圆。由于这种现象不经常发生，出现两次这种现象的时间间隔较长。因此，“blue”也就意指较长的一段时间。当然在这里已经看不出这个词和颜色有什么关系了。

我们再来看一下紫色。美国语言学家 P. Kay 和 C. K. Mcdaniel 根据神经生理学的研究结果认为，人类语言至少有三个基本颜色范畴，其中“黑、白、红、黄、绿、蓝”属于主要范畴；此外，还有综合范畴，如暖色（红或黄）等；最后，还有派生范畴，即紫（红加蓝）、灰（白加黑）等。在中国古代，“紫”虽然也是间色，由赤与青混合而来，但口碑却很好，是一种尊贵的颜色。唐朝官员三品以上服紫，五品以上服朱，白居易在《歌舞》一诗中的“朝中退朝者，朱紫尽公侯”，说明紫色代表着高官。汉语中“紫气东来”、“万紫千红”、“大红大紫”、“红得发紫”都表明了“紫”的祥和、尊贵之意。在英语中，紫色也是高贵的象征，帝王和高官常常穿着紫色的长袍以示地位尊贵。因此，紫色代表君权或高位，例如“born in purple”意指出身豪门；紫色也代表着华丽与精心制作，如“purple passage”是指文章中辞藻华丽的段落，“purple prose”则是指美丽的散文。另外，紫色也有顺利的意思，如“I' m going through a purple patch”表示“我一帆风顺”。为什么东西方文化对紫色都赋予如此相似的含义？大概是由于紫色本身给人色泽丰厚而美丽的感觉，在这一点上，东西方较为接近。

灰色是一种比较特殊的基本颜色词。说它特殊主要是指它是由白色和黑色这两种最基本的颜色词构成。由于黑白给人一种非常明显的相互对立的感觉，灰色作为黑白的调和常常用于代表对立事物之间的过渡地带，用于代表具有模糊性的事物。这种用法在中文里较常见，如用“灰色收入”（gray income that come from a unclear source and could be legal or illegal）表示隐性的、不明的收入。因为“白色收入”指合法收入，“黑色收入”指非法收入。此外还有“灰学”——一种由中国人首创的与模糊学、混沌学相近的学科。西方文化中含灰色的词很少，一般都用于指代物体的具体颜色。英语中有界于“白领”和“蓝领”之间的“灰领”（gray-collar workers），指从事服务性行业的工人，其引申意表示人逐渐变老，因为老人的头发一般都会逐渐失去本来的颜色而变成灰白色。

通过上面的比较我们可以发现，对于不同的国家，不同的文化，颜色词具有不同的联想意义和象征意义。这些不同的含义源自不同的文化、宗教和历史原因，也反映了中西方不同的思维方式。

（三）颜色词的趋同化倾向

本文旨在讨论汉英颜色词由于文化原因所造成的不同。而今，这些不同变得越来越模糊，而趋同化倾向也越来越明显。

十年前，当我们谈论“绿色食品”和“绿色运动”时，这两个词在当时的西方世界家喻户晓，然而，在中国几乎没有人知道它们代表什么。如今，中国人已经开始将所有致力于保护环境的努力称之为“绿色……”，正向西方人所做的那样。这表明中国人已经接受了西方人首先建立起来的“绿色”概念。例如，“绿色建材”、“绿色家居”、“绿色蔬菜”都表示环保、无污染的意思，人人都向往“绿色家园”。在历史上，中国人很少被蓝色激发起忧伤的感觉。随着西方音乐在中国的流行，中国人逐渐接受了布鲁斯（Blues）所特有的忧伤情调，并且像西方人一样，觉得蓝色是忧伤的色调。另外，中国人再也不会诧异于新娘穿着白色的衣服出现在婚礼上，尽管在传统的概念里，白色的衣服是应当在葬礼上才出现的。还有我们所说的“白领”（white-collar）、“蓝领”（blue-collar）等，也受到了英语的影响。由此还派生出了“金领”（golden-collar），指某些职务、收入特别高的人。

这种对颜色的态度转变获益于跨文化的交流。在过去，由于交通的不便，不同国家不同文化间的交流很少。一个国家的文化传统往往反映了这个国家人民的生活经历，由于地域和社会生态的不同，不同文化间的差别很大。作为文化的真实反映，不同国家的语言也继承了文化的差异，表现在颜色词上就是同一种颜色代表不同的含义。随着科技的进步，交通的便利，不同国家间的交流越来越频繁。这就使得不同国家的人们有机会交换意见，并且在某些问题上达成一致。特别是近年来，无线通信和互联网技术飞速发展，不同国家间交往的不便几乎被完全打破，很多信息几乎同时被全人类所共享。为了提高交流的效率，人们发现，消除对同一物质的不同观念是非常必要的。也就是说，人们开始统一他们对客观世界的认识，如统一度量衡，而在这里则是在科学和技术上统一对颜色的认识。逐渐地，人们也将统一他们对主观世界的认识，对颜色而言，就是统一颜色所代表的各种感觉、情绪和习惯。这种统一不仅仅是在对待颜色上，对待文化也是如此。尽管我们中的很多人已经清楚地感觉到了这一点，但是我们相信这将是一个极其漫长的过程。

通过分析颜色词在两种不同语言里的含义，我们已经可以感到文化在语言背后所起的作用。传统的中国文化注重整体性思维，强调完整、平衡与和谐。中国人善于发现事物的对应、对称、对立，并从对立中把握统一，统一中把握对立，求得整体的动态平衡，以和谐、统一为最终目标。这就是为什么我们看到中国文化里颜色倾向于成对出现，并且有时候中国人不惜扭曲物体本来的颜色而仅仅是为了追求平衡，如“红糖”的例子。强调完整、平衡、和谐也导致了中国文化明显具有含蓄的特征，例如封建时代的中国在语言里常常避免使用黄这个颜色词。事实上，含蓄的特征在中国各种形式的艺术品和中国人的性格中很容易找到。

然而，英语文化（主要是英美国文化）倾向于对世界保持客观的态度，注重从事物的本质来把握现象。当我们在研究英文颜色词时，我们很难发现对物体颜色的扭曲刻画。很多文化社会学家持有这样的一个观点，即由于恶劣的环境，说英语的人在很早之前就必须为了生存而与大自然搏斗。这就强迫他们客观地认识自然，并逐渐地形成了英语文化中注重客观的特征。除此以外，基督教在英语文化中的影响是非常显著和深远的，这就是为什么说英语者为何如此喜爱白色。

不管怎样，当我们在做这些比较研究的时候，称之为文化研究。但是，我们很难找到一种独立的和简单的标准来指导这种研究。如果我们想要发掘一些文化的因素，我们必须去钻研社会的每一个方面：经济、政治、哲学、宗教、文学和风俗习惯等，甚至是自然存在。这就显示出了文化的复杂性和普遍性。

在一定的程度上，文化可以被称作社会的精神形态。由于社会的不断发展变化，文化也在不断地积累和沉淀，正如人体的新陈代谢。正是文化的积累能力才使得跨文化的交流具有最基本的推动力。

本文尝试从一种新的途径来理解不同文化间的差异。由于文化的复杂性，从不同的角度来研究一种文化是非常重要的。然而，尝试新的途径并不是本文的目的。本文的目的是想要增进不同文化间的相互交流。理解一种来自异域文化的观念需要交流者懂得产生这种观念的文化原则。成功理解了来自异域文化的观念才有可能增进不同地域间人们的合作，这也就意味着更少的误解、更快的发展和世界更美好的未来。

《陕西师范大学学报》（哲学社会科学版）2002 年 31 卷专辑：196-201.

翻译练习

一、把下面的句子翻译成英语，注意句子中颜色词的翻译。

1. 迎接他的是两位老人，比他想象的还要老，头发都花白了，而且步履蹒跚。（宗利华《租个儿子过年》）

2. 他正不知道称呼什么才好，却见女主人眼圈发红，嘴角抽动着说，孩子，你终于回家了。（宗利华《租个儿子过年》）

3. 秋风起了，将他叶子，由浓绿吹到绯红，秋阳下他再有一番的庄严灿烂，不是开花的骄傲，也不是结果的快乐，而是成功后的宁静和怡悦！（冰心《谈生命》）

4. 终于有一天，冬天的朔风把他的黄叶干枝，卷落吹抖。（冰心《谈生命》）

5. 办事处的那位老太太大惊失色地听完他们的陈述后，说：“你们先回去，这事我们要研究研究，还得请示领导。”（雨瑞《断弦》）

6. 寻到厨房后面一间小屋，见几个老和尚坐地，一个个面黄肌瘦。（《水浒传》第六回）

7. 明蓝的天空渐渐转向紫蓝，紫红，于是晚霞满天。（吴冠中《夕阳与晨曦》）

8. 蔷薇的花色还是鲜艳的，一朵紫红，一朵嫩红，一朵是病黄的象牙色中带点血晕。（孟庆升《新编实用汉英翻译教程》）

9. 马路两旁，远远近近都立着灯窗明灿的别墅，向暗蓝的天空静静地微笑着。（孟庆升《新编实用汉英翻译教程》）

10. 这个银白的世界，没有他坐下的地方；白茫茫的一片，只有饿着肚子的小鸟，与走投无路的人，知道什么叫作哀叹。（老舍《骆驼祥子》）

二、段落翻译

中国人似乎很喜欢红黄两色。中国国旗就是由这两种颜色组成的。很多重大场合或重要书籍的装帧总会用到这两种颜色。国庆节天安门广场摆放的花坛也是以这两种颜色作主调。中国人对颜色的好恶除了受地理、气候的影响外，也受到传统五行说的影响。从地理方面说，中国是个地域广阔的国家，北风寒冷，人们喜欢暖色；南方炎热，人们喜欢冷色。在暖色中，汉民族最崇尚黄色。（李霞著，董玉国译《英语畅谈中国文化 50 主题》）

第五章　中西动植物文化差异与汉英翻译

第一节　概　述

在人类历史发展的漫长进程中，动物一直与人类保持着密切联系，并对人类的生存、发展有着深刻的影响。这种亲密无间的关系使得人类对动物产生喜爱、同情、厌恶、恐惧等错综复杂的情感，人们也常常借动物来寄托和表达人的感情，所以在汉英两种文化中都有许许多多与动物相关的词汇。语言中的词汇反映了文化发展的差异，由于受历史、习俗、价值观念、宗教信仰等诸方面文化因素的影响，中英两种语言赋予动物词汇以各自特定的文化内涵。

众所周知，在不同语言和不同文化背景下，每个词除了具有字面意义（denotation）外，还有丰富的文化内涵（cultural connotation），即该词所隐含的附带的联想义、比喻义、象征义及带有感情色彩的褒义和贬义等。许多同一动物在不同语言中，其语词有着不同的文化内涵。例如，中国生产的“山羊”牌闹钟质量好，畅销国际市场。可是在英国却无人问津，原因就在于商标用的词语上。通过对同一动物在英汉语言中内涵相同、相反、零对应、不同的动物词可能引起相类似的联想诸方面的对比研究，可以透析出文化对词汇的影响，也生动地揭示出中英两种文化间的差异。

植根于民族土壤的动植物文化内涵词折射出色彩斑斓的民族文化。翻译作为两种语言的转换与两种文化的交流，在很多情况下很难完全复制这种斑斓的色彩。然而，作为两种语言与文化沟通的桥梁，翻译又必须设法进行这种复制，因而复制过程中某种程度的失真就不可避免。为了最大限度地保存原样，对动植物文化内涵词在特定场合的情形作一番分析就显得十分必要。文化内涵词作为概念意义和文化意义的复合体，这两种意义并非总是平分秋色，而是因其所处的特定上下文不同，某种意义总是作者意欲表达的主要意义。那么翻译动植物文化内涵词由文化语境和其所处的上下文而决定的主要意义，便是译者翻译该词的主要目的。因此，在翻译实践中，译者应该在英汉两种文化背景的基础上寻求两种语言的最佳文化切合点，在进行动植物词语翻译时采取适当的翻译策略，作出正确的翻译选择。只有这样，才能在动植物词语翻译实践中准确传达原文内容，做到既传达了各自的文化内涵，又不失却两种语言文化各自的独特色彩，更好地架起两文化间沟通交流的桥梁，保证跨文化交际的顺利进行。

本章将在介绍中西动物文化差异、中西植物文化差异的基础上，具体分析丰富多彩的动植物文化内涵，并总结出由于文化差异的不同、思维习惯的不同和审美体验的不同，中英动植物形象喻体、喻意的相互对应关系，并进而归纳出中西动植物词语翻译的方法，如保留形象直译、保留形象增译、舍弃形象意译、改换形象意译和改换形象套译等。

第二节　中西植物文化差异

自然界中绚丽多彩的植物历来是文人墨客歌咏的对象。自《诗经》与《楚辞》开拓了花卉入诗的先河，引花入诗、以花喻人、借花言志在我国便成为一种极普遍的文化现象，汉语中的许多植物也因而具有了极丰富的象征意义和文化内涵。英语国家受西方古典神话和历史文化的影响，对植物的情结同样悠久而强烈。东西方国家由于所处的地理环境、社会背景、文化传统的差异，赋予花木的象征意义异大于同，对花木习性的观察和所产生的联想呈现出不同的审美意趣和民族特性。有时候象征意义相同，但更多的时候似乎象征意义并不相同，甚至相去甚远。下面将汉英两种语言中植物的象征意义，列举典型植物进行比较，探讨汉英植物文化的某些特征，从中窥知汉英文化的差异。

1. 柳树（willow）

柳树在汉语中通常被赋予分离、思念的联想意义，在中国古代的诗歌中，很多借柳树来抒发离别思念之情，如李白的《忆秦娥》中的“秦楼月，年年柳色，霸陵伤别”，《春夜洛城闻笛》中的“此夜曲中闻折柳，何人不起故园情”。柳树之所以具有这样的文化内涵，是由于中国汉字文化中的谐音造成的。“柳”与“留”谐音，在长期的文字使用过程中，将“挽留、离别、思念”等含义赋予柳树也是很自然的，这也恰恰反映了中国人喜欢以物喻人，借景抒情，崇尚自然的文化心理。此外，柳还常用来暗指女人姿色，因此汉语中就用“赏花问柳”之说来批判男子不务正业，找风尘女子寻欢作乐。

英语中的 willow 却与中国文化中的“柳树”有着不同的文化内涵，它能使人联想到悲哀与忧愁，失去心爱的人等。如在莎士比亚的《奥赛罗》（*Othello*）中，戴斯德蒙娜（Desdemona）就曾唱过一首“柳树歌”，表达她的悲哀，同时暗示了她的死。在《威尼斯商人》（*The Merchant of Venice*）中，柳树也有这样的联想意义：“If you had not forsaken me，I had you，so the willow may flourish for any branches I shall rob them of.”这都表明 willow 与汉语中的柳树所包含的文化内涵不同。

2. 松（pine）

在中国山水画里，松树的表现占据了重要的位置，已成为一个独立的题材。古人画松多以松石点缀山水，在唐代的山水画中已形成了一种风气，并出现了很多著名的松石山水画家，他们把松石作为山水的一部分，刻意加工，使画面呈现出“妙之至极”的韵致。松树具有阳刚之美，它的枝干更是具有柔中有刚的特征，松的叶群给人以清

脱之感，是我们民族心目中的吉祥树，不仅是“骨气、气节”的象征，也是“常青不老”的象征，常与“鹤、椿”连用，喻“高寿”，如大家熟悉的画作“松鹤延年”和寿联“福如东海水长流，寿比南山不老松”，都表达了对老人和长辈良好的祝愿，祝贺老人健康长寿，安享天年。

在西方，松树象征永恒（immortality），是“生命之树”，因此在圣诞节常被用作圣诞树。

3. 竹子（bamboo）

“竹子”这种植物与中国的传统文化有着密切的关系。中国人常用竹子来以物喻人，表达自己坚定、正直的性格。比如李贺的《赋得竹箭有筠》：“常爱凌寒竹，坚贞可喻人”；邵渴的《今古园怀古》：“竹死不变节，花落有余香”等。许多文人都以竹来称谓自己，如李白、孔巢父等人号“竹溪六逸”、“竹坡居士”等。汉语中有关竹子的表达也很丰富，如成语“势如破竹”、“胸有成竹”、“竹篮打水一场空”等。

与之相反的是，“bamboo”一词在英语里几乎没有什么文化含义，甚至“bamboo”一词都是从其他语言中借来的。竹子不是土生土长在英国，因此英国人对竹子并不像中国人那样熟悉，这也决定了“bamboo”一词贫乏的文化内涵。多数情况下，它只是一个名称。

4. 桃李（peach and plum）

据《神农经》记载，“玉桃服之长生不死”。因此，民间便有了吃桃便可长生不老的说法，常用桃来祈福，以桃献寿，被称为寿桃。桃子，总与仙、寿连在一起，缘于它有丰富的营养价值。其中最有名的传说是西王母每年三月三日在瑶池举办的蟠桃寿宴。

英语中，peach 常常用在俚语中，喻指“漂亮、迷人的女子”、“受人喜欢的人（或物）”，以及“杰出的人；极好的东西”等。和 peach 一样，英语中 plum 的寓意也很丰富，喻指“最好的东西”、“期望得到的东西（尤指待遇好的职位）”、“意外的收获、意想不到的利益（尤指遗产、收入等）”等。

汉语中，桃李的寓意相对简单很多。在汉语中，我们常常将“桃”和“李”连用，用“桃李”（one’s pupils or disciples）比喻老师辛勤栽培的学生。“桃李满天下”（have students all over the country）就是说老师教育出来的优秀学生遍布全世界，赞美教师的辛勤劳动。

5. 玫瑰（rose）

玫瑰在东西方文化中都象征着爱情，但有关 rose 的英语成语，如“under the rose”，却是秘密和沉默的象征。如果在会议桌上方悬挂玫瑰，则意味着所有与会人员都必须保守秘密这一古老习惯。这一习惯源于希腊神话：Cupid 给了沉默之神 Harpocrates 一枝玫瑰，以防他泄露 Venus 的不检点行为。在中国文化中，人们常用“带刺的玫瑰”来形容那些美丽但不容易接近的姑娘。

6. 黄水仙（daffodil）

英语里也有许多具有丰富文化内涵而汉语中却没有的词。daffodil 在汉语里是“黄水仙”，仅仅是一种花而已。但在英国它是春天、欢乐的象征。一些文学家，诗人都以 daffodil 来描写春天以及春天所带来的欢娱心情。莎士比亚在《冬之歌》中说：“When daffodils begin to peer /with heigh，the doxy over the dale! /Why，then comes in the sweet o’the year…”诗人华兹华斯在 *I Wandered Lonely as a Cloud* 中的描写堪称是对这种花最典型的描写，反映了诗人当时愉悦的心情。

7. 红豆（ormosia /red-bean）

红豆在中国文化中是一种很讨喜的植物，又被人们称作相思子，是爱情的象征。上到王公贵族、文人墨客，下至平民百姓，都有收集红豆送给爱人、朋友和亲戚的习惯。从唐代始，人们就以红豆喻相思，更是留下“红豆生南国，春来发几枝。愿君多采撷，此物最相思”的名篇。

在西方文化中，红豆是贬义的，象征着为了眼前的微小利益牺牲重大利益。西方人对红豆的厌恶源自圣经中一碗红豆汤的故事。在《圣经・旧约》《创世记》中，以扫为了一碗红豆汤把他的长子权卖给了他的兄弟雅各。现在人们多用一碗红豆汤来指为了一些微小的利益而放弃更重要的东西的人。

8. 荷花（lotus）

荷花，又名莲花，在中国文化中一向以君子的形象出现，并反复运用于建筑、雕塑、文学和绘画中。宋代词人周敦颐曾盛赞荷花“出淤泥而不染，濯清涟而不妖”。荷花又被称为莲花，因“莲”和“恋”谐音，因此荷花又成为爱情的象征。此外，我们也可以把荷花叫作水芙蓉，因此有了“出水芙蓉”之说，用来形容天然艳丽的女子。

荷花又被看作佛教和道教的圣物。释迦牟尼和观世音都以高居莲座的形象示人。观世音手持白莲花，指引着信徒远离尘世的纷扰，进入那开满纯洁莲花的净土。

荷花在英语中还有“忘忧果”的意思，此意源于荷马的《奥德塞》中的“吃忘忧树的人”。传说岛上的居民只以忘忧树的果实和花为食物。这种神奇的植物拥有魔力，谁只要吃了它，就会忘记往事，而陷入恍恍惚惚的昏睡状态，失去回家的动力。

9. 百合（lily）

在中国，百合是好运的代表，百合的名字中蕴含了万事顺心的美好祝愿，因此逢年过节互赠百合是中国人所喜爱的传统。在中国的传统婚礼上，新人们需要吃百合、枣、花生、桂圆、莲子等，寓意百年好合、早生贵子，因此百合也成为美好婚姻的象征。

在西方文化中，百合是纯洁神圣的代表。关于百合的来历众说纷纭，最著名的就是百合是由夏娃的眼泪所化成，在亚当和夏娃被上帝逐出伊甸园时，夏娃流下了悔恨的眼泪，从这些眼泪中开出了百合。百合的名字还有着更古老的源泉，希腊人相信百合花是在天后赫拉的乳汁浇灌下生长出的，罗马人则将百合与婚姻和家庭的守护神朱诺联系在一起。因此百合在西方传统中又被赋予母性的光彩。

10. 梅花（plum blossom）

梅花是中华民族的精神象征，具有强大而普遍的感染力和推动力。梅花象征坚忍不拔、百折不挠、奋勇当先、自强不息的精神品质。民间传说其他的花都是春天才开，它却不一样，越是寒冷，越是风欺雪压，花开得越精神、越秀气，有诗“梅花香自苦寒来”做证。其中有一首古诗是这样写的：“墙角数枝梅，凌寒独自开。遥知不是雪，为有暗香来。”它是我们中华民族最有骨气的花，因此梅花、松、竹又被誉为“岁寒三友”，象征高贵品质，也成为室内装饰的座上客。

11. 苹果（apple）

在中国文化中，苹果因为其营养丰富而受到大家的喜爱，并没有特别的文化内涵。近年来，随着文化交流的进一步发展，年轻的朋友也会在平安夜送给亲人朋友包装别致的苹果，以表达“平安健康”的祝福，因为“苹”与“平”谐音。

西方人钟爱苹果，在希腊罗马神话里苹果代表着爱情、美貌、好运等。金苹果作为礼物出现在赫拉的婚礼上。还有许多关于爱情、阴谋和诱惑的故事联系在一起，最著名莫过于引发了特洛伊之战的苹果的纷争。连一向以哲学家面孔出现在我们面前的柏拉图也写过：“我把苹果抛给你，假如你真心爱我，就收下它，并像情愿的少女，献出你的贞洁。”对于柏拉图来说，苹果比玫瑰更好地表达了他的爱情。苹果还与基督教密切相关。虽然在《创世记》中没有明言，但基督教徒都相信苹果是导致亚当和夏娃被逐出伊甸园的罪魁祸首。从此，苹果又被赋予了新的含义，成为了原罪的象征。英语中还有“polish the apple”之说，意思是曲意奉承，讨好巴结他人。此外，“the Big Apple ”还是纽约的别称。

12. 香蕉（banana）

英语中香蕉的文化内涵很丰富，在汉语中很空缺，仅有的关联似乎就只有“香蕉人”的说法了。“香蕉人”又叫“ABC”（American Born Chinese），最初意指出生在美国的华人。现在，这个概念的范围已不再限于美国，而扩及整个海外，泛指海外华人移民的第二代、第三代子女。他们虽然也是黑发黄皮，但不识中文，说一口地道的美国英语。他们自小就受美国文化、美国教育的熏陶，其思维方式、价值观也是完全美国化的，同移民来美的上辈不同。这其中，“黄皮其外、白瓤其内”、“黄皮白心”、“夹缝中的人”、“中文盲”、“边缘化”，是描述“香蕉人”时使用频率最高的词汇。

但在英语中，banana 的意思却很丰富。由于外形相似，banana 常用来喻指大鼻子，尤其是鹰钩鼻；还常用来指喜剧演员，如 top banana（最出色的喜剧演员），second banana（二流喜剧演员）等。另外，banana 还可以用来指浅肤色性感黑人女子。

13. 坚果（nut）

Nut 是各种干果的总称。在英语口语中，nut 常用来喻指“入迷的人、狂热的人”，如 a true baseball nut（十足的棒球迷）；They're nuts about the car. （他们酷爱那辆车。）英语中，go nuts 喻指发疯，失去理智，如 My father would go nuts if he saw bruises on me.（要是我父亲看见我身上的瘀伤，他会大发雷霆的。）

此外，英语中，nut 还可以用来表示“难对付的人，难解的问题”，如“crack the nuts”（解决问题）。这些丰富的文化内涵和在语言上的搭配都是中国文化中的坚果所不具备的。

14. 土豆（potato）

土豆，又称马铃薯，是中国五大主食之一，其营养价值高、适应力强、产量大，是全球第三大重要的粮食作物，仅次于小麦和玉米。在中国各地，马铃薯的称呼又有不同，东北称“土豆”，华北称“山药蛋”，西北称“洋芋”，江浙一带称“洋番芋”，广东及香港称“薯仔”，都翻译成英文 potato。土豆在中国文化中仅仅作为一种食物被大家喜爱，这和英文 potato 在语言使用的丰富搭配是完全不同的。

potato 常常用在一些英语俚语中，指“（脚趾头戳破的）袜子洞”、“一元钱”、“难看的头和脸”等。在澳大利亚俚语中指“姑娘”、“女人”，亦作 potater。而在美国俚语中，potato 可以指球类，尤指垒球。

英语中与 potato 相关的短语很多，如 small potato（小人物，小角色）；the clean potato（“正派的人”或“正经的事”）；hot potato（烫手山芋，喻指棘手的问题）；couch potato（成天躺着或坐在沙发上看电视的人；喻指极为懒惰的人）。

此外，英语中还有很多植物和水果文化语义很丰富，而在汉语中空缺，如“tomato”喻指“迷人、漂亮的女子”；“a sucked orange”喻指“血汗被榨干了的人、被充分利用而如今不再需要的人”；“pepper”喻指“精力充沛、充满活力”；“lemon”指令人不满意、质量低劣的产品，尤指新出产但毛病百出的汽车等。在跨文化交际的过程中，如果没有熟练掌握这些文化词语隐含的意义，就会导致误解，造成不必要的麻烦，因此也成为译者在翻译过程中务必慎重处理的典型的文化词语。

第三节　中西动物文化差异

由于英汉两民族长期生活在不同的文化背景中，自然而然地对同一动物词产生不同的联想，赋予动物词以更丰富的文化内涵；而审美价值取向和社会心理的差异的不同又将造成同一动物词在中英两种文化中产生不同的褒贬义，这与英汉两个民族对动物的好恶有关。对该动物喜欢、欣赏，相对应的动物词就会向褒义方向发展；反之，就会向贬义方向发展。下面将以一些典型的动物为例来具体分析它们隐含的文化内涵。

1. 龙（dragon）

汉语的“龙”与英语的“dragon”是两个具有不同文化伴随意义（connotative meaning）的词。两者字面概念相同，文化伴随意义却相反。它们真正的意义来源于汉英两种不同文化背景下的民族所赋予的不同联想。

从词汇的联想意义上来说，“龙”与“dragon”是风马牛不相及的。《牛津现代英汉双解辞典》对 dragon 一词下的定义是：fabulous creature like a crocodile or snake,

often with winds and claws，able to breathe out fire，often guarding a treasure。在西方的传说中，dragon 是一种怪兽，是恶的象征。它的原型动物是一种巨大的蛇或蜥蝎。它长着蝙蝠的翅膀，狮子的爪，鳄鱼的头，身披鳞片，有带刺的尾巴，能喷火。在中世纪，dragon 是罪恶，尤其是“异教”的象征。《圣经》中的 dragon 总是代表邪恶。

在汉语中，“龙”及其相关词语明显具有至尊至上的色彩，古代皇帝被称作“真龙天子”，其后代被称为“龙子龙孙”，百姓希望自己的后代有出息，叫作“望子成龙”。海内外的炎黄子孙皆称自己为“龙的传人”。中国古代习语中的有关龙的诸多褒义，源于华夏民族对“龙”的原始图腾崇拜。因为“龙”是能够兴风作雨、飞天潜渊的神异动物，后来变成华夏民族的图腾象征，被赋予神圣、至尊、吉祥、非凡等各种褒义。

然而在英国，“龙”则是古代硕大、凶残的古怪野兽，不仅无端吞噬人类和动物，而且制造水火灾害，危及人类生存，所以英美人对“龙”绝无好感，对中国人凭空杜撰出的“龙”，以及对“龙”的崇拜感到不可思议。

2. 蟋蟀（cricket）

英语中的 cricket 和汉语中的“蟋蟀”同指一种鸣叫的小昆虫，但却有迥然不同的文化内涵。“蟋蟀”在中国文化里常给人以忧伤凄切，孤独寂寞的联想。自古以来，很多文人墨客常喜欢借蟋蟀来烘托这种气氛，如宋玉的《九辩》：“独申旦而不寐兮，哀蟋蟀之宵征”；岳飞的《小重山》：“昨夜寒蛩不住鸣，惊会千里梦，已三更”。

蟋蟀的这种忧伤形象在英美文化中就不存在，与中国古诗相对照的是英国诗歌中蟋蟀欢乐、愉快的形象。例如，C. Kingsley 的 *Two years ago*：“I have not had all the luck I expected；but，I am as merry as a cricket.” J. Milton 的“Far from all resort of mirth，save the cricket on the earth.”可见，同样的蟋蟀在不同的文化中所具有的不同文化内涵反映了使用不同语言的人们对客观世界，对自然界的独特认识、态度和审美观。

3. 猫头鹰（owl）

一方面，猫头鹰在英语和汉语中都有不吉、凶兆、死亡的联想义。在莎士比亚的 *Macbeth* 中，当麦克白谋杀邓肯后，他和他的夫人有这样一段对话，Macbeth：“I have done the deed. Didst thou not hear a noise?” Lady Macbeth：“I heard the owl scream and the crickets cry.”这表示麦克白夫人知道邓肯已死。在中国文化中，猫头鹰也常常被认为是不吉利的。民间俗语称“夜猫子进宅，无事不来”，指的是猫头鹰能带来厄运。这是两种文化对猫头鹰的共同联想。此外，猫头鹰在英汉两种文化中都可以用来指“夜猫子、惯于夜间活动的人、常熬夜者”。

但另一方面，英语“owl”在英语中是一种表示智慧的鸟，源自于古希腊和古罗马的神话，在神话中，“owl”常常栖息在智慧女神雅典娜的身边，耳濡目染，也就具有了智慧。因此，禽鸟或兽类间的争端要请它来裁决，如成语“as wise as owl”（像猫头鹰一样聪明）。这种联想意义在中国文化中是空缺的。

4. 狗（dog）

中英两国都有养狗的习惯，但对狗却有截然不同的看法。在汉语中，狗基本上具有否定的含义。狗有时被认为忠诚、可靠，但用狗来形容却几乎全是坏的意思，如“走狗”、“狗东西”、“狗咬狗”、“狗奴才”、“疯狗”、“落水狗”、“丧家犬”、“狗官”、“狗腿子”、“狗眼看人低”、“瞎了你的狗眼”、“狗仗人势”、“狗咬吕洞宾，不识好人心”、“狐朋狗友”、“狐群狗党”、“鼠窃狗偷”、“猪狗不如”、“偷鸡摸狗”、“狗胆包天”、“人模狗样”、“狗皮膏药”、“狗急跳墙”等。正是存在这种差异，所以，汉语中的“走狗”译为“running dog”，英美人并不觉得可憎，反而有点“可喜”。当然在中国，狗也难得有积极正面的形象，在我国家喻户晓的盘古开天辟地的神话中，作为神话中我国人类的祖先，盘古就是狗首人身的形象。

与中国人传统印象中狗形象大不相同的是，在西方人眼里，狗是人类忠实可靠的好友，是值得信赖的动物，被视为家庭的一员。西方人对狗并不感到厌恶，相反，对狗极其怜爱，视狗为友，他们陪狗聊天，陪狗散步；狗生病的话，还有专门的兽医给狗治疗；狗死了，还要开追悼会。狗在西方常被赋予忠诚、勇敢的品质，在西方文化中，有关狗的词汇大多都是褒义的或是中性的，如 lucky dog（幸运儿）；clever dog（聪明的孩子）；waterdog（水性好的人，老练的水手）；big dog（保镖）；a top dog（位居要津）；a good dog（喜欢玩乐的人）；as faithful as a dog（像狗一样忠诚）；work like a dog（拼命工作的人）；Love me，love my dog（爱屋及乌）；Every dog has his day（凡人皆有得意日）；Dog doesn't eat dog（同类不相残）；An old dog barks not in vain（老狗不乱吠）；A good dog deserves a good bone（好狗应得好骨头）等。

当然，在西方也有讲狗不好的地方，这主要是受了外来文化的影响。在英语习语中，“dog”用来指坏蛋、废物。dog in the manger（占着茅坑不拉屎的人）；Hungry dog will eat dirty pudding（饥不择食）；lead a dog's life（过着令人烦恼的生活）；go to the dogs（堕落，毁灭）；Let sleeping dogs lie（不要惹是生非）；a dull dog（不善言谈、语言乏味的人）；a dirty dog（指不正当手段获得所需的顽皮家伙）；sly dog（偷偷摸摸做小坏事的人；暗中寻欢的人）；surly dog（性情乖决的人）；a lazy dog（懒汉，懒鬼）；in the dog house（失宠，受冷遇）；treat somebody like a dog（把某人不当人看）；a sad dog（放荡的人）；dog days（伏天，无精打采的日子）等，都具有贬义色彩。

5. 狐狸（fox）

汉语“狐狸”与英语“fox”都比喻“奸诈狡猾的人”，故汉语有“他像狐狸一样狡猾”；英语中也有“he is as cunning as a fox” or “he was a sly old fox”同样的表达方式。但“fox”还喻指“a sexually attractive young person”（性感、迷人的年轻人）。“she's such a fox”与“狐狸精”的心理联想意义出入很大。前者具有褒义或中性的感情色彩，而后者绝对是个贬义词，指主动“勾引诱惑男人的女子”，因为在中国文化中，女人和狐狸的相似点只能是“风骚”。

6. 猫（cat）

中西猫文化具有一定共性。首先，这两种文化都把猫看作不祥之物：中国自古就有"猫来穷，狗来富"的说法；而英美国家都认为看到黑猫就会倒霉。而且，两种文化都认为猫本性贪婪：汉语里有"馋猫"，英语里也有"Look like the cat that swallowed the canary"，以及"Look like the cat that stole the cream"，都是用来形容人像"偷了腥的猫似的得意和满足"。有时，人们认为猫不老实，汉语干脆用"猫哭老鼠"形容虚伪，英语中有"Honest as a cat when the cream is out of reach"。猫是一种命很硬的动物，这一点也得到了两种文化的公认，于是汉语中有"猫有九条命"之说，在英语中有完全对应的说法："A cat has nine lives." 此外，英语中体现猫懒惰的习语有"a cat nap"，汉语也有"懒猫"之说。英语有"as sick as a cat"，汉语中也有"病猫"之说，例如钱钟书先生在《围城》里写道："两人第一次坐飞机，很不舒服，吐得像害病的猫。"（it was the first time either of them had been on an airplane，and they had a very uncomfortable time of it，throwing up like sick cats.）

但是很多时候，中西猫文化的隐含意义或其内涵意义又有所区别，汉语中的猫习语数量明显少得多。大致看来，汉语里"猫"大都含有贬义，如"瞎猫遇到死耗子、猫哭老鼠、三脚猫功夫、猫鼠同眠"等。但也有褒义的习语，比如"不管黑猫白猫，捉到老鼠的就是好猫"。而在英语文化中，情况有很大的不同。像狗一样，猫是西方人"宠物文化"的重要成员。与中国文化不同的是，英语文化对 black cat（黑猫）颇为禁忌。其渊源最初可追溯到中世纪的迷信——与撒旦（Satan）魔鬼有关，他最喜欢化作一只黑猫，巫婆则带着这一只黑猫相伴。所以英国人常把黑猫与巫婆相联系。美国作家华盛顿·欧文的短篇小说《黑猫》中，黑猫便是给人带来不幸和厄运的形象。有些猫习语是英语文化中特有的，如"Cat's paw"，用来比喻被人利用做冒险事情的人。

7. 鸳鸯（mandarin duck）

鸳鸯与英语中的 mandarin duck 是一种生活在水中的鸟，雌雄常在一起，形影不离，过着一种自由而甜美的生活，因此在中国传统文化中鸳鸯多喻指"恩爱夫妻"，故有"鸳鸯配"、"鸳鸯梦"、"鸳鸯戏水"等之说；而民间结婚时，洞房里多有绣有鸳鸯图案的"鸳鸯帐"、"鸳鸯被"、"鸳鸯枕"。有时还将鸳鸯比喻为"成双成对的事物"，如"鸳鸯客"（共餐宴饮的两人）、"鸳鸯饼"等。由于具有这样美好的感情色彩，故古代中国起名为"鸳鸯"的女孩儿很多。在古代长篇叙事诗《孔雀东南飞——古诗为焦仲卿妻作》描述刘兰芝"自挂东南枝"，焦仲卿"举步赴清池"后，化为"双飞鸟"，并"自名为鸳鸯"。可见，鸳鸯在中国自古就是"美好爱情的象征"。而英语中的"mandarin duck"则没有任何社会——文化意义。

8. 鹤（crane）

在汉文化中，鹤被视为神仙的坐骑之鸟，所以又称其为"仙鹤"。神仙长生不老，其坐骑当然也是长生不老的。因此，中国人以鹤来象征长寿，为人（尤其是老人）祝寿时常送"松鹤寿"或"松鹤延年"的祝寿词或祝寿图。

而对英美国家的人来说，除了联想到“crane”是一种长颈、长腿、长嘴的水鸟外，无论如何也不会引起同样的社会—文化联想，故初来中国的西方人对祝寿时送《松鹤图》感到非常困惑。

9. 山羊（goat）

“Goat”在英语国家中向来被认为与罪恶和魔鬼有关。魔鬼创造出“goat”，而“goat”常被描绘成魔鬼的化身。在古希腊神话中，好色的森林之神萨梯（Satyr）具人形而有山羊的尾、耳、角等。所以“goat”就产生了“牺牲品”、“色鬼”、“淫荡的人”的文化内涵意义；另外，《圣经》中的一句话，即“所有人将聚集在他跟前，他将把他们逐一加以区别，如像牧羊人把绵羊和山羊区别开”又赋予了“goat”具有“劣等的人”和“劣质物”这样的文化内涵。

而“山羊”对汉民族来说，只是一种动物，不会引起任何文化内涵联想。如果不了解西方文化，中国人在学习英语时碰到“make him the goat”（拿……当替罪羊）、“old goat”（好色之徒、讨厌的老家伙）、“separate the sheep from the goats”（把好人和坏人或把好和坏区分开）就会感到很吃力和难以理解。

10. 麒麟（unicorn）

“麒麟”在中国传说中是一种神兽、仁兽，其状如鹿，独角，全身生鳞甲，尾像牛尾；而“unicorn”有马的身体、牡鹿的腿、狮子尾巴和从额部长出的直螺旋状的独角。虽然有些辞典把二者对译，但实际上二者的指称对象并不一致，中国人和英语国家的人对其的外延心理联想肯定也不一样。“麒麟”在中国多用作吉祥的象征，故中国有“麒麟补服”（明清武官的绣有麒麟的服饰）、“麒麟斗”（麒麟跟麒麟搏斗），“麒麟袍”（袍子上绣有麒麟者）、“麒麟门”（上绘蓝色麒麟的官署暖阁后的一道门）等说法；民间还有“麒麟送子图”。另外，“麒麟”在中国还比喻为“杰出人物”。唐代大诗人杜甫写有“应图求骏马，惊代得麒麟”的名句，中国人对诗句里的“骏马”、“麒麟”都会产生“杰出人物”的心理联想。

“unicorn”在传说中仅是一种代表童贞的动物，在英国，它还代表大不列颠和苏格兰皇家军队的支持者。

11. 凤凰（phoenix）

在中国传说中，“凤凰”是一种神异动物，它前如鸿鸟，后像麒麟，有蛇的颈、鱼的尾巴、龙的风采、龟的身躯。人们认为凤凰是百鸟之王，所以有“百鸟朝凤”（birds paying homage to the phoenix）的说法，常用来象征祥瑞。后世多以“凤”比喻皇后，因此帝王成婚称为“龙凤呈祥（the dragon and the phoenix bringing prosperity-excellent good fortune）”。此外，“凤”也用来喻指有贤德的人，例如“凤毛麟角”（precious and rare as phoenix feathers and unicorn horns; rarity of rarity）指珍贵而不可多得的人或者事物，而“鸡蛋窝里飞出了金凤凰”（a golden phoenix flying out of a henhouse-a person of humble origin rising to prominence）表示在偏僻的乡村出了有特殊才干的人。

但英语中的“Phoenix”是神话中的一种鸟，也叫“长生鸟”或“不死鸟”，在阿

拉伯沙漠生活五六百年后积木自焚，并由此得到重生，故有英语习惯用法“rise like a phoenix from its ashes”(像不死鸟一样从死灰中再生；复活、新生)。所以“phoenix”给人的是“再生、复活”的联想，两者的差异显而易见。

12. 鱼（fish）

鱼与fish的文化内涵在中英文化的喻义大相径庭。英语中，fish含有贬义色彩，一般用来形容不好的人和事，如a poor fish（可怜虫）；a loose fish（生活放荡的女人）；fish in the air（水中捞月）。汉语中，鱼和“余”谐音，中国人过春节时，除夕夜的餐桌上不能没有鱼。据说，即使在不出产鱼的山区，人们也用木头刻成鱼的形状，摆在餐桌上，借此表达“年年有余（鱼）”的良好企盼。特有的社会习俗赋予了鱼以丰富的文化色彩。

13. 蝙蝠（bat）

西方人一提起bat就害怕。蝙蝠令人厌恶，使人联想到丑陋与罪恶，总是把它和罪恶及黑暗势力联系起来，如vampire bat（吸血蝠）更是让人感到恐惧。所以英语中凡带有bat的习语几乎都含有贬义，如as blind as a bat（有眼无珠），bat成了“睁眼瞎”的典型形象；crazy as a bat（精神失常）。

而在中国传统文化中，蝙蝠因其中“蝠”字与“福”字同音，摇身一变成了吉祥物。红蝙蝠更是大吉大利的先兆，因为“红蝠”与“洪福”谐音，民间的福寿图就画有五只蝙蝠，象征“五福齐全”、“洪福齐天”。

14. 孔雀（peacock）

由于英汉民族的审美角度不同，所以同一动物常常在他们的心目中产生不同的联想。英国人强调peacock与人媲美的高傲的一面，如as proud as a peacock（孔雀般骄傲），play the peacock（沾沾自喜）。孔雀在汉语中也经常带有“骄傲”之意，但汉族人似乎更注重它开屏时的美丽，孔雀在中国文化中是“吉祥美丽”的象征。

15. 熊（bear）

熊在中国人和英国人头脑中产生的联想意义相去甚远。在英语中，熊被认为是凶猛、残忍的动物。用来指人时，意指a bad-tempered or bad-mannered person（粗鄙鲁莽之人）。此外，在英语口语中，bear可形容有特殊才能的人，如He is a bear at mathematics（他是个数学天才）。在现代经济术语中，bear可用作形容词，意思是“行情下跌的”，如a bear market（行情下跌的市面），俗称“熊市”，与“牛市”（bull market）相对。

在中国人心目中，熊的形象一般是行动迟缓、笨手笨脚，含有愚笨、无能和无用之意。谈到与熊有关的词汇就会想起“窝囊、没本事”等文化内涵，如“瞧他那个熊样儿”、“真熊”、“大笨熊”等贬义词。

第四节　中西动植物文化内涵与翻译

由于英汉文化背景、思维方式和审美情趣的差异，不同的动植物可产生相同或相似的喻义，而同一种动植物又可蕴含不同的喻义，有的可能相去甚远，有的甚至完全相悖。可以说，动植物比喻词是一定文化背景下的产物，它所反映的语用含义依赖于对英汉文化的理解。在翻译的过程中，译者必须根据特定动植物词语在不同文化语境下的内涵，采用恰当的翻译方法，如保留形象直译、保留形象增译、舍弃形象意译、改换形象意译、改换形象套译等来传递其承载的文化信息，以促进目的语读者的理解和接受。

（一）中西动植物文化内涵差异

汉英动植物喻体在不同的文化中所表达的不同喻义既反映了英汉两种语言的具体表现形式的异同，又突出显示了英汉两个民族对客观世界、自然界的独特认识和态度，以及独特的审美观念。在进行跨文化交际的过程中，不仅要注意语言的交流，更要重视文化的传递。通过英汉动植物词概念意义和内涵意义的对比分析，可以清楚地看到任何一种语言中的动植物词都不仅仅是动植物形象的符号代表，文化差异给动植物词词打上了深深的文化印记，动植物词语也因此具有丰富的文化内涵。

1. 概念意义相同，内涵意义相似

动植物词汇随着人类文明的发展演变，它们的文化内涵与人类语言紧密相关。由于人类生活的生态环境大致相似，英汉两民族人民从动植物的基本属性这一角度去认识它们，自然会产生相同或相似的联想，赋予动植物词相同的文化内涵。在汉英两种语言中，鳄鱼都有“伪善”之意。汉语中我们有这样的说法：“掉鳄鱼眼泪假慈悲。”在英语中“shed crocodile's tears”比喻为“假惺惺地掉几滴眼泪，表示怜悯或同情”。此外汉英语言中关于狼的解释基本相同，狼总是给人以贪婪、危险的印象，在汉语中“披着羊皮的狼”的喻义是“危险”和“邪恶”。还有许多成语如“狼子野心”（wild ambition）、“狼心狗肺”（as cruel as a wolf）、“狼吞虎咽”（wolf down）等，几乎都含有明显的贬义。同样，在英语中，“a wolf in sheep's clothing”表示十分危险、须小心提防的人。类似的例子还有很多。英汉语都以狐狸（fox）比喻狡猾，as cunning as a fox；以蜗牛（snail）比喻缓慢，as slow as snail；以猪（pig）比喻肮脏、贪吃、懒、憨、丑等，eat like a pig、make a pig of oneself；以蜜蜂（bee）比喻忙碌勤劳，as busy as a bee。另外，鸽子（pigeon）在英汉文化中都是和平的象征；鹦鹉（parrot）是一种会模仿人发音的鸟，英汉文化中都用来表示只会人云亦云，没有独立见解的人，如鹦鹉学舌（parrot talk）。

在汉英两种语言中，桂树都与“名声”和“荣誉”有关，在古汉语中常用“蟾宫

折桂”来比喻科举时代应考得中，现代汉语“摘取桂冠”来表达在比赛夺得冠军头衔，而在英语中，to gain one's laurels 也表示赢得荣誉。look one's laurels 表示小心翼翼地保持荣誉，rest on one's laurels 表示躺在过去的荣誉中睡大觉。同样，玫瑰在中英文中都是美好爱情的象征，所以有“闭月羞花”（A woman's beauty puts the flowers to shame and outshines the moon）、“花前月下”（before the flowers and under the moon-ideal setting for a couple in love）等成语，而苏格兰诗人罗伯特彭斯在名诗 *A Red, Red Rose*《一朵红红的玫瑰》中把他的亲密爱人比作娇艳的玫瑰。草（grass）在英汉两种文化中都可引起众多、默默无闻的联想，如 grassroots 表示基层，相当于汉语中的草民或草头百姓。

2. 概念意义相同，文化内涵空缺

汉英两种不同语言体系有着显著的文化差异，导致相同的词汇在许多情况下的内涵不同，汉语词汇能够传达意义隽永的文化内涵，但在英美文化中可能仅是一种表征意义的语言符号。同一种动植物在一种文化里具有丰富的内涵，而在另一种文化里却缺乏相应的语义联想，这种文化差异导致了文化内涵空缺。

例如，“鹤”自古以来象征长寿，人们经常把它和“松”联系到一起，意为“强健长寿”。因此，在中国传统文化中，许多父母给孩子取名为“鹤龄”或“鹤松”。在给长辈祝寿时，人们喜欢赠送松鹤图，寓意为“康健长寿”、“松鹤延年”。而对英美国家的人而言，crane（鹤）只是动物指称符号，并不会引起相似的联想。再如，“Tortoise”在汉语中译为“乌龟”，在古代深宫中象征帝王们吉祥长寿，因而有“龟鹤齐龄”的祝寿词。乌龟的另外一层含义为“懦弱无能”，于是“妻有外遇，龟喻其夫”就成了妻子和别人私通的侮辱之词。在英语国家的文化中，乌龟仅是一种爬行缓慢、外形丑陋的动物。三牲——牛、羊、猪在中国古代文化中是被供奉给祖先或神灵的祭祀品，而在英语国家中没有这样的寓意。

岁寒三友——松、竹、梅在汉语中有着丰富的寓意，象征着坚忍不拔、坚贞不屈，在英语中“pine”、“bamboo”、“plum blossom”分别表示三种植物。同样，在英语中许多植物词有其独特的意义，而汉语里仅仅是一个语言符号。例如 Potato（马铃薯）是十分受中西方国家人士喜爱的蔬菜，在英语中有许多表隐喻含义的习语，如“a couch potato”指整天沉溺于电视节目、无暇顾及学业的人，“a small potato”意为不起眼的人物，“a hot potato”指的是棘手的问题。

蚕（silkworm）产于中国，丝织品受人欢迎。“丝绸之路”闻名于世，中国的蚕文化源远流长。“春蚕到死丝方尽，蜡炬成灰泪始干”高度颂扬了蚕的奉献精神，蚕的这一特定的文化内涵深深地刻印在中国人的心里。而 silkworm 在英国是没有这一特定文化内涵的。海狸（beaver）是生活在北美洲的一种动物，它有独特的技艺且富于独创性，英美人通常用它来比喻工作勤奋认真的人。而对于那些对此一无所知的中国人来说，它不过是一种普通的动物而已，海狸这一动物词不会给他们带来任何联想。

3. 概念意义相同，内涵意义不同

汉英文化受传统观念、审美取向、宗教信仰的影响，在一些词汇上尽管概念意义相同，但内涵意义却存在差异。狗在汉语里有“狗急跳墙、狗尾续貂、狗嘴里吐不出象牙”等表示轻蔑之意，而英语中，dog 却被寄予爱怜和同情。在英美文化中，狗被视为人类忠实的朋友，是可爱的宠物，所以有这样的习语：Love me，love my dog（爱屋及乌）；Every dog has his day（凡人皆有得意时）等。

再如，蟋蟀在汉语中指的是触角较长，能发出唧唧声的跳跃昆虫，它的寓意是“悲伤哀鸣”。宋玉在《九辩》中的“独申旦而不寐兮，哀蟋蟀之宵征”（chirping non-resting till dawn alone is the crickets grieving at their being busy through night）是诗人以自己的生命感受调准了蟋蟀悲哀局促的琴弦。在英美文化中，“cricket”摇身一变成了“快乐”的象征，如“as merry as a cricket”。

喜鹊（magpie）的名字让人们把它与“喜庆”相联系，如“喜鹊叫，好事到”，“破颜看鹊喜，拭泪听猿啼”，牛郎、织女的“鹊桥相会”、“喜鹊踏梅”是传统的吉祥画。“喜鹊登梅”暗指“喜上眉梢”之意。英语中，magpie 比喻爱唠叨、喋喋不休、爱传播小道消息的人。

红豆又被称为“相思豆”，在中国文化中寓意男女“思恋”之情。唐代诗人王维在《相思》中以“红豆生南国，春来发几枝，愿君多采撷，此物最相思”（Red berries grow in southern land，In spring they overload the trees，Gather them till full is your hand. They would revive fond memories）抒发了恋人之间浓浓的深情。“red bean”来源于《圣经·创世记》中 Esau 的“selling one’s birthright for some red-bean stew”，寓意为“因小失大”。“red bean”常被译为“love bean”或“red berry”，由此避免了中西方文化差异引起的误解。

4. 概念意义不同，内涵意义相近

在汉语中有很多习语传达出独特含义，但在英语中用另外一种对应的动植物词语来表现它们各自的内涵，如“瓮中捉鳖”（a rat in a hole）、“杀鸡取卵”（kill the goose that lays the golden egg）、“像落汤鸡”（like a drowned rat）、“热锅上的蚂蚁”（like a cat on hot bricks）。在中国文化中，“虎”是百兽之王，“龙”和“虎”常连用为成语，象征“尊贵、权威、力量”；而英语中却用其他词语表示。例如，“生龙活虎”（full of vim and vigor）、“龙腾虎跃”（a scene of bustling activity）、“虎踞龙盘”（a forbidding strategic point）、“藏龙卧虎”（hidden people of talent）。

同样，在英语中有些词汇，如“dark horse”的寓意为“黑马”，指在博弈中脱颖而出的胜利者；“white horse”的含义和马没有关联，通常指海上翻涌的白色浪花；“iron horse”在日常用语中意为“火车头”；“salt horse”意为“熏烤的牛肉”。

（二）动植物词语的翻译策略和方法

动植物的文化内涵是民族文化的产物。在汉英翻译过程中，既要考虑动植物词语

中形象的处理问题，同时也要仔细地斟酌动植物词语所蕴含的喻义；既要考虑汉语的民族文化特色和语言表达结构，又要兼顾目的语读者的文化背景和表达习惯，才能更好地促进译文的理解和接受，促进跨文化交际。一般而言，动植物词语的翻译大概可以归纳为以下几种翻译方法。

1. 保留形象直译

汉英文化对一些动植物词汇赋予了相同或相近的寓意，翻译时宜保留动植物形象，采用直译法。例如：to stir up the grass and alert the snake（打草惊蛇）；head a wolf into the house（引狼入室）；to draw a snake and add feet to it（画蛇添足）；to send charcoal in snowy weather（雪中送炭），New-born calves make little of tigers（初生牛犊不怕虎）。通过直译的方法，不仅形象直观地描述了原有动植物，更能传达出语言的丰富内涵，增强语言表达的趣味性。

（1）那人连忙磕了头，***抱头鼠窜***而去。（《红楼梦》第九十六回）

The man was down in a flash，kowtowed to Jia Lian and Lai Da，***wrapped his hands round the back of his head and fled like a rat.***（霍译）

（2）墨雨遂掇起一根门闩，扫红锄药手中都是马鞭子，***蜂拥而上***。（《红楼梦》第九回）

These three now ***came rushing like angry hornets into the classroom***，Inky wielding a door-bar which he had picked up and Sweeper and Ploughboy brandishing horsewhips.（霍译）

（3）五儿听罢，便心下要分些赠芳官，遂用纸包了一半，趁黄昏人稀之时，自己***花遮柳隐***的来找芳官。（《红楼梦》第六十一回）

Wu'er decided to share the gift with Fangguan，so she wrapped up half of it in a piece of paper and as it was now growing dark，with few people about，***slipped through the flowers and willows*** to find her friend.（杨译）

（4）"宝姐姐，你还不拧他的嘴？你问问他编排你的话！"宝钗笑道："不用问，***狗嘴里还有象牙不成！***"（《红楼梦》第四十二回）

"Pinch her lips，Chai!" she said. "You should hear what she's been saying about you." "I don't need to," said Baochai. ***"One doesn't expect ivory from a dog's mouth!"***（霍译）

（5）我不过看着太太的面子上，你又有年纪，叫你一声妈妈，你就***狗仗人势***，天天作耗，专管生事。（《红楼梦》第七十四回）

It's only for Her Ladyship's sake and because you are old that I call you "nurse", but ***like a dog counting on its master's backing*** you're always making trouble.（杨译）

（6）余曰："***鹤善舞而不能耕，牛善耕而不能舞***，物性然也。先生欲反而教之，无乃劳乎？"（《浮生六记》卷一，第67页）

"The ***stork***," I said，***"can dance，but cannot plow，while the buffalo can plow，***

but cannot dance. That lies in the nature of things. You are making a fool of yourself by tying to teach the impossible to her."（林语堂译）

（7）时当春仲，***桃李争妍***，逆旅行踪，苦无伴侣。（《浮生六记》卷四，第301页）

This was in the second month of spring and ***the peach and pear trees were then in full bloom***. My only regret was that I had no company on the road.（林语堂译）

评析 例（1）中"抱头鼠窜"的霍译本为"wrapped his hands round the back of his head and fled like a cat"保留了原文的形象，其中，"the back of"是译者根据隐含意义增加的，这个译文远比杨译本中的"slunk away"要更准确更生动。例（2）中的"蜂拥而至"霍译直译成"came rushing like angry hornets into the classroom"，完整地传达了原意，也很直观生动。例（3）中的"花遮柳隐"意思是借花草树木遮掩行动，形容背着人做事。这里译者将其翻译成"slipped through the flowers and willows"，保留形象"花"和"柳"，表达形象生动也易理解。例（4）中"狗嘴里还有象牙不成"即"狗嘴里吐不出象牙"，通常用来比喻坏人嘴里说不出好话来。这里霍译为"One doesn't expect ivory from a dog's mouth"保留了鲜明的文化形象，同时目的语读者也便于从上下文语境中领会其生动的喻义。英汉语中都有大量的以动物为喻体的成语短语，它们形象生动直观，容易产生直接的意象效果，从而联想到它们所承载的文化信息。例（5）中的"狗仗人势"就是一个典型的例子，通常用来比喻坏人依靠某种势力欺侮人或物。译文"like a dog counting on its master's backing"和原文如出一辙，直观形象而易懂。例（6）和例（7）均来自《浮生六记》，林语堂先生基本上都保留了原文的形象，将"鹤善舞而不能耕，牛善耕而不能舞"和"桃李争妍"分别直译为"the stork can dance, but cannot plow, while the buffalo can plow, but cannot dance"和"the peach and pear trees were then in full bloom"，在确保目的语读者理解的前提下又不失表达的形象性，同样都是很好的译文。

2. 保留形象增译

按照字面翻译准确如实地传达出动植物的形象，但由于不同的文化背景，同样的形象可以传达出不同的含义。在这种情况下，可以采用增加注释的方法来补充说明动植物词语的内涵。在翻译汉英习语时，采用按照字面翻译附加解释的原则，这种译法能够避免产生误解。例如，Fish begins to stink at the head（鱼要腐烂头先臭，引申为上梁不正下梁歪），通过这种译法，不仅保留了生活化的气息，更传达出句子所要表达的深刻内涵。

（1）不想一入院来，***鸦雀无声***，一并连两只仙鹤在芭蕉下都睡着了。（《红楼梦》第三十六回）

The courtyard ***was silent*** as she entered it. ***Not a bird's cheep was to be heard***.（霍译）

（2）谁知他来了，***避猫鼠儿***似的，站了半日，怪可怜的。（《红楼梦》第五十六回）

But patience was so ***quiet and timid***, ***like a poor little mouse that the cat has been***

after, and stood there all the time so meekly.（霍译）

（3）可知我***井底之蛙***，成日家自说现在的这几个人是有一无二的，谁知不必远寻，就是本地风光，一个赛似一个，如今我又长了一层学问了。（《红楼梦》第四十九回）

I've been ***like the frog living at the bottom of the well who thought the world was a little round pool of water.*** Up to now I've always believed that the girls in this household were without equals anywhere; but now, even without my needing to go outside, here they come, each one more beautiful than the last! Today has been an education for me.（霍译）

（4）莺儿忙道："那是我编的，你别***指桑骂槐***的。"（《红楼梦》第五十九回）

"I made that," said Oriole. ***"Don't curse the mulberry tree when you mean the locust. If it's me you're angry with, why not say so and leave her out of it?"***（霍译）

（5）贾政听到这话，道："胡说，我就不识时务吗？若是上和下睦，叫我与他们***猫鼠同眠***吗？"（《红楼梦》第九十九回）

"Rubbish," protested Jia Zheng. "Are you implying that I lack sense? As for pleasing both superiors and inferiors, do you want me ***to connive with rogues-to be 'a cat sleeping with rats?'"***（杨译）

评析 例（1）中，"鸦雀无声"的字面意思是"连乌鸦麻雀的叫声都没有"，泛指什么声音都没有，一般用来形容非常安静。霍译在直译的基础上对"not a bird's cheep was to be heard"的真正内涵进行了补充，即"be quiet"。同样，例（2）中，译者采用增补的方法，用"quiet and timid"两个形容词更清楚易懂地将"a poor little mouse that the cat has been after"呈现在读者面前。例（3）中的"井底之蛙"出自中国寓言。世界无限广阔，知识永无穷尽。如果把自己看到的一个角落当作整个世界，把自己知道的一点点知识看作人类文化的总和，那就会像枯井里的青蛙一样，成为孤陋寡闻、夜郎自大和安于现状的反面角色。从这则寓言故事概括出来的成语"井底之蛙"常常被用来讽刺那些见识短浅而又盲目自大的人。霍译将其直译成"like the frog living at the bottom of the well"之后对其又进行了增译，添加了必不可少的加注处理"who thought the world was a little round pool of water"，否则译文读者根本不知道"井底之蛙"到底有何寓意。例（4）中的"指桑骂槐"是指春燕母亲假装骂其女儿春燕，实际上是其对恨之入骨的莺儿、藕官等丫鬟进行的转弯抹角的数落。具有反抗精神的莺儿立即进行了还击。霍译用"curse the mulberry tree when you mean the locust"直译后，又紧接着用"If it's me you're angry with, why not say so and leave her out of it"来增译，将直译在文化内涵上留下的空缺迅速做了填补，对目的语读者而言，既形象生动又清楚易懂。例（5）中的"猫鼠同眠"本意是猫和老鼠睡在一起。比喻上司昏庸失职，纵容下属做坏事。杨译保留形象将其直译成"to be a cat sleeping with rats"，并加上解释"to connive with rogues"，既形象生动，又便于目的语读者理解和接受。

3. 改换形象意译

当同一种动植物存在寓意冲突时，可以选择另外的动植物形象来取代，达到功能对等统一的作用。例如，猫哭耗子（shed crocodile tears），快乐得像只百灵鸟（as happy as a cow），拦路虎（a lion in the way），胆小如鼠（as timid as a hare），蠢得像猪（as stupid as a goose），牛饮（drink like a fish），骑虎难下（have/hold a wolf by ears），饿得像狼（hungry as a bear），杀鸡取卵（kill the goose that lays the golden eggs）等。

（1）那天已有掌灯时候，（贾瑞）又等他祖父安歇了，方溜进荣府，直往那夹道中屋子里来等着，***热锅上的蚂蚁一般***。（《红楼梦》第十二回）

By the time Jia Rui left the lamps were lit, and he had to wait for his grandfather to retire before he could slip over to the Rong Mansion and wait in the place appointed. He paced the room frantic ***like a cat on hot bricks***.（杨译）

（2）哥哥你***葫芦里到底卖的什么药***?（徐飞《凤求凰》）

What are you ***hiding up your sleeve***, Brother?（Paul White 译）

评析 例（1）中的"热锅上的蚂蚁"比喻非常着急，焦躁不安，无计可施。也作"热锅上的蚰蜒"，常常被直译成"as an ant on a hot pan"。此处译者有意改换了形象，翻译成"like a cat on hot bricks"，和"as an ant on a hot pan"有异曲同工之妙。有一种细腰葫芦，成熟后将其中间挖空晾干，可用来装酒、装丸药。正是葫芦有这种用处，用葫芦装药、卖药就成为古代的一种现象，加上对医生的不了解，就有了"不知道他葫芦里卖的什么药"的说法。汉语中对一个人行动诡秘、心机莫测或故弄玄虚时经常用"不知道他葫芦里到底卖的什么药"形容。英语中的"up one's sleeve "的意思是"准备在适当时机或有需要的时候才讲出来或做出来"，"have a card up one's sleeve"指有"锦囊妙计"。例（2）中译者采用目的语读者非常熟悉的表达方式，能更好地被理解和接受，只是原文的文化意象被舍弃，有些遗憾。

4. 舍弃形象意译

由于人们生活的地理环境、生活方式、生活经历等的不同，人们对某些动植物及其文化内涵也有着不同的感受，因此对于根据喻体形象很难理解其中的隐含意义，在翻译的时候只能舍弃形象意译方能被目的语读者接受，如 as dumb as an oyster（守口如瓶）。

（1）满园里绣带飘飘，花枝招展，更兼这些人打扮得***桃羞杏让，燕妒莺惭***，一时也道不尽。（《红楼梦》第二十七回）

These turned the whole Garden into a blaze of color. They decked themselves out so prettily, too, as to ***put the very flowers and birds to shame***. But time forbids us to dwell on that splendid scene.（杨译）

（2）你看这里这些人，因见老太太多疼了宝玉和凤丫头两个，他们尚***虎视眈眈***，背地里言三语四的，何况于我？（《红楼梦》第四十五回）

Look how ***jealous*** these people are and how much gossip there is here because the old lady favors Baoyu and Xifeng. In my case, they'd resent it even more.（杨译）

（3）哭完，她抹着泪对祥子说：“好，你豪横！都得随着你了！我这一宝押错了地方。***嫁鸡随鸡***，什么也甭说了。给你一百块钱，你买车拉吧！”（《骆驼祥子》）

When she had cried herself out, she wiped her tears and told Xiangzi, “All right tough one! Have it your way! I made the wrong bet. Now ***I'm stuck with you***, there's no more to be said. Here's one hundred dollars, go and buy a rickshaw.”（施晓菁译）

（4）即在梯门之上叠开一窗，***蛇行***而出，即后梢之顶也。（《浮生六记》卷四，第267页）

We then ***crawled out*** through a window over the hatchway and reached what was the top of the stern.（林语堂译）

（5）可是我糊涂了，正经说的话且不说，且说***陈谷子烂芝麻***的混捣熟。（《红楼梦》第四十五回）

How stupid of me to forget what I really came for and just to ***make trifling talk***.（杨译）

（6）袭人本来从小不言不语，我只说她是***没嘴的葫芦***。（《红楼梦》第七十八回）

Xiren has always been so quiet I felt she ***was rather stupid of speech***.（杨译）

评析　例（1）中“桃羞杏让，燕妒莺惭”的本意是形容女子貌美如花，桃花和杏花都感到羞愧，只好退让。燕见之心生妒忌，莺对之自任惭愧。杨译采用归化的翻译策略，大胆舍弃了原文形象采用意译，虽然不及原文表达比喻贴切和生动，但更能为目的语读者理解和接受，从跨文化交际的角度上说似乎更胜一筹。同样，例（2）、例（3）和例（4）中的“虎视眈眈”、“嫁鸡随鸡”、“蛇行”也都由于文化背景的不同和表达习惯的差异，舍弃了形象，分别意译为“jealous”，“I'm stuck with you”和“crawled out”，译文通顺流畅，语义也很准确贴切。例（5）中“陈谷子烂芝麻”比喻陈旧的无关紧要的话或事物。例（6）中的“没嘴的葫芦”比喻笨嘴拙舌，不爱多说话的人。在这两个例子中，译者同样采用了归化策略，省略了文化形象，分别直接意译成“make trifling talk”和“was rather stupid of speech”，从而避免了保留其文化形象给目的语读者造成理解上的障碍。

第五节　相关论著选读

汉英植物文化的社会差异

赵新

（中山大学外语学院对外汉语教学中心　广州　510275）

摘　要：本文讨论汉民族植物文化与英语民族植物文化的差异。作者认为，这些差异反映了汉民族与英语民族在自然环境、文化背景、思维特点及审美观念等方面的不同。了解这些有利于跨文化交际。

关键词：植物；比喻意义；象征意义；社会文化；心理文化

在人类漫长的历史发展过程中，植物与人的关系十分密切。一方面，植物对人类的生活具有极其重要的使用价值；另一方面，人们往往由植物的形态、习性等特点而产生种种联想，并借植物来表达思想观点、寄托感情和理想，这样，植物就又具有了不容忽视的文化色彩和美学价值。概括而言，人们对于各种植物的看法态度以及各种植物所具有的比喻意义和象征意义，是该民族植物文化的基本内容。植物文化体现了民族文化中有关道德情操、民族精神、生活态度、美学理想等多方面的内容，反映了该民族的社会文化背景和心理文化特点。

由于文化背景和自然条件的不同，各民族的植物文化不尽相同。了解不同民族的植物文化，有利于了解不同民族的社会文化和心理文化，有利于跨文化交际。本文将汉英植物文化进行比较，探讨各自的特点及两者之间的差异。

（一）牡丹、梅花、松树——玫瑰、百合、栎树

汉英民族所重视的花木不同，这是汉英植物文化的区别之一。众所周知，牡丹、梅花、荷花、菊花、兰花、桂花、松树、柏树、竹、柳等是中国的传统名花名树，从古到今一直深受汉民族的喜爱和重视。在汉语中，这些花木的比喻意义和象征意义最为丰富，有关这些花木的神话传说以及成语俗语也最多，可以说，这些花木的文化色彩最浓，最能反映民族文化背景，是汉民族植物文化中的核心和代表。

而英语民族对汉民族所重视的花木却没有什么特殊的感觉，他们所重视的是 rose（玫瑰）、lily（百合）、tulip（郁金香）、violet（紫罗兰）、oak（栎树）、palm（棕榈）、olive（橄榄）、laurel（桂树）等。在英语中，这些花木具有特定的比喻意义和象征意义，文化色彩最浓，如玫瑰（rose）象征爱情、幸福和美好，a bed of rose 比喻愉快舒适的生活，not all roses 指不完美，gather life's roses 指寻欢作乐，rose-colored（玫瑰色的）象征乐观、愉快的，rose bud（玫瑰花苞）比喻漂亮姑娘，rose-water（玫瑰香水）比喻奉承话或温和的做法；百合花（lily）比喻纯洁的人或洁白的东西，as white as a lily 是说如百合一样纯洁，lilies and roses 是说像百合和玫瑰一样美丽；栎树（oak）象征勇敢坚强，a heart of oak 比喻刚强勇敢果断的人，oak may bend but will not break（栎树会弯不会断）是比喻人像栎树一样坚韧顽强；棕榈（palm）象征胜利，carry off the palm 的意思是得胜、获奖，in sb.'s palm days 即在某人的全盛时期，yield the palm to sb. 是向某人认输；橄榄枝（olive branch）是和平的象征，hold out the olive branch（举起橄榄枝）是表示愿意讲和；桂树（laurel）象征着胜利、成功或荣誉，win one's laurels 比喻获得荣誉，look to one's laurels 是小心地保持已经得到的荣誉，rest on one's laurels 是比喻满足于已有成就。另外，英语民族以玫瑰、百合、郁金香、紫

罗兰为女子之名，而汉民族则以牡丹、荷花、菊花、桂花为女子之名，这种取名上的差异也从一个角度反映了花木在汉英民族中所具有的不同地位。

汉英民族所重视的花木不同，这是其自然环境、气候条件以及历史文化差异的反映。古老的中华大地与源远流长的华夏文明孕育出了以牡丹、梅花、松树为代表的植物文化，而英语民族以玫瑰、百合、栎树为代表的植物文化则是古希腊、古罗马文化以及西方宗教文化影响的结果。在希腊神话中，玫瑰是司美与爱的女神阿佛洛狄忒（即罗马神话中的维纳斯）从海水中诞生时，由她身上的泡沫变成的。于是，在古希腊、古罗马乃至整个欧洲，玫瑰就成了爱与美的象征。桂树象征胜利和荣誉也源于古希腊，而橄榄枝的象征意义则出自《圣经·旧约》中诺亚方舟的故事。总之，英语中不少植物的象征意义都与古希腊罗马文化、西方宗教文化有关。

（二）以花木喻人——以花木代言

以花木喻人和以花木代言是汉英植物文化最重要的区别。

汉民族注重以花木喻人，即用花木的自然属性（形态、习性等）来比喻人的社会属性（品德、精神等）。人们常说的“岁寒三友”（松、竹、梅）和“四君子”（梅、兰、竹、菊）就是典型的例子。在汉民族看来，梅花顶风冒雪，开在百花之先；菊花傲霜拒寒，开在百花凋零之后；松柏经冬不凋，四季常青，均象征着人的高尚纯洁品质和不畏强暴、不屈不挠的斗争精神。兰花生于深山空谷之中，色泽朴素清秀，气韵高雅恬淡，用来比喻清高雅洁、不入俗流的君子最为合适；荷花“出淤泥而不染，濯清涟而不妖，中通外直，不蔓不枝”，和廉洁正直、超尘脱俗的人一样；竹姿态清雅秀丽、竿直有节中空，如同清高淡泊、虚心正直的人，似乎每一种花木都具有人的风骨和品德，就连最不起眼的小草也被用来比喻平凡然而生命力顽强的小人物。总之，在汉民族这里，花木已被人格化，成为中国文化中的人格象征，花品、树品就是人品。古往今来，人们无数次地咏叹松、竹、梅、兰、荷、菊等，实际上是以花木喻人或自喻，借咏花木以咏人。

英语民族有送花的习俗，他们习惯和注重的是以花代言，即用一种花木代表一种特定的意义，用花木来表示自己所要表达的意思。据考察（顾雪梁 1994），英语中各种花木都有特定的意义，几种花木组合又有特定意义，已形成了系统的花语。例如，单瓣石竹（single pink）表示纯洁的爱；勿忘草（forget-me-not）表示真正的爱；荷花（lotus）表示疏远了的爱；黑色杨树（black poplar）表示勇气胆量；白杨树（white poplar）表示机遇、时机；雪松（cedar）表示忠诚守信仙人掌（cactus）表示热心；紫藤（wisteria）表示欢迎；雏菊（daisy）表示天真单纯；黄色水仙（daffodil）表示敬意和问候；红菊花（red chrysanthemum）、橡树叶（oak leave）、野丁香（field lilac）和睡莲（water-lily）组合表示“我爱诚实谦逊、勇敢和纯洁的心灵”等。英语民族常常借互赠花木来传情达意。比如，如果朋友发生摩擦，一方送去榛（hazel）表示“希望和解”，另一方回送红色天竺葵表示“得到安慰”，这样，两人之间的隔阂就烟消云散了；

如果爱上了某人，可以送她一朵红玫瑰来表明爱情，如果对方回赠一枝报春花（Chinese primrose）就是明确表示接受了你的爱情，如果回赠的是条纹康乃馨（striped carnation），则暗示拒绝你的爱；因为报春花表示“永远相爱”，条纹康乃馨表示“拒绝”；如果友人遇到困难挫折，送一束菟丝子（mistletoe）和冬青（holly）告诉他：只要多动脑筋，你一定能克服困难，因为菟丝子表示“多思”，冬青表示“克服困难”。以上举例虽然有限，但英语民族丰富多彩之花语已可见一斑。需要说明的是，英语中虽也不乏以花木喻人之例，但远不及汉语那么丰富；而汉语中尽管也有以花木代言的现象，特别是近年来随着送花风气的兴起，以花代言的花语有所发展，但并不广泛，也不系统，不能与英语相比。因此，可以肯定地说，以花喻人是汉民族植物文化的主流和代表，而以花木代言则是英语民族植物文化的主流和代表。

（三）花木与性别——花木与神

分别把花木与性别相联系，把花木与神相联系，这是汉英植物文化的又一差别，亦是由各自的文化背景所决定的。

在汉语中，花木与人的性别有着密切关系，具体来说，花与女性相联系，而树则与男性相联系。一方面，人们认为女性与花有许多相似之处，因此常常用花来比喻女性。首先，人们用花来比喻女性的容貌体态，漂亮女子常被比作国色天香的牡丹、亭亭玉立的荷花、淡雅的梨花、艳丽的桃花等，用“杏脸桃腮”、“人面桃花”、“芙蓉如面柳如眉”、“梨花一枝春带雨”来形容和描写；女子打扮得漂亮曰“花枝招展”；善于交际的女子被称为“交际花”；学校中最漂亮的姑娘被称为“校花”等。其次，人们用花来比喻女子的遭际命运，花的明艳动人是短暂的，这与女性青春易逝、红颜易老的特点相似；花儿娇嫩，难以经受风霜雨雪的摧残，这又与女性柔弱、不堪遭受命运的打击有相通之处，故而人们往往借叹花以叹女子，而女性亦常常借花自叹自怜。李清照的“帘卷西风，人比黄花瘦”、“满地黄花堆积，憔悴损，如今有谁堪摘”，林黛玉的“明媚鲜妍能几时，一朝飘泊难寻觅”、“一朝春尽红颜老，花落人亡两不知”等，就是其中的典型，名为叹花，实则叹人。《红楼梦》中把宝钗比作雍容华贵的牡丹，黛玉比作风露清愁的芙蓉（荷花），李纨比作清幽的梅花，都是根据各自的容貌体态、性格身世来设喻的，其中有深刻的寓意。正因女性与花有诸多相似之处，因而花即女性，女性即花，这是再自然不过的事了。在中国，以花为名是女性的专利，名叫“牡丹、梅花、荷花、红梅、春兰、秋菊”等的女子，多得难以计数。另外，从古到今，从神话传说到拟人表演，凡花仙必是女子。例如，《镜花缘》中一百名花仙子全是女子，中央电视台少儿节目主持人以花的形象出现，名曰“花姐姐”等，这些都反映了花与女性的联系。另一方面，树木则与男性相联系。树木高大、伟岸、挺拔，经得起风雨，耐得住严寒，这与男性高大健壮、勇敢顽强的特点相似，因此树被视为男性的象征。汉族男子常以松、柏、桦、杨、榛、榕、楠、桐、槐、椿、柳、竹等树木为名；描写和赞扬男性也常将其比作高大挺拔的各种树木。中国神话传说及童话中的树木总是以男

性的形象（树爷爷、树公公）出现，如《西游记》中唐僧在荆棘岭路遇的几个树精全是男性：十八公（松）、孤直公（柏）、凌空子（桧）、佛云叟（竹）。然而，相比起来，花与女性的联系比树与男性的联系更为鲜明和复杂。

而在英语中，花木与性别的联系不明显。男性一般不以树木为名，把男性比作树木的现象很少。女性虽有以花为名的，但用作人名的花只有很少几种：玫瑰（Rose）、紫罗兰（Violet）、茉莉（Jasmine）、迷迭香（Rosemary）、郁金香（Tulip）、雏菊（Daisy）等；用花来比喻女性的现象很少，且只限于比喻女子的容貌。虽与人的性别关系不大，花木在英语却与神联系在了一起，它们被用来象征希腊神话中的神（顾雪粱 1994）。例如，桂树（laurel）象征阿波罗（Apollo，太阳神）；百合（Lily）象征天后朱诺（Juno）或圣母玛丽亚（the Blessed Virgin Mary）；常春花（myrtle）象征维纳斯（Venus，爱和美的女神）；水仙花（narcissus）或罂粟花（poppy）象征谷物女神色列斯（Ceres）；栎树（oak）象征主神朱庇特（Jupiter）；柏树（cypress）象征阴间之神普路托（Pluto）；岩薄荷（dittany）象征狄安娜（Diana，月亮和狩猎女神）；橄榄枝（olive）象征智慧女神密涅瓦（Minerva）；藤（Vine）象征酒神巴克斯（Bacchus）。由花木与神的联系，不难看出英语植物文化与古希腊文化、宗教文化的关系。

（四）英语中蔬果农作物类植物的丰富含义

蔬果农作物类植物具有丰富的比喻意义和象征意义，这是英语植物文化的一大特点。在英语中，特别是俚语中，用例很多。例如，白菜（cabbage）指少女，南瓜（pumpkin）指脑袋或指乡村小镇，cabbage head（白菜脑袋）和 pumpkin head（南瓜脑袋）均指笨蛋傻瓜；黄瓜（cucumber）表示镇静，as cool as a cucumber 意为泰然自若，十分冷静；胡萝卜（carrot）指政治诱骗、不能兑现的许诺，the stick and the carrot（大棒与胡萝卜）是指政治上的软硬两手；土豆（potato）指难看的脸或头，a hot potato（热土豆）比喻棘手的问题；菠菜（spinach）指杂乱的蔓生物或不受欢迎的东西；洋葱（onion）指人的头脸或搞糟的事、令人讨厌的家伙，know one's onion 意为精明干练，off one's onion 意为精神失常；大蒜（garlic）比喻不受欢迎的东西；生姜（ginger）指精神、活力；西红柿（tomato）比喻人的头、脑或美貌女子；苹果（apple）指男人，a smooth apple 指讨人喜欢的家伙，a wise apple 指傲慢的年轻人；香蕉（banana）指喜剧演员或黄疸病人；桃子（peach）指漂亮女子、杰出的人或极好之物，a peach of a cook 是出色的厨师；柠檬（lemon）指不中用的东西或讨厌的人；梅子、李子（plum）指最好的东西，如"好职位"、"书中最精彩的一段"；瓜（melon）指人突出的肚子或横财、红利；花生（peanut）指矮小、渺小的人；小麦（wheat）指朴实的人、乡下人；玉米（corn）指陈腐、伤感的思想或乐曲；燕麦（oats）指田园诗、牧歌，fell one's oat s 意为兴高采烈、活跃；豆子（bean）指少量的或无价值的东西，full of beans 意为精力旺盛，give sb. beans 是说惩罚或责骂某人；高粱（sorghum）指甜得发腻的东西或表示过度多情。另外，美国人还以农作物和水果为姓（沈学章，1995），有姓小麦（Wheat）

的，有姓玉米（Corn）的，有姓稻子（Rise）的，有姓苹果（Apple）的，有姓橘子（Orange）的等，颇为有趣。汉语中虽然也有少量蔬果类植物具有比喻意义，如桃子喻胜利果实，小白菜喻清秀水灵的姑娘，小辣椒喻泼辣的人，冬瓜喻矮胖的人等，但远不及英语的丰富和普遍。另外，汉民族以花木喻人，注重的是花木的内在特点与人之精神品质的联系，而英语民族以蔬果类植物喻人，着眼的主要是植物的外部特征与人之外貌的联系，这种现象说明汉英语民族对各类植物的认识、重视有所不同，也反映了汉英民族在历史文化、思维特点以及审美观念等方面所存在的差异。

《中山大学学报》(社会科学版) 1998 (4) 127-131.

翻译练习

一、把下面的句子翻译成英语，注意句子中动植物文化词的翻译。

1. 杜鹃是一种灰黑色的鸟，毛羽并不美，它的习性专横而残忍。

2. 其他寿意类贡品还有寿屏、珊瑚、灵芝、万寿桃等。（《中国翻译》2013年第4期）

3. 长寿一直居于中国传统文化中的“五福”之首，而自古以来桃子都被视作长寿的象征。(《中国翻译》2013年第1期)

4. 龙是中国传说中四大瑞兽之一，集九种动物特征于一身，相传具有降雨法力。中国以农立国，故龙亦是君主权利之象征。(《中国翻译》2013年第1期)

5. 著名京剧艺术大师梅兰芳先生家中院子里，种了两棵柿子树和一棵苹果树，寓意“事事平安”。(张亚军《中华文化趣谈》)

6. 宋代林逋隐居杭州西湖的孤山，一生不当官，也不娶妻，没有孩子，整日以种梅放鹤为乐，所以有“梅妻鹤子”之语。(张亚军《中华文化趣谈》)

7. 为此，每每望着春运期间人满为患的机场、车站和排成长龙的购票队伍，我都会为年文化在中国人身上这种刻骨铭心而感动。(冯骥才《春运是一种文化现象》)

8. 贾政听了，那泪珠更似滚瓜一般滚了下来。(《红楼梦》第三十三回)

9. 梅花是中国十大名花之首，其花五瓣，是五福的象征：一是快乐，二是幸运，三是长寿，四是顺利，五是和平。(龙毛忠等《中国文化概览》)

10. 橘谐音“吉”，所以象征吉利。春节上门拜年时，除了送红包还要带上一篮橘子，这是传统习俗，橘寓意大吉大利。(龙毛忠等《中国文化概览》)

二、段落翻译

农历正月十五是中国的元宵节，人们习惯在门外悬挂大红灯笼。不同地区的彩灯风格迥异，如陕北的农民用南瓜做灯笼。灯节上所悬挂灯笼的形状有其各自不同的寓意，莲花和鲤鱼代表富贵，西瓜和石榴代表子孙满堂，鸡和羊代表好运，而大象则代表万象更新。灯节期间，灯笼上都写着灯谜，这些灯谜的文字优雅工整，猜到谜底往往被认为是好的兆头。(李霞著　董玉国译《英语畅谈中国文化 50 主题》)

第六章　中西数字文化差异与汉英翻译

第一节　概　述

数字是观念和符号的结合，来自人类对客观世界的观察和探索以及对物质世界的认识的总结。人们用它来表示事物的数量或顺序，但在不同的语言背景下，不同的民族文化中，还形成了一种特有的数字文化现象。由于受该民族文化心理、宗教信仰、语言崇拜和审美观念等文化差异的影响，数字被赋予各种神秘褒贬吉凶和象征意义，具有浓厚的民族、历史地方色彩和特别的文化内涵，承载着许多文化信息，能够生动形象地显示不同民族的文化特征，形成了各自的数字文化。

这也反映在各自的语言中。英语和汉语都喜欢用数字表情达意，在这些由数字组成的句子或成语中，既有人类对数字相同的心理认知所导致的文化巧合，也有由于历史渊源、宗教信仰、民族性格、地域环境、生活方式以及语言本身的不同而造成的文化差异。因此，在数字运用过程中，我们尤其要注意上述因素反映在各自语言中不同的文化色彩，如汉语民族崇尚中庸和谐，喜欢双数；西方民族强调彰显个性，偏爱单数。基督教国家因宗教原因赋予“三”以特殊的寓意；中华文化因历史传说和民风民俗赋予“九”以独特的文化底蕴。这些数字的不同文化色彩正是英汉民族文化差异在语言上的反映。了解这两种语言在数字运用上的文化差异并分析这些数字文化差异的主要原因，对于促进中西文化相互交流将是十分有益的。

在人们的概念中，对数字的翻译恐怕是最容易的了，直接将原文中的数字照搬到译文中，必要时加上量词就行了，但实际上并非那么简单。在科学领域中，数字的功能是计算，毫厘分明、精确严谨，是实数。但数字除了表示事物的数量或次序外，还广泛应用于文学作品、成语或词组中，作为夸张或比喻的修辞手段，因此它的功能是表义，是虚数。数词的这种语义上的模糊性，不论在英语还是在汉语里都有，它存在于一定的语言环境中。在特定的语境中，模糊数字的语义外延扩大延伸，给人以更大的思索和想象空间，同时也给译者更大的发挥和再创作余地，这种现象在文学作品中屡见不鲜，如汉语中“一望二三里，烟村四五家，门前六七树，八九十枝花”，“尔来四万八千岁，不与秦塞通人烟”（李白《蜀道难》），“北国风光，千里冰封，万里雪飘”（毛泽东《沁园春·雪》）等。由于受民族心理、宗教信仰、语言崇拜等文化差异的影响，英汉语数字泛化的内涵和外延，虽有共性，但也存在着一些差异，因此模糊数字的翻译不能拘泥于数字本身的数值，而必须依托具体环境，悉心推敲原文的修辞特色，译出原文的语势。

本章在探讨中西数字文化内涵比较的基础上，重点分析了汉语数字的语义模糊性，即单个数字的模糊意义、组合数字的模糊意义和各种修辞格中数字的模糊意义，并借此提出了数字翻译的三大原则，归纳了数字汉译英常用的四种翻译方法。

第二节 中西数字文化内涵与比较

语言是文化的载体，作为语言组成部分的数字理所当然地积淀着厚重的文化信息。在古老的传统中，数字具有神圣的意义，还有主吉凶的宗教迷信色彩。不同的民族对数字的选择和不同的偏爱则有着很深的民族文化烙印。带数字的语词意义是多层次的，包括概念意义和内涵意义两类。内涵意义是对概念意义补充和延伸。基于某些历史事件和宗教义旨的影响，一些数字被人类赋予了特殊的文化内涵，这种文化内涵在一个民族中也许是极普通的量化概念，而在另一个民族中却蕴含着特殊含义。由此，人们对数字的偏好也显示出偌大差异，这种差异具鲜明的民族性，乃两个民族在历史长河中形成的必然结果。

（一）中西数字文化与宗教

从文化历史的角度来讲，宗教被认为是一个民族文化的核心。在中国，道教和佛教对数字的文化内涵有着极深的影响。例如，在佛教文化里、数字“108”是佛的象征，它与佛教中的日常生活和重大事件联系在一起，如寺庙的108尊菩萨是佛的化身，寺庙里的钟声响108次，佛教徒的一串佛珠是108颗，这足以说明对佛教的虔诚。碰巧的是，当年投奔水泊梁山的各路好汉也是一百单八（108）位，抑或是这些好汉企盼佛祖保佑组建的一百单八的队伍，以避“凶多吉少”。此外，中国古代哲学家老子在《道德经》中曾写道：“道生一，一生二，二生三，三生万物。”他还认为：任何事物都有相对的两面，即好和劣，对和错，长和短，明和暗，动和静。这就使双数在社会文化生活中被看作吉祥数得到了很好的阐释，而任何事物相对的两方面也符合了人们传统的审美心理。

1. “三”、“五”、“八”与道教和佛教

道教是中国本土的传统宗教，是以老子之“道”为最高信仰、以得“道”成仙为终极追求目标。佛教起源于印度，传播到中国以后，经过长期发展形成了具有中国特色的中国佛教。道教、佛教的哲学思想渗透于中国文化的各个层面，对人们的言行举止产生了深远的影响，也与数字结下了很深的渊源。下面主要以“三”、“五”、“八”为例分别进行阐释。

“三”　在道的哲学中，“三”产生宇宙中的万物（三生万物），因此，“三”在道教文化中是个完美的数字。中国的道教有“三清”之说，即玉清、太清、上清。道教

哲学推崇“天人合一”的思想，这种天人合一的和谐取决于天、地、人三者的共同合力。“三”在道教中是个重要的数字，因此，许多含有“三”的词语与道教有关，如三宝、三才、三光、三教、三界、三玄、三清天等。“三”在中国文化中备受推崇，在佛教中也不例外。佛教中有很多带“三”的术语，如三宝、三毒、三法、三界、三智、三生等。其中一些已经成为家喻户晓的谚语，如“三生有幸”就源于佛教术语“三生”——前生、今生和来生，现在用来形容非常幸运或遇到了难得的机会。

其实在中国古代，与“三”有联系的重要思想观念是很多的，如天、地、人为三才或三灵；日、月、星为三元或三光；君臣、父子、夫妇三种关系为三纲；父、子、孙为三族等。可见“三”是很吉祥的数字。有人称数字“三”是尊贵而成功的数。

“五” 汉语文化中的“五”在很大程度上应该追溯到五行学说。五行是我国古代人民创造的一种哲学思想，它以日常生活中的五种物质金、木、水、火、土元素作为构成宇宙万物及各种自然现象变化的基础。五行理论把自然界一切事物的性质都归结于这五大类的范畴，它们是五行相克，又是五行相生，它们之间的相克和相生促进了事物的发展变化。阴阳五行说可分为阴阳说和五行说，两者相辅相成。道家中的阴阳理论主张任何事物的发展都是阴阳合力的结果。道教中包含“五”的词语很丰富，如五德、五方、五色、五岳、五兽、五神等。

“五”也是一个与佛教结缘的数字。佛教中不少术语都包含“五”。佛门有“五戒”：不杀生、不偷盗、不邪淫、不妄言、不饮酒。“五戒”是佛教中最根本的戒律，是一起戒律的基础。所有在家的佛教徒都坚持“五戒”。佛教还有“五力”：信力、精进力、念力、定力、慧力。包含“五”的佛教术语还有：五佛、五见、五教、五眼、五欲、五智、五众、禅宗五家。

“八” 八也是一个和道教结缘的数字。“八卦”和“八仙”常常与“完美”联系在一起。八仙使用的法器称为“暗八仙”；八仙居住的洞府称为“八仙宫”；扇、剑、长笛、竹杖、葫芦、花篮、响板、莲荷等“八种标志”分别代表八位神仙。成语“八仙过海，各显神通”可以说妇孺皆知。“八”便是个吉利的数字，带“八”的词语如八仙桌、八仙桥、八仙面等很为老百姓所熟知。

八在佛教中也是一个圣数，备受喜爱。据说“八”与释迦牟尼的出生有关，佛教先祖释迦牟尼的生日是四月八日，他从出生到创建佛教历经八个阶段。许多佛教教义和术语都与“八”结缘，如八苦、八风、八教、八戒、八忍、八公德、八圣道、八不净物。

当然，除了上面提到的数字“三”、“五”、“八”之外，其他一些数字也与佛教和道教有关联。如“一”是道教中内涵意义最为丰富的数字。《道德经》第四十二章中说“道生一，一生二，二生三，三生万物”，阐释了“一”是世界万物的本源。对老子而言，“一”不仅仅是一个数字，而是象征着变化中的宇宙，代表天人合一的和谐。“十”也是和佛教有关联的数字。佛门有“十诫”、“十恶”，要求众生约束自己的行为，控制自己的欲望。为达到理想的修行境界，佛门有“十圆满”。包括“十”的佛门术语还有：十大弟子、十惑、十行、十往等。

2. “three”、“seven”、“thirteen”与基督教

在西方，基督教是传播最广、影响最大的宗教。其教义《圣经》中就有很多的数字。它们不仅具有语言意义，大多同时包含丰富的文化象征意义。掌握了这些象征意义才能更好地理解圣经中数字所表达的准确含义。

“three” 《圣经》里的数字中，最有趣而又引人注目的应该首推数字“three”。在基督教中，“three”为圣数，因为它被用于表示“三位一体”（the Holy Trinity）：圣父、圣子和圣灵（Father，Son and Holy Spirit）。根据基督教教义，只有一个神，这位神以圣父、圣子和圣灵三个位格组成，这些位格不是分离的存在，而是完全的合一。“three”在《新约》里使用频率非常高。例如，Satan tempted Jesus three times. During His three-year ministry，Christ raised three people from the dead. Amazingly，it was at the third hour that Jesus was crucified. 此外，西方人认为，世界由大地、海洋、天空三部分组成；大自然包括动物、植物、矿物三方面内容；人体有肉体、心灵、精神三重性。因此西方人偏爱“三”，把“三”看作完美的数字。所以西方人常说，The third time's the charm.（第三次准灵。）Number three is always fortunate.（第三号一定运气好。）莎士比亚戏剧里也说，All good things go by threes. （一切好事以三为标准。）

“seven” “seven”在基督教中被视为一个象征数。它象征着“完整”和“完美”。“seven”被看成是神数，因为上帝经过六天的造物之后，定第七天为安息日，圆满地完成了创造世界的整个过程。作为一个圣数，“seven”便具有巨大威力。西方人讲究七种美德，七种文理学问，七次圣餐，人生有七个时期，七种天罪；耶稣劝告人们原谅别人要七乘七十次之多；圣母玛丽亚有七件快乐的事，七件悲哀的事；主祷文共有七部分；圣灵有七件礼物。因而，英语民族的美德、善事、罪恶都要凑足“七”件，如 seven virtues（七大美德），seven deadly sins（七宗罪），the seven gifts of the spirits（七大精神财富），the seven corporal works of mercy（七大肉体善事），the seven spiritual works of mercy（七大精神善事），the seven sacraments（七大圣礼）。此外，人们也视“七”为吉数，在生活中有“lucky seven”的说法，即“幸运之七”。英语带有“seven”的习语也很多，如 Keep a thing seven years and you will find a use for it.（东西保存时间长，终会派上好用场。）Seven hours' sleep will make a clown forget his design.（睡七小时的觉，小丑把花样都忘掉。）A man may lose more in an hour than he can get in seven.（得之艰难失之易。）英语习语 the seventh son of a seventh son 意为“极为显要的后代”；to be in the seventh heaven 意思是“极其快乐”等。

“七”在汉语中却是被人们常常忌讳的数字。给人送礼时忌七件或七样，饭桌上的菜绝不能是七盘。人们在挑选吉日良辰时不挑七、十七或二十七。其原因一是与中国人崇尚偶数的心理有关；二是与中国祭奠死者的传统有关。在我国某些地区，农历的七月七日为凶日，绝对禁止嫁娶。因此有“七月七日，迎新嫁女避节”之说。这种习

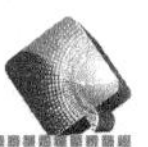

俗与牛郎织女的传说有关。织女为天帝的孙女，偷偷地下凡到人间，与牛郎婚配，后被迫离开人间，一年之中，牛郎与织女只能在七月七日相逢一次。所以，忌七月七日婚嫁，自是情理之中。因此汉语以“七”组成的习语大多带有贬义，如七零八落、七手八脚、七嘴八舌、七拼八凑、七上八下、七扭八歪等。

“thirteen”　作为基督教中很重要的数字，“thirteen”与“three”和“seven”是有区别的，它是不吉利的数字。数字“十三”之所以成为西方世界不吉之兆，相传与基督（Jesus Christ）蒙难这个事件有关。据《圣经》记载，耶稣的十二门徒之一犹大（Judah）为了三十个银元而出卖了他，最终导致他被钉死在十字架上。在耶稣被捕的前夕，恰好是犹太人的逾越节（Passover），耶稣特意邀请他的门徒共进晚餐。席间，犹大正坐在第十三个座位上。于是，世世代代的基督教徒门便将对犹大的恨发泄到与之巧合的数字“十三”上。在许多西方国家，人们尽量避免使用数字“thirteen”。在高层建筑中，第十三楼常常用“12A”来代替，或者干脆跳过十三，在十二后就是十四楼。在必须使用十三计数时，会找一些代用词，如 a long dozen 或者 a devil’s（printer’s / baker’s）dozen 等。“a baker’s dozen”源于 15 世纪的英国。当时的英国对各种面包的重量作了规定，为了避免因缺斤少两而受罚，面包店便在规定的一打十二个面包上再免费多加一个，而英国人不喜欢十三，人们常用 a baker’s dozen 来代替十三。

当西方人千方百计避开十三，以免触犯大忌时，中国的老百姓却对十三情有独钟。北方的戏曲和曲艺的押韵都定为“十三辙”；儒家的经典有《十三经》；明朝皇帝的陵墓有十三座，统称“十三陵”；北京同仁堂药店有十三种最有名的中成药，号称“十三太保”。

（二）数字内涵与谐音

数字看似表达精确的概念，但实际上却包含着神秘的未知与无限。因此，人们对数字似乎始终有种神圣的理解和敬畏的心理。在现代生活中，越来越多的人喜欢把数字和吉凶祸福联系起来，尤其是数字的谐音联想。周志培等（2013）就曾在《文化学与翻译》中对数字的谐音和文化内涵关系方面做过一定的研究。以汉语为例，比较典型的几个数字是“四”、“六”、“八”、“九”和“十”。

1.“四”与“死”

数字“四”在中国被视为一个不吉祥的数字。究其原因，是它的发音与“死”字谐音。由于这个禁忌习俗，车牌号码、电话号码尾数中有四的就不受欢迎。人们尤其要避开“十四”（谐音“要死”）、“五十四”（谐音“我要死”）、“四十四”、“四百四十四”、“四千四百四十四”等数目字。在习语中，数字“四”常常与“三”在一起，而且往往带有贬义。例如，七个铜钱放两处——不三不四；七个仙女争面脂——香三臭四；七根竹竿掉进猪圈里——横三竖四。

2.“六”与“禄”、“顺”

中国人认为“六”是最吉利的数字。中国古时就有崇尚“六”的传统观念。如先秦时期六部儒家经典称为“六经”或“六艺”，诸子百家中最著名的阴阳、儒、明、法、道的总称为“六家”，周代兵书现存六卷称为“六韬”，政区分为“六乡”，周礼有“六典”，官制设有“六部”，朝廷军队统称“六军”或“六师”，皇后寝宫称为“六宫”；把亲属关系归纳为“六亲”，妇女怀孕称为“身怀六甲”，天地四方称为“六合”或“六幽”；中医将人的心、肺、肝、肾、脾、胆称为“六腑”，佛教认为凡人有“六情”，作画讲究“六法”、“六要”、“六彩”；考古发现秦始皇的铜车马皆以“六”及其倍数为度。民间也有“六六大顺”、“六畜兴旺”、“眼观六路，耳听八方”的俗语。“六”在中国人看来是个最吉利不过的数字：农历初六、十六、二十六被视为举行婚礼的黄道吉日，在使用电话号码或车牌号时，人们尤其钟爱尾数为“66”、“666”、“666”的这几组数字，因为它们象征着顺顺利利，万事如意。“六”是一个时空谐和数，我们常说“眼观六路、耳听八方”，“六路”又称“六合”，即前、后、左、右、上、下，或天地四方，亦即三维空间的六个方向。

英语中“six”却不是一个受欢迎的数字，人们视 6 为大凶数或野兽数，这从以下习语中也可见。如：at sixes and sevens（乱七八糟，糊涂的），hit sb. for six 亦作 knock sb. six（给敌人/ 某人以毁灭性打击），six to one（六对一，相差悬殊），six of the best（以藤鞭击六下——学校的一种惩罚手段），six penny（不值钱），six of one and half a dozen of the other（半斤八两，差不多）等。

3. “八”和“发”

“八”在中国的传统文化里也是非常有影响力的数字。这种影响主要来自《易经》中的八卦文化。八卦是用代表阴的“--”和代表阳的“—”组成的具有象征意义的符号，每一卦形代表一定的事物。但“八”受崇拜，不仅仅是因为八卦，还有一个重要原因，就是“八”和“发”的谐音联想。“发”即“发达”，暗示着人们对生活和事业更高的期望和追求。日常生活中，只要是含有数字“八”就备受喜爱。如：138 表示“一生发”，168 表示“一路发”，158 则表示“要我发”，918 表示“就要发”等。可见，由谐音引起的数字崇拜对传统文化的民俗和礼仪所产生的深远影响。

4. “九”和“久”

汉语中，一至十的数字里，九是最大的阳数，又因为九是龙行的图腾化文字，天有九层，九重天是天的最高处，由此演化出神圣之意，享有独特的尊贵位置。由此可见，汉语中与“九”有关的习语多非偶然，如九天揽月、九霄云外、九牛一毛、九流宾客、一言九鼎、一龙生九子，九子各不同等。当人们表达极高之意时，便说“九霄云外”；表达宽广之意时，便说“九州方圆”；表达极冷之意时，便说“数九寒天”。在汉语里“九”与“久”同音，因而“九”又受到封建帝王的青睐，他们常借用“九”来象征其统治地久天长，万世不变。在汉语里出现了“九五之尊”，称官位仅次于皇帝的王爷为“九千岁”。且“九”与“久”谐音，故有天长地久之意，送情人玫瑰要 9 朵、99 朵或 999 朵。

在西方，数字 9 也是人们心目中的“神数”之一。对西方人来说，“九”的象征意

义是“神圣之至”，故西方很多成语跟九有关系，如 dressed up to the nines（衣冠楚楚，打扮得极为华丽），a nine days' wonder（昙花一现，轰动一时），crack up to the nine（十全十美），on cloud nine（得意扬扬），a stitch in time saves nine（及时处理事半功倍）。

（三）数字与社会生活习俗

语言符号之一的数字在自身中表现了文化活动，是文化的表达符号，所以数字与社会生活密不可分，从数字符号便可以观察到动态的社会生活的方方面面。

1. 计时

（1）是夜送亲戚城外，返，已***漏三下***，腹饥索饵。（《浮生六记》卷一，第 9 页）

That night, when I came back from outside the city, whither I had accompanied my girl cousin the bride, it was already ***midnight***, and I felt very hungry and asked for something to eat.（林语堂译）

（2）至***乾隆庚子正月二十二日***花烛之夕，见瘦怯身材依然如昔。（《浮生六记》卷一，第 11 页）

Our wedding took place on ***the twenty-second of the first moon in*** 1780. When she came to my home on that night, I found that she had the same slender figure as before.（林语堂译）

（3）正话间，***漏已三滴***，渐见风扫云开，一轮涌出；乃大喜。（《浮生六记》卷一，第 33 页）

While we were thus bandying words about, it was already ***midnight***, and we saw the wind had blown away the clouds in the sky and there appeared the full moon, round like a chariot wheel, and we were greatly delighted.（林语堂译）

（4）***三鼓***归卧，周体清凉，几不知身居城市矣。（《浮生六记》卷一，第 55 页）

When we came in to sleep about ***midnight***, we felt nice and cool all over the body, almost forgetting that we were living in a city.（林语堂译）

评析　中国古代的计时系统很复杂，如天干地支，即使是言内翻译也很困难，更不用说语际翻译了。上述用数字表示时间的四例均选自《浮生六记》。例（1）和例（3）中的“漏三下”是古代一种计时方式。古时计时工具有许多种，常见的有两种：一是“日晷”；二是“漏”。漏是以滴水为计时，是由四只盛水的铜壶组合，从上而下互相迭放。上三只底下有小孔，最下一只竖放一个箭形浮标，随滴水而水面升高，壶身上有刻度，以为计时。“漏三下”相当于现在的凌晨 3～5 点。在这两个例子中，林语堂先生采用了意译，即译出大概的时间“midnight”。例（2）中针对“乾隆庚子”的翻译，林先生采用了换算的方法，译成了现在通用的计时。例（4）中的“鼓”是时间单位，就是“更”。古人说白天与黑夜的时间各不相同，白天说“钟”，黑夜说“更”或“鼓”。又有“晨钟暮鼓”之说，古时城镇多设钟鼓楼，晨起（辰时，今之七点）撞钟报时，所以白天说“几点钟”；暮起（酉时，今之十九点）鼓报时，故夜晚又说是几鼓天。夜晚说时间又有用“更”的，这是由于巡夜人边巡行边打击梆子，以点数报时。全夜分五个更，第三更是子时，所以又有“三更半夜”之说。例（4）中的“三鼓”指子时，林语堂先生同样采用意译方法，将其翻译成“midnight”，便于目的语读者理解和接受。

2. 亲属称谓

(1)“爸爸，辛苦了！**二姊**，这是**四妹**和**七弟**么?”（茅盾《子夜》）

“How did you enjoy your journey, father? ***Fu-fang***, is this ***Huei-fang***? And ***Ah-Xuan***?”（Yeh Chieng-yu 译）

(2)“谁不知道你正经……短见是万万寻不得的。”**邹七嫂**也从旁说。（《阿Q正传》）

“Everyone knows you are a good woman,” put in ***Mrs. Zou*** from the side. “You mustn't think of committing suicide.”（杨宪益，戴乃迭译）

(3) 凤仪是老实人，吓得目瞪口呆，二奶奶笑道：“**三叔**，咱们这位大嫂，恐怕是方家吸附力破纪录的人了。”（钱钟书《围城》）

Feng-yi, a simple-minded soul, was so astounded that eyes grew big and his jaw dropped. Second Daughter-in-law said with laugh, “***Third Uncle***, I'm afraid our First Sister-in-law will be the record-breaker among the Fang daughters-in-law.”（凯利，茅国权译）

评析 西方称谓中，一般兄弟姐妹之间都以名字相称，但按照中国的称谓习惯，则要分长幼大小秩序，于是有了诸如大姐、三妹、四哥等之类的称呼。数字在中国亲属称谓系统中使用非常广泛，上面三个例子都是非常典型的与数字相关的称呼语。例(1)中，汉语中的排行称谓语“二姊”、“四妹”、“七弟”在译文中都转换成了英语读者熟悉的姓名称谓，这样的翻译指称比较具体，符合英语读者习惯。这里在翻译时采用了归化手法，以利于英语读者的理解和了解小说中的错综复杂的人物关系。例(2)中的“邹七嫂”也是中国人常用的一种随和亲切的称呼方式，在亲属称谓语前不仅有排行，在排行前还有姓氏，但在英语称谓语中绝没有这样的称谓方式，所以英译时直译似乎是行不通的，只能是换成英语读者熟悉的习惯称谓 Mrs Zou。例(3)中的“三叔”实际上指的就是凤仪。之所以被称为“三叔”，也是按照中国的一种称谓习俗，即以其孩子的名义称呼某人。在这里，结合上下文，读者应该也不会产生歧义或误解。

3. 浓缩性的时政词汇

缩写词的特点是凝练、高度概括，并且常用数字词这类简单明了的缩写方式。此类表达法是时政词汇比较常见的一种。由于缩写词具有的上述特点，因此在理解的过程中，很多时候就不能只考虑或翻译词汇本身的字面意义，而要将词汇还原为本来的意义，再进行翻译。翻译重点首先是要彻底领会缩写表达法的内容，然后直接将其所包含的具体内容全部翻译出来，避免直译缩写词汇或数字所带来的歧义，如在翻译

“十五”计划的时候，我们不能将其翻译成 fifteen，而是要把它所代表的内在含义翻译出来，即 the Tenth Five-Year Plan。此类时政词汇还有很多，比如“两会”（NPC & CPP：the National People's Congress and the Chinese Political Consultative Conference），“三个代表”（the three Representatives），“十八大”（ the 18th CPC National Congress），“四个现代化”（the four modernizations），“三农”（ issues of agriculture ，farmer and rural area），“三讲”（three emphases education：to stress theoretical study，political awareness and good conduct）等。

东西方各自不同的文化传统、宗教信仰、风俗习惯逐渐形成了各自独特的数字文化观了解东西方的数字文化观，有助于我们外语学习者对语言学习和理解，对跨文化交际顺利进行有着重要的现实意义。在跨文化交际中，人们如果不了解另一种语言的文化背景，不了解东西方数字文化观的差异，便无法对这种外语中的词语作出准确的理解，往往容易造成语用迁移，从而造成交际失误。所以，我们应该对东西方的数字文化观给予足够的重视，进行全面深入的了解。只有这样，才能在外语语言的使用和跨文化交际中不触犯对方的禁忌，恰当得体、成功地与人进行沟通交流。

第三节 数字的语义模糊性和翻译

模糊性和精确性都是人类自然语言的客观属性。关于这个问题，国内外学者早有论述。英国著名哲学家罗素曾经说：“一个语词具有一个或多或少的模糊的意义。”在客观实在中，语词所指示的各类事物或现象之间存在着过渡状态。当人们在认识这些客观实在时，由于认识的主观能动性和认识能力的局限性，人们对这些客观事物或现象的划分就带有一定的任意性或主观性，因此语词就不可避免地会产生模糊。语言的模糊性自古以来就受到一些文学家的青睐。如宋玉《登徒子好色赋》中用来描写美人的几句辞之所以脍炙人口、为人称道，与他运用模糊言语是分不开的：“增之一分则太长，减之一分则太短。著粉则太白，施朱则太赤”，十分生动、形象、贴切、耐人寻味。模糊性就是指词语的所指范围的边界是不确定的这种属性。自然语言中的词绝大多数都是模糊的，这种词包括时间词、颜色词、年龄词、象声词等，例如，表示“四季”的时间词就具有模糊性，并且不同语言的截分也不完全一致。汉语的“春、夏、秋、冬”同英语的 spring、summer、autumn（美语为 fall）和 winter 就不完全对等；年龄词“童年、幼年、少年、青年、壮年、中年、老年”也具有模糊性，它们相邻之间也并没有泾渭分明的界限。许多语言中都有大量的模糊限制语（ hedge），如汉语中的“大约、左右、也许、大概、说不定、若干、诸如此类、似乎”等；英语中的 about、probably、perhaps、many、sort of、kind of、more or less、roughly、somewhat、mostly、basically、almost、in a sense、commonly、relatively 等。当这些词对语义明确或基本明确的词语进行修饰时，整个结构的语义就变得模糊不清了。周志培等

(2013) 针对不同的数字结构，如单个数字，组合数字等比较详细地分析过数字模糊意义的表达。作为语言科学中的一个特殊领域，数字在文学作品中很多时候不是表示精确的数量，而是起比喻、夸张等修辞作用，模糊语言的理论也为数字的翻译开辟了新的途径。

（一）英语数词词语的模糊语义

1. 英语数词词语的模糊性

客观现实中存在的大量事物和现象并不是泾渭分明的，并没有清晰的界限，往往是处于亦此亦彼，寓此于彼，彼此难分的状态中。这种不确定性的事物和概念，就是模糊事物或概念。称呼这种事物或表达这种概念的词语就属于模糊性词语。如英语中的 ten、twenty、hundred、thousand、a hundred and one、a thousand and one、million、billion 等可用作模糊数，泛指多义。其中 "seven" 和 "twenty" 就是非常典型的表示模糊语义的英语数词。

1) "seven" 所表现的模糊意义

英语中有很多带有 "seven" 的表达，在很多情况下，不能简单地从字面意思去理解。比如，《圣经》中的 "seventy times seven"，并不是指 70 个 7，而是转义为很大的数目。另外，"seven may be company，but nine are confusion" 中，其数字 7 同样具有积极的意义。"Seventy two times" 不是指 72 次，而可以引申为频繁地做某事，相当于汉语成语 "三番五次"。

2) "twenty" 所表现的模糊意义

在英语中，"twenty" 包含 "很多" 的意思，经常用 "twenty" 来达到数量上的夸张效果。例如，I have told you twenty times not leave the door. 在这句话中，并不是说 "我已经告诉你二十次"，而是指很多次。在这里，"twenty" 是起到了强调的作用，达到了夸张的效果。还比如，Tom has given his wife twenty calls，but nobody answered it. 这句话也并不表示真的是二十次电话，而是用 "twenty" 来表示电话之多，进而隐形地透露 Tom 可能是处于焦虑和担心的情况下打了很多通电话。"twenty" 的模糊性便起到了渲染的效果。

此外，还有很多数词也同样具有模糊性，以数词习语为例。

(1) not a hundred miles away （离……不远）
(2) ten to one （十有八九）
(3) sixes and sevens （乱七八糟）
(4) fell like a million （精力充沛）
(5) second sight （超人的视力；个人对事情的预见力）
(6) five and ten （廉价商店）
(7) eleventh hour （最后关头）

数字给人们的概念是精确 (precision 或 exactness)，但英语中的大量数词在语义

中具有模糊性。数词词语的模糊语义是指数词在交际中其自身的因素不起主要作用，数词与其他词语一起使用时，产生了相对其自身而言的模糊意义。有的数量词的数量意义已经和其他的词语凝为一体，浑无所指，如上面的例（4）、例（5）、例（6）和例（7）中的数量词已经模糊不清感觉不到其确指的意义了。

2. 模糊性数词词语的交际功能和修辞

人们在交际中离不开清晰、精确表达的词语，其中不含任何模糊性；但也离不开模糊性词语。模糊性词语能帮助人们顺利地进行交际，反映到数词词语中也是一样。如：

（8） When the truck driver felt sleepy, he stopped by the side of the road to ***catch forty winks***.（卡车司机觉得困时，就停在路边打个盹。）

（9） When angry, ***count a hundred***.（当生气时，应当沉默几分钟。）

以上例（8）和例（9）中斜体部分语义上都有模糊性，其中数词所表达的不是精确的数字概念，而是虚指，这些模糊性词语满足了人类思维和交际的需要。

数词词语利用其语义的模糊性，在修辞中起到了积极的作用，可以收到很好的修辞效果。这些词语可用于明喻、暗喻、拟人等修辞中。如：

（10） go like sixty （明喻：飞快地跑；起劲地干）

（11） no simile runs on all fours （暗喻：一切比喻都是跛脚的）

（12） the upper ten （暗喻：贵族）

（13） sweet seventeen （拟人：妙龄）

（14） A thousand times good night! (Romeo and Juliet) （夸张：道一千次晚安）

（15） I love Ophelia, forty thousand brothers could not, with all their quantity of love, make up my sum. (Hamlet)（夸张：我爱奥菲利娅，四万个兄弟的爱合起来还抵不过我对她的爱。）

（二）汉语数词词语的模糊语义

在特定的语境中，模糊数字的语义外延扩大，给人以更大的思索和想象的余地，同时也给译者更大的发挥创造空间，这在文学作品中屡见不鲜。模糊语义的数字都不是表示具体数目的实数，而是表示模糊语义的虚数，表示其数量多、范围广、程度大、时间长、距离远等概念。这种数字语义的模糊性引人联想，耐人寻味，起着突出形象、烘托环境、渲染气氛、增强语势的修辞效果。文学作品的生动性、形象性和艺术性，在一定意义上取决于语言的模糊性，而数字语言的模糊性，往往与修辞中的“比喻”或“夸张”有关，起着极其重要的作用。许多汉语诗句，如白居易《长恨歌》中的“后宫佳丽三千人，三千宠爱在一身”，毛泽东《沁园春·雪》中的“北国风光，千里冰封，万里雪飘”等都是很典型的例子。

汉语数字的语义模糊性多具有夸张的意思，要么极言其多，要么极言其少。汉语数字的模糊可以体现出一种空灵的空间感，从而使话语和文字作品虚实相映、形神兼备，呈现出一种“无画处皆成妙境”的艺术境界。

1. 单个数字表达的模糊意义

语言中的数字并不总是表示准确的数量，在很多情况下表示的是概数或者约数。如汉语中的谚语：“一个和尚挑水吃，两个和尚抬水吃，三个和尚没水吃。”其中的“一、二、三”并非表示精确的数目，尤其是数字“三”，引申为“众多”的比喻意义。这句谚语是说“人多主意杂，各自为政，不能齐心协力”。英语中与之对应的习语两种：(1) One boy is a boy，two boys half a boy，three boys no boy. (2) Too many cooks spoil the broth. 汉语中用单个数字来表示模糊语义的例子不在少数。

1) **“一”和“One”**　“一”和“one”在中西文化中都是很受推崇的数字，因为它们都被视为与宇宙的起源有关。毕达格斯认为数的本源是1，万物的本源也是1。中国伟大的先哲老子也认为“一”是所有数字中最重要的，他的名句“道生一，一生二，二生三，三生万物”指出了“一”和“道”的关系，明确了“一”的重要性。这种崇尚“一”的文化心态可见于汉语中很多包含“一”的习语，如“一本万利”、“一针见血”、“一尘不染”等。在这些习语中，数字“一”都被模糊化了，失去了数字本身的意义，是虚指。

2) **“三”和“Three”**　“三”经常表示笼统的，无法言明或无须言明的多数或少数，在汉语中表示模糊语义时使用频率较高。比如，极言其多的有“垂涎三尺”、“三令五申”、“三思而后行”、“三生有幸”、“三番五次”、“三宫六院”、“一日不见如隔三秋”。这其中的“三”并不指具体的数字三，而是包含夸张的修辞手法。此类用法也可以在古诗词、史书中得到印证，如“八月秋高风怒号，卷我屋上三重茅”和“所佩玉玦以示之者三”中的“三”就是表“多”的虚词。而且，“三”的倍数也暗示数量之多，像“飞流直下三千尺，疑是银河落九天”、“白发三千丈，缘愁似个长”等。极言其少的有“三言两语”、“三寸金莲”、“三拳两脚”、“三日打鱼，两日晒网”、“三年五载”等，这些成语都在不同程度上表示了“少”的意思。《史记》中同样有此类用法的例证，如“楚虽三户，亡秦必楚”、“毛先生以三寸之舌强于百万之师”。意思是楚国即使剩下了几户人家，最终灭掉秦国的必定是楚人。“三寸之舌”，人的舌头未必正好三寸，这里只是强调舌头的短，与下文“百万之师”的多形成鲜明对比。

3) **“九”和“Nine”**　“九”在汉语中也表示数多的模糊概念，如成语“九牛一毛”表示多数中的极少数，“九死一生”表示多次接近死亡。在英语中，“nine”的模糊用法与汉语不谋而合，如“A cat has nine lives”（猫有九条命）表示猫有极强的生命力，“A stitch in time saves nine”（小洞不补，大洞吃苦）。另外，“三”、“九”的非十进倍数也存在模糊用法，表示极大的数量，如“军书十二卷，卷卷有爷名”（《木兰诗》）、“十八般武艺”、“十八层地狱”、“三十六计”、“七十二行”、“八十一难”等。还有“飞流直下三千尺，疑是银河落九天”（《望庐山瀑布》）中的“九天”，表示一段比较模糊的但非常遥远的距离，写出了瀑布的汹涌澎湃，及其气势的惊心动魄。这些表达法中的数字都是泛指数量之多的虚数。

4）**“十”和“Ten”**　汉语中把“十”视为圆满的象征，有“完全”、“达到顶点”之意。《说文解字》里这样解释：“十”字中，横为东西，竖为南北，如此则“四方中央备矣。”因此，“十，数之具也。”汉语中含有“十”的习语也很丰富，如“十全十美”、“十年寒窗”等。

文学作品中表达模糊意义的单个数字

（1）黛玉听了这番言语，**一言不发**，叹了口气，便向里躺下去了。（《红楼梦》第八十一回）

Now，***without saying a word***，she heaved a sigh and lay down with her face to the wall.（杨译）

（2）今风尘碌碌，**一事无成**，忽念及当日所有之女子……（《红楼梦》第一回）

In this busy，dusty world，***having accomplished nothing***，I suddenly recalled all the girls I had known…（杨译）

（3）这红玉虽然是个不谙事的丫头，却因她有**三分容貌**，心内着实想往上攀高。（《红楼梦》第二十四回）

Simply as Hsiao-hung was，***with her good looks*** she was foolishly eager to climb up in the world.（杨译）

（4）依老爷这一说，不但不能报效朝廷，亦自身不保，还要**三思为妥**。（《红楼梦》第四回）

If you do as you just said，not only will you be unable to repay the Emperor's trust，you may endanger your own life into the bargain. ***Better think it over carefully***.（杨译）

（5）贾蓉心内已猜着**九分**了，忙下马令人搀了出来。（《红楼梦》第四十七回）

Chia Jung ***had a shrewd idea of what had happened***. Quickly dismounting，he ordered some men to help Hsueh Pan to his feet.（杨译）

（6）鸳鸯道：“这个娼妇专管是个**‘九国贩骆驼的’**，听了这话，他有个不奉承去的。”（《红楼梦》第四十六回）

“That whore!” swore Yuanyang. “She is ***a regular camel-dealer***. She won't let slip this chance to suck up to them.”（杨译）

（7）宝玉自进花园以来，心满意足。倒也**十分快乐**。（《红楼梦》第二十三回）

Pao-yu found life in the Garden all he could wish. In a word，he was ***blissfully happy***.（杨译）

（8）鲁智深道：“洒家一分酒只有一分本事，**十分酒**便有**十分的气力**。”（《水浒传》第五回）

"When I'm one-tenth drunk I can use only one-tenth of my skill, but when I'm ***ten-tenths drunk I'm at the top of my form.***"（沙博理译）

评析 汉语"一"的内涵比英语"one"意义更广，因为"一"往往用来表示"天人合一"，表示事物的"和谐"、"完整"和"一体"。例（1）和例（2）中的"一"都不是表示精确的"一"，而是一种表示强调的手段和修辞手法。"三"和"three"在汉语和英语中都被看成是吉数，备受推崇。例（3）中"三分容貌"并不表示"三"的概念意义，而是指代其容貌姣好，所以翻译时不能翻译成精确的数字，而"with her good looks"更符合原语所要表达的内涵。同样，例（4）中"三思为妥"的"三"也是虚指，意思是要反复考虑，再三斟酌，"better think it over carefully"不失为好的译文。"九"是汉语中最大的个位数，也很受青睐。例（5）和例（6）中的"九"都不表示数字本身的概念，而是被模糊化了，表示强调，译者根据不同的情况选择了合适的翻译方法，"猜着九分"是说几乎非常清楚发生的事情，所以译者意译为"had a shrewd idea of what had happened"；而在例（6）中也未将数字直接移植过来，虽失了表达的形象性，但也更为目的语读者理解。此外，译者对例（7）和例（8）中表示强调的"十"也根据情况采用了直译或意译的方法，比较准确再现了原文的模糊语义。

2. 组合数字的模糊意义

单个数字表示模糊意义在英汉语中都很常见，但就组合数字表达模糊含义而言，汉语要明显多于英语，并且相对而言要更显灵活生动。

1）重叠结构（the reduplicative patterns）

（1）宝玉此时喜的无话可说，忙给贾母道了喜，又给邢王夫人道喜，一一见了众姐妹。（《红楼梦》第八十五回）

Beside himself with joy, he offered congratulations to his grandmother and then to their Ladyships, after which he greeted his cousins ***one by one***.（杨译）

（2）不但紫鹃和雪雁在私下里讲究，就是众人也都知道黛玉的病也病的奇怪，好也好的奇怪，***三三两两***，唧唧哝哝议论着。（《红楼梦》第九十回）

These two were not the only ones to be talking this business over. All the domestics knew of Tai-yu's strange illness and strange recovery, and ***in twos and threes*** they canvassed the matter together.（杨译）

（3）两人正说着，只见凤姐来了，拜见过了王夫人，便**一长一短**问他。（《红楼梦》第二十五回）

Just then His-feng came in to pay respects, and Lady Wang wanted ***a detailed account*** of the party.（杨译）

评析 重叠结构是指重复同一数字而形成的词组结构。重叠结构中的数词已经失去其原有的语言意义，它所表达的意义或大或小，或是蕴含其他意义。重叠结构在汉

语中非常突出，大部分是四字结构。上述三个例子都属于重叠结构，但呈现形式不一样，例（1）属于 aa 结构，其中“一一”是指“每个人”、“一个接着一个”之意。通常，“一一”结构不能单独使用，而要与后面的名词或动词词组组成四字结构。例（2）属于 aabb 结构，汉语中“三”的使用频率很高，表示“极大”或“极多”之意。当“三”与“两”构成“三三两两”时，表示“不多的人或物”，与英语中“by twos and threes”相当。例（3）属于 axay 结构，其中 a 是数词，修饰和限定后面的 x 和 y，具有副词词性和形容词词性。这里的“一长一短”表示“仔细询问打探”之意。

2）递增结构（the successive patterns）

（1）那大王已有**七八分**醉了，呵呵大笑道：“我与你家做个女婿，也不亏负了你。你的女儿匹配我，也好。”（《水浒传》第五回）

The chieftain, who was already ***eight-tenths*** drunk, laughed heartily. “You won't lose out by taking me as a son-in-law. I'm the right match for your daughter.”

（2）王夫人是哭的一句话也说不出来，宝钗心里已知**八九**。（《红楼梦》第一百一十九回）

Lady Wang was crying too much to speak. Pao-chai ***had a fair idea of the truth of the matter***.（杨译）

（3）今年雪大，外头都是***四五尺***深的雪，前日忽然一暖一化，路上竟难走的很，耽误了几日。（《红楼梦》第五十三回）

There's been heavy snow this year. The snow's lying ***four or five feet deep*** in the country; and a sudden thaw recently made the going so difficult that I was held up for several days.（杨译）

评析　汉语中另外一种常见的数字组合是属于递增结构形式。在这种结构中，一个数字紧接着另一个大于它的数字，两个数词合起来表示概数或近似的估计。如果两个数字的和小于 5，它表示“少”或者“一点”；如果大于 5 就表示“极多”的意思。通常译者会根据语境采用不同的翻译方法，如上述三例中保留数字、转换数字或舍弃数字等不同的处理方法，但都很准确地再现了原文所要表达的真正内涵。

3）内嵌式数字结构（the numeral-inlaid patterns）

（1）当下众人***七言八语***，有的说请端公送祟的，有的说请巫婆跳神的，有的又荐玉皇阁的张真人，种种喧腾不一。（《红楼梦》第二十五回）

By now ***proposals of all kinds*** were being made. Some suggested calling in exorcists to drive out evil spirits; some, mended the Taoist Chang from the Jade Emperor's Temple.（杨译）

（2）可惜这孩子没有福，前年他父亲就没了，他从小见的世面倒多，跟他父母***四山五岳***都走遍了。（《红楼梦》第五十回）

It's a pity this poor child had had no luck. Before her father died two years ago, she saw a good deal of the world and ***travelled to all sorts of beauty spots*** with her parents.（杨译）

（3）薛蝌此时被宝蟾鬼混了一阵，心中**七上八下**，竟不知是如何是好。（《红楼梦》第九十一回）

By now Hsueh Ko was so ***flustered*** by Pao-chan's tricks that he did not know what to do.（杨译）

评析 内嵌式数字结构是指包含两个数词的四字结构形式，其中数词是限定词，修饰名词或动词。这种结构具有两个显著特征：其一，两个数词以递进的方式排列，第一个数词小于第二个数词；其二，被数词修饰的两个词的词性相同，而且表示的意义要么是同义或者相当的，要么是反义的。例（1）、例（2）和例（3）属于比较典型的内嵌式数字结构，这里译者全部采用了意译的方法，淡化了数字词语本身所具有的概念意义。这种内嵌式结构也有变体，数字反过来，从大到小，如“三心二意”、“千奇百怪”、“万水千山”等。

3. 汉语数字与修辞

成语和谚语是一个民族的智慧和结晶，是语言中的精华，往往含有各种修辞格，而这些修辞格又都含有数字。这些修辞格中的数字的意义大都不是其语言意义，即精确的数字概念，而是各种文化的附加意义。汉语中的数字成语或谚语的语言意义和文化意义尤其值得分析和探讨，其中隐含暗喻、夸张、转喻、对偶等多种修辞格。

（1）飞流直下**三千尺**，疑是银河落九天。（李白《望庐山瀑布》）

Its torrent dashes down ***three thousand feet*** from high,

As if the Silver River fell from azure sky.（许渊冲译）

（2）***千思万想***，左右为难，真是一缕柔肠，几乎牵断，只得忍住。（《红楼梦》第一百二十回）

Thinking over and over again, in a dilemma, His-jen felt her heart would break yet had to bear up.（杨译）

（3）（宝玉的一番话）虽无稽考，却都说得***四座***春风。虽有正言厉语之人，亦不得压倒这一种风流去。（《红楼梦》第七十八回）

Baoyu's lengthy yarns though they have no basis in fact ***delight all those who hear them***. Even strict sticklers for the truth cannot beat such entertaining fantasies.（杨译）

（4）因此，薛蟠也假来上学读书，不过是***三天打鱼，两天晒网***。（《红楼梦》第九回）

So Xue Pan enrolled as a student. But he was like a fisherman who ***fishes for three days and then suns his net for two***.

评析 夸张（**hyperbole**）是一种常见的修辞手段，指运用丰富的想象力，在客观现实的基础上有目的地放大或者缩小客观事物的形象特征。夸张的作用主要是深刻、生动地揭示事物的本质特征，增强语言的感染力，启发读者的想象，给人以深刻的印

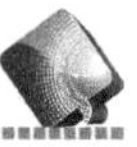

象。夸张手法中的数字不再表示具体的实数，而是要透过数字表面去理解其深刻的内涵。例（1）中李白用“三千尺”来夸大瀑布的壮观，例（2）中的“千思万想”也是通过数字来表达反复考虑斟酌之意，许渊冲先生和杨宪益先生对数字的翻译都是采用了直接移植法，这是因为不同民族在认知客观世界方面的相似性。

转喻（metonymy）指不把要说的事物直接说出，而用和它不同关系的事物来表现的修辞方式。转喻的重点不是两个事物的相似性，而是从一个事物到另一个事物的联想。在转喻中常用具体事物来代表抽象事物，用部分来代替整体等。例（3）中的“四”在中国文化中具有非常吉祥的意义内涵，因为它代表了所有方位，所以“四座”就是“坐在前后左右的所有座位上的人”。因此杨先生的译文把“四座”具体指代的对象直接翻译出来了，将数字“四”省略未译，也不失为好的策略。

对偶（antithesis）是汉语中常见的一种修辞格，汉语中的对偶除了有语义关系对立的“反对”外，还有语义关系相关或相承的“串对”，更有语义关系相似或相补的“正对”。英语中的“antithesis”和汉语中的对偶非常相似但又不完全一样。英语中的“antithesis”表示两个相互对立的命题。例如，we find ourselves rich in goods but ragged in spirit，reaching with magnificent precision for the moon but falling in a raucous discord on earth. We are caught in war wanting peace. We're torn by division wanting unity. 这是来自尼克松演讲中的例子，三个英语对偶使演讲更加形象，给人以深刻印象。例（4）是汉语对偶中“反对”的例子，其中数字不再是它的语言意义，而是它的文化意义，数字本身已经被模糊化了。翻译时虽然直接移植过来了，但同样表达的是模糊的概念，是虚指。

（三）英汉数词词语的对应和翻译

数词在语言中是表示数量的词类。在英汉互译中，数词是这两种语言中最对应的一部分。当数词单纯表示数量时，翻译时相对比较容易。但由于民族文化习惯、历史原因等产生的与数词相关的特殊名称含有特殊意义，其中的数词对应程度相对较小，反映了语言的习惯用法。这类词语的翻译要考虑英、汉两种民族的语言习惯、文化背景从而做出最佳选择。此外，数词在英汉语中不仅表示数量，很多时候还作为一种修辞手段使用，此类数词的翻译对译者而言是个挑战，既要达意，又要传神，并非易事。

英汉语中，数词都分为基数词、序数词、倍数词等，且基本上能相互对应。其中，有些数词在英汉语中都可以作为修辞手段，翻译时可以基本对应。例如，一寸光阴一寸金（An inch of time is an inch of gold）；三三两两（twos and threes）。但很多时候，作为修辞使用的基数词又很难做到一一对应。例如：

（1）李妈一一报告。（钱钟书《围城》）

Mama Li ***explained everything***.（凯利，茅国权译）

（2）房东太太像还有什么话说，他***三脚两步***逃上楼。（钱钟书《围城》）

The landlady seemed to have more to say，but he ***bounced*** up the stairs.（凯利，茅

国权译）

还有一些数词，如“十、百、千”等表示夸张。汉语中有很多表示夸张的数词，如“十全十美、百花齐放、百年好合、千钧一发”等。英语中也有类似的数词，如“A thousand mustaches can live together but not four breasts”（千万汉子能共处，两个婆娘难相宁）；“If you took a thousand guesses，you could not guess who”（即使你猜上一千遍也猜不到他是谁）；“I must have read the book for one hundred times but I never did it”（我本应该把那本书读过上百遍，可是过去我从未做到）。此类例子不胜枚举。

（1）宝玉笑道：“古人云，‘**千金难买一笑**’，几把扇子能值几何？”（《红楼梦》第三十一回）

“You know the ancient saying，” put in Baoy. “***A thousand pieces of gold can hardly purchase a smile.***” And what are a few fans worth?（杨译）

（2）前日那小丫头回来说，我们这边还都赞叹了他“宝钗”一会子。都像宝丫头那样心胸儿脾气儿，真是**百里挑一**的。（《红楼梦》第八十四回）

The other day when the maid came back to report，we all lauded her to the skies ***as one in a hundred***，so broad-minded and sweet-tempered!（杨译）

（3）春燕便向他娘说：“只我进去罢，你老不用去。”他娘听了，自此便**百依百随**，不敢倔强了。（《红楼梦》第六十回）

“I'll go in by myself，ma，” said Chunyan. “You'd better keep out.” Her mother，now ***completely under her thumb***，did not venture to oppose her.（杨译）

（4）你瞧瞧，这会子不是我**十旺八旺**的呢！明儿我要是死了，剩下这小孽障，还不知怎么样呢！（《红楼梦》第一百零一回）

Look what happens while I'm still ***alive and kicking.*** If I die tomorrow what will become of this imp?（杨译）

英汉语中有的数量词也是不对应的，如数量词“万”。“万”在英语中是用“ten”和“thousand”两个词来表达的，很少用作修辞手段。与之不同的是，“万”在汉语中多用作修辞手段，进行夸张或者比喻，使语言生动活泼，给人留下深刻的印象，比如“万分高兴、万古长青、千变万化、千军万马、万众一心”等。针对这一类数词的翻译要根据具体的情况酌情处理，有时可以直译为“ten thousand”，但更多的时候是要换成符合英语习惯的数字意译。如：

（1）不觉想起在这里睡晌午觉梦到“太虚幻境”的事来。正自出神，听得秦氏说了这些话，如**万箭攒心**，那眼泪不知不觉就流了下来。（《红楼梦》第十一回）

As Baoyu raptly recalled his dream here of the Illusory Land of Great Void，Qin Keqing's remarks ***pierced his heart like ten thousand arrows*** and unknown to himself his tears flowed.（杨译）

（2）咱们的诗社散了一年，也没有人作兴。如今正是初春时节，**万物更新**，正该鼓舞另立起来才好。（《红楼梦》第七十回）

For a year our poetry club's been broken up and no one has called it together again. Now it's early spring, ***a fresh start for all living things*** and high time to bestir ourselves to get it going again. (杨译)

(3) 这时已到四更，天空地阔，***万籁无声***。(《红楼梦》第一百零一回)

In no time it was the fourth watch. There was a vast expanse of the sky and earth in the still night. ***All sounds are hushed.*** (杨译)

第四节 数字汉英翻译原则和方法

数词具有严格的界限和确定性，其显著特点是表达概念的精确性，但同时，数词的语义在语用中又具有模糊性和不确定性的特点，正是这些特点造成了翻译过程中的困难。数词既然具有模糊语义，则其在特定的语境中，除了表达具体数目之外，还能表达一定的思想感情，起到修辞的效果，如夸张、对比、层递、借代等。数词的这些特点形成了数词翻译的复杂性，而且翻译实践也已证明，不分青红皂白地将原语中数词完全照搬到译语中的翻译方法是行不通的。数字模糊语义的翻译原则和翻译方法的研究将在一定程度上为数字词语的翻译指点迷津。

(一) 数字模糊语义的翻译原则

不同的文化背景决定了英汉民族对于数字模糊语义的理解和表达方式不尽相同，为使译文在内容上忠实，在语句上流畅，在风格上贴切，翻译时应遵循民族性原则、通俗性原则、形象性原则等（包惠南，2001），并在这些原则的指导下根据具体的情况采用不同的翻译方法，如保留数字直译、变动数字改译、舍弃数字意译、套译等。

1. 民族性原则

语言既是社会现象，又是文化现象。语言是民族文化的载体，它不仅是民族文化的重要组成部分，而且是民族文化的主要建构手段和传承手段。模糊语言受民族文化的制约，在语义的模糊区域上体现着鲜明的民族文化特点。翻译时应遵循各自的民族心理和语言习惯，对某些数字进行必要的改译转换，以使译文读者得以理解。

以汉语中的“半斤八两”为例，旧制一斤为十六两，八两刚好是半斤。半斤与八两轻重相等，比喻彼此不相上下，实力相当，一般为贬义词。英语中恰好也有类似的表达。英语中“a dozen”是“一打”，共“十二个”，“six”相当于“半打”，即“half of a dozen”，因此，“半斤八两”翻译成“six of one and half of a dozen”就比较容易让目的语读者理解，译文符合民族性原则。

2. 通俗性原则

英汉两种语言都有大量的含有模糊数字的习语短语，如成语、俗语、谚语、歇后语等，都是人们长期反复使用总结出来的流行性的语句。因此译者翻译时应该特别注意遣词造句的通俗易懂，简洁明快，语义明确，读来朗朗上口。对其中数字的处理，不管是保留数字抑或舍弃数字，都应遵循习惯性原则，而不应机械地强求数字的字面对等。例如：

一时半刻 in a little while

一五一十 a detailed account of the whole affair

千方百计 in all possible ways

千愁万绪 an endless stream of gloomy moods

接二连三 one after another

三日两头儿 every other day

三灾八难 one trouble after another

一朝被蛇咬，十年怕井绳。 Once bitten，twice shy.

3. 形象性原则

数字用于模糊意义时，一般都失去了其数量意义而具有一定的形象意义。这种形象有的与人们的日常生活息息相关，有的源于典故抑或出自宗教，内涵丰富，且具有较强的民族性。翻译时应超越数字的指称意译，根据民族文化传统和语言表达习惯，或保留形象，或用目的语读者熟悉的形象取而代之。例如，“飞流直下三千尺，疑是银河落九天”（李白）。此句诗中的“九天”的形象意义为“极高的天空”，因此可译成“Down it cascades a sheer three thousand feet—As if the Silver River were falling from heaven! ”再如，汉语成语“三头六臂”可以直译成“three heads and six arms”，体现其形象性，保留原语的民族文化特色并移植道译入语文化。也可直接省略数字意译成“superman power”，从而使目的语读者能更准确地理解原文的喻义。

（二）数字模糊语义的翻译方法

根据上述原则，结合原文的语境、修辞风格和文体风格等语言特点，数字模糊语义的翻译可采用以下几种方法。

1. 保留数字直译

这是最常见的一种翻译方法，也可称为“实译”，翻译时只要把原来的数词原样译入就可以了。这种照数直译的翻译方法之所以成为可能，有两个原因：一是无论汉语或英语，其数词主要是发挥最基本的计数功能，翻译时只能如数照搬，毫厘不爽；二是数词能够发挥计数以外的功能，并非某种语言的专利，英、汉语都利用数词或数词组合作为修辞手段，两种语言的这一共同点给实译创造了条件。

(1) 你说你能过目成诵，难道我就不能*一目十行*么？（《红楼梦》第二十三回）

You boast that you can memorize a passage with one reading. Why can't I ***learn ten lines at a glance***?（杨译）

(2) 这*三街六巷*，凭他是谁，有人得罪了我醉金刚倪二的街坊，管叫他人离家散。（《红楼梦》第二十四回）

If anyone in ***the three streets or six lanes*** nearby, no matter who he is, offends a neighbor of the Drunken Diamond, I'll see to it that his relatives are scattered and his home destroyed.（霍译）

（3）好容易熬了一天，这会子瞧见你们，竟如死而复生的一样，真真如古人说**"一日三秋"**，这话再错不了的。（《红楼梦》第八十二回）

But I survived it somehow, and now that we're together again I feel as if I had just risen rom the dead! ***"One day apart seems three autumns"*** —how true that old saying is.（杨译）

（4）如今谁承望姑娘人大心大，不把我放在眼睛里，倒把外四路的什么宝姐姐凤姐姐的放在心坎上，倒把我***三日不理四日不见***的。（《红楼梦》第二十八回）

I never expected you to grow so proud that now you have no use for me while you are so fond of outsiders like Baochai and Xifeng. You ***ignore me or cut me for three or four days at a time.***（杨译）

（5）老太太挑中的人原不错。只怕他命里没造化，所以得了这个病。俗语又说：**"女大十八变"**。况且有本事的人，未免就有些调歪。（《红楼梦》第七十八回）

You made the right choice, madam, only she was not fated to have such good fortune. That is why she contracted this illness. As the saying goes, ***"A girl changes eighteen times before reaching womanhood."*** And the smarter the girl, the more out of hand she will get.（杨译）

（6）居***三月***，如***十年***之隔。芸虽时有书来，必***两问一答***。（《浮生六记》卷一，第17页）

Thus ***three months*** passed, which seemed to me like ***ten insufferable long years.*** Although Yun wrote to me regularly, still for ***two letters*** that I sent her, I received ***only one*** in reply.（林语堂译）

（7）小儿已承青盼，淑媛素仰芳仪。如蒙贱诺，即遣冰人。途路虽遥，一水可通，不敢云***百辆之迎***，敬备仙舟以俟。（《红楼梦》第九十九回）

You have looked upon my son with favor and we have always admired your refined daughter. If you condescend to honor your earlier promise, I shall send the go-between immediately. Though the journey is far, it can be made by boat; and though we cannot ***welcome the bride with one hundred chariots***, we have a barque ready for the fairy maid.（杨译）

（8）明天我教爸爸罚你对祖父祖母的照相***三跪九叩首***。（钱钟书《围城》）

Tomorrow I'll have Papa make you ***kneel three times and kowtow nine times*** before photographs of my grandparents as a penalty.（凯利，茅国权译）

评析　例（1）中的"一目十行"语出《梁书·简文帝纪》："读书十行俱下。"意思是一眼能看十行文章，形容阅读的速度极快。例（2）中的"三街六巷"泛指各个大街小巷。例（3）中的“一日三秋”字面意思是一天不见面，就像过了三个季度，比喻分别时间虽短，却觉得很长，常用来形容思念殷切。语本《诗·王风·采葛》：“彼采萧兮，一日不见，如三秋兮。”例（4）中“三日不理四日不见”形容人与人相处并不十分热情亲切。例（5）中的“女大十八变”语出宋·释道原《景德传灯录》：“龙女有十八变，汝与老僧试一变看。”指女子在发育成长过程中，容貌性格有较多的变化。

从以上的译例中，我们可以清楚地看到，例（1）、例（2）、例（3）、例（4）、例（5)中的数字都不是表示具体数目的实数，而是表示模糊语义的虚数，但译者都采用了保留数字直译的方法，这是因为英汉民族对模糊数字的语义和语用功能的理解大体相同，因此在不影响译语读者理解的前提下，翻译时完全可以保留原语数字直译。这样做一方面是为了谨慎对待语言的民族特点；另一方面也是为了促进各民族间的文化交流，有利于译文读者了解原语国家的文化与语言习惯。虽然英汉民族具有不同的文化传统，但是他们对共同享有的客观世界的认知是相同的。因此，在翻译成英语后，即使将数字直接移植，西方人也不会对成语所要表达的文化内涵产生误解。此外，这些模糊数字的直译还在很大程度上增强了文学作品的生动性、形象性和艺术性。

同样，例（6）中“两”和“一”的对照、“三月”和“十年”在数字概念上的巨大悬殊形成明显对照，翻译时将数字直接移植可以让英语读者深刻感受到作者沈三白与其爱妻芸之间的浓浓爱意和思念，在很大程度上增添了作品的文学韵味。例（7）中“百辆之迎”指用隆重的仪式迎娶新妇，译者保留数字直译，可以让目的语读者深刻体会到动用一百辆马车迎娶新娘是何等气派热闹的仪式，也更好地促进了中国婚俗文化的传播。

例（8）中“三跪九叩首”的意思是双膝跪地下三次，磕九个头。这是最敬重的行礼方式。此句中，译者保留数字直译可以让目的语读者非常直观地感受到这种行礼方式之隆重，从而对中国礼仪之邦的文化有更深刻的印象。

2. 变动数字改译

英汉语中对模糊数字的使用存在着一定的差异，为符合译语的表达习惯，翻译时要变动数字，这样才能向目的语读者更为准确地传递原语所承载的文化内涵。

（1）那薛蟠左一壶右一壶，并不用人让，不觉得酒已**八九分**了。（《红楼梦》第四十七回）

Hsueh Pan tossed off whole pots of wine without waiting to be urged. He was ***nine-tenths drunk***.（杨译）

（2）直呆了**五六顿**饭的工夫，千思万想，总不知如何是好。（《红楼梦》第五十七回）

For the time ***half a dozen*** meals would take he sat there brooding, but could not think what to do.（杨译）

（3）有**三五村童**掘菌于乱草中，探头而笑，似讶多人之至此者。（《浮生六记》卷四，第293页）

Four or five country lads were picking mushrooms and peeping and smiling at us from behind the bushes, apparently surprised to find so many people in a place like this.（林语堂译）

(4) **千山**鸟飞绝，**万径**人踪灭。（柳宗元《江雪》）

A hundred mountains and no bird, ***A thousand paths*** without a footprint.（Bynner 译）

(5) 他心里早打算过宝钗生日，因家中闹得***七颠八倒***，也不敢在贾母处提起。（《红楼梦》第一百零八回）

Baoyu had been wanting to celebrated Baochai's birthday, but had not ventured to suggest it to his grandmother, the Old Lady, because the household was ***at sixes and sevens***.（杨译）

(6) 贾琏见了一群人，越发***倚酒三分醉***，逞起威风来，故意要杀凤姐。（《红楼梦》第四十四回）

Their presence emboldened Jia Lian, ***half drunk*** as he was to bluster even more wildly and swear to kill Xifeng.（杨译）

评析　并非所有的数字都可以采用直接移植的方法。由于文化意义的不同，可以直接移植的数字毕竟只是少数。在很多情况下，必须改换数字以更符合译语的民族文化，因此译者在上面的例（1）、例（2）、例（3）、例（5）和例（6）中采用变动数字改译的方法，既便于目的语读者理解和接受，同时也不失表达的形象生动性。

文学作品中，特别是诗歌里表示模糊语义的数字很多，主要用作夸张、借代等修辞手段，而英汉语中对模糊数字的使用存在着一定的差异，因此翻译时不一定如数照译，可变动数字，以符合译语的表达习惯，这类数字主要有百、千、万等。如例（4）中"千山"降译为"a hundred mountains"，"万径"降译为"a thousand paths"。英汉语中数量词"万"是不对应的。"万"在英语中是用"ten thousand"两个词来表示，而且很少用作修辞手段。但"万"在汉语中多用作修辞手段，如"万分高兴、万古长青"等，所以这里采用降译更能让英语读者接受。

3. 舍弃数字意译

模糊数字的使用，具有一定的民族文化背景和特定的语言表达习惯。若照搬直译，由于文化背景和表达习惯的差异，会造成语句不顺、语义不明，使读者难以理解，这时应舍弃数字意译。

(1) 你妹妹我也亲身接来家，生怕老太太、太太生气，也不敢回，现在**三茶六饭**金奴银婢的住在园里。（《红楼梦》第六十八回）

Actually, I've fetched your sister here myself, but didn't venture to report it to Their Ladyships for fear that they'd be angry. She has maids in the Garden to ***wait on her hand and foot***.（杨译）

(2) 闲话之间，金荣的母亲偏提起昨日贾家学房里的那事，从头至尾，**一五一十**都向他小姑子说了。（《红楼梦》第十回）

In the course of conversation Chin Jung's mother described the quarrel in the school the previous day, ***giving a detailed account of the whole affair***.（杨译）

(3) 既如此，你只管放心前去，这里一应不用你记挂。三妹子他从不会***朝三暮四***的。

Well, just go with an easy mind. You needn't worry about anything here. My third sister is not the type that ***keeps changing her mind***.（杨译）

(4) 连筛了三四杯酒饮了。那妇人也有三杯酒落肚，哄动春心，那里按纳得住？只管把闲话来说。武松也知了**八九分**，自家只把头来低了。（《水浒传》第二十四回）

The girl poured him three or four cups in succession, and had the same number herself. Warmed by a rising, uncontrollable passion, she talked more and more freely. Wu Song ***understood most of what she said***. He kept his eyes down.（沙博理译）

(5) 俄顷始浮起，拨转船头，随潮而去，顷刻***百里***。（《浮生六记》卷四，第241页）

After a while it (the boat) came up again, and turning round, it followed the surf up the bay for ***miles*** with a tremendous speed.（林语堂译）

(6) 自此宝钗***千回万转***想了一个主意，只不肯造次，所以过了回九才想出这个法子来。（《红楼梦》第九十八回）

After this, Baochai ***weighed the pros and cons carefully*** before hitting on a plan; but not wanting to act rashly she had waited till after her visit home on the ninth ay after their wedding before breaking the news to Baoyu.（杨译）

(7) 咱们家没人，俗语说的“夯雀儿先飞”，省的临时***丢三落四***的不齐全，令人笑话。（《红楼梦》第六十七回）

Our family is short-handed and, as the proverb says, “A slow sparrow should make an early start.” We don't want to find, when the time comes, that we've ***forgotten this, that, and the other***, so that people laugh at us.（杨译）

评析 以数字译数字，可以收到较好的效果。抛开数字外壳，以求其深意，也可收到异曲同工之妙。例(1)中“三茶六饭”用来泛指各种吃的喝的，形容饮食各方面细心周到的服侍。译者用“wait on her hand and foot”表达了“三茶六饭”中数字的虚义，是约略数字意译的典型。

汉语约略数字的使用范围很广，在习惯用法、成语和诗词中都不乏其例。如例(2)中的成语“一五一十”就是虚指，比喻叙述从头到尾，原原本本，没有遗漏。例(3)中的成语“朝三暮四”语出庄周《庄子·齐物论》：“狙公赋芧，曰：‘朝三而暮四。’众狙皆怒。”(古义)原指玩弄手法欺骗人。后用来比喻常常变卦，反复无常或者用来比喻花心，想得太多。这里译者把“一五一十”翻译成“giving a detailed account of the whole affair”，把“朝三暮四”翻译成“keeps changing her mind”，都将数字省略未译，但更准确地再现了原文的文化内涵，更易于英语读者理解和接受。倘

若将数字直译过来，无疑会弄巧成拙，让读者误会或者不知所云。

例（4）中的“八九分”指武松基本上了解了潘金莲的用意，所以数字本身的概念意义不重要，译者大胆舍弃数字意译，也很恰当。同样，例（5）选自《浮生六记》卷四《浪游记快》，描写的是作者沈三白和游人观赏潮起潮退时小船随波逐流的景象，其中“百里”是强调潮水速度之快，本身的数字概念不重要，所以译者灵活地采用了省略数字意译的方法，既达意又保留了原作的风格。例（6）中的“千回万转”形容经过很多曲折或反复考虑，译者将其翻译为“weighed the pros and cons carefully”，省略了表达模糊概念的数字，准确表达了句子中宝钗反复斟酌考虑，希望找到一个万全之策之意，不失为很好的译文。例（7）中的“丢三落四”形容因做事粗心或记忆力不好而顾此失彼，其中数字的指称意义远极其寓意重要，因此译者也同样将其省略，直接翻译出数字的真正内涵“forget this，that，and the other”，表达清楚易懂，自然地道。

4. 套译

由于英汉两民族的表达习惯不同，在使用数量词表达某些概念时，所用数量也不尽相同。而且，有时一种语言使用了带数词的表达方式，另一种语言则不用。鉴于这些差别的存在，翻译时应尽量按照译入语的习惯用法译出，“入乡随俗”。

（1）柳嫂子有***八个头***，也不敢得罪姑娘。（《红楼梦》第六十一回）

Even if Mrs. Liu had ***nine lives*** she'd never dare offend you.（杨译）

（2）他娘听了，自此***百依百顺***的，不敢倔强了。（《红楼梦》第五十八回）

Her mother，now ***completely under her thumb***，did not venture to oppose her.（杨译）

（3）一夜，忽见***数十里外***有红灯，大如栲栳，浮于海中，又见红光烛天，势同失火。（《浮生六记》卷四，第309页）

One night I suddenly saw ***miles and miles away*** a red light，about the size of a big basket，bobbing up and down upon the high sea，and the horizon reddened as if illuminated by a great fire.（林语堂译）

（4）这两件事都是实的，倘若审断起来，体面上须不好看。***“三十六计，走为上计!”***（《儒林外史》第五回）

Both complaints are true，and if I have to appear in court I shall lost face. ***Better make myself scarce.***（杨译）

评析　由于文化背景不同，原文的数字有时不符合目的语读者的习俗，如果直译就会颇为费解，这时可以用目的语语言中已有的数字词汇套用，这是一种折中的办法，既能传神地表达原意，又使目的语更具有民族性。

例（1）中，译者用“nine lives”来套译“八个头”，是因为英语中有“a cat has nine lives”（猫有九条命）的说法，用这个译入语读者耳熟能详的习语来套用能在很大程度上迎合他们的阅读习惯，便于其理解和接受，增强读者的阅读兴趣。例（2）中套用“under her thumb”，意思是“指控制某人”，间接传达了原文“百依百顺”所要表达的真正内涵。例（3）中“数十里外”并不是一个精确的数字，而是约略数，用“miles and miles”（绵延数英里）来套译也很恰当。同样，例（4）中“三十六计”是虚指，不翻译出来更符合英语表达习惯，易于被英语读者理解和接受。如果直译成“out of the thirty-six plans you must select the best and get away at once”，原语所承载的文化信息就会流失，而且还会让目的语读者不知所云，因此“better make myself scarce”（躲避，不露面）不失为好的译文。

类似的套译还有某些习语和谚语的对译，如“半斤八两”和“six of one and half a dozen of the other”，“乱七八糟”和“at sixes and sevens”，“十有八九”和“ten to one”，“抛到九霄云外”和“to be flung to the four winds”等。

这里归纳了数词翻译的四种基本方法，但需要指出的是，处于语境（context）中的许多数词不只有一种译法，它们一般可以有两种，甚至两种以上的翻译。因为数词除了表达确切数量，在上下文中一般都是虚指，而非实指，它们表现的并不是准确的数量概念，而是有关的模糊语义，因此翻译时并不一定只能照原数直译，也可以只译意思，或改变原数，或省略数字。这样，同一数字便有了多种译法。换句话说，这里归纳的几种翻译方法并非互相对立，互相排斥，它们之间应是相互补充，相辅相成的关系。如果几种翻译方法都可行时，孰舍孰取就只能根据译文整体的需要以及译者的爱好和风格了。

第五节　相关论著选读

中文文学作品中数字使用的模糊现象及其翻译

高岩杰　黄慧　蒋跃

（西安交通大学外国语学院　陕西西安　710049）

摘　要：数字在使用中所表现出的模糊性造成了翻译的困难，这一点已被越来越多的人认识并加以研究。本文根据Channell对数字模糊现象的分类，通过实证描写的方法，对中文名著作品中数字使用的模糊现象进行分析归纳，并对名翻译家此类翻译进行定量定性分析，归纳总结出最常用的翻译数字模糊现象的方法。

关键词：数字；模糊语言；文学作品；翻译

（一）引言

数字是表示数目的文字或表示数目的符号（《现代汉语词典》，1983：985），其基本功能是计数，应该是清晰和精确的。由于它同时存在于所有的自然语言中，因此人

们通常认为翻译译出语（Source Language）中的数字时，直接用译入语（Target Language）中对应的数表示就可以了。然而，数字的使用及其翻译并非那么简单，它常常会蕴含着一些模糊的概念。数字在实际使用中表现出的模糊性已被越来越多的人认识并加以研究。目前国外最有代表的研究者 Channell（2000）以大量实际语言材料为基础，将数字的模糊现象分为两类：一是由数字和近似词构成的模糊数量表达；二是用约整数来表达模糊数量。国内的研究者（藤梅，2003；包惠南，2001；陈治安，1997 等）也对数字的模糊语义及其翻译进行了探讨。在谈到翻译方法的时候，研究者们常常使用定性的、经验型的分析方法。本文试图通过对一些汉语文学作品中数字使用的模糊现象进行分类描述，并对其译文中的数字使用的模糊现象的翻译方法进行分析，目的是了解汉语文学作品中数字使用的模糊现象的规律，解读名家译文的翻译策略，归纳总结其常用的翻译数字模糊现象的方法。

（二）语料与方法

本研究的语料包括中国古典小说、现当代小说或节选，有老舍的《二马》、茅盾的《春蚕》、王蒙的《夜的眼》和《组织部来了个年轻人》、鲁迅的《祝福》和《铸剑》、曹雪芹的《红楼梦》第十六回、第十八回，曹禺的《日出》第二幕，总计 13.7 万字。译者均为著名翻译家，包括杨宪益、戴乃迭、王明杰、Barnes，Julie Jimmerson，Sidney Shapiro，Alison Bailey 和 Carole Murray 等。

本研究依据 Channell（2000）对模糊现象的分类，并结合汉语特点，总结出了一个数字模糊现象的框架，如表 6-1 所示：在对语料中的所有数字模糊现象分类分析的基础上，对各模糊现象的翻译方法进行分析和讨论，归纳出主要的翻译策略。对翻译方法的划分本研究主要依据《模糊语言学概论》（陈治安等，1997：208）中所提出的 4 种翻译方法，并酌情去掉了增字法而增加了解释性翻译方法。

表 6-1　数字模糊现象分类

1. 一般近似词＋数词	（大约 3 天；about forty years）
2. 标明上下限的近似词＋数词	（至少 3 天；at least three）
3. 相邻两数字连用现象	（两三天；two or three times）
4. 精确数字表模糊	（中国有 13 亿人）
5. 数字的复数形式	（数千两；ten thousand shafts）
6. 含有数字的习语、成语	（一日千里）

（三）结果与讨论

在对 13.7 万字的语料研究中，共出现含有数字的模糊表达 247 处，分类及分布频率见图 6-1。

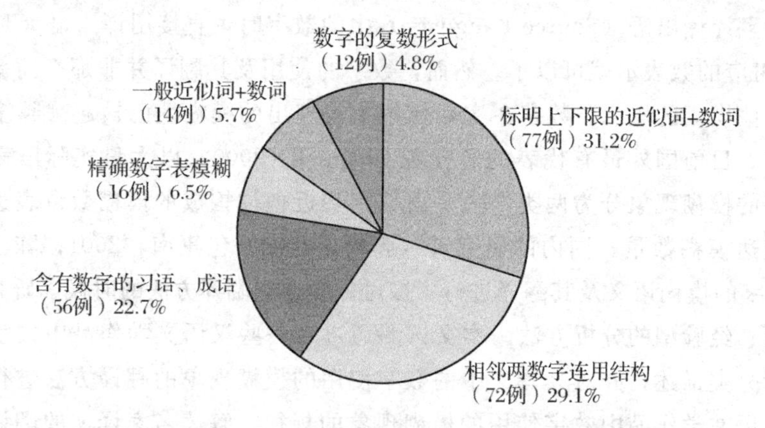

图 6-1　中文文学作品中数字模糊现象及其频率分布

表 6-2 展示了各翻译方法在每一类模糊现象中的使用情况。

表 6-2　各翻译方法使用频率总计

数字的模糊表达	对等翻译	变异译法	解释性翻译	省略法	总计
标明上下限的近似词＋数词	42（54.5%）	16（20.8%）	4（5.2%）	15（19.5%）	77
相邻两数字连用现象	26（36.1%）	30（41.7%）	8（11.1%）	8（11.1%）	72
含有数字习语、成语	4（7.1%）	4（7.1%）	45（80.4%）	3（5.4%）	56
精确数字表模糊	13（81.2%）	1（6.3%）	2（12.5%）	16	
一般近似词＋数字	8（57.1%）	2（14.3%）		4（28.6%）	14
数字的复数形式	8（66.7%）	2（16.7%）	1（8.3%）	1（8.3%）	12

说明：由于每一类数字模糊现象的性质特点各不相同，所以对于翻译方法的讨论都是限于每一现象内部进行，而没有进行总数的计算；百分数表示的是此种翻译方法在某一种模糊现象内使用的百分比，其计算是横向进行的。

下面针对每一类现象进行详细分析讨论。

1. 标明上下限的近似词＋数词

此类模糊现象出现频率最高。其中标明下限的表达有“数字＋多、来、几、数、余”，及“至少、不止＋数字”等结构，共 66 处，而标明上限的仅有 11 处，其结构包括“将近、不到、快、至多＋数字”。可以推测，汉语往往对于一个数量的下限掌握得比较清楚，往上的空间就越来越模糊了。在所有的近似词中，“多”和“来”的使用频率最高，分别为 32 例和 16 例，并且它们都位于数字的后面。然而“六十多岁”、“五百多斤”、“四点多钟”，同样是一个“多”字，它所表达的数的范围却不尽相同，并且是由前面数字的单位来决定的，如“六十多岁”的“多”肯定是小于十的，因为六十是以“十”为单位的，“五百多斤”的“多”则是 1～99 的区间范围，同理“四点多钟”的“多”则是 1～59 的区间范围，因为“点”这个单位表示 60 分钟。

其翻译处理方法主要有以下几种。

a. 对等译法：即针对汉语中的模糊表达，用英语中与之形式和意义都对应的模糊表达来翻译。共 42 例，占总数的 54.5 %，如：

老通宝现在已经没有自己的田地，反欠出三百多块钱的债。(《春蚕》)

Today, Old Tong Bao had no land of his own, in fact he was over three hundred silver dollars in debt. (Sidney Shapiro 译，2003)

汉语中的“三百多”和英语中的“over three hundred”可谓形式对应，意义对等。

b. 变异译法：即在汉语中用一个词表达模糊概念，在翻译时用英语中的非对等词来表达相同的模糊。共 16 例，占总数的 20.8 %，如：

脸上总共有十来根比较重一点的胡子茬儿。(《二马》)

To begin with he only had a few fairly thick hair. (Julie Jimmerson 译，2001)

老舍先生用“十来根”形容胡子少，而译者选择用“a few”这个不含数字但同样能够表示数量少的模糊词来翻译，形式发生了变化，而模糊的意义没有改变，故称变异译法。

c. 省略法：即在不丧失原文本义的情况下，有些模糊数字被省去不译。这种情况共 15 例，占总数的 19.5 %，如：

上自王后，下自弄臣，也都恍然大悟，仓皇散开，急得手足无措，各自转了四五个圈子。(《铸剑》)

From the queen down to the court jester, all were seized by consternation. They scattered in panic, at a loss, running round in circles. (杨宪益，戴乃迭译，2000)

在这个句子里，“四五个”在翻译时被省略了，仅留下复数名词“circles”，而复数名词本身也可以表达大于一而没有明确数量的模糊意义。所以省略法并没有省略模糊。

d. 解释性翻译：由于英汉语之间的差异及两种语言承载的文化的差异，为了帮助读者理解文章，译者有时不得不进行解释性的翻译。此种翻译仅出现 4 处，占总数的 5.2 %，如：

我给那些因为在近旁而极响的爆竹声惊醒，看见豆一般大的黄色的灯火光，接着又听得毕毕剥剥的鞭炮，是四叔家正在“祝福”了；知道已是五更将近时候。(《祝福》)

…I knew that it must be nearly dawn. (杨宪益，戴乃迭译，2002)

原文中的“五更”是中国旧时用来计时的单位，但是对于英语读者来说很难理解，所以译者就换了一种说法“nearly dawn”来解释，而不再现原文中的数字。

2. 相邻两数字的连用

这种结构在汉语中十分常见，本研究的语料中占模糊表达总数的 29.1%。从“一二”、“二三”，到“七八”、“八九”，除了“十”，其余的数字全部都包括，因为“十”的特殊性，无论是“十九”还是“九十”都是固定的精确数字。数字较小的 1～3 使用次数最多，尤其是“二三”出现的频率高达 20 次，“四五”骤降。说明人们更喜欢使用这种结构来表达较小的模糊数量。除了两个相邻数字连用外，还有一些例外，如

"三五"，如"三五日光景"、"三五个月"、"三五个人"，在个位数中只有这一个例外，之所以把它归于这一类是因为其形式和功能都与其他连用结构区别不大。大一点的数，如"百而八十"、"十天半个月"也应该属于此类模糊。尽管数字不相邻，但表示的数量却是相邻的，而且它们都对应英语中的"norm"结构。

变异译法是此类模糊现象的主要翻译方法，被采用 36 次，占 41.7%，如用"few、couple"来翻译"一两个、一两天"；对等译法次之，共 26 处，占 36.1%；解释性和省略性翻译各有 8 例，各占总数的 11.1%。

3. 精确数字表模糊

这一类现象是最微妙的，因为它的形式完全没有模糊的痕迹，它的模糊在于这个数字本身的特性和语境，共有 16 例，占模糊表达总数的 6.5%。如"十里稻花香"、"四万万人民"，都运用了一些精确的整数，但是任何人都可以看出：稻田绝不是经过丈量的刚好 10 里；也不是恰好 4 亿人民。对于此现象，伍铁平（1999：172）有他独到的见解："由于日常生活用语中模糊词语很多，以致精密的数字语言一旦进入日常生活用语之后，不少都变成了模糊语言。"蒋跃等（1994：46）也对其产生的原因及功能作出分析并指出："在自然语言中，数量词反映出的模糊性具有其特殊的修辞功能夸大其词。这种功能在大量的文学作品当中使用得最多，以实代虚，用看似真实其实模糊的数量语言值将所描述的对象故意夸大或缩小，以渲染气氛，突出形象。"并且这种用整数来暗含模糊的现象是中英文中共同存在的，可以反映出使用这两种语言的人们的思维共性。与此相对应，此类表达的翻译方法主要是对等译法，即直接用对应的精确数字来翻译原文的精确数字，有 13 例，占了 81.2%，如：

他活了六十岁，反乱年头也经过好几个。(《春蚕》)

He had been through many periods of turmoil and strife in his sixty years. (Sidney Shapiro 译，2003)

4. 一般近似词＋数词

此类例子共有 14 处，占模糊表达总数的 5.7%。结构分为两类：一类是大约、约、大概、差不多、也许、毛＋数字；另一类是数字＋左右、上下、光景。它们各出现 1～3 次不等。均表示以数字为中心上下浮动一定范围。其范围大小应该与数字本身大小有关，如"也许三天"的浮动范围应该在 1～5 天之内，"也许五个月"的浮动范围可能是四个半月到五个半月之内。此类表达和英语中的"approximator ＋ n"极为相似，有 8 处（占此类模糊表达的 57.1%）被对等地译成"about，around"；此外，还有 4 处（28.6%）采用省略法，如：

小溪对岸的一群女人中间有一个二十岁左右的姑娘隔溪喊过来了。(《春蚕》)

A twenty-year-old girl, working with other women on the opposite side of the stream, hailed her. (Sidney Shapiro 译，2003)

这里，表模糊的限制词"左右"在翻译时被省略了，原因应该是译者认为中心数词"二十"作为约整数，本身就比较模糊，我们在上一类"精确数字表模糊时"刚讨

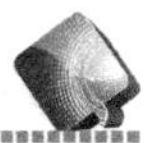

论了这种现象。所以省略并不影响原义的传达。

5. 数字的复数形式

此类表达表现为“数、几+约整数”，如“数千字”、“几百万”、“几十斤”，共有12例，占模糊表达总数的4.8%。此类数字都很大，通常只有数量级上的概念而没有具体的数量，模糊性大于前面几类。翻译的时候，通常译为对应的复数形式如“几百万”译为“millions”（共8例，占66.7%）。

6. 含有数字的习语、成语

此类现象共56处，占总数的22.7%。这一类的现象可分为下面几种情况。

a. 数词作镶字，数词作镶字的情况很多，如“一来二去”、“横三竖四”、“五痨七伤”、“七手八脚”、“成千上万”。并且数词作镶字都是成对出现，且以相邻的两个数最为常见。

b. 有些词语里面的数词计数的功能已经慢慢退化，如“五脏”、“四周”、“五官俱全”、“三从四德”，虽然它们以前确切地指代过数量，但是现在却作为一个整体成为一个比较模糊的概念。所以它们的译文往往有了去数字的过程。

c. 成语里面的某些数字，仅仅是加大夸张形象的作用，如“三”字常常用来形容多：“再三”，诸如此类的还有“千载难逢”、“七世冤家”。由于汉语成语、习语的这些特点，在翻译的时候，译者需要注重词语整体的意义而不受限于数字所表示的数量，因此解释性翻译就成为最主要的翻译方法，共45例，占80.5 %。

（四）结论

由以上分析我们可以看出，汉语文学作品中出现频率最高的数字模糊现象是“标明上下限的近似词+数词”，占了总数的31.2%。说明当人们在表达一个数量时，通常清楚它的上限或者下限，却对相反一边的界限不甚清晰；占第二位的则是“相邻两数字连用现象”，如“三四辆车”、“七八天”，也占了总数的29.1% ，这种现象比第一种现象要精确一些，因为模糊基本上只存在于两个数字间；第三位则是“含有数字的习语、成语”，占了总数的22.7% ，这是长期汉语言文字使用积累下来，精练而内涵丰富的数字模糊表达的一种特殊形式。除此以外，“精确数字表模糊”、“一般近似词+数字”及“数字的复数形式表模糊”出现的频率比较低，不构成数字模糊使用的主体。

翻译方法在每一类模糊现象中的使用情况可以归纳如下：

第一，对等翻译是最常用的翻译方法，其在“标明上下限的近似词+数词”、“精确数字表模糊”及“数字的复数形式”这3种模糊现象中的使用比例分别为54.5 %、81.2 %和66.7% ，都占第一位，而在“相邻两数字连用现象”中也以36.1%的出现率占到了第二位，说明这几类模糊现象不仅共同存在于汉语读者和英语读者的思想中，而且在汉语和英语中存在相对应、相类似的表达法，使得“对等翻译”这种最简单、最直接的方法得以实施。

第二，在“相邻两数字连用现象”中“变异译法”被使用得最多，这个结果让人有些疑惑，因为本来汉语中诸如“五六个人”和英语中的“five or six people”对应得天衣无缝，但是译者却常常改变其形式译为“few、couple”等同样模糊的其他表达，这说明：Channell 提出的“norm”结构在英语中的使用频率远不及“相邻两数字连用”在汉语中使用的频率。

第三，“解释性翻译”在其他几种现象中用得很少，但在翻译“含有数字的习语和成语”时成为主要方法（80.4%）。当然，这和习语、成语的形成原因、意义结构有很大关系，它不同于其他几种模糊表达，数字在习语、成语中已经不是意义的中心，而是融入其中，整体表达某个含义，并且成语、习语承载了太多的文化元素，所以翻译时，译者往往需要根据自己的理解进行解释、阐释而非按字面翻译。

本研究希望通过对中文文学作品中的数字使用模糊现象描述、丰富汉语言学的研究和发展，并且希望通过对名翻译家翻译过程的解读，总结模糊现象的翻译策略。

《外语与外语教学》2006（10）：57-59.

翻译练习

一、把下列的句子翻译成英语，注意句子中数字的翻译。

1. 七夕之夜，玉环和明皇相携盟誓，牛郎和织女也见证了他们的爱情。（《今日中国》2005 年第 1 期）

2. 在家里，他们话说得很少，而且每句话都得三思而后言，唯恐会产生歧义，让对方猜忌。（雨瑞《断弦》）

3. 最后，市妇联、工会、讲师团、五四三联合为他们颁发了“五好家庭”奖状。（雨瑞《断弦》）

4. 可是，如果我们换一双文化的眼睛，就会发现，春运真正所做的是把千千万万在外工作的人千里迢迢送回他们各自的家乡，去完成中国人数千年来的人间梦想：团圆。（冯骥才《春运是一种文化现象》）

5. 中国古代把奇数（1、3、5、7、9）认为是“阳数”，因此天坛的任何部位石板数均为 9 或 9 的倍数。（孟庆升《新编实用汉英翻译教程》）

6. 医生量她血压，叮嘱她动不得气，一动气就有危险，所以我总让她三分。（钱钟书《围城》）

7. 再说王婆安排了点心，请那妇人吃了酒食，再缝了一歇，看看晚来，千恩万谢归去了。（《水浒传》第二十三回）

8. 吴用道：“小生来这里走一遭，千难万难，幸得你们弟兄近日做一处。眼见得这席酒不肯要小生还钱。”（《水浒传》第十四回）

9. 高松年知道她在家里无聊，愿意请她到学校做事。汪太太是聪明人，一口拒绝。（钱钟书《围城》）

10. 这件事难保不坏了他脸上的风水，不如意事连一接二地来。（钱钟书《围城》）

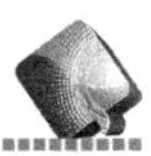

二、段落翻译

广东话里“8”与“发”同音，有发财的意思。广东是中国最先受益于改革开放政策的省份之一，金钱的诱惑力很大，人人都做着发财的梦，因此“8”成为人们偏爱的数字。“6”有顺利之意，许多人爱选带“6”的日子作为结婚日。许多人在 2006 年 6 月 6 日结婚。相比之下，“4”和“死”谐音，是最不讨人喜欢的数字。不少建筑物的电梯甚至没有“4”层。现在，受西方文化的影响，许多中国人开始讨厌数字“13”了。(李霞著　董玉国译《英语畅谈中国文化 50 主题》)

第七章　中西方位文化差异与汉英翻译

第一节　概　述

方位与人们的生活息息相关。因此方位的概念很早就扎根于人们的意识之中。古埃及人死后要头向东而葬，因为东方是太阳升起的地方，人们认为这样灵魂就能得到拯救。认知语言学认为，人是通过空间关系和身体部位来认识世界，形成抽象概念的。原始时代，初民借助自然景物辨认方向，从他们的生活经验、社会经验中逐步形成了“东、南、西、北”的概念。语言中有许多方位词，古今中外多有论述。俗语云：“三十年河东，三十年河西”；“夏至西南，十八天水来冲”；“冬日南风三日雪”；“六月北风午时雨”；“云起东，一场风。”英谚语有“East is east and west is west，and never the train shall meet”，“East or west，home is best”。方位词不仅表达空间概念，而且内含很深的文化意蕴。不同民族的不同文化包裹着思想观念、宗教信仰、风俗习惯、日常生活之差，相同的方位词无一例外地突显文化意蕴的距离。无论是汉语还是英语，方位词均具有文化蕴含，而且是不同的文化蕴含。

东西方位词在汉语语义概念下，衍生出多彩的文化内涵，构建了丰富的文化认知。它们从位置概念语域、文化渊源关系、性别所指与自然物理意蕴方面，去超越其语义真值。跨英汉方位词文化，有同有异，只是异多同少。汉语的东与西文化蕴含较英语丰富，渊源较长。所不同的是，英语的东与西语义蕴含着浓厚的宗教色彩。南北方位词也如东西方位词，其汉语文化蕴含很厚重，而英语的南北方位词相对英语的东西方位词，其文化内涵较少，相对汉语就更少。不过，在西方，办公室所在的楼层高度与办公室人员的权力和地位成正比。或者在古代西方社会，最尊贵的客人的座位在主人的左边，这因为人们习惯于右手握刀，刺杀坐在右边的人较为方便。出于保护主人的目的，宾客往往被安排坐于主人的左手位置。但如今，人们已不再着眼于此，而是更注重心理保护，将客人置于主人右侧。

由于汉英组合方位词的不同语义、英语方位词的位置关系与汉语不一、英语方位词的空间关系和语义域的联系与汉语有所不同等原因，在汉英方位词的翻译过程中，一定要根据具体的语境采用恰当的翻译方法。比如，East and west，home is best 可以直译为“东边西边，家最好”。其实不妨把这句话意译为“金窝银窝不如自己的狗窝”，对汉语读者而言似乎更形象生动；相反，如果把“金窝银窝不如自己的狗窝”直译为“The gold or silver nest is more than the own dog one”，对英语读者而言无疑会造成理

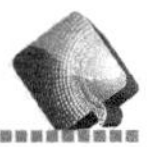

解上的障碍，让他们不知所云。

本章主要围绕汉语文化中的尊卑观念、生死观念等探讨汉语方位词的丰富的文化蕴含，并在此基础上对汉英两种不同的文化语境下方位词的文化内涵和语义进行对比分析，如“东西”文化内涵对比、“南北”文化内涵对比、“上下”文化对比和“左右”文化对比。最后以丰富的译例对方位词的翻译方法进行了探讨。

第二节　汉语方位词语的文化内涵

东、西、南、北是定至四方的方位词。古人根据太阳确定四方，日出之向为东，日落之向为西，阳光正射之向为南，背阳之向为北。“东”具有新生、光明、温暖的特点，“北”有死亡、阴暗、寒冷的特点，这种特点决定了其所具有的文化内蕴。在汉语中，“东西南北”在实际运用过程中不仅表示方位，同时附带了汉民族文化的特色。四个方位词所承载的文化内涵又各有不同，这与中国的传统文化有很大关系。

（一）“东西南北”与尊卑

东方是太阳的诞生地，是给人们送来光明和温暖的地方，是给大地带来春天和生机的地方。每当东风吹来，大地解冻，草木发芽生长，饥寒交迫的先民们才有食可采，有暖可享。因此，他们对东方怀有深深的敬意。他们每天早晨要做的第一件事就是东向祭日或是祭拜东方。古人将司春之神称为“东后”、“东君”、“东皇”、“东帝”，就是因为春从东来、春由东生。古代社会每当春天来临的时候，要举行隆重的迎春典礼，这场典礼要在东郊举行。东方主生，属阳，所以东和男子就有了联系。“东方千骑”形容夫婿的显赫。汉乐府《陌上桑》：“东方千余骑，夫婿居上头。”后以“东方骑”指女子的贵婿。

东既主生，生为人们所向往，所以东西相对时往往以东为佳，以西为劣。拿牛郎织女位置的演变来说，牛郎织女的神话发端于天上的牵牛星和织女星，牵牛星在银河东，织女星在银河西。然而神话中却说：“天河之东有织女，天帝之女也，年年机杼劳役，织成云锦天衣。天帝怜其独处，许嫁河西牵牛郎。”这种安排就是“东”、“西”二词的传统文化蕴含的差异造成的。织女为天帝之女，尊贵，故居于东；牛郎是寒门少年，卑贱，故居于西。东边的太阳烂烂将起，西边的太阳沉沉欲坠；东象征繁荣兴旺，西代表日暮途穷。

尊崇东方的心理使得人们在述说事物不确定或无须明确的方位时喜欢说成东。司马相如《美人赋》：“臣之东邻有一女子，玄发丰艳，蛾眉皓齿。”《孔雀东南飞》：“东家有贤女，自名秦罗敷。”诗中“东家”、“东邻”之“东”是虚指。

南方（向阳）为尊，北方（阴面）为卑。《韵府》引无名氏诗：“南枝向暖北枝寒，一种春风有两般。”古人常用“南枝”比喻温暖舒适的地方。人的荣华富贵与草木的繁荣茂盛相似，所以“南”又有富贵的象征意义。古诗文中常以东南与富贵相伴，西北与贫寒相随，体现了汉民族的四方传统文化观念。古代以坐北向南为尊位，所以有“南北称臣”之说。

南方比喻长寿、富贵，“南山”、“南岳”、“南极”、“南山皓”、“南山叟”等词语，用以象征人长寿。在汉民族的心理，“南”象征着长寿，最早见于《诗·小雅·天保》：“如月之恒，如日之升，如南山之寿，不骞不崩，如松柏之茂。”唐诗纪事十三《魏元忠侍宴银潢宫应制诗》：“愿奉南山寿，千秋长若斯。”这里的“南山”均喻指长寿。

（二）“东西南北”与生死

东方主“生”，西主“死”，“生”为人们所向往，所以东西相对时往往以“东”为佳、“西”为劣。许慎把“东”的语源声训为“动”，东风吹来生物发动，故名之东。东方主生，万物发芽，大地披绿，所以春从东而来，春由东生。

西方是太阳沉落的地方，太阳西沉人们将面临黑暗。西方是黑暗和寒冷产生的地方，意味着死亡、恐怖和不祥。西方是死亡之所，因而又常常跟衰老、悲伤的情感联系在一起。用“西夕年”来形容人的暮年，“西”表示衰老的意义。用“西归”、“西迁”指西逝，是死亡的婉词。晋·陆机《董桃行》“万里倏忽几年，人皆冉冉西迁”、郝立注“跨鹤西归；莺驭西归”都指死亡。从我国原始社会的墓葬来看，死者的头朝向日落方向的居多。常人死后命归西天，人们将死亡称为“上西天”就是传统观念的反映。

“南”主生，“北”主死，所以北方是幽暗之地，死亡之所，是收敛幽藏万物的地方。《论衡·说日》：“北方，阴也。”古代埋葬死人时大都埋在居住区的北面，而且有的还讲究要朝北。古代北方之神、死亡之神、恶神叫“北君”，所以人皆畏忌；这与“东君”为东方之神、生养之神，因而受人崇敬形成鲜明对照。南方属“阳”，北方属“阴”。古人对许多事物进行阴阳二分，使阴阳成为一个抽象的哲学概念。这种阴阳观决定了古人在举行许多社交仪式时对南北方位的不同选择。

（三）东西南北与朝向和坐礼

古代的建筑一般都是坐北朝南，所以左为东，右为西。正是因为南面阳光充足，和风拂煦，温暖宜人，所以我国自古房屋就以坐北朝南为尊。这种观念由来已久，早在距今六千年之前的仰韶文化时期，房屋的基本走向就是坐北面南。西安半坡遗址的房屋也是南向的。其后，封建社会的宫殿、宗庙等都是南向的。这一方面是自然地理环境的原因；另一方面是长期以来形成的伦理、秩序等观念的体现。

古代宗庙或宗庙中神主的排列次序是始祖居中，以下各代递为昭穆，昭在始祖之左之东，穆在始祖之右之西。古人坐次也是东向为尊，西向为卑。东南西北在座次尊卑上依次为：“东乡最尊，南面次之，西南又次之，北面最卑。”“东乡最尊”乃“生气

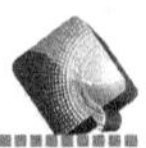

之所”的缘故。如《史记·淮阴侯列传》中记载：“于是有缚广陵君而致戏下者，信乃解其缚，东向坐，西向对，师侍之。”

坐北朝南为尊位。古代帝王诸侯会见群臣，或是卿大夫会见僚属，皆面南而坐。茅盾《子夜》：“双桥镇上的新贵们不但和他比肩而南面共治，甚至还时时排挤他呢！”可见，尊贵者朝南方意味着他掌管着芸芸众生的生死荣枯，这都是南方主掌生养观念的反映。

第三节　中西方位词语的文化内涵比较与翻译

语言是文化的产物，也是文化的载体。可以说，词汇是人类语言和生活经验这一广义文化最紧密的衔接点，汉语“东”、“西”、“南”、“北”等方位词蕴含着丰富的文化信息。在当今跨文化交际和英语翻译教学中，对充分掌握词语的文化内涵，减少语言学习中由社会文化差异带来的学习障碍有很好的指导意义。

（一）“东西”文化蕴含对比分析

汉语方位文化中崇尚“东尊西卑”，但在英国伦敦，East End 主要是工人阶层的居住地，而 West End 则主要是商业区及富人居住区，与汉语东尊西卑相反；但这种用法仅限于在伦敦，在其他城市中并不多见。因此，不能据此得出结论说英语与汉语的东、西方位所代表的文化内涵是相反的。但汉英“东”、“西”褒贬差别还是存在的，尤以“东风”、“西风”为甚。

汉语对“东风”推崇备至，因为东风是严冬过后春天的向导，它给大地带来一片生机。明朝的蓝茂有诗：“东风破早梅，向暖一枝开。冰雪无人见，春从天上来。”西风是“秋风”，秋天万木凋零，花残风冷，一片萧瑟的景象。因此古诗中常借“西风”喻指“悲凉、寂寞、失落”等，如马致远的《天净沙·秋思》“枯藤老树昏鸦，小桥流水人家，古道西风瘦马。夕阳西下，断肠人在天涯”，李清照的“帘卷西风，人比黄花瘦”抒发的都是悲愁、凄凉的悲秋之情。西风还是刺杀、摧毁一切生物的力量，是破坏者，如工安石的《残菊》：“昨夜西风过园林，残菊飘零满地金。”

与此大相径庭的是，西风对于英国人是暖风，是催生万物的力量，和我国的东风相似。在英国文学中常见对西风的歌颂，如雪莱的《西风颂》（*Ode to the West Wind*）名篇传世。另一位英国诗人约翰·梅斯菲尔德（John Masefield）的 *The West Wind*《西风歌》，是他怀念故乡 Herefordshire 而作的：It's warm wind，the west wind，full of birds' cries，I never hear the west wind but tears are in my eyes，For it comes from the west lands，the old brown hills，And April's in the west wind，and daffodils.（那是一种温暖的风，西风吹时，万鸟争鸣；一听西风起，我眼眶中泪盈盈，因为它是来自西土，那褐色的故山边，春天就在西风中到来，还有水仙。——钱歌川译）对英国人来说，东风是从欧洲大陆吹来的刺骨的寒风，在一些著名作家的名著中对此都有过描述。如 a keen east wind (James Joyce)；biting east wind (Samuel Butler)；a piercing east wind (Kirlup)；How many winter days have I seen him，standing blue nosed in the snow and east wind! (Charles Dickens)

追根溯源，与地理位置和气候条件等都有关系。中国与英国地理位置的不同造就了两国东风与西风自然属性上的差异。中国东临太平洋，春天吹和暖的东风或东南风，而冬天刮刺骨西风或西北风；英国东与欧洲大陆隔海相望，西临大西洋，冬天从欧洲大陆刮来凛冽的东风，而春天西面的大西洋暖流则带来温暖的西风。东风英译与西风汉译要遵循同样的道理，虽然英国的西风在物理属性上类似于中国的东风，但任何一位中国译者都不可能将 *Ode to the West Wind* 译成《东风颂》，中国读者在初次见到英语中关于和暖的西风描述的时候虽然有些别扭，但在阅读了相关注释以后便也知道了英国的西风类似于中国的东风。同理，中国古诗中的东风也没有必要为了将就英国人固有的地理认知而译为西风。在“不是东风压倒西风，就是西风压倒东风”一语中，“东风”指革命力量，而“西风”则指日趋没落的腐朽势力；在“西风东渐”中，“西风”则是指西洋的风俗文化在中国的传播；而“乘着十四大的东风”中，此处的“东风”指借着“十四大”的便利。

汉语中的“西”常与死亡相关，如一命归西、驾鹤西去、上西天。西方同时也指极乐世界，大彻大悟之境，如唐僧去西天取经。英语中，“go west”如用于指人则表示死亡，如指物则表示破坏。但“move westwards”则指向广阔的自由天地移动之意。

（二）“南北”文化蕴含对比分析

汉语文化崇尚“尊南北卑”。古代以面朝南方为尊位，君主临朝南面而坐，因此把君主登位称作“南面为王”、“南面称孤”。故坐北朝南为尊位，帝王见群臣都是面向南方，因而有“面北称臣”之说。“北”在汉语文化中有独特的文化蕴含。与“东君”、“东方之神”形成鲜明对照，“北君”是北方之神，死亡之神。“北”还有“败逃”之意，如“败北”。“北风”则有处于逆境之说。在中国，自古以来，政治中心基本上都在北方，有“北上南下”的说法。其中，“北上”代指从政，“南下”代指经商。

“南”、“北”在英语中则基本上以表达方位为主，无强烈的感想色彩，如 a south wind（南风）；North China（华北）等。另外，在国际政治经济领域，The South（南方）指南方不发达国家，The North（北方）指发达国家。“go south with something”在美国俚语中表示“偷走某物，私占某物”，带有贬义色彩。

（三）“上下”文化蕴含对比分析

上、下在中文和英语中都有上尊下卑之分。比如，古代臣子拜君奏事为“上朝”，官员见上司则自谦“下官”。如今，人民群众到上级机关反映问题并要求解决叫“上

访”，城里干部、知识青年到农村去工作或锻炼则称为“下乡”。我们会把尊贵的客人“待为上宾”，如果某事、某话正合自己的心意，我们会谦辞“正中下怀”。“上”在《辞海》中义项一为“位置在高处”，义项三为“等级、质量较高”。例如，兵法上三十六计“走为上”中的“上”指“最好的办法”。古时信函往来，常尊称对方为“足下”，意指本人身份低微，不配和您平起平坐地平等讲话，只能跪在您的脚下对着您的“足”讲话。

英语中的 upper 和 lower 也一样表达尊与卑的概念，如 upper-class 表示“上流社会，上等阶层”；the Upper House 是英国的“上院”；the upper end of the table 是宴会等的上座。《新英汉词典》里“upper”一词的释义 2 也明确表示，“指地位（或等级、权力等）较高的：the upper servants［总称］管家；（管理膳食的）领班”。同样，lower classes（orders）指“下等阶层，下层社会”；a lower style of writing 是指粗俗的文体；a lower trick 指“卑鄙的手段”；have a lower opinion of sb 是对某人评价低。而《新英汉词典》里“lower”一词的释义 6 也解释为“地位低的，卑微的，低等的：a man of lower origin（或 birth）出身低微的人”。

（四）“左右”文化蕴含对比分析

左、右两方位词同样有尊与卑的概念。在中西方文化中普遍地都有尊“右”而卑“左”的习惯，这一现象在语言中得到体现。自古以来，人们对“右”比较尊崇。《辞源》上说：“古以右为尊，故称所重者为右。”到目前为止，我们还经常说“无出其右”，“右”即“胜过，超过”之意。人们在尊右的同时，对左却卑之。如我们说“他这人有些左性子（左脾气），怕不大好商量”，此处“左”表“乖僻”。对歌唱时声音高低不准的人，会笑他是“左嗓子，一唱就跑调”；如果某人在宗教派别或学术上不正，会批评他是“左道旁门”或“旁门左道”。

在英语中同样存在尊右卑左的现象。“right”（右）有“正确的，对的”之义。“one's right-hand man”是“得力助手”；“right-minded man”是“有正义感的人”；还有“Right Honorable”是对有爵位者或高级官员的尊称；“right opinions”是“正确的观点”；“a right cause”指“正义事业”；“a right man”是“正直的人”。而“left-handed”原指“用左手做的”，现引申为“笨拙的，愚笨的”。“Left-handed”还可表示“不诚恳的，含恶意的”，如“a left-handed compliment”指言不由衷的恭维话；“a left-handed marriage”则是“门第不当的婚姻”。

（五）“东西南北”语义对比与英译

现代汉语中，“东”、“西”常常合并为一个词，除了表示方位外，还表示人、物品、动物等。关于“东西”泛指世间万物的来由有很多说法，如“春始秋成说”、“东木西金”和“东市西市说”等。唐朝以前，国家的政治文化中心都处在以华山为中心的西部地区，文化意义上的意象或事物大都与"东"、"西"两个方位有关，因此"东"、"西"在频繁使用过程中由单纯表示方位的词语演变而逐渐取代了什物义，这与唐朝以后才出现"东西"的什物义的时间轴吻合。唐朝以后的文学作品中，用"东西"来指代物品已屡见不鲜。现代汉语中，"东西"成了日常生活使用频率最高的指代物品的名词（王小风，2003：61）。此内涵最好的英语对应是"thing"，但也不能一概而论。除了"things"外，还有"all"，"what"，"everything"等，如"新东西总是要取代就东西的"（New things tend to take the place of old ones）。在某些动词为"看"、"吃"等日常生活密切相关的用语中，动词所带的宾语"东西"常不译出，如"他感冒了，一点也不想吃东西"（He's got a cold and doesn't feel like eating）。"东西"的内涵从最初表方位到用来指代物品，发展到还用来指人或动物，并表达不同的思想情感，应用范围十分广泛，如"老东西"、"狗东西"、"混账东西"等。翻译时，必须根据不同的语义含义选择合适的译法。如：

（这些东西）你不带（回）去，我便叫人送到你家去。芸哥儿，你不要这么样，你又不是外人，我这里有机会，少不得打发人去叫你，没有事也没法儿，不在乎这些***东东西西***上的。（《红楼梦》第八十八回）

If you won't take them, I'll have them sent back to your place. Don't behave this way, Yun. It's not as if you were an outsider. When there's some opening, I'll certainly send for you, but if there's none, what can I do about it? ***These things*** are quite superfluous.（杨译）

汉语中"东"、"西"成对出现，而英语中则没有相对应的组合，"东西"连用一般要借助连接词"and"，英译为"east and west"，和汉语顺序一样，也就是说，汉英两种语言中"东西"方位的表达是一致的。"从东到西"直译为"from east to west"，也可意译为"here and there"或"around"。

英语的"东、西"相对汉语来说，其语义却有所不同。一是方位概念；二是其宗教蕴含。如Easter指基督教的复活节，即纪念耶稣的复活；Easter lily是麝香百合，在复活节上常用作教堂圣坛的装饰；Easter egg为复活节的彩蛋，用蛋煮热着色，或用巧克力等制成蛋形，作为复活节的礼物或摆设；Easter rite指东派教会的礼仪。此外，"western point"（西点），指美国东北部最早的军事要塞。"Western"一般指描写19世纪下半叶美国西部牛仔或边疆居民生活的西部电影，常与恐怖联系在一起。

同样，"南北"在英语中也没有相对应的组合，两者连用也要借助连接词"and"，但顺序与汉语不尽相同。汉语的"南北"译为"north and south"；"从南到北"译为"from north to south"，如Those running from North to South are called avenues（那些南北走向的叫"道"）。

"南"、"北"方位词相对于英语的"south"、"north"而言文化蕴含也更丰富，感情色彩的表达也更浓厚。中国"对立统一"的哲学思想对汉语语言上的影响很大，如许多熟语性的四字组合就充分体现了"南"与"北"的互相对立。在这些熟语中，方

位词“南北”的方位意义已经被模糊了，甚至完全消失了。例如，天南地北（far apart)、南来北往（be always on the move）、南腔北调（a mixed accent)、南征北战(fight north and south on many front）等。在这些四字格成语的翻译中，如果采用直译，目的语读者则会不知所云，意译才能便于译入语读者理解和接受。

通过对这些方位词的文化内涵所做的比较，很容易看出汉语的“东”、“西”、“南”、“北”、“上”、“下”、“左”、“右”等文化内涵更丰富更厚重，英语的 east，west，south，north 相对而言含义较少，文化韵味没有汉语方位词那么重。词语上蕴含的这种文化差异启示我们在翻译过程中，应该对语言的文化背景有所了解，尽量减少因文化差异而导致的障碍和文化误读。

第四节　汉语方位词语的翻译

方位词汇的内涵，有的是世界各民族普遍具有的文化现象，但有的只是汉民族所特有的文化现象。由于汉语方位词汇的文化内涵十分丰富，因此翻译时应根据方位词在具体语境中的真正意义，采用恰当的翻译方法而不是仅仅拘泥于方位词的指称意义。例如，李白的《江上咏》中有：“功名富贵若常在，汉水亦应西北流。”Fletcher 译为“But sooner could flow backward to is fountains/This stream，than wealth and honor can remain”。他用 flow backward（倒流）避开东西方河流之异，完美地体现了原文“西北流”包含的不可能之意，可谓成功的超越。因为欧洲的河流多流向西北，中国的河流则相反，是一江春水向东流。如果说西北流，则喻不可能的事。狄更斯的《大卫·科波菲尔》中的“How many winter days have I seen him，standing bluenosed in the snow and east wind”可译为“在许多的冬日，我都看见他，鼻子冻得发紫，站在飞雪和朔风中”。在这里，“east wind”（东风）和我国的冬天寒冷的北风类似，译为“北风”，属归化译法，充分考虑了受众的文化习惯。因此，在翻译时，对于有文化内蕴的方位词，要尽可能地译出其文化内涵，而不能字字直译，以免导致译文晦涩难懂。

（一）直译

(1) 楼有五椽，***东向***，余居其三。(《浮生六记》卷二，第 109 页)

The house ***faces east*** and consisted of five beams，of which I occupied three.（林语堂译）

(2) 离此***南行***二三里，有上沙村，多人家，有隙地。（《浮生六记》卷四，第223 页）

There is a village ***to the south*** about two or three li from here，called Shangsha，with many inhabitants，and there are some vacant lots in it.（林语堂译）

(3)（鲁智深）下得亭子，把两只袖子搭在手里，***上下左右***使了一回，使得力发。

（《水浒传》第四回）

Lu came out of the pavilion. He gripped the end of each sleeve in the opposite hand and swung his arms vigorously ***up and down***, ***left and right***, with increasing force.（沙博理译）

(4) 鲁智深大怒，***指东打西***，***指南打北***，只饶了两头的。（《水浒传》第四回）

He ***feinted east and struck west***, he ***feinted south and thumped north***. Only those furthest away escaped his cudgels.（沙博理译）

(5) 贾母正面榻上独坐，两边四张空椅，熙凤忙拉了黛玉在***左边***第一张椅上坐了，黛玉十分退让。（《红楼梦》第三回）

The Lady Dowager was seated alone on a couch at the head of the table with two empty chairs on each side. Xifeng took Daiyu by the hand to make her sit in the first place ***on the left***, but she persistently declined the honor.（杨译）

(6) 但凡家庭之事，不是***东风***压了西风，就是***西风***压了东风。（《红楼梦》第八十二回）

In every family, if the ***east wind*** doesn't prevail over the west wind, then the ***west wind*** is bound to prevail over the east wind.（杨译）

评析　在方位词的翻译过程中，如果方位词指代的是具体的方位，且没有很丰富的文化内涵的时候，通常采用直译，如以上译例中的例（1）到例（5）都属于这种情况。例（3）中的“上下左右”翻译为“up and down, left and right”；例（4）中“指东打西，指南打北”翻译成“feinted east and struck west, he feinted south and thumped north”，都是直译的方法，既忠实于原文，便于目的语读者理解和接受，又保留了原文表达的形象性和生动性。古代尊“左”卑“右”的观念在座次上也有体现。例（5）中，王熙凤之所以拉了黛玉在左边第一个椅子坐下，是因为林黛玉第一次来贾府，是客人；同时她又是贾母的嫡亲外孙女儿，善待黛玉也就是表示对贾母的尊重，她这样做可谓一举两得。例（6）是《红楼梦》第八十二回中黛玉对袭人说的一段话。这句话里的“东风”、“西风”指代两种对立的力量，一方必然压倒另一方。既然是指代用法，所以直译为“the east wind”、“the west wind”是可行的，用以泛指对立的双方。

（二）意译（方位词成语）

(1) 余之小帽领袜，皆芸自做。衣之破者***移东补西***，必整必洁。（《浮生六记》卷二，第123页）

Yün also made my collars, socks and my little cap. When my clothes were torn, she would ***cut out one piece to mend another***, making it always look very neat and tidy.（林语堂译）

(2) 余为友人***东拉西扯***，助其插花结彩。（《浮生六记》卷四，第237页）

I was ***dragged abou***t by my friends to help them in arranging flowers and hanging silk sashes. (林语堂译)

(3) 余亦***左顾右盼***，应接不暇，此虽挥霍万金所不能致者。(《浮生六记》卷四，第279页)

I had enough to do to give each a courteous reply, and this was a welcome that could not be bought with tens of thousands of dollars. (林语堂译)

(4) ***东观西望***，猛然听得远远地铃铛铎之声。(《水浒传》第五回)

He ***gazed all around***. He heard, in the distance, the sound of bells. (沙博理译)

(5) 武松酒却涌上来，把布衫摊开，虽然带着五七分酒，却装做十分醉的，***前颠后偃，东倒西歪***。(《水浒传》第二十九回)

The warmth from the liquor welled up in Wu Song in a wave. He spread open his tunic. He was only half drunk, but he pretended to be completely intoxicated, and he ***weaved and staggered***. (沙博理译)

(6) (秦业) 只是宦囊羞涩，那贾家上上下下都是一双富贵眼睛，少了拿不出来，因是儿子的终身大事所关，说不得***东拼西凑***，恭恭敬敬封了二十四两贽见礼，亲自带领秦钟，来代儒家拜见了。(《红楼梦》第八回)

Qin Ye was a poor official, but the whole Jia household, high and low alike, thought so much of riches and rank that in the interest of his son's career he ***had to pinch and scrape to get together*** twenty-four taels of silver as a handsome entrance gift. Then he took Qin Zhong to pay his respects to Jia Dairu. (杨译)

(7) 贾蓉忙磕头有声说："婶子别动气，仔细手，让我自己打，婶子别动气。"说着，自己举手***左右开弓***自己打了一顿嘴巴子。(《红楼梦》第六十八回)

Jia Rong thumped his head on the ground and cried,"Don't be angry, aunt. Don't hurt your hand—let me slap myself instead. Please don't be angry. Auntie." He raised his hands and ***slapped himself on both cheeks***. (杨译)

评析 汉语方位词合成的固定词组有着悠久历史的文化内涵。从这些固定词组来看，以东字组合的词组居多，以南字的为数不多，以西与北字搭配的词组为数甚少。无论是以东西还是以南北的词项，其词项都丧失了方位词的语义，而隐喻为非方位词的语义。如例 (1) 中"移东补西"的意思是"用这方面的钱、物弥补那方面的亏空或不足"，比喻只求暂时应付，不作长久打算。例 (2) 中"东拉西扯"的本意是"指说话、写文章条理紊乱，没有中心"，这里喻指作者沈三白被友人拉扯着帮忙做事。例 (3)中"左顾右盼"的意思是"向左右两边看。形容得意、犹豫等神态"。这里指沈三白人受人欢迎，他不得不忙着跟人打招呼回礼等。以上这些固定词组和例 (4)、例 (5)、例 (6)、例 (7) 一样，其方位词的指称意义丧失，如果将其直译成含有方位词的英语，无疑会让目的语读者一头雾水，不知所云。为此，译者基本上都采用了归化策略，意译出方位词成语真正的内涵。

汉语中诸如类似的方位词成语数不胜数。像东山再起，就出自“东晋时，谢安尝辞官隐居会稽东山，后来又出山做大官，后因称失势后复起为东山再起”这一典故，其译成英语为 resume one's position；东窗事发：先害他人后遭遇报复，译为 the plot has come to light；东鳞西爪：比喻事物的零星的中断，译为 odds and ends；东倒西歪译为 unsteady；东奔西跑译为 run here and there；东风吹马耳译为 go in one ear and out the other；东家长，西家短译为 gossip about various people；东一榔头、西一棒子译为 hammer here and bather there；南辕北辙译为 act in a way that defeats one's purpose；南柯一梦译为 a fond dream。

（三）意译（方位词习语）

（1）探春道：“只是原系我起的意，我须得先作个**东道主人**，方不负我这兴。”（《红楼梦》第三十七回）

“As this was my suggestion,” said Tanchun, “you must let me play ***hostess*** first. That's only fair.”（杨译）

（2）今儿我**还东**，短一个也使不得。（《红楼梦》第六十三回）

Today I'm ***standing treat***. Everybody must come.（杨译）

（3）上一辈的，却也是从弟兄而来。现有对证：目今你**贵东家**林公之夫人，即荣府中赦、政二公之胞妹，在家时名唤贾敏。（《红楼梦》第二回）

But all the girls of the last generation had names like those of boys. For proof, look at the wife of your ***respected employer*** Mr. Lin, the sister of Jia She and Jia Zheng in the Rong Mansion. Her name, before she married, was Jia Min.（杨译）

（4）子兴叹道：“老姊妹四个，这一个是极小的，又没了。长一辈的姊妹，一个也没了。只看这小一辈的，将来之**东床**如何呢？”（《红楼梦》第二回）

“She was the youngest of four sisters, but now she's gone too.” Zixing sighed. “Not one of those sisters is left. It will be interesting to see what ***husbands*** they find for the younger generation.”（杨译）

（5）两弯似蹙非蹙柳烟眉，一双似喜非喜含情目。态生两靥之愁，娇袭一身之病。泪光点点，娇喘微微。闲静时如娇花照水，行动处似弱柳扶风。心较比干多一窍，病如**西子**胜三分。（《红楼梦》第三回）

Her dusky arched eyebrows were knitted and yet not frowning, her speaking eyes held both merriment and sorrow; her very frailty had charm. Here eyes sparkled with tears, her breath was soft and faint. In repose she was like a lovely flower mirrored in the water; in motion, a pliant willow swaying in the wind. She looked more sensitive than Bi Gan, more delicate than ***Xi Shi***.

（6）宝玉上来，斟了酒，便立成了四句诗，写出来念与贾母听道：“海棠何事忽催隤，今日繁华为底开？应是**北堂**增寿考，一阳旋复占先梅。”（《红楼梦》第九十四回）

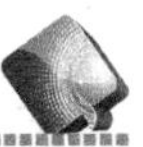

Baoyu poured wine for the others, then made up and wrote out a quatrain which he read to his grandmother. It was as follows:

What made the crab-apple wither away?

And today why have fresh blossom come?

To foretell a long life for ***our Old Ancestress***

It is flowering anew, ahead of the plum.（杨译）

（7）宝玉着了急，向前拦住说道，“好妹妹，千万饶我这一遭，原是我说错了。若有心欺负你，明日我掉在池子里，教个癞头鼋吞了去，变个王八，等你明日做了‘一品夫人’病老***归西***的时候，我往你坟上替你驮一辈子的碑去。”（《红楼梦》第二十三回）

“Forgive me once, dear , cousin! I shouldn't have said that. But if I meant to insult you, I'll fall into the pond tomorrow and let the scabby-headed tortoise swallow me, so that I change into a big turtle myself. Then when you become a lady of the first rank and ***go at last to your paradise*** in the west, I shall bear the stone table at your grave on my back forever!”（杨译）

评析　汉语方位词蕴含着丰富的文化内涵，因此孕育了一大批具有鲜明民族特色的方位词语。汉语有尊东的倾向。古人称太阳为“东君”；太子所居为“东宫”；富贵人家为“东第”；“东家”意味着财富和地位。汉语中“东”有主人的意思，比如东家、做东。古以东道作主人的代称。《左传·僖公三十年》有“若舍郑以为东道主”，因此设宴请客又叫作东道等，如上述例（1）、例（2）和例（3）所示。

在汉语方位文化中，东方主生，属阳，因此东和男子有了联系。在古诗词中，多以“东”描写男性。如《陌上桑》中：“东方千余骑，夫婿居上头。”这里的“东方千骑”形容夫婿的显赫，所以“东方千骑”指代的是女子的贵婿，“东床”也源于此。日落西则阴暗生，西方吹则阳气藏，所以西和阴相连。而女性在阴阳二分的哲学范畴中属于阴，因此女性和西就有了联系。由此，我们可以解释为什么在古代诗文中，古人描写女性时，总是和西方联系在一起。例（5）的“西子”便源于此。

男为阳，女为阴，因此，女子常和北方有关联。古代建筑中将东房分为南北两半，北面的一半朝北开门，直通后庭，为“北堂”，是妇女日常生活起居的场所，如唐朝韩愈《示儿》：“主妇治北堂，膳服适戚疏”。又因母亲常住北堂，人们也用“北堂”直接指代母亲。

例（1）、例（2）、例（3）和例（4）中，“东”这个方位词均被省略，杨译分别以“ let me play hostess first ”、“standing treat”、“respected employer”、“husband”直接译出了“做东道”、“东家”、“还东”和“东床”的文化内涵，让读者一目了然，便于西方读者理解。倘若直译，肯定会让西方读者感到莫名其妙。同样，例（5）中的“西子”、例（6）中的“北堂”和例（7）中的“归西”也是采用意译的方法，直接译出了原语所蕴含的丰富的文化内涵。

历史的沉淀铸就了一个民族的性格气质、宗教信仰、道德观念、语言表达、思维模式及生活方式。语言与文化相互渗透，文化的深厚底蕴赋予语言多层面的文化内涵。通过分析中西方位词的文化底蕴及其翻译，我们发现，在中西两种不同的文化语境中，方位词的文化含义是不同的。因此，在翻译实践中，翻译工作者除了通晓两种语言文字外，还必须了解两种文化，深刻理解两种文化之间的差异，采用恰当的方法，最大限度地再现原语的文化信息。这不但对跨文化交际和外语教学大有裨益，同时也有利于翻译研究的深入。

第五节　相关论著选读

汉语方位词东南西北的文化意义解读

蒋冰清　彭芬辉

（湖南人文科技学院外语系　湖南娄底　417000）

摘　要：语言与文化有着不可分割的密切关系，语言是文化的载体，文化是语言的内涵。词汇是语言的建筑材料，是语言成分中最具生命力的底层单位。经过历史的积淀，各民族的文化特征都体现在词汇层面上。方位词是汉语众多基本词汇中最常见的一种。汉语方位词东南西北不仅表达空间概念，而且具有丰富的文化蕴含。

关键词：天干地支；四象；五行；阴阳；东南西北

语言与文化密切相关，语言是文化的载体，文化是语言的内涵。词汇是语言的建筑材料，是语言成分中最具生命力的底层单位。经过历史的积淀，各民族的文化特征都体现在词汇层面上。汉语方位词不仅表达空间概念，而且具有丰富的文化蕴含。本文拟就汉语方位词东南西北的文化意义作一解读，旨在进一步加深人们对语言与文化相互关系的理解。

（一）方位与中国传统文化

1. 方位与天干地支

天干共十位，即甲、乙、丙、丁、戊、己、庚、辛、壬、癸。古人把天干中的每两位与五行联系搭配表五方，即东方甲乙木，南方丙丁火，西方庚辛金，北方壬癸水，中央戊己土。地支共十二位，即子、丑、寅、卯、辰、巳、午、未、申、酉、戌、亥。古人以12时太阳所在的位置，将四方分成12等份，用十二地支表方向，即卯时日出东方，卯表东方；午时日正南方，午表南方；酉时日坠西方，酉表西方；子时太阳北隐，子表北方。我们现在把连接地球南北两极的假想线称作子午线也与古代用地支的

“子”表北方、“午”表南方的观念有关。紫禁城的午门就是南门。

2. 方位与四象

上古时代，人们重视星象的时间标识意义，将天上的二十八宿星象分为四大天区：东方苍龙、南方朱雀、西方白虎、北方玄武，称为“四象”。四象与四方结合，并引领四季，是上古时空观念的典型模式。我国古代的宫城四方城门及街道桥梁、河湖等遂常用“四象”命名。如长安玄武门、南京玄武湖便可推知皆在城北，而长安的青龙河必在城东。刘禹锡有名句“朱雀桥边野草花，乌衣巷口夕阳斜”，描绘的就是当时金陵城南门外大桥的苍凉景象。

3. 方位与五行

五行学说始于周代末年，是中国古典哲学的精粹。古代思想家用金、木、水、火、土五种物质来解释世界万物的起源及多样性统一，认为它们充盈天地，无所不在。所谓五行，即一曰水，二曰火，三曰木，四曰金，五曰土。所谓的“正五行”其诀云：“东方木，南方火，西方金，北方水，中央土。”五行学说与方位产生联系始于汉代。董仲舒《春秋繁露·五行之义》中说，“木居左，金居右，火居前，水居后，土居中央……是故木居东方而主春气，火居南方而主夏气……”

4. 方位与八卦

道家认为，无极生太极，太极生两仪，两仪生四象，四象生八卦，八卦即由阴(--)阳(—)两种符号组成的八组符号，代表不同的意义，表示不同的方位及自然现象，由此可以演绎和总结出自然界和人类社会变化的种种规律。我们平时所说的“八卦”主要指的是乾、坤、震、巽、坎、离、艮、兑。其所谓的“四正者”指的是：“震”表东，“离”表南；“兑”表西；“坎”表北。所谓的“四隅者”指的是：“巽”表东南；“坤”表西南；“乾”表西北，“艮”表东北。“离”作为八卦之一，卦形为“☲”，代表火。

（二）“东西南北”的文化解读

1. “东”的文化诠释

《说文》云：“东，动也，从木。官溥说，从日在木中。”意为东风吹来，生物发动，故名之为东。

(1)“东”的自然方位崇拜

东方是太阳升起的方向，太阳给人们带来光明和温暖，给大地带来春天和万物复苏的希望。因此，先民们对东方有一种尊敬、崇拜心理。他们每天早晨要做的第一件事就是东向祭日或是祭拜东方。《尚书·尧典》：“寅宾出日。”“寅”是恭敬的意思，“宾”是祭名。古代社会每当春天来临的时候，要举行隆重的迎春典礼，这典礼要在东郊举行。《吕氏春秋·孟春季》中记载：“立春之日，天子亲率三公九卿诸侯大夫迎春于东郊。”

(2)“东”主生的观念

东主生，生为人们所向往，所以东西相对时，往往以东为佳，以西为劣。以东为尊以西为卑。古人居住以东为尊。《礼记·王制》:“夏后氏养国老于东序，养庶老于西序。殷人养国老于右学，养庶老于左学。周人养国老于东胶，养庶老于虞庠，虞庠在国之西郊。”国老位尊，故在东序、东郊，庶老位卑，故在西序、西郊。古代东宫是太子、太后所居之宫，所以东宫也指太子、太后。富贵人家的住宅在城东。

古人坐次东向为尊。以东为尊的观念在古人的坐次上也有反映。《大戴礼记·武王践阼》中对武王拜师的记载：“王端冕，师尚父亦端冕，奉书而入，负屏而立。王下堂，南面而立。师尚父曰：‘先王之道，不北面。’王行西，折而南，东面而立，师尚父西面道书之言。”东南西北在座次尊卑上依次为：“东乡最尊，南面次之，西南又次之，北面最卑。”“东乡最尊”乃“生气之所”的缘故。

古代的建筑一般都是坐北朝南，所以左为东，右为西。古代宗庙或宗庙中神主的排列次序是始祖居中，以下各代递为昭穆，昭在始祖之左之东，穆在始祖之右之西。《周礼·春官·冢人》:“先王之葬居中，以昭穆为左右。”郑玄注：“先王造茔者，昭居左，穆居右，夹处东西。”就每一组相对应的昭穆而言，昭尊穆卑，因此昭在东，穆在西。

古人讲究东向而眠。如《礼仪 ·既夕礼》:“士处适寝，寝东首于北墉下。”贾公彦疏：“东首者，乡（向）生气之所。”这是说睡觉时讲究头朝东，因为东方有生气。

(3)“东”与五行观念

在中国古代的五方、五行、五色的观念中，古人认为，东方属木，具青色，星占家以二十八星宿象四方，东方七星合称青龙，龙是汉民族的图腾，由绿色人们又可以联想到春天，给人以希望、安全、恬静等感觉。《史记 ·封禅书》:“秦宣公作密于渭南，祭青帝。”“青帝”指东帝。《尚书纬》:“春为东帝，又为青帝。”青翠为生命的象征，与东方是不可分割的。

(4)“东”与阴阳观念

东方主生，属阳，男女两性男阳女阴，所以东和男子就有了联系。如《辞源》中指男人的词有东床、东坦等，《陌上桑》:“东方千余骑，夫婿居上头。”“东床”指女婿，来自晋太尉选女婿一说。“东床”之“东”与西属于女性一样，是前人东阳西阴意识的自然流露。

(5) 虚指中的尊东观念

尊崇东方的心理使得人们在述说不确定的事物或无须明确的方位时，习惯说成“东”。例如，“东家”、“东邻”犹言邻居、附近，“东”是虚指。司马相如《美人赋》:“臣之东邻有一女子，玄发丰艳，蛾眉皓齿。”这里的“东”也是虚指。

“东篱”、“东轩”、“东园”等，按字面义解释为“东面”，但也可以看作泛指。陶渊明《饮酒》诗之五：“采菊东篱下，悠然见南山。”这里的“东”便是泛指。

2.“西”的文化阐释

西字《说文》释为：“鸟在巢上也，象形。日在西方而鸟西，故因以为东西之西。……西或从木妻。”也就是说，西本是栖息之栖的初文，日落西山而鸟栖于巢，故

栖息之西引出西方之意。

(1)“西”的方位忌讳

西方是太阳沉落的地方，太阳西沉人们将面临黑暗。西方是黑暗和寒冷产生的地方，意味着死亡、恐怖和不祥。人们认为“秋”是西方之神施展杀伐收敛威力的结果。常用“肃杀”来形容秋天。《汉书·礼乐志·郊祀歌》：“秋气肃杀。”秋气肃杀，属阴，不祥的观念也影响了古人的居住、座次等各个方面活动。

(2)“西”主死的观念

西方是死亡之所，因而又常常与衰老、悲伤的情感联系在一起。用“西夕年”来形容人的暮年，“西”表示衰老的意义。《晋书·慕容俊载记》：“(李产)转拜太子太保，谓子绩曰：‘以吾之才而致于此，始者之愿亦已过矣，不可复以西夕之年取笑于来今也。’固辞而归。”

古人常用“西”表死亡之所。用“西归”、“西迁”指西逝，是死亡的婉词。晋·陆机《董桃行》“万里倏忽几年，人皆冉冉西迁”，郝立注“跨鹤西归；莺驭西归”都指死亡。从我国原始社会的墓葬来看，死者的头朝向日落方向的居多。常人死后命归西天，人们将死亡称为“上西天”就是传统观念的反映。

古人座次也以西为卑。凌廷堪在《礼经释例》中进一步明确为“室中以东向为尊”。杨树达的《秦汉坐次尊卑考》认为：“东乡最尊，南面次之，西面又次之，北面最卑。”如《史记·淮阴侯列传》中记载：“于是有缚广陵君而致戏下者，信乃解其缚，东向坐，西向对，师侍之。”

(3)“西”与五行观念

从五方、五行、五色的观念来看，古人认为西方属金，具白色。“西峙”是祭祀白帝之处。五行的“金”为杀伐之具，故与秋相配。《汉书五行志》：“金，西方，万物即成，杀气之始也。”

西方七星古人看作是西方的一只虎，俗称白虎，也称西虎。在生活中，人们认为“虎”是凶猛的动物。民间对白虎神很忌讳，认为遇到白虎是很不吉利的。《金瓶梅》二十六回：“青龙与白虎同行，吉凶事全然未保。”因此，人们对西方又有一种惧怕心理。

(4)“西”与阴阳观念

日落西则阴暗生，西风吹则阳气藏，所以西和阴是有内在联系的。女性在阴阳二分的哲学范畴中是属于阴的，这样女性和西就有了瓜葛。古代诗文中经常说女子所在的方位是在“西边”。阮籍《咏怀》之九：“西方有佳人，皎若白日光。”受传统文化的熏染，人们在写诗作文时也都习惯性地将“西”和女性联系在一起，而将东和男性联系在一起，如梁武帝《拟明月照高楼》：“君如东扶景，妾似西柳烟。”

(5)“西”与悲秋心理

借西方烘托悲伤的情怀是古代诗文中很常见的现象。《易林》：“独登西垣，莫与笑方，秋风多哀，使我心悲。”言悲伤而“登西垣”，无非是借“西”表达悲伤的感情。

孔融《杂诗》二："孤坟在西北，常念君来还。"这里的"西北"表示悲伤的情绪。

逢秋而悲是汉民族文化上的特点，刘禹锡在《秋词》中说："自古逢秋悲寂寥。"杜甫曾以"无边落木萧萧下"形容秋天的悲凉。以"万里悲秋常做客"来表达秋的悲哀和自己内心伤感的交融。

3．"南"的文化解析

甲骨文的"南"字，有人认为是一种铃，有人认为是一种乐器。方位词"南"是假借而来的。《说文》："南，草木至南方有枝任也。"《汉书·律历志》曰："太阳者，南方，南，任也，阳气任养物，于时为夏。云草木至南方者。犹云草木至夏也。""任"即"妊"的古字，含有"养生"之意，按现代的说法，就是草木承受了夏天的充足阳光，长得枝叶繁茂。因此古人称大山向阳的一面为"南"，后来，"南"进而假借为与"北"相对应的方位词。

（1）南的自然方位崇拜

面南向阳，可以取得良好的日照。我国习惯上山南水北谓之阳，山的南坡因日照时间长，草木茂盛，欣欣向荣。南坡被称为阳就是南坡上通常阳光普照的缘故；而北坡则因日照时间短，冰冻期长，往往不利于草木生长，甚至寸草不生，显得阴冷荒凉。杜甫在《望岳》中所说的"阴阳割昏晓"就是指这种自然现象。唐李峤《鹧鸪》："可怜鹧鸪飞，飞向树南枝。南枝日照暖，北枝霜露滋。"这是说南枝向暖北枝受寒的现象，后用来比喻处境苦乐不同。

（2）"南"主生的观念

坐北朝南为尊位。古代帝王诸侯会见群臣，或是卿大夫会见僚属，皆面南而坐。茅盾《子夜》："双桥镇上的新贵们不但和他比肩而南面共治，甚至还时时排挤他呢!"可见，尊贵者朝南方意味着他掌管着芸芸众生的生死荣枯，这都是南方主掌生养观念的反映。

建筑同样坐北朝南为尊。古代建筑都是坐北朝南的，正是因为南面阳光充足，和风拂煦，温暖宜人，我国自古房屋就以坐北朝南为尊。这种观念由来已久，早在距今六千年之前的仰韶文化时期，房屋的基本走向就是坐北面南。西安半坡遗址的房屋也是南向的。其后，封建社会的宫殿、宗庙等都是南向的。这一方面是自然地理环境的原因；另一方面是长期以来形成的伦理、秩序等观念的体现。

（3）"南"与五行观念

南方之神被称为南帝，也称赤帝，掌管夏天。向阳的地方阳光明媚，和风拂煦。所以人们由崇拜太阳与火进而崇拜南方。古代不少地方叫南阳，与此相对的就是北阴。《易林·否之赛》："北阴司寒，坚冰不温。"

（4）"南"与阴阳观念

南为阳，北为阴；男为阳，女为阴。这种阴阳体系决定了古人在举行许多仪式时对南北方位的不同选择。《礼记·祭统》："天子亲耕于南郊，以共齐盛；王后蚕于北郊，以共纯服。"《南史·宋少帝纪》："有司奏武皇帝配南郊，武敬皇后配北郊。"这是

男为阳、女为阴的缘故。

(5) 虚指中的尊南观念

南方比喻长寿、富贵，“南山”、“南岳”、“南极”、“南山皓”、“南山叟”等词语，用以象征人长寿。在汉民族的心理，“南”象征着长寿最早见于《诗·小雅·天保》：“如月之恒，如日之升，如南山之寿，不骞不崩，如松柏之茂。”唐诗纪事十三《魏元忠侍宴银潢宫应制诗》：“愿奉南山寿，千秋长若斯。”这里的“南山”均喻指长寿。

“南山”又常用来比喻坚固、不可动摇的事物。《旧唐书·李元菈传》：“南山或可改移，此判终无动摇。”“南山”的这一喻义是从长寿、永存的喻义引申来的。南还象征富贵。唐·李公佐在《南柯太守传》中让淳于棼作南柯太守，享尽荣华富贵，这里的“南柯”比喻繁华之地。

4.“北”的文化剖析

《说文》云：“北，乖也，从二人相背。”段玉裁注：“韦昭注《国语》曰：‘北者，古之背字。’又引申之为北方。”“北”本是会意字，像二人背对背形，表示人的背部。作战时，冲锋者面向敌方，败逃者则背向敌方，故“北”引申出“败逃”之意，追击败逃军，称“逐北”。阳面，正面是南面；阴面，背面是北面。因此借表示背面之“北”为表示方位之“北”。

(1)“北”的自然方位忌讳

太阳一天的运行经过东、南、西三方，北方是日不到之方，所以，在四方位空间观念最初形成之际，北方便被认为是阴间地狱的方位，殷商早期墓穴及祭祀坑的是南北向结构。《礼记·礼运》：“故死者北首，生者南乡（向）。”《周易·说卦传》中，“坎”卦代表“正北方”，太阳在这一方向时，已经完全沉没，一片黑暗，正是万物已经劳累，回去休息的时刻，以季节来说相当于冬天。

北方吹来的风是寒冷的。古诗用北风形容暴虐之政。唐·李华《吊古战场文》：“吾想夫北风振漠，胡兵伺便。主将骄敌，期斗受战。”传云：“北风寒凉，病害万物，以喻君政暴虐。”

(2)“北”主死的观念

北方是幽暗之地，与死亡有关。南主生，北主死，所以北方是死亡之所，是收敛幽藏地方。《尸子》卷下：“北方，伏方也，万物至冬皆伏，贵贱若一，美恶不异。”《广雅·释诂四》：“伏，藏也。”《论衡·说日》：“北方，阴也。”古代埋葬死人时大都埋在居住区的北边，而且有的还讲究头要朝北。如《礼记·檀弓下》：“葬于北方，北首，三代之达礼也，之幽之故也。”《左传》哀公二十六年：“得梦启北首而寝于卢门之外。”杜预注：“北首，死象。”梦见“北首”意味着死亡，梦作南柯太守意味着荣华，刚好相反。

(3)“北”与阴阳观念

北为阴，喻女性。有关唐代长安的妓院安置在长安城的北边，称为北里，这种安置无疑受了传统观念的影响。女为阴，媾和为阴事，安排在象征阴幽的城北当然是十分适宜的。

古代建筑中将东房隔为南北两半，北面的一半朝北开门，直通后庭，是为北堂，是妇女日常起居活动的地方。《仪礼 ·士昏礼》："妇洗在北堂。"也用"北堂"直接称代母亲。李白《赠历阳褚司马》："北堂千万寿，侍奉有光辉。"

(4)"北"与五行观念

在五方中，北方属水，具黑色，玄武象。黑色与夜色相似，因此黑色除了象征深沉肃穆外，同时也有恐惧、黑暗的含义。传说中的阴曹地府是暗无天日的所在。

南主生，北主死，南北对举时美好的事物属南，不好的现象归北。陶渊明《咏贫士》："南圃无遗秀，枯条盈北园。"苏轼《三月二十九日》："南岭过开紫翠，北江飞雨送凄凉。"南为尊贵的象征，北为卑服的象征。

由于"东"和"南"性质相同，都有新生光明、温暖的特点。"西"和"北"性质相同，都有死亡、阴暗、寒冷的特点。所以在虚指的情况下，"东南"与"东"或"南"是一样的，虚指的"西北"也与"西"或"北"没什么区别。曹植《杂诗》之三"西北有织妇"中的"西北"与阮籍《咏怀》之九"西方有佳人"中的"西方"都只是为了将女性和阴幽联系在一起。

如说女性在"西"在北，男性在"东"在"南"，说不愉快的事物提到"西"、"北"，说美好的事物提到"东"、"南"，这类用法的方位词在深层意义上有传统的文化意蕴。

汉语词汇是随着汉民族历史的发展而产生演变过来的。汉语词汇，尤其是基本词汇蕴藏着丰富的民族文化内涵。方位词东南西北就是其中的很好一例。通过对方位词东南西北文化意义的研究，我们发现，汉民族方位文化的尊悲观念具有深厚的历史沉淀，不仅受民族传统文化的影响，而且与民族语言心理密切相关。一方面，东南西北的自然方位意义影响着汉民族的传统方位文化的形成与发展；另一方面，汉民族的传统方位文化影响和制约着东南西北的使用。因此，词汇与文化是相辅相成、互动制约发展的。对汉语方位词东南西北的文化意义解读仅是汉语基本词汇研究中的一角，但它仍有助于汉语词汇的本体研究，有助于对外汉语词汇教学；同时也有助于中外文化的交流。

《湖南社会科学》2008 (3)：193-196.

翻译练习

一、把下面的句子翻译成英语，注意句子中方位词的翻译。

1. 它东、南两面濒临黄海，总面积446平方公里，海岸线长87.3公里。(《今日中国》2005年第5期)

2. 生命像向东流的一江春水，他从最高处发源，冰雪是他的前身。（冰心《谈生命》）

3. 左思右想，除我之外，唯有你还配吃，所以特请你来。(《红楼梦》第二十六回)

4. 南京的旅游景点很多，东郊有中山陵、明孝陵、灵谷寺；城南有夫子庙、中华门、雨花台；城西有莫愁湖、朝天宫；城东有梅园新村、总统府旧址；城北有玄武湖、鸡鸣寺，形成了南京独特的旅游观光圣地。(《中国翻译》2013年第1期)

5. 他们终于摈弃前嫌，破镜重圆。这与左邻右舍亲戚朋友领导同事们那苦口婆心、语重心长的劝说调解是分不开的。(雨瑞《断弦》)

6. 旭日东升，夕阳西下，虽相隔只12个小时，短短的12个小时，但她们永远不会相见。(吴冠中《夕阳与晨曦》)

7. 公子王孙虽多，哪一个不是三房五妾，今儿朝东，明儿朝西？(《红楼梦》第五十七回)

8. 举行仪式的地方总称天坛，有两道围墙，北圆南方。这种规划象征古代认为天圆地方的信仰。(孟庆升《新编实用汉英翻译教程》)

9. 文书科主任看见原信，向东家大大恭维这位未过门姑爷文理书法很好。(《围城》)

10. 林冲大怒，离了李小二家，先去街上买把解腕尖刀带在身上，前街后巷，一地里去寻。(《水浒传》第九回)

二、段落翻译

两府男女、小厮、丫鬟，亦按差役上、中、下行礼毕。然后散了押岁钱并荷包金银锞等物。摆上合欢宴来，男东女西归坐，献屠苏酒、合欢汤、吉祥果、如意糕毕。贾母起身，进内间更衣，众人方各散出。(《红楼梦》第五十三回)

第八章　中西成语典故文化与汉英翻译

第一节　概　述

翻译是一项历史悠久的活动，是一种涉及不同语言和不同文化的交际过程。翻译不仅要跨越语言的障碍，而且要跨越文化的鸿沟，成语典故的翻译更是如此。成语典故是语言与文化的重要组成部分，记录了不同民族的历史，反映了不同民族的经济生活，透视了不同民族的文化心态和思维方式，沉积了浓厚的文化色彩。然而，从英汉翻译的视角着眼，成语典故是最难翻译的语言现象之一。因此，要将孕育于不同文化背景中的成语典故译成不同的语言而又不产生文化冲突，确实并非易事。

无论是汉语成语，还是英语成语，都是人们在长期实践和认识过程中提炼出来的语言结晶。其范围广泛，源远流长，内容丰富。这些成语几经历史演变和发展，今天已成为日常生活中形象鲜明的俗俚之语，意味深长的隽语，妙趣横生的噱语，或者严肃典雅的文学语言。有的经常见诸文学艺术作品，有的则常常出现在报纸、杂志中，充分表现了它们的丰富生命力。《辞海》（1979 年版）将成语定义为“熟语中的一种”。汉语中的成语又有广义和狭义之分，本章探讨的是广义层面上的成语翻译问题。它包括习语（idioms）、谚语（proverbs）、歇后语（enigmatic folk similes）、俗语（colloquialisms）、格言（maxims）等。也就是说，“凡是社会上口传耳闻，常为人们所用的谚语和习语皆称之为成语”。成语可以说是语言的精华，是人民智慧的结晶，言简意赅，形象生动。它就像一面镜子，能反映出一个民族特有的文化特色。但由于中西方文化、思维习惯及表达方式等方面的巨大差异，在翻译带有鲜明文化特色的汉语成语时，如以“照葫芦画瓢”的形式来复制，追求语言形式类似、形式对等，在很多情况下，很难达到中西文化的成功交流。

典故作为语言中的精华和文化遗产，通常具有鲜明民族色彩，能够反映不同民族的历史和文化。伟大的领袖、诗人毛泽东在诗词方面颇有造诣，其诗词旁征博引，运用了大量的典故。毛泽东发表的六十余首诗词中，用典之处多达一百余处，通过这些典故借古喻今，生动形象地传达了作品的主题，同时也传播了中国古典文化。

典故大体可分为神话典故、历史典故和文学典故。历史文化指由特定的历史发展进程和社会遗产的沉淀所形成的文化。历史文化的一个重要形式为历史典故，它具有鲜明的民族特色和文化个性，蕴含着丰富的历史文化信息。要对这些历史典故进行恰当的翻译，就必须了解它们丰富的历史文化内涵，并运用恰当的翻译方法才能很好地

体现和传递其含义。

从典故的日常使用频率来看，它在中西跨文化的国际交流中起着举足轻重的作用，无论是作为语言的研究者还是学习者，必然要重视典故的学习及理解，尤其是作为翻译者，更是身负重任，不能仅将典故的翻译看作普通文字的翻译过程，它更应是一种对异域文化解释和传达的过程。要想真正地理解翻译典故，必须深入典故后的民族文化，只有了解了背后的文化，才能正确选择翻译方法，才能将典故恰如其分地译出，将其深刻的寓意表达出来，才能真正地实现跨文化的交流。

本章探讨的是广义意义上的成语的翻译，但由于歇后语有其特殊的语言结构形式，将和成语的翻译分开讨论。在成语典故和歇后语这些习语的翻译过程中，习语中文化形象的处理起着举足轻重的作用，形象问题的正确处理在很大程度上决定了习语翻译的成败。一般来说，习语翻译时可以采用保留形象、转换形象、舍弃形象等方法，并在基础上根据习语自身的特点和具体的上下文，采用直译、直译加注、意译和套译等各种翻译方法，只有这样才能既达意又传神，才能让目的语读者真正理解习语中蕴含的丰富的文化内涵，让他们在理解习语的寓意的基础上进一步促进文化传播。

本章在厘清了成语典故和歇后语的定义和内涵的基础上，探讨了汉英习语的结构特点和差异，并总结出习语翻译过程中常用的翻译方法，如保留形象直译、保留形象直译加注、舍弃形象意译、转换形象意译和用英语读者熟悉的习语套译等。

第二节 汉英成语文化与翻译

成语是一种特殊语言，它是从长久的社会实践中提炼出来的固定短语或短句。因此，成语是语言的精华，是人类智慧的结晶。汉英两种语言都经过悠久的历史和高度的发展，逐渐形成了大量的成语。从广义上说，成语包括习语、谚语、俗语和典故等，是一种在意义上和搭配上都比较稳定的语言结构。成语是民族语言的精华，在翻译时首先要重视原文成语的思想内容，正确理解成语的深刻含义，切不可望文生义。同时也要准确把握成语的特色，灵活运用各种方法，提炼语言文字，再现原文成语的文化色彩和语言功能。

（一）汉英成语的定义和特点

成语在《辞海》中的定义为：成语是熟语的一种，习用的固定词组。在汉语中多数由四个字组成，组织多样，来源不一，所指多为确定的含义。对汉语成语而言，从狭义上讲，一般是四字结构，它不能等同于谚语、格言、惯用语及歇后语；从广义上讲，是具有某种特定含义的定型词组，如“不入虎穴，焉得虎子”、“三思而后行”等，都属于成语。

汉语成语的特点：一是语义的统一性；二是结构的固定性。换言之，即它在语义上是个不可分割的整体，其整体意义不能从组成成语的各个词汇中揣测出来。结构上又都经历了时间的考验，不能随意改动它的顺序，不能增词或减词，不能用另一词去替代成语中的某一词，更不能改变其语法结构。

根据《牛津现代高级英汉双解辞典》，英语中的 idiom 有两种含义：(1) a phrase which means something different from meanings of the separate words（成语；惯用语）；(2) the way of expression typical of a person or a people in their use of language（个人或民族使用语言的特别表达方式）。这两种含义中，似乎只有第一种含义和汉语中的成语比较符合。

成语既是语言中的重要修辞手段，也是各种修辞手段的集中体现。虽然汉英成语各有其特点，但两者也存在着许多共性。一般说来，英汉成语在修辞方面具有比喻丰富、形象生动、对偶鲜明三大特点。

第一，比喻丰富。在汉语中，这种成语层出不穷，如轻如鸿毛、艳若桃李、暴跳如雷、形同禽兽等；而在英语中，这类成语也屡见不鲜，如 as pale as ash，bleed like a pig，as wet as a drowned rat 等。

第二，形象生动。选词造句讲究形象和生动是修辞的一大法宝，汉英成语在此方面均堪称有声有色，读之悦目，听之悦耳，如汉语成语漏网之鱼、明察秋毫、大雨滂沱、弱不禁风等；而在英语成语中，to scold like a fish-wife，scold 本身就有谩骂的意思，再加上骂得像“一个说粗话的卖鱼婆”，就更加形象化了。再如，leaky vessel 把“多嘴的人”形象化为“漏瓶子”。

第三，对偶鲜明。这里所说的对偶着重是指意思的对偶，而不是音节上的。大体上对偶成语可分为三大类：（一）类似事物的相配，如“背信弃义”，称为“正对”；（二）对立事物的相衬，如“推陈出新”，称为“反对”；（三）表示某种逻辑关系的相应，如“造谣惑众”，称为“串对”。这些现象在汉语中比较常见。

（二）汉英成语文化的内涵和差异

作为语言的精髓，汉英成语各自承载着鲜明的民族特色和文化信息，折射出民族间历史、地理、宗教、风俗、习惯等方面的差异。

1. 生存环境上的差异

语言与其存在的生存环境关系非常密切，而不同的民族生活在不同的环境中，因此汉英成语文化的差异首先体现在生存环境的差异和其对成语文化的影响上。中国自古就是农业大国，属于典型的陆地农耕文化。因此，汉语中与农业相关的成语比比皆是。例如，斩草除根（cut the weeds and dig up the roots），瑞雪兆丰年（a timely snow promises a good harvest），揠苗助长（try to help shoots grow by pulling them up），顺藤摸瓜（follow the vine to get the melon），枯木逢春（spring comes to the withered tree）。

而英国是一个岛国，历史上，其航海业曾一度领先世界。所以许多英语成语与海

上生活息息相关。例如，to know the ropes（懂得秘诀，内行），to tide over（顺利度过），to sink or swim（不论成败），to go with the stream（随波逐流），to clear the decks（准备战斗），to sail under false colors（假装，冒充），to rest on one's oars（暂时歇一歇），to keep one's head above water（奋力图存）。从以上的例子可以看出，前者带有明显的陆地文化特色，而后者则带有典型的海洋文化特征。

2. 社会习俗上的差异

语言是文化的载体，不同民族在社会习俗上的差异无疑也会体现在语言使用上，而作为各民族语言文化精髓的成语当然也不会例外。汉英习俗的差异体现在人们生活的各个方面，其中很典型的莫过于不同民族的人对狗这种动物的态度上。一般而言，在汉语文化中，狗是一种比较低贱的动物，因而汉语中与狗有关的成语大多含有贬义：狗急跳墙（A cornered beast will do something desperate），狗仗人势（be a bully with the backing of a powerful person），狗屁不通（unreadable rubbish），狗嘴里吐不出象牙（A filthy mouth can't utter decent language; what can you expect from a dog but a bark /An enemy's mouth seldom speaks well）。

而西方人对狗却情有独钟，在英语国家，狗被认为是人类最忠诚的朋友。英语中有关狗的成语除了一小部分受外来语言的影响而含有贬义之外，大部分都带有褒义。而且，在英语成语中，常以狗的形象来比喻人的行为。例如，a lucky dog（幸运儿）；a clever dog（聪明的男孩）；Love me，love my dog（爱屋及乌）。

3. 宗教信仰上的差异

各个民族的宗教信仰经过世代流传，积淀在文化的深层。因此，与宗教信仰有关的成语也大量地出现在英汉成语中。佛教传入中国已有一千多年的历史，人们相信，有“佛祖”在左右着人世间的一切，与此有关的成语很多：佛口蛇心（honeyed words but evil intent），借花献佛（present Buddha with borrowed flowers），八仙过海（the Eight Immortals Crossing the Sea）等；而在英美国家，基督教对人们的影响至深，英语中不少成语都源于《圣经》或至少与基督教有一定渊源，如 a black sheep（害群之马），the apple of the eye（掌上明珠）。

（三）汉语成语英译的形象处理

汉语成语的翻译过程中，形象的处理非常重要，并且在很大程度上决定成语翻译的成功与否。不同的民族因为其文化的个性，成语中的形象使用也具有鲜明的民族特色。因此，在翻译过程中应该尽量恰如其分地传递文化形象所承载的丰富内涵，如保留形象、转换形象、移植形象、舍弃形象等，并在此基础上采用直译、意译和直译加注等翻译方法和技巧。唯有这样，才能传神达意，形意兼备。

1. 保留形象

由于人类生活的世界有很多的共性，因此人类在思维、情感等多个方面都有着相通之处，语言的使用上也不例外。汉语和英语的成语使用在语言形式和比喻形象的选择上有很多共通之处，因此翻译时可以尽量保留和再现原语成语中的形象，不仅寓意吻合，而且形象一致，便于目的语读者理解和接受。

(1) 如今听见周瑞家的捆了他亲家，越发***火上浇油***。(《红楼梦》第七十一回)

The news now that Chou Jui's wife had had a relative of hers tied up ***added fuel to the fire of her indignation***. (杨译)

(2) 令郎真乃***龙驹凤雏***，非小王在世翁前唐突，将来"雏凤清于老凤声"，未可量也。(《红楼梦》第十五回)

Your son is truly ***a dragon's colt or young phoenix***. May I venture to predict that in time to come this young phoenix may even surpass the old one? (杨译)

(3) 王夫人便说："***临阵磨枪***，也不中用。有这会子着急，天天写写念念，有多少完不了的。"(《红楼梦》第七十回)

"It's no use ***sharpening your spear just before a battle***," warned Lady Wang. "If you'd done some reading and writing every day, you'd have finished all that's expected and wouldn't feel so frantic." (杨译)

(4) 转过牌坊，便是一座宫门，上面横书四个大字，道是"***情天孽海***"。(《红楼梦》第五回)

Beyond this archway was a palace gateway with the inscription in large characters: ***Sea of Grief and Heaven of Love***. (杨译)

(5) 有道是"***苍蝇不抱有缝的蛋***"。虽然这柳家的没偷，到底有些影儿，人才说他。(《红楼梦》第六十一回)

Flies go for cracked eggs. Even if this Liu woman didn't steal anything, she must have been up to something or people wouldn't have accused her. (杨译)

(6) 如今便从赵姨娘屋里起了脏来也容易，我只怕又伤着一个好人的体面。别人都别管，这样个人岂不又生气。我可怜的是他，不肯为***打老鼠伤了玉器***。(《红楼梦》第六十一回)

Actually, I could easily find the evidence in Concubine Zhao's rooms, but I was afraid that would make another good person lose face. Other people wouldn't mind, but she would certainly be angry. It was her that I was thinking of. I didn't want to ***smash a jade vase to catch a rat***. (杨译)

(7) 湘云说他(宝玉)："你放心闹吧，先是'***单丝不成线，独树不成林***'，如今有了个对子(甄宝玉)，闹急了，再打狠了，你逃走到南京找那一个去。"(《红楼梦》第五十六回)

"Now you can be as naughty as you like," teased Xiangyun. "Before this it was a case of '***a single thread can't make a cord nor a single tree a forest***'. But now that there are two of you, next time you're beaten for raising a rumpus you can run away to Nanjing to find your double." (杨译)

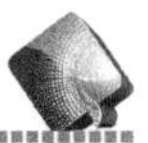

(8) 俗语说的，**“摇车里的爷爷，拄拐的孙孙。”**虽然岁数大，山高高不过太阳。自从我父亲没了，这几年也无人照管教导。如若宝叔不嫌侄儿蠢笨，认作儿子，就是我的造化了。(《红楼梦》第二十四回)

As the proverb says, ***“a grandfather in the cradle may have a grandson who leans on a stick”***. I may be older than you but “the highest mountain can't shut out the sun”. these last few years since my father died I've had no one to instruct me properly. If you don't think me too stupid to be your adopted son, Uncle Bao, that would be my great good fortune. (杨译)

(9) 做事固然很好，不过夫妇俩同在外面做事，**“家无主，扫帚倒竖”**，乱七八糟，家庭就有名无实了。(钱钟书《围城》)

To be sure, it's very good to have a job, but if both husband and wife work, ***“the home is without master, and the broom is left upturned.”*** With everything at sixes and sevens, it's a family in name only. (凯利，茅国权译)

(10) 还有，咱们从此**井水不犯河水**，一切你的事都不用跟我来说。(钱钟书《围城》)

And another thing, from now on we'll just ***keep the river water separate from the well water***. You needn't tell me anything about your affairs. (凯利，茅国权译)

(11) 鸿渐笑道：“娘又说外行话了。**‘麻雀虽小，五脏俱全。’**”(钱钟书《围城》)

Hung-chien said with a smile, “mother, you're talking like you don't know anything. ***‘The sparrow may be small, but its five organs are complete.’***” (凯利，茅国权译)

评析 例(1)中成语“火上浇油”比喻使人更加愤怒或使情况更加严重；例(2)中的“龙驹凤雏”比喻聪明有为的英俊青少年，常作恭维话；例(3)中的“临阵磨枪”意思是快要上阵才匆忙去磨兵器，比喻事到临头才仓促准备；例(4)中“情天孽海”意思是天大的情欲，罪孽的渊海，指青年男女沉溺于爱情造下种种罪孽的境地。这些例子中的文化意象在汉英两种语言文化中都有共性，在翻译中保留其形象不会给目的语读者的理解带来困扰，因此杨译本中均采用保留形象直译的做法，不仅能充分表达原文的寓意，同时也使译文更生动形象。例(1)中的“火上浇油”也常译为“pour oil on the fire”或“add fuel to the flames”，表达同样形象易懂。如果不保留成语中的形象，例(2)中的“龙驹凤雏”也可意译为“a young talented scholar”。例(3)中的“临阵磨枪”可意译为“start to prepare at the last moment ”，相比较而言，这两种译文仅能达意而未能传情，都远不及杨译本在表达上的生动性、形象性和趣味性。

例(5)中“苍蝇不抱有缝的蛋”比喻一个人有了缺点或把柄，别人才能乘虚而入。例(6)中“打老鼠伤了玉器”比喻为打使自己讨厌的东西而伤害了心爱的东西。例(7)中“单丝不成线，独树不成林”比喻个人力量单薄，难把事情办成。例(8)中“摇车里的爷爷，拄拐的孙孙”指在一个家族中，有时候年纪小的人比年纪大的人辈分高，贾芸的年纪比宝玉大，但辈分却比宝玉低。例（9）“家无主，扫帚倒竖”形容一个家庭的陨落，顶梁柱没了，没人主持大局，连基本的家务都没人做了。例（10）中“井水不犯河水”比喻各管各的，互不相犯。例（11）中“麻雀虽小，五脏俱全”比喻事物的体积或规模虽小，具备的内容却很齐全。这七个译例均为汉语中的俗语，几乎家喻户晓，译者保留其形象，不仅确保了表达上的形象生动，而且有利于文化传播和交流，是非常可取的。

2. 移植形象

汉语成语翻译时，如果目的语文化中没有现成的文化形象与原语中的文化形象相对应，只有将原语中的文化形象直接移植到目的语文化中，这样不仅能使译文表达更形象生动，也更利于文化交流和传播。不过，前提是这种被移植的新的文化形象能被目的语读者所理解和接受。

（1）***挥金如土***，多为他人。（《浮生六记》卷三，第129页）

Spending money like dirt, all for the sake of other people.（林语堂译）

（2）宝玉笑道：“我就是个多愁善感的身，你就是那***倾国倾城***的貌。”（《红楼梦》第二十三回）

“I'm the one sick with longing,” he joked. “And yours is the beauty which caused ***cities and kingdoms to fall***.”（杨译）

（3）我在这衙门内已经三代了。外头也有些体面，家里还过得，就规规矩矩伺候本官升了还能够，不像那些**等米下锅**的。（《红楼梦》第九十九回）

Ma family has worked in this yamen for three generations. We are respected hereabouts and not badly off; so we can afford to serve this commissioner on the level untisl his promotion. We are not like those ***waiting for rice to put in their pan***.（杨译）

评析 例（1）中“挥金如土”形容极端挥霍浪费，英语中常用成语“spending money like water”来表示。这里林语堂先生并没有采用这个目的语读者耳熟能详的固有表达方式来翻译，而是大胆地将文化意象移植，直译成“spending money like dirt”，这样既容易让西方读者理解原文的意义，同时保留文化形象也更有利于文化的传播和交流。

例（2）和例（3）中的成语的翻译也是如此。如例（2）中“倾国倾城”形容妇女容貌极美。译者将文化形象“国”和“城”直接移植到目的语中，将成语翻译成“cities and kingdoms to fall”，既能达意，易让目的语读者理解，同时又不乏表达的文学性和生动性。

例（3）中俗语意思是等着米来下锅烧饭，比喻生活困难，缺少钱用，和英语中的“live from hand to mouth”相似。由于地域特征、气候环境、风俗习惯等因素的影响，中西方的饮食结构和习惯完全不同。“等米下锅”体现了中国人以大米为主食的传统的饮食风俗，这和西方人一日三餐中几乎每餐都有面包的饮食习惯存在很大的差异，因此译者将“等米下锅”翻译成“waiting for rice to put in their pan”，将成语中的文化

形象“米”成功移植到目的语文化中，同时也实现了对原文语义的忠实。

3. 转换形象

翻译汉语成语时，如果不能保留形象或者将文化形象成功地移植到目的语文化，不妨用目的语文化中读者非常熟悉的文化形象来替代原语中的形象，使目的语读者产生比较相似的寓意联想，从而达到达意传神的目的。

(1) 紫鹃一面收拾了吐的药，一面拿扇子替林黛玉轻轻地扇着，见三个人都**鸦雀无声**，各人哭个人的，也不由得伤心起来，也拿了手帕子擦泪。（《红楼梦》第二十九回）

As for Nightingale, who had disposed of the handkerchief of vomited tisane and was now gently fanning her mistress with her fan, seeing the other three all standing there ***as quiet as mice*** with the tears streaming down their faces, she was so affected by the sight that she too started crying and was obliged to have resource to a second handkerchief.（霍译）

(2) 这位小姐，德行温良，才貌出众。鲁老先生和夫人，因无子息，爱如**掌上之珠**。（《儒林外史》第十回）

I know the young lady, and she is virtuous, gentle and beautiful. Because Mr. and Mrs. Lu have no son, this girl is ***the apple of their eye***.（杨宪益，戴乃迭译）

(3) 当夜柔嘉没再理他，明早夫妇间还是**鸦雀无声**。（钱钟书《围城》）

That evening Jou-chia paid no more attention to him and the next morning husband and wife continued to maintain ***a stony silence***.（凯利，茅国权译）

评析　例(1)中“鸦雀无声”指连乌鸦麻雀的声音都没有，形容非常静。译者转换了原语中的文化形象，将其翻译成“as quiet as mice”，更符合目的语读者的阅读习惯和审美体验。例(2)中“掌上之珠”比喻极受父母疼爱的儿女，特指女儿，也比喻为人所珍爱的物品。也说“掌珠”、“掌上珠”、“掌明珠”。这个成语和英语成语“the apple of one's eye”虽然形象不同，但寓意极其相似，因此译者转换形象，译文明了晓畅，通俗易懂。和例(1)一样，译者在翻译例(3)中的“鸦雀无声”时同样转换了其形象，译为“a stony silence”，和例(1)中的“as quiet as mice”有异曲同工之妙。

4. 舍弃形象

翻译汉语成语时，很多时候原语中的形象不能直接保留或者进行简单的移植，在这种情况下最好的做法就是舍弃形象，在正确理解成语的基础上用简单生动的语言传递原语的含义。

(1) 董太太是美人，一笔好中国画，跟我们这位斜川兄真是**珠联璧合**。（钱钟书《围城》）

Mrs. Dong is a beauty and a good painter. She and Hsieh—chu'an ***make a perfect couple***.（凯利，茅国权译）

(2) 想这如今宝玉有了功课，丫头们可也没有饥荒了，早要如此，晴雯何至弄到

没有结果？***兔死狐悲***，不觉叹起气来。（《红楼梦》第八十二回）

As she stitched a pouch for betel-nuts one day, she reflected that his return to school had made life less complicated for his maids; indeed, had he gone back earlier, Qingwen might never have come to such a sad end. ***Grieving over her friend's death***, she sighed.（杨译）

（3）一灯如豆，罗帐低垂，***弓影杯蛇，惊魂未定***。（《浮生六记》卷一，第33页）

The light of a rapeseed oil lamp was then burning as small as a pea , and the edges of the bed curtain hung low in the twilight , and we were ***shaking all over***.（林语堂译）

（4）秦显家的听了，轰去了魂魄，垂头丧气，登时***偃旗息鼓***，卷包而去。（《红楼梦》第六十二回）

Thunderstruck and utterly cast down by the news, Qin Xian's wife made haste to pack up and ***beat a retreat***.（杨译）

（5）吃罢，吃罢！不用和我***甜嘴蜜舌***的，我可不信这样话！（《红楼梦》第三十五回）

Drink your soup, go on. I'm not taken in by that ***sweet talk***.（杨译）

（6）不过，我在你们家***孤掌难鸣***，现在也教你尝尝味道。（钱钟书《围城》）

But then, I'm ***alone and hopeless*** in your family. Now you have a taste of what it's like.（凯利，茅国权译）

（7）假如他在上海结婚，我和娘不用说，就是你们夫妇也要忙得***焦头烂额***。（钱钟书《围城》）

If he'd gotten married in Shanghai, it wouldn't have been just Mother and me, but even you and your wives who'd have been ***worked to death***.（凯利，茅国权译）

（8）你自己下半年的职业，***八字还未见一撇***呢！（钱钟书《围城》）

And as for your own job for the rest of the year, I ***have yet to see a single sign of it***!（凯利，茅国权译）

评析 例（1）中"珠联璧合"比喻杰出的人才或美好的事物结合在一起。译者舍弃形象，将原语意译为"make a perfect couple"。例（2）中"兔死狐悲"是说兔子死了，狐狸感到悲伤，比喻因同类的不幸而感到悲伤。译文"Grieving over her friend's death"舍弃形象，恰如其分地表达了成语所真正隐含的内涵。

其他几个译例也都是成语翻译过程中舍弃形象的典型例子。例（3）中原文四个四字词组简洁洗练，颇具形态美；豆、蛇和定为去声，垂为阳平，抑扬顿挫，具音韵美；灯、豆、罗帐、低垂、弓影、杯蛇，各种意象交织，动静结合，让人身临其境，具意境美。译文中"弓影杯蛇，惊魂未定"用一句译出，弓影、杯蛇的典故和形象已荡然无存，原文共十六字，译文三十三字，汉英差别，可见一斑。

同样，例（4）中"偃旗息鼓"原意指放倒军旗，停止击鼓，做出不准备战斗的假象。现多指不作声响。例（5）中"甜嘴蜜舌"意指比喻为了骗人而说得动听的话。

例（6)中“孤掌难鸣”意思是一个巴掌难以拍响，比喻力量孤单，难以成事。例（7）中“焦头烂额”意思是烧焦了头，灼伤了额。比喻非常狼狈窘迫，有时也形容忙得不知如何是好。译者在以上这四例子中都大胆舍弃了其形象，将原文分别译为“beat a retreat”，“sweet talk”，“ alone and hopeless” 和 “worked to death”，虽少了几分原文表达的形象生动，但简洁明了，清楚易懂，不失为好的译文。

例（8）中“八字还未见一撇”原指没门儿，现在演变为没办法，没眉目，没头绪，不沾边的代名词了。比喻事情毫无眉目，未见端倪。这个俗语涉及汉字笔画的书写，保留形象无疑只会弄巧成拙，让不了解中国汉字笔画的英语读者不知所云，因此舍弃形象意译为“have yet to see a single sign of it”，就十分清楚明了。

（四）汉语成语英译的方法

成语是各民族语言的精华，因为文化、历史、宗教、风俗习惯等的差异，成语的使用上呈现出各自不同的特点。因此，汉语成语英译时，要根据成语的不同特点，灵活处理其形象，并采用具体可行的翻译方法，如直译、意译、直译加注、套译等才能使目的语读者真正理解和接受，实现跨文化交际的目的。

1. 直译

（1）陈达叫将起来，说道：“你两个闭了鸟嘴！长别人志气，灭自己威风！他只是一个人，须不**三头六臂**？我不信！”（《水浒传》第一回）

At this Ch’en Ta gave a great yell and he shouted, “You two shut up with your breaks! Do not make out they are so strong and we so weak! He is only a man—he is not like that warrior of old who in the battle grew ***three heads and six arms***! I do not believe in him!”（赛珍珠译）

（2）董平怒气未息，喝把郁保四、王定六一索捆翻，打得**皮开肉绽**，推出城去。（《水浒传》第六十八回）

But the general Tung’s anger was not appeased and he shouted that the two men were to be bound and thrown down and they were beaten until ***their skin was split and their flesh burst forth*** and then they were cast out of the city.（赛珍珠译）

（3）再要穷追苦克，人恨极了，他们**笑里藏刀**。（《红楼梦》第五十五回）

If I go on being so strict I shall get myself thoroughly hated, and ***everybody’s smiles will hide daggers***!（杨译）

（4）可是说的，**“侯门深似海”**，我是个什么东西，他家人又不认得我，我去了也是白去的。（《红楼梦》第六回）

“The threshold of a noble house is deeper than the sea.” And who am I? the servants there don’t know me, it’s no use my going.（杨译）

（5）是时**风和日丽**，遍地黄金，青衫红袖，越阡度陌，蝶蜂乱飞，令人不饮自醉。（《浮生六记》卷二，第119页）

The sun was beautiful and the breeze was gentle, while the yellow flowers in the field looked like a stretch of gold, with gaily dressed young men and women passing by the rice fields and bees and butterflies flirting to and fro—a sight which could make one drunk without any liquor.（林语堂译）

(6) 况**锦衣玉食**者未必能安于荆钗布裙也。（《浮生六记》卷三，第139页）

Besides, one who is used to ***beautiful dresses and nice food*** like her will hardly be satisfied with the lot of a poor housewife.（林语堂译）

(7) 凤仪是老实人，吓得**目瞪口呆**。（钱钟书《围城》）

Feng-i, a simple-hearted soul, was so astounded that ***his eyes grew big and his jaw dropped***.（凯利，茅国权译）

评析 直译最大的优势就是在达意的基础上可以使译文的表达更形象生动，更具有表现力和感染力，从而更好地实现跨文化交流，以上几个译例都是直译的典型例子。

例(1)中"三头六臂"本义是三个脑袋，六条胳臂。比喻神通广大，本领出众。译者保留了这个典型的形象，译为"three heads and six arms"，增强了译文的表现力，远远胜于"forceful, powerful"之类的表达法。

同样，例(2)中"皮开肉绽"被直译为"their skin was split and their flesh burst forth"，例(3)中"笑里藏刀"被直译为"everybody 's smiles will hide daggers"，例(4)中"侯门深似海"形容王公显贵之家，深宅大院，禁卫森严，出入不易，也作"侯门似海"、"侯门如海"，杨译将其直译成"The threshold of a noble house is deeper than the sea"，这些译例也都是直译所产生的佳译，无疑可以让目的语读者在读译文时和原语读者在读原语时产生同样的感受和体验，表达直接明了，通俗易懂又不失形象性和生动性。

例(5)"风和日丽"形容晴朗暖和的天气，译者简单直译成"the sun was beautiful and the breeze was gentle"，清楚明了。

例(6)中"锦衣"指鲜艳华美的衣服；"玉食"指珍美的食品。"锦衣玉食"形容豪华奢侈的生活。林语堂先生没有简单意译为" to live an extravagant life"，而是尽量保留文化形象，将其直译为"beautiful dresses and nice food"，既通俗好懂，又生动形象，不失为好的译文。

例(7)中"目瞪"指睁大眼睛直视；"口呆"指嘴里说不出话来。"目瞪口呆"形容因吃惊或害怕而发愣、发傻的样子。译者翻译时保留形象直译，翻译为"his eyes grew big and his jaw dropped"，读者很容易联想到凤仪听到方家二奶奶、三奶奶背后议论方鸿渐和孙柔嘉之间关系时的惊讶神情，直观形象，明白易懂。

2. 意译

(1) 依旧被我闹了个**马仰人翻**，更不成体统，至今珍大哥哥还抱怨后悔呢。（《红楼梦》第十六回）

As usual I ***made a shocking mess of things***—even worse than here. I am sure

Cousin Zhen is still regretting his rashness.（杨译）

（2）夏太太，你不懂事了，既来了，该问个***青红皂白***。你们姑娘是自己服毒死了，不然便是宝蟾药死他主子了。（《红楼梦》第一百零三回）

What a way to behave, Mrs. Xia! Since you came, you should have asked ***the facts of the matter***. Either your daughter committed suicide, or Baochan poisoned her.（杨译）

（3）那平姑娘又是个正经人，从不把这一件事放在心上，也不会***挑妻窝夫***的，倒一味忠心赤胆服侍他，才容下了。（《红楼梦》第六十五回）

Ping'er is really a good sort. Instead of holding this against her or ***stirring up trouble between husband and wife***, she was completely loyal to her mistress—that is why she was kept on.（杨译）

（4）你只会怨我顾前不顾后，你怎么不怨宝玉外头***招风惹草***的那个样了！（《红楼梦》第三十四回）

Instead of blaming my thoughtlessness, why don't you blame Baoyu for ***getting himself into trouble*** outside?

（5）看见袭人泪痕满面，薛姨妈便劝解譬喻了一会。袭人本来老实，不是***伶牙俐齿***的。（《红楼梦》第一百二十回）

Finding Xiren still in tears there Aunt Xue tried to console her, and the good-hearted girl not being ***sharp-tongued***, agreed to all she said.（杨译）

（6）开目四视，见席上双烛青焰莹莹，光缩如豆，***毛骨悚然，通体寒栗***。（《浮生六记》卷三，第183页）

I opened my eyes again and looked around and saw the two candle-lights burning low on the table as small as little peas. It gave me ***a goose-flesh*** and I shuddered all over.（林语堂译本）

（7）刘姥姥道："姑娘，你那里知道，不好死了是亲生的，***隔了肚皮子是不中用的***。"（《红楼梦》第一百零三回）

"Well, miss, you never know," said Granny Liu. "However bad your child may be, he is your own flesh and blood, ***it is different if he is a stepson***!"（杨译）

（8）他坐不惯首席，坐在上头***横不是竖不是***的，酒也不肯吃。（《红楼梦》第四十四回）

But she says she is not used to sitting in the seat of honor. She ***feels out of place there in any case*** and won't drink anything.（杨译）

（9）小淫妇！你是我用银子钱买来学戏的，不过娼妇粉头之流！我家三等奴才也比你尊贵些，你都会看人***下菜碟儿***。（《红楼梦》第六十回）

You trollop! We bought you with our money to train as an actress. You are nothing but a painted whore. Even the lowest slave in our house ranks higher than you, yet you ***make up to some people and look down on others***.（杨译）

(10) 刘姥姥一壁里走着，一壁笑说道："你老是**贵人多忘事**，那里还记得我们呢。"（《红楼梦》第六回）

Smiling as she walked in，Grany Liu remarked，"***The higher the rank，the worse the memory***. How could you remember us?"（杨译）

(11) 你（宝玉）只护着那起狐狸，那里认得我了，叫我问谁去？谁不帮着你呢，谁不是袭人**拿下马来**的！（《红楼梦》第二十回）

That's right. Stick up for those vixens of yours. Who am I，after all? Which of them am I supposed to ask? They will all take your side. They are all ***under Xiren's thumb***.（杨译）

评析 成语的翻译如能直译，并且形象生动，易于被目的语读者理解和接受当然是最佳选择，但因为文化的差异，汉英成语使用上又有着各自不同的特点，译者想要直译并非易事，在这种情况下，通常可以采用意译的方法，取其意而舍其形。

例（1）的"马仰人翻"意思是马和人都被打得仰翻在地，形容经过激战后被打得惨败狼藉的情景，现在也比喻乱得一塌糊涂、不可收拾的样子；例（2）中"青红皂白"比喻事情的是非或原因、来龙去脉、是非曲直；例（3）中"挑妻窝夫"意思是在夫妻两个人之间进行挑拨离间；例（4）中"招风惹草"比喻招惹是非，也作"招风惹风"；例（5）中"伶牙俐齿"形容口齿灵巧，能说会道，善于应付。在以上这些译例中，译者均省略了其文化形象，分别意译为"made a shocking mess of things"，"the facts of the matter"，"stirring up trouble between husband and wife"，"getting himself into trouble"和"sharp-tongued"，虽不及原文形象，但意思清楚明了，比较准确地表达了原文的含义。倘若不顾英汉语言文化的差异，一味保留形象直译，只会弄巧成拙，反倒增加译入语读者理解上的困难，让他们不知所云。

例（6）就更为典型。该句描述的是妻子陈芸病逝以后，沈复在二人曾经一起生活过的房中等待的情景。昔日恩爱的夫妻此时已阴阳两隔，沈复有些害怕，更多地期待妻子灵魂的出现。蜡烛微弱的光不足以掩盖沈复矛盾的心理，所以他"毛骨悚然，通体寒栗"。林语堂在译文中运用了两个独立的句子描述当时的情景。一个分词"the two candle-lights burning low on the table"的使用代替了"青焰莹莹"；"as small as "表现出了"缩"的概念；"毛骨悚然"和"通体寒栗"本是同一个意思，一个名词短语" a goose-flesh"就把意思表达得很充分了。译文读者的感觉和清朝读沈复原作的感觉应该是一样的。

例（7）、例（8）、例（9）、例（10）和例（11）均为成语中的俗语，其中例（7）中"隔了肚皮子是不中用的"指不是亲生子女靠不住，不顶事。例（8）中的"横不是竖不是"通常指横挑鼻子竖挑眼，说的是某人很挑剔，这里暗指坐在首席的座位上让人不自在，所以有些坐立不安之意。例（9）中的"看人下菜碟儿"是北方话：看人，即根据不同的人；下菜，是把做好的菜端来放在桌子上；一般都是用此话的引申义，比喻不能一视同仁，待人因人而异，根据不同的人给予不同的态度或者待遇等。例（11）中的"拿下

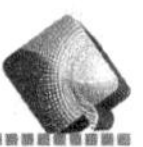

马来”意思是收服、降服，这里指听从袭人的安排，遵从她的意愿。对于以上这些俗语的翻译，译者没有机械地追求字面意义的对等，而是跳出语言文字的束缚，分别将其意译为“it is different if he is a stepson”，“feels out of place there in any case”，“make up to some people and look down on others”，“under Xiren's thumb”，在译文中俗语表达地道，语义准确，一目了然。例（10）中的“贵人多忘事”表示对对方尊敬的一种说法。“贵人”按照现在的话来说就是事情比较多的人，所以对于一些小事或者是不重要的事情容易忽视，因此有“贵人多忘事”的说法。这里译者同样采用意译的方法，利用英语中常见的“the more… the more”的结构，语言表达简洁地道。

3. 直译加注

（1）王夫人道：“两家都是做官的，也是拿不定。或者那边还调进来，即不然，终有个***叶落归根***。况且老爷既在那里做官，上司已经说了，好意思不给么？想来老爷的主意定了，只是不敢做主，故遣人来回老太太的。”（《红楼梦》第一百回）

“With official families，there's no telling where they may be posted，” replied Lady Wang. “The boy's father may also be recalled to the capital. Even if he isn't，one way or another ***'the falling leaf returns to the root'，as they say：they're bound to come home sooner or later.*** Besides，Zheng's superior is in favor of the match，and it would be very difficult for him to refuse. I think he has more or less made up his mind already,and has only written to you for your formal approval，Mother.”（霍译）

（2）莺儿忙道：“那是我编的，你别***指桑骂槐***的。”（《红楼梦》第五十九回）

“I made that，” said Oriole. ***“Don't curse the mulberry tree when you mean the locust. If it's me you're angry with，why not say so and leave her out of it?”***（霍译）

（3）那薛老大（薛蟠）也是“***吃着碗里看着锅里***”的，这一年的光景，他为要香菱不能到手，和姨妈打了多少饥荒。（《红楼梦》第六十一回）

Xue Pan is another of those ***greedy-guts who keep “one eye on the bowl and the other on the pan”.*** Look how he plagued his mother for a whole year jut to get hold of Xiangling.（杨译）

（4）都是你闹的，还得你来治。也没见我们这呆子（宝玉）***听了风就是雨***，往后怎么好。（《红楼梦》第五十七回）

As you are the one to blame for this，it is up to you to cure him. I've never seen such a simpleton as our young master that he ***hears the wind and mistakes it for the rain—to believe rumors.*** What's to become of him?（杨译）

评析　直译加注是为了弥补直译所造成的语义空缺或者是帮助目的语读者更清楚理解原文所要表达的深刻寓意。例（1）中“叶落归根”指树叶从树根生发出来，凋落后最终还是回到树根。比喻事物总有一定的归宿，多指作客他乡的人最终要回到故乡。霍译本中霍克斯将之直译为“the falling leaf returns to the root”，并在此基础上加注，使译文读者对这个比喻有了更清晰的理解。

例（2）中“指桑骂槐”是指春燕母亲假装骂其女儿春燕，实际上是对其恨之入骨的莺儿、藕官等丫环进行转弯抹角的数落。具有反抗精神的莺儿立刻进行了反击，霍译用“cursing the mulberry tree when you mean the locust”进行直译后，又用“if it's me you're angry with，why not say so and leave her out of it?”来进行加注补充，填补了直译后所造成的寓意空缺，译文明白晓畅，符合目的语读者的阅读体验。

例（3）和例（4）都是俗语。例（3）中的“吃着碗里看着锅里”比喻贪婪而不满足，也作“吃着碗里瞧着锅里”。译者在直译为“keep one eye on the bowl and the other on the pan”的基础上增加了“greedy-guts”进行补充和解释，使这个几乎家喻户晓的汉语俗语能被译入语读者理解并接受，从而更好地促进文化交流和传播。例（4）中“听了风就是雨”指听到一点消息就不加分析地信以为真，马上作出相应的反应。这里译者在直译为“hears the wind and mistakes it for the rain”的基础上，又根据句子中的具体语境增加了“to believe rumors”，使译入语读者对原文的寓意有了更清楚准确的理解。从这些译例中我们可以清楚地看到，直译加注的翻译不仅能在译入语中保留形象，以保证译文表达的趣味性，同时也充分考虑了读者的接受能力和水平在直译的基础上给予恰当的解释，以确保读者的理解和接受，可谓既达意又传情。

4. 套译

（1）那金桂原是个水性人儿，那里守得住空房，况兼天天心里想念薛蝌，便有些***饥不择食***的光景。（《红楼梦》第一百零三回）

Jin'gui was too amorous to live without a man and had long been hankering after Xue Ke，but hers was a case of“***beggars can't be choosers.***”（杨译）

（2）贾政冷笑道：“你有多大本领？上头说了一句大开门的散话，如今又要一句连转带煞，岂不***心有余而力不足***些。”（《红楼梦》第七十八回）

Jia Zheng've just made a fresh opening by bringing in something irrelevant. If now in one line you try to round it off and revert to the main theme，you will find you have ***bitten off more than you can chew.***（杨译）

（3）“家生女儿怎么样？‘***牛不喝水强按头***’吗？我不愿意，难道杀我的老子娘不成!”（《红楼梦》第四十六回）

“It makes no odds. ‘***You can take an ox to the water，but you can't make him drink.***’ Just because I refuse him，he's going to kill my parents!”（霍译本）

（4）我索性说了罢，江南甄家还有几两银子，二太太那里收着，该叫人就送去罢。倘或再有点事出来，可不是他们***躲过了风暴又遇了雨***了么。（《红楼梦》第一百零七回）

I can speak bluntly：the Zhen family down south still has some money in the Elder Mistress' keeping，which she should send back. Because if any other trouble should happen to us in the future，wouldn't they be ***out of the frying-pan into the fire***?（杨译）

（5）这二妾亦是青年娇憨女子，不常过来的，今既入了这园，再遇见湘云、香菱、

芳蕊一干女子，所谓“**方以类聚，物以群分**”二语不错，只见他们说笑不了，也不管尤氏在那里。(《红楼梦》第六十三回)

The two concubines, two attractive young women, seldom had a chance to enjoy themselves in the Garden. Comg here now and meeting Xiangyun, Xiangling, Ruiguan and the other girls, it was a genuine case of ***"like attracts like " or "birds of a feather flock together"***. Chatting and laughing with each other they paid no attention to Madam You. (杨译)

(6) 不是我说，爷把现成儿的也不知吃了多少，这会子替奶奶办了一点子事，又关会着好几层儿呢，就是这么**拿糖作醋**的起来，也不怕人家寒心。(《红楼梦》第一百零一回)

It is not my place to say this, sir, but you have taken advantage of Madam all this time, and it is not much you are doing for her now—not just for her sake either—yet you ***make such a song and dance about it***. Don't you mind hurting her feelings? (杨译)

(7) 你要我收下这个东西，须先和我说明白了。要是这么**含着骨头露着肉**的，我倒不收。(《红楼梦》第八十八回)

If you want me to accept this, you must tell me your reason clearly. If you ***beat around the bush*** like this, I won't take it. (杨译)

评析　以上几个译例基本上都是汉语中比较典型的俗语。例 (1) 中“饥不择食”的意思是肚子很饿时，就不挑拣食物，什么都吃。比喻迫切需要时，顾不得选择。例 (2)中“心有余而力不足”的意思是心里非常愿意做某事，但力量不够，无法去做，也作“心余力拙”。译者将这两个俗语分别套译成“beggars can't be choosers”和“bite off more than you can chew”，非常符合两个俗语在其语境中所要表达的内涵意义，既地道易懂，又生动形象，可谓佳译。例 (3) 是贾母的丫头鸳鸯在贾赦要强娶她时说的一句话，表明她坚决不同意这门婚事。“牛不喝水强按头”这个习语的意思是“勉强别人干他不喜欢的事情”。霍克斯在翻译时套用了英语成语“You can take a horse to the water but you cannot make him drink”，符合目的语读者的阅读习惯，通俗易懂。

例 (4) 中的“躲过了风暴又遇了雨”比喻刚刚克服或应付了严重的困难，又面临新的灾祸或麻烦，和英语习语“out of the frying-pan into the fire”不谋而合，只不过习语中的形象表达有差异，是“刚出油锅又入火坑”，同样生动、富有表现力。

例 (5) 中的“方以类聚，物以群分”出自《周易·系辞上》：“方以类聚，物以群分，吉凶生矣。”其中“方”是方术，治道的方法；“物”是事物。该俗语原指各种方术因种类相同聚在一起，各种事物因种类不同而区分开，后指人或事物按其性质分门别类各自聚集。译者套用了英语学习者非常熟悉、当然更为英语读者耳熟能详的英语习语“like attracts like ”和“birds of a feather flock together”，可谓异曲同工，表达的意思几乎完全一致。

例（6）中的“拿糖作醋”是北京一带的方言，指摆架子，装腔作势。“to make a song and dance about something”这个习语源于英国，词面意思是对某事又唱又跳的，这一习语常用于形容对并不重要的事“大惊小怪”或“小题大做”。英语解释是：If you make a song and dance about something, you make a big deal out of, or a fuss over, something that isn't very important. 这个习语和“拿糖作醋”在意思上有些出入，但要表达的内涵仍甚为相似，因此译者直接套用了“to make a song and dance about something”应该是可以令读者接受的不错的译文。

例（7）中的“含着骨头露着肉”比喻说话吞吞吐吐，使人费心猜想。译者直接套用了英语习语“beat around the bush”表示说话拐弯抹角，做事不直截了当，表达了极为相似的语义，很恰当。

第三节　汉英典故文化与翻译

典故（Allusion）是文化和语言宝库中最重要的组成之一，它承载着民族的文化信息和文化特色，是民族智慧的结晶和民族文化的积淀。典故一般出于神话、寓言、传说、历史故事、文学名著等，它们或典雅、严肃，或幽默、含蓄，不仅形象生动，而且言简意赅，具有非常独特的典型性、文化性、概括性，它们既带着浓厚的地方特色、民族色彩，还有着深厚的文化底蕴。只有了解典故背后的文化蕴含，才能真正理解典故的内涵，从而采用恰当的方法进行翻译。

（一）典故的定义和特点

作为一个民族的固定式的表达，典故有着民族性强、文化内涵深厚、意义精深等特点。在各民族的语言文字空间里，典故作为一种修辞被各民族的文学家以及社会各领域的作家运用在自己的作品中，其文字精练、幽默、得体，更易引起读者的共鸣。

典故，按《辞海》释义为“诗文中引用的古代故事和有来历出处的词语”。很多汉英词典都把典故翻译为“allusion”，其英语释义为“an implied or indirect reference, esp. when used in literature”(Webster's New Collegiate Dictionary)。典故大体可分为神话典故、历史典故和文学典故。

在文学创作中，“典故”是常见的修辞方式，指在文中援引一些现成的语言材料，如名言、谚语、成语、故事等，使语言更丰富多彩，思想感情表达得更鲜明生动，或者为所陈述的观点提供论据，也就是说，在一定的场合恰当地运用典故来表达思想和抒发感情既表现了语言的精练性，同时也表现了语言的形象性和生动性。用典用得好，往往是借古喻今，借用过去的故事来抒发自己的感慨。形式上，典故可分为明典（显性典故）和暗典（隐性典故），前者会标示该引用辞的出处，而后者则不在正文中注明出处，只引原成语、故事的个别关键词巧妙地糅合融化于作品中。

汉语典故的语言含蓄深刻，文字洗练，富有表现力，而英语中的典故也具有同一功能，大多具有简洁凝练、节奏明快、结构严谨、含义深刻、形象生动等特点，读之顺口，听来悦耳。英语中许多较古老的用典来自古希腊罗马神话和《圣经》，尤其是《圣经》中的成语、典故在各国文学作品、政论作品中被广泛引用。据统计，《圣经》中收入辞典的典故达 700 多条。数百年来，《圣经》在整个西方文明的形成和发展中，起了不可估量的作用。其古朴优美的文字、典雅精湛的语言大大丰富了英语的表现力，并形成了独树一帜的“圣经文体”。《圣经》在西方语言文化中所起的作用是不可比拟的。《圣经》涉及远古社会的神话、传说、历史、体制、律法、民俗和伦理，是一部包罗万象的古代文化百科全书，是世界广为流传的众多文化典故之源。如 as old as Adam，据《圣经》记载，Adam 为人类的始祖，即最古老的人物，现意为“非常古老或非常陈旧”；fig leaf，指遮盖隐处、维持体面的无花果叶，此语典出《圣经·创世记》，亚当和夏娃二人的眼睛就明亮了，才知道自己赤身露体，便拿无花果树的叶子，为自己编裙子；the apple of discord，传说厄里斯女神因未被邀请去参加 Thetis 和 Peleus 的婚礼，由此怀恨在心，便把一只金苹果扔在参加婚礼的神与女神中间，特洛伊王子帕里斯把它给了女神中最漂亮的维纳斯，从而引起了古希腊人和特洛伊人之间的特洛伊战争，用来比喻“动乱的根源、斗争的原因”；Homer sometimes nods，“智者千虑，必有一失”，出自罗马诗人兼讽刺文学家贺拉斯在《论诗》中的一句话；Sword of Damocles，达摩克利斯的宝剑，出自古代希腊历史故事，用来喻指临头的危险或迫在眉睫的危急情况，类似于汉语的“大祸临头”。

（二）汉英典故的来源和文化内涵

无论是汉语典故，还是英美文化中的典故，来源基本上是相似的，大致包括以下几个方面。

1. 神话故事

神话故事是我们古人创作的关于神仙或一些历史古代英雄的故事，体现了古代劳动人民对社会生活美好的向往或对一些自然现象给予的天真解释等。它属于最古老的典故形式之一，是古代精神文明生活的一种现代映射。由于中西方的历史背景不同，以历史背景为主要题材的神话故事也大相径庭。

西方的英文神话典故很多来自于希腊、罗马神话故事，如“Cupid”（爱神丘比特，喻指美少年）、“the sword of Damocles”（达摩克利斯之剑，喻指形势危急，千钧一发）、“Pandora’s box”（潘多拉的盒子，喻指灾难的根源，万恶之源）、“Trojan Horse”（特洛伊木马，喻指打入敌人内部的人）等。实际上，这些神话故事深深地影响着整个西方文化。

汉语神话典故多反映汉族古代人民对社会生活和自然现象的认识，并且每个典故都留下了一段感人的故事，如“一箭双雕”（to kill two birds with one stone）（出自《北史·长孙及传》）、“牛郎织女”（the legend of love，cowboy and weaving girl）（出自

《述异记》)、“嫦娥奔月”(the Goddess Chang’s fly to the moon)(出自《淮南子·览冥训》)、负荆请罪(offer a humbel apology)(出自《史记·廉颇蔺相如列传》)等。

2. 历史事件

英国虽然是一个历史悠久的国家，但其历史典故却只有少数反映着本民族的故事，更多的是来自于欧洲众国的历史事件，如“meet one’s Waterloo”(喻一败涂地，惨遭失败)。

中华民族是一个经历多次改朝换代、历史悠久的古国，且每个朝代都会有重大的历史事件发生，基于此，大量反映历史事件和故事的历史典故就进入了语言发展中，如“闻鸡起舞”(rise up upon hearing the crow of a rooster and practise with the sword)原意为听到鸡叫就起来舞剑，后比喻有志报国的人及时奋起。典出自《晋书·祖逖传》：传说东晋时期将领祖逖他年轻时就很有抱负，每次和好友刘琨谈论时局，总是慷慨激昂，满怀义愤，为了报效国家，他们在半夜一听到鸡鸣，就披衣起床，拔剑练武，刻苦锻炼。“四面楚歌”(be besieged on all sides)(出自《史记·项羽本纪》)、“卧薪尝胆”(undergo self-imposed hardships so as to strengthen one’s resolve to do sth)(出自《史记·越王勾践世家》)等。

3. 寓言、童话故事

寓言故事虽然字数不多，但大多短小精悍，同样也有着深厚浓郁的历史色彩，给人以深刻的寓意，耐人寻味。汉语中的寓言故事同样多来自古代典籍之中，这些传承下来的经典语言故事多来自先秦时期，因此最经典的寓言、童话、典故也多出自这个时代，例如“揠苗助长”(pull up seedlings to help them grow)、“刻舟求剑”(take measures without attention to changes in circumstances)、“狐假虎威”(adorn oneself with borrowed plumes)、“滥竽充数”(hold a post without qualifications)、“画蛇添足”(gild the lily)等，先秦后的经典寓言故事也同样闻名遐迩，如“东郭先生”(a naive person who gets into trouble through being softhearted to evil people)、“黔驴技穷”(at one’s wits’ end)等。

而西方的寓言、童话故事更多地受到来自世界童话故事的影响，如《格林童话》、《安徒生童话》等。这些美妙的童话故事为英美文化的浪漫文学提供了丰富的素材和基础，如“ugly duckling”(丑小鸭，这个典故寓意小时候长得难看，而长大后却非常好看的人或物)、“kill the golden goose to get the eggs”(译为杀鸡取卵)、“open sesame”(译为芝麻开门，喻为秘诀或关键)等。这些寓言、童话故事往往给人以教育意义或重要启发。

4. 文学作品

文学作品同样也是来自历史印记中用之不尽、取之不竭的经典源泉。纵观历史长河的发展，从古至今，一些具有鲜明特色作品中所描述的人或事，均会被读者拿来引用。从先秦到明清，中华民族一代代传承下来的诗、词、歌、赋、杂剧、小说等可谓世界文学的经典，如“林黛玉”(出自曹雪芹的《红楼梦》)、“三顾茅庐”(three visits to the hut)(出自罗贯中的《三国演义》)、“梁山好汉”(Leong’s legends)(出自施耐庵

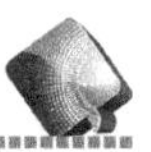

的《水浒传》)、“唐僧肉”(出自吴承恩的《西游记》)等。

而英语中文学典故多来自像莎士比亚等著名作家,如“Man Friday”(喻指忠实的仆人)、“Tartuffe”(意为假信徒、伪君子)等。

5. 宗教典籍

中西方宗教信仰有着巨大的差异,这一点从宗教典故中可以清晰地体现出来。虽然中华民族早在几千年前就有自己的宗教信仰——儒教(以孔子为先师)和道教(以老子的《道德经》为主要经典),但后来由于深受印度佛教的影响,佛教成了汉族人民信奉的主要宗教派别。佛教是在我国隋唐时间开始达到鼎盛的,尤其是随着《佛经》的汉译,佛教深到影响了汉族人民的生活、社交、政治等各个方面,与此同时,与佛教相关的经典典故也就成了伴随汉语文化发展的主要经典典故来源,由《佛经》故事演变为我们常说的经典典故不胜枚举,如“一尘不染”(spotless)、“大彻大悟”(great awakening)、“歪门邪道”(crooked ways)、“飞蛾投火”(seeking one's own doom)、“不看僧面看佛面”(do sth. out of consideration of sb. else)等。

而西方英美文化受《圣经》的影响则较多,虽然英国也有自己专属的国教,但其国教实质仍属于基督教的产物,自6世纪基督教《圣经》传入英国以后,英国的宫廷都深受其影响,更不必说普通老百姓了。于是《圣经》中的英文典故广为传诵,如Noah's Ark(诺亚方舟,在《圣经》中的寓意是安全的地方或难所)、the Land of Promise(希望之乡,尤指上帝所应许的地方)、Garden of Eden(伊甸园,寓意为天堂或乐园)等。

《浮生六记》中的典故来源

下面结合《浮生六记》中的典故来具体分析典故的来源。一代大文豪沈复在《浮生六记》中频频用典:刻画人物时用典、叙事时用典、写景时用典、评论时用典、讨论时用典,甚至在与妻子的日常对话中也典故不断。这使得他的论点铿锵有力,语言真挚感人,描写美丽动人。具体见下例:

(1) 但李诗宛如**姑射仙子**,有一种落花流水之趣,令人可爱。(《浮生六记》卷一,第20页)

But Li Po's poems have the wayward charm of a ***nymph***. His lines come naturally like dropping petals and flowing waters, and are so much lovelier for their spontaneity. (林语堂译)

(2) 芸没后,忆和靖“**妻梅子鹤**”语,自号梅逸。(《浮生六记》卷三,第184页)

After Yun's death, I thought of the poet Lin Hoching who “***took the plum-trees for his wives and a stock for his son***,” and I called myself “Meiyi,” meaning “one bereaved of the plum tree.”

(3) 余曰:“卿果中道相舍,断无再续之理。况‘**曾经沧海难为水,除却巫山不是云**’耳。”(《浮生六记》卷三,第177页)

"Even if you should have leave me half-way like this, I said, I shall never marry again. Besides, '***It is difficult to be water for one who has seen the great seas, and difficult to be clouds for one who has been the Yangtze Gorges.***'"

(4) 蒙夫人抬举，真**蓬蒿倚玉树**也。(《浮生六记》卷一，第78页)

I should feel greatly honored if I could come to your home. (林语堂译)

评析 例(1)中"姑射仙子"是中国传统神话传说中的仙女，最早出自《庄子·逍遥游》。林在翻译时，将其译成了"nymph"(指希腊神话中的女神)，这一替换，在内容和形式上都忠实于原作，且令目的语读者易于接受。

例(2)中林和靖是北宋早期的著名隐士，一生未婚，也不曾入朝为官。他性情淡泊，爱梅如痴，把梅当成自己的妻儿。沈复引用此典意在说明他为何以"梅逸"为号，沈复认为自己痛失爱妻芸如同林和靖痛失爱梅一样。翻译时，林先用拼音译出，随后给予简单的解释，在形式和内容上均达到了对等，确保译文读者明了原作。

例(3)中"曾经沧海难为水，除却巫山不是云"出自唐朝诗人元稹的《离思》。在病榻前，芸希望其夫沈复能在她走后再娶来照顾沈复和他的家人。沈复爱妻心切，通过引用此典来向妻子表明心迹：绝不再娶。凭借着深厚的汉英语言功底和对中西文化的熟知，林并没有完全忠实于原作，他只是译出原文的大致意思，并且在翻译后半句时，用西方读者所知道的"the Yangtze Gorges"来代替"巫山"，更易于目的语读者接受，增强了译本的可读性。

例(4)中的"蓬蒿"常用来指地位低微且贫困的人，而"玉树"则指外表高贵且受人尊敬的人。"蓬蒿倚玉树"出自《世说新语》中的"魏明帝使后弟毛曾与夏侯玄共坐，时人谓'蒹葭倚玉树'"。此后，人们常用"蓬蒿倚玉树"指卑微之人能够和杰出人士一起工作或学习是一种无上的荣耀。林在处理这一典故时，直接采用了归化的翻译策略，将其译成了"I should feel greatly honored if I could come to your home"，简单明了地译出了其所指，让目的语读者不费力气就能明白其含义。

(三) 汉语典故的翻译

典故是语言的浓缩和精华。引典入文，既可以丰富文章的内容，又可以开阔想象空间，增强文章的艺术魅力。作为一种高度浓缩的语言形式，典故的使用要讲究艺术性，若使用得当，可增强文章的气氛，耐人寻味；含蕴深厚；否则将适得其反。因此，典故的翻译可谓难上加难。在翻译典故时一定要慎之又慎，一方面对文化差异带来语义丢失进行补偿；另一方面在补偿的同时注意保持典故中鲜明的民族色彩、形象的语言特色，以及丰富的联想意义。直译也许是最佳选择，但要使不懂原语国情的译语读者理解其含义，注释是非常必要的。所以典故翻译应以直译为主，同时辅之以其他补偿手段。

1. 直译

直接在译文中译出原始的典故，不加注释。直译典故带来的文化异域感和新鲜感赋予了译文独特的审美价值。如果原作的语境足够，译文读者通过直译的典故也可以推测出原文的暗含意义。随着社会的发展，科技的现代化，人们之间的文化交流空前频繁。文化领域呈现出隔阂减少，融汇通合的趋势。有些典故在世界范围内流传很广，几乎家喻户晓。甚至有些已随着时代的发展渗入、融合到很多国家文化宝库之中。这样的典故词语可以采用直译。这种译法既能保持典故形象鲜明的特色，又能引起读者正确的联想。更重要的是，读者能在全面理解的基础上细细品味原作的"原汁原味"。

(1) 你难道没听见人说：***嫁鸡随鸡，嫁狗随狗***？(《红楼梦》第八十一回)

Surely you know the saying, "***Marry a cock and follow the cock; marry a dog and follow the dog***?"(杨译)

(2) "好容易熬了一天，这会子，瞧见你们，竟如死而复生的一样。真真古人说'***一日三秋***'……"(《红楼梦》第八十二回)

"But I survived it somehow, and now that we're together again I feel as if I'd just risen from the dead! ***One day apart seems three autumns***..."(杨译)

(3) 送给女人的东西，很少是自己的，拆穿了都是***借花献佛***。(《围城》)

Gifts to woman are rarely one's own; it's nothing more than ***borrowing flowers to offer to Buddha***. (凯利，茅国权译)

评析　对于含义比较明确、寓意不太深、英译后不会引起文化冲突的成语或典故，译者一般都采用直译法，保留其原有的形象特征，这有利于保留原语典故的民族特色，有利于英汉文化交流和融合，并能丰富译文语言的表达力。

例(1)中"嫁鸡随鸡，嫁狗随狗"这个典故出自于宋代赵汝鐩的《古别离》："嫁狗逐狗鸡逐鸡，耿耿不寐展转思。"比喻为女子出嫁后，不论丈夫好坏，都要永远跟从，无自由主权。在中国读者和西方读者的认知环境中，鸡和狗在这个例句当中所表达的意思是相同的。因此，译者在翻译过程中，保留了原文的本体和喻体，意图是让译文读者付出一定的努力去获得最佳的语境效果，并能够将汉语文化带入目的语文化中。文化共性在这一点上可以帮助译文达到最佳关联。因此杨氏将之直译，借助文中语境，译文读者可以推测出这应该是"A woman shares the fate of the man she married, no matter what he is"的意思。

例(2)出自宝玉被贾政叫去念书，回来对黛玉说的话。其中，"一日三秋"源自《诗经》的"一日不见，如三秋兮"。在这里，宝玉用它来形容念书的无聊，说明自己只想在园子里和黛玉她们厮混。杨译该句时，根据关联理论中"处理话语努力越小，关联性越大"的定义，考虑到在此加注不仅仅意义不大，而且有可能会牵连进太多更待解释却无关痛痒的内容，反而加重译者的负担，所以仍是采用直译不加注释的方法。

例(3)中"借花献佛"这个典故出自《过去现在因果经》，"今我女弱不能得前，请寄二花以献于佛"，比喻用别人的东西做人情。译者运用直译的翻译方法，通过

“花”和“佛”两个意象不仅向读者展示了鲜明的中国传统文化特色，而且体现出了原语的具体语境，因此译文对于读者来说是比较容易接受的。

2. 直译加注

直译加注指的是译出典故的明示信息，并在注释中适当地介绍典故的来源、含义或有关的文化背景知识。有时在译文中采用直译法保留了原文的典故形象，但由于文化差异，典故的含义即蕴含的互文性知识难以为译语读者所理解，特别是有些典故蕴含着一个历史事件或一个故事，为了便于译文读者的理解，译者要完全体现原文的含义，加注不失为一种行之有效的方法。尽管这样翻译需要读者的思考和理解，但是能获得更大的语境效果。

(1)“难道这也是个痴丫头，又像颦儿来葬花不成?”因又自笑道：“若真也葬花，可谓‘***东施效颦***’了；不但不为新奇，而且更是可厌。”(《红楼梦》第三十回)

“Can this be another absurd maid come to bury flowers like Daiyu?” he wondered in some amusement. “If so, she's ‘***Dong Shi imitating Xi Shi***’, which isn't original but rather tiresome.”(杨译)

(2)“这不是吃菜，这像***神农***尝百草。”(《围城》)

That's not eating, that's more like ***the Divine Farmer*** testing a hundred varieties of herbs.

Note: A legendary emperor of China (2838-2698B. C.) supposed to have introduced agriculture and herbal medicine to China. (凯利，茅国权译)

(3)“你我他”小姐，咱们没有“***举碗齐眉***”的缘分，希望另有好运气的人来爱上您。(钱钟书《围城》)

We just weren't meant to “***raise the bow to the eyebrows***”.

Note: A play on the expression “Raise the tray to the eyebrows”, which connotes mutual respect between husband and wife. (凯利，茅国权译)

(4) 芸谓华夫人曰：“今日真如渔父入***桃源***矣。”(《浮生六记》卷三，第155页)

“Now I really feel like the fisherman who went up to ***the Peach-Blossom Spring***,” said Yun to Mrs. Hua. (林语堂译)

(5) 众喜，曰：“非君则***武陵源***矣!”(《浮生六记》卷四，第293页)

Everyone was delighted, and said, “If it hadn't been for you, this temple wouldn't have been like ***the spring at Wuling.***” (***Wuling was the district from where the fisherman in T'ao Ch'ien's essay set out on the say he stumbled across the Peach Blossom Spring***)(白伦，江素惠译)

评析 有些典故虽然在世界流传较广，但在译语国家可能有相当一部分读者不知道由来，如果直译，必然使这部分读者如堕五里雾中不知所云。因此我们必须在直译的同时加以注释。

例(1)中的“东施效颦”出自于庄周的《庄子·天运》。说的是美女西施因心病

而颦。街上有一丑女（后人取名“东施”）见了，以为很美，回家以后也捂着胸口学西施皱眉头，结果弄巧成拙，显得丑上加丑。杨氏夫妇采用了先直接译出原文作者的明示信息“Dong Shi imitating Xi Shi”，后加注“Xi Shi was a famous beauty in the ancient Kingdom of Yue. Dong Shi was an ugly who tried to imitate her ways”。这样一来，译者运用关联理论指导，在翻译的过程当中阐释其明示意义，并在注释中传达其暗含意义。

例（2）中“神农”即“神农氏”，也就是华夏文明的创造者“炎帝”，相传神农氏为解除人民病痛，亲尝各种植物中毒，又吃茶而解毒的故事，用来比喻爱民如子的大无畏精神。译者对典故的功能正确再现后，通过注释典故的来源让读者对典故的寓意一目了然，不仅符合读者的接受能力，而且达到了文化传播的作用。

例（3）中“举碗齐眉”是“举案齐眉”的套用。“举案齐眉”是一个历史典故，指送饭时，把放菜的托盘举得与眉毛相齐，形容夫妻间友好和睦，相敬如宾。如果英译时没有注释，读者会因为不了解中国古代的纲常礼节而困惑，所以为了充分理解原语文本并深入认识中国文化，直译加注释是正确的翻译方法。

例（4）“渔父入桃源”出自东晋大诗人陶渊明（又名陶潜）所写的散文代表作《桃花源记》。《桃花源记》描述的是一渔夫沿溪划船时，偶见世外桃源入口，得以进入其中的奇特经历。原文的背景是沈复夫妇因故被迫离家，来到乡下芸的结拜姐姐华夫人家中避难，受到华家的热情款待。村中妇人、小孩得知后也争相拥至华家，有的表示问候，有的打听消息，交头接耳，满屋啾啾。这与《桃花源记》中渔夫来到世外桃源时的情形相似，因此，芸有感而发，道出此语。林语堂采用直译法，并添加脚注“reference to an idyllic retreat mentioned in an essay by Tao Yuanming”，简单地介绍了这一典故的来源，更利于目的语读者理解芸病中居住地是怎样的光景。

例（5）中的“武陵源”亦出自陶渊明的《桃花源记》。《桃花源记》中的渔夫为武陵人氏，故他们将桃花源称为武陵源。据载，当渔夫走出桃源后再次寻访时，桃花源便烟消云散，不知所往。原文的背景是竹逸和尚带沈复等几位友人寻访无隐庵。竹逸虽去过一次，但因其在山间的地理位置极其偏僻，所以他找不到路了。一筹莫展之际，多亏沈复细心查看，带领众人横穿竹林寻觅，才最终得以到达。原文是其友人大喜之时的感叹之语，意思是“没有你，这里就成了难以问津的武陵源了！”此处，林语堂出于对阅读流畅的考量，采取了意译法，将之翻译为“They were all delighted and gave me full credit for finding the place”；而白、江二人则采用直译并详加注释的方法，在保证读者能理解的前提下又不失时机地将目的语文化灌输给读者，更有利于文化交流和传播。

采用同样的方法，我们可以将“三个臭皮匠，胜过诸葛亮”这个典故译为“The old saying, ‘Three cobblers with their wits combined would equal Zhuge Liang the master mind’, simply means the masses have great creative power”。通过加注说明这个典故主要突出群众力量大，从而让读者明白典故深刻的寓意，实现译文的可接受性。

3. 意译

有些典故或习语由于牵涉的故事情节比较复杂，注释显然有冗长繁杂之嫌，特别在口译的场合下，过多的解释会影响交流的连续性。因此对有些典故来说，只需解释原语词句在上下文的意味，用译语习语和文化真实地再现原文信息。

(1) 从小儿***三灾八难***，花的银子照样打出你这个银人儿来了。(《红楼梦》第四十五回)

You've ***had one trouble after another*** since you were a boy, and the money we've spent on you would make a silver statue bigger than you are. (杨译)

(2) 宝钗笑道："我说你'***得陇望蜀***'呢。我劝你且缓一缓。"(《红楼梦》第四十八回)

Bao-chai laughed, "You're like the famous general: '***one conquest breeds appetite for another.***' I advise you to take things more gently." (杨译)

(3) 于是相挽登舟，返棹至万年桥下，***阳乌***未落也。(《浮生六记》卷一，第65页)

We then came back hand-in-hand to the boat, and when we stopped at the Bridge of Ten Thousand Years. ***The sun*** had not yet gone down. (林语堂译)

(4) 红白相间，神游其中，如登***蓬岛***。(《浮生六记》卷二，第103页)

Looking at it, one could imagine oneself transported to some ***fairy region***. (林语堂译)

(5) 不得已，仍为"***冯妇***"。馆江北四年，一无快游可记。(《浮生六记》卷四，第249页)

I was then compelled to ***return to my profession as a salaried man***, in which capacity I stayed four years in Kiangpei, during which period I did not enjoy any travel worth recording. (林语堂译)

评析 例(1)中"三灾八难"出自佛教用语。佛教以水灾、火灾、风灾为三大灾，刀兵、饥馑、疫病为三小灾。八难指影响修道成佛的八种障碍，如作恶多端、安逸享受等，后泛指各种疾病灾难。"三灾八难"中的"三"和"八"都是概数，形容次数之多。整个词用来比喻小孩生来多病，也形容经常遭遇不幸。这句话指的是小孩子体弱多病，小病小痛不断，花了不少钱来求医治病。译者舍弃了"三灾八难"的典故形象，而用"have one trouble after another"来做解释，这样一来，译文读者可以用最小的努力获得最大的语境效果。

例(2)中"得陇望蜀"是一个文学和历史典故，出自《后汉书·岑彭传》。相传东汉初年，隗嚣割据陇地，公孙述割据蜀地，二人自立为王，相互勾结，对抗朝廷。建武八年，光武帝刘秀与东汉初年将军岑彭率军攻破天水(今属甘肃省)，岑彭又与偏将吴汉把隗嚣包围在西城。公孙述派兵来援救隗嚣，驻扎在上邦，光武又派盖延、耿弇包围之，自己回兵东归。回到京都，刘秀给岑彭去信说："两城若下，便可带兵向南击破蜀虏。人若不知足，即平陇，复望蜀。"意思是平定陇后不应满足，紧接南下平定

蜀。后来“既平陇，复望蜀”就演变为成语“得陇望蜀”，意思也变成形容得寸进尺，贪心不足。此句是指好学的丫鬟香菱被允许入园与宝钗做伴之后，又要求宝钗教她作诗。于是宝钗嗔怪起她得陇望蜀，求学心切，实际上并无责怪之意。在关联理论的关照下，译者在翻译此句时，为了让译文读者理解这带有浓厚民族色彩及文化底蕴的典故，采用了增译的手法，让译句的主句由“the famous general”充当。整句话译下来，译文读者不需要花太多的努力便可获得足够的语境效果，与原文读者的反应达到动态上对等，最大限度上理解这个典故的含义。这种直译加注释的处理可以在不脱离汉语语言的框架外形这个前提下，完成必要的文化内涵转化，实现译文读者和原文的最佳关联。

在中国的神话传说中，例（3）中的“阳乌”是一种仙鸟，又名金乌、三足乌。据传古时太阳黑子出现时，人们就以为是这只长着黑色羽毛的飞鸟出现了。阳乌不同于平常的鸟类，因为人们认为它有三只脚，又跟太阳有关，就称其为阳乌。古人认为之所以会有日出日落，是因为在太阳里有机器在运转，而阳乌就被认为是这一机器的掌控者。因此，阳乌实际上就是太阳。根据奈达的功能对等理论，译本的翻译是否忠实于原作就看它究竟在何种程度上忠实于原文文本的意图。而在英语文化里，乌鸦和太阳本没有这层联系，也就是说，“阳乌”在中国读者脑海里的这层联想，西方读者是不会有的。因此在这里，“阳乌”这一文化底蕴着实难以向西方读者传达，为避免歧义，林先生只能选择用“the sun”来对应“阳乌”，在意义上达到忠实于原文。

例（4）中的“蓬岛”，又称“蓬莱”，是中国古代传说中的神山名，常用来泛指仙境。而林语堂则省略了这一文化意象，将其意译为“some fairy region”；白伦、江素惠二人却在其译本中将其直译为“Penglai Island”，并在书后加注“an island of the immortals”，试图保留典故的文化意象，从文化传播的角度来说似乎更好。

例（5）中“冯妇”是一人名。“仍为冯妇”或“再作冯妇”语出《孟子·尽心下》：“是为冯妇也。晋人有冯妇者，善搏虎，卒为善士。则之野，有众逐虎。虎负嵎，莫之敢撄。望见冯妇，趋而迎之。冯妇攘臂下车。众皆悦之，其为士者笑之。”后用来比喻“重操旧业”。林语堂意译了这一典故，为读者扫除了理解上的障碍，便于他们理解和接受。

经典的还有“一个和尚挑水喝，两个和尚抬水喝，三个和尚没水喝”。此典故就可译为“Everybody's business is nobody's business.”这类典故便不适合直译法，需要我们深刻理解语言背景后的文化后将其翻译出来。

4. 音译或音译加注

（1）不得已，仍为***“冯妇”***。（《浮生六记》卷四，第249页）

I was obliged to be ***Feng Fu***, and ***return to official work.***

(Feng Fu was an apparently formidable guy of the Jin Dynasty whom Mencius says was well known for protecting local villagers from tigers. He became much respected by the local gentry when he gave up this low-class occupation in search of a more refined life, but was later scorned by them when he went back to killing tigers at the villager's request.)（白伦，江素惠译）

（2）***鸿案相庄***廿有三年，年愈久而情愈密。（《浮生六记》卷一，第25页）

And so we remained courteous to each other for twenty-three years of our married life like ***Liang Huang and Meng Kuang*** (***of the East Han Dynasty***), and the longer we stayed together, the more passionately attached we became to each other.（林语堂译）

（3）遯翁一天听太太批评亲家母，灵感忽来。日记上添了精彩的一条，说他现在明白有什么两家攀亲要叫"***结为秦晋***"。（钱钟书《围城》）

One day after hearing his wife criticize Mrs. Sun, Tun-weng in a sudden inspiration added a splendid passage in his diary stating that now at last he understood why two families seeking a marriage alliance called it "***joining together as Ch'in and Tsin.***"（凯利，茅国权译）

（4）芸曰："肥者有福相。"余曰："***马嵬***之祸，***玉环***之福安在?"（《浮生六记》卷四，第227页）

"But a plump person has good luck," replied Yun. "What about ***the fat Yang Kueifei*** who died at ***Mawei***?"（林语堂译）

（5）腐不敢强，瓜可掩鼻略尝，入咽知其美；此犹***无盐***貌丑而德美也。（《浮生六记》卷一，第43页）

I won't compel you to eat stinking bean-curd, but cucumber is really very nice, if you hold your breath while eating. You will see when you have tasted it yourself. It is like ***WuYien***, an ugly but virtuous woman of old.（林语堂译）

评析　对于例（1）中"冯妇"的翻译，林语堂先生采用的典型的意译法，省去"冯妇"，直接意译出这个典故的真正内涵，简单直接。但白伦和江素惠为了让读者了解"冯妇"这一典故，则采用音译加注的方法，忠实地传达了原文的文化内涵。

例（2）中"鸿案相庄"典出《后汉书·逸民传·梁鸿》。据载，鸿家贫而有节操。妻孟光，有贤德。每食，光必对鸿举案齐眉，以示敬重。后以"鸿案相庄"表示夫妻和好相敬，也谓"结为伉俪"。沈复借用这一典故说明他与妻子芸婚后相爱相敬、情深意笃23年。林语堂对原文进行了适当的增补并在括号内添加注释，简要介绍了这一典故，既便于目的语读者理解，同时又更好地促进了中国文化的传播。

例（3）中"结为秦晋 "语出典故"秦晋之好"。"秦晋之好"意为春秋时秦晋两国世为婚姻，后因称两姓联姻为"秦晋之好"，亦作"秦晋之匹"、"秦晋之偶"、"秦晋之盟"、"秦晋之约"。此句中"结为秦晋 "指方家和孙家两家联姻。译者将"秦晋"直接音译并未加注并不影响读者的理解，因为原文中紧接着对"秦晋之好"的典故进行了详细的介绍，读者接着往后看自然就明白其中的意味了。

例（4）756年，叛贼安禄山攻破潼关，直逼长安，唐玄宗仓皇逃往四川。途经马嵬时，士兵哗变，奸臣杨国忠被士兵处死，唐玄宗被迫要杀死爱妃杨贵妃，最终，杨贵妃自杀在马嵬。沈复引此典来反驳妻子的"肥者有福相"。处理这句话时，林把典故

中的人名“玉环”和地名“马嵬”，分别直译成了“the fat Yang Kueifei ”和“Mawei”，同时为了帮助读者更好地理解沈复选用杨贵妃一例的原因，林还在杨贵妃前增加了“fat”一词，简单明了，易于理解。

例（5）中“无盐”为中国古代相传的贤良淑德的女子，虽其容貌丑陋。译文中将“无盐”这个人名音译，通过后面一句简短的解释性话语使句意完整明了，又忠实于原文，丝毫不影响目的语读者的理解。

5. 套译

汉语典故成语与英语典故成语各有其民族文化渊源，相同之处甚少，即使可以找到一些含义近似的典故，但用在译文中往往会因民族文化色彩不协调而显得不伦不类，所以，一般说来，翻译中不宜用典故成语套译典故成语，但也不是完全没有。这里所提到的套译，是指以英语中相应或同义的习语或谚语，将原文中的成语之类作对等的翻译。

（1）又在扬州商家见有虞山游客携送黄杨翠伯各一盆，惜乎***明珠暗投***。（《浮生六记》卷二，第95页）

Once I also saw at the home of a merchant at Yang-chow two pots, one of boxwood and one of cypress, presented to him by a friend from Yushan, but this was like ***casting pearls before swine***.（林语堂译）

（2）宜将剩勇追穷寇，***不可沽名学霸王***。（毛泽东《七律·人民解放军占领南京》）

With our courage unspent pursue the foe o'erthrown!

Do not fish like the Herculean King for renown.（许渊冲译）

评析 例（1）中“明珠暗投”出自司马迁的《史记》，喻指好东西落到不识货的人手里。在原文中，这样珍贵的黄杨翠柏本应该留在那些懂得欣赏和有品位的人手里，而非一个对此一无所知且毫无品位可言的商人手里，因此沈复在此使用了“明珠暗投”一词。翻译时，林先生采用了归化的策略，将其译成“casting pearls before swine”，而“pearls before swine”的含义为“valuable things offered or given to people who do not appreciate them”，正与“明珠暗投”之意不谋而合。译者借用英语中现成的俗语来翻译，在不损害原文含义的情况下使读者读来易于理解，且倍感亲切。

例（2）中许渊冲则通过文化意象替代的方式，以古希腊、罗马中的大力神“Herculean”替代“楚霸王”，更易于译语读者接受。

将一种语言译成完全不同的另一种语言绝非易事，而将带有浓厚的民族色彩、不同的文化渊源的典故恰到好处地翻译出来更是难上加难，难免出现顾此失彼的现象。这就要求译者在实际翻译过程中灵活机动，不断变换方法，还必须根据不同情景、具体的上下文及读者的需要选择最合适的翻译方法，既准确地传达原文信息，又能最大程度地保持其民族特色，译出点“洋”味、“异”味。

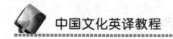

第四节　汉语歇后语文化与翻译

歇后语是汉语习语中一种独特的语言形式，其结构在其他语言中几乎难以找到相应的表达方式。它具有生动形象、诙谐幽默等特点，是人民大众中广为流传、喜闻乐见的一种语言形式。歇后语一般通过比喻、谐音、双关等修辞手法，形象鲜明，立意新奇，常常意出言外。因此，歇后语在文学作品中的运用也极为频繁，它以其生动的比喻、丰富的联想、诙谐风趣的风格大大增强了作品的艺术感染力。歇后语凝练简达，形象鲜明，往往带有浓厚的民族色彩和地方色彩；其比喻形象，联想丰富，是经过长时间的使用提炼出来的语言精华，是人们智慧的结晶。它结构稳定，意义完整，翻译时应尽量保持与原语一致。

（一）歇后语的定义和结构特点

汉语歇后语是“由两个部分组成的一句话，前一部分像谜面，后一部分像谜底，有时只说前一部分，而本意在后一部分。大部分歇后语都采用比喻这一修辞方式”。也就是说，前一部分是一个形象的比喻，可称为喻体；后一部分是对前一部分比喻的解释或说明，可称为本体。就歇后语前后两部分的联系方式而言，大致可分为两类：比喻式歇后语与双关式歇后语（郭建中，1996）。

1. 比喻式歇后语

比喻式歇后语前半部分是比喻，后半部分是本意，两者在逻辑上的内在联系十分清楚。比喻式歇后语在说明方式上略有不同：有直接说明的，也有评论性质的。比如：

兔子的尾巴——长不了

刘备摔孩子——收买人心

这两个例子中，前半部分是比喻，后半部分是本意。其间的说明方式略有不同。第一例的解说是直接的；第二例的解说具有评论揭示的性质。

（1）去设埋伏我们都没有信心，想他一定在昨天晚上就早溜了，今天去也是***瞎子点灯——白费蜡***。（曲波《林海雪原》）

We had no confidence in today's ambush because we were sure he had escaped last night. It seemed ***as useless as a blind man lighting a candle***.

（2）那宝玉是个***丈八的灯台——照见人家，照不见自家***。只知嫌人家脏，这是他的屋子，由着你们糟蹋，越不成体统了。（《红楼梦》第十九回）

As for Baoyu, he's like ***a six-foot lampstand that lights up others but stays dark itself***. He is always on about how dirty other people are, but look at the mes he allows you to make of his own room! Disgraceful, I call it.（杨译）

2. 双关式歇后语

双关式歇后语其后面的说明部分一语双关，既有照应比喻部分的意义，又有其他引申意义。即字面意思是对前半部分作解释说明，但其实际意思表达的却是与整个上下文中完全不同的语义。双关歇后语又分谐意和谐音两种，如孔夫子搬家——净是输（书）；狗撵鸭子——呱呱叫。其中第一例是谐音双关；第二例是谐意双关。

（1）谐意双关

一根筷子吃藕——挑眼

Eating lily root with only one chopstick—picking it up by the holes.

原文中“挑眼”的字面意指用一根筷子挑着藕片上的眼，其实际意义则是“挑毛病，找碴儿”（pick flaws）。

（2）谐音双关

三九的萝卜——冻了心（动了心）

A mid-winter turnip (in the third period of nine days after the winter solstice) —the heart is frozen (affected in heart)

原文中“冻了心”字面意义是指天冷使萝卜从心儿里冻了。与“动了心”同音，起到谐音双关的效果。

① 她一想起最近车间生产的情形，心里就不满意，越说越生气，“……再试纺，顶多忙一阵子，过了几天，还不是***外甥打灯笼——照舅（旧）***。”（《上海的早晨》）

The thought of what the work had been like in the shop just recently made her annoyed and the more she said, the angrier she became: “... And if we're now going to have a check spinning only mean that we'll be busier than a spell and then after a few days things ***back to what they were before***.” (A. C. Barnes 译)

② 唉！他说命太苦，头一回说亲说了个你，闹了一回子，谁知道***柳树上开花——没结果***。这一回说了个翠花儿，眼看要过门了，又飞来个横祸。（《新儿女英雄传》）

Ai! He says life is too cruel. First he wanted me to marry you, and thought it was all arranged. Who knew that it would be like ***the willow tree and blossom but not bear fruit***? Then when Hua had almost crossed our threshold, there was that terrible calamity. (沙博理译)

（二）歇后语的文化内涵

歇后语的翻译绝不能仅仅着眼于语言转换，而要透过语言表层，了解其蕴含的文化内涵。只有剖析歇后语的文化内涵，仔细比较汉英文化，歇后语的翻译才能达到“信、达、雅”的境界。歇后语的文化内涵在汉英对比中呈现下列几种情形。

1. 汉英喻体和文化内涵相似

有些歇后语无论在意义上还是在形象上都与英语在文化内涵上大致相同，在这种情形下两者之间便可进行对等翻译。

（1）老鼠过街——人人喊打（A rat runs across the street—everyone joins the hue and cry）：用来比喻害人的东西，万众痛恨（An evildoer is hated by all）。

（2）聋子的耳朵——摆设（A deaf man's ears— just for show）：指某人某物虚有其表或徒有虚名而实际上不起作用（Someone or something that has a fine appearance but no substantial content merely for show and without pragmatic value）。

（3）竹篮打水——一场空（Drawing water from a bamboo basket—all in vain）：竹篮多孔装水必漏，比喻希望与努力完全落空，白费心机（Achieving nothing in the end though one has tried very hard）。

2. 汉英喻体和文化内涵不同

汉、英语毕竟分属不同的语系，产生于不同的文化背景，完全对应的喻体与文化内涵相一致的现象非常少。因此，大量的歇后语所表现出的文化特征只是部分地对应或毫无相同之处。

（1）猫哭老鼠——假慈悲（A cat crying over a mouse's misfortune—sham mercy）

这里的"猫"比喻那些内心残忍而伪装仁慈善良的人（Those who are ruthless inside but put on a show of benevolence），英语中的 cat 并无此等恶名，反而作为宠物深受人们喜爱。因此，可以用"to shed crocodile tears"来套译。

（2）山中无老虎——猴子称大王（ When the tiger is away from the mountain—the monkey calls himself the king.）

这个歇后语与英语习语"In the kingdom of the blind，the one-eyed is king（盲人国里独眼为王）"意思接近，但文化内涵并非完全等同，因为英语国家的动物王国中，狮子为百兽之王。

3. 文化背景不同　表达方式迥异

歇后语的文化特色无不与其丰富多彩的来源有不可分割的联系，中国独特的地理环境、宗教信仰、生活习惯、社会风俗、历史典故、思维观念和道德标准产生了许多中国式的表达方式，绝大多数歇后语正是这种典型中国文化的折射。

（1）阎王爷出告示——鬼话连篇（The king of the Hell's announcement—a whole series of lies）

佛教称掌管地狱的神为阎王爷，他出的告示自然都是讲鬼的事情。这里"鬼话连篇"（all about ghosts）比喻全是骗人的谎言（a pack of lies）。

（2）老鼠爬秤钩——自己称自己（A mouse climbs onto a steelyard hook —weighing itself in the balance / chanting the praises of oneself）

文中的"秤"是谐音，既表示称重量（weigh），又表示称赞（praise），用来表示那些没有本事的人自我吹嘘（A person who has no real ability but likes to boast of his prowess）。

（三）汉语歇后语英译中的形象处理

汉语歇后语结构独特，又蕴含丰富的民族文化内涵。翻译时需要处理语言和文化的双重障碍，这无疑成了歇后语翻译的一大难题。歇后语中形象的正确处理在很大程度上决定着歇后语翻译的成败。一般来说，歇后语翻译中形象的处理方法有以下几种。

1. 保留形象直译

保留形象直译是歇后语翻译应该优先考虑的一种形象处理方法。由于汉英两种语言和文化存在很多共性，因此有些语言成分和形象在两种文化中是相通的，翻译时保留形象直译能够为译文读者理解和接受。

（1）“你可倒好！***肉包子打狗，一去不回头***啊！”她嗓门很高，和平日在车厂与车夫们吵嘴时一样。（《骆驼祥子》）

“You're a good one，though! ***I take a roll of meat and beat the dog with it，and still he runs away from me and won't come back***！” Her voice was shrill and loud，the same as it was when she was wrangling with the rickshaw men back at the shed.（伊万·金译）

（2）看祥子没动静，高妈真想俏皮他一顿，可是一想他的真诚劲儿，又不大好意思：“你真行！‘***小胡同赶猪——直来直去***’；也好！”（《骆驼祥子》）

Seeing that he was immovable，Kao Ma seriously thought of trying to whip him into action with sarcasm，but when she thought again of his simple and sincere and straight-forward way，that had a kind of force of its own，she could not feel easy in her conscience about doing it. “You're certainly something！” she said. “Why don't you ***herd pigs in the little side—lanes? You could go straight up and come straight back***；that would be simple，too.”（伊万·金译）

（3）贾珍笑道：“所以他们庄客老实人，外明不知里暗的事，***黄柏木作了磬槌子——外头体面里头苦***。”（《红楼梦》第五十三回）

“These simple country folk don't realize that not all is gold that glitters,” chuckled Chia Chen. “***Wormwood carved into a drumstick may look imposing，but it's bitter insidc***!”（杨译）

（4）彩霞咬着牙，向他头上戳一指头，道：“没良心的！***狗咬吕洞宾——不识好歹***。”（《红楼梦》第二十五回）

“You ungrateful thing! ***Like the dog bit Lü Tung-pin-you bite the hand what feeds you.***”（杨译）

（5）我及至到那里要说合，谁知两个人（宝玉、黛玉）倒在一处对赔不是了。对笑对诉，倒像***黄鹰抓住鹞子的脚——扣了环了***，两个都扣了环了，那里还要人去说合。（《红楼梦》第三十回）

I went along as a peacemaker. I found they had already asked each other's forgiveness, and ***were clinging together like an eagle sinking its talons into a hawk.*** They didn't need any help.（杨译）

(6) ***金簪子掉在井里头，有你的只是有你的***。连这句话难道也不明白？我倒告诉你个巧宗儿，你往东小院子里拿环哥儿同彩云去。（《红楼梦》第三十回）

A gold pin may fall into the well, butif it's yours it remains yours. Can't you understand that proverb? I'll tell you something amusing to do. Go to the small east courtyard and see what your brother Huan and Caiyun are up to.（杨译）

(7) 凤姐儿笑道："外头已经四更，依我说，老祖宗也乏了，咱们也该'***聋子放炮仗——散了***'罢。"（《红楼梦》第五十四回）

"The fourth watch has sounded outside," announced Xifeng smiling. "I think our Old Ancestress is tired, and it's time for us to ***whizz off too like that deaf man's firecracker.***"（杨译）

(8) 倒是谁说的？也等不得说完就跑，***谁蒸下馒头等着你，怕冷了不成***。（《红楼梦》第二十六回）

Who are they from? Can't you finish what you have to say before running away? ***Have you steamed wheatcakes waiting which may get cold?***（杨译）

(9) 如今你还了得，"***羊群里跑出骆驼来了，就只有你大。***"你又会做文章了。（《红楼梦》第八十八回）

You are getting above yourself nowadays—***a camel in a flock of sheep—being the eldest*** and the one who can write.（杨译）

评析 在歇后语的翻译中，为了让英语读者更好地了解并接受中国歇后语中的文化内涵，可以采用保留形象直译的方法，以上几个译例都是直译的典型例子。

例 (3) 这个译例完整地保留了汉语歇后语的比喻形象，而且巧妙地运用了相对应的双关语。双关词是"苦"字，语中指黄柏木作了磬槌子这种打击乐器，外边削得很光滑，里边却是苦的；喻指一个人或一个家庭，从外表上看既排场又体面，可实际却有许多难言之苦。一个是味道苦，一个是生活苦，两个"苦"的含义不一样。英语中与此相对应的词"bitter"也有"味苦"和"生活苦"的双重含义，译文选用该词作双关，恰如其分。

例 (4) 中译本直译了歇后语的前半部分保留了源语的形象。杨译文则在"咬"字上做文章，套用了英语惯用语"bite the hand that feeds"，将歇后语的后半部分译为"咬喂你的手"，通过这个"咬"字，读者的潜在语境得到激发，把歇后语的前后两部分联系起来，得到了与源语作者意图相等同的语境效果。

例 (5)"黄鹰抓住鹞子的脚——扣了环了"中，黄鹰和鹞子爪子相扣，不易分开。比喻人不肯分手。例 (6)"金簪子掉在井里头，有你的只是有你的"指该得到的东西总会得到的。

例 (7) 聋子听不见炮仗爆炸的声音，炮仗炸开，在聋子看来就是完整的炮仗散开

了，喻指“散伙”。例（8）“谁蒸下馒头等着你，怕冷了不成”用来询问别人为什么做事匆匆忙忙。

例（9）“羊群里跑出骆驼来了，就只有你大”比喻在水平不高的人中间表现自己，也比喻在平庸的人群里出了个了不起的人物。这些歇后语都是蕴含寓意的歇后语，前半部分是喻，后半部分是说明，其中歇后语的形象本身就能说明寓意，读者能根据喻体形象和上下文直接推断喻义，因此译者在翻译时基本上都是采用了保留形象直译的方法，并不影响目的语读者的理解和接受，同时也能很好地传播中国语言表达的艺术性和趣味性。

2. 保留形象直译加注

歇后语翻译时采用直译的方法可以很好地保留文化意象，从而向目的语读者传递该歇后语所蕴含的丰富的文化内涵，但由于中西文化差异较大，为了能更清楚地传达原意，有时得先把汉语歇后语直译成英语，然后再做一些补充性的解释说明。这类歇后语具有强烈而浓厚的民族色彩，往往涉及汉民族的历史文化、神话传说等，添加补充性的解释和说明可以弥补在传达文化信息方面的不足。

（1）他们一东一伙，都是看透《三国志》的人，要我说，那一耳刮子也是***周瑜打黄盖，一个愿打，一个愿挨的***。（《暴风骤雨》）

Hard to say. The two of them are hand in glove, and they've both read the Romance of the Three Kingdoms. I should say that box on the ear was ***skillfully given by a Chou Yu and gladly taken by a Huang Kai.***

（2）美国人在北平，在天津，在上海，都洒了些救济粉，看一看什么人愿意弯腰拾起来。***太公钓鱼，愿者上钩***。（《毛泽东选集》合订本）

The Americans have sprinkled some relief flour in Peiping, Tientsin and Shanghai to see who will stoop to pick it up, like ***Chiang Taigong fishing, they have cast the line for the fish who want to be caught.***

Chiang Taigong lived in the Chou Dynasty. According to a legend, he once fished in the Weishui River holding a rod without hook or bait three feet above the water, and saying "The fish that destined to be caught will come up."（译本第四卷）

（3）谁知越使钱越被人拿住了刀靶，越发来讹。我是***耗子尾巴上长疮——多少脓血儿***。所以我又气又急，少不得来找嫂子。（《红楼梦》第六十八回）

Yet the more I gave him, the more I was at his mercy and the more he blackmailed me. But ***how much can he squeeze out of me? No more than from a pimple on a rat's tail.*** That is why I panicked and flew into such a rage that I came looking for you.（杨译）

评析 例（1）和例（2）中的周瑜、黄盖、姜太公都是中国的历史人物，而且这些人物背后都有中国人比较熟悉但不为英美读者所熟知的故事。在翻译时如果只是单纯的直译，恐怕会让目的语读者不知所云。在这种情况下最好是采用直译加注的方法，对英美读者感到困惑的文化形象加以简单的说明和解释。因此译者在这两个歇后语的翻译中都是在保留形象的基础上，采用直译加注的翻译方法，对这三个历史人物和故事背景做了简单的介绍和说明，从而让目的语读者对歇后语所蕴含的文化内涵有更清楚的了解，更准确地理解歇后语的真正喻义。歇后语“周瑜打黄盖，一个愿打，一个愿挨”的译文如不加解释，外国读者仍看不懂，所以译者将其出处《三国志》加了如下注释：A fourteenth century novel based on events which took place in the third century A. D. Chou Yu of the Kingdom of Wu had Huang Kai，another Wu general，cruelly beaten，and then sent him to the enemy camp in order to deceive the enemy.“太公钓鱼，愿者上钩”的译文处理基本如出一辙。

例（3）中歇后语“耗子尾巴上长疮——多少脓血儿”中耗子尾巴上的疮很小，挤不出多少脓血，比喻钱财不够。译者在直译的前提下增加了解释，“how much can he squeeze out of me”，表示对方敲诈不了自己多少钱财，表达清楚易懂，易于目的语读者理解和接受。

再如歇后语“三十晚上贴‘福’字——倒着贴”就可以采用直译加注的方法，如下文：

Pasting up the character “fu” —on the New Year’s Eve—Pasted upside down.

Note：This refers to Chinese custom of pasting the character “fu”（blessing）upside down to elicit the remark “ni de fu dao le”，which means your good luck has arrived.

因此，直译加注的方法既传神又达意，很好地顺应了源语歇后语的语言形式和风格，同时又能使目的语读者准确理解歇后语的含义，并充分领略歇后语形象生动的风采，顺应了译语读者的阅读期待。

3. 转换形象

转换形象即改变源语的形象，用接近原意的译语文化中的形象代替原文形象，或套用译语中同义或近义的习语，译文中的形象同样栩栩如生，比喻性习语的翻译更是如此。

（1）老孙头冲着他（张富英）脸说：“谁推你当主任的？你们几个狐朋狗友，***耗子爬秤钩，自己称自己***。你们三几个朋友，喝大酒，吃白面饼，吃得油淌淌，放’个屁，把裤子都油了，这使的是谁的钱呀？”（《暴风骤雨》）

Old Sun was quick to throw in his face；“Who elected you? Your friends and pals? ***You scratch my back and I scratch yours***，eh? Your gang came together and had a good time，eating and drinking. Your guts were so greasy that you were afraid to cough. At whose expense did you enjoy yourselves so?”（许孟雄译）

（2）有人问：“你说说，你们俩亲过嘴儿没有？”大水满脸是笑，可又皱着眉头说：“这话可太不像问题啦！我两个一块工作这么些年，真是***小葱拌豆腐——一清二白***；别说亲嘴，就连个手也没有拉过呀！”（《新儿女英雄传》）

“Let’s hear it，” yelled someone. “Did you kiss?”

"That's a fine question. We worked together for years ***like brother and sister***. Not only didn't we kiss, we never even held hands."(沙博理译)

(3) 我若死了时，变驴变马报答你。再俗话说，***"千里搭长棚，没有不散的筵席"***。再过三二年，咱们都是要离这里的。俗语又说，"浮萍尚有相逢日，人岂全无见面时"。(《红楼梦》第七十二回)

If I die, I shall become a donkey or a dog so as to repay your kindness. ***"Even the best friends must part"***, says the proverb. In two or three years we shall all be leaving this place. Still, "Even floating weeds may come together again, much more so human beings."(杨译)

(4) 我(芳官)便学戏，也没外头去唱。我一个女孩儿家，知道什么是粉头面头的！姨奶奶犯不着来骂我，我又不是姨奶奶家买的。***"梅香拜把子——都是奴几"***呢！(《红楼梦》第六十回)

Even if I did train as an actress, I never performed outside. I'm only a girl, what do I know about painted whores? You have no call to swear at me, madam. You did not buy me. We ***are all birds of a feather—all slaves here***. Why go for me?(杨译)

评析 例(1)中双关词"称"语寸旨测定重量，实指称赞、夸耀。文中老孙头运用这条歇后语，意在痛斥张富英一伙人互相吹捧、狼狈为奸的卑劣行径。虽然英谚"You scratch my back and I scratch yours"的字面意思是"你在我的背上搔痒痒，我在你的背上搔痒痒"，但又有"你吹我，我捧你"的喻义，而且意思与原文歇后语完全吻合，比喻形象也同样具有幽默、讽刺的修辞效果。例(2)中"青"与"清"谐音，一清二白在此处是指人与人之间的关系清白，无风流韵事。译者正是抓住了这一特定含义，摒弃了"小葱拌豆腐"那个不太生动的比喻形象，借用了"like brother and sister"这样一个新比喻。兄妹之间自然不存在儿女私情，他俩之间的关系"像兄妹一样"，因而也就是一清二白了。

例(3)"千里搭长棚，没有不散的筵席"指无论多么好的事情，也总有个结束的时候，是说"有聚必有散"。译者转换了歇后语中的形象，直接点出了寓意。例(4)中"梅香"是婢女常用的名字，代指婢女。"拜把子"意思是结拜成兄弟姐妹。"梅香拜把子——都是奴几"指不管老几，都是奴才辈的。封建社会等级森严，奴婢只能和奴婢结拜兄弟姐妹。译者改换原文的形象，套用英语读者十分熟悉的比喻来翻译。虽然"梅香"和"拜把子"等词的文化内涵受到了损失，但对译文读者而言，产生了和原语读者一样的感受。

4. 舍弃形象意译

歇后语中有的形象在原文中具有较强的文化色彩或民族性，如涉及人物、典故、数字等，译文中予以保留会使译文读者产生误解或造成理解上的困难，因此就只译该形象所表示的意义而不保留其形象，即省略形象法。

(1) 你不用和我花马吊嘴的，***清水下杂面，你吃我看见***。(《红楼梦》第六十五回)

Don't try to get round me with your glib tongue. We would better ***keep clear of each other***. (杨译)

(2) 有急等用钱的，有愿意借出去的，**周瑜打黄盖，愿打愿挨**!(《骆驼祥子》)

Some people needed money, and others were willing to lend it to them. ***The punishment is skillfully given by one side, and gladly accepted by other***. (施晓菁译)

When you had on one hand a person who had money and was willing to lend it, and on the other a person whose need for money wouldn't wait, ***it was like Chou Yu and Hwang Kai in the story of "The Three Kingdoms". Chou struck his friend Hwang to prove to an enemy general that they were no longer friends; one was happy to strike and the other to be struck, so what could be wrong with it, whatever the bystanders thought***? (伊万·金译)

评析 舍弃形象意译是歇后语翻译常用的方法之一，意译会使译文言简意赅，地道而又符合英语的习惯表达。

例 (1) "清水下杂面，你吃我看见"也作"清水下杂面，你吃我也见"。杂面是一种以绿豆为主的豆粉制成的面条。放到清水里煮的时候，面条是面条，水是水，分得很清楚，所以说"你吃我看见"。"清水下杂面，你吃我看见"意思是说"你安的什么心我看清清楚楚，彼此心里有数"。翻译时如果保留原文的形象，势必让目的语读者不知所云，直译加注又难免使译文复杂而冗长，因此译者舍弃形象意译，译文简洁明快，通俗易懂。

例 (2) 中"周瑜、黄盖"都是中国的历史人物，直译只能让目的语读者不知所云，因此伊万·金在直译的基础上对这两个历史人物进行了简单的解释和说明，便于读者理解这个歇后语蕴含的丰富的文化内涵。但施晓菁采用意译的翻译方法，将其翻译成"The punishment is skillfully given by one side, and gladly accepted by other"似乎更简单易懂。

第五节 相关论著选读

汉语成语英译商榷——从《围城》英译本谈起

李 悦

(浙江财经学院外国语学院 浙江杭州 310012)

摘 要：翻译是一个复杂的认知过程，人类认识的局限性、东西文化的差异性、汉语成语意义的隐喻性和不确定性及人们对作品理解的差异性导致成语翻译存在着疏漏和不当之处。本文以小说《围城》汉英对照本为例，通过典型的例句分析成语翻译中

存在的一些歧义和走样的现象，剖析它们产生的原因，探究不同文化间的差异对准确翻译产生的影响。

关键词：成语；翻译；文化；理解；意义

（一）引言

汉语成语不仅语言结构、表达方式具有鲜明的民族特色，其内容意义也具有中国文化的独特渊源，同民族文化有着极其密切的联系（王国安，2003：209）。小说《围城》中成语近300个，渗透着钱钟书先生凝重淳厚的文化底蕴。Jeanne Kelly 和 NathanK. M ao 翻译了《围城》，为传播中国文化作出了积极的贡献。但由于《围城》涉及的知识面广，内容复杂，语言千变万化，其成语翻译中错误也在所难免，疏漏之处值得我们深思和研究。例如方鸿渐想到自己在三桐大学教书表现时，设想父亲会这样教育自己：

（1）［原文］：他心境不好，准责备儿子从前不用功，急时抱佛脚，也许还有一堆“亡羊补牢，教学相长”的教训。

［译文］：If his father were in a bad mood，he would undoubtedly rebuke him for not having studied harder before and only cramming everything in at the last minute. There might even be admonitions about “repairing the fold after the sheep are lost”，or “one learns as one teaches”.（420-421）

“亡羊补牢”与译文 repairing the fold after the sheep are lost 看似形神兼备，但两者语用意义存在着细微差别。首先，“亡羊补牢”涵盖两层意义：其一，比喻出了差错，设法补救，免得再受损失。《战国策·楚策四》：“见菟而顾犬，未为晚也；亡羊而补牢，未为迟也。”其二，指出了差错才想法补救，已经太晚了。明代沈德符《万历野获编·徐州》：“要之是举必当亟行。若遇有事更张，不免亡羊补牢矣”（戴钦祥，2002：1109）。根据原文语境，“repairing the fold after the sheep are lost”蕴含“亡羊补牢”的第二个意义——为时已晚，已来不及了，隐含“抱怨、惋惜”的言外之意。而例（1）中的“亡羊补牢”则是父亲对儿子的训导，渗透着父亲对儿子不尽如人意状况的“宽慰、鼓励”。由于误解原作成语意义导致歧义，背离了原文内在的逻辑性。辨析汉语成语意义是成语翻译之本，但汉语偏重意会，略于形式，因而脱离一定语境的语句也较易产生语法歧义（连淑能，2004：42）。本文试图从文化差异导致歧义、误解原文导致误译、漏译原文部分内容，混淆成语褒贬意义几个方面分析汉语成语翻译的问题，探讨其产生的原因。

（二）文化差异导致译文出现歧义

语言中几乎处处有所谓“文化符号”，留待译者“解码”（刘宓庆，1995：316）。汉英两种文化存在巨大的差别，两者之间文化的空缺相当多。在汉语成语翻译中，译者首先要对汉语成语文化符号进行解码，因为成语源自中国历史事件、古代名人轶事、神话寓言、文学艺术，只有通过细心观察和分析，才能重新编码原文文化信息。

(2)［原文］：董斜川道："好，好，虽然'马前泼水'，居然'破镜重圆'，慎明兄将来的婚姻一定离合悲欢，大有可观。"

［译文］：Tung Hsieh-ch'ùan said,"Well, now. Though 'water was poured before the horse', still, the 'broken mirror was made round again'. Shen-ming's future marriage will certainly be full of vicissitudes. It should be worth watching."(182-183)

"破镜重圆"浓缩了历史典故，折射出中国人独特的思维模式和厚重的文化积淀。但译文"broken mirror was made round again"可能会带来歧义和产生多种联想意义：破碎的各种形状的镜子被复原或被拼凑成圆镜；喻指婚姻悲欢离合或隐射慎明眼镜掉入牛奶杯子，镜片却完好，也可能一语双关——隐射婚姻生活和慎明眼镜的历险经历。译文歧义产生的主要原因：一是译者采用直译法，试图保留原文独具文化特色的语言形式和惟妙惟肖的比喻，但*Fortress Besieged*（汉英对照版）缺少对历史背景和文化内涵的加注，造成成语背后大量信息被省略，译文读者难以跨越语言文化障碍，导致译文含义晦涩；二是译文"made round"。鉴于译文读者不了解该成语历史背景，他们可能要问为什么破碎的镜子一定要重新拼成圆镜？其意义何在？made round难以再现原成语的隐含意义，还可能会以其载荷误导读者的想象及其对原著的解读。如果将译文中的"round"改译为"whole"话，将可以保证关键信息的有效传递，译文简洁明快，喻义明确，更符合译入语习惯，同时保留原著风格，可避免歧义现象出现。成语作为一种典型的文化词语，对它的理解不能脱离独特的民族文化环境。

(3)［原文］：苏小姐理想的自己是："艳如桃李，冷若冰霜"，让方鸿渐卑逊地仰慕而后屈伏地求爱。

［译文］：Miss Su, who pictured herself in the words of the familiar saying, "as delectable as peach and plum and as cold as frost and ice," decided she would allow Fang to humbly gaze at her in admiration and then prostrate him self to beg for her love. (32-33)

"艳如桃李，冷若冰霜"具有汉语成语的两大特点：具象性和隐喻性。它从不同角度生动地勾勒出苏小姐理想中娇媚而又冷漠的形象。"艳如桃李，冷若冰霜"是运用大自然中色彩形象的词语描绘绚丽多彩的画面，表达抽象意义，可谓言简意赅，生动凝练。同时，"艳如桃李，冷若冰霜"带有成语意义不明确的特点，易于造成歧义。在探究译文前，我们首先查证一下"艳如桃李"的字面意义和隐含意义。

桃花色泽浓艳，香味馥烈，很早就被我们的祖先发现，并用来比喻女子的美艳。在《诗经》中就有这样的例子：

"桃之夭夭，灼灼其华。之子于归，宜其室家。"——《诗经·南风·桃夭》

"桃"又常常同"李"组合成"桃李"一词。李树同桃树比较类近，同样春天开

花，花朵茂密，色泽艳丽，因而常常并举。《诗经》中就有这样的句子：

“何彼兮？华如桃李。平王之孙，齐侯之子。”——《诗经·召南·何彼兮》（王国安，2003：191）

桃花李花喻指女子艳丽的容貌。《中华成语辞海》对“艳如桃李，冷若冰霜”的解释：像桃花李花一样艳丽，像冰霜一样冷漠。形容女子容貌艳丽而神情冷漠（戴钦祥，2002：1274）。*Fortress Besieged*（汉英对照版）书后未对“as delectable as peach and plum”加以注释。从表面上看，“as delectable as peach and plum”行文基本上是流畅的，似乎无可指责，但细推敲就会发现不当之处。《柯林斯 COBUILD 英语词典》（2000：432）与 *Webster's Third New International Dictionary*（1986：596）对 delectable 的释义基本一致：highly pleasing：delightful；deliciously flavored：savory。译文读者能够推断“as delectable as peach and plum”是在形容人的容颜“像桃子和李子一样令人喜爱”，但这一比喻并没有准确地体现出苏小姐理想中的那种美艳，产生的联想意义也不相同。由此可见，缺乏对背景知识精深通透的了解和把握导致译者对原著成语阐释不当。它不仅在文字上，也在意义上偏离了原作意义。消除歧义主要依靠对语言环境进行详尽的分析，推敲成语的字面意义和蕴含意义，译文才能做到达意。

（三）误解原文带来误译

翻译过程是理解原文和创造性地运用另一种语言再现原文的过程，它包括理解和表达两个基本环节，其中理解是第一位的。全面透彻理解原文的语言、文化意义及其逻辑关系，才能准确得体地表达原义。请看下例：

（4）[原文]：赵辛楣鉴赏着口里吐出来的烟圈道：“大材小用，可惜可惜！方先生在外国学的是什么呀？”

[译文]：Admiring the smoke ring he had blown，Chao Hsin-mei said，“A great talent gone to waste. Such a pity! Such a pity! What did you study abroad，Mr. Fang?”（108-109）

概据《朗文当代高级英语辞典》的释义，“go to waste”意为“to be wasted”（白白浪费掉）（2001：1736）。“大材小用”指大的材料用于小处。比喻人使用不当，不能尽其才（罗竹风，2002：150），或者指才能很高的人屈就于低下职位，不能充分发挥其才智，造成浪费（戴钦祥，2002：199）。译者将“没有充分发挥作用”与“白白浪费”两个意思混淆。《汉英双语现代汉语词典》将“大材小用”译作“large resource put to small use—one's talent wasted on a petty job；not do justice to somebody's talent”（2002：354），基本反映它的原义。

（5）[原文]：两人听得骇然，正要回答，汪处厚假装出正颜厉色道：“我有句声明。我娶你并不是为了经济省钱，我年轻的时候，是有名的规矩人……”

[译文]：They were both horrified at hearing this and were about to reply when Wang Ch'u-hou，pretending to be angry，said，“I would like it known that I did not marry you in order to be 'economical' and save money. When I was young, I was known for proper conduct…"(464-465)

根据《柯林斯COBUILD英语词典》的解释，"be angry"意为"feel strong dislike or impatience about something"，即很不喜欢或不耐烦某事（2000：59）。"正颜厉色"指言辞严正，态度严厉（戴钦祥，2002：1472）。从信息内容转换的角度来看，"be angry"没有能揭示出汪处厚那种虚情假意，装出一副正人君子的虚伪面目。

(6)［原文］：鸿渐倒做贼心虚似的，脚步都鬼鬼祟祟。回到卧室，猜疑种种……

［译文］：Feeling like a guilty thief，Hung-chien crept along stealthily and returned to his room filled with suspicions… (446-447)

"做贼心虚"典出《联灯会要·重显禅师》："却顾侍者云：'适来有人看方丈么?'侍者云：'有。'师云：'做贼人心虚。'"后因以"做贼心虚"谓做坏事怕人知道而内心疑惧不安（罗竹风，2002：1143)。"feel like a guilty thief"（觉得像有罪的窃贼）侧重表述盗贼"有罪、内疚"的感受，而《围城》中的"做贼心虚"则侧重刻画鸿渐担心厕所里交谈的两个学生会察觉自己碰巧听到他们的对话内容时，心中产生的"害怕、恐惧和不安"。虽然"feel like a guilty thief"看似可以接受，但分析显示，它所传递的内涵信息有别于原文信息。对成语意义的正确转换取决于对原文成语意义的准确理解，而对原文成语意义的准确理解则取决于对原文语境的推敲。

（四）漏译成语部分含义

(7)［原文］：慎明到了欧洲，用尽心思，写信到柏格森寓所处约期拜访，谁知道原信退回，他从此对直觉主义痛心疾首。

［译文］：After Ch'u Shen-ming arrived in Europe，Ch'u，in a last-ditch effort，sent a letter to Bergson to make an appointment for a visit，but to his chagrin the letter came back unopened. From then on，he bitterly hated Intuitivism. (170-171)

《柯林斯COBUILD英语词典》对bitterly的释义：you use bitterly you describing an attitude which involves strong，unpleasant emotions such as anger，resentment，or dislike… (2000：158)，即"怀恨地、怨愤地、不喜欢"。而"痛心疾首"有三层意义：形容痛恨到极点；形容悲伤到极点；犹言狠下决心（罗竹风，2002：813)。例(7)中"痛心疾首"道出了慎明对直觉主义的痛恨程度，从严谨、准确的角度来讲，"bitterly hated"没能表达出慎明对直觉主义的痛恨程度。有时，即使两种语言中成语或习语设喻相似，基本可以对译，但我们也要注意权衡词义的褒贬。

（五）混淆成语褒贬意义

由于成语在特定语言环境中的感情色彩会产生诸多联想意义，译者在翻译过程中不能只注意如何将一种语言转换成另一种语言，还要力求表达两种文化本身蕴含的情

感色彩。

(8)［原文］：孙小姐天真地问道："为什么鬼不长大的？小孩子死了几十年还是小孩子？"鸿渐道："这就是生离死别比百年团聚好的地方，它能使人不老。"

［译文］："Why don't ghosts grow up?" asked Miss Sun innocently. "Children who've been dead for decades are still children." Hung-chien replied, "That's why separation or death is preferred to 'spending a lifetime together'. It can keep people from aging." (370-371)

"生离死别"比喻活人分离就像难以再见或永久别离似的。指亲人间视为最大痛苦的难以再见的离散和死的永别（戴钦祥，2002：958-959）。根据《朗文当代高级英语辞典》的解释，"separation"指"分离；分居"（2001：1381），不含有难以再见面的悲伤和永久别离的痛苦等感情色彩。由于文化差异导致东西方人对一些词语的褒贬意义理解和认识不同。有些词语在具体的语言环境中往往会带有独特的情感色彩，如"画蛇添足"和"锦上添花"被用来形容人或事物，前者含贬义，后者含褒义。如下例：

(9)［原文］：总而言之，批分数该雪中送炭，万万不能悭吝——用刘东方的话说："一分钱也买不了东西，别说一分分数！"——切不可锦上添花，让学生把分数看得太贱，功课看得太容易——

［译文］：In sum, when marking one should "send coal when it snows," that is, provide that which is most needed, and never be stingy—Liu put it: "One cent can buy nothing, let alone one tenth of a cent!" Nor on the other hand should one gild the lily, letting the students regard grades as too cheap or their schoolwork as too easy—… (450-451)

"gild the lily"源出莎士比亚戏剧《约翰王》第四幕第二场中的一段台词："To gild refined gold, to paint the lily… Is it wasteful and ridiculous excess?"即把纯金镀上金箔，替纯洁的百合花涂抹粉彩……实在是浪费而可笑的多事？（潘耀，2003：366）另外，关于"gild the lily"有以下释义：If you say that someone is gilding the lily, you mean that they are spoiling something that is already beautiful or perfect by trying to improve it or by praising it too highly.（《柯林斯 COBUILD 英语词典》，2000：710）gild the lily esp. Br. E to try to improve something that is already good enough, so spoiling the effect［尤英］多此一举；画蛇添足（《朗文当代高级英语辞典》，2001：639）（idm.）gild the lily try to improve what is already satisfactory：过分装饰而破坏……的美；画蛇添足（《最新牛津现代高级英汉双解词典》，1991：655）gild the lily to add excessive or unnecessary ornamentation to something beautiful in its own right：paint the lily（*Webster's Third New International Dictionary*，1986：957）四本词典对"gild the lily"的释义基本相同，即"美化已经很美或好的人或事物，反而破坏了其原来的美或好"，隐含贬义，含义近似于"画蛇添足"。而"锦上添花"却是褒义，指在锦上再绣花，比喻好上加好，美中添美（戴钦祥，2002：564）。原作中刘东方认为

给学生打分，并不是越高越好，因为这样容易使学生误认为分数来得容易，学习自然就不会下功夫。因此，译文“gild the lily”有悖逻辑，与原文意旨相讹。在书中，“锦上添花”就被译作“add flowers to embroidery”(104-105)，也有人将它译为“add flowers to the brocade; make what is good even better”（《汉英双语现代汉语词典》，2002：1010)，这三种翻译从不同的侧面体现出“锦上添花”的意义，更符合上例的原义。

还是以《围城》中的成语为例，有些成语含有褒义，如郑重其事（seriously)，齐心协力（in unison)，义不容辞（an unavoidable duty)，同舟共济（People in the same boat should help each other)，才貌双全（pretty and talented)，雪中送炭（send coal when it snows）等；有些含有贬义，如倚老卖老（presuming on its old age)，纸上谈兵（an armchair strategist)，一毛不拔（can not be so stingy as to begrudge a single hair)，孤芳自赏（had a rather conceited expression)，仗势欺人（pre-sumptuous)，有恃无恐（arrogant)，(shameless)，穿凿附会（force an interpretation on it）等。此时，译者既要理解和转换成语的神采和意蕴，又要避免出现褒贬意义的误用。汉语成语翻译是翻译中的难点，译者只有透过语言表层形式，深入分析成语的深层结构和历史文化内涵，洞察两种语言的文化差异，才能理解成语语义，减少和避免翻译中的误译。

《外语教学》2005 (5)：76-78.

翻译练习

一、将下列句子翻译成英语，注意句子中成语、典故和歇后语的翻译。

1. 我给你端水递茶洗脚做饭扫地缝连补缀做牛做马都不说个怨字。(陈忠实《白鹿原》)

2. 读了这篇文章，我仿佛一下子明白了许多事情和道理，人生原来是如此多灾多难啊！(《中国翻译》2013 年第 1 期)

3. 乐山水光山色独特，地理环境优越，素有“绿杨夹岸水平铺”之称，举行龙舟竞渡得天独厚。(《中国翻译》1992 年第 2 期)

4. 实际上他们都在小心翼翼地保护着这根修复的弦。他们成天提心吊胆的，生怕一个不慎会使它再度断裂。(雨瑞《断弦》)

5. 第三天，没容他俩出门，一批接一批劝圆的邻居们亲友们同事们领导们便络绎不绝地出现在他们面前。(雨瑞《断弦》)

6. 陆子潇这个人刻意修饰，头发又油又光，深恐为帽子埋没，与之不共戴天，深冬也光着顶。(钱钟书《围城》)

7. 及至腊月底那几天，春运可谓排山倒海，不可阻遏。每每此时我都会想，世界上哪个国家有这种一年一度上亿人风风火火赶着回家过年的景象？(冯骥才《春运是一种文化现象》)

8. 文人墨客常以古代美女西施来比喻西湖的娇媚，因此它又有“西子湖”和“西施湖”的美称。(孟庆升《新编实用汉英翻译教程》)

9. 嫂子说，我就是个韩信、张良，听了这话，也把智谋吓回去了。(《红楼梦》第六十八回)

10. 从结婚那一回事起，你总喜欢自作聪明，结果无不弄巧成拙。(钱钟书《围城》)

二、段落翻译。

晚上的夜游活动堪称压轴节目。夜幕降临，乐山上空礼炮轰隆，彩灯光芒四溢。河面各只彩船上无数五颜六色的霓虹灯、日光灯齐放光华，闪烁迷离，和水中倒影连成一片。漂灯点缀河面，似万点繁星坠落人间。在奇光异彩交相辉映中，众多的龙舟如银河流星，顺河而下，千姿百态，令人叫绝。在探照灯的扫射下，河面激起变幻莫测的五彩霞光。一时间，呈现出一幅光的天地，色的世界。(杨平《名作精译》)

第九章 中西委婉语文化差异与汉英翻译

第一节 概 述

委婉语（Euphemism）是人类语言使用过程中的一种普遍社会现象。英国著名语言学家利奇（Leech，1983）认为，“委婉语（在希腊语中是‘谈吐优雅’的意思）就是通过一定的措辞把原来令人不悦或比较粗俗的事情说得听上去比较得体、比较文雅”。因此，委婉语是积极运用语言进行表达的一种交际方式。委婉语在语言符号的所指与能指之间造成心理上的疏离效应，力图替代、掩饰、消减委婉语的禁忌、直接和粗鄙。它是在一定的言语共同体内，受制于特定社会文化域，为避免不便明说的意义或意图，采取婉转间接的语言手段进行交际的一种语言符号。

委婉语作为一种语言现象，在各种语言中是共存的，在汉、英两种语言中经常耳闻目睹。例如，毛泽东不直说司徒雷登“处境孤立”，而说他“茕茕孑立，形影相吊”；不直说他“灰溜溜滚回美国”，而说他“夹起皮包走路”。语言含蓄，回味无穷。委婉语是各个国家、各个时代都采用的一种表达手段。英语中最早的委婉语同原始部落的图腾和迷信有关。那时的人们对神灵顶礼膜拜，不敢直呼神的名字，因而就有了委婉的称呼，以表虔诚崇拜之心。英国维多利亚女王时期是委婉语盛行时期。当时的上层社会认为一个人的措辞直接反映了出身的贵贱和地位的尊卑。上流社会崇尚温婉的言辞论调，把直露的语言看作粗鲁、无教养，引得众人纷纷效仿。在当代英语的表述风格中，直言不讳是其主流。但委婉语也成为某些政客和新闻媒体的行话，以实现他们的真正意图。现代文明的高度发展以及和平年代人们保持良好的社会人际关系的切身需要相应地带动了委婉语的发展。委婉语正以前所未有的速度繁衍，使用频率有增无减，应用范围也不断扩大，涉及社会及个人生活的方方面面。如Kaith Henry在一次实际调查中答道：“在我祖辈的词汇表里，委婉语是非常有限的，而从我们这一代起，人们说话不用委婉语就无从开口了。”

委婉语可分为言语委婉语和非言语委婉语，不过两者又不是截然分开的，其中非言语委婉语包括：①身势委婉语：指运用各种手势、姿势和身势（signs，signals and gestures）来表达，如伸出一个小拇指表示要去厕所。②声音委婉语：例如避而不谈时的咳嗽声、含糊的鼻音等。③事件委婉语：即通过采取行动来完成的委婉语，例如一对夫妻发生了争执，丈夫想言归于好，可看到妻子正在气头上觉得不好开口，恰好妻子在厨房做饭，从不下厨的他这回主动过去帮忙，向妻子暗示：“我们和好吧。”④视

觉委婉语：如公共厕所门上的男女图像、坐着轮椅的人像等。不管是言语委婉语还是非言语委婉语，委婉语自产生之日起，就担负着“润滑”交际的重任。“如果没有委婉语，世界的运转会因摩擦而停止，人间将充满仇怨。”

委婉语是一种特殊的言语表达手段，具有表达内容的禁忌性、表达形式的含蓄性、表达语义的不确定性等特点，能够使语言交际变得顺畅和谐，避免了直白表达可能产生的消极后果。著名文学家曹雪芹所撰的《红楼梦》被誉为中国传统文化的百科全书，其中委婉语丰富多样，折射出中国文化的斑斓色彩。

英语中的“euphemism”和汉语中的“婉转，婉曲”是基本对应的，但由于文化差异，汉英委婉语在表达方式上有所不同，蕴含的文化内涵也有所不同，这给委婉语的汉英翻译带来了一定的困难和障碍。本章立足于言语委婉语，从汉英委婉语的构成特点和具体表现形式的比较入手，探讨其字里行间蕴含的丰富的语意和文化内涵，并在此基础上归纳总结委婉语的语用特征和汉英委婉语翻译的策略和方法。

第二节　中西委婉语文化差异

汉英这两种各具特色、大相径庭的语言，其表达方式和文化习惯存在一定差异，这些差异是由于汉民族和英美文化之间在民族历史、社会制度、宗教信仰、价值观念、思维方式等差别，其中委婉语的使用在人类生活中占据着举足轻重的位置。

（一）汉英委婉语的定义内涵

1. 汉语委婉语的定义内涵

汉语中的委婉语，也叫婉转、婉曲或避讳，即“在说话时遇有伤感惹厌的地方，就不直说，只用委曲含蓄的话来烘托暗示；说话时遇有犯忌触讳的事物，便不直说该事物，却用旁及的话来回避掩盖或装饰美化”（陈望道，《修辞学发凡》）。汉语《辞海》对“婉转”所下的定义是：“修辞上辞格之一。不直言本意而用委曲含蓄的话来烘托暗示。”我国著名语言学家王希杰在其《汉语修辞学》中指出：“婉曲，指的是不能或不愿直截了当地说，而闪烁其词，转弯抹角，迂回曲折，用与本意相关或相类的话来代替。”

通过定义我们看出：第一，委婉语是一种语言现象，是人们在一定的场合用以交际的重要手段，人们通常尽量避免使用引起双方不快或损坏双方关系的语言，而是采用一种迂回曲折的语言形式表达思想，交流信息。

第二，委婉语是一种社会文化现象，已渗透于人们日常生活的方方面面，反映广泛的社会现象或人民心理：如考虑到避讳问题、禁忌问题、礼貌问题等。

需要注意的是，这里所说的委婉语用语与修辞中的委婉格不完全相同。它更是一种语义手段，是人们用来表达思想的方式，委婉与其说是修辞的一种手段不如说是目的。语言中大量存在，如比喻、借代、双关、反语、析字等，达到“委婉”这一目的。孙犁的《荷花淀》中有一段典型的委婉语的描述：

女人们到底有些藕断丝连。过了两天，四个青年妇女聚在水生家里来，大家商量。

“听说他们还在这里没走。我不拖尾巴，可是忘下了一件衣裳。”

“我有句要紧的话，得和他说说。”

“听他说，鬼子要在河口安据点……”水生的女人说。

“哪里就碰得那么巧？我们快去快回来。”

“我本来不想去，可是俺婆婆非叫我再去看看他——有什么看头啊！”

于是这几个女人偷偷坐在一只小船上，划到对面马庄去了。

But there must be something of the clinging vine about women. Two days after Shuisheng left，four young wives gathered in his house to talk things over.

“Apparently they're still here：they haven't gone yet. I don't want to cause problems，but there's jacket I forgot to give him.”

“I've something important to say to him.”

Shuisheng's wife said：“I heard that the Japs want to set up a base at Tongkou…”

“There's not a chance of our running into them，not if we pay a flying visit.”

“I didn't mean to go，but my mother-in-law insists that I ought to see him. What for，I'd like to know?”

Without breathing a word to anyone，the four of them took a small boat and paddled to Ma Village across the river.（戴乃迭译）

这里是写几个女人本来都想去看自己刚参军的丈夫，但却又不好意思直说出来，一个说“忘下了一件衣裳”，一个说“有句要紧的话，得和他说说”，还有一个说“本来不想去”，可是婆婆非叫她再去看看他。最后一位知道前两位的话不能“自圆其说”，只好另想办法，搬出“婆婆”做理由，最后还不忘加一句“有什么看头啊！”表白自己，有些“此地无银三百两”的味道。这段话的语言质朴、简明，但又内涵丰富。作者就是通过这样生活化的人物语言，含蓄而又委婉地表现了人物的性格。这就是婉曲的方法。用这种委婉的手法来刻画这几个妇女跟刚参军的丈夫的那种难舍难分的情感，含蓄而深刻。

2. 英语委婉语的定义内涵

英文“euphemism”（委婉语）一词系源自希腊语“euphemismos”。词头“eu-”的意思是“good，well”（好），词根“pheme”的意思是“speak”（说），词尾“-ism”的意思是指“（该）动作或其结果”。这个字面意思是“speaking well of…”（对……好言夸之，对…… 婉言称之）、“good speech”（好的说法 ）或“words of good omen”（吉言）。Neaman 对“euphemism”有清楚的阐述：“substituting an inoffensive or pleasant term for a more explicit，offensive one，thereby veneering the truth by using kind words.”（用不冒犯人或令人愉快的词语去代替直率的、触怒人的词语，用好听的词语

去掩饰事实)。《牛津高级英汉双解词典》(*Oxford Advanced Learner's English-Chinese Dictionary*)给的定义是：用比较模糊但更温和或比较委婉的单词或短语代替直言直语(employs the use of other, usually less exact but milder or less blunt, words or phrases in place of words required by truth or accuracy)。

英语中的委婉语数量非常多，比如英美人在谈到有关生老病死时，在感情上忌讳直截了当地说出来，而用一些语气缓和、措辞婉转的词语来表达，以帮助人们尽可能轻松地面对现实。因此，在谈到die(死亡)时，人们为了体现对死者的怀念和尊重抑或对死者亲属的同情，同时也反映人们对死亡及来世的态度，就常用下面的词来表达：be gone(去了)、pass away(逝世)、pay the debt of nature(了结尘缘)、breathe one's last(停止呼吸)、depart from the world forever(与世长辞)、go to Heaven(上天堂)、be with God(与上帝同在)等。在中国，人们同样不愿意用到"死"这个字，"圆寂"就是典型的例子。

在当今的资本主义社会，经济危机日益频繁，由经济危机引起了一系列社会问题，如贫穷、失业、工业萧条等。因此罢工不时发生，劳资纠纷频繁，关系紧张，宣传工具为了掩盖、避免矛盾激化，粉饰现实，大量使用委婉语。如将the poor people(穷人)说成the disadvantaged(生活条件差的人)、strike(罢工)说成industrial action(工业行动)、dismiss(解雇)说成downsize(裁员)等。在中国，人们也常用"手头紧"、"囊中羞涩"来形容"缺钱"，以免直接说自己没钱而感到尴尬。

(二)汉语委婉语的分类

汉语委婉语或者婉曲通常可以分为三种类型(李定坤，1994：308)。

1. 烘托

不直接说出本事，而说一种与本事有关的事物，从侧面把本事衬托出来，这就是烘托。例如：

(1)水生说："今天县委召集我们开会。假若敌人再在同口安上据点，那和端村就成了一条线，淀里的斗争形势就变了。会上决定成立一个地区队。我第一个举手报了名的。"

女人低着头说：**"你总是很积极的。"**(孙犁：《荷花淀》)

"The district committee called this meeting today. Very soon now, they say, the Japs are going to try to set up more bases. If they manage to get a base at Tongkou—which is only a few dozen li away—that will alter our position here completely. The meeting decided to form a district brigade to keep the Japs out. I was the first to volunteer to go."

His wife lowered her head and muttered, ***"Always a step ahead of the others, aren't you?"***(戴乃迭译)

(2)***行者***见罗敷，下担捋髭须。***少年***见罗敷，脱帽着帩头。***耕者***忘其犁，***锄者***忘

其锄。来归相怨怒，但坐观罗敷。(《陌上桑》)

The ***passer-by*** who looks on Lo-fu

Drops his luggage and stroke the hair on his cheek.

The ***young men*** when they see Lo-fu

Doff their caps and show their red scarfs.

The ***neighboring ploughman*** thinks no more of this plough,

The ***hind*** in the field thinks no more of his hoe,

Wistful and angry each leaves his task

And can only sit gazing at Lo-fu. (Arthur Waley 译)

评析 例 (1) 中的"你总是很积极的"简单的一句话，包含着丰富、细致的感情活动，值得读者仔细琢磨和深入体会。"你总是……"这种口气，本来是表示不满的。用不满的口气说话，是为了表现女人对丈夫依恋的感情。"很积极的"是对丈夫的称赞而这句话通过一种不满的口气表达了女人满意的心情，写出了女人复杂的思想感情活动。语言朴实，却又委婉含蓄，这就是烘托的效果。例 (2) 中，作者同样采用了烘托的手法。通过描写不同的人见到罗敷时的表现和神态来衬托罗敷到底有多美，这种烘托的手法远比直接描写罗敷的美貌更真实、更能让人信服。同时，这种侧面的描写还能激起读者无限的想象，情不自禁地在脑海勾勒那一幅幅唯美痴醉的画面。

2. 暗示

暗示就是不直截了当地说出本意，而是从侧面比较隐晦地地把本意透露出来，往往是冷言冷语、旁敲侧击。如下例：

(1) 孔乙己一到店，所有喝酒的人便都看着他笑，有的叫道；"孔乙己，***你脸上又添上新伤疤了***？"(《孔乙己》)

Whenever he came in, everyone there would look at him and chuckle. And someone was sure to call out, "Kong Yiji! ***What are those fresh scars on your face***?"

(2) "哙，***亮起来了***。"阿Q照例的发了怒，他怒目而视了。

"原来有***保险灯***在这里!"他们并不怕。(《阿Q正传》)

"Look! ***It's lighting up.***" Ah Q would rise to the bait as usual, and glare furiously. "So there is ***a paraffin lamp*** here," they would continue, not in the least intimidated. (杨宪益译)

评析 例 (1) 中"脸上又添上新伤疤了"分明是暗示他又挨打了，但没有明说，这种措辞既避免过分刺激而使孔乙己难堪，又难掩讽刺意味，意味深长，极富有文学性和艺术性。例 (2) 中阿Q因头上长着癞疮疤而讳说"光"、"亮"、"灯"等字，而未庄的闲人们偏见面就说"亮起来了"、"原来有保险灯在这里"等话来刺激他，用暗示的方法故意触人忌讳的玩笑式讥讽可谓展现得淋漓尽致。

3. 避讳

说话时遇有犯忌触讳的事物，不愿或不忍或不便直接说出该事物，而改用旁的话

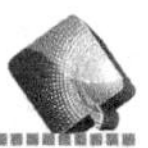

来代替，或加以修饰遮掩，这种修辞方法就是避讳，有时被单独作为一种修辞格，但从本质上说避讳也是委婉语的一种。

(1) 凤姐听了，眼圈儿红了一会子，方说道："天有不测风云，人有旦夕祸福，这点年纪，倘或因这病上***有个长短***，人生在世，还有什么趣儿呢！"（《红楼梦》第十一回）

Xi feng's eyes became moist and for a moment she was too overcome to speak. "I know the weather and human life are both unpredictable," she said at last, "but she's only a child still. If ***anything should happen to her*** as a result of this illness, I think all the fun would go out of life!"

(2) 他师父极精演先天神教，于去冬***圆寂***了。（《红楼梦》第三十回）

Her tutor was an excellent diviner, but she ***passed away*** last winter. (杨译)

评析 例 (1) 是凤姐与尤氏谈论秦可卿的病情所说，她担心秦可卿会因为这个病一病不起，甚至死亡，但她不愿意或者不忍心说出这个结果，于是采用"有个长短"这种迂回的说法。同样，例 (3) 中"圆寂"是佛教用语，是功德圆满的最高境界，用来指佛或僧侣的逝世。这两个例子都是汉语委婉语使用过程中关于"死亡"委婉语的典型例子。

(三) 汉英委婉语构成手段比较

英国著名语言学家利奇 (Leech, 1983) 认为，(运用委婉语的) 方法是使用一个不直接提及事情不愉快的侧面的词来代替原来那个包含令人不悦的内涵的词。英汉委婉语都大量使用语法手段，即通过一定的语法形式体现汉英语言所要表达的委婉含义。语法手段的运用往往制约着委婉语其他的构成手段如语音、词汇、修辞等用法（刘洪辉，2011）。

1. 否定形式

否定是比较常见的委婉语法手段，在英语和汉语中广泛使用。使用否定的形式，语气显得不确定，表达的意思也没那么生硬，这样的语言更容易被接受。英语中常见的表达委婉的否定形式有否定转移、双重否定两种。否定转移是指否定词可由主句的谓语动词在意义上或逻辑上转移否定 that 从句的谓语动词，这种否定转移只限于主句中表示"判断、假想、猜测、感觉"等意念动词，主要有"think, believe, expect, fancy, reckon, suppose, imagine, feel, seem"等。

英语中还使用带否定前缀或后缀的反义词 (Antonym with Prefix and Suffix)，如 unwise (不聪明)，即 stupid (蠢的)；not feeling well (感到不好)，即 ill (病了)。

(1) I don't suppose that I'll trouble you again. 我想我不会再麻烦你了。

(2) 这种颜色搭配不太合适，可是我也说不清楚怎么不合适。

(3) 我已下定决心，不必再白费口舌了。

评析 例 (1) 中否定词"not"在形式上是否定主句谓语动词"suppose"，实际上转移否定了宾语从句中的谓语动词“trouble”，委婉表达了说话者不想再给对方添麻烦的意思。汉语通常不直接使用否定词语，而是采用“不 ＋ 程度副词”构式，构成委婉语句。常用的这类否定词语有“不太、不很、不必、不妨、不够”等。这类否定句式，通常与“也、又、再、才”等副词连用，起到舒缓语气、增强委婉的效果，如例（2）和例（3）。

双重否定是英语表达委婉的另一种形式，即在同一个句子里，两次运用否定词语。第一个否定词往往是一般否定词或绝对否定词，如“no，not，never，neither，nobody，nothing”等，后一个常为半否定词或准否定词，如“little，few，hardly，scarcely，seldom，illogical，fail，deny，absence，ignorance”等。绝对否定词的语义是非常绝对的，半否定词可对前面否定词语义进行削弱，可以翻译为“无可厚非”、“未尝不可”、“并不否认”、“不无道理”等。

2. 省略法

按照语法的分析，有时句子出于修辞上的需要，会缺少一个或几个句子语法结构所必要的语言成分，但在一定语境中仍可独立存在，仍能表达其完整意义并发挥交流的功能。这种省略往往截去一些难听的、令人不快的或尖锐的字眼以使句子的意思没那么直白，从而听起来更委婉、更能让人接受。英语中用省略法进行委婉表达的句子很多。例如，PK 是“Player Kill”的缩略语，即“玩家的死亡”，源于 20 世纪 90 年代初的网络文字游戏，后来通常用此省略语婉转表示比赛淘汰环节竞争的激烈；再如 DA：drug addict（吸毒者），MD：mental deficiency（低能儿）等。汉语也有类似的委婉省略用法，在文言文中这种省略现象非常多，如“汝死我葬（汝），我死谁埋（我）?”（袁枚《祭妹文》）。

3. 语意升扬法（Inflating and Magnifying）

用比较温和的词语代替粗俗语。例如，耳朵不灵（耳聋），发福（发胖）；英语中，如 special area［特殊地带，即 slum（贫民窟）］，custodian engineer［监管工程，即 floor-sweeper（楼道清洁工）］。

4. 反义替代法（antonym substitution）

用反义正用的方法把禁忌语变为委婉语。例如，长生木（棺材），太平间（停尸间）。

5. 语义转换法（Semantic Shift）

用某一表示整体的词或笼统说法代替禁忌语。例如，chest［胸部，即 breast（乳房）］，limb［四肢，即 leg（腿）］；汉语中，如情人（老相好），谢顶（秃顶）。

6. 比喻法（Metaphorical Transfer）

把禁忌事物比作表面上相同或相似，但实质不一样的另一事物。例如，兔唇子（豁嘴），到仙境去（死了）；英语中，如 apples［苹果，即 mammas（乳房）］，blossom［花朵，即 pimple（丘疹）］。

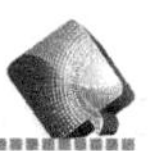

7. 宽泛模糊法（Widening）

把具体事物说的抽象，故意模糊其意象。例如，用“个人问题”指代“婚姻”，“有了”指代“怀孕”。英语中，如用 affair 代替绯闻，用 growth 代替癌。

语言是文化的载体，不同的语言反映了不同民族特定的文化风貌、思维方式、价值观念。语言又是一种社会现象，是社会交际需要和实践的产物。不同文化背景的人在交际中可能会由于委婉语差异而产生信息误差甚至造成跨文化交际障碍。因此，通过对汉英委婉语的对比研究了解委婉语的民族个性，可以减少跨文化交际中的语用失误，从而进一步减少跨文化交际障碍。

（四）汉英委婉语的文化内涵

委婉语不仅仅是一种语言现象，同时也是一种文化现象。它深深植根于一个民族的社会土壤中，蕴含着丰富的文化内涵，承载着一个民族的社会结构、民族心理、宗教信仰、价值取向、风俗习惯等因素。在漫长的历史演变中，英汉民族都确定了自己的道德观、思维方式和生活模式，存在着文化观念的差异。委婉语作为“文化限定词”必然具有鲜明的民族文化特点。一个特定时代、特定地区、特定社会所产生和流行的委婉语就是这个时代、地区和社会的宗教道德、民俗、政治和社会心理等文化现象的映衬和折射。

随着文化交流的加强，英汉两种文化中的委婉语出现趋同的现象，但仍存在一定的差异，主要表现在以下几个方面（戴联腾，2002)。

1. 相同的内容，一方使用委婉表达，而另一方却直截了当。某些话题在一方中处于“敏感地位”，产生了许多委婉语；而在另一方却没什么感觉，不需要委婉语。英美人基本信奉基督教，出于对神明和魔鬼的敬畏，担心直呼其名会招致危险或灾难，往往另辟蹊径。英语中有关“devil”的委婉语有上千个之多，如“the Black One”，“Old Boy”，“the Tempter”，“the Big D”，“Lord of the Files”，“Old Harry”，“the enemy”，“the Wicked One”，“Old Nick”，“Prince of Darkness”等。而汉民族没有统一的宗教信仰，佛教、道教、伊斯兰教等都拥有追随的教徒，宗教禁忌没有对全民族语言产生较大的影响，谈到“魔鬼”多直言不讳，如“妖魔鬼怪”、“钟馗捉鬼”、“鬼影”、“鬼来了”；“鬼”字甚至还加以引申运用，如“鬼东西”、“鬼精灵”、“扮鬼脸”等。

2. 一方中的委婉语，在另一方中却具有冒犯性。汉英语中有许多客气婉转的表达互不相同，在汉语中委婉的说法，到了英语中却显得刺耳、生硬。例如，我们要表达“把书借给我”的意思时，会客气地说：“我想向你借本书。”如果在英语中也说：“I want to borrow a book from you”则显得不礼貌，英美人在这种情况下一般说：“May I borrow your book?”这是由于汉英语言特点的差异所引起的。同样，英语中的委婉语在汉语中也不全是委婉的。在英美国家，人们十分畏惧“老”，“老”就意味着无用，受人歧视，老人们不愿用“老”字来形容自己，于是就有“mature”，“golden ager”

等委婉语；而在中国，年纪大的人是受人尊敬的，被认为是阅历丰富，因此人们并不那么忌讳。如果一个七八十岁的中国老人被称作“成熟的”、“处于黄金岁月的人”，恐怕显得很滑稽，进而被认为是对老人的不尊敬。

3. 相似的委婉语所体现的文化内涵不尽相同。英汉语中有一部分字面意思看似相同的委婉语，其中的寓意却不一样。在表达“死亡”时，汉语有“归西”，英语中也有个“go west”。但“归西”中的“西”是指佛教宣扬的“西方极乐世界”，而“go west”是根据太阳东升西落的自然现象暗指人的生命消失就像太阳落山一样，没有宗教含义。“sunset years”婉言“老年”，而汉语中恰好也有“暮年”一词；但前者是一个带有乐观主义情绪的委婉语，后者则略带消极色彩。另外，“bedroom affairs”与“房事”似乎也对等，事实上，前者一般婉指“不正当的性关系”，而后者恰恰是指正当合法的“夫妻间的性关系”。在西方社会中，体力劳动者的收入不如脑力劳动者，社会地位较低，理发师婉称“beautician”，听起来比较体面；汉语中也有把“理发师”称为“美容美发师”的，但值得注意的是，改革开放的一段时间以来出现了脑体倒挂现象，有时理发师的收入比大学老师还高，因此“理发师”并不受歧视，“美容美发师”的称呼也不是刻意的美化。

由于汉英民族的自然环境和社会环境不同，汉英语言特点和文化价值各异，汉英委婉语深深地打上了各自民族的烙印。两种委婉语虽然存在差异，但随着两种语言文化交流的加强，也出现了趋同的现象，这就使汉英委婉语的翻译成为可能。

第三节 中西委婉语的语用功能和翻译

汉英委婉语涉及社会生活的方方面面，从不同的角度反映了人们认可的行为准则、社会习俗、思维方式、审美情趣、价值观念和道德标准等。就其在交际过程中的作用而言，委婉语主要具有避讳、避俗、礼貌、掩饰等语用功能。委婉语的应用也遵循了英国语言学家利奇所提出的 Politeness Principle（礼貌原则 ）中关于得体准则 、赞扬准则 、赞同准则和同情准则的理论（Leech，1983）。

（一）避讳功能

说话时遇到犯忌讳的事物，人们不愿、不忍或不便直接说出，因此用别的平和的词语来代替，以免引起不愉快，避免刺激。委婉语中最典型也最普遍的禁忌莫过于“死亡”，如英语中关于死亡的委婉语有 pass away，go to west，go home 等。人们把死亡比作回家、睡觉、休息等常事，以此减少由死亡带来的恐惧、悲伤和不快；与之相对，汉语中有“去世了”、“仙逝了”、“到极乐世界去了”、“逝世”、“谢世”、“过世”、“下世”、“归天”、“长眠”，“与世长辞”。对特殊人物还有专门的术语，如和尚死了叫“圆寂”，皇帝死了叫“驾崩”，诸侯死了用“功薨”，妻子死了叫“断弦”，为了节而死

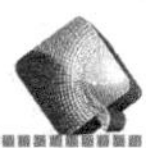

叫“玉碎”，执行公务而死叫“殉职”，为正义而死叫“牺牲”等。

(1) 昨日知老太太***仙逝***，谨备瓣香至灵前拜祭，稍尽微忱。(《红楼梦》第一百一十四回)

Yesterday I heard of the old lady's ***passing***, so to express my condolences I have brought incense to pay my respects at her shrine.（杨译）

(2) 正顽笑不绝，忽见东府中几个人慌慌张张跑来说：“老爷***宾天***了。”众人听了，唬了一大跳，忙都说：“好好的并无疾病，怎么就***没了***？”家下人说：“老爷天天修炼，定是功行圆满，***升仙***去了。”(《红楼梦》第六十三回)

“The old master's ***ascended to Heaven***!” they announced.

Everybody was consternated. “He wasn't even ill, how could he ***pass away*** so suddenly?” they exclaimed. The servants explained, “His Lordship took elixirs everyday; now he must have achieved his aim and ***become an immortal***.”（杨译）

“Sir Jing is ***dead***!”

“Dead?” everyone gearing them was incredulous. “But he hadn't been ill. How can he have ***died*** so suddenly?”

“He spent all his time looking for the secret of immortality,” said one of the servants, “perhaps he found it and ***went off to heaven***.”（霍译）

评析　例 (1) 中的“仙逝”是民间恭维用语，是问候亲友家中死去亲人的关切用语。例如，亲人已仙逝，请节哀保重身体。所谓“仙逝”即去世，像仙人一样离开人间，是一种委婉的说法。

例 (2) 接连用了三个委婉语写贾敬之死。“宾天”是旧时对帝王之死的婉称，后用来泛指尊者之死，意为帝王死后必做天帝上宾；“升仙”即为升天成仙之意。相对而言，杨译比较切合语境，而霍译中对死的毫不回避的态度显然违背了汉语的语言习惯和汉民族的风俗习惯。《礼记》的《曲礼》中规定：“天子死曰崩，诸侯死曰薨，大夫曰卒，士曰不禄，庶人曰死。”如此分明的等级制度为封建礼法上的禁忌语的翻译提供了历史和文化的规定和参照。如果译者轻视甚至忽略原文委婉语的表达意图和效果，而自作主张不加掩饰地直来直去，就会有意无意触犯忌讳，从而抹杀语言背后深刻的文化内涵和鲜明的民族特色，进而误导读者。

(二) 避俗功能

避免粗俗、不雅。对于与疾病、缺陷、人体排泄、性爱等犯忌触的事物，直接说出过于粗俗、直露，用委婉语来回避掩盖、美化装饰，避免了尴尬和厌恶。人们向往健康，普遍忌讳伤、病、残等状况的发生，所以汉英均有自己的委婉语，如英语中 C 或 Big C 指 cancer（癌症），M. D 指 mental deficiency（精神病），heart condition 指 heart disease（心脏病）等；汉语中癌症称为“重症”，偏瘫称为“半身不遂”，秃顶称“谢顶”，身体有病说“欠安”、“不适”、“不舒服”，受伤常说“挂彩”等，傻说成“弱智”。

(1) “老太太昨日还说来着呢，因为晚上看见宝兄弟他们吃桃儿，老人家又嘴馋，吃了有大半个，五更天的时候就一连**起来**了两次，今日早晨略感身子倦些。”（《红楼梦》第十一回）

“Up to yesterday she meant to come,” explained Xifeng before Lady Wang could get a word in. “But yesterday evening she saw Baoyu eating some peaches and she couldn't resist eating nearly a whole peach. She had to ***get up twice*** just before dawn, which left her tired out this morning.”（杨译）

(2) 林冲吃了八九杯酒，因要小遗，起身道：“我去**净手**了来。”（《水浒传》第七回）

Lin Chong downed eight or nine cups. Soon he had to relieve himself. He got up and said, “I have to ***wash my hands***.”（沙博理译）

评析 例(1)中当王夫人要问老太太为何没赴贾敬的寿辰宴会时，凤姐进行了解释，说老太太因为嘴馋吃了一个桃，消化不好闹肚子，但她并未直说，而是用“起来”代替“泻肚”，既告知了实情又避免了粗俗和不雅。例(2)中的“净手”表面意思是“把手洗干净”，实际上是“排泄大小便”的婉辞，这里译者虽然采用直译，但对于读者来说并不难理解。

（三）礼貌功能

委婉语产生的另一心理基础是避免交际中的冒昧和无礼，当迫不得已涉及令人不快的事情时，一般选用比较温和的词语来表达说话人尊重、体贴他人的心理，避免伤害对方的感情，以促进交际各方的融洽和交际的顺利进行。G. Leech 的“礼貌原则”(Principal of Politeness) 六准则：得体、慷慨、赞扬、谦虚、赞同、同情，为委婉语提供了理论基础。

英语中老板解雇职员不说 fire，而用 discontinue，失业用 unemployed，forgotten，release，live on pension 等。提到相貌不雅，英语中用 plain，ordinary，homely，not particularly good-looking 而不用 ugly，awful；汉语中则说成“外貌普通”、“相貌一般”、“长相尚可”等委婉语的使用可以满足人们的虚荣心和自尊心。比如，在当代西方社会，人们对职业极其敏感，于是所有工作都有一个悦耳的名字，如用 footwear maintenance engineer（鞋类保养工程师）来代替 bootblack（擦鞋匠），地位低微的职业通过美化摇身一变而身价百倍，形象美好。在汉语中，环卫工人被称为城市的美容师，避免使人联想到肮脏不堪的垃圾，也反映了人们对他们职业的尊重。

(1) 宝玉听了，喜的忙作下揖去，说：“原来今儿也是姐姐的**芳诞**。”（《红楼梦》第六十二回）

Baoyu bowed again in his delight and exclaimed, “So it's ***your birthday*** too, sister!”（杨译）

（2）夫妻无子，故爱如珍宝且又见他聪明清秀，便也欲使他读书识得几字，不过假充养子之意，聊解**膝下荒凉**之叹。（《红楼梦》第二回）

And because she was as intelligent as she was pretty，they decided to give a good education to make up for their ***lack of a son*** and help them forget their loss.（杨译）

评析 例（1）这句话是宝玉对平儿说的，“芳诞”充满着书面语体色彩，婉指年轻女子的生日，表现出宝玉对平儿的人品和心性的欣赏和对女性的尊重与礼貌，体现出很高的文化修养。这样具有中国特色的词语，无法找到一个匹配的英语婉转语，只能翻译成意义一致的“birthday”，失去了委婉语的色彩，但是可以让西方读者轻松理解原文含义。例（2）原文中“膝下荒凉”本意是指代没有子嗣，是非常具有中国特色的委婉语，如果直译会与原文的意思大相径庭，造成目的语读者理解上的障碍，因此杨译把它翻译成“lack of son”，虽然未能再现原文的委婉迂回之美，但却让译入语读者充分理解了原文的真正内涵。

（四）审美功能

委婉语的审美功能主要体现在其语言表达的模糊性（fuzziness）。委婉表达也是一种语用策略，委婉语的间接性决定了它的模糊性。伍铁平教授在其《模糊语言学》中分析了委婉语与语言模糊性的关系，强调了模糊性在委婉语中的基础地位，从模糊理论出发，他解释了产生委婉语的四种机制（伍铁平，2000）。委婉语作为语言中的一种变异现象，是说话人刻意含糊其词，极尽其模糊之能事。如女性的 menstruation（月经），本是一个精确概念，却用“sickness，curse of Eve，course，friend，period，blue days”这些模糊词语来婉指。英语中“it”、“problem”、“thing”和“situation”是指天底下任何事情；而汉语中“那东西”、“那事”可代替几乎所有的禁忌词。人们在传达信息时大都追求信息的精确性，但有时候使用精确词却未必尽如人意。因为言语模糊并不影响言语的交际，却能避俗为雅、委婉含蓄，促进交际双方关系的和谐，达到交际的目的。所以人们在语言交际中该明确时就明确，该模糊时就模糊。

模糊性是文学作品的共性，一部好的文学作品离不开语言的模糊性和含蓄美。语言的精确性只是相对的，而其不确定性则能赋予读者广阔的阐释空间和想象空间。作品模糊性越强，读者再创作的余地就越大；反之，如果非要让文学作品“清晰”、“准确”起来，则那种朦胧神秘的意境就会消失殆尽，文学魅力也会因此削弱。

以《浮生六记》为例，文中的模糊语言随处可见，由于委婉语的使用而造成的模糊性也不在少数。当涉及不便直接表达的内容时，模糊语言不失为一种有效的间接表达手段。

（1）吾父谓孚亭曰：“一生辛苦，常在客中，欲觅一***起居服役之人***而不可得。儿辈果能仰体亲意，当于家乡觅一人来，庶语音相合。”（《浮生六记》卷三，第130页）

“Unfortunately，my whole life has been spent away from home，among strangers，” my father said to Yu one day. “I have always wanted ***a companion to share my***

daily life with me, but I have not been able to find one. If my son had any real sympathy for my position, he would try to get me ***a concubine*** from my home district, whose dialect I could understand."（雪莉·布莱克译）

One day, my father said to Fout'ing, "I have been living all my life away from home, and have found it very difficult to find ***someone to look after my personal comforts***. If my son would sympathize with me, he should try to look ***one*** for me from my home district, so that there would be no dialect difficult."（林语堂译）

（2）自此***耳鬓相磨，亲同形影***，爱恋之情有不可以言语形容者。（《浮生六记》卷一，第14页）

And so every day we ***rubbed shoulders together and clung to each other like an object and its shadow***, and the love between us was something that surpassed the language of words.（林语堂译）

评析 例（1）的"起居服役之人"表面上看似乎是指"照料其生活起居的伺佣"，但实际上是作者特别采用的一种委婉模糊的表达，含蓄地指出作者沈复之父因公长期独自在外，辛苦孤寂，有意续纳一妾，以解烦闷之苦。"起居服役之人"的使用，不仅避免了直接表达所带来的尴尬，而且留给读者充分的想象空间。在林语堂和布莱克这两个译本中，对于"起居服役之人"的翻译似乎不相上下，都没有直白地说出，保留了一点委婉表达的意味；但在"一人"的处理上，林语堂译本则略胜一筹，布莱克将其直白地翻译成"a concubine"，道出了原文委婉语所蕴含的真正寓意，但却失去了模糊语言给读者带来的审美体验。

例（2）中"耳鬓相磨，亲同形影"的描写可以使中文读者产生丰富的想象，林语堂将其不加雕饰地直接翻译成"we rubbed shoulders together and clung to each other like and object and its shadow"，在不影响传递原文意义的同时，也形象地再现了原文的意象，而尤为重要的是，译者为英语读者保留了一定的想象空间和审美空间。

第四节 文学作品中委婉语英译本对比研究

委婉语是常见的语言和社会文化现象，被广泛地应用在文学作品中。不同历史时期的文学作品中的委婉语折射出人物角色或作者内心的焦虑、冲突、恐惧和羞怯，同时也成为社会文化整个发展过程的缩影。委婉语的恰当使用，无疑会为成功的文学作品锦上添花，两者相得益彰。因此，在文学作品的翻译过程中，委婉语的翻译也成为译者需反复斟酌思量之难题。

（一）《浮生六记》两种英译本对比研究

《浮生六记》是清朝沈复所写的自传性质小说，兼谈生活艺术、闲情逸趣、山水景

色、文评艺论。在中国比较盛行的是林语堂的译本，而在西方国家则出版了 Shirley Black 的译本。这两位译者具有完全不同的文化语境及审美倾向。一位是中国人，一位是英国人，虽然两位译者的初衷都是向西方国家介绍中国文学，但就细节处理来看，两者又有较大差别，如委婉语的翻译。

1. 与死亡有关的委婉语及其英译

任何一个社会和文化中，都存在着禁忌，而最普遍、最典型的语言禁忌大概就是死亡了。生者对死亡的神秘，对死亡的恐惧，以及死亡给生者带来的痛苦，使得他们不敢或不愿直言它，“死亡”委婉语由此应运而生，《浮生六记》当然也不例外。

(1) 余勉强慰之曰：“卿病八年，***恹恹欲绝***者屡矣。今何忽作断肠语耶？”（《浮生六记》卷三，第 174 页）

I try to comfort her by saying, “You have been ill for eight years, and this is not the first time that you are ***in a critical condition***. Why do you suddenly say such heart-breaking words?”（林语堂译）

“You have been ill for eight years, darling,” I said, “and have been ***at the point of death*** before. Why do you suddenly begin saying such pathetic, hopeless things?”（布莱克译）

(2) 愿君另续德容兼备者，以奉双亲，抚我遗子，妾亦***瞑目***矣。（《浮生六记》卷三，第 176 页）

I hope you will find another one who is both beautiful and good to take my place and serve our parents and bring up my children, and then I shall ***die content***.（林语堂译）

I hope you will marry again—someone both kind and beautiful, who will serve your parents and take my place with my forsaken children. Then at last I can ***close my eyes***.（布莱克译）

(3) 今***冥路***已近，苟再不言，言无日矣。（《浮生六记》卷三，第 176 页）

But now ***death is approaching*** and it is high time I spoke my mind.（林语堂译）

But I know ***my dark journey to the Underworld*** is near and that what I do not say now will never be said.（布莱克译）

(4) 芸***没后***，忆和靖“妻梅子鹤”语，自号梅逸。（《浮生六记》卷三，第 185 页）

After ***Yün's death***, I thought of the poet Lin Hoching who “took the plum-trees for his wives and a stork for his son,” and I called myself “Meiyi,” meaning “one bereaved of the plum-trees.”（林语堂译）

After ***Yuen's death*** I remember the poet Lin Ho-ching of whom it was said he took a plum tree for wife and a stork for son, and decided to take as my intimate name Mei-I, “One who has lost his plum tree”.（布莱克译）

(5) 正趑趄观望间，复接青君信，始痛悉吾父业已***辞世***，刺骨痛心，呼天莫及。

（《浮生六记》卷三，第189页）

While I was still hesitating，I received a second letter from her，telling me that father ***had died***. Sorrow went into my heart and pierced my bones and I cried to heaven in vain.（林语堂译）

While I was hesitating，deciding first on one thing，then on another，I received a second letter from my daughter with the sad news that my father had already ***left this world***. An intolerable pain pierced my bones and with an aching heart I cried aloud to an unheeding Heaven!（布莱克译）

（6）今则天各一方，风流云散，兼之***玉碎香埋***，不堪回首矣！（《浮生六记》卷二，第110页）

Today these friends are scattered to the four corners of the earth like clouds dispersed by a storm，and ***the woman I loved is dead，like broken jade and buried incense***. How sad indeed to look back upon these things!（林语堂译）

Now that these friends，like clouds dispersed by the wind，have drifted to the four corners of the earth and ***she who was my very self is dead，like broken jade or buried incense***，I find it unbearably painful to look back upon that time.（布莱克译）

评析 例（1）中的"恹恹欲绝"是指沈复之妻陈芸病情加重，生命垂危，两位译者都采用了比较委婉的表达方式，分别译为"in a critical condition"和"at the point of death"。比较而言，布莱克的译文稍显直白，而林译似乎更含蓄迂回。

例（2）中"瞑目"语出《三国志·吴书·孙坚传》："今不夷汝三族，悬示四海，则吾死不瞑目。"意思是闭上眼睛，多指人死时无所牵挂；又有"死不瞑目"之说，指死了也不闭眼。原指人死的时候心里还有放不下的事，现常用来形容极不甘心。此处，林氏译法和布莱克译法大相径庭。林语堂先生采用意译法，将"瞑目"蕴含的文化内涵比较直白地呈现给了读者，便于读者理解和接受，属归化翻译；布莱克却采用了异化翻译策略，将"瞑目"直译成"close my eyes"，保留了原文中的意象，却将暗含的文化信息留给读者去揣摩推断，这在布莱克译本中实属罕见。

例（3）中"冥"是迷信的人称人死后进入的世界，即冥界，所以"冥路已近"意指陈芸生命危在旦夕。同例（2）一样，林氏采用归化翻译策略，把原文译为"death is approaching"，明显淡化了原文中的文化信息，明白易懂。布莱克却译为"dark journey to the Underworld"，极富基督教宗教色彩，同时用"dark journey"这一比喻形象地传递了原文的委婉色彩：the "underworld" or "netherworld" is thought to be deep underground or beneath the surface of the world in most religions and mythologies. Typically it is a place where the souls of the departed go，an afterlife or a realm of the dead（维基百科），即"人死后灵魂会到的地方"。

例（4）中两位译者心有灵犀，选词一样，都把"没后"翻译成"death"，不过表达过于直白，未能再现原文含糊其词的委婉表达特色。

例（5）中布莱克以委婉语译委婉语，将汉语中普遍使用的死亡委婉语“辞世”译为“left this world”，不仅传递了原文的内涵意义，也恰如其分地再现了原文语言的模糊之美，迂回委婉，林氏译文“had died”则稍逊一筹，显得过于直白，和原文的风格有出入。

例（6）读起来文字优雅，凄婉动人。“风流云散”语出《昭明文选》卷二十三：“风流云散，一别如雨。”意思是风吹过，云飘散，踪迹全消，比喻人飘零离散。“玉碎香埋”意思是玉破碎，香埋葬，比喻美貌女子的死。作者寓于凄美景物中的真实情感则是对久别友人的扼腕之悲，更有对亡妻的断肠之痛。“风流云散”、“玉碎香埋”通过比喻的修辞达到委婉表达的目的，为这种情感蒙上了朦胧的面纱。在意象的表现上，这种模糊的语言有不可替代的效果。直白的表达可能给读者留下单一平面的意象，而模糊的语言则会赋予读者丰满的、立体的想象，从而加深原文的内涵。这类成语在汉语读者当中不会引起误解或不解，所以无须解释。但在直接转换成英语后，在语境不够清晰的情况下，读者要领会作者本意就会面临实际的困难。林语堂和布莱克都在译文中保留了原文中的比喻，并补充了原文蕴含的内容，即“the woman I loved is dead”和“she who was my very self is dead”，从而为读者扫清了理解上的障碍，同时以模糊的手法直译成语，“风流”、“云散”、“玉碎”、“香埋”等画面无疑会勾起读者无限的想象，带给他们特别的审美体验。整体看来，意义和审美相得益彰，神貌兼顾。

2. 与性事有关的委婉语及其英译

“性话题”在各民族语言中也存在大量的委婉说法，但在汉语中这个话题显得更为敏感，因而使用委婉语的场合更常见。这是因为在中国封建社会，在儒教思想和理学思想的双重影响下，性话题被视为极其敏感和私密的道德问题。出于这一思想文化背景，人们在日常生活中对性话题总是遮遮掩掩，讳莫如深。文学作品中涉及性话题时也基本上采用委婉的表达方式。

（1）余虽***恋其卧***而德其正，因亦随之早起。（《浮生六记》卷一，第14页）

Although I want her to ***lie in bed*** longer, I could not help admiring her virtue, and so got up myself, too, at the same time with her.（林语堂译）

I want to ***make love to her*** again, to hold her in my arms a little longer, yet I had such respect for her strength of character that I made myself get out of bed as soon as she did.（布莱克译）

（2）正月既望，有署中同乡三友拉余游河观***妓***，名曰***“打水围”***。妓名***“老举”***。（《浮生六记》卷四，第256页）

On the sixteenth of the first moon, I was asked by three friends of my native district working in the yamen to go and see ***the singsong girls*** on the river—a custom which was called ***“making rounds on the river”***. The prostitutes were called ***“Laochü”***.（林语堂译）

On the sixteenth of the first month, when the moon was full, I happened to meet three friends from my home district who were now officials at the local yamen. They insisted on taking me down to the river to see ***the prostitutes***; a custom known as "***making the rounds on the river***". The prostitutes were called: "***Lao-chü***" (skilled at arousing passion). (布莱克译)

(3) 及席终，有卧而吃鸦片烟者，有拥**妓**而调笑者。（《浮生六记》卷四，第265页）

At the end of the dinner, some were lying on the couch smoking opium, and some were fooling round with ***the girls***. (林语堂译)

Dinner over, some of my friends lay down and started smoking opium, others began hugging and teasing ***their girls***. (布莱克译)

(4) 先至沙面，***妓船名花艇***，皆对头分排，中留水巷，以通小艇往来。（《浮生六记》卷四，第258页）

First we came to Shameen where ***the sing-song boats***, called "***flower boats***," were anchored in two parallel rows with a clear space in the center for small boats to pass up and down. (林语堂译)

We went first to Shameen, where ***the floating brothels***, called "***flower boats***", were tied in two parallel rows, with a clear lane of water down the middle so that small boats could pass back and forth. (布莱克译)

(5) 翠姑告以***迎新送旧***之苦，心不欢必强笑，酒不胜必强饮，身不快必强陪，喉不爽必强歌。（《浮生六记》卷四，第277页）

Ts'uiku told me how hard ***the singsong girl's life*** was: they had to smile when not happy, had to drink when they couldn't stand the wine, had to keep company when they weren't feeling well, and had to sing when their throats were tired. (林语堂译)

Then Tsui-ku began to speak sadly of the bitterness of continually ***welcoming the new while speeding the old***; of forcing laughter when the heart is sad; of being compelled to drink, though the wine made one ill; of having to entertain guests while sick and despondent; of being forced to sing with a sore, tired throat. (布莱克译)

(6) 又有恶客彻夜***蹂躏***，不堪其扰。（《浮生六记》卷四，第277页）

There were also ill-bred customers who must ***continue their horse-play*** throughout the night until it was quite unbearable. (林语堂译)

There were other depraved men, men full of lust, who ***imposed their desires***, again and again, from sunset till dawn, leaving the girl unbearably exhausted. (布莱克译)

(7) 秀峰***今翠明红***，俗谓之***跳槽***，甚至一招两妓。（《浮生六记》卷四，第279页）

Hiufeng used to ***go from one girl to another***, or "***jump the through***", in the singsong slang, and sometimes even had two girls at the same time. (林语堂译)

Hsiu-feng, as the saying goes, was "***today green—tomorrow red***;" ***trying first***

***one girl*, *then another*；"*jumping the through*" in the slang of the flower boats.（布莱克译）

评析　例（1）原文中"恋其卧"的性暗示在林语堂先生的译文中被替换成"尽管我想让她多躺一会儿"，改成了心疼太太早起的意思。一方面可能是译者觉得原文太大胆，不好意思照直翻译；另一方面又将男主人公刻画成怜香惜玉之人。如此译文既传递了原文的语意，又再现了原文的委婉色彩，可见译者对中西文化和语言的了解和娴熟驾驭。在中国封建社会，表达情感的方式委婉、间接，只可意会不可言传。而布莱克将"恋其卧"翻译为直白的"make love"，与原文的文化背景差异较为明显。这种归化的翻译策略，与她一开始认为的"Shen Fu's autobiography is a literary masterpiece; poetic，romantic，nostalgic and filled with emotion…"有关，即认为沈复的自传是一部充满诗学、浪漫、怀旧和情感的文学佳作。在此，她强调了沈复与妻子的"浪漫"之举。

例（2）原文中的"妓"被林语堂婉称为"the singsong girls"。在古代中国，"妓"是一个意思相对比较宽泛的概念，既可以用来指现代意义上的妓女（以卖身为业者），相当于英语的"prostitutes"；也可以用来指歌伎或舞伎，即在烟花场所卖艺不卖身的女孩。根据原文的语境和上下文，例（2）和例（3）中所称之"妓"是妓女，即以卖身为业的女孩。而在译文中，林先生却没有用"prostitutes"而是用"singsong girls"和中性词"girls"，这就应用了原文中所没有的婉曲修辞手法。此外，还把例（4）中的"妓船"译为"sing-song boats"，似乎林语堂在有意低调处理沈复的嫖妓行为。古代中国并不以嫖娼为耻，若林语堂果然有替沈复遮掩之心，必定是受西方文化的影响。同样，如例（1）所示，布莱克的翻译却直白露骨，"妓"译为"prostitutes"；而把"妓船"译为"brothel"，在西方读者心目中刻画了中国古代文人墨客的不耻行径。

例（5）和例（6）都是对翠姑妓女生活的描写。例（5）中"迎新送旧"语出《汉书—王嘉传》："吏或居官数月而退，送故迎新，交错道路。"旧指欢送卸任的官吏，迎接新来接替的官吏；这里指代妓女翠姑的被人不断凌辱的艰难生活。林氏译文"the singsong girl's life"通俗易懂，而布莱克译文"welcoming the new while speeding the old"中两个分词"welcoming"和"speeding"颇具动感，把翠姑的苦难生活刻画得更惟妙惟肖，读者结合上下文语境也不难推断其暗含的意义。例（6）却恰恰相反，布莱克把"蹂躏"意译为"imposed their desires"清楚地揭示了嫖客下流粗暴的行径和妓女们备受凌辱的生活；而林语堂却采用委婉的方法，形象地翻译成"horse-play"，以具体的动作方式婉指性事，蕴含着丰富的文化内涵。"horse-play"在《柯林斯英汉大词典》中的英文解释是"rough or loud play; energetic and noisy playful activity"，借助于这个解释和上下文语境，读者很容易联想到"horse-play"所要表达的真正目的。该译文迂回婉转，在成功进行文化传播的同时也带给读者模糊语言的审美体验。

例（7）"今翠明红"以颜色代替妓女名，文人本色。林语堂受制于语言文化差异，只能意译。如果以直译的方式复制原文的修辞形式，也未必会造成理解上的障碍，如

“今翠明红”直译成“with a Green today while with a Red tomorrow”，这样可以保留原文的修辞，同时也不影响意义的传递。如布莱克就采用了直译加注的方法，将原文译为“today green—tomorrow red; trying first one girl, then another”。徐珂的《清稗类钞》对“跳槽”给出了非常确定的解释：“原指妓女而言，谓其琵琶别抱也，譬以马之就饮食，移就别槽耳。后则以言狎客，谓其去此适彼。”最早“跳槽”这个词是说妓女的。一个妓女和一个嫖客缠绵了一段时间之后，又发现了更有钱的主，于是厌弃“旧爱”，另就新欢，如同马从一个槽换到了另外一个槽吃草。因此，这种另攀高枝的做法被形象地称为“跳槽”。后来，这个词也被用到了嫖客身上。一个嫖客对一个妓女厌倦了，弃之而另外找了一个，这种行为也称之为“跳槽”，如原文中的“秀峰今翠明红”，两位译者都采用了“jumping the through”来表达。

林语堂的翻译总体而言忠实于原文。作为母语译者，林语堂的文化立场是中文而不是英文，他要将中国文化展现给西方世界，使中国文化在译语环境中获得新生，他并没有机械地把中国文化全盘“输出”，而是在“输出”之前先进行了过滤和选择，他“输出”的是经过其思维模式过滤后重新排列组合过的中国文化。在《浮生六记》委婉语的翻译中，林语堂先生同时使用归化与异化的译法，让作者文化与读者文化相互融合，相互贴近。作为一位中西方文化传播大师，林语堂在其译文中显示了他深厚的英文功底和娴熟的翻译技巧。所以他的译本虽然有向英语归化，但还是以异化为主，尽可能地保留原作的意味。与林语堂不同，布莱克的角色是引入中国文化，把边缘文化引入中心文化中去，她更多的是使用了归化的方式，使译本尽可能地符合西方的逻辑及读者的阅读需要。

（二）《红楼梦》两种英译本对比研究

《红楼梦》是中华优秀文化的结晶，被誉为了解和认识中国古代文化的“百科全书”。作为中国长篇白话小说的顶峰之作，同其他古代小说相比，其中有关避讳的语言艺术描写和委婉语的使用又有了长足的进步，堪称旷代绝响。《红楼梦》中的委婉语涉及年龄、体态、生病、死亡和性事等方面，而以表达丧事和性话题的委婉语较多。

1. 与死亡相关的委婉语及其英译

《红楼梦》作为我国的古典名著，在“死亡”委婉语的选用上堪称典范。作品中涉及“死亡”话题的用词据统计大约有29个。其中一般用词有“死、死亡、亡、夭折、故、亡故”等；委婉用词有“宾天、辞世、归西、呜呼、没了、圆寂”等。如何将这些委婉语在词汇形式上和使用场合上加以区分，对于汉英翻译来说确实是很困难的事情。《红楼梦》的杨译本和霍译本在死亡委婉语翻译中的选词用字上有一定的异同之处。

(1) 秦氏……含笑说道：“婶子好睡！我今日***回去***，你也不送我一程。”(《红楼梦》第十三回)

“How you love to sleep, aunt!” cried Keqing playfully. “I'm ***going home*** today,

yet you won't even see me one stage of the way."（杨译）

"So fond of sleep, Auntie?" said Qin-shi with a gentle smile. "I shall have to ***begin my journey*** today without you to see me off."（霍译）

（2）见贾母喉间略一响动，脸变笑容，竟是**去了**，享年八十三岁。（《红楼梦》第一百一十回）

Now they heard a rattling in her throat, and a smile overspread her face as she ***breathed her last***—at the age of eighty-three.（杨译）

There was a faint rattle in her throat, a smile stole across her face, and she ***was gone***. She was eighty-three years old.（霍译）

（3）凤姐凑趣，道："难道将来只有宝兄弟顶你老人家**上五台山**不成了……"（《红楼梦》第二十二回）

His-feng teased, "is Pao-yu the only one who'll ***carry you as an immortal on his head to Mountain Wutai***… "（***Note***: Mountain Wutai was a holy Buddhist mountain.）（杨译）

She said, "Your forget, Grannie, when you ***go to heaven*** Young Bao-yu won't be the only one who'll walk ahead of the hearse…"（霍译）

（4）"合家大小，远近亲友，谁不知我这媳妇比儿子还强十倍！如今**伸腿**去了，可见这长房内绝灭无人了。"说着，又哭起来。众人忙劝道："人已**辞世**，哭也无益，且商议如何料理后事要紧。"（《红楼梦》第十三回）

"Everyone in the family, old and young, distant kin or close friends, knows that my daughter-in-law was infinitely superior to my son. Now that she ***has gone***, my branch of my family is fated to die out." With that he broke down again.

The men present tried to console him, "Since she has ***departed this world***, it is useless to weep. The main thing now is to decide what must be done."（杨译）

"Everyone, young or old, kinsman or friend, knows that my daughter-in-law was ten times better than any son. Now that she ***has been taken from us*** it's plain to see that this senior branch of the family is doomed to extinction", and he broke down once more into incontrollable weeping.

The men present tried to console him, "Now that ***she's gone***, crying isn't going to bring her back again. The important thing now is to make your plans for the funeral."（霍译）

（5）老太太在一日，我一日不离这里；若是老太太**归西**去了，他横竖还有三年的孝呢。（《红楼梦》第四十六回）

As long as the old lady lives, I shan't leave this house. If she ***passes away***, he'll have to observe three years' mourning anyway.（杨译）

As long as her old ladyship lives, I shall stay with her old ladyship. And when all's said and done, even when the old dear ***goes to her rest***, there are still the years of mourning.（霍译）

（6）俗话说："老健春寒秋后热。"倘或老太太一时***有个好歹***，那时虽也完事，只怕耽误了时光，还不得称心如意呢。（《红楼梦》第五十七回）

The proverb says, "The healthiest old people last as long as a chilly spring or a hot autumn." If ***anything should happen*** to the old lady your marriage might be delayed, or else not turn out in the way you hoped.（杨译）

You know what they say: "Good health in the old is like warm weather in winter: you can't depend on it." If ***anything were suddenly to happen*** to her, the chance of getting someone you really liked would have passed you by.（霍译）

（7）凤姐儿低了半日头，说道："这实在没法儿了。你也该将一应的***后事***用的东西给他料理料理，冲一冲也好。"尤氏道："我也暗暗地叫人预备了。就是***那件东西***不得好木头，且慢慢地办罢。"（《红楼梦》第十一回）

Xifeng lowered her head for a while. "There seems to be a little hope," she said at last. "If I were you I'd make ready the things for the ***funeral***. That may break the bad luck."

"I've had them secretly prepared. But I can't get any good wood ***for you know what***, so I've let that go for the time being."（杨译）

Xi-feng sat silent for some time with lowered head. "There is no hope, is there? You'll have to start getting things ready for ***the end***. Of course, it's always possible that doing so may break the bad luck."

"I've already been quietly making a few preparations on the side," said You-shi. "The only thing we haven't yet got is the right timber for ***the you know what***. But we're looking round all the time."（霍译）

评析 例（1）中秦可卿为荣国府长房儿媳，贾母认为她是重孙媳妇辈中"第一个得意的人"。她不但外形美丽，性格温柔，还待人周到，贾府上下老少都和她相处得极其融洽。王熙凤虽历来目空一切，但偏和她最为知己，常与其密诉衷肠，这个例子是秦可卿死后托梦王熙凤。从内涵意义上看，杨译可谓恰到好处，与原语完全对应；霍译从表面看上似乎与原语内涵意义相去甚远，但英语中"journey"在宗教领域有"begin my journey to find out God"的含义，因此，霍译与原语在内涵意义上也是对应的。从社会意义上看，杨译在语体等级上达到了与原语的对应，同属"死亡"委婉语，因为"home"一词在英语中除表示"家"外，还有"坟墓"的意思。原语旨在向读者传递一种凄凉的情感氛围，因为当一个人要孤独地面对另一个陌生的世界时，孤寂、留恋、悲伤之情定会油然而生。杨译"家"一词，从比喻意义来说，似乎有悖于原文的情感意义，无论在中文还是英文，"家"都是温馨、关爱、舒适的代名词，而霍译更多让人想到的是"漫长、艰辛"，而非"温馨"之意。

例（2）中用“去了”来讳言“死”是最传统的、最为人们普遍采用和接受的字眼，译文“breathe her last；was gone”也是英文中与此相对应的广为接受的表达方式，两种译本都属于委婉的表达，以委婉译委婉，比较而言，杨译似乎比霍译更形象。

例（3）中的五台山位居中国四大佛教名山之首，古人常以“上五台山”来婉指人死后登顶成佛，象征他们修成正果，结局圆满，具有鲜明的民族特色。杨译运用了加脚注的异化手法，保留了“五台山”这个形象，并且用脚注“a holly Buddhist mountain”作进一步的解释。而英美人多信奉基督教，许多委婉语源自《圣经》，英语中的“go to heaven”也是笃定的信徒所致力追求的，与原文的语用意义相近，故霍译采用归化手法中的形象转换，将佛教中的“五台山”转换成基督教中的“heaven”。佛教中与凡世相对的神仙们居住的仙界被转换成了基督教义中的天堂。对于带有文化特色的委婉语，有两种情况：一是考虑到译文读者的接受能力，译者可用本族文化中的形象代替原文中的形象，以使读者更容易理解译文；二是为保留原文的精髓，译者若想将异域文化和风俗介绍给读者，应进行社交语用对比，尽量传达原文的风格和文化背景。很显然，霍译为前者，而杨译则为后者。

例（4）原语中的“伸腿去了”和“辞世”都是死亡的委婉语，杨译和霍译都是以委婉译委婉，准确传递了原文的内涵意义。其中“伸腿去了”的特点是以人临死时的生理现象代指死亡，类似的词语还有“闭眼”、“叹气”等。两个译本都从不同角度传递了原文的内涵意义，但似乎均未能向目的语读者准确地传递出原语所体现的独特生理现象，即“伸腿”。从社会意义上来说，原语属于俚语范畴，带有贬义色彩，旨在反衬贾珍的不学无术。杨译和霍译都是比较倾向于口语化的委婉语，在这一点上和原文的语体还是略有出入的。

例（5）中的“归西”也是现实生活中当人们不愿提及死亡这种话题而又不得回避时，通过迂回隐讳的语言表达的习惯性说法之一。两位译者均采用委婉的表达方式，其中“pass away”是英语中很常见的表示“死亡”的委婉语；“go to her rest”也是迂回表达死亡的比喻性用法，类似的比喻性用法还有“to return to dust，to pay one's debt，to join the majority，to sleep eternal sleep，to sink into the grave”等。

例（6）中的“有个好歹”分别被译为“anything should happen”和“anything were suddenly to happen”，两位译者似乎心有灵犀，不仅选词一样，而且都采用表示对将来情况的主观推测的虚拟语气的结构形式，即 should ＋ do（happen）和主语＋were to do（happen），达到了委婉和迂回表达的目的。

例（7）是尤氏、凤姐关于秦可卿丧事的对话。她们两个人都是封建礼教的信奉者和沿袭者，所以十分注意讲话的分寸，特别是对禁忌语的使用。“后事”就是“丧事”，霍译的“the end”比杨译的“the funeral”更符合讲话者的身份、谈话口气和选词技巧。英语中与 funeral 相对应的委婉语是 memorial service。原文中“那件东西”暗指“棺材”。尤氏、凤姐心有灵犀，不言自明。“棺材”有很多的委婉说法，亦称“寿枋、老柩、寿棺、老房、四块半、寿方”等，是盛载死尸的空匣子，通常在葬礼中使用。

这里的“那件东西”是非常口语化的表达方式。杨译和霍译选词几乎完全一样，都采用了非常委婉的、比较口语化的表达，只是霍译本多了一个定冠词“the”，委婉度似乎比杨译略胜一筹。但从总体上来说，两段译文都成功贴切地再现了这一含糊其词的委婉表达特色。

2. 与性事相关的委婉语及其英译

在中国古典文学作品中，除了个别几部世情小说之外，“性话题”总是以委婉的形式出现。这些委婉语的使用反映了当时社会人们的伦理观念和社会道德风尚，是社会文化现象在语言中的着色和沉淀。从这个意义上讲，对《红楼梦》中委婉语的精确翻译关乎外国读者对18世纪中国社会世风民情的了解和认识，译者在翻译这些词语时应加倍小心，力求忠实。

(1) 宝玉道：“一言难尽。”说着便把梦中之事细说与袭人听了。然后说至警幻所授***云雨***之情，羞的袭人掩面伏身而笑。(《红楼梦》第一回)

“It’s a long story,” answered Pao-yu, then told her his dream in full, concluding with his initiation by Disenchantment into the “***sport of cloud and rain.***” His-jen, hearing this, covered her face and doubled up in a fit of giggles. (杨译)

After much hesitation he proceeded to give her a detailed account of his dream. But when he came to the part of it in which he ***made love to two-in-one***, Aroma threw herself forward with a shriek of laughter and buried her face in her hands. (霍译)

(2) 袭人本是个聪明女子，年纪本又比宝玉大两岁，近来也***渐通人事***，今见宝玉如此光景，心中便觉察一半了，不觉也羞的红了脸面，不敢再问。仍旧理好衣裳……(《红楼梦》第六回)

Now Xiren was an intelligent girl, and being a couple of years older than Baoyu, she already ***knew the facts of life.*** She guessed from the state he was in what must have happened and blushing herself helped him to tidy his clothes without any further questions. (杨译)

Aroma has always been an intelligent girl. She was, in any case, a year or two older than Bao-yu and had recently begun to ***have some understanding of the facts of life.*** Observing the conditions that Bao-yu was in, she therefore had more than an inkling of what had happened. Abandoning her question, she busied herself with his clothes, her cheeks suffused by a crimson blush of embarrassment. (霍译)

(3) 王一贴心有所动，便笑嘻嘻走近前来，悄悄的说道：“我可猜着了，想是哥儿有了***房中的事情***，要滋助的药，可是不是?”(《红楼梦》第八十回)

At this point, One-Plaster Wang had a sudden idea. Smiling all over his face, he drew closer to whisper: “I’ve guessed it! Now that the young gentleman is growing up, I suppose he wants some drug to ***increase his virility***—right?” (杨译)

His face broke into a broad grin. Coming up closer to Bao-yu, he bent down and

spoke softly into his ear. "I think I've guessed. Could it be that you have started ***bed-chamber exercises*** already?"（霍译）

（4）……仍是斗鸡走狗，***赏花阅柳***为事。（《红楼梦》第九回）

...his visits to cock-fighting, dog-races and ***brothels.***（杨译）

...cock-fighting, dog-racing, and ***botanizing excursions into the Garden of Pleasure.***（霍译）

（5）痴男怨女，可怜***风月债***难偿。（《红楼梦》第五回）

Pity silly lads and plaintive maids hard put to it to requite ***debts of breeze and moonlight.***（杨译）

Groan that ***love's debts*** should be so hard to pay.（霍译）

（6）是夜贾琏同他***颠鸾倒凤***，百般恩爱，不消细说。（《红楼梦》第六十五回）

The bride was helped into the bridal chamber, where that night she and Jia Lian ***enjoyed the transport of love.***（杨译）

The ***phoenix-gambollings of the nuptial couch*** and the mutual delight and cherishing which they engendered are here passed over.（霍译）

（7）那贾琏吃了几杯，***春兴***发作，便命人收了酒菜，掩门宽衣。（《红楼梦》第六十五回）

After a few cups, ***feeling randy***, he ordered the maids to clear away the wine and dishes, then closed the door to undress.（杨译）

After a few more drinks, he began to ***grow amorous*** and, having first sent the girls off with the dirty things, proposed that they should bar the door for the night and begin undressing.（霍译）

（8）因他自小父母替他在外娶了一个媳妇，今年二十来往年纪，生得有几分人才，见者无不羡爱。又兼生性轻浮，最喜***拈花惹草***。（《红楼梦》第二十一回）

While he was young his parents had found him a wife who was now just about twenty, and whose good looks were the admiration of all. But she was a flighty creature who loved nothing better than to ***have affairs.***（杨译）

Two years previous to this date Droopy's father had provided him with a wifc. Shc was now just turned twenty, a fine, good-looking young wanton, always ***eager to throw herself at whatever partner's opportunity might place in her way.***（霍译）

评析　例（1）中"云雨"出自《文选》卷十九宋玉《高唐赋》序："昔者楚襄王与宋玉游於云梦之台，望高唐之观，其上独有云气……王问玉曰：'此何气也?'玉对曰：'所谓朝云者也。'王曰：'何谓朝云?'玉曰：'昔者先王尝游高唐，怠而昼寝，梦见一妇人曰：妾 巫山之女也，为高唐之客，闻君游高唐，愿荐枕席。王因幸之。去而辞曰：妾在巫山之阳，高丘之岨，旦为朝云，暮为行雨。朝朝暮暮，阳台之下。'"后用"云雨"指男女欢会。此处，两位译者的翻译策略大相径庭。杨译直接翻译成

"cloud and rain"，保留了原文中的文化意象"云"和"雨"。但如果仅仅保留这两个文化意象来表达男欢女爱之事，恐怕译入语读者很难理解，因为我们中国读者也不见得都知道楚襄王的这个典故，英语读者也就更不大可能知道了，况且英语文化中也不用这种自然现象来指代性事。鉴于此，杨译在译文前加了"sport"一词，想必对读者的理解会有很大的帮助。而霍译正是考虑到了英语读者的阅读体验和接受能力，将"云雨"意译为"make love to two-in-one"，暗含意义一目了然。"make love"早先在英语中也是作为委婉语来使用了，但随着语言的不断发展和演变，现在几乎没有什么委婉的意味了。无独有偶，《红楼梦》中其他章回也多次出现"云雨"一词，杨译都是加上了类似"sport，game"之类的字眼辅助读者理解。英语中也常常用运动来比喻性行为，如 fun and games 和 indoor sports（室内运动）等都是常见的用法。

例（2）中"人事"是指男女间情欲之事，是"性知识"、"性意识"的委婉表达。语出杨文奎《儿女团圆》第二折："如今长成十三岁，也晓得人事。"两位译者不约而同地使用了英语中对应的表达方式"the facts of life"。在《朗文现代英语词典》（*Longman Dictionary of Contemporary English*）中，这个短语的解释之一是"the details about sex and how babies are born"。因此，译文比较完整地再现了原文的内涵意义和语用意义，委婉度也和原文基本保持一致。

例（3）中王一贴用"房中的事情"来调侃宝玉，实际上是指代"做爱"，达到了一定的讳饰效果。接着，文中的对话就证实了这一点："话犹未完，茗烟先喝道：'该死，打嘴！'宝玉犹未解，忙问：'他说什么？'茗烟道：'信他胡说。'"杨译和霍译分别翻译成"increase his virility"和"bedchamber exercise"，措辞都比较有分寸，基本上达到了委婉的效果，尤其是后者，诙谐韵味十足，读罢让人忍俊不禁。

例（4）中"斗鸡走狗"语出西汉司马迁《史记·袁盎晁错列传》："袁盎病免居家，与闾里浮沉，相随行，斗鸡走狗。"意思是"使公鸡相斗，使狗赛跑"。指旧时剥削阶级子弟游手好闲的无聊游戏。而"赏花阅柳"与"寻花问柳"同义，原指到郊外观赏花草风景，后暗指"宿娼"。旧时称妓女"其貌如花，其性如柳"，因以"花柳"婉指妓女，"花街柳巷"婉指妓女积聚的地方，"花柳病"暗指性病。"赏花阅柳"在汉语中沿用多年，几乎没有什么委婉意味而言，因此杨译译为"brothel"，直截了当，一目了然；而霍译则用"botanizing"一词尽力保留了原文的植物形象。不过，在英美读者的审美体验中用自然风景暗指性事应该属于文化空白，因此霍译恰如其分地加上了比喻性说法"the garden of pleasure"，极富调侃诙谐之意。其中"pleasure"一词本身就是委婉十足，让人浮想联翩。从这一点来说，霍译似乎比杨译略胜一筹，既传递了原文的内涵意义，又用比喻的修辞手法再现了原文语言的模糊性，使目的语读者达到了别样的审美体验。

例（5）中"风月"是指男女恋爱的事情，"风月债"是"犹情债"，即"男女相恋产生的纠葛"，旧谓男女相恋是前生欠债。《汉语委婉语词典》这样解释："清风明月，美好的景色。青年男女常于此环境中谈情说爱。因以婉指男女之间的情爱之事。"杨译

把“风月”译为“breeze and moonlight”，保留了原文的“异国情调”，属典型的“异化翻译”(foreignization)，达到了一定的委婉效果；霍译则直接翻译成“love”，委婉之意虽消失殆尽，但却便于读者理解和接受。不过，霍译在其他章回也有把“风月”翻译成“wind and moonlight”，相信读者根据上下文的语境也能推断出其含义来。

例（6）中的“鸾”是古代传说中的一种神鸟。“颠鸾倒凤”语出元·王实甫《西厢记》第四本第二折：“你绣帏里效绸缪，颠鸾倒凤百事有。”“颠鸾倒凤”比喻颠倒次序，世事失常，也比喻男女交欢。杨译“the transport of love”因未能保留“鸾凤”这两个典型的文化意象，译文稍显平铺直叙，美感韵味不足；而霍译则保留了原文中的鸾鸟嬉戏的形象，其中“gambol”一词意为“gay or light-hearted recreational activity for diversion or amusement”(雀跃，耍闹)，男欢女爱的场景被描写得尤为生动形象，栩栩如生，“gambollings”以复数形式呈现似乎更显两情相悦之意，寓意深刻。

例（7）中的“春兴”即“春心”，因春景而触起的心情，婉指男女情欲。杨译和霍译分别译为“feeling randy”和“to grow amorous”，其中“randy”意为“sexually eager or lustful”(淫荡的)，“amorous”意为“expressive of exciting sexual love”(性爱的，色情的)，两者都准确再现了原文的语意，但在委婉度上似乎都不及原文，或者说委婉度上要明显高于原文，表达相对比较直白了。

例（8）中的“拈花惹草”语出杨立斋《哨遍》：“三国志无过说些战伐，也不希咤，终少些团香弄玉，惹草粘花。”“招花引蝶、拈花惹草”都指男子生活放荡，“寻花问柳”重在“狎妓”，“拈花惹草”重在挑逗、引诱女子，前者的行为比后者严重。杨译将“拈花惹草”译为“have affairs”，达到了原文所要传递的委婉效果。霍译的措辞语气更强烈，将一个水性杨花的女子的人物形象刻画得栩栩如生，译文读起来也更具艺术性和文学性。不过，两种译文都省略了原文的文化意象，这恐怕是中外文化的巨大差异所造成的无法弥补的缺憾了。

3. 与疾病和分泌类相关的委婉语及其英译

人们谈及疾病时，往往不愿明言，因此曲意隐讳的情况非常普遍，如“玉体欠安”、“贵体违和”等。有时为了减轻谈话双方的压力，缓和谈话的气氛，人们往往把病情说得轻一些，或者含糊一些，如汉语中的“不舒服”、“不适”等；英语中的“to be under the weather”等。和死亡、性事、疾病等委婉语不同，关于分泌、排泄这些人类的生理现象，如果直言不讳就会有伤大雅，于是人们出于避俗求雅的原因，创造了一系列相关的禁忌语，如“解手”、“上一号”、“上洗手间”、“方便一下”等。《红楼梦》里委婉表示疾病和分泌排泄类的表达也不在少数。

(1) 前夕新霁，月色如洗，因惜清景难逢，讵忍就卧，时漏已三转，犹徘徊于桐槛之下，未防风露所欺，致获***采薪之患***。(《红楼梦》第三十七回)

The other night the moon was clear after the rain, and it seemed such a rare chance to enjoy the moonlight that I stayed up until midnight strolling under the trees. As a result, I ***caught a chill in the dew***. (杨译)

Some nights ago, when the moon came out in a sky freshly clear after the rain, the garden seemed veritably awash with moonlight, and sleep in the face of so rare a spectacle was unthinkable. Thrice the clepsydra had been turned, and still I lingered beneath the tall paulownias, reluctant to go in. But in the end the treacherous night air betrayed me, and by morning I was lamentably ***indisposed***. (霍译)

(2) 因贾母**欠安**，众人都过来请安，出去传请大夫。(《红楼梦》第四十二回)

But since Lady or Dowager was ***unwell***, the whole family came the next morning to ask after her health, and a doctor was sent for. (杨译)

Knowing that the old lady was ***indisposed***, they had trooped in first thing to inquire how she was and had already sent outside for a doctor. (霍译)

(3) 袭人道："奶奶身上**欠安**，本该天天过来请安才是。但只怕奶奶身上**不爽快**，倒要静静儿的歇歇儿，我们来了，倒吵的奶奶烦。"(《红楼梦》第六十七回)

Xiren replied, "While you were ***unwell*** I kept wanting to come and pay my respects, but when Master Lian was at home it wasn't convenient, and I didn't like to disturb you while you ***were ill***, so I didn't venture to come." (杨译)

"Knowing you ***weren't well***, I ought by rights to have been coming every day," said Aroma, "on the other hand, when you are ***poorly***, you need lots of peace and quiet for resting, and I was afraid that if I came too often, it might disturb you." (霍译)

(4) 邢夫人等因说道："你**身上不好**，又连日事多，该歇歇才是，又进来做什么？"(《红楼梦》第十三回)

"***You are not well***," said Lady Xing. "After all your recent exertions you ought to rest. What business brings you here?" (杨译)

"***You are not well***," she said, "and you have been doing too much now for days. You ought to be getting some rest. What do you want to come in here for?" (霍译)

(5) 贾母便问："你们昨日看巧姐儿怎么样？头里平儿来回我说**很不大好**，我也要过去看看呢。"(《红楼梦》第八十四回)

"And how did you find Qiaojie yesterday?" the old lady asked them next. "Just now Pinger came over and said she's ***in a bad way***. I intend to go and see her too." (杨译)

"how was Qiao-jie when you went to see her yesterday? Patience gave me the impression earlier on that it was ***something serious***. I should like to go and see her myself." (霍译)

(6) 替夫人奶奶们道喜，姐儿发热是**见喜**了，并非别病。(《红楼梦》第二十一回)

"I am happy to inform Her Ladyship and Madam Lien that the little girl's fever is simply due to ***small pox***". (杨译)

"Convey my congratulations to Her Ladyship and Mrs Lian" —the doctor's diagnosis was couched in the strange language which custom decrees in such cases— "I am happy to inform them that the little girl's sickness is the ***small-pox!***"（霍译）

（7）贾母说道："果真不在家。"一面回头叫宝玉。谁知宝玉**解手**去了才来，忙上前问："张爷爷好？"（《红楼梦》第二十九回）

"It's true，he wasn't." The old lady called for her grandson. Baoyu，just back from ***the privy***，hurriedly stepped forward to say,"How do you do，Grandad Zhang?"（杨译）

"He really *was* out，" said Grandmother Jia，and turned aside to summon the 'young hero'；but Baoyu had ***gone to the lavatory***. He came hurrying forward presently. "Hallo，Papa Zhang! How are you?"（霍译）

（8）想毕，也装作出**小恭**，走至外面，悄悄地把跟宝玉的书童名唤茗烟者唤到身边，如此这般，挑拨他几句。（《红楼梦》第九回）

He left the room ***on the customary excuse*** and quietly got hold of Minogyan，one of Baoyu's pages，to work on his feelings with his account of the matter.（杨译）

Having thought of a plan，he pretended that he ***wanted to be excused***，and slipping round to the back，quietly called over Baoyu's little page Tealeaf and whispered a few inflammatory words in his ear.（霍译）

（9）此时园内无人来往，只有该班的房内灯光掩映，微月半天。鸳鸯又不曾有个作伴的，也不曾提灯笼，独自一个，脚步又轻，所以该班的人皆不理会。偏生又要**小解**，因下了甬路，寻微草处，行至一湖山石后大归属阴下来。（《红楼梦》第七十一回）

As she was all alone and had not brought a lantern，and as she walked quietly，no one in the gatehouse had noticed her approach. Happening just then to want to ***relieve herself***，she left the path and walked across the grass to the back of a rockery under a large fragrant osmanthus.（杨译）

As she had no companion to talk to，carried no lantern，and was walking softly，the women in the duty-room seemed not to have noticed her. She had for some time been wanting to ***empty her bladder***，and this seemed as good an opportunity as any for doing so. She left the path and began looking for a place where the grass was not too high to squat down in.（霍译）

评析　例（1）中"采薪之患"，又作"采薪之忧"，语出《孟子·公孙丑下》："昔者有王命，有采薪之忧，不能造朝。""采薪"的意思是"打柴"，"采薪之患"指"病了不能打柴"，后来成为自称有病的婉辞。杨译为"caught a chill in the dew"，直接说明了"着凉"之意；霍译则为"indisposed"，意为"somewhat ill or prone to illness"，通常指"小疾"。霍译算得上是用委婉语译委婉语了。

例（2）中的"欠安"语出明代无名氏《霞笺记·父子伤情》："下官前日获一小

恙，身体欠安。”后来用作婉辞，指人身体不适。杨译和霍译都是以委婉语译委婉语，其中霍译和例（1）一样，译为“indisposed”；而杨译的译文“unwell”则用否定前缀un+well（健康的）构成，间接表达了生病之意。

例（3）中两位译者对“欠安”的翻译基本上一致。“不爽快”是常见的委婉表达生病的说法之一，杨译直接意译为“were ill”，表达直白；而霍译则用委婉语“poorly”来翻译委婉语，比较而言，霍译更含蓄，显得说话者更礼貌，考虑问题更周全，也更顾忌了听话者的感受，而杨译则略显唐突，有对听话者不太尊重之嫌。

例（4）中的“身上不好”和例（5）中的“很不大好”都是有病的婉称。例（4）中，两位译者不约而同选择了完全相同的译法，即“you are not well”，如此一致的译文在杨译和霍译本中似乎不是常见的现象。例（5）中的“很不大好”被两位译者分别翻译成“in a bad way”和“something serious”，既较准确地再现了原文所要传递的内涵意义，又在委婉度上和原文基本保持一致，不直白但易于读者推断和理解。

例（6）中“见喜”指小儿患天花，旧时这个病为险症，人们忌讳直说，又因为出过天花后可望平安，所以称为“见喜”。得天花本为一大祸事，但是翻译时，杨译和霍译都遵循了汉语文化的内涵，所以采取了“反义正用”的译法，转祸为喜，表达了说话者的祈祷和祝愿。

例（7）中“解手”是世人皆知的常用通用俗语，意即大小便，或曰“上厕所”；雅称为“出恭”或“内急”。关于“解手”一词的由来，民间也有传说，在明朝初期对江西、山东等地的强制移民过程中，官方都将两个人的手反绑在一起，遇内急上厕所时才将手解开，因此后来江西人的土话都将上厕所叫“解手”（方言念为“改朽”）。杨译和霍译都采用了委婉的表达方法，其中“privy”和“lavatory”的英语解释是“a room or building equipped with one or more toilets”，两位译者都是以地点“厕所”婉指生理排泄现象。

例（8）原文中的“小恭”是排泄类的委婉语，意思是“小便”。出于避俗求雅用了“小恭”一词，是具有典型中国特色的表达方式，杨译本把它翻译成“on the customary excuse”，一方面方便目的语读者理解；另一方面又不失原文的委婉语色彩。霍译本的“wanted to be excused ”也同样达到了迂回委婉的效果。

同样，例（9）中的“小解”被分别译为“relieve herself”和“empty her bladder”，既不失委婉色彩，又比较生动形象。英语中关于“上厕所”还有很多表达方式，如“go to the toilet，to go to/visit/use the restroom/ bathroom，to wash one's hands，to powder one's nose（女性），to answer the nature's call，to ease/relieve nature，to relieve oneself”等。

第五节 相关论著选读

《红楼梦》四种英译本委婉语翻译策略研究：以死亡委婉语为例

任显楷 柯锌历
（西南交通大学外国语学院 610031）

摘 要：本文以《红楼梦》中的死亡委婉语为例，讨论了《红楼梦》四种英译本在处理这些死亡委婉语时的翻译策略。文章将《红楼梦》中的死亡委婉语大体分为两类：一类是字面的简单替换；另一类则同中西文化语境密切相关。通过分类说明两种情况，较为详细地分析了翻译过程中出现的困境和解决方式，以期加深对于《红楼梦》原文及其四种英译本翻译策略的理解。

关键词：《红楼梦》；英译本翻译策略；死亡委婉语

（一）引言

作为中国古典文学中的一朵奇葩，《红楼梦》既是反映中国封建社会生活各个方面的一部百科全书，也是一座语言艺术的宝库，特别是各类修辞手法在《红楼梦》中的运用，使得这部小说在语言上极具特色。但有意思的是，从文化比较以及语言比较的角度看，特定的修辞手法往往只能在其本身的语言环境中具有意义，一旦涉及不同语言之间的时候，其修辞效果就会出现各种各样的问题。这在《红楼梦》的英译本中有非常明显的表现。因为《红楼梦》本身对于汉语修辞的运用已经达到了非常高妙的程度，所以当英译本试图对汉语语境中的这些修辞现象进行传达时，在准确性和生动度等各个方面都会产生很多值得讨论的内容。

在类型众多的修辞手法中，本文选择死亡委婉语作为讨论对象。究其原因，一方面在于委婉语本身的修辞特征；另一方面在于委婉语在《红楼梦》及其英译本中的运用和传达。

从委婉语作为一种修辞手法来看，其最为本质的特征，是在所指（ signified）不变的情况下，能指（ signifier）发生了替换。在使用委婉语的情况中，人们最终所要表达的那个意思实际上是没有发生变化的，唯一不同的是所使用的能指符号。而采用不同的能指符号，是为了回避使用犯忌讳的词语。这实际上是一个社会心理习惯在语言表达上的反映。从这个意义上看，委婉语被另一种语言翻译出来的难度相当大。也正是在这个层面上，使得我们选取委婉语作为本文考察的重点，因为只有用某一语言中最有代表性的例子，才能深入分析发生在不同语言传译背后的问题。此其一。

其二，《红楼梦》的语言艺术水平极高。委婉语的运用在《红楼梦》中亦有极佳的例子。而且很多例子都深刻地体现出中国文化内涵，具有典型性。从这个角度看，考察《红楼梦》中这些带有典型中国特征的委婉语在英文中的翻译和转换，既能很好地对《红楼梦》几种英译本的翻译得失作出评判，而且，更重要的是能够对于如何更好地翻译体现中国文化内涵的修辞手法作出一定的探索。

本文所讨论的《红楼梦》英译本为如下四种：王际真（Chi-chen Wang）1929 年和 1958 年译本，麦克休姐妹（Florence and Isabel McHugh）译本，以及黄新渠汉英双语精简本。选择这四种译本是基于这样几点考虑。首先，这几种英译本所依据的《红楼梦》底本相同，均是程本系统。一是这比较方便我们检索原文进行对比；二是四个本子所依据之底本同出一源，但译文不同，恰能够为我们考察不同译本在翻译中的得失提供绝好的比照。其次，选择王际真译本和麦克休姐妹译本的原因在于，这是在 20 世纪前半叶出版的有一定影响力的《红楼梦》英译本，同时，由于译者本身对于英文的把握能力，其译文属于地道的英语，因此也正能够更加明显地反映其在修辞上的问题。最后，选择黄新渠译本基于以下考虑。第一，这是一个现代的译本；第二，译者是中国人；第三，这个译本是在译者对于原文改写的基础上做成的。这几方面的因素使得这个译本很具特殊性，它传达的是中国现代学者对于我国古典文学的再理解及其英语传译过程中的问题。将这样几种译本放在一起比较，将有利于加深我们对于《红楼梦》英译的研究。最后需要说明的是，在本文中，与上述英译本相对照的《红楼梦》原本采用 1964 年人民文学出版社版。这个版本以程乙本为底本——若译本所选文句有底本上的分歧则另外加以注明。

（二）字面替代的死亡委婉语的翻译

在绝大多数情况下，“死亡”都是人们非常忌讳的字眼，人们常常用委婉的说法替代。具体来看，《红楼梦》中的死亡委婉语分不同的情形，有些是字面上的替代，只要不露出“死”或“死亡”这两个字来就好。这一类较容易为外语所处理。请看下面的例子：

甄士隐家道中落，携妻投奔岳丈，受尽寄人篱下之冷眼，因而心情烦郁，再加上人到老年，越发有穷途末路之态。原文如下：

士隐知道了，心中未免悔恨，再兼上年惊唬，急忿怨痛，暮年之人，那禁得贫病交攻，竟渐渐的露出了那下世的光景来。

此例中，以“下世”代替“去世”或“死亡”，简单直白，英文处理并不困难。王际真 1929 年版作“approaching the end of his life”，1958 年版将“his life”改成“his days”，差别不大。这两处翻译做到了原文同译文意义上的对应，同时也保留了原文语言的委婉特征。

黄新渠版为“he began to look like he was about to die”，露出了“死亡”一词，则背离了原文委婉之意。究其原因，大约是黄新渠对原文做了简化和修改。他将程乙本的原句改为“眼看风烛残年，行将就木”。从语义学的角度来看，这两个成语是对“死

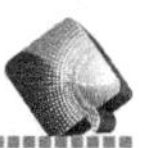

亡”更为隐喻化的表达。其委婉程度比起“下世”来讲更甚。只不过因为这两个成语使用非常频繁，以至人们觉察不到其中隐喻机制，感觉比不常用的“下世”要更为“精简”。如是，则黄新渠在此处的翻译，一方面，汉语的处理有化简为繁之嫌；另一方面，英译又失去了原文“委婉”的特征，左右失当。

再看麦氏姐妹，谓“He had become an old man who had nothing more left to hope for”。译为“他变成了一个没有任何（世间）事物可指望的老人”。这一翻译与原文在意思上有很大的出入。但从委婉语替换的特征和原则来看，麦氏姐妹这个处理未尝不切合委婉的精髓。对于世间事物无可指望，则只有穷途末路一条。这个说法生动又不失含蓄，更比黄新渠的“about to die”的文学性要浓，而且还很容易理解。

这种字面上替换的委婉语在《红楼梦》中还很多。由于没有涉及中西文化，只是字词的替换，英文处理相对容易。但还是可以看出，在翻译中，字词的严格对应并非首要之务，采取各种（乃至变通的）方法获得符合目的语表达习惯，且同原文意思相合的翻译，才是合理的态度。

（三）同中西文化语境相关的死亡委婉语翻译

当汉语原文在使用死亡委婉语而涉及比较特殊的中国传统文化及其表述方式时，翻译的难度就增大了。请看下面的例子：

《红楼梦》第一百一十回，贾母寿终归天，其回目“史太君寿终归地府—王凤姐力诎失人心”。这里的“归地府”是比喻性的委婉说法。中国人从佛教及俗文化的角度，非常清楚“死亡”同“归地府”之间的隐喻性连接（metaphorical link），但英语要正确和完整地传达其中的含义，则不容易。对比王际真两个版本的翻译：

In which the Matriarch returns to whence she came after a long life, And Phoenix attains eternal rest from her self-imposed labors.

In which the Matriarch returns to Heaven after a long life, Phoenix attains eternal rest from her self-imposed labors.

王际真 1929 年版笼统地表达为“回到她曾经来的地方”。这翻译没错，英语人士也能理解其意，但同原文相比，译文的文化内涵缺失了。

王际真 1958 年版的翻译是比较典型地用西方文化意象来传达中国文化意象的例子。中国人所谓的“阴曹地府”，被转换为西方人理解的“天堂”或“地狱”。这种“归化”的处理顾及了英语读者的知识背景，但若从对中国文化的忠实来看，“地府”和“Heaven”在概念的内涵和外延上都不对等。

再来看一个同中国文化关联度更高的例子。此例采用诗歌，文学性最强，因而对于翻译的要求更高。《红楼梦》第九十八回林黛玉香消玉殒，原文为两句诗：“香魂一缕随风散，愁绪三更入梦遥。”在紧要处使用诗句，是中国古典小说的惯技。林黛玉是小说的核心人物，其死亡自然不能用平常的表达，又由于她身份的高洁，更需要委婉美好的修辞手段，唯有诗歌能担此大任。原文两句诗采用的基本修辞手法就是隐喻。上句将林黛玉的真实的生命存在迁移为虚无缥缈的魂魄，而林生命的消逝，就如同灵魂被风吹散。下句在文字上具有“含混”（ambiguity）的特征，会导致不同的读者提出不同的理解。从古典诗词上下句对仗的特征来看，下句的“愁绪”是属于黛玉的，但随着她“香魂”的飞散，此“愁绪”也消失在无可捉摸的梦境当中。上下两句通过“魂”、“风”、“愁”、“梦”这些意象来比拟黛玉的死亡。但是，诗无达诂，如果不将上下两句看成并列关系，而是看成前后相继的线性发展，那么上句的香魂随风飞散之后，林黛玉就已经不在世，则后面的“愁绪”就不可能是她发出的。如是而论，下句似可换个角度来理解。这里的愁绪入梦，是作品不知名的叙述者（narrator）所模拟的其隐含读者（implied reader）对于黛玉之死的反应。但要注意的是，由于汉语语言的精练，这个隐含读者在诗句中是没有具体指称的。“含混”性是汉语的重要特征，在诗歌中尤甚。这一方面造成了理解上的分歧；但另一方面也成为强化作品文学性的重要手段。对文学的解读本就不必定于一尊，歧解越多越好。但是，含混的表述放到翻译上，译者就要吃苦头了。

王际真两个版本的译文差不多，均对此情节做了简化处理，到黛玉咽气时，仅作：

Suddenly Black Jade cried：“Pao-yu，Pao-yu，how？” Those were here last words.

麦克休姐妹译本的处理方式也差不多：

…when she suddenly cried out：“Pao Yu！Pao Yu！How…” Those were her last words. Her limbs became covered with cold sweat，and then grew rigid.

这几位译者都回避了对两句诗句的翻译。比较有意思的是黄新渠的译文。他在这里完整地翻译了上述诗句。其译文作：

Finally Black Jade's eyes turned up. Her sweet soul has gone with the wind. Her sorrow but a dream，drifting into the night！

黄氏译本是四个译本中唯一将此诗句翻译出来的。从译诗的结构可以看出，黄新渠是按照古典诗歌上下两句相对称的方式来理解它们的。从对中国古典诗歌之形式传统的尊重上来看，这样的理解毫无问题，非常正确。再来看译诗的内容。上句“香魂一缕随风散”的诗眼是“香魂”。这在中文中其实是个比较俗套的表达，且正因为使用得多，人们不会觉察其中的比喻性质。但如将其字对字地翻译成“sweet soul”，则显得突兀生硬。因为英文中很难找得到用“sweet”（甜、香）来形容“soul”（灵魂）的情况。首先，“sweet”作为形容词，最基本的词义指味道中的甜味。在此之上引申开来，则表示“甜蜜的”人或者事。其次，“soul”在西方文化语境中颇有分量，可以追溯到古希腊、罗马时代。在古罗马，当希伯来文化随着基督教的兴起而逐渐受到重视之后，《圣经》传统中“灵魂”的观念开始深刻地影响了西方世界。我们对“soul”的理解也应当以此文化背景为依托。

那么，在《圣经》及基督教文化中，所谓的“soul”的性质是怎样的呢？在《旧约》当中，灵魂是上帝赋予人的灵气，是上帝用泥土创造人后，吹在人鼻孔中的那一

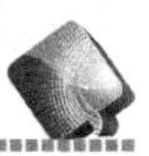

口气。《创世记》2 章 7 节：

耶和华神用地上的尘土造人，将生气吹在他的鼻孔里，他就成了有灵的活人，名叫亚当。

“有灵的活人”，《詹姆斯钦定本圣经》（*King James Bible*）作“a living soul”。这里从所使用的形容词“living”可以非常明确地看出《圣经》传统中对灵魂的认识，即灵魂同死亡相对，是人的生气，来自于神。在这个意义上，灵魂在西方文化背景中，强调的是属性（“活”），而非气味（“香”）。如果进一步追问，在西方文化语境中，除了用“活”来修饰“灵”之外，还有没有其他使用得比较广泛的对“灵”的描述呢？继续回到《圣经》，或可在《圣经》中找到另一个词——“pure”（纯洁的、清洁的）。人能活着而有生气，是因为神所给予他的灵魂。那么人应当怎样行事，或应当将灵魂保持为什么状态呢？希伯来传统非常强调一点，即洁净。五经（ Torah）中的很多律法实际上都同洁净相关。最基本的洁净是身体干净，但还不够，最终要上升到心灵的高度，即灵魂的洁净。《箴言》22 章 11 节，谓“喜爱清心的人，因他嘴上的恩言，王必与他为友”。其中“清心的人”，KJV 作“pureness of heart”。如将这里的“heart”（心）理解成灵，那么这大约就是《圣经》传统中对于灵魂的最高期待和最普遍的形容了。事实上，“pure soul”这样的组合在英文中是不难见到的。

如是可知，由于《圣经》传统的影响，西方人对于“soul”的理解是不同于中国人的。中国人将美丽的女子说成是“香魂”，是对美好形象的寄托和美化。西方人则强调“灵魂”的“生气”、“活”以及“纯洁”。从这个角度讲，西方人能够理解“pure soul”，但不一定能接受“sweet soul”。

再看下句，黄氏译文作“Her sorrow but a dream，drifting into the night”。对于原文，我们已经说过，似可有两种理解。然而，汉语的两可之处，在黄新渠的译文中被简化了。黄氏的两句译文结构一致，上句的“soul”和下句的“sorrow”之前都有个物主代词 her，表明从属于黛玉。如是，黄新渠的译文在字面上就只体现出一种理解，而失去了原文的多义含混性。试想，如果将第二句的“he”变成“the”，是否可以尽量贴近汉语原文非特指的多义含混呢？此其一。

其二，仔细对照原文和译文，可以发现黄译的独具匠心之处。原文的愁绪入梦，黄译为愁绪即（是）梦入夜。一来将愁绪和梦并列，二来增添了“夜”的意象。增添“夜”这个词，多半是为了照应原文中的“三更”。愁绪即梦（sorrow but a dream），似乎缺乏“入”这个动作，但此后的“入夜”（drifting into the night）完整地传达出原文的内容。这里，在译文的语言机制中，有两点值得细说。首先，尽管“愁绪即梦”这个表达同原文有微小出入，但就其本身的肌质（texture）来讲，是丰富自足的。人的愁绪无法说清，渺茫如梦 。同时，愁绪即梦是新批评派所说的非常典型的“暗喻”（metaphor）。在此例中，平心而论，愁绪和梦之间的相似性比其异质性要大，但是由于没有使用比喻词，而连接词“but”实际上将愁绪和梦等同起来，促使或强迫读者去建立愁绪同梦之间的关联。故在新批评派的层面上，黄新渠的愁绪即梦，创造了一个文学性很强的表达，甚至比原文更好。其次，黄氏“入夜”（drifting into the night）的翻译也值得一说。毫无疑问，此表达中的动词“入”是比较考验功力的。汉语原文的“入梦”就动词的运用而言，并无奇崛之处。而黄新渠选择的“drift”则颇有看头。就词性来讲，“drift”兼作名词和动词。本题中的“drift”为动词，故我们只看其作动词时的义项。第一，空中的云或水面的船缓慢漂浮、漂流；第二，人缓慢行走；第三，无目的地做某事，或某事自然地发生；第四，慢慢陷入睡眠；第五，沙或雪被风吹得堆积起来；第六，使某物漂浮。“drift”所谓的“缓慢漂浮、漂流”很生动地描摹出原文愁绪入夜的这个状态，即愁绪好像云雾或水流，逐渐弥散进缥缈的夜空。更妙的是，“drift”还有一个沙或雪被风吹得堆积起来的意思。在译文中，此义项体现出两方面的功能。一者，下句中的愁绪不仅仅如云雾或水流般缓慢漂浮地散入夜空，还如沙或雪的堆积一般在人心中郁积起来；二者，也更有意味，沙或雪的堆积是被风吹成的，这就使得“drift”隐含了风这个意象。原诗中“风”这个意象出现在上句中，黛玉香魂随风散。黄氏译文在上句中并没有对应地直陈出“风”，而是在下句中通过“drift”一词透露出来，使得愁绪的被风堆积同黛玉的香魂散入风中两相照应。这不仅完整地传达了原诗的意思，而且勾连起了上下两句的文气，使上下两句相互缠绕，互为指引。从这个角度说，黄氏译诗中的“drift”这个字一字千钧，含义和功能都很丰富，堪称诗眼。

在上述两个同中国文化关联更为密切的例子中，贾母归地府一例反映的是中国文化所独有之概念在英文中的传达。由于概念在某一文化中的独特性，要完整地将其翻译为另一种语言，基本不可能。译者可能会在异文化中找到类似的概念，并加以替换，但就其各自的文化本源来讲，还是扞格不入。黛玉死亡的例子侧重于典型的汉语表述方式。这个例子反映出翻译在面对某一语言文化中特殊的语言形式时的局限与困难。但是，从中我们也能发现翻译中译者积极的一面。例如，黄新渠最后的译诗在对原文的传达之外创造出了更加富有文学性的内涵。这种既忠实原文，又符合译文的语言规范，还生发出自己的文学性特征，是非常可贵的翻译实践。

（四）结语

《红楼梦》是中国传统文化的集大成者，同时更在语言形式上达到一个高峰。在其种种别致的语言表达中，同死亡相关的委婉语既深刻地反映了中国人的文化心理，其表述方式亦具有鲜明的汉语言特征。《红楼梦》的四个英文译本在面对这些困难时运用了不同的处理方式，同时也暴露出不同的问题。从更为学理性的角度来看，任何一种语言本身的内部机制都是一种比喻，即通过某个音响形式来指代某个具体的事物。在文字出现以后，将文字同实物联系起来的心理机制事实上更是一种比喻性的运作过程。更进一步，当这个过程发生在不同语言符号之间的时候，事实上发生了三重比喻性连接。首先，每一种语言同其所指称的实物之间各存在一个比喻性连接；其次，在这两种语言符号之间，因为翻译的运作，更建立起了一重连接。但使得问题变得复杂的是，这三重连接之间可能并不完全对等。一种最为普遍的情况是，人们自以为在两种语言

之间为某个概念建立起了对应关系，但仔细考察之后却往往发现，此概念在各自的语言环境中并非能够百分之百吻合的同一个事物。上文讨论的用“Heaven”对应“地府”即是适例。翻译当中的这种“错位”非常普遍。那么应当如何解决这一问题呢？我们认为还是要回到翻译的本质。从本质上来讲，翻译就是在不同的所指之间建立起基于比喻性思维的符号性连接。这里实际上提示我们，要想达到翻译的“工”与“巧”，必须小心翼翼地求得两种语言之间的比喻性。具体而言，这种比喻性是一种语境差异之下的相似性。差异与相似在这里要达到对立中的统一。从上文所讨论的例子来看，麦氏姐妹所译之“下世”、黄新渠所译之“香魂”两句都属于这种似不对应、实却贴切的佳例。故此，译者唯有发挥其能动性，以灵活的态度和对两种文字在各自语境中的深刻理解，方能创造性地完成翻译的苦工。

《红楼梦学刊》2011 年（6）：73-84.

翻译练习

一、把下面的句子翻译成英语，注意句子中委婉语表达的翻译。

1. 只是你黑间甭拿那个东西吓我就行了，好官人好大哥好大大，你就容让我了吧。（陈忠实《白鹿原》）

2. 他们以不懈的努力责无旁贷义不容辞地把这根崩断了的琴弦重又连上了。（雨瑞《断弦》）

3. 他们之间忽然变得格外地客气起来。“请”、“对不起”、“谢谢”这类刚刚在社会上推广的文明礼貌用语破天荒进入了这一刚刚修复的小巢。（雨瑞《断弦》）

4. 五魁放下了女人，要到看不见闻不着的地方去解手。（王宏印《中外文学经典翻译教程》）

5. 人家终身大事，比赌钱要紧得多呢。（钱钟书《围城》）

6. 因贾母欠安，众人都过来请安，出去传请大夫。（《红楼梦》第四十二回）

7. 周经理哭丧着脸道：“我也弄不清你们的事。可是你丈母自从淑英过世以后，身体老不好。”（钱钟书《围城》）

8. 他跟周太太花烛以来，一向就让他。（钱钟书《围城》）

9. “娘，三媳妇既然有喜，我想这方子她用得着。”（钱钟书《围城》）

10. 这贾蔷外相既美，内性又聪明，虽然应名来上学，亦不过虚掩眼目而已。仍是斗鸡走狗，赏花阅柳。（《红楼梦》第九回）

二、段落翻译。

开口都是乡绅门第，父亲不是尚书，就是宰相。生一个小姐，必是爱如珍宝。这小姐必是通文知礼，无所不晓，竟是个“绝代佳人”。——只见了一个清俊的男人，不管是亲是友，便想起她的“终身大事”来，父母也忘了，书礼也忘了，鬼不成鬼，贼不成贼，那一点儿是佳人？（《红楼梦》第五十四回）

第十章　中西宗教文化差异与汉英翻译

第一节　概　述

每一种宗教都有它的文化前提，不同宗教反映不同的文化背景和文化传统。不同民族具有不同的宗教信仰和传统，而同一种宗教在不同民族和社会条件下也会形成不同的外在形态和不同的内在因素，从而使宗教具有民族性特征。不同民族之间宗教文化的差异是导致文学翻译中形象变异的重要原因之一。为了尽量避免翻译中的形象变异，译者在理解原作时切不可忽视原语民族的宗教文化特点。对于一些明显具有宗教思想意识的文学作品，应当从原语民族的宗教文化角度解读作品中的形象。儒家的忠孝节义、功名政治，佛教的因缘轮回、万境归空，道教的创世神话、太虚神仙等方方面面，共同铸就了中国古代小说的第一奇书《红楼梦》，而丰富的宗教文化因素给后世的翻译家们带来了很大的困难。

道教、佛教和儒教学说共同构成了中国三大宗教文化。道教，又称道家，是中国土生土长的固有宗教，是中国人的根蒂，是东方科学智慧之源，深深扎根于中华传统文化的沃土之中。道教以“道”为最高信仰，以神仙信仰为核心内容，以丹道法术为修炼途径，以得道成仙为终极目标，追求自然和谐、国家太平、社会安定、家庭和睦，相信修道积德者能够幸福快乐、长生久视，充分反映了中国人的精神生活、宗教意识和信仰心理，是中华民族的精神家园。孔子是我国历史上一位伟大的思想家和教育家，其缔造的儒学，自春秋起就开始书写它源远流长的历史。从先秦时期以孔子、孟子、荀子为代表的先秦原始儒学，到汉初董仲舒“罢黜百家，独尊儒术”确立儒家正统地位，再到宋代的程朱理学（程颢、程颐和朱熹），以及清末康有为等近现代新儒学，至今已有2500余年的历史了。十七届六中全会专门就我国的文化建设作出部署，明确提出要继承优秀传统文化、建立强大的“文化自觉、文化自信和文化自强”，儒家文化作为中华文化的主流和底色，在整个传承体系中占有特别重要的地位。佛教对中国文化产生过很大影响和作用，在中国历史上留下了灿烂辉煌的佛教文化遗产。佛经中的动人故事常常成为艺术家们绘画的题材，曹不兴、顾恺之、张僧既、展子虔、阎立本、吴道子等历代名画家皆以擅长佛画而传世。赵朴初这样说：“胡适当年写《中国哲学史》半途辍笔，就是因为当时不懂佛学写不下去了。”我国当代著名的史学家范文澜早年曾对佛教文化采取过虚无主义态度，但到了晚年却开始系统地钻研佛经，表示自己需要补课。这位史学家对人说，在中国历史上，佛教和文化关系如此之深，不懂佛学就不

懂中国文化。梁启超先生曾统计日本人所编的《佛教大辞典》，共收有“三万五千余语”汉语佛教词汇，佛教词汇占据汉语词汇很大部分，从广度和深度上大大拓展了中国文化。可以说，没有博大精深、灿烂缤纷的佛教词汇充实，就没有中国汉语文化的成熟。

宗教作为一种社会文化现象，是人类社会文化体系中的一个重要组成部分。同时，宗教文化所蕴含的丰富内涵，以其独特的方式影响着人类生活的各个领域，给不同形态文化之间的交流造成了种种障碍。本章拟从中西宗教文化的差异出发，重点探讨存在大量文化空白的宗教文化翻译的策略，尤其是文学作品中宗教文化翻译的方法及其宗教文化词和宗教习语的翻译，其丰富的例证分析比较将在很大程度上帮助我们更深入地理解古典名著《红楼梦》、《西游记》、《水浒传》和《浮生六记》等，同时也可以深刻地体会到错综复杂的宗教文化给译者所带来的困扰。

第二节　中西宗教文化差异

宗教既是一种特定的思想信仰，同时也是一种普遍的文化现象，是人类文化的重要组成部分，包含丰富的文化内涵。胡文仲（2000）说：“不同的宗教是不同文化的表现形式，反映出不同的文化特色和不同的文化背景，体现了不同的文化传统。”受各自传统文化的影响，随着各自历史发展的演变，东西方的宗教文化观念存在着本质的差别。

（一）中国三大宗教文化

中国宗教是整个中华传统文化的有机组成部分，在漫长的历史长河中，形成了儒教、道教和佛教“三教合一”的现象，这也是中华传统文化的主流，对中华文化的传播和发展起到了非常重要的作用。

1. 道教文化

道教（Taoism）是中国本土的宗教。广义的“道”是指规律、法则、道理，也指宇宙万物的本源、本体；而狭义的“道”是奉老子为教主，奉《道德经》为主要经典，相信人们可以通过修炼达到长生成仙的一种宗教。在中国长达2000年的封建社会中，儒家思想一直是官方提倡的带有宗教色彩的正统思想，而道教则带有鲜明的民间宗教色彩。

道教形成于汉代，较晚于佛教，大致包括以下几个方面的内容：①原始宗教和巫术。远古社会的人对自然万物的变化等现象不能理解，认为有一种超自然的力量在起支配作用，于是采用祭祀和祈祷的办法以求得鬼神的保佑，称为“巫术”。早期巫师曾惯用的巫术为咒语、镇邪、驱鬼、降神等，这些“巫术”被道教继承和吸收。②方术。产生于春秋战国时期，就是认为人可以借助炼丹采药成仙的一种奇术，人因此而变得长生不老，所以也被称作“仙术”。秦始皇、汉武帝等都曾迷信仙术，这种方术及其神仙信仰称为道教的一个重要来源。③阴阳五行学说。战国时的阴阳五行学说在秦汉之际广为流传，无论是道教、儒教还是方士们都深受其影响，在很多道教经典里都有所体现。④黄老学说。就是指道教把传说中的黄帝和春秋时的老子当作道教的创始人，认为黄帝和老子都主张清净之术治天下，而且道家所崇尚的“道”具有神秘化的倾向，加上后来对黄帝和老子的神秘化和宗教化，到东汉时已经出现了奉黄帝和老子为教主的“黄老道”，成为道教的前身。

道教是多神宗教，太上老君是创世主。由于其发展阶段不同，宗教派别不一样，所崇拜的神仙也不一样。道教的神仙是包括志高天尊、诸天神、地祇和人鬼在内的统称，如玉皇大帝、西王母、四方之神、关圣帝君、城隍、土地神、灶神、财神、八仙、妈祖等神仙。如道教所信仰的神仙为数众多，与人世间严格的等级制度一样，道教神谱中的众多神仙也有等级划分。

2. 儒学文化

儒家文化以儒家思想（Confucianism）为指导的文化流派。儒家学说为春秋时期孔丘所创，倡导血亲人伦、现世事功、修身存养、道德理性，其中心思想是孝、弟、忠、信、礼、义、廉、耻，其核心是“仁”。儒家学说经历代统治者的推崇，以及孔子后学的发展和传承，使其对中国文化的发展，起了决定性的作用，在中国文化的深层观念中无不打着儒家思想的烙印。儒家经典主要有《诗经》、《尚书》、《论语》、《孟子》、《尔雅》等儒学十三经。

儒学发展经历了三个时期：先秦儒学、两汉经学和宋明理学。孔子是儒家学派创始人，他提出“仁”，具有古典人道主义的性质：主张“礼”，维护周礼这是孔子政治思想中的保守部分。儒家文化后来发展成为中国古代正统文化。孟子是战国时期儒家的代表，他主张施行仁政，并提出“民贵君轻”思想；主张“政在得民”，反对苛政；主张给农民一定的土地不侵占农民劳动时间，宽刑薄税。西汉的董仲舒以儒学为基础，以阴阳五行为框架，兼采诸子百家，建立起新儒学。其核心是“天人感应”、“君权神授”。

今天儒家所拥有的地位，是由于儒家在产生以后，在从古到今的漫长历史进程中，尤其是在两千多年的封建社会所实行“罢黜百家，独尊儒术”后，独占大一统思想地位后而形成的。儒家主张礼治，强调传统的伦常关系，尤注重人与人之间伦理关系。孔子一方面对鬼神敬而远之，一方面对天命表示敬畏。孔子在《论语》中多处提到天命，如“生死由命”，“君子有三畏：畏天命、畏大人、畏圣人之言”。孔子认为天命只有敬畏，不可抗拒，因为天神是一种普遍规律，主宰万物，很多东西都是命中注定，无法抗拒的。儒学追求的理想社会是《礼记·礼运篇》所描绘的“大同世界”：人人相爱，天下为公；任用贤能，人尽其才；社会安定，各得其所。中庸思想是儒学文化的基本精神，历代儒学学者都把它看成是道统正传，在儒学中占有重要地位。

儒家思想是属于全人类的文化遗产宝库。孔子门下弟子三千，因而总结出很多行

之有效的教育方法，比如“温故而知新”、“三人行必有我师”、“学而不思则罔，思而不学则怠”等。孔子更被后世尊称为“万世师表”，某些地区更将“孔圣诞”定为“教师节”。在这漫长的岁月里，随着社会的发展的历史的演进，儒家学说从内容到形式都得到了不断地丰富与发展，其社会功能也在与时俱进，并逐步形成了自己别具一格的文化内涵。

3. 佛教文化

佛教（Buddhism）是世界三大宗教（佛教、基督教、伊斯兰教）之一。佛是梵文“佛陀”音译的简称，意思是“智者”、“觉者”。因他是“乘真如之道而来者”，又称“如来”。从广义上来说，佛教是一种宗教，包括经典、仪式、习惯等，是由释迦牟尼佛所创立的一种宗教，包括“佛、法、僧”三宝。佛是释迦牟尼，是佛教的教主；法是佛所倡导的教义，是佛法；僧是信奉佛教的信徒。

佛教产生于公元前10世纪的古印度。公元前后，佛教就已正式传入中国。从南北朝开始，中国佛教进入兴盛发展阶段，隋唐时期是中国佛教鼎盛之时。隋朝皇室崇信佛教，唐朝皇帝崇信道教，但对佛教等其他诸多宗教都采取宽容、保护政策，中国佛学逐步发展成熟。封建社会后期，汉地佛教衰落、戒律废弛、丛林破败、僧人无知、迷信盛行。近代以来，在杨文会等一批佛教界有识之士的带动下，佛教在各个方面得到了一定的发展。

佛家的基本教义是“缘起论”和“四圣谛”。“缘起”就是认为世界上一切事物都是互为条件、互为因果、相互依存的，因和缘就是关系和条件，离开了缘起就不可能有任何事物和现象的存在。佛教讲缘起有十一义，其中最重要的论点是无造物主、无我、无常和因果相续。“无造物主”是否定创造宇宙万物的主宰；“无我”是否定世界上有物质性的实在自体的存在；“无常”是说宇宙中没有恒常的存在，任何事物现象的性质都是无常的，表现为刹那生灭；“因果相续”是说一切因缘而生的事物或现象如江水长流，前逝后生。事物有因必有果，善因得善果，恶因得恶果。“四圣谛”包括苦、集、灭、道四谛。佛教诸神包括释迦牟尼等佛；文殊、观世音等菩萨；四大天王等。

佛教为中国文化带来了新的意境、新的文体、新的命意遣词方法。数千卷由梵文翻译过来的经典本身就是伟大富丽的文学作品。马鸣的《佛所行赞》带来了长篇叙事诗的典范；《法华》、《维摩》、《百喻》诸经鼓舞了晋唐小说的创作；般若和禅宗思想影响了陶渊明、王维、白居易、苏轼的诗歌。佛教是世界三大宗教之中历史最悠久的。佛教自东汉传入中国以后，千余年来一直是中国人民的主要信仰之一，其间经历代高僧大德的弘扬提倡，许多帝王卿相、饱学之士也都加入这个行列，终于使佛教深入社会各个阶层。而佛教的哲理部分则与儒、道等相结合、相融会、相激荡，然后汇入了中华文化源远流长的大海里，形成了中华文化的主流之一，为中华文化放射出灿烂辉煌的光芒。

（二）基督教文化

基督教（Christianity）分为三大派：天主教、东正教和新教。基督教的核心是信仰上帝。教义的主要内容包括：上帝创造天地万物；按上帝旨意，耶稣降身人世，被钉死在十字架后，又复活升天，成为救世主（即基督）；圣父、圣子、圣灵（圣神）三位结成一体；人类由于亚当犯罪（原罪）和本人犯罪（本罪）而不能自救，耶稣之死担当了罪过，信徒和灵魂得到拯救；人都要接受神的审判，相信耶稣，并遵循他的旨意的人进天国，不信的下地狱，要受永刑。基督教与伊斯兰教、佛教并称世界三大宗教。

基督教三大教派均承认，即上帝创世说，原罪救赎说，天堂地狱说。基督教信仰圣父、圣子、圣灵三而一的上帝。上帝是三位一体——圣父是万有之源造物之主，圣子是太初之道而降世为人的基督耶稣，圣灵受圣父之差遣运行于万有之中、更受圣父及圣子之差遣而运行于教会之中。但这三者仍是同一位上帝，而非三个上帝——三位格、一本体，简称三位一体（Trinity）。

《圣经》由《旧约全书》和《新约全书》两部分组成，是基督教的经典。《圣经》是基督教信仰的最高权威，是其教义、神学、教规、礼仪等的依据。信仰者认为，《圣经》各卷是在长达1600多年的时间里，由不同作者在不同时间、不同地点、不同环境中陆续记录下来的上帝的启示，所以把它奉为教派信仰和社会生活的准则。《旧约全书》原是犹太教的经典，基督教接受它为自己经典的一部分。全书39卷。按其内容可分为四大类：律法书、历史书、先知书和智慧书。《新约全书》是基督教自身产生的经典。全书共27卷，按其内容可分为四类：福音书、历史书、使徒书信、启示录。十字架是基督教的标志。天主教相信，耶稣为救赎人类，被钉十字架而死，故尊十字架为信仰的标记。教会以十字架为神圣的记号——圣号。信教人在行各种神功，如进堂、出堂、祈祷前后和饭前饭后、睡觉前起床后以及遇险、受诱惑时都要画十字。十字架在教会的各种场所、信徒家中以及在教会组织的标志、礼仪用品、圣书圣物上随处可见。十字架的式样很多，最常见的有竖长横短的拉丁字架及正十字形的希腊十字架。基督教主要节日有圣诞节、受难节、复活节、升天节、圣灰节等，天主教和东正教还有圣神降临节、圣母升天节、命名日等节日。

基督教是有神教，它只承认一个上帝，上帝是万物之源。人们必须绝对服从上帝，上帝无所不能，无处不在。因为上帝用泥土造人，因此人的死去便是“重归泥土”。人生来就有罪，他的死便是“偿还大自然的债务”。而God（上帝）一词更是频繁地出现在英语语言中，如God is above all. God is where he was等。

第三节　宗教文化汉英翻译策略

宗教是许多民族世界观的核心内容之一。因此，译者要理解一个民族的文化，必然要了解这个民族的宗教。对于那些具有宗教思想、宗教意识或者包含较多宗教文化元素的文学作品，要想准确地再现其形象体系、挖掘文字表面隐含的深意，必须对这一民族的宗教文化有较为深刻的认识。著名翻译家奈达（1964）把翻译中涉及的文化因素划分为五类：生态、物质、社会、观念以及语言。纽马克（1988b）对这五类又进行了细致的划分，把宗教纳入观念的范畴中。宗教作为一种社会文化现象，是人类社会文化体系中的一个重要组成部分。

正是宗教文化所蕴含的丰富内涵，并以其独特的方式影响着人类社会的各个领域，给不同形态文化之间的相互交流造成种种障碍。为解决这些难点问题，不同的译者往往选择了不同的翻译策略和方法，这一点在很多文学作品的翻译中比较典型。如《红楼梦》是一部反映中国封建社会生活的百科全书，其中也充满着佛教和道教文化意识及其有关的语汇。对这些宗教词语文化内涵的理解和处理，不仅体现了译者的文化取向、价值观念，而且也关系到其译作的成败。王佐良曾评论道："翻译最大的难处在于对两种不同文化之间的传递。因为，在一种文化中不言而喻的东西，一旦放到另一种文化背景下往往会变得难以理解。"

（一）宗教文化分类及其文化空白

谈到宗教文化，法国宗教社会学派代表人物杜尔凯姆认为，全部宗教现象可以归结为两个基本范畴，即信念和礼仪。信念是意识的状态；礼仪则是一定的行动方式。根据这一理论考察宗教文化的空间层，即考察宗教文化在一定时间内的文化状态（横断面)，任何一种文化从空间看都是一个文化体系或文化丛，可以划分出三个层次：深层文化、中层文化和表层文化。比如，宗教信念，是指广义上的宗教意识，包括关于神和神圣物的宗教观念。它属深层文化；但是，宗教观念必然要在信仰者的行为上表现出来，于是，在人们的宗教生活中便出现了诸如巫术、禁忌、祭祀祈祷等宗教行为。这就属中层文化；有了宗教行为和活动，便有活动的场所（如寺庙、教堂）和圣物（如圣像、神佛等)，这便属表层文化。

在宗教文化翻译的过程中，我们经常会遇到这样一种情况：源语的一些宗教文化信息，尤其是中层文化和深层文化信息对于原语读者来说是不言而喻的，而对于目的语读者来说却极难理解。俄国翻译理论家索罗金（I. Q. Sorokin）在研究语言和国别文化特点时提出了文化空白的概念。文化空白（Cultural Blanks）是指原语中那些对目的语读者来说，不可理解或极易被误解的文化信息。（转引自刘士聪，2004）宗教文化就是一个典型的例子。由于中西宗教文化的巨大差异，很多在中国盛行的一些宗教观念、宗教行为、中国读者耳熟能详的广泛流传的宗教文化词语对于英语读者来说一窍不通，构成了很多中层文化和深层文化的文化空白。对于宗教文化背景相异的英美读者来说，由于文化空白的存在，他们很难理解其宗教文化的内涵。因此，在翻译过程中怎样把其中的宗教文化信息成功地传递给译文读者，则需要借助于一些翻译策略和方法。

（二）宗教文化空白的翻译策略

翻译的文化转向以来，在翻译过程中越来越多地重视文化因素。翻译的主要任务就是文化交流，文化空白在一定程度上阻碍了跨文化交流的顺利进行，跨越文化空白并非易事。在翻译的过程中，译者有必要消除文化空白带来的交流障碍，也有责任保留原作的文化特色。翻译时既要传达意义，又要表现出原文的文化渊源，使译文读者领会。因此，翻译时一定要把文化意义放在首位。在难以表达意义时，通过保留空缺、省略空缺、阐释等方法传达原文的文化信息。

1. 保留空白

在翻译过程中，对于原语文本在译入语中的文化空白不作处理，直接保留其异域文化特色的一种翻译策略。需要注意的是，保留空白这种翻译策略应该以不影响理解文本主旨为度。在与其他文化的接触中，一种文化可以不断地吸收新内容来丰富自己。在一定程度上，保留空白的策略的运用有助于文化之间的交流与融合。

(1) 回煞之期，俗传是日魂必随煞而归，故居中铺设一如生前，且须铺生前旧衣于床上，置旧鞋于床下，以待魂归瞻顾，吴下相传谓之***“收眼光”***。延羽士作法，先召于床而后 遣之，谓之***“接眚”***。邗江俗例，设酒肴于死者之室。一家尽出，调之***“避眚”***。(《浮生六记》卷三，第180页)

According to custom, the spirit of the deceased is supposed to return to the house on a certain day after his death, and people used to arrange the room exactly as the deceased had left it, putting his old clothes on the bed and his old shoes by the bedside for the returning spirit to take a farewell look. We called this in Soochow ***"closing the spirit's eyes"***. People also used to invite Taoist monks to recite incantations, calling to the spirit to visit the deathbed and then sending it away. This is called ***"welcoming the spirit"***. At Yangchow the custom was to prepare wine and dishes and leave them in the dead man's chamber, while the whole family would go away in order to ***"avoid the spirit."*** (林语堂译)

(2) 因生了这位姑娘自小儿多病，买了许多***替身儿***皆不中用，到底这位姑娘亲自入了空门，方才好了，所以带发修行，今年才18岁，法名妙玉。(《红楼梦》第十八回)

She was delicate as a child, and although they bought many ***substitute novices*** for her it was no use—her health didn't improve until she joined the Buddhist order herself. That's how she became a lay sister. She's eighteen this year and her name in religion is Miao-yu. (杨译)

评析　例（1）中"回煞"是古代迷信说法。阴阳家按人死时年月干支推算魂灵返舍的时间，并说返回之日有凶煞出现，也叫"归煞"，也称"接眚"。"回煞夜"也叫"还魂夜"，它是指亡灵在去世7天后，灵魂留在人间的最后一个夜晚。在这个夜晚，亡灵在"阴官"的押送下，回到亡灵生前最爱去的地方。当然多数亡灵都会回到自己的家，但是因为"回煞"时，也就是亡灵来到家的时候，是不能有生人的。因而旧时的一种风俗是死者回煞之期，死者家属举家外出以避，称为"避眚"。对于"收眼光"、"接眚"和"避眚"这几个典型的文化空白词，林语堂先生采用了保留原文的文化空白的策略，最大程度地传递了原文所蕴含的文化信息，保留其异域特色，是非常有效的文化传播方式。

例（2）"替身儿"指用来作法以求消灾除厄的纸人、草人，或者是指为了替富贵世家祈福而出家的贫穷人士。中国封建时代的迷信习俗以为，命中有灾难的人可以用舍身出家做僧尼的办法来消灾。官僚地主家庭往往买穷人家的子女代替出家。这些代替别人出家的人叫"替身儿"。对于"替身儿"这个文化空白语，译者采取了保留空白的翻译策略，把它译成了"substitute novices "（代替的修女或修士）。通过上下文译文，读者应该可以猜测出"to buy substitute novices"是祛病消灾的一种方式。如果译文读者可以根据上下文推断出译文的文化内涵，那么保留空白则是最"信"的一种翻译策略。

2. 省略空白

这种翻译策略是指在对原文的主要信息的传递和对译入语读者的理解没有妨碍的情况下，在翻译过程中把引起空白的文字省略。Peter Newmark（1988a）曾经指出，译者有权省略一个词语的特殊"意味"，如果它对于读者无足轻重，译出来反而显得语言怪异。我们不难理解在翻译过程中，Newmark所指的特殊意味即其所蕴含的文化韵味。译出来之所以显得怪异，是因为它在译语文化上是个空白。省略空白这种翻译策略的前提是必须保证原语文本的内涵意义不缺损。在这个前提下，省略空白不失为一种好的翻译策略。

偶因一着错，便为人上人。（《红楼梦》第二回）

A single chance hiatus

Raised her status.（杨译）

Sometimes by chance

A look or a glance

May one's fortune advance.（霍译）

评析　原文描写的是甄家丫鬟娇杏因为在贾雨村拜访甄士隐的当天，与尚处贫贱之境的贾雨村有"回眸一笑"之缘，被贾雨村视为"穷途知己"，后雨村中举赴任，聘娇杏为妾，后因为其妻染病亡故，娇杏得以完成封建礼教制度下的顺利转位，由妾变妻。原文中的"一着错"是指在封建礼教制度下女子私顾男子是一件很不守妇德，很不光彩的事情。这一封建礼教文化信息不用说英美读者，就是汉语读者也未必了解得很清楚，属于典型的文化空白，因此两位译者均采取了省略空白的翻译方法，在不影响传递主要信息的前提下，译者回避了引起空白的词语的翻译，避免了译文读者理解上出现空白。

3. 阐释空白

文学翻译应该在翻译过程中既传达意义，又表现出原文的文化渊源与文化色彩。当我们很难通过逐字逐句的翻译来保留原语语篇的文化特征和民族色彩时，便采取阐释空白的策略，一种直接向译入语读者解释原语文本的文化空白语在上下文中的文化意味的方法。这种翻译策略既能保存原文的文化信息，又能给译者比较多的自由。在“形似”与“神似”的选择中，我们当然应该舍弃前者。

(1) 每逢***朔望***，余夫妇必焚香拜祷。(《浮生六记》卷一，第48页)

On ***the first and fifteenth of every month***, we burnt incense and prayed together before him.（林语堂译）

(2) 平儿忙笑道：“……那是他们瞅着大奶奶是个***菩萨***，姑娘又是个腼腆小姐，固然是托懒来混。”(《红楼梦》第五十五回)

Patience said, “They think that because Mrs Zhu is such ***a kind, saintly person*** and you are such a quiet shy young lady, they can get away with anything.”（霍译）

(3) 他师父极精演先天神教，于去冬***圆寂***了。(《红楼梦》第三十回)

Her tutor was an excellent diviner, but she ***passed away*** last winter.（杨译）

评析 例(1)中“朔望”是中国传统的阴历计时法，即我们所说的阴历“初一”和“十五”，这两天也是祭祀神灵的日子。而西方没有阴历，只有阳历，因此找不到与阴历“初一”和“十五”对应的英语说法，所以译者在此把它译成“一个月的第一天和第十五天”，从而忠实地传达了原文的意思。

例(2)中“菩萨”是佛教中的形象，代表着慈悲和善良，因此，汉语中有“大慈大悲的菩萨”的习惯说法。霍译为了使译文读者易于理解，放弃了“菩萨”的宗教形象，对这一典型的文化空白采用了阐释的方法，只译出了其比喻意义。

例(3)中“圆寂”是佛教用语，是功德圆满的最高境界，用来指佛或僧侣的逝世。但在英语中没有与“圆寂”对应的词语，其文化意义在英语中形成空缺，杨译中将其解释为“pass away”，原文中的宗教色彩没有了，但将主要的信息传递给了译文读者。

从上面的例子中我们可以看到，当难以表达原文想要传达的含义时，采用阐释空白的策略，既可以保留原文的文化特征，也可以让译者有一定的创新和创作空间。

4. 替换空白

这种翻译策略是指用译入语中与原语词语有相同或相似的文化含义、使用频度却带有某些译语文化色彩的语言来代替原文本中的语言。这种方法的优点在于能使译文读起来比较地道和生动。

(1) 芸曰：“格律谨严，词旨老当，诚杜所独擅；但李诗宛如***姑射仙子***，有一种落

花流水之趣，令人可爱。”（《浮生六记》卷一，第20页）

“Of course,” said she, “as for perfection of form and maturity of thought, Tu is the undisputed master, but Li Po's poems have the wayward charm of ***nymph***. His lines come naturally like dropping petals and flowing waters, and are so much livelier for their spontaneity.”（林语堂译）

（2）袭人又道：“昨儿贵妃打发夏太监出来，送了一百二十两银子，叫在清虚观初一到初三打三天的**平安醮**，唱戏献供，叫珍大爷领着众位爷们跪香拜佛呢。还有端午儿的节礼也赏了。”（《红楼梦》第四十三回）

“And yesterday the Imperial Consort sent the eunuch Hsia here with a hundred and twenty taels to be spent on ***masses***, theatrical and sacrifices on the first three days of the month at Ethereal Abbey. She wants Lord Chen to take all the gentlemen there to burn incense and worship Buddha. She also sent over presents for the Dragon Boat Festival.”（杨译）

评析　例（1）这段文字是芸对杜甫和李白诗词的一番见解。在句式上偏于工整、凝练，还出现了习语和典故有很强的民族特色。翻译时，林语堂以非常灵活的手法对民族因素进行了处理，用希腊和罗马神话中的自然女神（nymph）替代了中国神话中的“姑射仙子”，既保留了原文中狂放不羁、肆意挥洒的个性，又更易于英语读者的理解和接受，克服了中西文化障碍。例（2）中因病或丧事请僧道诵经叫“打醮”，一般祈福消灾的叫“平安醮”，译语读者对这种宗教仪式陌生，但在基督教中有类似的宗教仪式，因此译者直接用“弥撒”代替，虽然“打平安醮”和“弥撒”是两种不同的宗教活动，但译语读者可以理解和接受。

翻译的文化转向以来，在翻译过程中越来越多地重视文化因素。翻译的主要任务就是文化交流，但文化空白在一定程度上阻碍了跨文化交流的顺利进行。由于中西宗教文化的巨大差异，要想跨越宗教文化空白并非易事。在翻译的过程中，译者有必要消除宗教文化空白带来的交流障碍，也有责任保留原作的文化特色。保留空白、省略空白、阐释空白和替换空白四种翻译策略各有千秋，译者在翻译的过程中应根据需要变换策略，促使宗教文化交流顺利进行。随着全球化的发展趋势，跨文化交流日益广泛。文化具有自我丰富的功能，随着世界文化交流的逐步扩大，不同文化之间会不断融合，对于文化空白的理解也会不断改变。读者对异国文化的接受性也逐渐增强，读者差异也逐渐缩小。这些翻译策略有很大的局限性和值得商榷之处。在翻译过程中，我们要仔细研究原语和译入语两种语言和两种文化，以便最大限度地将原语的语言信息和文化信息传递给译入语读者，以最精辟的语言最大限度地弥补其在译语文化上形成的空白，来创作出更多优秀的翻译作品。

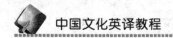

第四节　文学作品中宗教文化的翻译

宗教与文学的不解之缘，首先体现在宗教教经的文学性上：一些教经的篇章本身即是比较典型的、具有相当价值的文学作品。伊斯兰教的教经《古兰经》是阿拉伯文学史上独树一帜的不朽之作，它的独特的表现手法达到了空前绝后的地步。宗教教经本身的文学性可以反映出宗教与文学关系的一个侧面。

而宗教与文学关系的主要方面，还是宗教对文学的影响。这一方面体现在宗教为文学创作提供了题材和内容。

流传千古、影响宏远的基督教经典《圣经》既是巨大的宗教文献的汇编，同时又是一部瑰丽奇绝的文学艺术杰作。它深深地滋润了整个西方文学，成为西方文学的两大源流之一。英国诗人弥尔顿的三部杰作《失乐园》、《复乐园》、《力士参孙》分别取材于《圣经》故事中的《创世记》、《路加福音》和《士师记》。美国作家罗伯特·弗罗斯特的《理性的面具》的底版来自《旧约·约伯记》。

另一方面体现在：一些文学价值较高的宗教教经篇章，在艺术技巧上为文学作品的创作提供了借鉴，丰富了文学创作的艺术表现形式，如梦幻故事体裁和象征寓意的手法等。英国作家班扬的《天路历程》将基督徒所经历的种种艰难险阻以及超现实的天堂梦幻与死阴谷中的断臂残骸、垂死者的呼喊、浮华集市中丑恶交易的现世真相奇妙地融合，忽虚忽实，大大增强了作品的艺术感染力，起到了良好的讽喻作用。

由此可见，文学与宗教由于诸多方面的相似性而存在着密不可分的联系，并且两者之间相互影响，彼此渗透，以共同的价值追求为目标；如果不是佛教的媒介传导，中国文学史的许多篇章恐怕将重新改写；如果不是基督教的强大影响，西方文学也绝非今天这个面目。这就足以说明，当我们研究探讨文学时，既要研究它本身的内部特点，也要从宏观的角度，对与它相邻、相近的其他学科领域作横向的比较对照与剖析，才可能更全面更透彻地从整体上把握，从而在根本特点上抓住文学家、文学作品、文学现象等之间的内在规律，进而作出圆通的解释。从这个角度上说，文学作品翻译中宗教文化因素的成功传递对文学作品的读者接受上起着至关重要的作用。

（一）文学作品中宗教文化翻译的归化和异化

《红楼梦》是中国文学史上的一个奇迹。儒家的忠孝节义、功名政治，佛教的因缘轮回、万境归空，道教的创世神话、太虚神仙等方方面面，共同铸就了中国古代小说的第一奇书。无独有偶。由于中西宗教文化的巨大差异，不同的译者在文学作品翻译过程中，对蕴含在字里行间丰富的宗教文化因素的处理手段和策略是不一样的。不管是《红楼梦》的杨译本和霍译本、《水浒传》的赛珍珠译本和沙博理译本，还是《浮生六记》的林语堂译本和雪莉·布莱克译本，每部作品的多种译本基本上都有两种基本的

翻译策略，即归化和异化。

通俗地说，“归化法”要求译者向译语读者靠拢，采取译语读者习惯的译语表达方式，来传达原文的内容。中国与英语国家文化交流的不平衡使得英语读者对于中国文化的了解远比不上我们对于英语国家文化的了解，归化译法有助于消除英文读者的理解障碍，使他们保持阅读兴趣，并提高其对中国文化的接受度。

而“异化法”则要求译者向作者靠拢，采取相应于作者使用的原语表达方式，来传达原文的内容。从而有利于我们文化身份的保持、文化地位的提高以及中西文化的融合，力图真实完整地反映原文的文化内涵，进而将中华民族的优秀文化推出介绍给西方。

这种翻译策略的取舍在下面的译例中得到了很好的体现。

(1) 周瑞家的听了笑道：***“阿弥陀佛***，真坑死人的事儿!”(《红楼梦》第七回)

“Gracious Buddha!” Mrs. Chou chuckled. “How terribly chancy!”(杨译)

“God bless my soul!” Zhou Rui's wife exclaimed, “You would certainly need some patience!”(霍译)

(2) 世人都晓***神仙***好。(《红楼梦》第一回)

All men long to be ***immortal***. (杨译)

Man all know that ***salvation*** should be won. (霍译)

(3) 你倒也***三从四德***的，只是这贤惠也太过了。(《红楼梦》第四十七回)

Quite a model of ***wifely submission*** and virtue, aren't you? Only you carry this ***obedience*** too far. (杨译)

I must congratulate you on your ***wifely virtue***—though I must say, I think that in this case you are carrying ***wifeliness*** a little far. (霍译)

(4) “从小儿***三灾八难***，花的银子照样打出你这个银人儿来了。”(《红楼梦》第四十五回)

You've ***had one trouble after another*** since you were a boy… (杨译)

And the money they spent on you, nursing you through ***all the fevers and calamities of youth*** (for you were a sickly , ailing child) … (霍译)

(5) “谋事在人，成事在***天***。”(《红楼梦》第九十五回)

Man proposes, ***Heaven*** disposes. (杨译)

Man proposes , ***God*** disposes. (霍译)

评析　例(1)中两种译法的差异非常显著。“阿弥陀佛”是中国人常用的感叹词，一般用在大吃一惊或如释重负的时候。为了忠实于原文，并如实传达原文的异国情调，杨氏夫妇在翻译过程中保留了原文的宗教特色。但霍克斯为了便于英语读者理解，舍弃了“阿弥陀佛”包含的文化形象，并将其换成了英语国家人们常用的具有基督教色彩的感叹词。尽管霍克斯的译文增强了原文的可接受性，但这种译文抹杀了文化差异，甚至可能会让读者产生误解，认为清朝的人也信奉基督教，因而杨氏夫妇的译文在文化交流方面更显成功。

例（2）是《红楼梦》中“好了歌”的第一句。“好了歌”意义甚是深刻，点出了世间万物皆空的佛教幻境，其中的“好”、“了”本来就是只可意会，难以言传的佛教词汇。杨译把“神仙”译为“immortals”，“神仙”是中国道教的概念，道家所追求的最高理想是超脱凡尘、修道成仙、长生不老。而霍译则将原文的道教形象变换成基督教的“圣徒”，译文削减了中国道教文化的特有内涵。霍译的目的是尊重目的语读者，但却导致原文意义的流失，欠缺原语的意境。

例（3）中中英文化中的“妇德”具有不同的文化内涵。两个译文中尽管都用了“wifely virtue”表示“三从四德”或“贤惠”，但杨译用“submission”和“obedience”则更准确地阐释了其深层的文化内涵，体现了封建社会人们的价值观。

例（4）中“三灾八难”是佛教用语，比喻灾难重重，事态不顺利。但此处指的是小孩儿身体虚弱，小病小痛不断，花了好些钱来求医治病。显然这里“三灾八难”用的是比喻义，非其本义。“三”和“八”可看作是概数，形容次数之多。杨译“one trouble after another”，霍译“all the fevers and calamities of youth”均译出了“多灾多难”之意。杨先生采用异化译法，用地道的英语短语传达出了该成语的隐含意义。霍译将灾难具体化了，指小孩发烧、感冒之类常见病症，总体把握了此成语的思想内涵，使异语读者更易理解；而且霍译还插入了小孩体弱多病的原因，使理解更清晰透彻。

例（5）中杨宪益将“天”直译为“Heaven”，保存了原作的道教概念；而霍克斯直接套用英语谚语，将“天”译成“God”，把原文中的道教概念转化成了西方的基督教概念。霍译似乎神形兼备，汉语成语巧对英语谚语，但这抹杀了道教与基督教两者之间存在的不同宗教背景和深层次的文化差异。对此，著名翻译理论家郭建中（1998）评论道：“霍译直接引用英语谚语作为译文，这样处理，对英语读者来说也许更为自然且易于理解和接受，但却把原语中的信佛之人变成了基督教耶稣的人了。”

从以上的译例中我们可以清楚地看到，杨译本在宗教文化词语的处理上立足于“信”，即忠实于原作所蕴含的深厚的文化底蕴，不回避宗教文化差异，极力保留原作所反映的“异国情调”，力求把它原汁原味地介绍给外国读者，使其领略到中国宗教文化的魅力，即尽可能采用异化翻译策略。而霍克斯采用的是归化的翻译策略，他把很多中国传统的宗教文化转换成了西方人更为熟悉的基督教文化。因此霍译本流畅自然，清新雅致，但从文化信息传递的角度上来看，在翻译宗教文化时采用归化方法，不及杨译本准确，忠实于原文。这种策略的选择和译者所在的社会环境是分不开的。杨译时，他们的读者主要是亚非拉的“兄弟姐妹”，因而他们的翻译大多是从“强势文化”向“弱势文化”的输出，目的是让“弱势文化”接受“强势文化”。霍克斯的赞助商是企鹅出版社，偏向于英语读者的期望和文化倾向。而杨宪益夫妇的赞助方是外文出版社，出版目的立足于如实地对外介绍中国文化，在很大程度上受到各个领域官方规范的制约。

著名翻译家林语堂先生在文学作品中的文化因素的翻译策略方面也有自己的取舍。在美、法、德等国多年的求学或工作经历使得他对西方语言及文化的熟悉程度非常人可比，再加上他对本国语言文化的深刻理解与把握，因而得以成功地将许多中国古典作品译成英语，把我国传统文化的瑰宝展现给西方。林语堂的成功之处不仅在于他高超的语言转换能力，而且在于他对汉语中所承载的丰富文化信息的娴熟处理。这一点可从他所译的清朝沈复《浮生六记》一书中得到印证。林语堂在翻译该书时的宗教文化因素时主要使用异化方法，最大程度地传递了原文所蕴含的文化信息。他曾在《浮生六记》的翻译后记中写道："使世人略知中国一对夫妇恬淡可爱的生活。"可见，他翻译《浮生六记》的目的是把中国特有的传统文化介绍给西方读者。因此，为了充分传达原作的"异国情调"，林语堂在翻译中采取了异化为主的翻译策略。

（二）文学作品中宗教文化翻译的方法

林语堂先生是蜚声海外的著名学者、作家和翻译家。他翻译介绍了大量中国古典文学作品，而《浮生六记》是其最见功力的代表作。《浮生六记》描写中国人的日常生活，涉及的领域极广，其中出现了大量的文化词汇。这些文化词汇一般包含有重要的文化信息，这种文化信息的传达可以提高读者对源语文化的了解。《浮生六记》中也包含非常丰富的宗教文化词语。在翻译中，林语堂先生对这些文化词汇给予了足够的重视，做了恰当的处理。他的翻译做到了精当传神，取舍有道。正是由于他对原文的深刻把握以及高超的驾驭语言的能力才使其译本透出了迷人的魅力，使广大读者知道了沈复，了解了中国文化及中国人的生活，也通过这个窗口对中国宗教文化有了进一步了解。下面将结合《浮生六记》和其他一些文学作品，如《阿 Q 正传》、《红楼梦》、《儒林外史》等简要介绍译者是怎样成功传递蕴含在作品中丰富的宗教文化信息而以此增强作品的文学性、艺术性和可读性的。

1. 直译

在翻译文化内容时，运用直译法把源语中的宗教文化内容直接翻译成目的语，尽可能地保留源语宗教文化，再现原作中蕴含的文化信息。如果能不违背目的语的表达习惯，能被目的语读者接受的话，直译应该是非常理想的一种翻译方法，至少从文化交流的角度上看是比较成功的。

（1）芸曰："世传***月下老人***专司人间婚姻事，今生夫妇已承牵合，来世姻缘亦须仰藉神力，盍绘一像祀之？"（《浮生六记》卷一，第 48 页）

"It is said that ***the Old Man under the Moon*** is in charge of matrimony," said Yün. "He was good enough to make us husband and wife in this life, and we shall still depend on his favor in the affair of marriage in the next incarnation. Why don't we make a painting of him and worship him in our home?"（林语堂译）

（2）花光灯影，宝鼎香浮，若***龙宫***夜宴。（《浮生六记》卷一，第 57 页）

With the flowers and the lanterns and the smell of incense, the whole show resembled a night feast in ***the Palace of the Dragon King***. (林语堂译)

(3) 余入幕**守灵**至七，终无一人以家事告，以丧事商者。(《浮生六记》卷三，第189页)

I then ***keep the watch over the coffin*** in the hall, but throughout the seven weeks for mourning ceremonies, not one in the whole family spoke to me about family affairs or discussed the funeral arrangements with me. (林语堂译)

(4) 渔舟星列，默默平波，似宜月夜。衲子备**素斋**甚佳。(《浮生六记》卷四，第236页)

Fishing boats lay about on the stretch of calm water-a scene which seemed to be best looked at under the moonlight. The monks there could prepare very excellent ***vegetarian food***. (林语堂译)

(5) 其**诵经**处也，洁净如僧舍。(《浮生六记》卷四，第236页)

This was where he used to ***recite Buddhist books***, and was arranged spick and span like a monk's studio. (林语堂译)

评析 例(1)中"月下老人"这个神话人物在我国家喻户晓，而俗话"千里姻缘一线牵"中的"线"正是指的月下老人手中的这根红丝。普通西方读者是不会知道这根红丝的作用的，直译过来而不加解释只会使他们茫然。故林语堂用在文中括号内加注释的办法来填补译文读者文化背景知识上的空白。

例(2)中的"龙宫"顾名思义是龙王居住的地方，直译成"the palace of the Dragon King"保留了中国宗教文化中典型的宗教形象，即"龙王"和他居住的宫殿"龙宫"，增加了读者的阅读兴趣，保留了原作的"异域情调"。

例(3)中的"灵"即为"灵车"，《现代汉语词典》解释为"死者已经入殓的棺材"，英文为"a coffin with the body"。译者把"守灵"直译为"keep the watch over the coffin"向目的语读者勾勒了一幅作者沈复因失去一生奔波操劳的父亲却未能尽孝时的痛心疾首的画面。此外，将"七"意译为"seven weeks for mourning ceremonies"，非常清楚地向译入语读者传递了中国文化中对死者哀悼的文化信息。

在例(4)中，"斋饭"本意是施舍给僧尼吃的饭食，一般是没有肉、没有油的。佛家人无疑是古老的素食主义者。寺庙里的素斋，也就成了超凡脱俗的风味。直至今天，烧香拜神之余，兼而品尝古刹里的素餐，也就成了一门锦上添花的功课。此处"素斋"直译成"vegetarian food"似乎淡化了"素斋"本身所蕴含的宗教色彩，但主语"the monks"在一定程度上又弥补了这种缺憾，读者通过上下文应该能清楚地了解何为素斋。

2. 直译加注

直译一般能够比较完整地保留和再现原作的文化形象、民族特色以及语言风格。但是直译的基础是不引起任何误解、不违背译文表达习惯。如果因为直译而引起译文读者的误解，则不宜直译，而应采用其他翻译策略和方法，如直译加注等。直译加注

法是在直译的同时，在译文中添加读者理解源语所需的宗教文化信息和背景知识，既保留原文的文化蕴含，又能确保原文意义很好地传递给译文读者。汉语语言中有一些具有民族色彩的宗教术语。在不违背英语语言规范，并不引起错误联想的前提下，可以采用该策略向英语读者展示充满异域风情的中华宗教文化。

(1) 临门有**关圣**提刀立像，极威武。(《浮生六记》卷三，第194页)

At the door, there was a most imposing standing figure, representing ***General Kuan Yu, the Chinese God of War and Loyalty***, holding a huge knife in his hand. (林语堂译)

(2) 是年七夕，芸设香烛瓜果，同拜**天孙**于我取轩中。(《浮生六记》卷一，第26页)

On the seventh night of the seventh moon of that year, Yun prepared incense, candles and some melons and other fruits, so that we might together worship ***the Grandson of Heaven*** in the Hall called "After My Heart". (林语堂译)

该页下端附注①The seventh day of the seventh moon is the only day in the year when the pair of heavenly lovers, ***the Cowherd*** (***"Grandson of Heaven"***) and the Spinster, are allowed to meet each other across the Milky Way.

(3) 谁知道他将到"***而立***"之年，竟被小尼姑害的飘飘然了。(《阿Q正传》)

Who could tell that close on thirty, when a man should "***stand firm***"*, he would lose his head like this over a young nun? (杨宪益、戴乃迭译)

* "stand firm": Confucius said that at thirty he "stand firm". The phrase was later used to indicate that a man was thirty years old.

(4) ……便从不入***三教九流***的小说家所谓"闲话休提言归正传"这一句套话里，取出"正传"两个字来……(《阿Q正传》)

... so from the stock phrase of the novelists, who are not reckoned among ***the Three Cults and Nine Schools****, "Enough of this digression, and back to the true story!" I will take the last two words as my title...

* the Three Cults were Confucianism, Buddhism and Taoism. The Nine Schools included the Confucian, Taoist, Legalist and Moist schools as well as other Novelists who did not belong to any of the three, were considered not quite respectable. (杨宪益，戴乃迭译)

(5) 总算功德圆满，取经到了***西天***。《围城》

Ultimately everything came out well, and we reached ***the Western Paradise*** (***Buddhist heaven***). (凯利，茅国权译)

评析 例(1)中"关圣"指关羽，是中国的武圣，与"文圣"孔子齐名，又称"关公"、"关帝"、"关夫子"、"关圣帝君"等。此处，林语堂先生本着"传播中国文化"的原则，采用直译加注的方法，补充说明了关公这个人物身份的特点和在人们宗教信仰中的地位，更好地再现了原文蕴含的深厚的文化信息。

例（2）中“七夕”、“天孙”均源自中国的神话传说，民族色彩鲜明，文化意义丰厚。林语堂先生采用“直译加注释”的方法，既避免了冗长句式，又为英语读者介绍了相关的文化背景知识，加强了翻译的跨文化交流效果，有助于英语读者对中国传统文化的了解。

例（3）中“而立”出自《论语·为政》：“二十弱冠、三十而立、四十不惑、五十而知天命、六十花甲、七十古来稀、八十耄耋。”孔子说他三十岁在学问上有所自立，后人常用“而立”代指30岁。若直接翻译成“stand firm”，难免会给译文读者带来理解上的障碍，因此杨译为了保留原语所承载的文化内涵，在直译的基础上加以解释，包括其出处和含义，既“信”于原文，又形象地传达了原文的语意，不失为上策。

例（4）“三教九流”旧指宗教或学术上的各种流派，也指社会上各行各业的人，是古代中国对人的地位和职业名称划分的等级。“三教”指的是中国三大传统宗教：儒教、佛教和道教。而“九流”在《汉书·艺文志》分别指儒家、道家、阴阳家、法家、墨家等。毫无疑问，这一具有中国文化特点的宗教词语对英语读者来说非常费解。杨译采取的是直译加注的翻译方法，他把“三教九流”译为“the Three Cults and Nine Schools”，并在此基础上解释，“The Three Cults were Confucianism，Buddhism，and Taoism. The Nine Schools included the Confucian，Taoist，Legalist，Moist，and other Schools”（即三教是儒教、佛教和道教，九流包括儒家、道家、法家、墨家和其他几个流派）。如此处理保留了原文文化特征，体现了杨译本以传达中国文化为己任的翻译思想。

在例（5）中，“西天”被直译为“Western Paradise”并加上注解“Buddhist heaven”。“Buddhist heaven”是指佛祖生活的净土，佛教徒相信生活在这片净土上的人们都可以摆脱苦恼获得光明、宁静和幸福。在西方的文化中，“Western Paradise”只是指天堂，跟佛教没有任何关联，译者为了避免不必要的理解误差，加上注解“Buddhist heaven”对“Western Paradise”做了进一步解释。有了这个注解，目标语读者就很容易理解其中的含义。

3. 意译

直译，用鲁迅先生的话说又叫“硬译”，是在不同文字间的翻译过程中严格按照原文逐字逐句地翻译。意译，是相对于直译而言的，是指根据原文的大致意思来翻译，不做逐字逐句的翻译。由于中西宗教文化的巨大差异，很多时候直译会让目的语读者不知所云，不仅不利于宗教文化的传播，也不能准确再现原文的语意，给目的语读者在理解上造成困扰，这种情况下采用意译更易于译入语读者接受。

（1）幸遇曹老，绝处逢生，亦可谓***吉人天相***。（《浮生六记》卷三，第162页）

It was very lucky of you to have met old Ts'ao. ***Really heaven always provides for good people.***（林语堂译）

（2）“忆妾***唱随***二十三年，蒙君错爱，百凡体恤，不以顽劣见弃。”（《浮生六记》卷三，第174页）

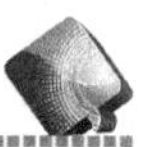

As look back upon the twenty-three years of ***our married life***, I know that you have loved me and been most considerate to me, in spite of all my faults.（林语堂译）

（3）至***甲子***三月，复接青君信，知吾父有病。（《浮生六记》卷三，第189页）

In the third month of that year, ***the year of the rat***, ***1804***, Ch'ing-chun wrote to tell me that my father was ill.（雪莉·布莱克译）

（4）清明日，先生春祭***扫墓***，挈余同游。（《浮生六记》卷四，第212页）

On the Ch'ingming Festival, my tutor was going to ***visit his ancestral grave*** and brought me along.（林语堂译）

（5）宝玉听了，如***醍醐灌顶***，嗳哟了一声，方笑道："难怪我们家庙说是'铁槛寺'呢！原来有这么一说。"（《红楼梦》第六十三回）

Baoyu felt as if ***Buddha had suddenly shown him the light***. "Aiya!" he exclaimed.（佚名）

（6）光阴弹指，***七七之期***已过，范举人出门谢了孝。（《儒林外史》第四回）

After that ***the forty-nine days of mourning*** passed very quickly, and Fan Chin came out to thank those who had taken part.（佚名）

评析　例（1）中"吉人"意思是"有福气的善人"；"天相"意思是"老天的保佑"。"吉人天相"指好人总能得到上天的保佑（多用作遭遇危险或困难时的安慰语），这是一种宿命论者的观点。译者采用释义法，将其译为"heaven always provides for good people"，比较准确地再现了原文的语意，也在一定程度上保留了原文的宗教色彩，不失为好的译文。

例（2）是原文中感人至深的一幕，读了让人对这位直率、纯洁、浪漫却又命运多舛、不为社会所容的"奇女子"扼腕叹息。译文追随原文形式，于朴实无华中见真情。原文中"唱随"意为"夫唱妇随"，源自《关尹子·三极》："天下之理，夫者倡，妇者随。"原指封建社会儒家文化认为妻子必须服从丈夫，后比喻夫妻和好相处。此处指沈三白和其妻陈芸这对"平常的雅人"恩爱有加、举案齐眉的婚姻生活，因此译者将"唱随"意译为"our married life"，合情合理，易于英语读者接受。

例（3）中"甲子"即"甲子年"，中国传统纪年农历的干支纪年中一个循环的第1年称"甲子年"。以下各个公元年份，年份数除以60余4，自当年立春起至次年立春止的岁次内均为"甲子年"，例如1924年、1984年、2044年等。雪莉·布莱克将其意译为"the year of the rat，1804"既能让译入语读者明白具体的年份，又保留了充满中国文化特色的"异域情调"。

例（4）中"扫墓"，谓之对祖先的"思时之敬"。其习俗由来已久。明《帝京景物略》载："拜者、酹者、哭者、为墓除草添土者，焚楮锭次，以纸钱置坟头。望中无纸钱，则孤坟矣。"其实，扫墓在秦以前就有了，但不一定是在清明之际，清明扫墓则是秦以后的事，到唐朝才开始盛行。因此译者将"扫墓"意译为"visit his ancestral grave"是非常合情合理的，如果直译的话将会让目的语读者误解，不能传达"扫墓"

真正的意义和所承载的文化内涵。

例（5）中“醍醐”是中国宗教术语，指宗教仪式中使用的一种纯酥油。“醍醐灌顶”指灌输智慧，使人彻底醒悟。以基督教为核心的西方文化中，无法找到完全对应的表达。源语词汇意义的再现优于形式的再现。因而译者在此处用“Buddha”一词，保留了原文的宗教色彩，用“had suddenly shown him the light”译出了其核心含义，无疑让译文读者获得与原文读者同样的信息。

例（6）中“七七”之俗源自佛教因果轮回之说，佛教认为人命终后，转生前为“中有”阶段，其间以七日为一期，寻求生缘，最多至七七四十九日止，必得转生。故佛家丧俗盛行七七四十九日中，营斋修福，以祈有助于死者转生胜处。译者采用意译的方法把“七七之期”译为“forty-nine days of mourning”，虽不够贴近原文，但已传达了原文的交际意义，体现了“七七”所蕴含的宗教文化内涵。

4. 音译加注

当原语词汇所承载的宗教文化信息在译语中没有对等词语，而造成词汇空缺时，可采用音译的方法。为了尽可能准确地把原语的意义传递到译入语，让译文读者获得原语信息，有时还得借助解释性文字。

（1）尼姑待他们走后，定了神来检点，龙牌固然已经碎在地上了，而且又不见了***观音娘娘***座前的一个宣德炉。（《阿Q正传》）

The nun, pulling herself together after they had been smashed into fragments on the ground and the valuable Xuan De censer before the shrine of ***Guan yin***, ***the goddess of mercy***, had also disappeared.（杨宪益，戴乃迭译）

（2）平儿忙笑道：“……那是他们瞅着大奶奶是个**菩萨**，姑娘又是个腼腆小姐，固然是托懒来混。”（《红楼梦》第五十五回）

Ping Erh laughed,“it's because they see that our senior mistress as as ***sweet-tempered as a ‘Pu -sa’***, and that you, miss, are a modest young lady, that they, naturally, shirk their duties and come and take literties with you…”（乔利译）

评析　在例（1）中，我们知道“观音”是佛教中的一位女神，是大慈大悲的化身，而在西方宗教文化中无法找到与“观音”意义对应的神，为了保留“观音”这一具有中国文化特色的词汇，译者杨宪益夫妇采用了音译与注解相结合的方法，既保留了“观音”这一词的音韵，又译出了它的内在意义。例（2）中，乔译采取了音译加解释的翻译方法，既保留了“菩萨”的宗教色彩，又译出了“菩萨”一词的比喻意义，既传播了中国佛教文化，又有助于译文读者理解和接受。霍译为“They think that because Mrs. Zhu is such ***a kind***, ***saintly person*** and you are such a quiet shy young lady they can get away with anything”，译文读者易于理解，但放弃了“菩萨”的宗教形象，只译出了其比喻意义。

5. 释义

释义是在翻译过程中“脱离源语语言外壳”，进行意义浓缩、抽象和升华，然后用

译入语复制源语内容，只能再现原文的语意，其宗教文化色彩基本上会消失殆尽，但便于目的语读者的理解和接受，从文化传播的角度来说有些遗憾。

(1) **合卺**后，并肩夜膳，余暗于案下握其腕，暖尖滑腻，胸中不觉怦怦作跳。(《浮生六记》卷一，第10页)

After ***the drinking of the customary twin cups between bride and groom***, we sat down together at dinner and I secretly held her hand under the table, which was warm and small, and my heart was palpitating.(林语堂译)

(2) 剔灯入帐，芸已寒热大作，余亦继之，困顿两旬；真所谓***乐极灾生***，亦是白头不终之兆。(《浮生六记》卷一，第32页)

True is that when ***the cup of happiness overflows***, ***disaster follows***, as the saying goes, and this was also an omen that we should not be able to live together until old age.(林语堂译)

(3) 愿君另续德容兼备者，以奉双亲，抚我遗子，妾亦***瞑目***矣。(《浮生六记》卷三，第176页)

I hope you will find another one who is both beautiful and good to take my place and serve our parents and bring up my children, and then I shall ***die content***.(林语堂译)

(4) 夫人即或魂归，业已***阴阳两间***。(《浮生六记》卷三，第180页)

Even if your wife's spirits should return, she is ***living in a world different from ours***.(林语堂译)

评析　例(1)中"合卺"是汉族婚礼仪式之一，即新夫妇在新房内共饮合欢酒，举行于新郎亲迎新妇进入家门以后。起于上古，本用匏(葫芦)一剖为二，以期将两器(瓢)之柄相连，以之盛酒，夫妇共饮，表示从此成为一体，名为"合卺"。后世改用杯盏，乃称"交杯酒"。"合卺"的本意是指把一分为二的葫芦合成一完整器物。因为葫芦是苦的，用来盛酒必是苦酒。所以，夫妻共饮合卺酒，不但象征着夫妻由婚礼开始合二为一，永结同好，并含有新娘新郎同甘共苦之深意。译者采用释义法，将"合卺"翻译成"the drinking of the customary twin cups between bride and groom"，生动形象地为目的语读者揭示了中国传统文化中新婚夫妇是如何开启他们幸福婚姻的大门的，通俗易懂。

例(2)描写的是沈复和陈芸倚窗对酌，不到三杯酒，忽然听到窗外桥下似乎有人落水的声音，实则水面波明如镜，没有任何事情发生，而他们不禁认为这是他们太过幸福所以不能百年好合的一种凶兆，因此有了"乐极灾生"之说。此处译者采用了释义的翻译方法，用一个非常形象的比喻"the cup of happiness overflows"将两人恩爱有加、举案齐眉的幸福婚姻刻画得栩栩如生，让读者情不自禁地对他们所拥有的短暂的幸福深表同情，扼腕叹息。

例(3)这段话是陈芸临终前在病床上对沈复的嘱托，两人相爱之深却不能白头到老，临走了还牵挂着丈夫、孩子和老人。"瞑目"本意是"闭上眼睛"，英文为"close the eyes”。语出《三国志·吴书·孙坚传》：“今不夷汝三族，悬示四海，则吾死不瞑目。”其中“死不瞑目”的意思是“死了也不闭眼”，指人死的时候心里还有放不下的事情，现常用来形容极不甘心。这里陈芸说“妾亦瞑目”是指如果丈夫能够按照她的临终嘱托她就死无牵挂了。译者没有将“瞑目”按照它的字面意义翻译成“close the eyes”，而是解释成“die content”，更易于译语读者理解和接受，也让读者情不自禁地对她命运多舛的短暂一生黯然落泪。

例（4）中“阴间”，又称阴司、阴府、冥界等，是中华宗教信仰文化中的概念，指人死以后居住的世界。中国文化存在普遍的阴阳理论，以现世的人间为阳间，死后生活的地方是阴间。至少在周朝以前，人们就认为人分魂魄，作为阳气的魂和作为阴形的魄结合形成人，人死以后，神魂灵气归于天，精魄形骸归于地，以魂气形魄来解释人前世、现世和来世的演化，并将精灵世界分为三界：地上的人间、天上神灵的天堂、地下精魄的地府。译者采用释义的方法，将“阴阳两间”解释为“living in a world different from ours”，虽然舍去了原作中典型的阴阳宗教文化色彩，但不至于造成理解上的困扰。

宗教文化是人类社会文化体系中的核心组成部分。佛教、道教和基督教的传播史就充分证明了这一点。宗教文化属于一种深层次的文化，它往往是翻译中的重点和难点所在，文学作品中的宗教文化的传递更是一件非常棘手的工作。以《红楼梦》为例，对于宗教文化因素的处理，杨译体现了鲜明的佛教和道教文化色彩，而霍译却带有明显的基督教文化取向。究其缘由，一般认为：杨译注重的是对原作的忠实，并尽量保留了源语文化的形象，因而反映在翻译策略上的异化和方法上的直译倾向；霍译强调的是译语文化的传统习惯和英美读者的认知心理及其审美特点，因而偏重于翻译策略上的归化和在其指导下的意译方法。余光中把翻译比作婚姻，认为它是一种两相妥协的艺术。跨越文化空白，将带有浓厚的民族色彩、不同的宗教文化渊源的源语恰到好处地翻译给译语读者并非易事。但只要把握一定的翻译策略，仔细研究两种语言和两种文化，并在实践中灵活机动，根据不同情境、具体的上下文及读者的需要不断变换方法，文化交流也能顺利进行。

第五节　相关论著选读

宗教习语翻译的异化和归化

佟晓梅

（渤海大学外国语学院　辽宁锦州 121013）

摘　要：源于宗教文化的习语，大都具有鲜明的形象，往往带有浓厚的宗教文化渊

源，常引起丰富的联想。翻译时除了应当忠实地表达原文习语的意义外，还应尽可能保持形象比喻、丰富联想及文化特色。异化和归化的争论由来已久。通过回顾我国译界就这两种翻译方法争论的历史，研究源于宗教文化习语的翻译方法，总结出好的翻译应是两者的有机结合。

关键词：异化；归化；宗教文化；《圣经》；习语

（一）深受《圣经》影响而形成的习语

在西方，宗教在社会生活和思想文化中占有极其重要的地位，渗透到社会生活、风俗习惯和文化艺术等各方面，成为西方社会的主要文化特征之一。中世纪的宗教神学几乎主宰了所有的精神领域。毫无疑问，宗教对英语的影响也是巨大的。现代英语的形成与宗教改革运动和《圣经》的英译密切相关。

《圣经》在4世纪被译成拉丁文，在宗教改革时期又被译成欧洲各国文字。1611年，钦定《圣经》译本的出现具有划时代的意义，促使中古英语过渡到现代英语。它的出现不仅进一步确立了规范而统一的英语，而且大大拓宽了它的使用面，使这一规范的语言从狭小的学术、文艺领域走了出来，进入广大社会的各个层面之中。钦定《圣经》译本不仅奠定了现代英语的基础，而且为英语输入了新鲜血液，增添了大量的习语，从而丰富、发展和完善了英语。

1.《圣经》在广泛流传中促使大量习语的形成

在西方社会，家家户户都有《圣经》,《圣经》成了名副其实的大众读本、文化启蒙教材，其中不少句子和短语被人们广为吟诵，久而久之也成为了习语。这些习语鲜明生动，成为现代英语的重要组成部分，如 wash one's hands（洗手不干）出自《新约·马太福音》。据记载，犹太总督彼拉多主持审判耶稣，由于他判定耶稣无罪，一些犹太人不服。因此，他当众宣布洗手辞职，并交出耶稣，以示自己与此无关。又如，Clean hands（双手干净，廉洁）源自《旧约·约伯记》，原意是指双手干净的人会越来越有力。

2. 由《圣经》人物和故事形成的习语

《圣经》记载了许多古代的故事，其中不少故事，家喻户晓，成为英语习语的重要来源之一。例如，a Judas（犹大）、thirty pieces of silver（30 块银币）、a kiss of death（死亡之吻）皆来自于这个故事：犹大是耶稣的12个门徒之一，为了30块银币把耶稣出卖给犹太教祭司，犹大出卖耶稣时以吻耶稣为暗号，让犹太教当局把耶稣抓走。因此，这三个习语分别表示叛徒、因贩卖获得的钱财或其他报酬，以及表面上友好实际上害人的行为。

源于《圣经》的习语同基本词汇一样，具有强大的生命力，且已成为英国文学语言宝库中重要的源泉。

（二）源于宗教文化的习语翻译的异化和归化

翻译中的异化和归化是以译者所选择的文化立场为基本点来加以区分的。异化

(foreignization) 是以源语文化为归宿，要求译者向作者靠拢，采取相应于作者所使用的源语表达方式来传达原文的内容。美国解构主义翻译家韦努蒂主张异化译法，他说："反对英美传统的归化，主张异化的翻译，其目的是要发展一种抵御以目的语文化价值观占主导地位的翻译理论和实践，以表现外国文本在语言和文化上的差异。"而归化 (domestication) 是指以目的语文化为归宿，要求译者向目的语读者靠拢，采取目的语读者所习惯的表达方式来传达原文的内容。美国另一位翻译家奈达是归化译法的代表人物，他提出了"功能对等"和"读者反应论"（寻求译文读者和原文读者的同等反应）理论。在我国，早在佛经翻译之初就已有了文质之辩。十六国时期，译经大师释道安力主严格直译；鸠摩罗什一改以前各译家的古直风格，主张意译；唐代玄奘的"既须求真，又须喻俗"，主张把直译和意译结合起来。1889 年，严复提出了信、达、雅。20 世纪 30 年代，中国文坛出现了真正的归化与异化之争——鲁迅与瞿秋白、赵景深与林语堂之间关于直译与意译的笔战。鲁迅极力主张异化，认为"翻译必须有异国情调，就是所谓的洋气"，提出"宁信而不通"，力求译出"原汁原味"的作品；而赵景深则主张"与其信而不顺，不如顺而不信"的归化法。后来，20 世纪 40 年代至 20 世纪 80 年代，我国译界则更多注重归化译法，最具代表性的当数林语堂的"忠实、通顺、美"，傅雷的"神似"，钱钟书的"化境"及许渊冲的"三美"和"优势竞赛论"，但以卞之琳为代表的翻译家仍赞成异化译法，提出从内容到形式全面求"信"的主张。20 世纪最后 20 年则偏向了异化译法，这一时期，改革开放的深入及大量西方科学技术和文学作品的引入，大大加强了国际交流，也增进了对西方文化的了解。但也有另一种态度，即提倡二者的辩证统一，强调要合理、恰当地使用异化和归化。由此看来，整个翻译史实际上"是一部异化与归化此起彼伏、竞相辉映的历史"。

异化着眼于民族文化的差异性，旨在保存和反映异域民族特性和语言风格特色。异化是为译文读者保留一种"异国情调"，让读者感受不同的民族情感，体会民族文化语言传统上的差异性。可以说，异化译法有利于两种不同的文化和语言之间进行交流和渗透，促进它们的融合。然而，异化译法应避免死译、硬译，避免造成理解上的障碍。例如，汉语中的"红白喜事"只能译为：weddings and funerals；而 I'm no Hamlet 也不能译为：我不是哈姆雷特，而应译为：我决不优柔寡断。

归化则以本土文化为出发点，以信息接受者为核心，强调译文地道生动，使其更加符合译语读者的阅读习惯和表达习惯，使译语更加通顺流畅。英语里的"as poor as a church mouse"在汉语中习惯说：穷得像个叫花子，两者在功能上是对等的；而"蠢得像猪"的英语对应语则是 as stupid as a goose；还有"如雨后春笋"应为 spring up like mushrooms；"倾盆大雨"则为 It's raining cats and dogs 等。

可以说，异化论和归化论都是有道理的。如果考虑到翻译的目的、读者的对象和要求、文本的类型以及作者的意图，归化的翻译和异化的翻译在目的语文化中都有其存在和应用的价值。作为两种文化的沟通者，译者同时面对与特定民族血脉相连的源语文化与目的语文化，这就需要掌握使用不同方法的一些制约因素。例如，要在目的语内部规

律制约下使用异化法，注重本土文化和读者的接受能力。运用归化法时，要考虑到译文的总体风貌是否符合原文的文体特征，尽量避免归化后的成分使目的语读者对原文信息或源语文化产生误解。一句话，处理好二者的关系，也就是要求译者在忠于原作者和忠于读者之间找到最佳平衡点。

源于宗教文化的习语，大都具有鲜明的形象，往往带有浓厚的民族和宗教文化色彩，常引起丰富的联想。翻译时除了应当忠实地表达原文习语的意义外，还应尽可能保持形象比喻、丰富联想及文化特色。因此，翻译时可采用直译、意译、直译和意译相结合、释义加注等多种方法。

1. 直译

从20世纪至今的百余年里，中西方文化交往越来越频繁，通过语言翻译的渠道，大量西方文化的信息渗透到中国文化和汉语中，大大地丰富了中国文化的内容和汉语的表现力。直译的运用能使一种文化及语言中的信息以近乎保持其本来面目的方式进入另一种语言及文化之中，并尽量保持了原文的形象比喻及文化特色。

(1) an eye for an eye, a tooth for a tooth.（以眼还眼，以牙还牙）。该习语源于《旧约·申命记》第19章：摩西（Moses）发布以色列人应该遵守的法律，任何人都不得作伪证，如果作伪证就要受到惩罚，要以命偿命、以眼还眼、以牙还牙、以手还手、以脚还脚。(The punishment is to be a life for a life, an eye for an eye, a tooth for a tooth, a hand for a hand, and a foot for a foot.) 这个习语已经随着时代的发展，逐渐融入汉语中了。

(2) Forbidden fruit is sweetest.（禁果最甜）。一般人均知夏娃偷摘禁果的故事，翻译时不必做任何解释，将其直译既保持了原意，又保留了西方文化形象鲜明的特色。

2. 直译和意译相结合

有些习语虽然被原语读者视为当然，但在译语国家，可能有相当一部分读者不知其含义，如果直译，必然使这部分读者不知所云如果意译，虽然可使人明白意思，却丧失了原文谚语的形象比喻。因此，翻译这种习语时最好的方法就是在直译的同时加以意译。

(1) They that sow the wind shall reap the whirl wind.（召风者得暴风——恶有恶报）。该习语源自《旧约·何西阿书》。上帝不满以色列人的偶像崇拜，告诫道："召风者得暴风。"如果仅这样翻译的话，有些读者可能仍不明白其含义，这时如果再点出其隐含意义——恶有恶报，就能圆满地表达谚语的全部内容了。

(2) ask for bread and be given a stone.（想要面包，反而给石头——得非所求）。该习语源自《新约·马太福音》。虽可意译，但却丧失了其鲜明的特色。因此，可通过直译和意译相结合，使译文形象生动，体现出原文的风格和韵味。

3. 意译

许多习语直译后读者很难理解其真正内涵，这时不得不采用意译，摒弃其中难懂的比喻形象，用我们民族所熟悉的词语、比喻形象取而代之。两种语言的比喻形象虽截然不同，但却有异曲同工之妙。

(1) flowing with milk and honey（流淌着奶与蜜之地）。《旧约·出埃及记》第3章第8节："到美好宽阔流奶与蜜之地。"及《旧约·耶利米书》第32章第22节：就是你向他们列祖起誓应许赐给他们流奶与蜜之地。后来，人们用"flowing with milk and honey"来形容"富饶的地方"，翻译时常意译为"鱼米之乡"。

(2) make bricks without straw（做无草之砖）。该习语源自《旧约·出埃及记》：摩西向埃及国王提出要带以色列人离开埃及。埃及国王下令不准给以色列奴隶提供柴草，要他们自己寻找草梗去生火烧砖，但每天要上交的砖的数量不得减少。后来，人们用"make bricks without straw"来形容"根本做不到的事"。翻译时更换比喻形象，意译为"巧妇难为无米之炊"则更利于读者的理解。另外，如the apple of one's eye（眼睛中的瞳孔）可译成"掌上明珠"；cast pearls before swine（把珍珠丢在猪的面前）可译成"对牛弹琴"。套译是意译的一种，即用现成的汉语习语取代内容相同的英语习语。

4. 释义加注

有些习语由于牵涉的故事情节比较复杂，不是三言两语就能解释清楚的，这时只需直接解释其在上下文的意义，如有必要可在文后加以较详细的注释。释义加注多用于宗教人物所形成的习语。

(1) We will never be taken in by their Cain's heresy.（我们绝不被他们那些杀人者的谬论所迷惑）。注：亚当和夏娃结为夫妻，生下长子该隐（Cain），次子亚伯（Abel）。该隐种地，亚伯牧羊。该隐把收获的粮食选出一部分奉献给上帝，亚伯也把羊群里生下的第一只羊羔杀了，割下最好的一块肉奉献给上帝。上帝看中了亚伯和他的供物，而没有看中该隐和他的供物。该隐因此而嫉妒，一怒之下杀死了亲弟弟。后来Cain（该隐）就成了"谋杀（亲人）、叛乱、内讧"的代名词。Cain还是"强暴凶残"的象征。

(2) Several of the country's most respected doctors have stated that smoking cigarettes harms one's health, but there are still many doubting Thomas who are not yet persuaded.（虽然这个国家的几位最有名望的医生都说吸烟有害健康，但还是没有说服许多顽固的怀疑者）。注：基督被钉死在十字架上后，第三天复活，出现在自己的门徒面前，但门徒之一托马斯（Thomas）碰巧那天不在，由于没有亲眼见到基督，他不相信别人的话，不相信基督已经复活。后来人们就用doubting Thomas（怀疑的托马斯）指那些"不肯轻易相信别人的人"。

通过释义加注，不仅准确传达了原文的联想意义，而且也使译语读者了解了原文的文化背景知识，帮助读者更好地理解习语的含义。

《渤海大学学报》（哲学社会科学版）2006（3）：112-118.

翻译练习

一、把下面的句子翻译成英语，注意句子中宗教文化词语的翻译。

1. 玉环不但受到土地神的照顾，而且得到织女的同情，助其重新列入仙班。（《今日中国》2005 年第 5 期）

2. 辛楣笑道："我路上想，侥天之幸，今天不是我做新郎……"（钱钟书《围城》）

3. 二是由于我们对年文化的无知，把传统习俗视为陈规陋习，认为可有可无，主动放弃，如燃放烟花炮竹和祭祖等。（冯骥才《春运是一种文化现象》）

4. 银川是宁夏回族自治区的首府。从明清以来，它就是伊斯兰教在西北部的居住地和传播中心。（孟庆升《新编实用汉英翻译教程》）

5. 这一庙宇群与故宫同时建造。封建帝王自称"天子"，每年在此举行仪式祈天，天坛正是为此目的而建造。（孟庆升《新编实用汉英翻译教程》）

6. 这是天意造就的一张洁白的纸，在备好笔墨色彩的丹青妙手面前，可以创作一幅人间最美妙、最空灵的画。（《中国翻译》2005 年第 1 期）

7. 送给女人的东西，很少是真正自己的，拆穿了都是借花献佛。（钱钟书《围城》）

8. 今冥路已近，苟再不言，言无日矣。（《浮生六记》卷三，第 176 页）

9. 行不上半里多路，看见一所古庙，林冲顶礼道："神明庇佑，改日来烧纸钱。"（《水浒传》第九回）

10. 到了园中，果然阴气逼人。（《红楼梦》第一百零二回）

二、段落翻译。

山谷顶端，残留着一座道教建筑，名"黄龙古寺"。据松潘县志记载，该寺建于明代（1368—1644 年）。寺前有一溶洞，深邃莫测。寺后有一石碑，除碑檐外，几乎全被碳酸钙沉积淹没，碑文已不可辨认。每年农历六月为黄龙寺庙会期，方圆几百里至青海、甘肃的藏、羌、回、汉各族人民也前来赶会。届时，帐篷连营，人马喧腾，歌舞相杂，十分热闹。（王振国，李艳琳《新汉英翻译教程》）

第十一章　中西饮食文化差异与汉英翻译

第一节　概　述

中国自古以来以食为天，在历史发展的进程中，中国培育出了源远流长、博大精深的饮食文化，在世界饮食文化之林享有盛誉。

我国的菜肴丰富多彩，其命名方式特点显著。有的菜肴有着浪漫的色彩，如“过桥米线”体现妻子对丈夫的深深情意；有的是现实主义的写实手法，如“冬菇菜心”明白易懂；而有的菜名还和典故有关，如“鸿门宴”（蟹黄和燕窝象征楚汉之争）等。中国八大菜系各具特色，每大菜系都有自己的特色菜品，而菜名的命名不仅标明菜的烹饪方法和用料，而且为突出审美功能，菜名用词典雅、寓意祥瑞，彰显华夏文化底蕴。此外，中国美食的刀法和烹饪方法也是种类繁多，颇有讲究。

在我国古典文学小说中，《红楼梦》具有极高的文学和艺术价值，这是作者曹雪芹阅尽人间沧桑而写就的一部伟大的现实主义作品。它内容极其丰富，思想性强，艺术精湛，被公认为是中国古典文学小说中最伟大的作品。书中记述了大量当时的饮食与生活习惯，在人类文明史的两座光辉高峰——中国古典文学与中国饮食文化之间架起了一座桥梁。在这部巨著中，曹雪芹用将近1/3的篇幅，描述了众多人物丰富多彩的饮食文化活动。“就其规模而言，则有大宴、小宴、盛宴；就其时间而言，则有午宴、晚宴、夜宴；就其内容而言，则有生日宴、寿宴、冥寿宴、省亲宴、家宴、接风宴、诗宴、灯谜宴、合欢宴、梅花宴、海棠宴、螃蟹宴；就其节令而言，则有中秋宴、端阳宴、元宵宴；就其设宴地方而言，则有芳园宴、太虚幻境宴、大观园宴、大厅宴、小厅宴、怡红院夜宴等，令人闻而生津”（蒋荣荣，1989）。据研究者不完全统计，120回的《红楼梦》小说中描写到的食品多达186种。“所有这些食品（包括与食品有关的洗浴用品）可分为主食、点心、菜肴、调味品、饮料、果品、补品补食、外国食品、洗浴用品9个类别”（蒋荣荣，1989）。

中国菜肴的丰富多彩是西方无法相比的。由于饮食文化的差异，东西方的饮食文化符号存在很大的区别，这表现在菜名命名方式的不同。在西式菜单中，菜名简单，在菜名旁往往有简单的主料、辅料以及烹调方式的说明，看上去素朴、鲜明。而在中式菜单中，菜名丰富，令人眼花缭乱；并且和西式菜单不同的是，中式菜名内涵丰富，取名讲究。除去用写实的手法命名的菜名之外，还有大量的用浪漫主义的方式所取的菜名，这些菜名蕴含了丰富的传统文化特征，不仅仅表明了菜肴的主料、刀工、烹调方

式等，而且还囊括了很多与菜肴相关的文化信息，比如菜肴的由来、菜肴的创始人、菜肴的象征含义、菜肴产生的历史文化背景。

饮食文化是民族文化的一种，因而对于饮食文化的翻译应该置于文化交流的背景之下，也就是说，通过翻译，传递出中国饮食文化的内涵以及博大精深，而不应该仅仅是语言的转换。本章从用料、刀法、烹饪方法、口味等方面对中华美食进行了简单的介绍，并对中西饮食文化进行了比较和对照，在此基础上总结出精彩纷呈的中国菜名的几种常见的翻译方法，如直译、意译、音译、音译加意译等翻译方法，并进而探讨中国菜谱蕴含的丰富的文化内涵和富有中国特色的中华饮食药膳文化和具体的翻译方法和技巧。

第二节　中国饮食文化简介

中国饮食文化是一种广视野、深层次、多角度、高品位的悠久区域文化，是中华各族人民在100多万年的生产和生活实践中，在食源开发、食具研制、食品调理、营养保健和饮食审美等方面创造、积累并影响周边国家和世界的物质财富及精神财富。

中国菜非常强调色、香、味俱佳。这既是一道菜的标准，也是一席菜的标准。

色：指菜肴的颜色，是原料本色与佐料的颜色的有机搭配，有时还用一些青菜、番茄、洋葱等衬托，以求达到较佳的视觉效果。

香：指的是菜肴的香气，包括气香与骨香。

味：指的是菜肴的味道口感，是菜肴的灵魂。它是菜肴的主料与调料以及不同烹饪方法的有机结合的产物。

意：让人有联想或是有意义的菜色。

形：其实形是慢慢从色中分割出来的，主要讲究成菜的形状以及装饰。

养：药补不如食补，食能养人就是这个道理了，讲究的就是充分体现食物的营养，要荤素合理搭配。

（一）中国八大驰名菜系

由于中国幅员辽阔，地大物博，各地气候、物产、风俗习惯都存在差异，长期以来，在饮食上也就形成了许多风味。中国一直有“南米北面”的说法，口味上有“南甜北咸东酸西辣”之分。各种菜食逐渐从民间风味发展为特定的类型，形成具有各地风味的菜系。我国主要有八大菜系，包括川菜（Sichuan Cuisine）、粤菜（Cantonese Cuisine）、鲁菜（Shandong Cuisine）、京菜（Beijing Cuisine）、苏菜（Jiangsu Cuisine）、徽菜（Anhui Cuisine）、湘菜（Hunan Cuisine）、闽菜（Fujian Cuisine）。这八大菜系风格各异，历史悠久。

以粤菜为例，即广东地方风味菜，有着悠久的历史，以特有的菜式和韵味独树一帜，是我国著名八大菜系之一，在国内外享有盛誉。粤菜广义上来说由广府菜（亦称“广州菜”）、潮州菜（亦称“潮汕菜”）、客家菜（亦称“东江菜”）组成。客家菜与潮州菜、广州菜并称为广东三大菜系。粤菜讲究色（color）、香（smell）、味（taste）、形（appealing）。粤菜具有五大特色：清（pure）、嫩（tender）、鲜（fresh）、爽（crispy）和滑（flowing texture）。烹饪手法主要有蒸（steaming）、爆炒（quick-frying）、煨（stewing）、煮（boiling）、烹（frying）等。粤菜取百家之长，用料广博，选料珍奇，配料精巧，善于在模仿中创新，依食客喜好而烹制。烹调技艺多样善变，用料奇异广博。粤菜是一种文化，是一种气氛，是一种渲染，是一种和谐，是一种民俗，是一种色彩，也是一种健康标准的体现。粤菜在国外是中国的代表菜系。粤菜做法比较复杂、精细、费时、费人工。在国内，粤菜餐厅一般是档次高，人均消费高，这也是很多城市的粤菜餐厅数量少于川菜餐厅的原因。

（二）中国菜肴的食材选取和主要用料

中国菜在食材选取上十分讲究，主要表现在以下几个方面。

时令适合：食材根据动植物的成熟时间不同，品质也不同。比如，淮扬菜有“刀鱼（swordfish）不过清明，鲟鱼（sturgeon）不过端午”的说法。

区域适宜：不同区域生长的食材品质亦不同。比如，蟹（crab）以上海产为佳。但由于现代科学技术的发展，区域的差异变得不太重要。

品种不同：一些菜肴需要不同品种的食材。比如，北京烤鸭（Beijing Roast Duck）用北京特有的填鸭（crammed duck）做成；白斩鸡则用三黄鸡（Sanhuang Chicken）做成。

部位区别：食材不同的部位被制作成不同的菜。比如，家常菜“肉段”应用里脊（tenderloin）制作。

要求鲜嫩：几乎所有中国菜要求食材鲜活，诸如“小炒肉”需里脊肉，为的是食材鲜嫩可口。

随时代变化：例如北京烤鸭，以前是越肥越好，现代则倾向用瘦肉鸭。不再使用受保护动物和珍贵植物做食材。扩大对昆虫等利用方法，引进其他食材来源，例如扩大食用蝎和蝗虫，引进法国蜗牛等。

中国菜的选材非常丰富，有一句俗语称：“山中走兽云中燕，陆地牛羊海底鲜。”几乎所有能吃的东西，都可以作为中国菜的食材，用料上主要包括以下几个方面。

1. 肉类

中国菜肴中肉类品种繁多，包括家畜中的鸡、鸭、鹅、牛、羊、猪的肉以及大部分内脏，也包括很多野禽的肉和水产中的鱼、虾、蟹等，如鸡脯肉（chicken breast）、鸡什（giblets）、排骨（spareribs）、腰子（kidney）、肚子（tripe）、肝（liver）、舌（tongue）、下水（offal）、蹄子（trotter）；兔（rabbit）、鸽（pigeon）、鹌鹑（quail）、田鸡（frog）、蛇（snake）、田螺（snail）；龙虾（lobster）、甲鱼（turtle）、虾（shrimp）、干贝（scallop）、

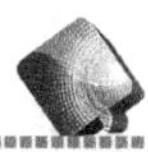

螃蟹(crab)、鱿鱼(squid)、海蜇(jellyfish)、海螺(whelk)；熊掌(bear's paw)、鱼翅(shark's fin)、燕窝(bird's nest)；腌肉(bacon)、香肠(sausage)、火腿(ham) 等。

2. 蔬菜类

中国菜品中蔬菜种类广泛，既包括食用野菜，又包括人工栽培的可食用青菜，如：

leek 韭菜
cabbage mustard 芥兰
caraway 香菜
cane shoots 茭白
spinach 菠菜
lotus root 莲藕
cabbage 卷心菜
water caltrop 菱角
Chinese cabbage 白菜
lotus seed 莲子
celery 芹菜
garlic sprout 蒜苗
cauliflower 花椰菜
marrow 西葫芦
broccoli 西兰花
string bean 四季豆
lettuce 莴苣
pea 豌豆
mustard leaf 芥菜
hycacinth bean 扁豆
shepherd's purse 荠菜
soy 大豆
kale 甘蓝菜
marrow bean 菜豆
tarragon 蒿菜
kidney bean 芸豆
laver 紫菜
green soy bean 毛豆
day-lily buds 黄花菜
water chestnut 荸荠
turnip 白萝卜
lily 百合
carrot 胡萝卜
taro 芋头
potato 土豆
asparagus 芦笋
tomato 番茄
bamboo sprout 竹笋
eggplant 茄子
soybean sprout 黄豆芽
cucumber 黄瓜
mung bean sprout 绿豆芽
gherkin 小黄瓜
mater convolvulus 空心菜
loofah 丝瓜
agarics 木耳
pumpkin 南瓜
needle mushroom 金针菇
bitter gourd 苦瓜
Chinese mushroom 中国香菇
white gourd 冬瓜
Oyster mushroom 平菇
bean sprout 豆芽
sweet pepper 甜椒
squash 菜瓜
green pepper 青椒

3. 佐料类

chive 香葱
garlic 大蒜
onion 洋葱
garlic bulb 蒜头
ginger 生姜
scallion 青葱

fennel 茴香
laurel 月桂
mint 薄荷
mustard 芥末
mace 豆蔻花
saffron 藏红花
cumin 孜然
soy sauce 酱油
vinegar 醋
cooking wine 料酒
gourmet powder 味精
chili powder 胡椒粉
tongue numbering spice 麻辣香料
tomato sauce 番茄酱
chutney 酸辣酱
chili sauce 辣椒酱
bean sauce 豆瓣酱
sesame sauce 芝麻酱
peanut sauce 花生酱
jam 果酱
marmalade 橘子酱
plum sauce 梅子酱
BBQ sauce 叉烧酱
sesame oil 麻油

（三）中国菜的常见刀法和烹饪方法

东西方饮食文化在刀工和烹调方式方面存在巨大差异，选用的相关术语如果不能契合西方受众的表达习惯和心理，必然将导致信息传递的失误。对各种烹饪术语的适切表述和原料加工程序的充分了解，是中餐菜肴名称跨文化交际翻译活动得以进行的前提和基础。

1. 中国菜的刀法

中国菜肴的制作过程中非常讲究原料的加工，尤其讲究菜形给食客一种外在的美感，因为大多数菜肴的外形基本上都需要借助于一定的刀工技法来得以实现，所以刀工在制作中式菜肴过程中的作用远大于西方菜肴制作中的刀工作用。在中国菜肴制作中的刀法种类繁多。

（1）与菜形无关的刀工

与菜形无关的刀工就是指菜肴原料经过加工后并不与菜肴最终形状产生关联。如：去骨（boning）——去骨鸭掌（Boned Duck Web）；剁泥/捣烂（mashing）——土豆泥（Mashed Potato）；脱壳（shelling）——虾仁（Shelled Shrimp）；剥皮（skinning）——去皮田鸡（Skinned Frog）；打鳞（scaling）——去鱼鳞（Scaled Fish）；刮皮（scraping）——刮土豆（scraping potatoes）等。

（2）与菜形有密切关系的刀工

与菜形有密切关系的刀工是指刀工完全影响菜肴的最终形状。如：

切片（slicing）——鱼片（Sliced Fish 或 Fish Slices）；切丁（dicing）——鸡丁（Diced Chicken）；切块（cubing）——鸡块（Chicken Cubes）；切柳（去刺、去骨切片）(filleting）——炸鱼柳（Deep-fried Fish Fillets）；切丝（shredding）——肉丝（Shredded Meat 或 Pork Shreds）；酸辣牛百叶（Spicy & Sour Shredded Ox Tripe）；切碎（mincing）——炒肉末（Fried Minced Pork 或 Fried Pork Mince）；拍扁（flatten-

ing)——拍扁红辣椒(flattening red pepper);拍碎(crushing)——拍碎大蒜(crushing garlic);交叉切片/柳(roll cutting)——切胡萝卜布丁(roll cutting carrot cubes);切菱形(diamond cutting)——切西芹(diamond cutting parsley slices);以及"切条"(straping)和"切段"(chunking)等。

(3)暗含刀法的菜名英译构成

暗含刀法在内的菜肴名称的译名构成通常有两种形式:

第一种是"刀工的动词形式的过去分词+主料"构成菜肴译名,如鸡块(丁、柳、丝、片)被分别译为 cubed/ diced/ filleted/ shredded/ sliced chicken;第二种是采用"主料+刀工加工后的食材形状名词的复数形式(即刀法的同源名词的复数形式)",如鸡块(丁、柳、丝、片)被分别译为 chicken cubes/ dices fillets/ shreds/ slices。

第二种译名中所出现的 cubes、dices、fillets、shreds、slices 等词皆为复数形式。但这并不是说所有的摹状词后都要加上"-s"或"-es"表达复数,因为有些摹状词本身的就是其复数拼写形式或者本身就表示不可数、复数的概念,像"肉末"的第二种译名就只能是"pork mince"而不应该是"Pork Minces"。

2. 中国菜的烹饪方法

烹饪中国菜,掌握火候至关重要。中国烹饪的火候有文火(slow fire)、武火(high heat)和文武火(moderate temperature)。菜肴的烹饪方法有以下几种主要类型:

(1)在油中对食材进行烹饪的有:炒(stir-fried)、烧(braised)、煎(fried)、清炒(sautéed)、炸(deep-fried)、炝炒(quick fried);

(2)在水中对食材进行烹饪的有:煨/焖(simmering/stewing)、氽(scalding)、炖(stewed)、煮(boiled)、涮(instant-boiled);

(3)用烤炉或炭火对食材进行烹饪的有:烤(barbecued/roast)、炙(broiled)、扒(grilled)、烘(baked)、熏(smoking);

(4)用蒸汽对食材进行烹饪的有:蒸(steamed)、清蒸(steamed in clear soup)、白灼(scalded)等。

其他常见的烹饪方法还有很多种,如:

酿 stuffing

红烧 braised in brown sauce

干烧 in pepper sauce

酱爆 in bean sauce

油淋 drip-fried with oil

干煸 dry-sauted

盐水 boiled in salt water

回锅 double-sauted

干炸 dry deep-fried

软炸 soft deep-fried

串烤 skewered

铁扒 grilled

砂锅 in casserole

凉拌 in soy sauce

姜汁 in ginger sauce

蚝油 in oyster sauce

什锦 mixed

茄汁 in tomato sauce

葱爆quick-fried with scallion in ginger sauce

粉蒸 steamed in rice flour　　黄焖 braised in rice wine

（四）中国菜的常见口味

中国人吃菜讲究色香味俱全，尤其注重口味。中国菜的口味除了常见的酸（sour）、甜（sweet）、苦（bitter）、辣（spicy）、咸（salty）、麻（tongue numbing taste）外，还有很多独特的风味，如：

脆 crisp　　酸辣的 vinegar-peppered
油腻 greasy/oily　　麻辣的 spicy-peppered
清淡 bland/light　　椒盐的 salted and peppered
味重的 heavily seasoned　　蒜蓉的 garlic pasted
味淡的 lightly seasoned　　五香的 five-spiced
糖醋的 sweet and sour　　鱼香的 fish-flavored

第三节　中西饮食文化比较

饮食文化是文化的重要组成部分之一，不同的国家，不同的文化背景，饮食文化也各具特色。中西文化差异导致中西饮食文化也存在很大差异。无论是从饮食方式还是从饮食观念上来看，这些差异都是显而易见的。本节从中西饮食观念、饮食用料、烹饪方式、菜肴名称、中西餐具、用餐形式和用餐礼仪方面探讨了中西饮食文化差异。了解中西饮食文化差异不仅能够促进中西文化的交流与融合，而且有助于提升我们的跨文化交流与沟通能力，从而使我们在与西方人的沟通交流中得心应手，避免文化误解的产生。

（一）饮食理念上的差异

饮食理念是人们受自然环境和社会环境的影响，在食物的制作和食用过程中所形成的观念。自古以来，中国的饮食比较注重形、色、香、味的结合，强调视觉、味觉等感官菜肴的口味、形态。在饮食过程中，注重的不是食物的营养，而是食物的口感和进餐的精神享受，讲究菜肴的色、香、味、形的和谐之美，视烹饪为艺术。古今流行的"美食"则进一步将烹调纳入美学范畴。在中国的习俗中，不论婚丧嫁娶、走亲访友总是以吃作为重要内容和活动高潮。在中国的饮食文化中，人们对美味的追求远远大于对营养的追求，对营养方面的考虑相对较少。饮食的美味追求压倒了理性，因此营养问题也就成了中国饮食文化的最大弱点。不过，随着社会的进步，中国人也开始注意饮食的营养结构问题。

而相对于强调色、香、味俱全的中国饮食，西方的饮食更加注重科学性。西方人持理性饮食观念，饮食被视为一种生存的必要手段。他们喜欢保留食物的原色原味，注重食材维生素、脂肪、蛋白质等天然营养成分供给的热量是否恰到好处，以及食物所包含的营养成分是否能被吃的人充分吸收，是否有副作用等方面，而不追求食物的外形和观感。林语堂先生（2010）曾说，英美人仅将“吃”作为对一个生物的机器注入燃料，只要他们吃了以后能保持身体的结实，足以抵御病菌的感染，其他皆在不足道中。在西方人眼中，中国式的烹调方法严重破坏了食物的营养成分。因此，当中国海外餐馆菜单上出现“九转肥肠”和“回锅肉”等用“double-cooked”烹调方式译出的菜名时，西方译名受众是难以接受的。

（二）饮食用料的差异

中西方饮食在菜肴取材和用料上存在着较大的差异性。西方人的菜肴主食主要以肉类为主，肉、蛋、奶占据了西方人日常消费品的大头；稻米和谷物是中国人日常消费的主食。中餐菜肴在选料种类上没有什么忌讳，随意而广泛。地上跑的、天上飞的、水里游的几乎都可以成为中国人日常生活中的食材原料。在中国的饮食文化中，可以说是做到了物尽其用。中国餐饮中的美味佳肴，像“龙虎斗”、“霸王别姬”等，将狸猫、王八和蛇等野生动物变成了人们的盘中餐、腹中菜。“狗”在西方文化中被认为是人类最忠诚的朋友；“猫”有九命，所以西方人把猫看作是巫婆的熟友，具有灵性；“鼠”是疾病的携带和传播者；“鸽子”是和平的象征。因此，中国菜肴中含有这些材料时是不能为西方受众所接受的，如“四川狗肉火锅”、“酥炸乳鸽”等。另外，在中国人心目中，吃什么补什么。譬如，多数西方人坚决不吃动物内脏（陈小慰，2006：210），常常是对内脏和动物生殖器官等望而生畏、弃之不用的。而正是这些被西方人视为弃物的动物内脏，如动物的肠、肝脏、心、肺等，因为其中含有丰富的铁、钙、锌等营养元素，成为了中国人奉为至爱的极品佳肴之原料。因而，中国美食里就有许多菜肴的用料都是以动物内脏和生殖器官为主料，煎、炒、烹、炸、煮，样式新颖，像炒肝尖、三鞭汤、火爆腰花、红枣煨牛鞭、麻辣肥肠等。

（三）烹饪方式的差异

除了菜肴基本的原料信息传递外，菜名翻译过程中必然会涉及该菜肴的制作刀工和烹饪的方法，所以作为一名合格的译者，必须准确了解并把握中国菜肴准备阶段的刀工及制作过程中的烹饪方法，同时还必须给予刀工和烹饪方式一个较为贴切的译名，以便在菜名的跨文化交际翻译中获取最为近似的菜名译名。

烹饪方式的差异主要体现在以下三个方面：首先是刀工，中国饮食习俗中强调刀工技巧，原料经刀工后的基本形态包括块、丁、片、条、丝、米、粒、末、段等。其次是在火候上，中式菜肴要求高，有30多种加工方法，其中许多是西餐没有的。火候不到，菜做不熟或味道欠佳，而一旦过火就超过了度，菜就熟透了，做“老”了，也不行。最后是在调味上，中式菜肴讲究味的调和，菜要“入味”，注重各种原料和调味品的相互渗透、交织、融合。相比之下，西方菜肴则不大讲究刀法，多用大块原料，如牛排、鸡排等如手掌一般大小。相对来说，西餐原料经刀工处理后形状较为单一，一般只有 cubes/pieces（块）、slices（片）、dices（丁）、mince/chops（泥）、shreds（丝）等几种形状。且烹饪时间短，很多菜都是放在烤箱中烹制，火温适中，原料和调料独立使用，各种原料互不相干。

西餐菜肴的烹调尤其是不提倡中国式的“炸”和“熬”等烹制方法，也不主张将相关佐料直接放入所做菜肴原料一起烹制。烹制过程中，西方人重视食物的营养成分搭配，注重原料本味的保持以防食物营养的破坏和丧失，强调辅料的独立使用且不要求原料入味，这样就便于食者根据自身口味需要来进行调味。因此，西方菜肴刚做出来时，其口味是比较单一的——原料本味。相比较而言，西餐制作中经常用的烹调方式包括以下十多种：pan-fried（煎）、barbecue/roast（烤）、broil（串烧/炙）、bake（焗/烘）、braise（烧/烩）、grill（铁扒）、boil（煮）、steam（蒸）、saute（炒）、poach（氽）、simmer（焖）等。

（四）菜肴名称的差异

有些中餐菜肴以原料食材命名，有些名称富于艺术文化内涵，讲究吉利，注重美好意义的表达，还有些菜肴名称与原料之间并无直接联系，而以创始人、历史典故和民间传说命名，如“东坡肉”、“八仙过海”、“佛跳墙”等。中国菜肴名称的语言风格特征相对于英语菜名要复杂得多。中国的菜肴名称讲究音韵之美和意象美，用名简约，语言凝练，却蕴含着丰富的信息。

中国饮食不仅讲究菜肴造型的外在视觉美感，也关注消费者在消费过程中获得美名的享受。所以中国菜肴名称自古以来就讲究顺口、悦耳，节奏感强，这样既方便消费者记忆，引起其情感共鸣，又能为其带来视听上美的享受。例如，祖庵鱼翅、剁椒鱼头、冰糖湘莲、佛手玉笋尖、毛氏红烧肉等，均体现了湘菜命名过程中节奏与韵律的和谐统一。

而西餐名称注重原料，强调烹饪方式，命名方式简单实用。西方菜肴命名中使用的词汇要比中国菜肴名称的用语更加朴实、简洁明了。西方菜肴名称中虽然少了艺术性，但更多了信息完整传递的实用性，尤其是其菜名中的文化元素远不如中国菜肴名称丰富。西方菜肴名称构成大多是直接明了地突出菜肴的原材料（主料和辅料）信息和烹调方法，如 Ham & Eggs（蛋黄火腿）、Pork Sausage & Mashed Potatoes（薯泥香肠），Roasted Chicken（烧鸡）、Grilled Shrimp（烤虾）、Onion Soup French Style（法式洋葱汤）、Mashed Potato Soup（土豆羹）、Yorkshire Pudding（约克郡布丁）等。

另外，在西方菜肴的命名模式上，他们也讲究使用主料加地名、人名或夸张的手法。例如，以人名命名的食物或菜肴：Caesar Salad（恺撒沙拉）、Victoria Sponge（维

多利亚女王饼）；以地名命名的菜肴：Fish Wellington（惠灵顿鱼）；从菜肴外观上进行命名的菜肴：Potato Chips（薯条）、Fillet of Fish（鱼片）、Mushroom Soup（蘑菇汤）、Veal Loaf（小牛肉块）和 Shredded Wheat（麦丝卷）等；以菜肴口味命名的菜肴：Onion Soup French Style（法式洋葱汤）、Crispy Oven-Fried Cod（脆烤鳕鱼）、Sweet and Sour Beef Tenderloin（糖醋牛腩）等。

（五）中西餐具和用餐形式差异

筷子（chopsticks）是中国人用餐的主要餐具。因为筷子没有戳、插的行为，因而中国人对待食物的态度也显得温文尔雅。这也反映出中国人在世界观方面与西方人的差异。中国人对待自然的态度是"天人合一"，追求人与自然和谐共处。著名法国文学批评家罗兰·巴特在谈到筷子的使用时曾经说，筷子不像是刀叉被用来切、刺或戳食物，因此食物不再是人类暴力下的牺牲品，而变成了人们通过筷子和谐传递的物质。从某种意义上说，筷子已经成为人与食物之间文雅的媒介，同时也反映了人与自然之间和谐的关系（转引自张彩霞，2009）。

刀和叉（knife and fork）是西方人用餐的主要餐具。在西方人的世界观里面，个人价值至上。西方人推崇个人主义，强调个人的存在价值，崇拜个人奋斗。他们普遍信奉"人可以征服自然"，他们相信自然是可以被人类征服并加以利用的。由于地理环境的因素，在古代，西方人大多是靠打猎为生，肉类食物就成了西方人食物的主要来源并逐渐成为西方人的主食。在当时的生活环境中，西方人不得不与凶残的动物进行搏斗，从而善于使用刀、剑、枪等器械。刀叉的使用也有利于切割肉类等食物。从某种意义上说，西方人以刀叉作为主要餐具也体现了人类对自然界的征服。

中西的用餐形式也存在较大差异，即中方倾向聚餐式，西方倾向自助餐式（buffet）。归根结底是因为中西方世界观与价值观的不同，中国人推崇社团和集体价值，强调社会群体的统一和认同。中国人在用餐时习惯围坐在一起，其乐融融。一般宴会场合也通常选择圆桌。圆桌代表着团结友好，礼貌温馨。人们将菜肴放在圆桌的中心供大家欣赏与品尝，同时也有利于用餐人的沟通与交流。在餐桌上，人们会相互敬酒、劝酒、夹菜，在中国，这是一种传统礼仪，体现了对对方的尊重与礼貌。虽然从卫生角度来看，这种聚餐方式存在不足之处，但也恰恰体现了中国人强调社会群体的统一和认同的世界观。

西方人强调个人的存在价值，具有较强的空间对抗感，特别注重个人空间。因而西方人用餐往往以自助餐式为主。他们会将食物酒水整齐地排列在桌子上，参加宴会的人各取所需，互不干扰。用餐时，人们通常没有固定的座位，可以端着盘子四处走动，选择自己的食物；也可以跟自己希望交谈的人边吃边谈，增进彼此情感，交谊活动是西方宴会的核心活动。这也体现了西方人对个性与自我价值追求的性格。虽然自助餐在中国也开始占有一席之地，但终究因缺少聚餐的共乐与和谐氛围，并没有被中国家庭广泛采用。

（六）中西饮食文化用餐礼仪差异

在中国古代，举行礼节活动时都是南向为尊。历史上，皇帝与群臣议政时，前者的座位也是坐北向南的。受此影响，中方宴会上的座位也一般是“南尊北微”，在聚会上，南面的座位都是留给位高权重者。受儒家思想和传统文化的影响，中国人将长幼有序、尊重长者作为排座的标准，一般情况下，首席的位置是坐北朝南或正对门厅处，又称上席。主人与首席相对而坐。其余宾客按其长幼、权位依“左为上右为次，上座之左为三座欢座之右为四座，以下依此递推”。

与中国不同，西方餐桌常用长桌。一般而言，男女主人坐在长桌的两端，宾客坐于两旁，主人右边的位子通常更尊贵些。因此，以最近女主人之右手为上，左手次之；同样，以男主人之右手为上，左手次之。

中西方用餐时，男女座位的安排也存在差异。在中国古代，由于受“男尊女卑”传统思想的影响，宴会上几乎很少看到女性的身影。到了现代社会，中国女性的社会地位得到了明显提升，“男女平等”的思想深入人心，在用餐座次上与男性已没有什么差别。但是在一些正式的宴会上，女士还是被安排与女士一起坐。

在西方社会，“女士优先”的观念是西方人社交活动中的重要的礼仪规范，这是因为西方国家普遍信奉基督教，基督教尊崇玛利亚为圣母，并将尊敬扩展延伸，从而产生了尊敬世间妇女的行为准则。在西方家庭宴会中，特别是一对夫妇参加家庭宴请时，一般是男主人陪女主宾，女主人陪男主宾，这反映出男女之间的平等。

（七）社会文化内涵差异

中国饮食文化中，“吃”被中国人民赋予了丰富的文化内涵，具备深刻反映民族文化心理和认知世界的社会意义。在中国，“吃”不仅仅停留在原有的信息交流和情感表达的交际功能上，而且被附加上了一层社会文化功能，即已经渗透到了中国人生活方方面面的“吃”，已经不再是一种简单的“饮食”行为，而是被赋予了丰富社会文化内涵。例如，“饭碗”（职业）、“咀嚼”（思考）、“吃醋”（羡慕嫉妒恨）、“家常便饭”（司空见惯）、“小菜一碟”（轻而易举）、“接风洗尘”（对客人到来的欢迎宴请）、“饯行”（送别客人的宴请）、“喝西北风”（没钱吃饭时）等。有些食品在中国特殊节日里的食用，往往被赋予对吉祥如意等美好祝愿和渴求，从而使食物具备了反映民族心理的社会功能。例如，元宵节吃汤圆（又称“元宵”，喜庆、和美）；端午节吃粽子（纪念屈原）；中秋节吃月饼（合家团圆）；重阳节喝菊花酒（祛灾祈福求吉祥）；腊八节喝腊八粥（岁岁平安）；春节的时候，北方人时兴包饺子吃饺子（招财进宝），南方则时兴打年糕、吃年糕（年年高升）。另外，南北在春节的餐桌上都要有鱼（年年有余），等等。

尽管西方人也像中国人一样，有在特殊节日里食用某些食品或菜肴的习惯，如圣诞节吃火鸡，复活节吃彩蛋和感恩节吃南瓜派等的习俗。同样，“吃”在东西方来看，

都被看作是感情联络的一种方式。但“吃”对西方人而言，更多的时候被看作生存的必要手段，只是维持生命的必然结果，所以就少了中国菜肴名称中的那些文化元素。

第四节 中国菜谱的翻译方法

中华美食的菜名朗朗上口、美妙动听，并且寓意吉祥，追求喜庆，充满了浓厚的民族风情及地域特征。通过翻译可以让更多的外国人了解中国饮食文化，进而深入了解中国的传统文化。译者要做好中餐菜肴名称的英译，必须克服中西饮食文化差异带来的影响，充分理解具有悠久历史的中餐饮食文化内涵，采取恰当的翻译方法，使外国客人在品尝中国菜肴美味的同时更好地了解灿烂的中国文化。在对菜式进行翻译时，不难发现有些翻译过于直白，不但无法体现中华文化的精髓，反而会给外国人留下不好的印象，也就谈不上将中国菜式发扬光大。如“麻婆豆腐”翻译成“Bean curd made by a pock-marked woman”（一个满脸麻子的婆婆做的豆腐），“夫妻肺片”翻译成“A couple's lung slice”（一对夫妻的肺被做成切片）。这些莫名其妙的菜单翻译让中外食客哭笑不得，这不仅没有达到通过翻译进行交流的目的，反而产生了更大的误解。

由于汉语菜名有着文化、地方特色和文字结构特色等多方面的原因，英语中一般没有现成的表达方法。因此，中华美食菜名英译时要采用灵活的翻译方法，如直译、意译、音译、音译加意译等。

（一）中国饮食名称的翻译方法

1. 音译

由于中西方饮食文化差异造成中国特有的食物名称在英文中存在空缺，是不对等的。由于源语词汇所承载的文化信息在译语中没有其“对等语”或“对应语”而造成词汇空缺，翻译时无法用准确贴切的词语译出其词义内涵，因此只得采用音译的办法，如馄饨（wonton）、炒面（chow mein）等。中国独有的特色食品的英译，音译法是得到普遍的认可的。也可先按中文用拼音译出，然后再加以解释性的英译，使英译文保留点“中国味”，这样更能传神地体现出中国饮食文化的核心，也更有利于中国特色食品和菜肴的识记和推广。如：

包子	Baozi	Stuffed bun
馒头	Mantou	Steamed bread
锅贴	Guotie	Pot stickers
麻花	Mahua	Deep-fried dough twist
油条	Youtiao	Deep-Fried Dough Sticks
饺子	Jiaozi	Dumpling stuffed with vegetable and meat fillings
汤圆	Tangyuan	Dumplings made of glutinous rice ball

窝头　Wotou　Steamed black rice or corn bun

粽子　Zongzi Glutinousrice　Wrapped in bamboo leaves

罗汉大虾　Luohan Prawn　Prawn with mixed vegetables

采用音译法翻译本国饮食中的文化特色词在国际上也很通行，如日本寿司（Sushi）、日本清酒（Sake）、朝鲜泡菜（Kimchi）都是直接用音译，这在西方已经获得广泛认同。因此，用汉语拼音翻译中国特有的饮食，外国人也应该能够接受。实际上，在很多欧美国家的中餐馆，菜单上的英语菜名本身就是汉语的"音译"，这种方法简单而直接，更具有中国特色，也真正做到了传播中国饮食文化的目的。比如，汤圆（Tangyuan）、馒头（Mantou）、驴打滚（Lüdagun）等，外国朋友一看就知道是典型地道的中国风味食物了。

2. 直译

中式菜肴的名称中大多数是写实性菜名，这类名称的特点是真实地描述了菜肴的用料、刀工、制作方法等。对于写实性的菜名，翻译时通常采用直译，直译出原料、烹饪方法、刀工及口味等。由于英汉语中很多食物或食品的内涵是一样的，直接用现有相应的词语和表达来翻译不会引起误解，如汉语中的各种蔬菜、水果、肉类等名称都可以在英语中找到对应词。对于突出原材料以及烹调方式的菜肴应该用直译的方式来进行翻译。因为这样的翻译方法可以让海外食客一看就明白是一道什么菜，从而通过菜名来了解中国的饮食文化，了解他们在日常生活中从未接触到的饮食原料以及独特的烹调方式。如：

爆虾 quick-fried shrimp

煎咸鱼 fried salted fish

清蒸全鱼 steamed whole fish

炸春卷 deep-fried egg rolls

叉烧肉 barbecued pork

炒腰片 fried sliced pig's kidney

白切鸡 steamed chicken

五香兔肉 spiced hare

香菇蒸鸡 steamed chicken with mushrooms

炖栗子鸡 stewed chicken with chestnuts

北京烤鸭 Roast Beijing Duck

番茄炒蛋 Fried scrambled eggs with tomato

葱爆牛肉 quick-fried beef slices with scallion

对于一些菜谱中的食物，如果只是中国有而外国没有，但外国人有比较通用的现成的说法的，翻译时就不宜采用直译而应该采用英语国家现存的说法，如"丝瓜"，英语国家人一般称之为"Chinese cucumber"，所以在翻译菜名时完全可以采用英美人熟悉的表达方式。

3. 直译加注

一些中国美食有着非常丰富的文化背景，但是外国人可能只知道少许或者完全不知道这些文化信息。在这种情况下，可以采用直译，但是应该添加相关的解释。

例如，一些中国菜名与人物相关，尤其是著名的历史人物，如他们喜爱或研发的菜品，人们用他们的名字命名菜品。而这些人物虽然在中国家喻户晓，但却不为外国人所熟悉，因此在菜名翻译中可以添加一些对人物的解释，以便让外国人更好地理解

和接受。例如，东坡肉：Poet Dong Po's Favorite Braised Pork；毛氏红烧肉 Chairman Mao's Favorite Stewed Pork with Soy Sauce。

还有部分菜名是与中国传统文化密切相关，可以结合中文释义来翻译，并附加对菜品材料或烹饪方式的解释。例如，全家福：Happy Family—A Combination of shrimps，pork，beef，chicken and mixed vegetables with brown sauce；佛跳墙：Buddha Jumping over the Wall—streamed abalone with shark's fin and fish maw in broth，even the Buddha couldn't resist the aroma；乡村大丰收：Harvest in the Countryside — Assorted vegetable salad。

4. 意译

中国菜名中很多是写实性的菜名，从菜名中可以清楚地识别菜的用料、烹饪方法、刀法等基本信息，但也有很多写意性菜名，在菜名中常使用借喻、暗喻、夸张等修辞手法使得整个菜肴形神兼备，惟妙惟肖，如用"白玉"喻指豆腐（tofu）或虾仁（shelled shrimp），用"龙须"喻指豆芽、用"双冬"喻指木耳和竹笋（mushrooms and bamboo shoots），用"翡翠"喻指青豆或蚕豆（green beans or horse beans）等。这些写意性的菜名使菜肴的形、色等风味特征更加鲜明，赋予了菜品的观赏艺术性和联想愉悦性，提高了外国朋友的想象力与审美需求，但也无形中增加了其翻译的难度。在翻译时只要翻译出实质性信息，如原料和烹调方法等即可，直接明了。如"全家福、金银满堂、连年有余、发财好市、吉祥如意"分别翻译成"happy family，gold and silver combination，surplus year after year，good luck"毫无意义，因为目的语读者无疑会对菜名所承载的文化信息一无所知，不知所云，因此最好的做法就是采用意译法。诸如此类的例子有很多，如：

连年有余 Lotus roots with fish

发财好市 Black moss with oysters

龙凤会 Stewed snake and chicken

游龙戏凤 Stir-fried prawns & chicken

三鲜汤 Soup with fish，shrimp and pork balls

吉祥如意 Broccoli & assorted vegetables

全家福 Braised assorted meats and seafood

金银满堂 Pork shreds & assorted vegetables

霸王别姬 Broiled chicken cutlets with turtle

蚂蚁上树 Bean vermicelli with spicy meat sauce

炒双冬 Fried sautéed mushrooms and bamboo shoots

（二）中国菜名的翻译公式

中国菜名的英译名根据刀法分类、主料与辅料分类、烹饪方法等的分类形成了几种常见的结构和翻译公式，具体分类如下。

1. 着重刀法的翻译法：刀工法的过去分词＋主料（＋in/with＋辅料）

为了展示出中餐精湛、独特的刀工技艺，经过刀工程序后食物的成型状态一般采用本方法进行翻译。比如：

鱼香肉丝（Shredded Pork with Garlic Sauce）

麻辣鸡丁（Diced Chicken with Hot Pepper）

蚝油牛柳（Sliced Beef in Oyster Sauce）

青椒肉丝（Shredded Pork and Green Chili）

核桃鸡丁（Diced Chicken with Walnuts）

时蔬鸡片（Sliced Chicken with Seasonal Vegetables）

2. 着重主料的翻译法：主料（＋in/with＋辅料）

翻译菜肴名称，要求真实地译出菜的核心内容，让进餐者知道吃的是什么，以满足受众基本的信息需求。可以利用“主料（＋in/with＋辅料）”的方式，介绍菜肴的主料（和辅料）。例如：

梅菜扣肉（Pork with Preserved Vegetables）

冰梅凉瓜（Bitter Melon in Plum Sauce）

牛肉豆腐（Beef with Bean Curd ）

杏仁鸡丁（Chicken Cubes with Almond）

腰果西芹（Celery with Cashew Nuts）

芙蓉虾仁（Shrimps with Egg White）

人参鸡（Chicken with Ginseng）

3. 着重烹饪方法的翻译法：烹饪法＋主料（＋in/with＋辅料/味汁）

为了突出中餐的独特烹饪技艺，可以用“烹饪法＋主料”的翻译方式来介绍菜肴。例如：

炸虾球（Fried prawn balls）

炒豌豆苗（Fried pea shoots）

清蒸鲑鱼（Steamed mandarin fish）

香熏鱼（Smoked spicy fish）

煨牛肉（Simmered beef）

涮牛肉（Instant boiled mutton）

烤乳猪（Roast suckling pig）

红烧鳗鱼（Stewed eel with brown sauce ）

4. 着重人名/地名的翻译法：人名/地名 ＋（烹饪方法）＋ 主料

这种介绍菜肴的创始人（发源地）、烹饪法和主料的翻译法可以保留本土文化，展示地方特色的烹饪技艺和风味。以人名、地名命名的菜肴，一般全部译出，人名前最好加上头衔或职业。这类翻译方法形式上清晰明了，同时也准确传递了源语文本信息。例如：

北京烤鸭（Beijing Roast Duck）

潮州卤水鹅（Chaozhou Style Braised Goose）

扬州炒饭（Yangzhou Stir-fried Rice）

德州扒鸡（Dezhou Stewed Chicken）

第五节　中国菜名中的文化内涵和翻译

写实命名法大量存在于中国菜肴的命名中。写实命名法就是通过写实地手法，将菜肴的原料、质地、烹制方法和菜肴的色、香、味、形、器风味特色客观而写实地体现在菜名中；而写意型菜名更多的是给受众传递一种文化意境，如彩凤喜迎春、群英荟萃、百鸟朝凤、金银玉带等。中国菜肴名称的这种诗情画意，不但提升了菜肴本身的内涵和层次，更是一种民族文化审美情趣的张扬。

在中国菜名英译中，首要环节就是了解中国菜名中材料的构成及命名特征，尤其对那些写意性菜名的翻译更应小心翼翼，不可粗心大意。除了少数大众化中国菜肴名称是以原料或烹调方法直接命名外，多数菜名都非常讲究文雅的用词，这些雅致的词语也充分展示了中国菜名表意的含蓄和寓意的美好。典故、寓言、夸张、借喻和暗喻等多种修辞手法常常出现在中国的写意性菜名中，受众在享用美食的同时也尽享了菜名中所蕴含的丰富的文化大餐。中国菜名翻译过程的文化问题处理主要体现在菜名中的典故、历史信息、药膳等方面。

1. 药膳

中药是我国独有的宝贵财富，自古以来，人们就知道将其与饮食巧妙地结合起来，制成药膳，这是中国饮食文化的特色之一。如今，人们越来越重视药膳的营养、保健、治病和延年益寿的作用，各大餐厅饭店里均有药膳菜肴。因而对于药膳的翻译意义重大，只有精心翻译，才能把这一中国饮食文化特色传播出去。翻译药膳菜名时，不仅要译出菜肴的原料和烹饪方法，还应该简明扼要地翻译出其主要药理作用，以体现药膳独特的风味和功效。药膳菜名的翻译有一定的难度，因为绝大多数中药材没有相对应的英文名，所以，我们应简译中药名，除少数相应英文名或较为熟悉几种药物外，一般都译作 herbs（药草），然后将疗效及滋补作用译出附在菜名之后。

天麻炖山鸡 stewed pheasant with herbs—with the function of preventing dizziness and curing headache

杜仲腰花片 fried sliced pigs'kidney with encomia—with the function of tonic and tranquilizer

雪耳龙眼汤 white fungus and shelled Longyan soup—with the function of improving lungs and preventing anemia

当归炖羊肉 Stewed Mutton with Herbs—with the function of nourishing the stomach & kidney

一般来说，在药膳名称的跨文化交际翻译的译名结构上，可以采取两种译出方式，即“烹调方法＋主料＋and/with＋药用食材名＋功效说明”；其次是“主料＋with/and＋药用食材名＋菜型”，如 Stewed Whole Duck with Herbs/Chinese Angelica（当归炖全鸭）、Chicken with Ginseng（人参鸡）。药膳的翻译重译名的写实性，即译名的信息告知功能。通过直译的方法写实性地再现原语药膳中所包含的主料、药用食材和烹饪方法。在译名受众对该菜名不是很熟悉的情况下，加以注释或注解，向译名受众说明该药膳的药用功效或富含的营养成分。目前，对于药膳的音译名，已有译者开始推广并逐步为广大译语受众接受，像“灵芝”就已被音译为“Lingzhi”而不再使用“Ganoderma”这一专门术语。但这一翻译手法的运用，可以说，仍是“小荷才露尖尖角”，药膳名称的音译任重而道远。

2. 典故

在翻译的过程中，应该最大程度保留中国饮食文化的典故及传说。在中式菜肴中，有一部分是由某个人创始，或与某人有关，因而其姓名命名，如东坡肉、狗不理包子等。有一部分则是与某个历史事件或传说有关而直接以该事件或传说而命名，如叫花鸡、佛跳墙等。“佛跳墙”出自福建一秀才作的诗：“坛启荤香飘四邻，佛闻弃禅跳墙来。”该菜起源于清光绪三年，将山珍海味运用坛煨技术，精心加工，然后分层装入绍兴酒坛细心煨制。当开启坛盖时，满堂荤香，因此闻名天下。这类菜名一般比较复杂，我们在翻译的时候应当灵活处理，最大程度上保留这些深具中国文化特色的典故。此类菜名的英译一般采用直译加释意法，先直接按中文菜名翻译出其含义，然后再补充说明其内在含义。

1）以人名或地名命名的，人名或地名用音译，例如：

麻婆豆腐 Mapo Bean Curd

东坡肉 Dongpo Braised Pork

宫保鸡丁 Gongbao Diced Chicken

北京烤鸭 Beijing Roast Duck

西湖醋鱼 West Lake Vinegar Fish

一般来说，对包含人名、地名在内的菜肴有以下几种构成方式：

(1) 地名/人名＋原料，例如：

广东香肠 Guangdong Sausage

泉州牛肉羹 Quanzhou Beef Soup

闽南面线糊 Minnan/ South Fujian Vermicelli Paste

潮州卤水鹅 Chaozhou Goose—Boiled Goose in Chaozhou Marinade

江东鲈鱼炖姜丝 Jiangdong Perch (Stewed) with Ginger (Shreds)

大围山仔鸡 Dawei mountain tender chicken—Chicken cube sautéed with hot chilli and ginger, one of the quality chicken spice on China's chicken heritage sources

(2) 原料+地名+style/料/汁，例如：

闽南面线糊 Vermicelli Paste，Minnan/South Fujian Style

泉州牛肉羹 Beef Soup，Quanzhou Style

湖南牛肉 Beef，Hunan Style

2) 有的菜名蕴含丰富的传说和典故，可采用直译或音译，然后再通过解释来表明原材料以及加工方式，这样既可以保持中国饮食中浓重的文化内涵，又通过提供译名之外的简单背景说明来增进食客对于中国饮食的了解，例如：

大救驾 Dajiujia—A Kernel Pastry Snack of Shouxian (a town)，that once came to the rescue of an Emperor

佛跳墙 Fotiaoqiang (the Buddha jumped the wall for luring by its smell) —assorted meat and vegetables cooked in embers

叫花鸡 Beggar's chicken—baked mud-coated chicken

3. 以一些美好有趣的事物或形象情景命名的菜式

对于这类菜名的英译，一般可摒弃中文菜名中美好的形象和韵味，而只要使外国朋友明白菜的原料及制作方法即可。例如，因蛋白颜色洁白无瑕，使人联想到荷花，荷花又被美其名为芙蓉，因此由虾仁和蛋白组成的菜肴美称"芙蓉虾仁"英译为"stir-fried shelled shrimps with egg-white sauce"。竹笋，使人联想到白兰花，同时二者具有同样的形状和颜色，菜名"炒玉兰片"，英译为"stir-fried bamboo shoot slice"，实际上是炒竹笋片。其他如翡翠虾仁也常译为"stir-fried shrimps with jade (peas)"。

然而，也可以先直译，然后再翻译出该菜肴的具体用料和烹饪方法等，这样既能让外国食客明白到底是什么菜，同时在译名中保留了这些代表中国文化的美好事物和形象，不失为好的译名，如：

白雪映红梅 red plums reflected white snow-steamed patties of crabmeat and minced shrimp with crab roe on top

蚂蚁上树 ants climb tree—bean vermicelli with spicy meat sauce

4. 含数字的中国菜名

中国菜肴里菜名中含有数字的也极多，如"一品锅"、"双式大虾"、"二丝芙蓉燕菜"、"五香牛肉"等，也有像"百花酿北菇"含有"百"、"千"、"万"等数字的命名。对于这些数字，我们需要灵活处理。对于那些含有实意或其他文化寓意的数字，我们应尽量直译或意译出来。

一品锅 pot-roasted dish of highest rank

三丝鱼翅 shark's fins with three kinds of slices (pork，bamboo shoots and chicken)

三鲜汤 three delicacies soup

阳关三叠 stir-fried chicken mince with three layers of Chinese cabbage

5. 以动植物名称命名的菜名

在中式菜谱里，以“龙”、“凤”、“鸳鸯”、“如意”、“翡翠”、“元宝”、“荷包”等中华民族喜闻乐见的动植物和象征荣华富贵的物品来命名的菜名比比皆是。以吉祥语命名的菜名往往用来表示祝福，多用于节日、生日、结婚等喜宴上，反映了中国人民的一种文化心理。如“全家福”（山东名菜。由二十多种原料组成，主要有海参、鲍鱼、鱼肚、鸡、鸭、冬菇、菜心等。在山东各地多用老年寿辰、新婚喜庆、婴儿满月、合家团圆的喜庆宴席，以取“吉祥”之意。）因此以吉祥事物命名的菜名的英译要从中国文化入手，使人们领略到更深层次文化的内在表现尤为重要，即译出菜名所蕴含的祝福含义更为重要，而菜肴本身的原料和制作方法便为次要了。

红烧狮子头 braised meat balls with brown sauce（由于其肉蒸熟后的形状像狮子头部，因此它的命名与中国传说中的动物大王相联系。）

凤尾虾 phoenix-tail prawn（其虾肉是白色的，尾部是红色的，形成反差，形状像鸟中之王凤凰，因此得此名。）

龙凤配 dragon & phoenix—two separate dishes characterize this distinctive plate. On the side, lobster meat in Sicuan chili sauce, on the other is special chicken, which never fail s in delighting

中国饮食文化历史悠久，博大精深。中国菜系多样，烹饪方法众多，各种菜式均有自己的评定标准和鲜明的民族特色。享受中国菜肴，不仅在于养生或享受菜肴的色、香、味、形，在享受饮食文化的同时，还可以了解民族的历史、风情、人物和传统。翻译工作者不但要了解菜肴特色，还要从文化的内涵了解命名的依据，这样才能对菜式名称实现正确翻译。

第六节　文学作品中的饮食文化和翻译

博大精深、历史悠久的中国饮食文化是很多文学名著重点描写的素材，在丰富作品的文学性、文化性、可读性等方面作出了很大的贡献，下面的译例分析均选自闻名中外的文学名著。

（一）《围城》译例赏析

1. 席棚里电灯辉煌，扎竹涂泥的壁上贴满了红绿纸条，写的是本店拿手菜名，什么“***清蒸甲鱼***”、“***本地名腿***”、“***三鲜米线***”、“牛奶咖啡”等。

The electric lights inside the tent were dazzlingly bright. The bamboo and mud-plastered walls were completely pasted over with red strips of paper on which were written the names of the best dishes of the house, including ***steamed turtle***, ***famous local ham***, ***three-delicacy rice noodles***, milk coffee and so on.（凯利，茅国权译）

2. 大家点了菜，鸿渐和孙小姐都说胃口不好，要吃清淡些，便一人叫了个**米线**。辛楣不爱米线，要一碟***三鲜糊涂面***。

They gave their order. Hung-chien and Miss Sun both said they didn't have much appetite and wanted something bland, so each ordered a serving of ***rice noodles***. Hsin-chien did not care fore rice noodles and ordered a dish of ***three-delicacy mixed noodles***. (凯利，茅国权译)

3. 李妈道："可不是么？我的男人老李也——"柔嘉没想到她会把鸿渐跟老李相比，忙截住道："我知道，从小就听见你讲，端午吃**粽子**，他把有赤豆的粽子尖儿全吃了，给你吃粽子跟儿，对不对？"

"Don't they, thought," said Mama Li. "My husband Old Li also —" Jouchia had never expected her to compare Hung-chien to Old Li and quickly cut her short. "I know. I've heard you talk about it since I was little. When he ate ***rice dumplings*** during the Dragon Boat Festival, he'd eat all the tips with the red beans in them and give you the bottom parts, right?" (凯利，茅国权译)

评析　在我国传统的腌腊食品中，火腿极富特色，以"形美、色艳、味鲜、香奇"四绝闻名于世，其中以浙江金华火腿、江苏如皋火腿、云南宣威火腿最为著名，被誉为我国的三"名腿"。此外，"米线"为汉族传统风味小吃，云南称"米线"，中国其他地区称"米粉"。米线用米制成，长条状，截面为圆形，色洁白，有韧性，于开水中稍煮后捞出，放入肉汤中，一般拌入葱花等佐料。例1中译者根据菜品的用料把"本地名腿"中的"腿"意译为"ham"，"三鲜米线"中的"米线"意译为"rice noodles"，简单直接，都非常便于目的语读者理解。

例2中"糊涂面"是洛阳颇具地方特色的汉族小吃。以前，朝歌农村经常吃一种饭食，名曰：糊涂面。南方的米，北方的面。面条是朝歌人喜欢吃的饭食，但那时候粮食紧缺，尤其是细粮。人们吃面条的时候，就是在锅里先放些玉米面、小米之类的粗粮，再加一些干菜、薯干、红萝卜条之类的东西一起煮熬，煮至九成熟，下入少量的面条，熟了，就是糊涂面条。这样，杂七杂八、糊里糊涂一大锅，既省细粮，又好吃，又挡饥，又有营养。译者恰如其分地将"糊涂面"意译为"mixed noodles"，"mixed"一词充分体现了糊涂面用料五花八门的杂合特点。

例3中的"粽子"是端午节汉族的传统节日食品，由粽叶包裹糯米蒸制而成。传说是为纪念屈原而流传的，是中国历史上文化积淀最深厚的传统食品，深受人们喜爱。译者将其归化处理成"rice dumpling"，虽然和粽子真正的做法、口味、用料等方面有出入，但也便于英语读者的理解。但随着文化交流的进一步深化和发展，各民族人民之间的了解不断加强，"粽子"的音译名"zongzi"也越来越普及，得到人们的认可。

（二）《骆驼祥子》译例赏析

4. 虎妞已把午饭做好：馏的**馒头**，熬***白菜加肉丸子***，一碟***虎皮冻***，一碟***酱萝卜***。

Tigeress had already prepared lunch: ***steamed bread***, ***boiled cabbage with meatballs***, a plate of ***jellied pork skin*** and ***pickled turnips***.（施晓菁译）

5. 桌子有几个还不甚熟的白梨，皮儿还发青。一把酒壶，三个白瓷酒盅。一个头号大盘子，摆着半只***酱鸡***，和些***熏肝酱肚***之类的吃食。

On the table were some half-ripe still greenish pears, a pot of liquer, three white porcelain wine-cups and a huge plate filled with half ***a jellied chicken cooked in soy sauce***, ***smoked liver***, ***tripe*** and other cold meats.（施晓菁译）

评析 例4中的"馒头"是古老的汉族传统面食，据传是三国时期诸葛亮发明。《三国演义》中记载诸葛亮七擒孟获，平定南蛮之后，过江受战死冤魂之阻。诸葛亮面对此景心急如焚，想来想去只好祭奠河神，求神降福惩魔，保佑生灵。诸葛亮不忍用人头祭祀，而发明馒头为替代品。于是命杀牛宰猪，包成面团，投入水中以示供奉。后来民间习此风俗。这大概是"馒头"的起源。"馒"通"蛮"，"馒头"即意为"蛮头"。馒头把面粉加水、糖等调匀，发酵后蒸熟而成的食品，成品外形为半球形或长条。在江南地区，在制作时加入肉、菜、豆蓉等馅料的此类面食都叫作馒头，而无馅的馒头叫白馒头。其味道可口松软，营养丰富，是餐桌上必不可少的主食之一。中国幅员辽阔，民族众多，口味不同，做法各异，由此发展出了各式各样的馒头，如白面馒头、玉米面馒头、菜馒头、肉馒头、生煎馒头、油炸馒头，叫法也不尽相同。不过，不管口味怎么变化多端，都和英语中的"bread"相去甚远，所以译者在这里将"馒头"意译为"steamed bread"是典型的归化处理。

例4中的"虎皮冻"是将猪皮用热水紧一下，捞出，去掉猪皮上的肥肉和毛，切丝，洗净；然后将洗好的猪皮丝加清水上火熬，到开锅后在用文火熬，直到锅中的液体有黏度（用两个手指试试黏度），撤火直到锅中的液体冷却成冻。最后切冻装盘，用蒜酱蘸着吃。译者将其意译成"jellied pork skin"，直接说明了该菜品的用料、形状、口感等，简洁明了，清楚易懂。

同样，例5中"酱鸡"和"熏肝酱肚"被翻译成"a jellied chicken cooked in soy sauce"和"smoked liver, tripe"对目的语读者而言也是直接明了的英译名。

（三）《浮生六记》译例赏析

6. 余素爱客，小酌必行令。芸善不费之烹庖，***瓜蔬鱼虾***，一经芸手，便有意外味。（卷二，第111页）

I was by nature very fond of guests and whenever we had a little drinking party, I insisted on having wine-games. Yün was very clever at preparing inexpensive dishes; ordinary foodstuffs like ***melon***, ***vegetables***, ***fish and shrimps*** had a special flavor when prepared by her.（林语堂译）

7. 妾见市中卖***馄饨***者，其担锅、灶无不备，盍雇之而往？（卷二，第117页）

I have seen ***wonton*** sellers in the streets who carry along a stove and a pan and everything

we need. We could just ask one of these fellows to go along with us.（林语堂译）

8. 值余三十诞辰，秀峰***备面为寿***。（卷四，第252页）

The day of my arrival there happened to be my thirtieth birthday and Hsiufeng prepared ***a dinner of noodle*** in my honor.（林语堂译）

9. 其每日饭必用茶泡，喜食***芥卤乳腐***，吴俗呼为***臭乳腐***，又喜食***虾卤瓜***。（卷一，第40页）

At meals, she always mixed her rice with tea, and loved to eat ***stale picked bean-curd***, called ***stinking bean-curd*** in Soochow. Another thing she liked to eat was a kind of small ***pickled cucumber***.（林语堂译）

10. 芸以***麻油***加白糖少许拌***卤腐***，亦鲜美。以***卤瓜***捣烂拌卤腐，名之曰"***双鲜酱***"，有异味。（卷一，第43页）

Yün also prepared ***pickled bean-curd*** mixed with ***sesame seed oil*** and sugar, which I found also to be a delicacy. We then mixed ***pickled cucumber*** with pickled bean-curd and called the mixture "***the double-flavored gravy.***"（林语堂译）

评析　从以上《浮生六记》中的译例中，我们看到了一个十分具有中国特色的饮食习俗：例8中的"备面为寿"，即"寿面"。起初人们借用长长的面条来祝福长寿。渐渐地，这种做法又演化为生日吃面条的习惯，称之为吃"长寿面"。这一习俗一直沿袭至今。我国庆寿吃寿面这一风俗在南北方都很盛行。这里翻译成"a dinner of noodle"，虽让目的语读者清楚地知道吃的食物到底是什么，但"寿面"所蕴含的丰富的文化内涵却未能很好地再现，似乎有些遗憾。

其他几例中，译者根据菜名的不同情况分别采用了不同的翻译方法，如例6中的"瓜蔬鱼虾"直译为"melon, vegetables, fish and shrimps"，例9中的"臭乳腐"直译为"stinking bean-curd"，例10中的"麻油"、"卤腐"、"卤瓜"直译成"sesame seed oil"，"pickled bean-curd"，"pickled cucumber"；例7中的"馄饨"英译为"wonton"；例10中的"双鲜酱"意译为"the double-flavored gravy"等。其中，例9中的"臭乳腐"即是"腐乳"一种。腐乳又称"豆腐乳"，是中国流传数千年的传统民间美食，闻起来臭臭的，但因其口感好、营养高，深受中国老百姓及东南亚地区人民的喜爱，是一道经久不衰的美味佳肴。腐乳通常分为青方、红方、白方三大类。其中，臭豆腐属"青方"，"大块"、"红辣"、"玫瑰"等属"红方"，"甜辣"、"桂花"、"五香"等属"白方"。腐乳是我国独创的调味品，它既可单独食用，也可用来烹调风味独特的菜肴，其英译名"stinking bean-curd"中的"stinking"一词点破此道菜的妙处，使目的语读者有情不自禁想品尝的想法。

（四）《浮躁》译例赏析

11. 饭从来都是买两份，七老汉是***猪头肉夹烧饼***，福运就是***馒头***；七老汉是***炸酱荤面***，福运就是***青菜素面***。

He sent Fuyun into town to buy food, always in two separate portions: ***roast pig's head and sesame-seed cakes*** for Old Seven and ***steamed buns*** for Fuyun, or ***noodles and meat*** for Old Seven and ***vegetarian noodles*** for Fuyun. (葛浩文译)

12. 小水就笑着说："姨今晌午就不要回村了，我给咱做***鸡汤面***。"

Water girl smiled and said, "Stay here through noontime, Auntie. I'm going to make some ***noodles in chicken broth***." (葛浩文译)

13. 饺子共有42种，按价钱包桌，大空要了全部品种，***一笼一笼***端上来，是***乌龙卧雪，四喜发财***。

He ordered a sample of all forty-two varieties, which were brought out, ***one steamer after another***, including ***Flying Dragons in the Snow*** and ***Four Happinesses and Riches***. (葛浩文译)

14. 末了就索性再到一家***小吃摊***上，买吃一碗***鸡蛋醪糟***，唱唱呵呵返回渡口去了。

Then he stopped by a ***cafe***, where he ordered a bowl of ***egg-flavored glutinous rice*** before heading back to the ferry landing, singing all the way. (葛浩文译)

15. 大空说："你知道这类饺子为什么叫'***贵妃饺***'？里边包的是***鸡翅肉***和***鸡腿肉***，翅膀能'飞'，腿儿能'跪'，这也就是'***跪飞饺***'了。"

"These are called ***Imperial Concubine dumplings***, ***named after Yang Guifei***, ***the imperial concubine***. Tradition has it that they were her favorites… But it wasn't her liking them that got them named after her. Rather, —it's because they're stuffed with ***the meat from chicken wings and drumsticks***. Wings are for flying, fei, and drumsticks are for kneeling, gui, and together that's guifei." (葛浩文译)

评析 以上几个译例中，译者葛浩文根据不同的饮食名等采用了不同的翻译方法，如例11中的"猪头肉夹烧饼"、例14中的"小吃摊"被分别归化处理成"roast pig's head and sesame-seed cakes"和"cafe"，便于目的语读者理解和接受；例11中的"馒头"被译为"steamed buns"，现存的其他译法还有"steamed bread"和"mantou"，其中音译名"mantou"越来越得到大家的认可。

但例13中的"乌龙卧雪，四喜发财"被直译为"Flying Dragons in the Snow"和"Four Happinesses and Riches"似乎有些欠妥，因为从这两个英译名中，英语读者恐怕无从知晓这到底是两道什么菜，对菜的用料、烹饪方法、口味等基本信息都不能理解，所以应采用意译的方法译出菜品的用料和烹制方法，或者采用直译加注，先直译为"Flying Dragons in the Snow"和"Four Happinesses and Riches"，然后加注，对菜品的基本信息进行解释和补充或许更为恰当，从而更好地促进文化交流。

例15中"贵妃饺"是菜名来源"跪飞饺"的谐音，赋予了菜名更丰富的文化内涵，也颇有些雅趣，所以译者先直译为"Imperial Concubine dumplings"，然后对历史人物杨贵妃进行加注解释，不失为好的译文。

（五）《红楼梦》译例赏析

16. 鸳鸯又指那几样菜道："这两样看不出是什么东西来，大老爷送来的。这一碗是***鸡髓笋***，是外头老爷送上来的。"（《红楼梦》第七十五回）

Pointing at two dishes in a hamper Yuanyang remarked："We don't know what these are，they're from the Elder Master. This bowl of ***bamboo-shoots with chicken marrow*** is from Lord Zhen."（杨译）

17. 刚才我叫雪雁告诉厨房里给姑娘做了一碗***火肉白菜汤***，加了一点儿虾米儿，配了点***青笋紫菜***。姑娘想着好么？（《红楼梦》第八十七回）

I just told Xueyan to get the kicken to prepare you a bowl of ***cabbage soup with ham*** and dried shrimps，as well as some ***bamboo shoots and laver*** in it. Is that all right?（杨译）

18. 一时众姊妹来齐，宝玉只嚷饿了，连连催饭。好容易等摆上来，头一样菜便是***牛乳蒸羊羔***。（《红楼梦》第四十九回）

Soon all the girls arrived and Baoyu set up a clamour，urging them to hurry breakfast because he was hungry. When finally the tables were laid，however，the first dish was ***a lamb embryo steamed in milk***.（杨译）

19. 那一年腊月初七日，老耗子升座议事，因说："明日乃是腊八，世上人都熬***腊八粥***……"（《红楼梦》第十九回）

One year on the seventh day of the twelfth moon，the Rat Patriarch ascended his throne to hold a council. He announced，"Tomorrow is the Feast of Winter Gruel when all men on earth will be cooking their ***sweet gruel*** ..."（杨译）

20. 林黛玉笑道："大节下怎么好好的哭起来？难道是为争***粽子***吃争恼？"（《红楼梦》第三十一回）

Dai-yu beamed at the weeping pair："Crying on a holiday? What's all this about? Have you been quarrelling over the ***rice-cakes***?"（霍译）

21. 王子腾那边，仍是一套衣服，一双鞋袜，一百***寿桃***，一百束上用***银丝挂面***。（《红楼梦》第六十二回）

His uncle Wang Zi-teng's family sent him the usual suit of clothes and two pairs of shoes and socks，together with ***a hundred little peach-shaped birthday cakes*** and a hundred little bundles of the finest ***'silver thread' vermicelli.***（霍译）

22. 因又问晴雯道："今儿我在那府里吃早饭，有一碟子***豆腐皮的包子***，……你可吃了？"（《红楼梦》第八回）

He turned once more to Skybright. "When I was having lunch at the other house today there was a plate of ***bean-curd dumplings***. —Did you get them all right?"（霍译）

评析　例 16 和例 17 中的菜名"鸡髓笋"、"火肉白菜汤"和"青笋紫菜"都采用直译分别翻译成"bamboo-shoots with chicken marrow"，"cabbage soup with ham and dried shrimps”和“bamboo shoots and laver”，直截了当，清楚易懂。

例18中的“牛乳蒸羊羔”在杨译本中被翻译为“a lamb embryo steamed in milk”（羊胚胎炖牛奶），而霍克斯翻译成“unborn lamb”（未出生的羊炖牛奶）。“羊羔”在这里的意思是“羔羊”。在中国华北地区，人们通常有蒸羔羊的习俗。据《红楼梦鉴赏辞典》，此菜名中的“羊羔”不是指未出生的羔羊，而是指出生后的，但它被两名译者译成“羊胚胎”或“未出生的羔羊”，似乎不太符合原菜名的成分。

腊月初八是佛教始祖释迦牟尼成仙的日子。这天，所有的佛教徒都会用粥混合各种水果祭拜他，“腊八粥”因此得名。《燕京岁时记》中写道：“腊八粥是用黄米、白米、糯米、小米、菱角、栗子、红豆、去皮枣泥等做成，并用桃肉、杏仁、瓜子、花生、松子、榛子、白砂糖、红糖、葡萄来装饰它。”例19中，杨译本用一个简单的“甜”字把“腊八粥”翻译成“sweet gruel”（甜粥），便于英语读者理解和接受，但好像并没有表现其丰富的文化信息。

例20中的“粽子”的英译名和粽子的其他英译名，如“rice dumpling/pudding”可先音译为“zongzi”，再加注说明译本的不同；在霍译本中被翻译为“rice-cakes”，明显采用了为目的语读者着想的归化翻译策略。

例21中的“寿桃”和“银丝挂面”在霍译本中都分别被归化翻译为“a hundred little peach-shaped birthday cakes”和“silver thread vermicelli”。神话中，西王母娘娘做寿，设蟠桃会款待群仙，所以一般习俗用桃来做庆寿的物品，称为“寿桃”。这是因为桃子作为水果不仅鲜甜，而且纤维素含量高，含有维生素E，具有抗氧化抗衰老、滋补强身的作用，特别是纤维素对老人的常见病如动脉硬化、便秘都有好处。蟠桃山风景区民间早有“桃养人”和“宁吃鲜桃一口，不吃烂杏一筐”的谚语。祝寿所用的桃，一般用面粉做成，也有用鲜桃的。挂面是一种细若发丝、洁白光韧，并且耐存、耐煮的手工面食，是以小麦粉添加盐、碱、水经悬挂干燥后切制成一定长度的干面条，故而得名“银丝挂面”，所以挂面和“vermicelli”在其做工和口感上应该是完全不同的，霍译同样采用了归化的翻译策略。例21中两个都是典型的归化译文，但依然保留了中国意象，既便于读者理解，又促进了跨文化交流。

第七节　相关论著选读

中餐菜名翻译研究综述

胡红云

（浙江经贸职业技术学院浙江杭州　310018）

摘　要：中餐菜名的翻译对传播中国饮食文化起着积极的推动作用。近几年来，

许多专家学者对菜名翻译进行了多方面的研究和探讨。综合各家论点，对菜名翻译研究的历史和现状、菜名翻译的功能特点以及翻译方法进行了分析和归纳，希望为今后的菜名翻译提供一些思路和借鉴。

关键词： 餐饮管理；中餐；菜名；翻译

中国是个烹饪王国，外国人对中国的美食赞不绝口。目前，很多宾馆和餐馆都有英语菜单。中餐菜名浓缩了中国博大精深的烹饪技艺和地方特色以及中华民族源远流长的饮食文化。对于在中餐馆吃饭的外国客人来说，一份翻译得当的中餐菜单是他们了解中国和中国饮食文化的窗口和桥梁。2008年北京奥运会成功举办，中餐菜名的翻译越来越引起人们的重视。目前，虽然有很多翻译工作者参与了中国菜名的翻译，但由于饮食文化的差别，加上缺乏统一的规范，许多菜名翻译让外国客人看不明白或误解，甚至啼笑皆非。笔者根据收集到的相关资料，对菜名翻译研究的历史和现状、菜名翻译的功能特点以及翻译方法进行了分析，希望为今后的菜名翻译提供一些思路和借鉴。

（一）菜名翻译研究的历史和现状

菜名翻译是翻译研究的新领域，也是我国翻译界的一项紧迫而艰巨的任务。在20世纪90年代期间，相关文章仅有9篇。据笔者了解，较早关注菜名翻译研究的是刘增羽先生，他在1990年第5期的《中国翻译》上发表了《中式菜肴英译名亟须审定》，鉴于当时菜名翻译混乱的情况，作者建议成立中国菜英译名审定委员会。陈加基先生在1993年第2期的《中国翻译》上发表了《中式菜肴英译方法初探》，提出了中式菜肴翻译的几个类型：写实型（直译法）、写意型（意译为主，直译为辅）、半写实型半写意型（直译加意译）、地方风味型、典故型（直译或意译加解释型翻译）和药膳型（简译加注释）。后来，有关中餐菜名翻译的文章散见于一些刊物。比较有代表性的论文有黄海翔的《中餐菜单英译浅谈》、任静生的《也谈中餐和主食的英译问题》、董莉的《从“源语文化”看中式菜肴的翻译》、刘清波的《中式菜名英译的技巧和原则》、熊力游的《中华菜名功能与翻译处理》、刘传的《菜肴文化与中国饮食文化》和乔平的《中餐菜名分类及其英译方法》等。但总体来说，数量不多，较为零散，缺乏系统且全面深入的研究。谢先泽等认为，中餐菜名翻译的研究至少还存在以下不足：第一，对中餐菜名翻译原则的研究还有待深入；第二，对菜谱中菜名的翻译针对性不够强；第三，对源自历史典故和富有文化意义的菜名翻译的研究几乎是蜻蜓点水，缺少值得借鉴的范文，缺少规范。杨亚敏认为，中餐菜名的翻译存在着两大障碍，一是表现为菜式空缺造成词汇空缺。像“饺子、元宵、粽子”等词汇，是完全中国化的饮食，英语词汇中找不到相对应的词，很多人常常把它们都翻译为“dumpling”。但我们知道，这三者是完全不同的食物，有着完全不同的文化背景。二是表现为中国菜命名的特殊性。中国饮食文化内容丰富，菜品及名称繁多，很多菜品名称表现为典故、比喻、夸张和象征等形式，这给翻译带来很大难度，一旦把握不当，就会引起误解。

造成目前中餐菜名翻译混乱现象的另外一个原因是翻译者的水平有限，再加上地域及饮食文化的差别，缺乏统一规范导致各酒店的菜单翻译五花八门，令人啼笑皆非，往往让外国客人百思不得其解，经常闹出“国际笑话”，甚至有饭店把菜名“童子鸡”翻译为“chicken without sexual life”（没有性生活的鸡）。2007 年 2 月 20 日，美国《有线新闻网》（CNN）以《错误的翻译》（*Misinterpreted Translations*）为题，介绍了北京市一些中餐菜名的翻译情况。主播说，错误和不规范的菜名翻译随处可见。有的用词不当，有的甚至莫名其妙，有的菜名翻译让外国人感到这些食物十分可笑或可怕。如“口水鸡”翻译成“slobbering chicken”（流口水的鸡），“夫妻肺片”翻译成“husband and wife lung slices”（丈夫和妻子的肺切片），“四喜丸子”翻译成“four glad meatballs”（四个高兴的肉团），麻婆豆腐翻译成“bean curd made by a pock—marked woman”（满脸雀斑的女人制作的豆腐），“蚂蚁上树”翻译成“a pile of ants climbing trees ”（一堆在爬树的蚂蚁），“驴打滚儿”翻译成“rolling donkey”（翻滚的毛驴）等。这些翻译在国内外造成了极大的负面影响，许多有识之士对此产生忧虑，所以改善和提高中餐菜名的翻译质量刻不容缓。

（二）菜名的特点和功能

《中国烹饪辞典》对菜谱进行了定义：“菜谱是指餐馆供顾客点选菜肴的菜单，记有名称和价格。”在《新牛津英汉双解大词典》中对“menu”一词的定义是“a list of dishes available in a restaurant”，可以看出，菜谱是“a list of dishes”而不是冗长的“book”，客人点菜时可以快速浏览，所以语言必须简洁明了。

王斌传认为，菜名作为完整和独立的语篇，属于“非文学类语篇”，确切地说，属于“信息类语篇”，因为通常情况下，菜单只是提供一系列可供选择的菜名方面的信息。从语篇功能方面看，中餐菜单是“传递信息”的，其预期译文功能是让海外人士在用中餐时，能够看懂菜单上的菜是用什么原料做的，有什么文化寓意，点他们喜欢吃的菜肴，让菜单成为文化交流的使者 。熊力游认为，从菜名的功能来看，首先表现为信息功能，这是最基本的传递原料、配料、烹调方法等信息的过程。菜单作为餐馆商品广告之一，具有吸引顾客、推销产品的目的。在菜肴的制作和命名上，不但给人以生理上的满足感，还应给人以视觉心理上的享受。中国菜肴命名富有艺术性，将烹饪工艺和审美理念巧妙地结合起来，表现出对“色、香、味、形”和名称寓意的重视，这使菜名具有美学功能。朱慧芬等认为，英式菜名表达形式朴实、直接和简单明了，而中式菜名表达形式丰富、委婉、浪漫，有很多语言变异现象。文月娥认为，中国菜名主要包括主料、配料、刀法、烹调方法及口味五个方面，既要反映地方文化特色，又要体现菜品的工艺特点和“色、香、味、形”的个性。有些菜名令中国食客都摸不着头脑，若直译出来，外国人就更不知所云了，所以菜谱本身的特点使得其翻译不能实现绝对对等。正如奈达所说：“两篇不同话语之间的翻译并无绝对对等而言。译者寻

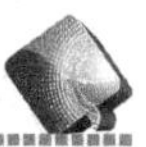

求的应当是最贴切的对等，也就是说，应当使译文最大限度地贴近原文。”

（三）菜名的翻译原则和方法

纽马克认为，翻译的主要目的是忠实传递信息。中国清末著名启蒙思想家严复在《天演论》中提出了“信、达、雅”的翻译标准，为世人所认同。“信”为忠实，即要忠于原文；“达”是译文句子要通顺易明；“雅”是用字要优雅，这是翻译的最高境界。这些也是菜名英译中应当遵循的原则。探究菜名在翻译过程中遵守什么原则，采用什么方法非常重要。吴丽芳认为，菜名翻译应遵循以下原则：一是就实原则，必须把菜品的真实情况或者内涵翻译出来，而不能只按照菜名的字面意义，这有利于外国人了解中国菜的真实情况；二是就简原则，在保证真实准确的前提下，力求简洁明了，因为客人点菜时大多饿着肚子，不可能耐心去看冗长的菜单；三是取经原则（拿来主义），中国餐馆遍及世界各地，英译菜谱也广为流传，对于国外餐馆翻译得当的菜谱，可以采用“拿来主义”。郑锦怀认为，中国菜名英译必须遵循有利于对外交流和弘扬中华文化的原则。菜名英译从根本上来说是为交流服务的，所以必须符合他们的语言习惯和传统。而且中国菜名中包含内容丰富的中国饮食文化，所以翻译时应该兼顾。周湘萍认为，在菜单的翻译过程中要注重其信息功能，要发挥菜单的促销作用，把握中餐烹调方法的类别，把握原料这一核心，尽量译出原料加工后的形状，避免文化冲突。黄芳认为，中餐菜名翻译要符合“准确”、“通顺”、“简洁”的要求，要直入主题，开门见山地点名菜肴的原料和烹调方法，必要时补充一些菜肴的营养价值、民俗风情等背景知识，额外撒点“文化佐料”，提起客人的食欲，达到活跃气氛和传播中国民族饮食文化的目的。

菜名翻译带有明显的实用性特征，它是应用性学科的一个门类。菜名翻译属于实用文体翻译，其目的是传达信息。翻译者的首要任务是要忠实原文的内容，把握好关键信息。任静生归纳了六种翻译方法：一是直译法：烹调法＋原料。烹调法是指煎、炸、煸、炒、蒸、煮等，再加上该菜的主要原料为中心词，如 Fried Eggs（炒鸡蛋）；Twice-cooked Pork（回锅肉）。二是直译＋释义法：英译时直接按中文菜名译出其意，再补充说明其内在含义，如 Happy Family（全家福）—a combination of shrimps，pork，beef，chicken and mixed vegetables with brown sauce；Peace to Young and Old（老少平安）—Steamed Bean Curd with Fish。三是意译法：原料＋with＋佐料，如 Shredded Pork with Garlic Sauce（鱼香肉丝）；Spare Ribs with Pepper and Salt（椒盐排骨）；佐料＋ 原料，如 Spicy Bean Curd（麻辣豆腐）；Curry Chicken（咖喱鸡）。四是“移花接木”法：参考部分外国菜名和主食的译法，译文地道，如 Barbecued Spare Ribs（烤排骨）；盖浇面（Chinese-style Spaghetti）。五是音译＋释义法：先按拼音译出，再加上解释性的英译，如 Mantou（馒头）—Steamed Bread；Guotie（锅贴）—Pot Stickers。六是“随机应变”法：原料＋ 地名＋ Style，如 Bean Curd Home Style（家常豆腐）；Pork Hunan Style（湖南肉）。熊力游认为，从翻译方法上说，直译能使目的语与源语用基本相同的形式来表达相同的内容，获取基本相等的效果，特别是对传说和典故等以形象命名的菜肴，采用直译以保持其原汁原味，如 Beggars Chicken（叫花子鸡）；Gold Coin Pork（金钱肉）。但由于中西方文化背景的不同，所以会产生不同的联想效果，翻译中可避虚求实，采用转译或意译。他还指出，中华民族饮食中独有的文化特质，导致翻译中的一些不可译现象。但不是绝对的不可译，而是通过意译或音译加注解来进行信息的张扬，而且还应考虑到读者的文化差异。如“狮子头”是由肉丸滚上糯米制作而成，样子像毛发竖立的狮子头而得名，如直译为“Lion's Head”，会因两种文化的冲突而引起英国人的不满。而意译为“Large Meatball”，又难以传达原文的形象。因此，不妨以汉语发音标出，在后面加以描述或注解（Large Meatball：fried in deep oil before braised with vegetables），并配有图片，使食者一看就知道其用料、色泽、分量和吃法等。刘萍认为，菜名翻译是一种跨文化交际，译者要有较强的文化意识，才能译出地道的译文。所以译者不仅要了解源语文化，知道菜名的文化背景知识，也要有双语能力和双文化能力。还应了解外国客人对中国文化的认知程度，考虑是否会因为文化缺省而产生理解障碍，如人名、地名、比喻型、典故型的菜名往往要借助许多文化背景知识，必须在意译的基础上才能理解。外国人出于民族心理和宗教清规等原因所忌讳的食品，如狗肉、猪肉、动物的内脏、头、足等，最好不要出现在中餐的对外菜单上，以避免不必要的误会。另外，鸽子是和平的象征，也是西方人所忌讳的菜肴。

（四）建议和对策

北京奥运会之前，官方和半官方机构已采取积极措施统一和规范中餐菜名的翻译。2007 年 4 月 11 日，北京奥组委召开北京规范英语标识暨市民讲外语新闻发布会。中餐菜名的翻译已受到社会的广泛关注，越来越多的人已参与到这项工作中来。但总体来说该领域的翻译缺乏统一和规范，带有很大的随意性和不确定性。虽有部分专家学者努力工作，并取得一些成果，但难以满足中外交流飞速发展的需要。而且从学术发展和创新的角度来说，菜名翻译还需要在深度和广度上进一步开拓。

1. 加强对菜名翻译意义的认识

菜名翻译是一种对外宣传。从某种意义上来说，规范地道的中餐菜名翻译能体现一个国家和地区的文明程度。一个城市的英译菜名应用是否广泛是这个城市开放程度的标志之一；应用是否规范是对这个城市国际化程度的检验；翻译是否得法是对这个城市整体素质的直接展现。与其他学术领域相比，目前只有较少的人以菜名翻译作为学术研究对象，有关中国菜的英文研究资料不多，只有少量的刊物发表过有关的一些论文。希望有更多的人来关注中餐菜名的翻译。

2. 加强对菜名翻译的理论研究

菜名的结构简单，但内涵十分丰富。要在空间有限的菜单上传递各种复杂的信息，实属不易。必须有一定的理论基础才能翻译出高质量的翻译作品。有关菜名翻译的文

章，大多都是在讨论翻译原则和方法，很多例子都交叉重复使用，内容雷同，少有创意和新意，很少从理论的角度对之进行阐述。所以应加强菜名翻译的理论研究，用翻译学的有关理论加以指导。

3. 加强对中餐菜名英译的统一和规范

目前，不同地区、不同餐馆对同一种菜名的翻译五花八门。我们赞同刘增羽先生的看法，即仿效国家科委和中国科学院共同组织的“全国自然科学名词审定委员会”，成立一个“中国菜英译名审定委员会”，请中国烹饪协会、国家旅游局和中国译协共同牵头，邀请一些有经验的翻译家、烹饪艺术家、食品鉴赏家、史学家、民俗学家、文学家和外籍专家参加。该委员会主要有四大职能：制定规则，审核名称，协调处理分歧以及为社会提供相应的咨询服务。专家委员会对各类英译进行审核时，发扬民主，各抒己见，最终采用少数服从多数的原则，充分讨论，要有2/3以上的专家认可方能通过。另外，我们还建议组织专家出版一部权威性的汉英菜名词典，成立中餐菜名翻译的网站，开辟专栏研讨中餐菜名翻译问题，供全国各地的饭店菜馆参考，统一全国的菜名翻译。

《扬州大学烹饪学报》2008（3）：56-59.

翻译练习

一、菜名翻译。

1. 叉烧肉
2. 清炖甲鱼
3. 回锅肉
4. 虾仁炒蛋
5. 干烧鲫鱼
6. 山东烧鸡
7. 汤圆
8. 江南百花鸡
9. 百年好合
10. 松仁玉米

二、句子翻译。

1. 这边是洗手间，这边是厨房。你洗一洗，然后咱们一起包饺子。（宗利华《租个儿子过年》）

2. 李锦记XO酱，香浓惹味，将XO酱配以各类材料，如饼干、鸡蛋、番茄、青瓜或其他蔬菜，发挥您的创意，自制小食，简单方便，随时享用，滋味无穷。（陈宏薇《新编汉英翻译教程》）

3. 北京的白菜运往浙江，便用红头绳系住菜根，倒挂在水果店头，尊为“胶菜”。

（鲁迅《藤野先生》）

4. 然而第二天她果然只买了几样普通的素菜。于是第三天他便抢着上菜市场，一下买回了五斤纯瘦肉。（雨瑞《断弦》）

5.“我爱吃大饼、油条、五香豆、鼻涕干、臭咸鱼——”鸿渐大喝一声拖住，截断了他代开的食单，吓得他讨饶。（钱钟书《围城》）

6. 如今，报知春节迫近的已经不再是腊八粥的香味，而是媒体上充满压力的热火朝天的春运了。（冯骥才《春运是一种文化现象》）

7. 中国地大物博，为适应各地不同的特产、口味便逐渐出现了各种不同的调制方法。（龙毛忠等《中国文化概览》）

8. 粤菜的范围包括广东和广西。它的第一个特点是用料广，选料精，以海鲜和野味为上馔。（龙毛忠等《中国文化概览》）

三、段落翻译。

中国菜肴的花色之多、菜式之众、制作之繁，是世界闻名的。有数据表明，中国古今著名菜品有8 000种之多，采用的食材可粗分为600种，不同的基本烹饪方法也有48种，其中包括煎、炒、烹、炸、炖、烤、烧、涮、蒸、焖、烙等。饮食的要求颇为严格，要求“色、香、味”俱全。“色”既指菜肴的颜色，也指食物的造型。厨师会把各类菜肴雕刻设计成风格独特的艺术造型，令人赏心悦目。（龙毛忠等《中国文化概论》）

第十二章　中国茶文化与汉英翻译

第一节　概　述

中国是茶的故乡，也是茶文化的发祥地。在我国源远流长的历史长河中，茶文化在不同时代、不同民族、不同社会环境和自然环境中呈现出不同形态。它自殷周、唐、宋一直至今，长盛不衰，是物质文明与精神文明的结晶，是文学艺术与社会风尚的融汇。经过几千年的积淀，中国茶文化已升华为中华民族的一种文化品质，对中国人的人性、思想、感情和行为等方面有着广泛的影响，并促进了世界文明的发展和文化的交流。

茶饮发乎神农，兴起于隋唐。有关研究表明：在中国茶文化的发展历程中，三国以前以及晋代、南北朝时期应属于茶文化的启蒙和萌芽阶段。到了唐代，中国茶文化已基本形成。在这一时期，世界第一部茶叶、茶文化专著——《茶经》问世，它由唐代陆羽所著，成书于780年。《茶经》内容十分丰富，是一本茶叶百科全书。它涉及生物学、栽培学、制茶学、分类学、生态学、数理学等；同时，还记载了唐代以前有关茶的不同神话、寓言、史籍、诗赋、传记、地理、数学等内容，是中国乃至世界文化宝库中的珍品。从宋代至明初，中国茶文化的发展可以说到了鼎盛时期。因此，我们说："茶兴于唐，盛于宋。"在这一时期，茶叶产品开始由团茶发展为散茶，打破了团茶、饼茶一统天下的局面，同时出现了团茶、饼茶、散茶、末茶。到元代、明代，中国传统的制茶方法已基本具备，同时更多的文人置身于茶，像文徵明的《惠山茶会话》、《陆羽烹茶图》、《品茶图》以及唐寅的《烹茶画卷》和《事茗图》等传世作品诞生。到了清代，中国茶文化发展更加深入，茶与人们的日常生活紧密结合起来，例如城市茶馆兴起，并发展成为适合社会各阶层所需的活动场所。它把茶与曲艺、诗歌、戏剧和灯谜等民间文化活动融合起来，形成了一种特殊的"茶馆文化"。由于茶叶制作技术的发展，清代基本形成现今的六大茶类，除最初的绿茶之外，出现了白茶、黄茶、红茶、黑茶、青茶（乌龙茶）。茶类的增多，泡茶技艺有别，加上中国地域和民族的差异，使茶文化的表现形式更加丰富多彩。茶文化的物质形态表现为茶的历史文物、遗迹、茶诗词、茶书画、茶歌舞、各种名优茶、茶馆、茶具、饮茶技艺和茶艺表演等；精神形态表现为茶德、茶道精神、以茶待客、以茶养廉、以茶养情、茶禅一味等；还有介于中间状态的表现形式，如茶政、茶法、茶礼规、茶习俗等属制度文化范畴的内容。

我国是“茶的故乡”，又是“诗词的国度”。在历代的咏茶诗中，最能切入欣赏范畴的应该是一些煎茶、饮茶诗。如白居易终生嗜茶，常以茶入诗，在他留世的2 806首诗中，以茶为主题或涉及茶事的共有60多首，首开诗人咏茶诗歌之最。他的《食后》茶诗描写了食后睡起，手持茶盏，无忧无虑，自得其乐的情趣；《山泉煎茶有怀》和《睡后茶兴忆杨同州》两首诗则托出了“茶对知己”这样一个具有浓重文化意义的深刻命题。

茶对于中国人是有特殊含义的。中国人喝茶并非简单的解渴，在漫长的茶文化发展过程中，国人已赋予它精神文化上的含义，它已深深融入中国传统文化中，受中国传统文化中儒、道、佛三教的浸染，形成了独特的中国茶道精神。儒家以茶养廉，道家以茶求静，佛学以茶助禅。儒家把“中庸”和“仁礼”思想引入中国茶文化，采茶、制茶、煮茶、点茶、泡茶、品饮等一整套茶事活动中，无不体现和的思想。从历史的角度看，道教与茶文化的渊源关系实质上是最为久远而深刻的。道无所不在，茶道只是“自然”大道的一部分。但从发展角度看，茶文化的核心思想则应归之于儒教学说。“天下名山僧侣多”、“自古高山出好茶”，历史上许多名茶出自禅林寺院，而禅宗之于一系列茶礼、茶宴等茶文化形式的建立，具有高超的审美趣味，它对中国茶文化的持续的推波助澜，直接造成了中国茶文化的兴盛。

中国茶文化历史悠久，源远流长。本章将从茶类茶名、茶水、茶具等方面入手介绍中华茶文化的特点及其英译，并在此基础上引用丰富的例证探讨茶俗文化的丰富内涵以及在对外文化交流过程中怎样有效地实现茶文化的传播。

第二节　中国茶文化的特点及其英译

西汉的司马相如在《凡将篇》中称茶为“诧”，最早的医学专著《神农本草经》中称茶为“荼草”，到了8世纪中叶，唐代陆羽在其所著的《茶经》中改“荼”为“茶”，且沿用至今。中国是最早使用茶的国家，茶的发现和利用始于上古时代的母系氏族社会，距今已有五六千年的历史。

（一）茶类和茶名的翻译

我国是世界上茶类最丰富的国家。茶叶最基本的种类有6种，包括绿茶（green tea），如太平猴魁（Taiping Houkui Tea）、西湖龙井（Xihu Longjing Tea）、信阳毛尖（Xinyang Maojian Tea）、碧螺春（Biluochun Tea）、毛尖茶（Maojian Tea）等；红茶（black tea），如祁门红茶（Keemun Black Tea）、滇红（Yunan black tea）；黄茶（yellow tea），如君山银针（Junshan Silver Needle Tea）；白茶（white tea），如白牡丹（white peony）；乌龙茶（oolong tea），如大红袍（Dahongpao Tea）、安溪铁观音（Anxi Tieguanyin Tea）；黑茶（dark green tea），如陈年普洱（Aged Pu'er Tea）、七

子饼茶（seven tea cakes）等，每个种类都拥有庞大的子品类体系，大约有上千种茶叶。

明清时，我国茶叶生产与制作工艺不断改变，茶叶的品种更加繁多。中国饮茶分为两类，一类是混饮（mixed drinking），在茶中根据各自的口味加入糖、盐或橘皮桂圆等。这种饮法主要集中于少数民族地区，比如藏族的酥油茶、回族的三香茶、八味茶。另一类是汉族的清饮（light drinking），茶中不加任何有损茶本味的配料。中国的茶叶种类繁多，从《红楼梦》中的种种名茶可窥见一斑。

（1）宝玉吃了半碗茶，忽又想起早起的茶来，因问茜雪道："早起沏了碗***枫露茶***，我说过那茶是三四次后才出色，这会子怎么又沏了这个来？"（《红楼梦》第八回）

After drinking half a cup himself he remembered something else and asked Qianxue, "Why did you bring me this tea? This morning we brewed some ***maple-dew tea***, and I told you its flavor doesn't really come out until after three or four sweepings."（杨译）

After drinking about half a cupful, Bao-yu suddenly thought of the tea he had drunk early that morning. "When you made that ***Fung Loo*** this morning," he said to Snowpink, "I remember telling you that with that particular brand the full flavor doesn't come out until after three or four watering. Why have you given me this other stuff?"（霍译）

（2）警幻道："此茶出自放春山遣香洞，又以仙花灵叶上所带之宿露而烹，此茶名曰***'千红一窟'***。"（《红楼梦》第五回）

"This tea grows in the Grotto of Emanating Fragrance on the Mountain of Expanding Spring," Disenchantment told him. "Infused with the night dew from fairy flowers and spiritual leaves, its name is ***Thousand Red Flowers in One Cavern***."（杨译）

"The leaves are picked in the Paradise of the Full-blown Flower on the Mountain of Spring Awakening," Disenchantment informed him. "It is infused in water collected from the dew that lies on fairy flowers and leaves. The name is ***'Maiden's Tears'***."（霍译）

（3）黛玉微微的一笑。因叫紫鹃："把我的***龙井茶***给二爷沏一碗。二爷如今念书了，比不得头里。"（《红楼梦》第八十二回）

With a faint smile Daiyu told Zijuan, "Brew a cup of my ***Longjing tea*** for the Second Master. Now that he's studying we must treat him with more respect."（杨译）

A faint smile crossed Dai-yu's face. "Nightingale, would you make Master Bao a cup of ***Dragon Well tea***?"（霍译）

（4）凤姐道："那是***暹罗国（就是古泰国）进贡的***。我尝了也不觉甚好，还不如我们常吃的呢。"（《红楼梦》第二十五回）

"That was ***tribute tea from Siam***," Xifeng told them. "Personally, I didn't find it as good as the kind we drink every day."（杨译）

(5) 贾母道："我不吃**六安茶**。"妙玉笑说："知道，这是'**老君眉**'。"(《红楼梦》第四十一回)

"I don't drink ***Liuan tea*** ," said the old lady. "I know," replied Miaoyu smiling. "This is ***Patriarch's Eyebrows***. "(杨译)

(6) 林之孝家的又向袭人等笑说："该沏些个**普洱茶**吃。"袭人晴雯二人忙笑说："泡了一缸子**女儿茶**，已经吃过两碗了。"(《红楼梦》第六十三回)

Mrs Lin advised Xiren and Qingwen to brew him some ***puer tea***. "We have made him ***nuer tea*** and he has drunk two bowl. "(杨译)

Lin Zhi-xiao's wife transferred her smiling attention to Aroma. "You want to give him some good, strong ***Pu -er tea*** to drink." Aroma and Skybright answered her together. "We made him a big pot of ***herbal tea-wutongtips***. He's already had two cupfuls of it. "(霍译)

评析　直译法　例 (1) 中"枫露茶"的制法是取香枫的嫩叶，入甑蒸后，滴取它的露水，泡出来的茶呈红色，带枫叶的清香。将枫露点入茶汤中，即成枫露茶。另外，《红楼梦》第八回脂砚斋批注中提到"枫露茶"与"千红一窟"遥映。枫叶色红，秋露着之，点点滴滴皆成血泪，以呼应日后宝玉祭晴雯时提到"枫露之茗"时的血泪之悲。为了直观表达"枫露茶"的意思，杨宪益采用了归化法，直译为"maple-dew tea"，解释为"枫树露水茶"。而霍克斯采用的是音译法，翻译为"Fung Loo"。由此可以看出，从目的论角度而言，霍克斯的音译译文无法让英语读者明白"Fung Loo"是什么，而杨宪益的译文相对而言更能够让英语目的语读者理解原文的意思，传达出原文的美学效果与文化蕴含。从他的译文中，英语读者至少可以明白枫露茶与枫露有关，而且其颜色应该跟枫叶一样是红色，给译语读者留下了充分的美学想象空间。

例 (4) 中"暹罗茶"出产于泰国中南部，杨宪益夫妇在翻译"暹罗茶"时采用直译法，翻译为"tribute tea from Siam"，也就是"从暹罗进贡的茶叶"。从目的论的角度而言，该译文符合原文意思，让英语目的语读者理解明白透彻，达到了翻译效果。凤姐、黛玉、宝玉等人对暹罗国贡茶后的品尝评价都恰到好处地刻画了各人物的心理与性格特征。暹罗茶贵为国外贡品，自是名贵，但凤姐却笑说还不如其日常所用之茶，可见凤姐是要显示出其娘家乃"金陵王家"的贵族出身与地位之尊贵。

例 (5) 中妙玉请贾母吃的茶是"老君眉"。这种茶茶面满布毫毛，香气高爽，其味甘醇，行如长眉，故名"老君眉"。另一种解释认为其是福建武夷山的名茶，该茶的汤色深色鲜亮，香馥味浓，能消食，解腻，属于发酵的红茶或半发酵的乌龙茶中的一种。妙玉知道贾母不喝"六安茶"，特备好"老君眉"，把妙玉的深懂茶道、为人处世之道的一个槛外人身份刻画得细致入微。霍译本把"老君"译成是"Old Man"，目的语读者只能够从其中了解"老"的含义，并未品出"君"的意味。杨译的"老君"在这一点上便略胜一筹，其译为"Patriarch"。Patriarch 的英文解释为"an old man who is respected as the head of a family or tribe"，也就是年长而受人尊敬的家长、族长、年高

德勋的人。这与曹雪芹用白话文所隐含的意思不谋而合。目的语读者能够从字面的意思分析出贾母的地位，这便实现了翻译的“动态对等”。

意译法 例（2）中的茶名“千红一窟”具有双关意义，作者借用其谐音暗示贾府女主子和丫鬟的悲惨命运。其“千红”指代贾府的所有女性，“窟”与“哭”同音，暗含“女性之泪”以及贾府女性的悲惨结局。杨宪益直译该茶名为“Thousand Red Flowers in One Cavern”，解释为“同一山洞里的一千朵红花”，从目的论的角度而言，虽然给英语目的语读者美好的遐想空间，但是译文失去了“千红一哭”的谐音，没有传达出作者在给该茶命名时暗示的深刻内涵。而霍克斯采用意译法，翻译成“Maiden's Tears”，解释为“少女之泪”，从目的论的角度而言，该译文突出了原文“千红一哭”的谐音和暗喻意义，有利于英语目的语读者对原文蕴含意义的理解。

音译法 一般来说，如果茶名是用茶叶的产地命名的话，通常采用音译法。例（3）中的“龙井茶”产于西湖西南龙井附近的群山之中。因龙井泉池大旱不涸，人疑通海有神龙盘踞之传说，故泉称龙井泉。周围所产的茶叶，亦美其名称之为龙井茶。它属于绿茶的一种，其特点是“色绿、香郁、味甘、形美”。龙井茶位列中国十大名茶之首，自宋代以来充作贡品，是我国绿茶中的绝品。翻译家杨宪益夫妇把“龙井”音译为“Longjing”，作为外来语专有名词来使用；“龙井茶”的译文“Longjing”是首字母大写的，是作为专有名词来使用，并且“Longjing”是写在一起的，和普通意义上的“long”有本质的区别。而霍克斯采用的是直译法，翻译为“Dragon Well tea”，从目的论的角度而言，该译文给目的语读者传递了茶名中蕴含的传说，即“有神龙盘踞”的井，但“dragon”一词似乎又会因为中西“dragon”文化意象的巨大差异而给目的语读者造成不太好的联想。林黛玉生于江南，自是喜欢杭州的“龙井茶”，这样的描写刻画出了一个江南女子天生丽质、清贵高雅的气质。而她又特用此茶来款待贾宝玉，可见宝、黛二人情谊之重。

例（5）中“六安茶”产于安徽六安，因而得此名，明始称“六安瓜片”。“天下名山，必产灵草，江南地暖，故独宜茶。大江以北，则称六安。”此茶是一种著名的绿茶，清朝时为朝廷贡品，有清心明目、提神消乏、通窍散风之功效。

例（6）中“普洱茶”属于黑茶（dark green tea），因产地旧属云南普洱府，故得名。《本草纲目》云：“普洱茶膏黑如漆，醒酒第一，绿色者更佳，消食化痰，清胃生津，功力尤大也。”普洱茶是经发酵后加工成的散茶和紧压茶。在清朝普洱茶由于具有显著的消食健脾作用而深得满族统治者的喜爱，皇宫中饮普洱茶成为时尚。在现代，普洱茶也是中国的名茶。杨宪益采用音译法，把“普洱茶”和“女儿茶”分别翻译成“Pu'er tea”和“nuer tea”，有利于文化传播。而霍克斯把“女儿茶”翻译成“herbal tea-wutong-tips”，可以看出他把女儿茶理解为泰山女儿茶，想必也是煞费苦心，查阅了不少资料文献，所以才采用了意译法翻译“女儿茶”，把它译为“herbal tea-wutong-tips”，即一种草本茶类——梧桐芽。但这个译文似乎欠妥。首先，从上下文语境来说，之前林之孝家的提到该沏些普洱茶喝，随后袭人晴雯二人忙回答泡了一茶缸女儿茶，所以女儿茶应该是普洱的一种；其次，从茶的功能来看，普洱茶具有消食化痰、清胃生津的功能，宝玉因为吃面怕停食，喝普洱正好消食。

（二）茶水的翻译

中国的茶道讲求"色、香、味、器、烹"，而其中"水"则是"色、香、味"三者的体现者。茶是水之灵魂，无茶便无茶事；水是茶的载体，没水则烹不成茶。陆羽《茶经》中曰："其水，用山水上，江水中，井水下"。水质的好坏对茶味的影响是很大的，清人张大复《梅花草堂笔谈》说："茶性必发水，八分之茶，遇十分之水，茶亦十分矣。"选择好水煮茶其实也是一件很有情韵的趣事。《红楼梦》和《浮生六记》中都有相关描写。

(1) 妙玉冷笑道："你这么个人，竟是大俗人，连水也尝不出来。这是五年前我在玄墓蟠香寺住着，***收的梅花上的雪***，共得了那一鬼脸青的花瓮一瓮，总舍不得吃，埋在地下，今年夏天才开了。我只吃过一回，这是第二回了。你怎么尝不出来？***隔年蠲的雨水***那有这样***轻浮***，如何吃得。"（《红楼梦》第四十一回）

Miaoyu smiled disdainfully. "Can you really be so vulgar as not even to tell the difference? This is ***snow I gathered from plum-blossom*** five years ago while staying in Curly Fragrance Nunnery on Mount Xuanmu. I managed to fill that whole dark blue porcelain pot, but it seemed too precious to use so I've kept it buried in the earth all these years, not opening it till this summer. Today is only the second time I've used it. Surely you can taste the difference? How could ***last year's rain-water*** be as ***light and pure*** as this?"（杨译）

Adamantina looked scornful. "Oh! Can you really not tell the difference? I am quite disappointed in you. This is ***melted snow that I collected from the branches of winter-flowering plum-trees*** five years ago, when I was living at the Coiled Incense temple on Mt Xuan-mu. I managed to fill the whole of that demon-green glaze water-jar with it. For years I couldn't bring myself to start it; then this summer I opened it for the first time. Today is only the second time I have ever used any. I am much surprised that you cannot tell the difference. When did ***stored rain-water*** have such ***buoyant lightness***? How could one possibly use it for a tea like this?"（霍译）

(2) 夏月荷花初开时，晚含而晓放。芸用小沙囊撮茶叶少许，置花心。明早取出，烹***天泉水***泡之，香韵尤绝。（《浮生六记》卷三，第124页）

When the lotus flowers bloom in summer, they close at night and open in the morning. Yun used to put some tea leaves in a little silk bag and place it in the centre of the flower at night. We would take it out the next morning, and make tea with ***spring water***, which would then have a very delicate flavor.（林语堂译）

评析　《红楼梦》里写到煎茶用水的情节，其一是用"旧年蠲的雨水"；其二是特

意收集的“雪水”。《红楼梦》第四十一回栊翠庵茶品梅花雪一节就提到用雨水和雪水泡茶。妙玉在栊翠庵给贾母喝的茶是“旧年蠲的雨水”，给黛玉、宝玉、宝钗喝的茶便是用她五年前在玄墓蟠香寺居住时收的梅花上的雪水。梅花高洁不畏寒，雪水也是白而高洁，梅花雪水泡茶，显示了文人品茶的雅趣。作为一个修行人，妙玉烹茶所用的是旧年蠲的雨水，并且对茶叶、茶具比一般人更为讲究，让人好不艳羡，无怪乎人称“天国茶仙”。这段文字把妙玉的清高表现得淋漓尽致，也让读者对煎茶用雪水有了更感性的认识。

以雨水、雪水煎茶饼不是曹雪芹的独创，实乃古之遗风。科学研究表明，自然界中的水只有雨水、雪水为纯软水。而用软水泡出的茶，其汤色清明、香气高雅、滋味鲜爽，自然比其他水泡出的茶高出一筹。用埋在地下五年之久的梅花上的雪水，更属可贵了。因古人认为“土为阴，阴为凉”，入土五年，其水清凉甘洌自是无可比拟了。这种扫集冬雪，埋藏地下，在夏天烧水泡茶的做法，至今还乐为我国不少爱茶人所采用。

例（1）中，杨宪益先生把梅花上的雪翻译成“snow I gathered from plum-blossom”，意思是从梅花收集的雪。霍克斯翻译成“melted snow that I collected from the branches of winter-flowering plum-trees”，意思是从冬天开花的梅花枝头上收集来的雪水。比较而言，杨译中的“snow”似乎比霍译的“melted snow”更准确，因为古代文人雅士收集的应该是梅花枝头的积雪，然后再装进瓮后贮藏在地窖中，而不是已经融化的雪水。如果已经融化，恐怕是不好收集的。霍译对原文的理解有些偏差，杨译则更忠实，也更符合原语文化习惯。此段文章提到的另外一种茶水是“隔年蠲（积存）的雨水”。此处的“隔年”是今年和去年隔的这段时间，也就是“一年”的意思。杨宪益翻译成“last year's rain-water”，意思是去年的雨水，跟原文一致；霍克斯翻译成“stored rain-water”，意思是贮藏的雨水，与原文有一定的出入，因为贮藏的雨水不一定就是去年的，也有可能是几年前的。此外，水的“轻浮”霍译为“buoyant lightness”，而杨译为“light and pure”，更表达了“纯净”这一层意思，更符合煎茶用水“清、轻、甘、洁”的传统审美趣味。从这个角度上来说，杨宪益的译文更加忠实于原文，有利于读者的正确理解。例（2）中芸佳人何许人也，《浮生六记》作者沈三白之妻，一个雅致善良、曼妙如茶的女子。对她而言，喝茶似乎更多的是一种雅趣，她在泡茶方面也格外讲究，用“天泉水”泡上了一杯“荷花茶”。芸佳人与沈老师诗茶唱和，犹如神仙眷侣。

（三）茶具的翻译

俗话说:“工欲善其事，必先利其器。”一套精致的茶具（teaware）配以色、香、味俱全的名茶，可谓相得益彰。古人饮茶要选用精制的茶具，以便衬托出茶汤色泽，保持香气，增加品饮的情趣。茶具古代亦称茶器（tea set），是泡茶（making tea）过程中必备的器具。明太祖第十七子朱权在其所著的《茶谱》中列出十种茶具：茶炉、茶灶、茶磨、茶碾、茶罗、茶架、茶匙、茶筅、茶瓯、茶瓶。清代茶的饮用采用直接冲泡法，陶瓷茶具仍为茶具的主流。除陶瓷外，茶具的材质更加多样。锡质茶壶因为不易磕裂或碰碎，也深受人们喜爱。另外，海南的贝壳、椰子等茶具、四川的竹编茶具，福州的脱胎漆茶具，玻璃茶具也相继出现。造型更加丰富，各有所长，令人喜爱，使清代茶具异彩纷呈。

茶具以不同的外形与花色，与各种人物环境融合一体，有烘托意境之妙。《红楼梦》中就提到了不少精致的茶具。如贾母的花厅上，摆设洋漆茶盘里放着旧窑什锦小茶杯。王夫人坐的二室里，也是茗碗瓶茶具备。女婢们用精致的茶盘托着茶盅为客人送茶，如宝玉的女仆袭人就用“连环洋漆茶盘”送茶水。元妃奖给贾府兄妹的灯谜奖品也有一柄茶筅。这些茶具都极为精致，反映了富贵人家的豪华气派。

(1) 只见妙玉亲自捧了一个***海棠花式雕漆填金“云龙献寿”的小茶盘***，里面放一个***成窑五彩小盖钟***，捧与贾母……然后众人都是一色的***官窑脱胎填白盖碗***。(《红楼梦》第四十一回)

Baoyu watched the proceedings carefully. He saw Miaoyu bring out in her own hands a ***carved lacquer tea-tray in the shape of crab-apple blossom, inlaid with a golden design of the "cloud dragon offering longevity"***. On this was ***a covered gilded polyehrome bowl made in the Cheng Hua period***, which she offered to the Lady Dowager.

All the others had ***melon-green covered bowls with golden designs of new Imperial kiln porcelain***. (杨译)

It was a ***little cinque-lobed lacquer tea-tray decorated with a gold-infilled engraving of a cloud dragon coiled round the character for "longevity"***. On it stood a little ***covered teacup of Cheng Hua enamelled porcelain***. Holding the tray out respectfully in both her hands, she offered the cup to Grandmother Jia… The others were now served tea in ***covered cups of "sweet-white" eggshell china***. (霍译)

(2) 又见妙玉另拿出两只杯来，一个旁边有一耳，杯上镌着“***𢇲爮斝***”三个隶字，后有一行小真字，是“王恺珍玩”；又有“宋元丰五年四月眉山苏轼见于秘府”一行小字。妙玉斟了一***斝***，送与宝钗。那一只形似钵而小，也有三个垂珠篆字，镌着“***点犀䀉***”，妙玉斟了一䀉与黛玉，仍将前番自己常日吃茶的那只***绿玉斗***来斟与宝玉。(《红楼梦》第四十一回)

Then he saw Miaoyu produce two cups, one with a handle and the name in uncial characters: ***Calabash Cup***. In smaller characters it bore the inscriptions "Treasured by Wang Kai of the Jin Dynasty" and "In the fourth month of the fifth year of the Yuan Feng period of the Song Dynasty, Su Shi of Meishan saw this cup in the Imperial Secretariat". Miaoyu filled this ***cup*** and handed it to Baochai. The other, shaped like a small alms-bowl, bore the name in the curly seal script: "***Rhinoceros Cup***." Having filled this

for Daiyu, she offered Baoyu the ***green jade beaker*** that she normally drank from herself.（杨译）

（3）左边几上文王鼎匙箸香盒，右边几上汝窑美人觚——觚内插着时鲜花卉，并**茗碗**痰盒等物。地下面西一溜四张椅上，都搭着银红撒花椅搭，底下四副脚踏。椅之两边，也有一对高几，几上**茗碗瓶花**俱备。其余陈设，自不必细说……本房内的丫鬟忙捧上茶来。黛玉一面吃茶，一面打量这些丫鬟们，妆饰衣裙，举止行动，果亦与别家不同。

……寂然饭毕，各有丫鬟用**小茶盘**捧上茶来。（《红楼梦》第三回）

On the left-hand table were a tripod, spoons, chopsticks and an incense container; on the right one, a slender-waisted porcelain vase from the Ruzhou Kiln containing flowers then in season, as well as ***tea-bowls*** and a spittoon. Below the kang facing the west wall were four armchairs, their covers of bright red dotted with pink flowers, and with four footstools beneath them. On either side were two tables set out with ***teacups and vases of flowers***. The rest of the room need not be described in detail… The maids in attendance served tea, and as she sipped it she studied them, observing that their make-up, clothes and deportment were quite different from those in other families. … Themeal was eaten in silence. And immediately after, tea was brought in on ***small trays***.（杨译）

（4）茶房内早有三个丫头捧着三沐盆，见饭桌已出，三人便进去了。一回又捧出沐盆并漱盂来，方有侍书、素云、莺儿三个，每个用茶盘捧了**三盖碗茶**出去。（《红楼梦》第五十五回）

Three girls from the boiler house had brought three basins of water, and as soon as the table was removed they went in, reappearing before long with the basins and rinse-bowls. Then Shishu, Suyun and Yinger took in three ***covered bowls of tea*** on trays.（杨译）

（5）船舱中间，放一张小方金漆桌子，桌上摆着**宜兴砂壶**，极细的**成窑**、**宣窑**的杯子，烹的上好的雨水毛尖茶。那游船的，备了酒和肴馔及果碟到这河里来游；就是走路的人也买几个钱的毛尖茶，在船上煨了吃，慢慢而行。（《儒林外史》第四十一回）

Each vessel carries a small, square, gilt-lacquered table, set with an ***Yihsing stoneware pot***, cups of the finest ***Cheng Hua or Hsuan Te porcelain***, and the choicest tea brewed with rain-water. Boating parties bring wine, dishes and sweetness with them to the canal, and even people traveling by boat order a few cents' worth of good tea to drink on board as they proceed slowly on their way.（杨宪益，戴乃迭译）

（6）中国人饮用不同的茶往往会选择不同的茶具。例如，绿茶用**玻璃茶具**，花茶用**瓷茶具**，乌龙茶用**紫砂茶具**。从北宋起，宜兴即已以产紫砂壶而闻名。这种壶泡茶不易变味，容易吸收茶汁，留下浓郁香味，且隔热性能好，冬夏使用皆宜。（龙毛忠《中国文化概览》）

In China, people think different teas look and taste better in certain tea wares than others. For example, green tea should be matched with ***glass tea ware***, scented tea is poured into ***porcelain ware*** and oolong tea is best presented in ***purple clay tea ware***. Yixing has been famous for the production of purple clay teapot since the Northern Song Dynasty. The aroma of the tea can be stored in purple clay ware teapot, and will then be absorbed by the clay. As the purple clay is fairly heat insulated, it is good for tea drinking both in winter and summer.

评析 例（1）中的译文让我们不难看出两位大师深厚的文学功底，对于源语文化的读者都只能想象的茶具，译者尽可能地将其精美与文化内涵呈现在译语读者面前。“云龙献寿”的小茶盘巧妙地烘托了妙玉对贾母这位老寿星的尊敬，也凸显了贾母不凡的地位与奢华的生活。两位大师此处同时选用“longevity”一词来诠释其深层含义。

“成窑五彩”又称“青花间装五色”，属于源语文化专有项，指的是成化时期的斗彩。对于成窑五彩小盖钟的翻译，两位译者依据自己的理解分别将其直译成“a covered gilded polyehrome bowl made in the Cheng Hua period”与“a little covered teacup of Cheng Hua enamelled porcelain”。成化斗彩杯尺寸很小，釉下青花和釉上彩相结合，产生釉上釉下彩绘相互争艳的效果，因此对这件茶具的翻译，杨宪益可能不及霍克斯准确细腻，显得略逊一筹。

另外是众人用的“官窑脱胎填白盖碗”。明清的白瓷艺术成就很高，具有“薄如纸，白如玉，声如磬，明如钟”等特点，明人称之为“填白”，陶瓷史上则称为“甜白”。对于这件小茶具的翻译，两位译者灵活变通地使用两种策略。杨宪益将“官窑”直译成“Imperial kiln porcelain”，让读者了解该茶具的珍贵，而霍克斯却将其省略。“脱胎填白”一词，杨宪益将其意译为“melon-green”，这一翻译可能会对译语读者理解中国的白瓷产生误导；而霍克斯将“填白”或“甜白”直译成“‘sweet-white’ egg-shell china”，点明其“薄如纸”的特点，因此他的译文虽省译“官窑”一词，但却更显地道传神，便于译语读者理解。

例（2）中的“瓟斝”，“斝”是古代酒器之名；“瓟”即是俗称的“葫芦”一类的植物。把一个斝的模子套在小瓟上，让瓟按斝模的形状长大成形，成熟后挖瓤去籽风干，拿来作为饮酒、饮茶的器具。这些名字以文本的方式构建出古色意境。“点犀盉”是用犀牛角制成的饮器。“盉”是碗类器皿；“点犀”即亮犀之一，色黄透明，质密纹隐，似柔而实坚。“绿玉斗”为造型上大下小的方形，单侧或双侧有把手的碧玉饮器。

例（3）中王夫人居坐的房间里的茶具有三种被提及，分别是茗碗痰盒、茗碗瓶花和小茶盘。从以上译文可看出，杨宪益主要采用的是直译法，他把茗碗痰盒中的“茗碗”翻译成“tea-bowls”；把“茗碗瓶花”直译成“teacups and vases of flowers”；把“小茶盘”翻译成“small trays”，以上译文简单明白，让读者能够清楚地了解原文，达到了翻译的目的。

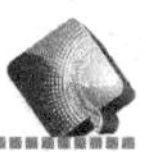

例（4）中的“盖碗”是一种上有盖、下有托，中有碗的茶具。又称“三才碗”、“三才杯”，盖为天、托为地、碗为人，暗含天地人和之意。“茶托”又称“茶船”。盖碗茶，须用滚烫的开水冲一下碗，然后放入茶叶盛水加盖，冲泡时间根据茶叶数量和种类约为20秒至3分钟。在清雍正年间，盛行使用盖碗。

例（5）这里的“沙壶”是紫砂壶，中国汉族特有的手工制造陶土工艺品，现有机器大批量制造的。制作原料为紫砂泥，原产地在江苏宜兴，又名宜兴紫砂壶。“成窑”是明成化年间官窑烧制的一种瓷器。以小件和五彩的最为名贵。“宣窑”是宣德窑的省称。

例（6）中体现了目前最具代表性的三种茶叶冲饮器具：瓷器（chinaware）、紫砂壶（dark-red enameled pottery）、玻璃杯（glass）。但最负盛名的属紫砂茶具，紫砂茶具素有“泡茶不走味，贮茶不变色，盛暑不易馊”的特点，成为众多爱茶之人的首选。

第三节 跨文化视野下的中英茶文化比较

中国是世界茶文化的发祥地，是对世界文化的贡献。这种贡献不仅在于发现并利用茶这种植物的始发性，而且还体现在茶文化已经逐步发展成为中国乃至全世界的一种独特的文化体系。

（一）中国茶文化的传播

“饮茶代酒之习惯，东西方同样重视，唯东方饮茶之风盛行数世纪之后，欧洲才开始习饮之。”到了1650年，饮茶风气开始传到英国咖啡馆。真正促进饮茶生活化的是英国皇室，英王查理二世的妻子——葡萄牙公主凯瑟琳被尊称为“饮茶皇后”。她认为饮茶不仅能提神，还能让自己保持苗条的身材。贵族们争相效仿，不但宫廷中开设气派豪华的茶室，一些王室成员和官宦之家在家中也开辟茶室。当时英国人的晚餐一般要到下午8点钟左右。每当下午3时到4时，贝特福特公爵夫人安娜便会着下人准备红茶、小吃，邀请亲友一起享用。这就是典型的英国下午茶（afternoon tea）。英国人用本民族的牛奶和美洲的糖将苦涩的茶变成了香浓味醇、营养丰富的生活必需品，如cambric tea（红茶牛奶，坎布里克茶），即一种热饮料，牛奶加糖，有时加少量红茶。特别是茶进入平民百姓家庭后，饮茶成了习惯化的生活内容，富于本土特色的英国茶文化由此确立。

茶在英国的传播经历了一个世纪之后，到18世纪末，英国人才普遍使用“Tea”的拼写和发音，并沿用至今。“Tea”在《牛津高阶英汉双解词典》（第4版）里的认知意义有4种：1）（dried leaves of an）evergreen shrub grown in China，India，etc.（茶叶；茶树）。2）drink made by pouring boiling water on these leaves（茶）。3）drink made by pouring boiling water on the leaves of other plants（代茶：菊花、薄荷、药草

茶)。4) light meal served at an occasion when tea is drunk, especially in the late afternoon (茶点；尤指下午茶点)。

(二) 英国人的品茶文化

英伦四面环海，终年阴冷潮湿，相对于性寒的绿茶，英国人选择了汤浓味醇、营养丰富的红茶。他们喜欢调饮，有的在茶壶中加入牛奶和糖，有的还会在清茶里加些威士忌等，调配出各种口味。此外，英国人对茶叶本身也进行改造，出现了袋装的速溶茶 (instant tea)。

英国人的茶具 (teaware) 最早从中国传入，随着制造茶具业的兴起，英国人开始自己仿制中国茶具，根据自己的需要在茶杯上加了把手，去掉了茶盖。他们还制造了高贵优雅、小巧精致的银制茶具。骨瓷 (Bone china) 是纯正的英国制造，体现出一种高贵的柔和及细腻的协调，隆重而不俗媚。

18 世纪以后，伦敦的茶园 (tea garden) 兴起，还有一种在运河上浮动的茶室 (tearoom)，叫“中国茶屋”(Chinese teahouse)，供人游览品茗。人们可以在茶园或茶屋里观看游艺，读报写信，发表政论，评说文艺等。泰晤士河上的伏克斯霍尔是一座规模最大、开办时间最久的茶园。在当时英国，茶园为人们提供了进行社交活动的场所。有的茶园还举行化装狂欢、放烟火、赛马、赌博和举办音乐会。

英国茶文化还体现了西方社会的价值观：个人主义。下午茶是英国红茶的核心。女主人一定会以家中最好的房间、最好的瓷器来招待客人，以展示自己的最佳状态。在出席茶会时，男性必须身着燕尾服，戴高帽；女性着正式长袍，戴帽子。绅士们行为得体；淑女们谈吐优雅，反映了英国人保守、追求体面，而且更多的是重视自我精神的满足。

(三) 中英文学对茶的运用

“柴、米、油、盐、酱、醋、茶”指我国古代平民百姓的开门七件事。而“琴、棋、书、画、诗、酒、茶”中的“茶”则是文人骚客用来修身养性之物，誉为“文人七件宝”。白居易是地道的“茶痴”。他精通茶艺，鉴茗、品水、看火、择器无一不能。陆游的《效蜀人煎茶戏作长句》：“正须山石龙头鼎，一试风炉蟹眼汤”、“饭囊酒翁纷纷是，谁赏蒙山紫笋香。”诗的前半部描写煎茶，最后两句借茶直指朝廷重用无能之才而不赏识提拔那些如蒙山、紫笋般出类拔萃的人才。一部《红楼梦》满纸茶叶香。一百二十回书中，出现茶达 260 多处，形成了浓烈的茶文化。由茶及人，又由人及茶，茶始终贯穿于整部小说当中，为人物的悲欢离合，故事的离奇曲折平添了袅袅香气。

英国人同中国人一样，不仅嗜好饮茶，而且喜欢写茶、咏茶。诗人埃德蒙·沃勒用《论茶》向“饮茶皇后”凯瑟琳祝寿。诗人用“The Muse's friend, tea does our fancy aid, Repress those vapors which the head invades”道出了茶叶的功效，也告诉

了读者皇后喜爱茶叶的原因之一。沃勒写道："茶是沉思的良友，更是想象力的翅膀，它甚至可以把已经呈现在脑海中的思绪压制住不让它蒸发掉，因而使心灵保持在极大的平安里面。"英国的小说中也较多地提到了饮茶之事，比如《傲慢与偏见》、《儿子与情人》、《花园茶会》等著名小说里都有大量篇幅描写英国人的饮茶场景。但是这些描写仅仅让读者了解到茶与人们的生活息息相关，在这些作品里，茶只是生活的道具，人际交往的媒介，仅为剧情增色，未能丰满作品角色的血肉与灵魂。

（四）茶文化对语言文字的影响

茶在登陆英国以后，与茶有关的词汇语言相继出现，英语里有很多的"teatime"表明英国人有在不同的时间饮茶的习惯，据计算，英国人一生中大约有 1/3 的时间花在饮茶上，足见茶在英国人的生活中不可缺少。然而，随着历史的发展，社会的变革，与茶相关的词汇在意义上开始出现变化，有些保持着茶的基本意义，有些则失去了本来的意义，有些词义得到了扩展，有些词语甚至出现了喻义和转义。

茶在中英两国都有着与自己文化相关联的喻义。茶生长于山野，大自然赋予了茶美好高洁的气质，中英文化里都曾用茶来比喻女子的清白可爱，芳菲圣洁。茶刚进入英国时，贵比黄金，在当时，茶是只属于贵族阶级才可以享受的物品，因此茶成了身份与财富的象征，于是"all the tea in China"出现在了英语词汇里，表示巨大的、无法估量的财富；又如"a storm in a teacup"则与 18 世纪圣马力诺发生的政变有关，后来英国人用它来比喻小题大做或大惊小怪；"a cup of tea"通常被英国人用来表示喜欢的人或物，可见英国人对茶的喜爱；"a different cup of tea"来表示迥然不同的人或物；"an unpleasant cup of tea"表示讨厌的人；"another cup of tea"表示另一回事；"take tea with somebody"则是与某人发生冲突。茶在中英两国的最初使用都因茶具有药用价值，能安神补脑，后来茶渐渐被衍化为人们精神的寄托，情感抚慰的需要，如"tea and sympathy"表达了对不幸者的安慰和同情。

第四节　中国茶文化的内涵与汉英翻译

茶文化是绚丽的中华文化中的一朵奇葩。唐代已产生文化内涵丰富的"茶宴"，并且出现了专著——陆羽的《茶经》。至宋代，茶文化进入了新的繁盛期，浙江余杭径山寺的茶宴，就在这时作为中国文化的精品之一传至日本，发展成为享誉世界的"茶道"。至明清，茶文化已达于化境。在民间，茶是民众文明生活之必需品——"开门七件事，柴、米、油、盐、酱、醋、茶"；在文苑中，不但有丰富多彩的茶事活动，而早在许多自然科学、社会科学著作和文学艺术作品中，均有繁富而生动的记述和考论。我国的茶文化历史悠久，在长期的饮茶活动中逐渐形成了独特的风俗习惯，成为中华传统文化之一。曹雪芹是中华传统文化的集大成者，在《红楼梦》中，他也全面展示了这种传统的风习。作者曹雪芹在开卷中就说道："一局输赢料不真，香销茶尽尚逡巡。"用"香销茶尽"为荣、宁两府的衰亡埋下了伏笔。在整个情节展开过程中，不时地谈到茶。如按照荣国府的规定，吃完饭就要喝茶。喝茶时，先是漱口的茶，然后再捧上吃的茶。夜半三更口渴时，也要喝茶，真可谓"一部《红楼梦》，满纸茶叶香"。

（一）茶俗文化及其翻译

在长期的饮茶活动中逐渐形成了独特的风俗习惯，成为中华传统文化之一。曹雪芹在《红楼梦》中全面展示了饮茶的风习，如"以茶祭祀"、"以茶待客"、"以茶代酒"、"以茶赠友"、"以茶泡饭"、"以茶论婚"等。

1. 待客茶

客来敬茶，以茶示礼，既是一种风俗，也是一种礼节。有客登门，主人往往首先是"奉茶"——在这里，客人渴或不渴已经不重要，关键在于"奉茶"本身已经表明了主人对来客的招待，表明了主人的礼数。而与客人的会面又往往是以"端茶"的形式结束，因此，茶在这里已经成了代表"礼"的文化符号，而"奉茶迎客"与"端茶送客"则体现了茶的实用价值与礼俗象征形式的完美统一。晋代有王蒙用"茶汤敬客"、桓温用"茶果宴客"的记载。

（1）须臾**茶毕**，早已设下杯盘，那美酒佳肴自不必说。（《红楼梦》第一回）

Soon they had ***finished their tea*** and sat down to a collation of choice wine and delicacies.（杨译）

（2）礼仪太监请升座受礼，两阶乐起。二太监引贾政等于月台下排班上殿，昭容传谕曰："免。"乃退出。又引荣国太君及女眷等自阶升月台上排班，昭容再谕曰："免。"于是亦退。**茶已三献**，贾妃降座，乐止；退入侧室更衣，方备省亲车驾出园。（《红楼梦》第十八回）

After tea had been served three times, Yuanchun descended from the throne and the music ceased while she went into a side chamber to change her clothes. Meanwhile a carriage had been prepared to drive her out of the Garden to visit her parents.

（3）少年笑曰："**茶叶俱无**，恐慢客耳，岂望酬耶！"（《浮生六记》卷四，第295页）

"Pay me for what trouble? That's not the point," replied the young man laughingly. "I was only afraid of being rude, for we ***have not even got tea leaves*** here."（林语堂译）

评析　宾客临门，以茶相待。从例（1）中我们看到，甄士隐在中秋佳节邀请贾雨村，是以饮酒赏月之风流雅事为目的的。但二人至甄家并没有直接入席，而是先"茶"，等"毕"方入席，"茶"之作为待客之礼，由此可见一斑。最为隆重的以茶待客之礼是例（2）中写元妃省亲典，这位皇妃娘娘回归贾府时，礼仪太监请元妃升座受礼，顿时两旁奏乐升起，随即举行"茶三献"隆盛礼仪。每一次献茶都要叩头礼拜，三献之后，元妃随即降座，奏乐方止。元春虽然是贾家的女儿，但她"才选凤藻宫"、"被加封为贤德妃"之后，在等级制度极度森严的封建社会，其社会身份大大提高，已经涂上

了皇家的色彩。在这里，贾家并不是在迎接一个出嫁了的女儿，而是在欢迎一位皇室人员的“大驾光临”。由此我们可以看到，“茶”之作为表示敬意的一种方式。例（3）中沈三白及其友人同游至一幽静殿堂，本欲前往瞻仰并歇息，不料遭到开门少年的谢绝，只因为殿内连茶叶都没有，唯恐怠慢了游人，由此我们也可以深刻体会到“茶”的待客之礼。

2. 年茶

年茶是指过年期间招亲待友的茶事活动。我国春节“吃年茶”、“吃年酒”的风俗由来已久，流传至今。

偏这日一早，袭人的母亲又来见过贾母，接袭人家去***吃年茶***，晚间才得回来。（《红楼梦》第十九回）

One morning Xiren's mother came and asked the Lady Dowager's permission to take her daughter home ***to tea*** and keep her until the evening.（杨译）

She was taking her daughter home for ***a New Year's party*** and would not be bringing her back until late this evening.（霍译）

评析　译例中的“吃年茶”即在农历正月头几天，亲朋相聚，酒菜相邀，追欢竞日。《帝京岁时记》载“纵非亲厚，亦必奉节酒三杯，若至戚忘情，何妨烂醉”，即贫寒之家，亦以茶代酒，谓“吃年茶”。杨译“take her daughter home to tea”，“tea”在这里作动词用，意思是“喝茶，进茶点”，似乎并未译出“年茶”的真正内涵；而霍译本则采用了归化的策略，翻译成“taking her daughter for a New Year's party”，其欧化意味十足。

3. 聘礼茶

由于茶文化的生命力越来越旺盛，加以民族大文化的哺育，茶文化园圃中孕育出了一朵瑰丽之花——婚恋中的“茶礼”。婚恋中馈赠的这份彩礼，为茶文化增添了更为丰厚的文化特征。大诗人陆游《老学庵笔记》载：靖州“男女未嫁者，聚而踏歌，歌曰：‘小娘子，叶底花，无事出来吃盏茶。’”清代翟灝《通俗编》引述陆游的记述后按称：“俗以女子许嫁日‘吃茶’。”明代郎瑛《七修类稿》亦载：“女子受聘，其礼曰‘下茶’，亦日‘吃茶夕’。”各民族各地区之名目大同小异，如“茶定”、“茶红”等，无不有茶。概括起来，称为“三茶六礼”。由于婚恋中的茶俗已成为全民族的重要文化特征，所以在通俗文学兴起之后，它便成为小说、戏曲作家撷取创作题材的一个热点。特别是在明清小说中，反映这一民俗渐次增多、增广、增细。

凤姐打趣黛玉时笑道：“倒求你，你倒说这些闲话，吃茶吃水的。***你既吃了我们家的茶，怎么还不给我们家作媳妇***？”（《红楼梦》第二十五回）

Xifeng chuckled. “Asked a favor, you make such a fuss! Over drinking tea too. ***'Drink our family's tea, a daughter-in-law to-be'***!”（杨译）

“That's fair enough,” said Xi-feng. “You know the rule: 'drink the family's tea, the family's bride-to-be'.”（霍译）

评析 俗谚云女子不吃两家茶。明代郎瑛《七修类稿》有言："种茶下子，不可移植，移植则不复生业也。故女人受聘，谓之'吃茶'。又聘以茶为礼者，间其从一之意。"因此，定亲行聘用茶叫"下茶"、"定茶"；女方受聘叫"吃茶"；送礼到女方家叫"过茶"；礼单叫"立茶单"；起轿时，侍娘撒茶叶和米以避邪新娘进门，伺以茶果，叫"拜茶"；闹房时，新娘要给客敬茶，三天后下厨房叫"茶汤"。所以未婚女子不能随便吃别人家的茶，不然就是同意做这家的媳妇了。译例中"你既吃了我家的茶"意思是接受了婚约。可见王熙凤的玩笑话儿是当时存在的一种社会风俗，难怪羞得林黛玉涨红了脸。两位译者的译文都对此涉及民间传统茶俗的文字作了直译处理，巧妙生动地再现了"定亲茶"这一茶俗，但对"媳妇"这一称谓的处理，两位译者采用了不同的策略：杨译本的"a daughter-in-law to be"体现了以原语中心的策略，而霍译本的"the family's bride-to-be"体现了以读者中心的策略。《水浒传》二十回中两次写到此俗。"自古道：'风流茶说合，酒是色媒人。'""婆爱钱财娘爱俏，一般行货两家茶。"（意谓老婆子阎婆惜贪宋江之财，小娘子阎婆惜爱张三之俏，一个小女子吃了两家茶。）

4. 奠茶

茶之于习俗，不唯有"婚"，亦有"祭"，即茶还可以作为祭祀之清供。茶，精行俭德，本是高洁之物。因此，古往今来，常被用作祭祀的物品。因为被用作祭祀额物品，所以显得更加虔诚和讲究。这种"以茶为祭"之礼俗，在《红楼梦》中亦多有记载。

(1) 这四十个人也分作两班，单在灵前上香添油，挂幔守灵，**供饭供茶**，随起举哀，别的事也不与他们相干。(《红楼梦》第十四回)

These forty, divided into two shifts, will have the job of burning incense, keeping the lamps filled with oil, hanging up curtains, watching by the coffin, ***offering sacrificial rice and tea***, and mourning with the mourners. Nothing else. (杨译)

(2) 当下和尚工课已完，**奠过晚茶**，贾珍便命贾蓉请凤姐歇息。(《红楼梦》第十五回)

As soon as the monks had completed their devotions and ***the evening offering of tea had been made***, Jia Zhen sent Jia Rong to urge Xifeng to rest. (杨译)

(3) 我那案上也只设着一个炉，我有心事，不论日期，时常焚香；**随便新茶新水，就供一盏**；或有鲜花鲜果，甚至荤腥素菜都可。只在敬心，不在虚名。以后快命他不可再烧纸。(《红楼梦》第五十三回)

Haven't you seen that censer on my desk? Whenever I miss some dead friend, whatever the date, I burn incense and ***offer some fresh water or tea***, or maybe flowers or fruit, or even meat or vegetables. As long as your heart is pure, Buddha himself will come to the sacrifice. That's why we say: 'It's the intention that counts, not the empty form.' So go presently and tell her not to burn any more paper money in future. (杨译)

(4) 读毕，遂焚帛**奠茗**。(《红楼梦》第七十八回)

After chanting this he burned the silk and ***poured a libation of tea***. (杨译)

When he had finished reading, he made a little flame with the burner and set fire to the silk. Then he ***poured the tea out on the ground as a libation***.（霍译）

评析 以茶作祭，即以茶为祭品向死者致祭。明清有以茶为祭品向死者致祭的风俗。佛家在佛前或祖宗灵前供茶曰“奠茶”。奠茶一日两次，午前先汤后茶，午后先茶后汤。例（1）中秦可卿死后，王熙凤向办理丧事的仆人交代了六项任务，其中之一就有“奉茶”一项。例（2）中写秦可卿的灵柩停在铁槛寺，僧人们也要向亡人奠茶，也属于茶祭仪式。例（3）中宝玉听说药官死了很是悲痛，即以清茶一杯祭亡灵的描写，说明茶不但为活人享用，也为逝者的祭品。例（4）这个译例是《红楼梦》第七十八回中宝玉祭奠晴雯所作的《芙蓉女儿诔》诔文，说的是以茶祭祀的风俗。“焚帛奠茗”，两译者都译出了“libation”（奠酒祭神仪式）之意，再现了这一典型的茶俗。

5. 茶诗茶联

茶不仅是凡夫俗子的开门七件事，也是人生七大雅“琴、棋、书、画、诗、酒、茶”之一。茶与文学艺术紧密联系，茶中自有一番诗意。自古诗人多茶客，茶给文人雅士清思助兴，雅士们也对茶传神写照，留下了大量的茶诗、茶联。

（1）宝鼎***茶闲***烟尚绿，幽床棋罢指犹凉。（《红楼梦》第十七回）

Still green the smoke from ***tea brewed in a rare tripod***;

Yet cold the fingers from chess played by quiet window.（杨译）

（2）倦绣佳人幽梦长，金笼鹦鹉唤***茶汤***（夏夜即事）

Weary of embroidery, the beauty dreams;

In its golden cage the parrot cries, “***Brew tea!***”

静夜不眠因酒渴，沉烟重拨索***烹茶***（秋夜即事）

Sleepless at night and thirsty after wine;

I relight the incense and call for ***fresh tea***.

却喜侍儿知***试茗***，扫将新雪及时***烹***（冬夜即事）（《红楼梦》第二十三回）

Happily the maid knows how to ***make good tea***;

And gathers up fresh fallen snow to ***brew it***.

评析 与赏画、品诗一般，茗茶也与文学、艺术有直接联系，将文学、艺术融入品茶中，让人们在品茶中也品出美来。《红楼梦》在这方面做得很是到位，品茶味、作茶诗、联茶对，一桩桩红楼雅事把《红楼梦》中的茶文化推向了高潮，使之具有了更大的艺术魅力。例（1）中的上联言宝鼎不煮茶了，屋里还飘散着绿色的蒸汽；下联称幽静的窗下棋已停下了，手指还觉得有凉意。这绿色的蒸汽，显然是翠竹的遮映所致；这凉意，也是因浓荫生凉之故。可谓视角形象与触觉感知二者俱兼。联中的“茶闲”、“棋罢”用得绝妙，吟诵此联，由景及情，由物及人。那种闲情逸致之情态，似映入眼帘。这对联影射黛玉，赞其幽美清丽。“指犹凉”也暗示出黛玉最终的悲剧结局。例（2）中宝玉所作的“四时即事”诗四首中，三首咏及茶事，即夏夜即事、秋夜即事和冬夜即事。这些咏茶诗、茶联把《红楼梦》中的茶文化推向了高潮，使之具有了更大的艺术魅力。

6. 现代社会茶的社会功能

茶在中国人的社会和情感生活中都起着非常重要的作用。在现在社会中，茶不仅仅是一种饮品，它的社会功能远远超过了饮品本身。

(1) 这些年，城市里开了很多茶馆，传统茶馆多是平民待的地方，而这些大城市的茶馆则成为高档的社交场所。(李霞《英语畅谈中国文化 50 主题》)

Many tea houses have been opened. Usually tea houses are where ordinary people like to hang around. But, some tea houses ae destinations for high-brow social life. (董玉国译)

(2) 茶馆甚至改变了商人做生意的方式。传统上，中国商人习惯于在酒桌上谈生意，现在有人说："在酒桌上说得越多，事情越糟；在茶桌上，说得越多，事情越清楚。"(李霞《英语畅谈中国文化 50 主题》)

Tea houses have even changed the way people do business. It used to be over meals. The saying now is "At a table of spirits, the more you talk, the more muddled things become. But at a table of tea, the more you talk, the clearer things become." (董玉国译)

(二) 茶文化词语的翻译

就茶文化英译而言，译者采取不同的翻译策略可能造成不同的效果。异化策略的使用可以保留茶文化的异域性，即鲁迅先生所称的"异国情调"，原汁原味地将茶文化呈现给译语读者，让译语读者了解中国的茶文化；而归化策略的选择却能使人们领略到不同文化之间不谋而合的妙趣。然而，译者在翻译实践中往往不止采取某种单一的策略，而是在译语环境里找到能调动和激发接受者产生相同或相似联想的语言手段，运用不同的翻译策略，尽可能地寻找不同文化中的平衡点，实现不同文化间的对接。

1. 直译

直译能让目的语读者最大限度地品尝、欣赏到原汁原味的中华茶文化。适当地采用异化翻译策略，可以用不完全地道的英语来保留原语的茶文化意象。

(1) 桂花之盛，至此为最。就花下***饮清茗一瓯***，即乘山舆，径回来鹤。(《浮生六记》卷四，第 287 页)

At this spot, the cassia flowers reached the greatest profusion. We ***had a nice cup of tea*** under the flowers and then took mountain sedan-chairs back to the Come Ye Storks Temple. (林语堂译)

(2) 池上有楼，供吕祖像，游者多于此***品茶***焉。(《浮生六记》卷四，第 333 页)

There is a storeyed building on the pond, with an altar to Lüchu inside, where the tourist used to stop and ***taste tea*** made from the spring water. (林语堂译)

(3) 先***烹茗***，饮毕，然后暖酒烹肴。(《浮生六记》卷二，第119页)

First we ***boiled some tea***, and after drinking it, we warmed up the wine and heated up the dishes. (林语堂译)

(4) 那婆娘留住***吃茶***，言来语去，成了此事。(《水浒传》第二十回)

Poxi asked him to stay ***to tea***. They talked of this and that, and suddenly they were lovers. (沙博理译)

(5) 众人听了，大发一笑。贾环只得告诉太监说："一个枕头，一个兽头。"太监记了，***领茶***而去。(《水浒传》第二十二回)

A roar of laughter went up, and Jia Huan told the eunuch that the answer was a head-rest and an animal-head tile. The eunuch having noted this down ***accepted some tea*** and then left.

(6) 众人七手八脚，将他抬了出来，贡院前一个***茶棚子***里坐下，劝他***吃了一碗茶***。(《儒林外史》第三回)

Then all the others lent a hand to carry him out and set him down in a ***teahouse*** in front of the examination school. They urged him to ***drink a bowl of tea***. (杨译)

(7) 惜春欣幸异常，便命彩屏***去开上年蠲的雨水***，预备***好茶***。那妙玉自有茶具。道婆去了不多一时，又来了一个侍者，送下妙玉日用之物。惜春亲自***烹茶***。(《红楼梦》第一百一十一回)

And Xichun in her delight told Caiping to ***fetch some rain-water kept from previous year*** to brew some ***choice tea***. Miaoyu not drink out of any cups but her own; however, before long her maid brought over her things and Xichun herself ***made the tea***. (杨译)

(8) 没有说完，宝玉便说："论理可倒罢了，只是欧文说不大甚好，也不知别人尝着怎么样。"宝钗道："***味倒轻，只是颜色不大好些***。"(《红楼梦》第二十五回)

"It's all right but I didn't care for it much," put in Baoyu. "I don't know how the rest of you found it."

"The flavor was quite delicate, but the color wasn't too good," remarked Baochai. (杨译)

(9) 岂不闻"***一杯为品，二杯即是解渴的蠢物，三杯便是饮牛饮骡了***"。(《红楼梦》第四十一回)

Have you never heard the saying: ***"First cup to taste, second to quench a fool's thirst, third to water an ox or donkey"***? (杨译)

You know what they say ***"One cup for a connoisseur, two for a rustic, and three for a thirsty mule"***. (霍译)

评析 何为"茗"？许多字典、词典和著作都有两种解释，其一是茶的通称，故有"品茗"、"香茗"等词；其二详解"茗"的意义，如《辞海》：一说是晚收的茶；《辞源》：茶之晚取者；《中华字海》：一说是茶的老叶，即粗茶。由这些摘录可知，"茗"

字如果单独使用就是“茶”的同义词，倘若“茗”与“茶”并列进行词义比较，即是采摘前后顺序之别，茶在先，茗在后。因此，例（1）中的“清茗”，意即清茶，用绿茶泡成的茶水。所以“饮清茗”便是品茶；品清茶之意；“瓯”就其字义来说指一种饮用器物，相当于“cup”或“bowl”。例（2）中“品茶”，就是品评茶味；饮茶。一般来说，这是一种较为优雅和闲适的艺术享受，直译成“taste tea”，而不仅仅是“drink tea”，道出了真正的茶道。例（3）中的“烹茗”即为烹茶或煮茶，直译成“boil some tea”，展示了明清时代文人雅士喝茶之讲究，不是一撮茶叶冲上开水那么简单。

以茶馈赠亲友，在中国茶文化历史上是一个良好的传统。茶还可以作为礼物酬谢他们的劳动，如例（5）所示，感谢太监们的跑腿奔波，以茶答谢，“领茶”直译成“accept some tea”，比较直观地再现了以茶酬谢的茶文化习俗。例（8）中宝钗对所喝之茶进行了评价，一句“味道轻，只是颜色不大好些”可见其说话委婉、处事圆滑，既附和了王熙凤，又不伤大雅，采用直译法可以让目的语读者比较明确地了解中国人的茶道精神，即品茶，讲究的是色、香、味俱全，是一种身心上的享受，而不是喝水解渴那么简单的事情。

例（9）是妙玉对饮茶的一番评说，很生动。杨译采用直译法，忠实于原文，保留了原文的“异域风情”，以满足译语读者对“异质成分”的期待，很形象，属典型的异化策略；而霍译主要考虑西方读者的接受力，归化的译文更流畅地道。

2. 意译

翻译过程是一个涉及多种选择的复杂过程，对于文化负载重的茶文化词语，其翻译的目的就是要传递出它所含有的文化信息内涵。然而，由于这些茶文化词语的特殊性，有时采用直译，不仅不能让目的语读者理解和接受，反而引起误解，而意译法却能“不辱使命”。

（1）竹炉***茶灶***，位置极幽。（《浮生六记》卷四，第290页）

With a bamboo-covered stove and a little ***fire-place for boiling tea***, the place looked very nice and secluded indeed.（林语堂译）

（2）***茶博士***问道：“客官吃甚茶？”史进道：“***吃个泡茶***。”

茶博士***点个泡茶***，放在史进面前。（《水浒传》第三回）

A ***waiter*** approached him. “What kind of tea would you like, sir?” “I'll ***have a cup of steeped.***” The waiter ***brought his order*** and placed it on the table before him.（沙博理译）

（3）半歇，王婆出来道：“大官人，吃个***梅汤***？”西门庆道：“最好，***多加些酸***（隐喻情色）。”王婆做了一个***梅汤***，双手递与西门庆。（《水浒传》第二十四回）

Mistress Wang came out from the back of the shop. “***A mei plum drink***, Right Honorable?” “Excellent. ***Make it good and sour.***” She soon placed ***the drink*** before him respectfully, with both hands.（沙博理译）

（4）王婆道：“大官人，吃个***和合汤***如何？”西门庆道：“最好，干娘放甜些。”王婆点了一盏***和合汤***递与西门庆吃。（《水浒传》第二十四回）

"How about a nice '***get together*' *drink***, Right Honorable?" suggested Mistress Wang. "Fine. I'd like it a bit sweet." She brought ***the beverage*** and handed it to him. (沙博理译)

(5) 西门庆叫道："干娘，点两盏茶来。"王婆应道："大官人来了，连日少见。且请坐。"便***浓浓的点两盏姜茶***，将来放在桌子上。(《水浒传》第二十四回)

"Godmother," Ximen called. "Two cups of tea, please." "So it's you, Right Honorable," Mistress Wang grinned. "Haven't seen you in days. Have a chair." She ***set two cups of strong ginger tea*** on the table before him. (沙博理译)

(6) 长老见说，答道："这个事缘，是光辉老僧山门，容易，容易。且请***拜茶***。"(《水浒传》第四回)

"Gladly," said the abbot. "This will add lustre to our monastery. Please ***have some tea.***" (沙博理译)

(7) 后面两个小丫头知是小解，忙先去***茶房预备***去了。(《红楼梦》第五十四回)

When the two younger maids behind knew what he was up to, they hurried to ***the room where tea was made*** to ***get hot water***. (杨译)

(8) 宝玉吃了半碗茶，忽又想起早起的茶来，因问茜雪道："早起沏了一碗枫露茶，我说过，那***茶是三四次后才出色的***，这会子怎么又沏了这个来?"(《红楼梦》第八回)

After drinking half a cup himself he remembered something else and asked Qianxue, "why did you bring me this tea? This morning we brewed some ample-dew tea, and I told you ***its flavor doesn't really come out until after three or four steeps.***" (杨译)

(9) 一时薛林二人也吃完了饭，又***酽酽的沏上茶***来大家吃了，薛姨妈方放了心。(《红楼梦》第八回)

After that, when Bao-chai and Dai-yu had finished eating, he ***drank several cups of very strong tea***. At this point Aunt Xue felt sure that he would be all right. (霍译)

(10) 贾母便吃了半盏，笑着递给刘姥姥，说："你尝尝这个茶。"刘姥姥***一口吃尽***，笑道："好是好，就是***淡些，再熬浓些更好了***。"(《红楼梦》第四十一回)

The Lady Dowager drank half the bowl and passed the rest with a twinkle to Granny Liu, urging her to taste the tea. The old woman drank it straight off.

"Quite good, but ***a bit on the weak side***," was her verdict, which made everyone laugh. "***It should have been left to draw a little longer.***"

评析　例(2)中"茶博士"是旧时茶店伙计的雅号，意译成"waiter"，明确指出了其身份，如果直译，势必让目的语读者误解为一种头衔。这里还用了一个"点"字，透出几分宋时茶道的特点。直接用茶叶泡茶是明代以后才流行起来的习俗。在唐宋时代，流行的是"团茶"或"饼茶"。饮用时，先将团饼碾碎。同是饮用团茶，唐代和宋代又有所不同。唐人饮茶，采用煎茶法，用姜、盐等与磨碎的茶同放在茶炉里煎煮。"烹茶"、"煎茶"反映的是唐代的饮法。宋人饮茶，最有特点的是"点茶法"。宋人所称的“点茶”，类似于现在的泡茶，而自有其特点。因为所用的茶仍然是团茶，在饮用之前仍要将茶团碾碎。“点茶”是将茶末放在杯盏中，用滚沸的水冲泡，并用一种茶器来搅，不仅冲泡出茶的香味，还要使茶水的表面呈现可爱的形状色彩。这里的“吃个泡茶”采用意译法，翻译成“have a cup of steeped”便于目的语读者理解和接受。同时，“点个泡茶”意译为“brought his order”既方便读者理解，又避免了重复，表达地道流畅。

例（3）、例（4）和例（5）是《水浒传》中王婆茶馆的描写。王婆是个语言高手。《水浒传》中写市井里的坏女人，活灵活现，这个王婆即是其一。她不断暗示西门庆，挑起了西门庆对潘金莲的邪心。第一次，她主动招呼西门庆，如例（3）所示，以“梅”字的谐音“媒”字挑起话题。第二次如例（4）所示，用“和合”二字暗示西门庆能如愿以偿。第三次如例（5）所示，她给被邪心煎熬了一夜的西门庆浓浓地点上两盏姜茶，以两盏茶再次勾出西门庆的话头。第四次，西门庆递给她银子后，她就说：“老身看大官人有些渴，吃个宽煎叶儿茶如何？”向西门庆传递这件事情有指望。这几道茶反映出宋元时代饮茶的习俗。一是当时饮茶，既有团茶又有散茶，这个宽煎叶儿茶就是散茶；二是茶馆里既有茶卖也有汤卖，茶里还常常放一些调味料。译者采用意译法，由于中英两种语言文字的巨大差异，虽未能完美再现王婆的言外之意，但表达也地道流畅，便于目的语读者理解和接受。

古时“拜茶”习俗分两部分：一是拜祖宗，盛小碗，供于灶神像前；二是拜灶神，都要焚香燃烛、烧金纸、放鞭炮。拜茶之后，全家每人各盛一碗喝。喝过茶后，还要再烧线面吃，俗谓“长寿面”，既是图吉利，祝愿全家老小长命百岁，又因喝茶不够饱，作为添食，可收一举两得之效。但例（6）中的“拜茶”并不是指此习俗。《水浒传》里写到饮茶的地方不少，比如宋时礼节，客至上茶，颇有些像今天广大汉族地区流行的习俗，这一习俗在小说里称为“拜茶”，此处意译成“have some tea”，表达的正是主人邀请客人喝茶的款待之意。例（7）中的“茶房”译为“room where tea is made”简单易懂，“预备”同样采用意译法，使泡茶前的准备工作更直接和明朗化，便于读者理解。

明代田艺蘅《煮泉小品》中云：“茶者以火作者为次，生晒者为上，亦近自然，且断烟火气耳。”“生晒”就是现今生产的白茶制法。白茶是真正的“不近人间烟火”。白茶是轻微发酵茶，采摘新鲜芽叶，不炒不揉，直接晒干，芽叶密披白毫，色白如银，故称白茶。白茶其性寒凉，退热祛暑功效明显，可防中暑。加上纤细的叶芽、浅淡的汤色、幽微的香气，富有清凉感，所以夏天最适合饮白茶。白茶泡的时间比绿茶长，约10分钟才可看到汤色微黄，且第一、第二道都淡，第三道才出味，如果缺乏耐心过早放弃甚为可惜。例（8）中丫头茜雪被撵的导火线——枫露茶，根据宝玉所说“那茶是三四次后才出色的”，想必应该是白茶。译文采用意译法，用 not… until 结构比较恰当地强调了这种茶叶冲泡的特点。

例（9）中实际上此处这“酽酽”的茶是指“香片”，即茉莉花香片，也叫茉莉花

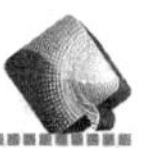

茶，出产于福州，是中国独特的一种茶。茉莉花茶香气清醇，味浓耐泡，北京百姓普遍习惯饮这种茶，统名叫“香片”，这种习惯在清代就已形成。《红楼梦》中所写的日常生活中常喝茉莉花香片，讲究酒足饭饱来壶花茶，讲究滚开的水沏茶，讲究沏好后焖一会儿再喝等。此处宝玉在薛姨妈家吃酒后，又酽酽地沏上的茶正是香片。霍克斯在译文中采用意译法翻译成“very strong tea”，为了让目的语读者更好地理解，此处似乎翻译成“jasmine tea”更为恰当。

例（10）中刘姥姥常居乡下，耕作杂务等体力劳动繁重，日常生活中饮食方面的口味自然与闲逸的达官贵族有所不同，更不懂何为“品茶之道”，因此道出此言便是自然了。身份地位、生活习惯的差异，造成了古人吃茶习惯的对比与反差。译文采用意译法，也较好地传递出了这一文化信息，清楚易懂。

第五节　相关论著选读

茶艺翻译的文化图式建构策略

李　丹　巢劲云

（湖南农业大学外国语学院　湖南农业大学　湖南长沙　410128）

摘　要：茶艺是中华传统文化的瑰宝，其翻译质量成为茶艺这一文化精髓为世界人民所接受的关键。从现有的茶艺翻译译本入手，分析其汉英文化图示的缺省、对应、冲突，在源语和目的语文化认同的基础上，建构其翻译的文化图示，从而促进茶艺文化的对外交流和推广。

关键词：茶艺；翻译；文化图示

茶艺作为我国优秀传统文化的重要组成部分，早在汉代起就经丝绸之路走向了世界。而今，作为团结友好邻邦关系的重要文化纽带，茶文化的重要性日益凸显。而文化图式则是人们所习得知识系统的总和。世界一体化进程愈演愈烈，在不同文化图式下求同存异地发扬传承本族文化是新时代提出的要求和挑战。文化植根于人的脑海里，不能轻易被改变。然而，要在此基础上让目的语读者相对轻松地接受和认同源语文化，就要研究不同文化图式的关系和特点。只有抓住了问题的关键，各个击破，才能在翻译实践中解决相应的冲突，处理信息的失落、变形。茶艺文化早已登上世界舞台，然其被西方文化背景的读者所接受和认同的比例相对较低。从破解文化图式的缺省、完善文化图式的对应、协调文化图式的冲突三方面着手，提出相应翻译策略，全方位推动茶艺文化的对外传播。

（一）文化图式

图式是德国心理学家巴雷特（Bareltt）于1932年提出的“对过去经验的反应和过去经验的积极组织”(an active organize of past reactions or past experience)。文化主要包含器物、制度和观念三个方面，具体包括语言、文字、习俗、思想、国力等。客观来说，文化就是社会价值系统的总和。文化图式的一大特点就是民族性，它是在人脑中对习得的知识、经验形成的不同类别的有序的知识系统和框架。从图式理论的角度来理解，翻译是译者利用相关图式对源语进行解码，并将目的语进行再次编码的过程。

当前，全球一体化进程日益明显，各国文化也出现融合趋势。在这一背景下，翻译活动可能受到政治、伦理、审美、宗教等因素的影响。翻译行为并不是简单地进行文字间的转换，更旨在处理两种文字转变中出现的信息失落、变形等问题。文化图式有稳定性的特点，即一旦形成后，在很长一段时间内不会改变。这对关乎本族文化的翻译提出了很大的挑战。同时，文化图式也具有创新性，即可以在原因信息的基础上，经过加工获得新信息。在翻译中让源语文化图式在目的语中得到体现，从而维护源语语言文化特色，最终实现两种语言在文化功能上的等值。

（二）茶艺翻译的汉英文化图式对立

对外开放的进程也是我国优秀传统文化走向世界的过程。翻译作为传统文化的传播途径，具有相当重要的现实意义。然而，由于东西方文化图式的差异，在人脑中形成了不同的认知框架，造成了翻译过程中信息的偏差，成为了茶艺等优秀传统文化走向世界的桎梏。在目前茶艺翻译研究中，这种汉英文化图式的对立表现十分明显。这种对立主要集中体现在文化图示冲突、缺省、对应三个方面。

1. 文化图式冲突

文化图式冲突指的是源语作者图式与目的语读者图式进行人为强行匹配后产生冲突，表达的意思不一致，甚至完全相反。源语作者和目的语读者可能受其影响，按照自己的习惯来解读文本，从而造成理解上的偏差和错误。

茶艺表演的术语充分体现了中国的历史文化特质。以“三龙护鼎”为例，这是一种喝茶时持杯的姿势，即用拇指、食指和中指拿起茶杯，姿势既典雅又稳当。在很多译本中，将这一术语译成“three Long Huding”，让人相当费解。首先，汉英文化中都有“龙”这一图腾的存在。众所周知，在东方的文化图式中，龙（long），是皇帝和至高无上的权力的象征；在西方的文化图式中，龙（dragon）被理解为恶魔的化身。在“三龙护鼎”这一术语中，龙本身指代持杯的三根手指，生动形象，并且赋予了该动作深厚的文化气氛。然而，西方读者看来，用不祥之物——龙来捧起品茶的器具，让人匪夷所思。

虽然在文化融合的背景下，有一部分图式对应现象出现，但是文化图式具有稳定

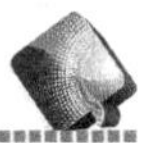

性，其长期在人脑中被习得的定式是很难改变的。文化图式的冲突给译本带来了理解上的误区。

2. 文化图式缺省

文化的图式缺省，即源语作者认知语境中的相关文化图式在目的语读者的认知语境中根本不存在或不完整，因而造成读者在理解上的不完全，甚至失败。汉英文化图式在语言、形式和内容三方面都存在着差异。翻译活动即在源语图式和目标语图式两者之间思维转换的过程。然而，文化图式的特殊性让这一过程更具难度。

茶艺表演中的"关公巡城"和"韩信点兵"两个步骤的名字出自中国典籍故事，这一部分在西方文化中是意义真空的状态。有学者将两步骤翻译如下："pour the tea into every cup in order，we should bear these four words in mind，low，fast，even and end"，"when the tea is nearly ran out，pour the rest of tea into every cup. Every drop of water should be distributed evenly. "而其表演技法的阐述是："一旦用茶壶冲泡好功夫茶后，在分茶汤时，为使各个小茶杯中的茶汤浓度均匀一致，使每杯茶汤的色泽、滋味、香气尽量接近，做到平等待客，一视同仁，为此，先将各个小茶杯，或'一'字，或'品'字，或'田'字排开，采用来回提壶洒茶。如此，提着红色的紫砂壶，在热气腾腾的城池（小茶杯）上来回巡逻，称之为'关公巡城'，既形象又生动，还道出了这一动作的连贯性。又因为留在茶壶中的最后几滴茶，往往是最浓的，是茶汤的最精华醇厚部分，所以要分配均匀，以免各杯茶汤浓淡不一，最后还要将茶壶中留下的几滴茶汤，分别一滴一杯，滴入到每个茶杯中，人称'韩信点兵'。"在此，孤寡的直译显得十分粗浅，不落痛处。特别是对于"低，快，匀，尽"四点要求的阐述，单单用了"low，fast，even and end"，读来一头雾水。

对目标语读者而言，中国文化含蓄委婉的表达方式以及旁征博引的用典手法是他们理解译本时的盲区和空白。这便是源语文化图式在目的语图式中的缺省。

3. 文化图式对应

文化图式对应是指源语和目的语文化图式基本对等，用目的语中的文化图式能够正确表达相关源语文化图式承载的文化信息。图式本身就是人的知识结构系统，随着知识的不断扩充，其系统所涵盖的内容也更加广阔。世界范围内的文化融合过程促进了文化图式对应的产生。

英式红茶最初与中国茶一样保持着清饮的品尝习惯。而据传在17世纪初期，广州官吏首创以加入了牛奶和砂糖的红茶招待荷兰大使。大使将这一做法西传回欧洲，一时蔚为风潮。经过历年的演变，形成了今天的英式红茶。对于茶文化，东西方的文化图式是有一部分对应的，但随着时间的推移，原本对应的部分也有了出离，即创新出了新的图式。这要求文化的融合以及互相交流不断推陈出新，在同一中求个性发展。

（三）翻译文化图式建构策略

翻译研究派倡导以目的语为归宿的原则和方法，提出了"功能对等"一说，强调了翻译等值就是源语和目标语在文化功能上必须要达到等值，也就是采取灵活变通的手段缩小源语译者和目的语读者之间的文化图式的差距。翻译活动中对文化的处理有两种方法：第一种是以源语文化为归宿；第二种以目的语文化为归宿。换言之，译者需要在正确理解源语图式的基础上，对信息加以采集、加工，再用目标语的图式重新表达，在两种文化图式间构建起沟通的桥梁。在翻译实践中，实现两种文化图示的对接可以采取以下几种方式。

第一，分析文化图示冲突，适当进行图式转化。“乌龙”一词最初起源于晋代，是指一人养的犬反伤主人，此后，“乌龙”便成为伤害己方利益的代名词。而“乌龙茶”则因其色泽形态得名。在西方文化中，“乌龙”的意思沿用了晋代之意，并引申出“乌龙球”一说。二者的意思看似有联系，实际却有天壤之别。在茶文化的对外传播过程中，对“乌龙茶”一名的英译采取了音译的手法：oolong tea 由此产生。两个“乌龙”的意思在东西方的文化图式中有着完全不同的意义，然而经过了图式的转化，目的语读者更容易接受。

第二，破解文化图式缺省，采用文内增词。我国有名的西湖龙井茶中，有一种名为“明前茶”的特别珍贵的茶种。其珍贵之处在于这种茶采自清明前，而那时的气候条件的影响使茶叶生长有限，故此茶十分珍贵。其英译为“The preceding dragon well tea”，采用意译的手法，省略了目的语读者不熟悉的“清明节”这一隐含意，在译文内增补了“preceding”一词，让读者通过字面即能了解到这种茶是第一批采制的，并且色翠形美，味醇香幽。

第三，有文化图示对应的，应注意其图示各方面的功能对等。奈达提出了功能对等理论，并认为在翻译中，意义的对等是最重要的，形式还是其次。汉英文化图式中，有一部分是相对应的，给双方读者的理解提供了方便。中国十名茶之一的君山银针茶，其叶细长，并覆盖有少量白色的茸毛，因此而得这一形象的名字。在对外传播中，银针茶被译为“silver needle tea”，这一名称贴切且自然，又符合汉英文化的意象。针在东西方的文化图式中意象近乎一样，也符合银针茶叶的观赏特性。东西方的文化图式对应，在双方沟通和交流中减少了阻力，但同时也要注意二者在翻译过程中词汇、句法、篇章和文体的对等，以免再次引起歧义。

第四，翻译技巧的协调运用。在东西方不同文化图式的影响下，单纯的直译或者意译都容易让读者产生歧义，同时，单一的翻译手法会让译文读起来刻板无趣。直译和意译两种方法灵活运用，能保证译文的质量和翻译的美感。在东西方不同文化图式的影响下，单纯的直译或者意译都容易让读者产生歧义。比如，在遇到“将各个小茶杯，或‘一’字，或‘品’字，或‘田’字排开”这种需要形象表达事物状态的句子时，“省略”（omission）这一技巧就可以派上用场了。将“品”字、“田”字忽略不译，简单地用“put cups together”这一明了的结构表述清楚动作，也能很好地避免文化图式的差异带来的误解。

（四）结语

茶文化在上下五千年中华历史中，始终占据着重要的地位。东西方文化图式的对立关系让茶文化的对外传播遇到了瓶颈，其冲突、缺省和对应三种关系分别对翻译实践和茶文化走向国际化提出了尖锐的挑战。要实现东西方文化图式的对接，解决译和读之间的误区，可以在遇到文化图式冲突时，对语料加以图式转化；在文化图式缺省的情况下，采用文内增加新词的手法；而当文化图式的对应出现时，更加注重源语和目标语之间的文化功能对等。辅以灵活的翻译技巧的运用，茶艺文化的对外传播将得到新的突破。

《宜春学院学报》2011（10）：108-110.

翻译练习

一、茶叶名称翻译。

1. 台湾人参乌龙
2. 茉莉花茶
3. 绿毛峰
4. 八宝茶
5. 梅子红茶
6. 蒸青绿茶
7. 粉末绿茶
8. 银针绿茶
9. 剑片绿茶
10. 碎形红茶

二、句子翻译。

1. 早晨起来，泡一杯浓茶，向院子一坐，你也能看得到很高很高的碧绿的天色。（郁达夫《故都的秋》）

2. 男人从外面买米买煤回来，女儿就会热情地迎上去：“辛苦了，快进去休息吧。”说着为他沏上一杯茶。（雨瑞《断弦》）

3. 你刚开口说由哪儿来的时候，一杯很热的浓茶，就递在你的下巴边上。（孟庆升《新编实用汉英翻译教程》）

4. 在中国社会，当晚辈要向长辈表示尊敬时，会向他们奉上一杯茶。（龙毛忠等《中国文化概览》）

5. 我们往往认为喝茶意味着留客，但从清朝开始，端茶成为一种送客的暗示。（龙毛忠等《中国文化概览》）

6. 茶是节俭和清廉的象征。官方和一些政府机构在节庆的日子会举办茶话会，既

沟通了情感，也不会破费。(李霞《英语畅谈中国文化 50 主题》)

7. 闽南的云霄、漳州、东山、厦门和广东的潮州、汕头等地，流行功夫茶，是一种极为讲究的饮茶方式。(李霞《英语畅谈中国文化 50 主题》)

8. 人们认为喝茶可以减肥和降血压。(李霞《英语畅谈中国文化 50 主题》)

三、段落翻译。

中国素有“茶的故乡”之称，是世界上最早种植茶、制作茶、饮用茶的国家。中国最著名的茶道是功夫茶道。所谓功夫茶，是一种泡茶的技法。品功夫茶是广东潮汕地区很出名的风俗之一。在潮汕本地，家家户户都有功夫茶具，每天必定要喝上几轮。即使侨居外地或移民海外的潮汕人，也仍然保存着品功夫茶这个风俗。(龙毛忠等《中国文化概论》)

第十三章　中国酒文化与汉英翻译

第一节　概　述

中国是享誉世界的文明古国，也是酒的王国。饮酒文化在中国的历史可以追溯到几千年前。古往今来，无论是文人墨客、才子佳人，还是豪侠壮士、英雄好汉都与酒有着不解的缘分。中国的酒，色泽纷呈；品种之多，产量之丰，皆堪称世界之冠。中国又是酒人的乐土，地无分南北，人无分男女老少，族无分汉满蒙回藏，饮酒之风，历经数千年而不衰。中国更是酒文化的极盛地，饮酒的意义远不止生理性消费，远不止口腹之乐；在许多场合，它都是作为一个文化符号，一种文化消费，用来表示一种礼仪，一种气氛，一种情趣，一种心境。

源远流长的中国酒文化对诗人的精神世界、创作心态及作品风格产生了深远影响。在中国古代文学作品中，酒入诗词的时间最早。古代第一部诗歌总集《诗经》中提道："九月肃霜，十月涤场。朋酒斯飨，曰杀羔羊。跻彼公堂，称彼兕觥：万寿无疆!"（《国风·七月》）诗中有酒。在我国古代诗歌史上，不少诗人都写到了酒：曹操感叹"对酒当歌，人生几何?""竹林七贤"以狂饮著名，其代表人物如阮籍、嵇康写下了有关酒的诗篇；至晋末陶渊明，人称其诗"篇篇有酒"，是历史上第一个把酒大量写入诗中，并写出饮酒心境与乐趣的诗人。如果说唐诗宋词是祖国最亮丽的文化遗产，那么酒便是其中酝酿充分、品醇至久的历史流痕。唐诗和酒文化，正如两股清泉，在各自汩汩流淌趵突的同时，汇成了中国传统文化的一溪清流。上乘秦汉古风，下历宋元渊潭，一路奔腾，造就了清雅丽韵而又浓烈芬芳的诗酒文化。李白作为其中最杰出的代表，发挥了不可估量的作用。李白才思敏捷，素有"天才"之誉，而在他的创作中，酒常常参与了艺术境界的酝酿，刺激其创作冲动，触发其灵感。饮酒使诗人的心灵进入一种激动兴奋的状态，使他"笔落惊风雨，诗成泣鬼神"，因而有了"李白斗酒诗百篇"之说。

酒入小说要晚。从文言短篇到白话长篇的小说，酒香透纸、嗜酒如狂的人物呼之欲出，栩栩如生。举凡著名者，如《金瓶梅》写到的酒不下十余种，饮酒的场景不下百余处。又如《封神演义》中昏君纣王整日同妲己饮酒作乐，大造酒池肉林。《三国演义》、《西游记》、《水浒传》等中都有精彩的酒事描写，如"青梅煮酒论英雄"的故事，脍炙人口，流传千古。

在绘画和书法艺术中，中国酒文化对艺术家及其创造的登峰造极之作产生了巨大深远的影响。因酒而获得艺术的自由，这是古老中国艺术家解脱束缚获得艺术创造力的重要途径。“吴带当风”的画圣吴道子，作画前必酣饮大醉方可动笔，醉后为画，挥毫立就；“书圣”王羲之，醉时挥毫而就的“天下第一行书”《兰亭序》“遒媚劲健，绝代所无”，而至酒醒时，“更书数十本，终不能及之”；“草圣”张旭“每大醉，呼叫狂走，乃下笔”，于是有其“挥毫落纸如石烟”的《古诗四帖》。

道家文化是中国文化中重要的组成部分。道家思想看重今生，主张通过修炼和服食养生等手段，达到得道成仙的目的；而在目的与手段之间，更看重目的，有得鱼忘筌、得意忘言之说。道家认为，酒是服食的重要内容，有助于养生和修炼，是达到羽化成仙目的的重要手段和工具，因此道士们常常饮酒、酿酒。

本章从酒名、酒具、饮酒量具、酒旗、酒令等方面简要介绍了中国酒文化的特点，并在此基础上探讨了中国酒文化的内涵和翻译方法。

第二节　中西酒文化的差异

酒是人们日常生活中不可缺少的一部分，人们常说“美酒佳肴”、“无酒不成席”，可见酒是席上的必需品。人生苦短，杯中日月长。生活就是一杯酒，苦辣酸甜样样有。在世界经济日趋全球化的今天，饮酒文化更是以其独特的魅力在世界文化交流中独占鳌头。比较中西方饮酒文化的差异更能彰显中国酒文化的独特魅力，从而使世界更多的人了解中国的酒文化，欣赏中国的酒文化。

（一）汉英酒文化的起源

1. 中国的“人造酒说”

中国的酒有 5 000 年以上的历史，在龙山文化时期（约 5 000 年前）就出现了酒。在中国，关于酒的起源的记载有多种。中国古代流传的许多关于酒的起源的说法中，有一种说法是：天上有酒星，所以有天有地也就有酒了；又有一则古代传说是：在我国西北，有一座天生的“玉馈酒泉”，宽一丈，长深三尺，酒如泉涌，酒香如肉，酒清如镜，上有玉樽玉笾，取出一樽又会长出一樽，永远取之不尽。此后，大诗人李白更把这两则传说写进他的《月下独酌四首》中的其中一首。他说：“天若不爱酒，酒星不在天；地若不爱酒，地应无酒泉。天地即爱酒，爱酒不愧天。”《战国策》中言：“帝女令仪狄作酒而美。”《酒诰》中言：“酒之所兴，肇自上皇，或云仪狄，一曰杜康。”民间传说中最著名的要数“杜康造酒”。相传杜康是个牧羊人，于放牧中不小心丢失装有小米粥的竹筒，半月后失而复得，并意外发现小米粥发酵而成为醇香扑鼻的琼浆。杜康于是弃牧停鞭，创酒坊，酿美酒，开酒肆，售佳酿，名扬天下，杜康也逐渐成为酒的代名词。

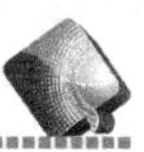

2. 西方的“神造酒说”

西方关于酒的起源也有许多种说法。古埃及认为酒是由死者的庇护神奥里西斯发明的，而希腊人认为酒是由酒神狄奥尼索斯（Dionysus）（又名巴库斯）带到人间来的，是酒神赐予人们的礼物，也是人们丰收的象征。此种起源说也都把酒解释为神造的产物。在这些传说中流传最为广泛的是“酒神造酒”。酒神狄奥尼索斯是希腊神话中的神，相传是众神之父宙斯（Zeus）与底比斯公主西姆莱（Semele）所生。天后赫拉（Hera）出于嫉妒烧死西姆莱。宙斯把狄奥尼索斯救出，缝在他的大腿里，使他获得第二次诞生。后由女神伊诺（Eno）及山林仙女们抚养长大，流浪于小亚细亚色雷斯和希腊，到处传授种植葡萄和酿酒的技术，酒便在欧洲大陆逐渐盛行起来。

（二）汉英饮酒文化的不对等性

人造与神造两种不同的起源说造就了不同的饮酒方式，形成不同的酒文化风格：汉式的“微醺”与英式的“狂醉”。受道家思想的长期影响，许多中国人认为，酒是一种特殊的工具或媒介。中国人喝酒崇拜的是“浅斟低唱”，故叫“饮酒”而不叫“喝酒”。饮者，慢慢从牙齿舌尖滑进咽喉；“喝者”，大口大口往肚子里猛灌之谓。这段话可谓中西饮酒方式差别的概括了。在酒文化的核心上，中国人把酒当作工具，意不在酒；“酒谋”就是典型的例子之一，如宋太祖的“杯酒释兵权”；曹丕设酒宴以甘蔗做剑胜邓展将军；秦昭王之“平原十日饮”；项羽之“鸿门宴”；曹孟德之“青梅煮酒论英雄”；张献忠与李自成之“双雄会”等均于饮酒中施行计谋。

古罗马诗人贺拉斯说：“酒是可爱的，具有火的性格，水的外形。”西方文化的重要组成部分是古希腊罗马文化和基督教文化。据《圣经》记载，耶稣基督在最后的晚餐上把葡萄酒分给门徒，并且告诉他们，葡萄酒是自己的血，让人们记住他是为了替人们赎罪而死的。在这里，葡萄酒是生命的一部分，是耶稣救世精神的化身。对于西方人而言，醉翁之意就在酒，在酒的“味内之味”。西方式的饮酒，我们从中看到的是生活的快乐、爱情的甜蜜、理想的美好。人们在饮酒中尽情地享受，尽情地放纵。西方的酒神精神充满了享乐意识。狄奥尼索斯本身就是情绪放纵的象征。

（三）有趣的中国酒令

人们常说：“茶宜独品，酒宜交友。”说的是饮茶境界宜清幽，饮酒境界宜热闹。酒令便是为饮酒增添热闹气氛的一种游戏方式。古代行酒令的方式很多，有文的，有武的。清人俞培芝《历代酒令大观》将酒令大致分为四类：第一为古令，包括即席联句、即席赋诗等，内容十分广泛，多为文人雅士比试才情之乐；第二为雅令，须引经据典，分韵联吟，对文化的要求较高；第三为通令，即通行之令，大多要借助骰子、牙牌等器具，游戏性很强，没有文化的人也可以参加，如“猜点令”（猜骰子点数）等；第四为筹令，即用“筹”（令签）才能行的令，由令官摇骰子以点数决定谁抽签，令签上已经写有一句唐诗、宋词或元曲，并写明了饮酒条件，抽到者按签上所说的办。这些都属于文令，而武令是指“拇战”，又叫划拳、猜拳、闹拳等，形式最为通俗，场面最为喧闹。行酒令既可助酒兴又可添乐趣，是人们比较喜欢的一种饮酒娱乐；而酒令内容的雅俗高低又能反映出饮酒者的文化素养和情趣好尚。

名著《红楼梦》里有许多有趣的文字酒令。口头文字令是因为身边没有其他行令器具，而只能用口头作诗、作对、唱歌、猜谜来行令，故以得名。口头文字令在中国起源甚早，先秦时期就已经存在，春秋战国时期的饮酒风俗为“当筵歌诗”、“陷席作歌”，这些是口头文字令发展的雏形。比如“小蜜蜂”，口令是“两只小蜜蜂啊，飞到花丛中啊”，然后两方石头剪刀布；猜赢的一方就做打人耳光的动作，同时口中发出“啪啪”两声，输的一方要顺势摇头，做被挨打的动作，同时口中发出“啊啊”两声；如果两方出的一样，两个人都要作出亲嘴的动作，还要发出亲嘴的声音配合，动作或者声音出错的人就要被罚喝酒。“棒棒鸡”，分别有四种东西，即老虎、棒棒、鸡、虫，规定棒棒胜老虎，老虎吃鸡，鸡吃虫，虫钻棒。两人相对，手拿筷子或其他类似的棒状物敲桌面，口中喊“棒棒、棒棒”，然后同时喊出以上四种东西里面的一种，输的人罚酒；如果两人喊的相同，或者同时喊出棒和鸡，虫和虎则不分胜负。

中国悠久的酒文化所衍生的酒令是中国饮酒文化中的奇葩，堪称世界之最。西方人饮酒行令不多，俄罗斯转盘恐怕是比较典型的了：取六个杯子，分别倒等量或者不等量的酒（看玩家的爱好），然后准备一个色子和一个杯子，由参加者轮流摇色子，摇到几，就把第几杯酒喝光；如果杯子是空的，摇色子的人就往杯子里倒酒（多少随意），然后轮到下一个人继续摇；如果色子掉出杯子，摇色子的人必须先自罚一杯，再重新摇。

（四）酒文化对语言文字的影响

英语中有许多表示酒的词语，但都不能与汉字酒完全对等。如表示酒类总称的词alcohol原指酒精，现在也用来泛指任何含有酒精的能醉人的饮料，像葡萄酒、啤酒、烧酒等；Booze也属于此类，常用于口语中，因此boozer指大量饮酒的人，即酒鬼。Drink通称包括酒的各种饮料，也可特指酒。Liquor，spirit（s）均指非发酵的烈酒或蒸馏酒，也被幽默地称为firewater，相当于汉语的“烧酒”、“白酒”、“白干”。Wine源自拉丁语vinum（葡萄），一般指发酵过的葡萄酒等果酒。汉语的“白酒”其实是烧酒，不能译为white wine，而应译为liquor或spirits。

还有些我们经常阅读看到的酒，如烈性酒：whisky（威士忌），rye（黑麦威士忌酒），rum（用甘蔗汁酿的糖酒，也叫兰姆酒），gin（杜松子酒），malt（麦芽酒），brandy（白兰地）。低度酒：wine（葡萄酒），cider（苹果酒），mead（蜂蜜酒）。前面提到的claret，sherry，hock，champagne，port都属于低度酒。混合酒：cock tail（鸡尾酒），martini（马丁尼酒），punch（五味酒），vermouth（苦艾酒）。啤酒：beer（啤酒），draught beer（生啤），shandy（柠檬或姜汁啤酒），bitter（苦啤酒），ale（淡色啤酒），lager（淡味啤酒），stout（烈性黑啤酒）。有专门用途的酒：aperitif（用餐前饮用的开

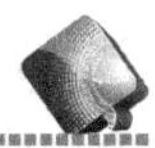

胃酒），pick-me-up（美国英语：醒脑酒、英国英语用 buck-me-up），tonic liquor（补身酒），medicated spirits（药酒）。

在汉英翻译中，修饰酒的词可按度数、颜色、味道、时间可分为四类。表示度数高低的词有：strong（烈性的），weak（淡的、掺水的），mild（淡的、不浓的）；表示颜色的词有：red（红白的），white（白色的），dark（深色的），light（淡色的），pale（淡色的或白色的），rose（粉红色、玫瑰色的）；表示味道的词有：dry（不甜的），sweet（甜的），bitter（苦的）；表示年代的词有：old（陈），aged（陈），V. S. O. P（very superior old pale 陈年酒）。

第三节　中国酒文化的特点及其英译

酒文化是文化百花园中的一朵奇葩，中西方饮酒文化的差异源远流长，但在当今文化全球化的背景下，中西方饮酒文化也在不断地相互交融、相互影响。中国有着悠久的饮酒历史和丰富的酒文化。酒在殷代已经成为贵族的饮品，传说商纣王就是一个嗜酒如命的暴君。历代文人墨客也多喜欢饮酒赋诗，借酒行文。因而在许多文学作品中常见酒的身影，酒与文学结下了不解之缘。这里将主要结合文学名著中的酒事描写介绍中国的酒文化及其在文化传播中的英译问题。

（一）虚实相间的酒名

几千年来，中国酒以独特的品质而驰名世界，几乎涉及人类文明的各个重要方面，其丰富多彩的内容和独到之处，历来为世界瞩目，其产品的命名也是独具匠心，各具特色。

（1）若是晚上吃酒，不许教人管着我，我要尽力吃够了才罢。我先在家里，吃二三斤***惠泉酒***呢。（《红楼梦》第六十二回）

If I am drinking tonight you mustn't let anyone stop me—I mean to drink my fill. At home, in the old days, I used to be able to drink two or three catties of good ***Huiquan wine***.（杨译）

（2）我和平儿说了，已经抬了一坛***绍兴酒***藏在那边了。我们八个人单替你过生日。（《红楼梦》第六十三回）

I've also arranged with Pinger to have a vat of good ***Shaoxing wine*** smuggled in. The eight of us are going to throw a birthday party for you.（杨译）

（3）四公子道："这酒也还有些身份。"邹吉甫道："再不要说起！而今人情薄了。***这米做出来的酒汁***，都是薄的。"（《儒林外史》第九回）

"Why, this wine had body all right," said Lou Chan. "I don't know what the world's coming to," Chou went on. "Things aren't what they used to be: even ***rice wine*** is poor stuff nowadays."（杨译）

(4)“我今儿带些**果子酒**，大家吃着乐一夜，好不好?”(《红楼梦》第九十三回)

“So suppose we sit up together to enjoy these ***sweetmeats and wine*** that I've brought with me?”(杨译)

(5) 宝玉道：“写得痛快！我的诗也该烧了。”又看底下道：“**酒未敌腥还用菊**，性防积冷定须姜。于今落釜成何益，月浦空余禾黍香。”(《红楼梦》第三十八回)

“That's the style!” cried Baoyu. “My verse will have to be burned too.” Then they read on: “***Wine won't purge the smell without chrysanthemums***, And giner is needed dyspepsia to prevent; what can it do now, fallen into the cauldron? On the moonlit bank all that remains is the millet's scent. ”(杨译)

评析 酒的名字自古始然，由少而多，逐渐演变，形成酒名的发展历史。与所有的“名字”一样，酒名不仅仅是一种单纯的符号，而且包含着丰富的文化意义，表达了人类向往美好的审美情趣。如上例所示，中华酒的命名方式有很多种。

1. 以地名命名

中国地大物博，幅员辽阔，各地区的佳酿美酒不胜枚举，以地名酒，古已有之。如春秋时期有吴酒、鲁酒；南北朝有新丰酒；唐代有兰陵美酒；当代有北京特曲、青岛啤酒、浏阳河、贵州茅台等。例(1)和例(2)中的“惠泉酒”和“绍兴酒”都是以地名命名的酒。据《史记》、《吴越春秋》等记载，作为吴文化发源地的无锡，酿酒历史至今已有2 000多年。唐礼部尚书、华盖殿大学士李东阳在诗中写道：“惠泉春酒送如泉，都下如今已盛传。”明人冯梦龙的《醒世恒言》中，已写过“惠山泉酒”之名。到了清代，惠泉酒曾作为贡品进献皇帝。1722年，康熙皇帝驾崩，雍正继位，曹雪芹之父在江宁织造任上，一次就发运40坛惠泉酒进京。曹雪芹的《红楼梦》中，两次提到无锡的惠泉酒，还有一处是在第十六回。“绍兴酒”通称“黄酒”(Shaoxing wine /millet wine)，因产于浙江绍兴而得名。绍兴酿酒，历史悠久，驰名中外。早在吴越之战时，越王勾践出师伐吴前，以酒赏士，留下“一壶解遣三军醉”的千古美谈。在南北朝时期，黄酒已被列为贡品。“汲取门前鉴湖水，酿得绍酒万里香。”

2. 以原料命名

这是一种较原始的命名方法，有植物酒、动物酒、药材酒。例如，植物酒有糯米酒(glutinous rice wine)、麦酒(cerevisiae)、高粱酒(gaoliang spirit)，其中最负盛名的五粮液就是由高粱、糯米、大米、玉米、小麦五种粮食粮酿而成的；还有果酒(fruit wine)，包括葡萄酒、桂花酒等；动物酒有虎骨酒(tiger-bone liquor)、熊胆酒、蛇酒(snake wine)；药酒(medicinal liquor)有长白山人参酒(ginseng liquor)、阿胶酒、椰岛鹿龟酒等。例(3)和例(4)都属于以原料命名的酒类。果子酒可以用橘子、苹果、梨、枣、山楂、荔枝及野生水果来酿造，是一种低酒精度的酒，比较平常和便宜，《红楼梦》中贾芹家境寒素，仅捞了个管管庵子尼僧的差使，喝这种低档、便宜的酒，符合他的身份。而在贾府正式饮宴场合，是不喝这种酒的，主要喝黄酒，果子酒则难登大雅之堂。

3. 以工艺特点命名

很多白酒以自己的酿造生产方式来为产品命名，例如泸州老窖（Luzhou old cellar）、水井坊（Swell fun）等。北京的“二锅头”（Chinese vodka）因为旧时酿造酒用装冷水的大锅作为冷却设备，以换第二次冷水时流出的酒液味道最为纯正，故称“二锅头”。例（5）中，由“酒未敌腥还用菊”可以推断出贾府有用菊花泡的酒。菊花酒历史悠久，曾为御用珍品。

4. 以人名命名

有一些名酒是以人名命名的。其中也包含着不少历史、文学知识或脍炙人口的典故、传说，如杜康酒（Dukang wine）、文君酒、太白酒、包公酒等。

5. 以诗词歌赋命名

通常运用诗词歌赋命名的白酒，常为白酒品牌营造一种非常浓厚的文化韵味和诗意的气息，以诗取名的酒，如湖北的“白云边”。当年李白路过此地，曾留下一首诗：“南湖秋水夜无烟，耐可乘流直上天。且就洞庭赊月色，将船买酒白云边。”所以此酒取名“白云边”。杜牧的“借问酒家何处有，牧童遥指杏花村”诗句也引发了各地杏花村正名之争。

6. 以历史故事、传说和文物古迹命名

很多白酒企业的产地拥有世界文明的文物古迹，或是流传着上千年的历史故事或与酒有关的文化，以此来为白酒命名似乎为产品增加了很多历史厚重感和文化内涵，例如孔府家酒、刘伶醉、扳倒井、状元红、女儿红等。从前每户绍兴人家诞下婴孩后，都会将一坛花雕酒埋在地底。如果生的是男婴，便盼望他长大后饱读诗书、上京赴考，到有朝一日高中状元回乡报喜，即可把老酒开瓶招呼亲朋。话虽如此，能够真正考上状元的万人无一，因此，实际上“状元红”一般都是在儿子结婚时用来招待客人而已。至于为女婴埋的花雕酒叫“女儿红”，同样也是在她长大成人后的出嫁之日作迎宾之用。

此外，还有一些酒名是从历史上沿用下来的。如古井贡酒，是明清两代专门进贡给皇帝的，故此得名。山西永济的桑落酒，早在南北朝时就是名酒，白居易有“桑落气重珠翠暖，柏枝声引莞弘高”的诗句，相传赵匡胤就是饮此酒而醉闹桃花宫的。中国名酒酒名精彩纷呈，大都有一番“来龙去脉”，这也从一个侧面折射出华夏文化的博大精深、源远流长。

（二）名目繁多的酒具

在中国古代的“酒政”著作中，不仅记载了自古以来人们饮酒时的对象、环境和时令，还十分重视酒具的精美，即人们常说的“美食美器”。正如金庸先生在《笑傲江湖》中借书中人物祖千秋之口，对酒和酒具的搭配和衬托有一段非常精彩的阐述：“饮酒须得讲究酒具，喝甚么酒，便用甚么酒杯。喝汾酒当用玉杯饮酒须得讲究酒具，喝甚么酒，便用甚么酒杯。喝汾酒当用玉杯，唐人有诗云：‘玉碗盛来琥珀光。’这一坛关外白酒，最好是用犀角杯盛之而饮，那就醇美无比，须知玉杯增酒之色，犀角杯增酒之香，至于饮葡萄酒嘛，当然要用夜光杯了。古人诗云：'葡萄美酒夜光杯，欲饮琵琶马上催。'饮这绍兴状元红须用古瓷杯，饮这坛梨花酒，那该用翡翠杯。"美酒和酒具的交相辉映，极佳地展示出了酒文化的美学内涵，即结构美、个性美、风味美、意境美。

(1) 黛玉放下钓鱼竿，走至座间，拿起那***乌银梅花自斟壶***来，拣了一个小小的***海棠冻石蕉叶杯***。(《红楼梦》第三十八回)

At this point Daiyu, laying down her rod, walked over to the table. She picked up ***a tarnished silver pot with a plum-blossom design*** and chose a tiny ***red soapstone cup shaped like a palm leaf***. (杨译)

(2) 凤姐因命丰儿："前面里间书架子上有***十个竹根套杯***，取来。"丰儿听了，才要去取，鸳鸯笑道："我知道，你那十个杯还小。况且你才说木头的，这会子又拿了竹根的来，倒不好看，不如把我们那里的***黄杨根子***整刓的十个大套杯拿来，灌他十下子。"(《红楼梦》第四十一回)

Xifeng told Fenger: "Bring that ***set of ten cups carved out of bamboo root*** on the bookshelf in the inner room."

The maid assented, but as she was about to go on this errand Yuanyang put in with a smile:

"I know that set, it's too small. Besides, you just said wood and it won't look right if now you produce bamboo. Better fetch from our place that large ***set of ten cups made out of boxwood roots***. Let her drink from those." (杨译)

(3) 刘姥姥一看，又惊又喜：惊的是一连十个挨次大小分下来，那大的足足的像个小盆子，极小的还有手里的杯子两个大；喜的是雕镂奇绝，一色山水树木人物，并有草字以及图印。(《红楼梦》第四十一回)

These cups when brought filled Granny Liu with amazement and admiration. Amazement because all ten fitted into each other, the largest being the size of a small basin and even the smallest as big as the cup in her hand. Admiration at the fine landscapes, trees and figures carved on them, as well as the seals and inscriptions. (杨译)

(4) 每人一把***乌银洋錾自斟壶***，一个***什锦珐琅杯***。(《红楼梦》第四十回)

Everyone also had a ***tarnished silver wine-pot*** with engraved designs and ***variegated cloisonné cup***. (杨译)

评析 例(1)中的"乌银梅花自斟壶"被直译为"a tarnished silver pot with a plum-blossom design"，其中"乌银"是一种银铜合金，特点是一种合金来装饰另一种金属。乌银制品是用錾花或錾刻的白银设计做底，然后在花纹中填充纯黑色的铜银铅合金(一般是铜约为百分之九十，银约为百分之十)，经抛光露出白银的纹样，利用黑白之间强烈的色彩和光泽对比来起到装饰的作用；"梅花"是指壶上的图案，将金银锤薄通过錾花工艺，用錾子錾镂出浮雕的效果。"海棠冻石蕉叶杯"被意译为"red soap-

stone cup shaped like a palm leaf"，其中“海棠”指酒杯的式样形如四瓣状的海棠花；“冻石”是一种半透明的石料，晶莹润泽，透明如冻，常用于雕刻工艺品和印章；“蕉叶杯”，古代的一种酒器名，是一种较浅的杯子，形似蕉叶；常饰之以金，又名金蕉叶。黛玉随手“拣”起的这只酒杯就算在当时也是复杂的工艺品。管中窥豹，不难看出贾府这个大家庭的富贵、奢侈程度。

例（2）中“竹根套杯”和“黄杨根子套杯”被直译为“set of ten cups carved out of bamboo root”和“set of ten cups made out of boxwood roots”。“套杯”指成套的一组杯子，样式相同，大小相次，叠在一起可以套到最大的杯中，称套杯。在第四十回，凤姐和鸳鸯商量拿刘姥姥取乐，提到了竹根套杯和黄杨根套杯。“黄杨木根套杯”是用整块黄杨木树根刓成的由大到小的成套的杯子，一般十只为一套。例（3）中刘姥姥的惊且喜，说明了两个问题，一是她随口开玩笑，没有想到贾府居然真的有用木头，甚至是竹根做成的杯子，而且是套杯，很是吃惊；二是看到套杯做工精细、装饰精致，又非常喜欢，简直想据为己有。

例（4）中“十锦珐琅杯”被意译为“variegated cloisonné cup”，其中“十锦”通“什锦”，指由多种原料制成或多种花样拼成的东西。这里应该是指杯的颜色、花样繁多。“珐琅”又称“洋瓷”、“法蓝”，是用硼砂、玻璃粉、石英等加铅、锡的氧化物烧制而成的像釉子似的涂料，涂在金属表面作为装饰，亦可防锈。清康熙年间从西洋输入钟表器物，常嵌有洋瓷画片，当时名之为“珐琅”。

贾府所用的酒具从材质看，有金、银、铜、锡、陶、瓷、竹、木、兽角、玻璃、冻石、珐琅等，从器物上看，有缸、坛、海、爵、彝、樽、壶、觥、斝、瓟、盏、碗、杯等器皿。全书明确提到的酒具除上述例证外，还有錾金彝（bronze wine vessel inlaid with gold）（第三回），汝窑美人瓟（slender-waisted porcelain vase from the Ruzhou Kiln）（第三回），玻璃盏（glass vessels）（第五回）和琥珀杯（amber cups）（第五回），金银爵（第十八回）等。

（三）形形色色的饮酒量具

古人喜饮酒，却不似今人一样以饮为饮，全然忽略了一个“雅”字。古人饮酒时为使酒事更臻完美，达到身心俱乐的境界，在许多方面常有细微的功夫，酒杯更是举足轻重。关于饮酒的器皿，是随着历史的不断进步而渐臻完善和精美的。新石器时代的樽壶，商周时期的青铜酒器，汉代的玻璃、海螺杯，以及以后出现的金银酒杯；到了唐宋之后，则大多为陶瓷取代，而且一直沿袭到今天。现代的精美酒具品种繁多，数不胜数。古代的酒具，则有樽、钟、爵、盂、盏、觞等数十种名称。古人逢事往往讲究情调，注重氛围，故而特别重视酒具，不同的场合是有严格的限制的，况且还有浓重的阶级色彩。李白诗中的“美酒樽中置千斛”、“举杯邀明月”、“莫使金樽空对月”等；还有杜甫的“十觞也不醉，感子故意长”，王昌龄的“一片冰心在玉壶”，王翰的“葡萄美酒夜光杯”等都是对饮酒和饮酒酒具描写的千古名句。可见，古人确有“非酒器无以饮酒，饮酒之器大大小有度”的讲究，从很多文学名著中，如《红楼梦》和《水浒传》可见一斑。

《红楼梦》中的饮酒量具

(1) 宝玉笑道：“听我说来，如此滥饮易醉而无味。我先喝**一大海**，发一个新令，有不遵者连罚**十大海**，逐出席外与人斟酒。”(《红楼梦》第二十八回)

“Listen,” put in Baoyu. “If you drink so fast, you'll soon be drunk and we shan't have any fun. Suppose I empty a ***goblet*** first and we play a new game of forfeits? Anyone who doesn't do as I say will have to drain ***ten goblets*** in succession and leave the table to wait on the others.”(杨译)

(2) 那薛蟠**三杯**下肚，不觉忘了情，拉着云儿的手，笑道：“你把那体己新样儿的曲子唱个我听，我吃**一坛**，如何?”(《红楼梦》第六十三回)

After ***three cups*** Xue Pan grew rowdy and seized her hand.

“Sing a nice new song for me,” he begged, “and I'll drink ***a whole jarful of wine***. How about it?”(杨译)

(3) 我和平儿说了，已经抬了**一坛**绍兴酒藏在那边了。(《红楼梦》第六十三回)

I've also arranged with Pinger to have a ***vat*** of good Shaoxing wine smuggled in.(杨译)

(4) 说着大家来敬，探春那里肯饮，却被史湘云、香菱、李纨等三四个人，强死强活，灌了**一钟**才罢。(《红楼梦》第六十三回)

They all raised their ***cups***, but Tanchun would not drink this toast until compelled to by Xiangyun, Xiangling and Li Wan.(杨译)

(5) 李纨笑道：“真有趣，你们掷去罢，我只自吃**一杯**，不问你们的废兴。”(《红楼梦》第六十三回)

“That's fine,” said Li Wan. “You go on dicing while I just drink ***one cup*** without worrying how the rest of you get on.”(杨译)

《水浒传》中的饮酒量具

(1) 那庄客旋了**一壶**酒，拿一支**盏子**，筛下酒与智深吃。(《水浒传》第五回)

A vassal warmed the wine and filled Sagacious' ***cup***.(沙博理译)

(2) 这鲁智深也不谦让，也不推辞，无一时，**一壶**酒，一盘肉，都吃了。(《水浒传》第五回)

The monk didn't need to be coaxed. In a trice he finished off both ***the pot of wine*** and the platter of meat.(沙博理译)

(3) 随即叫庄客取一支熟鹅，**大碗**将酒斟来，叫智深尽意吃了三二十**碗**。(《水浒传》第五回)

He told a vassal to bring a cooked goose and ***a large wine bowl***. Sagacious drank twenty or thirty ***bowls of wine*** and finished the goose. (沙博理译)

(4) 刘太公慌忙亲捧**台盏**，斟下一杯好酒，跪在地下。(《水浒传》第五回)

Grandpa Liu hurried forward with ***a cup of good wine on a tray***, and knelt before the bandit chief. (沙博理译)

(5) 话犹未了，早暖了**一注子**酒来。(《水浒传》第二十四回)

"Why should we?" The girl picked up the ***cylindrical container*** that the wine was heating in. (沙博理译)

(6) 妇人接过酒来吃了，却拿**注子**再斟酒来，放在武松面前。(《水浒传》第二十四回)

She drank it, poured more wine from ***the heating container*** and placed it in front of him. (沙博理译)

(7) 酒至五巡，武松讨副**劝杯**。(《水浒传》第二十四回)

After five rounds, Wu Song had the soldier fill ***a pledge cup*** with wine. Holding it, he faced his brother. (沙博理译)

(8) 店主人便去打**两角酒**，**大碗**价筛来，教武行者吃，将一碟熟菜与他口。(《水浒传》第三十二回)

The host drew ***two measures*** and served Wu Song in ***a large bowl***. He brought also a side dish of vegetables. (沙博理译)

(9) 片时间吃尽了两角酒，又叫再打**两角酒来**。店主人又打了两角酒，大碗筛来，武行者只顾吃。(《水浒传》第三十二回)

Wu Song soon finished the wine and called for another ***two drafts***. Again the host served, in a large bowl, and Wu Song continued drinking. (沙博理译)

(10) 摆下几般菜蔬，又是一大**旋**酒，一大盘煎肉，一碗鱼羹，一大碗饭。(《水浒传》第二十八回)

He laid out several vegetable dishes, another large ***measure*** of wine, a big platter of fried meat, a bowl of fish soup, and a large bowl of rice. (沙博理译)

评析 《红楼梦》多以"杯"(cup)、"钟"(cup)、"大海"(goblet)、"坛"(vat/jar)等作量具，而《水浒传》中多以角、碗、瓶、注子、桶、子、旋等为量具。论桶的如白胜在黄泥冈卖酒，押送生辰纲的军汉问他："多少钱一桶?"《水浒传》中的英雄无论哪一位喝个十碗八碗，甚至十余碗都不会醉。鲁智深就是喝了一桶酒，才有醉打五台山文殊院的闹事之举。《汉语大辞典》(第五卷，第1 093页)对"注子"(cylindrical container)的解释是：古代酒壶，金属或瓷制，另有注碗，可坐于注碗中，始于晚唐，盛于宋元时期。现在有一些酒店还备有注子和注碗，用来卖散装酒。不过已经通称酒壶，不再叫注子。“台盏”（cup）是中国古代的一种高级茶酒具，金银器、陶瓷器、漆木器中均有之。因其制作精美，传世较少，而且在历史上某些朝代曾用作祭祀祖先神灵和区别官员官阶的重器，故为藏家所珍爱。古代以牛角作杯具，所以说“角”。从缸里向外打酒用“角”（measure/draft），也称“提子”，分大角、小角，一般一“大角”一斤，一“小角”半斤。“旋”（measure）在《汉语大辞典》第六卷，第1 608页上的解释有二：一是作名词用，同“镟”，温酒器；二是作动词用，意为温酒，如第五回“旋了一壶酒”。

（四）五花八门的酒旗

酒旗在古时的作用，一般来说，大致相当于现在的招牌、灯箱或霓虹灯之类。在酒旗上署上店家字号，或悬于店铺之上，或挂在屋顶房前，或干脆另立一根望杆，扯上酒旗，让其随风飘展，以达到招徕顾客的目的。除此之外，酒旗还有一个重要的作用，那就是酒旗的升降是店家有酒或无酒、营业或不营业的标志。早晨起来，开始营业，有酒可卖，便高悬酒旗；若无酒可售，就收下酒旗。《东京梦华录》里说：“至午未间，家家无酒，拽下望子。”这“望子”就是酒旗。

（1）门前挑出望竿，挂着***酒旆***，漾在空中飘荡。（《水浒传》第三回）

From a pole sticking out over the tavern door a ***pennant*** fluttered in the breeze indicating that liquor was sold on the premises.（沙博理译）

（2）智深离了铁匠人家，行不到三二十步，见一个***酒望子***挑出在房檐上。（《水浒传》第四回）

Before he had gone thirty paces, he saw ***a wine shop banner*** sticking out from the eaves of a house.（沙博理译）

（3）出得店门，行了几步，又望见一家***酒旗儿***直挑出在门前。（《水浒传》第四回）

He left the wine shop and walked on. Soon he saw another ***wine flag*** suspended over a doorway.（沙博理译）

（4）远远地杏花深处，市梢尽头，一家挑出个***草帚儿***来。（《水浒传》第四回）

At the far end of the market—place he saw amid blossoming apricot trees a small house from which a bundle of ***broom straw*** was hanging.（沙博理译）

（5）当日晌午时分，走得肚中饥渴望见前面有一个酒店，挑着一面***招旗***在门前，上头写着五个字道：“三碗不过冈。”（《水浒传》第二十三回）

It was noon and he was a good distance from the county town, and he was hungry and thirsty from walking. Further up the road he saw a tavern. By the doorway hung a ***pennant*** reading: Three bowls and you can't cross the ridge.（沙博理译）

（6）此处都好，只是还少一个***酒幌***，明日竟做一个来。就依外面村庄的式样，不

必华丽，用竹竿挑在树梢头。(《红楼梦》第十七回)

This place is perfect in every other respect, but it still lacks a ***tavern -sign***. You must have one made tomorrow. Nothing too grand. Just a tavern-sign of the sort used in country places. Let it be hung on a bamboo pole from a tree-top. (杨译)

评析　以上各例中的"酒旆"(pennant)、"酒望子"(wine shop banner)、"酒旗儿"(wine flog)"草帚儿"(broom straw)、"招旗"(pennant)、"酒幌"(tavern-sign)等都是酒旗。"酒旗"亦称酒望、酒帘、青旗、锦旆等。作为一种最古老的广告形式，酒旗在我国已有悠久的历史。张籍《江南行》:"长于午日沽春酒，高高酒旗悬江口。"自唐代以后，酒旗逐渐发展成为一种十分普通的市招，而且五花八门，异彩纷呈。

酒旗大致可分3类：一是象形酒旗，以酒壶等实物、模型、图画为特征；二是标志酒旗，即旗幌及晚上灯幌；三是文字酒旗，以单字、双字甚至是对子、诗歌为表现形式，如"酒"、"太白遗风"等。标识一般用布（素、青）缝制而成，大小不一。上面大书"酒"字，或标以名酒，或书写店名，甚至有警语文句其上者。如《清明上河图》名画中的诸多酒店便在酒旗上标有"新酒"、"小酒"等字样，旗布为白或青色，但用料不限于青、白两色。如唐代韦应物《酒肆行》，描写了京师长安酒肆及豪华大酒楼的彩色酒旗在春风中招展的繁华景象。

随着社会的发展，酒旗如今已被高科技广告设施所取代。偶有仿古酒旗有林立的高楼间悬着，但仍透着一种韵味，不过现代人已越来越难领略到"水村山郭酒旗风"的景致了。

（五）回味甘醇的酒类

中国酒经历了初创期、成长期、成熟期、提高期、变革期共五个时期。自新石器时代到夏朝初年，人们用发酵的谷物来制作水酒；在北宋时期，中国白酒问世，西域蒸馏器也传入我国；从北宋至今，中国酒形成百花争妍的场景，中国先进酿酒技术争放异彩。酒在中国大致经历了三个阶段，即果酒、黄酒和烧酒（白酒）。从古至今，酒一直被大众所深爱。不同的人有着不同的爱好，不同的人喜欢不同的酒。正是因为人们的不同爱好，酒文化发展才得以多元化。

(1) "酒家不忌荤酒，遮莫甚么***浑清白酒***都不拣选；牛肉，狗肉，但有便吃。"(《水浒传》第五回)

"I'm not opposed to wine or meat. The wine can be ***clear or cloudy***. Beef or dog meat, I eat them all." (沙博理译)

(2) 俺家的酒虽是***村酒***，却比***老酒***的滋味；但三碗的，便醉了，过不得前面的山冈去：因此唤作'三碗不过冈'。(《水浒传》第二十三回)

Although our wine is just ***a village product***, it's as fragrant as the ***old brews***. Any traveler who drinks three bowls of it gets drunk and can't cross that ridge there. Hence, the name. (沙博理译)

(3)“我这酒，叫做‘***透瓶香***’；又唤作‘***出门倒***’：初入口时，醇浓好吃，少刻时便倒。”（《水浒传》第二十三回）

“My wine is called ‘***Seeps Through the Bottle Fragrance***’. It’s also called ‘***Collapse Outside the Door***’. You don’t feel anything at first. But a little later, down you go.”（沙博理译）

(4) 店主人应道：“实不瞒师父说：酒却有些***茅柴白酒***，肉却多卖没了。”（《水浒传》第三十二回）

“We have some simple ***home brew***, Reverend,” said the tavern keeper, “but I’m afraid we’re out of meat.”（沙博理译）

(5) 店主人却捧出一樽***青花瓮酒***来，开了泥头，倾在一个大白盆里。武行者偷眼看时，却是一瓮***窨下的好酒***，风吹过一阵阵香味来。武行者闻了那酒香味，喉咙痒将起来，恨不得钻过来抢吃。（《水浒传》第三十二回）

The host brought ***wine in a flowery jug***, opened the clay stopper, and poured the wine into a large white basin. Wu Song could see that it was ***a vintage brew***, fresh from ***cellar storage***. Its bouquet wafted to his nostrils. The fragrance was almost unbearable. Wu Song’s throat tickled. He could scarcely restrain himself from rushing over and grabbing.（沙博理译）

(6) 来到树木丛中看时，却是一座卖***村醪***的小酒店。（《水浒传》第二十九回）

In a grove by the road they found a little shop which sold a simple ***local brew***.（沙博理译）

(7) 三个坐定便叫酒保铺下菜蔬果品海鲜按酒之类。酒保取过两***樽玉壶春酒***——此是江州有名的***上色好酒***，开了泥头。（《水浒传》第三十八回）

They ordered vegetables, fruit and seafood delicacies to go with the wine. The waiter produced two ***jugs*** of “***Springtime in Jade Bottles***” —a famous Jiangzhou liquor—and removed the clay stoppers.（沙博理译）

(8) 酒保听了，便下楼去。少时，一托盘把上楼来：***一樽蓝桥风月美酒***，摆下菜蔬时新果品按酒。（《水浒传》第三十九回）

The waiter went downstairs and soon returned with ***a jug of “Moonlight Breeze on Lovers’ Bridge”*** —***a fine liquor***, and a tray of vegetable dishes and tidbits to go with it.（沙博理译）

(9) 黛玉道：“你们只管吃去，让我自斟，这才有趣儿。”说着便斟了半盏，看时却是***黄酒***，因说道：“我吃了一点儿螃蟹，觉得心口微微的疼，须得热热的喝口***烧酒***。”宝玉忙道：“有烧酒了。”便将那***合欢花浸的酒***烫一壶来。黛玉也只吃了一口便放下了。（《红楼梦》第三十八回）

To the maid who hurried forward to pour her a drink she said: “Go on with your meal. Let me pour my own wine, that’s more fun.”

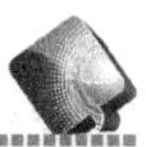

By now she had poured half a cup and could see it was ***yellow wine***. "After eating a bit of crab I've slight indigestion," she said, "What I really want is a mouthful of ***hot spirits***."

"There's some here," said Baoyu promptly. He told the maid to heat ***a pot of spirits in which acacia flowers had been steeped***. After just one sip Daiyu put the cup down.（杨译）

（10）我和平儿说了，已经抬了一坛***绍兴酒***在那边了。我们八个人单替你过生日。（《红楼梦》六十三回）

I've also arranged with Pinger to have a vat of good ***Shaoxing wine*** smuggled in. The eight of us are going to throw a birthday party for you.（杨译）

评析　《水浒传》中关于酒的描写翔实细致，所提到的酒名，就有透瓶香酒、茅柴白酒、青花瓮酒、玉壶春酒、蓝桥风月酒等。武松过景阳冈前喝的便是"透瓶香酒"（又叫"出门倒"），武松醉打孔亮时所在的酒店卖的便是"茅柴白酒"，宋江、戴宗和李逵在琵琶亭喝的是"玉壶春"，而在浔阳楼，让宋江醉后题诗惹祸的则是"蓝桥风月酒"。"村醪"，即"村酒"，指农家自酿的酒。据《汉语大辞典》（九卷，第361页）解释：茅柴酒指村酿薄酒。《汉语大辞典》（一卷，第272页）解释：上色，一指美女；二指上等、高级。《水浒传》中的"上色酒"应当是指质量较好的高级酒。

《水浒传》涉及的酒类品种良多，从皇帝老子享用的黄封御酒到村野乡民寻乐的茅柴白酒都有记载。一般乡野山村偏僻之处多是卖一些味薄的村酒、老酒、黄米酒、素酒、荤酒、浑白酒、社酿等。这些酒多是以谷物为原料加酒曲酿成的，其中的酒精含量都比较低。这种乡民自己土法酿制的酒，今日仍然存在。北方一些地区称之为"醪糟"，南方把它叫作"米酒、黄酒、甜酒"等。

《红楼梦》中确切提到的酒名大致有黄酒（绍兴酒）、惠泉酒、西洋葡萄酒、烧酒、果子酒、屠苏酒以及作者杜撰的"万艳同杯"酒和提到过但未明确写到的桂花酒等。"惠泉酒"产自江苏省无锡市，因用优质糯米和惠泉水酿制而得名，其历史悠久，素负盛名；"西洋葡萄酒"的特征是"胭脂一般的汁子"，即红葡萄酒；《红楼梦》中的"烧酒"是用合欢花浸的，当时因吃螃蟹，黛玉吃后觉得心口微疼，于是喝的就是这烧酒；"果子酒"顾名思义就是用果子酿制的酒，如香蕉、苹果、梅子、荔枝等；"屠苏酒"是古代人们过年时饮用的一种保健酒，也叫"屠酥酒"。据传它是汉代名医华佗所创，将赤木桂心、防风、桔梗等多种中草药置酒中煎数沸而成，类似于现在的五加皮；"万艳同杯"酒系作者杜撰，是以"百花之蕊、万木之汁，加以麟髓之醅、凤乳之麴酿成"；"桂花酒"曾在宝玉祭晴雯时提到，系用烧酒提取新鲜桂花液并与黄酒组合兑换而成。

中国"黄酒"以绍兴酒为最，因此，日常所谓"黄酒"，即指"绍兴酒"。《红楼梦》书中以提到黄酒的次数最多。明确提到绍兴酒的虽只有一处，但如果未作特殊说明，贾府所用之酒皆系黄酒。这主要是因为曹雪芹出身江南，而江南以喝黄酒为主。

另外，大观园中的数次酒会喝的都是黄酒，如“史湘云醉眠芍药茵”中就有明确暗示，其酒令云：“泉香而酒冽，玉碗盛来琥珀光。”酒味香洌浓郁，色泽透明如琥珀正是绍兴酒的两大特色。

（六）雅俗共赏的酒令

酒令初创之时原是为了节制饮酒，并曾设酒官进行监管。然而，随着经济、文化、社会交流的发展，酒令已逐渐成为一种在饮酒过程中必不可少的助兴方式，饮酒之人在酒令的伴随下更是能够体会畅快淋漓痛饮琼浆的美好感受。由于制酒业兴旺发达、酒风更甚，酒令的花样也多了起来，酒令由雅至俗，雅俗共赏；至明清时期，酒令再度发展直至高峰，人世间万事万物无不入令。据红学家统计，《红楼梦》全书描写酒局共60余场。酒令发展至明清，已经由原来禁酒、限酒的初衷走向劝酒、罚酒，其目的也由原来的节制饮酒走向活跃气氛，成为交流、沟通的最佳方式。

（1）湘云先笑着，说：“这个简单爽利，合了我的脾气。我不行这个‘***射覆***’，没的垂头丧气闷人，我只***猜拳***去了。”探春道：“惟有他乱令，宝姐姐快罚他一钟。”宝钗不容分说，笑灌了湘云一杯。探春道：“我吃一杯。我是***令官***，也不用宣，只听我分派。”命取了***骰子令盆***来，“从琴妹妹掷起，挨着掷下去，对了点的二人射覆。”（《红楼梦》第六十二回）

“This is simple and quick, it suits me!” chortled Xiangyun. “I shan't play ***conundrums***; that's too boring and depressing. I shall ***guess fingers.***”

“She's broken the rules,” cried Tanchun. “Quick, Cousin Baochai, make her drink a cup as a forfeit.”

Baochai laughingly forced Xiangyun to drain a cup.

“I'm ***taking charge*** so I'll drink a cup too,” said Tanchun. “There's no need for any announcement, just do as I say. Fetch a ***dice-bowl*** and throw the dice in turn, starting with Baoqin. When two people throw the same number they must play conundrums.”（杨译）

（2）凤姐因见贾母十分高兴，便笑道：“趁着女先儿们在这里，不如叫他们击鼓，咱们传梅，行一个‘***春喜上眉梢***’的令如何？”贾母笑道：“这是个***好令***，正对时对景。”忙命人取了一面***黑漆铜钉花腔令鼓***来，与女先儿们击着。（《红楼梦》第五十四回）

The Lady Dowager was now in such high spirits that Xifeng suggested, “While the story-tellers are here, why don't we get them to drum for us while we pass round a spray of plum-blossom and play ‘***Spring Lights Up the Eye-brows***’.”

“That's a ***fine drinking-game***, and this is just the time for it,” approved the old lady.

She sent for a ***black lacquered drum with copper studs*** which was kept for drinking-games, asked the story-tellers to beat it, and took a spray of red plum-blossom from the

table.（杨译）

（3）大家又该对点**猜拳**。这些人因贾母王夫人不在家，没了管束，便任意取乐。呼三喝四，喊七叫八，满厅中红飞翠舞，玉动珠摇，真是十分热闹。（《红楼梦》第六十二回）

So they went on dicing and ***playing finger-guessing games***. And as there was nobody to control them in the absence of the Lady Dowager and Lady Wang, they enjoyed themselves just as they pleased, shouting different numbers, the hall a scene of wild merriment filled as it was with the fluttering of red and green silk, the flashing of jade and pearl trinkets.（杨译）

（4）鸳鸯道："如今我说***骨牌副儿***，从老太太起，顺领说下去，至刘姥姥止。比如我说一副儿，将这三张牌拆开，先说头一张，次说第二张，再说第三张，说完了，合成这一副儿的名字。无论诗词歌赋，成语俗话，比上一句，都要叶韵，错了的罚一杯。"（《红楼梦》第四十回）

"I shall use three ***dominoes***," announced Yuanyang. "We'll start with the old lady and go round in turn, ending with Granny Liu. For example, I'll take a set of three dominoes and read out what's on each of the three in turn, ending with the name of the set. You must say either a line of classical poetry, a proverb or an adage after each; and they must rhyme. A cup of wine is the forfeit for any mistake."（杨译）

（5）说着，晴雯拿了一个竹雕的签筒来，里面装着***象牙花名签子***，摇了一摇。放在当中。又取过骰子来，盛在盒内，摇了一摇，揭开一看，里面是五点，数至宝钗。宝钗便笑道："我先抓，不知抓出个什么来。"说着，将筒摇了一摇，伸手掣出一根。大家一看，只见签上画着一枝牡丹，题着"艳冠群芳"四字。下面又有镌的小字，一句唐诗道是："任是无情也动人。"又注着："在席共贺一杯，此为群芳之冠，随意命人不拘诗词雅谑，道一则以侑酒。"众人看了。都笑说："巧的很，你也原配牡丹花。"说着，大家共贺了一杯。（《红楼梦》第六十三回）

As she was speaking, Qingwen brought in ***a carved bamboo container filled with ivory slips bearing the names of flowers***. Having shaken this she put it down in the middle. Next she brought the dice-box and shook it, and upon opening the box saw that the number on the dice was five. She counted, starting from herself, and Baochai being the fifth was the one who should start.

"I'll draw," said Baochai. "I wonder what I shall get."

She shook the container and took out a slip on which they saw the picture of a peony with the words "Beauty surpassing all flowers". Inscribed in smaller characters beneath was the line of Tang poetry, "Though heartless she has charm." The instructions read, "All the feasters must drink a cup by way of congratulations."（杨译）

评析　《红楼梦》是中国古典小说的巅峰之作，在中国文学史上具有举足轻重的地位。小说中有大量的酒宴描写，在酒宴上常伴有酒令活动。《红楼梦》中酒令活动可以主要分为五大类。

古令 例（1）中的“射覆”是古令的一种，这种酒令十分古老，也十分雅奥难射，没有一定文化功底和敏捷的才思是不行的。“覆”是指在现场中将某个字或某件事隐蔽在题目中，让对方去猜，这猜者就叫“射”，所射的一定要有出典，也就是说要猜出覆者所隐之事或字且又不能直接作答，而是通过典故以隐语回答。若射者猜准了，并也用隐语作答，就算得胜。猜不准或不能用隐语作答都算是输。

通令 例（2）中的酒令是“击鼓传花令”。这种酒令的玩法是命一人击鼓传花，击鼓停止后，“若花在手中，饮酒一杯，罚说笑话一个”。这里的“击鼓传花令”便是通令的一种，通令简单易玩，适合各种文化层次的人的参与。

武令 例（3）中的酒令叫作“拇战”，属于武令，这种酒令玩起来简单明了、干脆痛快。所谓的拇战即猜拳，两人为一对，双方边伸右指边喊带数字的颂词，例如绍兴人划拳时用的就是“独占鳌头”、“两相好”、“连中三元”、“四季发财”、“五子登科”、“六六顺风”、“七巧”、“八仙过海”、“全家福”之类，其他地方也是大同小异。拇战因不用工具，简便易行，因此较为普遍。书中曾四次出现，如宝玉生日时，几个人分组划拳（第六十二回）；中秋之夜，贾珍与妻妾划拳（第七十五回）等。

雅令 例（4）中以鸳鸯为令官所行的“牙牌”令也属于雅令。雅令对文学修养要求较高，文学修养低的话很容易出笑话。作为一种高级游戏，牙牌令需要有特制的酒令牌，席间设令官一名，令官按牌命题，席间人轮流作答，答者需用合乎音韵的话语或诗词作答。该酒令难度很高，就连才思敏捷如黛玉者慌乱中都不得不用《西厢记》里的“淫词艳曲”、“良辰美景奈何天”去搪塞，以致被宝钗听得发毛（第四十回），不过，从这个细节当中，我们可以猜测其实宝钗私下里也是看过《西厢记》的，否则她对这句话也不会那么敏感。

筹令 例（5）中在怡红院“群芳开夜宴”，为了活跃气氛，她们集体玩了一种酒令：上文中宝玉和“群芳”玩的“抢红”令便是筹令，适合文化涵养高的人来玩。那天，宝玉过生日，袭人、晴雯等八个丫鬟凑钱并请来宝钗、黛玉、李纨、宝琴、香菱、探春，一起为宝玉做寿。席间大家要行令取乐，宝玉提议“占花名儿”。于是晴雯便拿来签筒。整个行令过程中，共有八签，分别是宝钗掣的牡丹签、探春的杏花签、李纨的老梅签、湘云的海棠签、麝月的酴醾花签、香菱的并蒂花签、黛玉的芙蓉签和袭人的桃花签。“占花名儿”比较简单，其实就是轮流抽签。在事先准备好的签上写上花名及要求，然后根据签上要求做。如书中宝钗抽到牡丹，上写，“在席共饮一杯。此为群芳之冠，随意命人，不拘诗词雅谑，道一则以侑酒”之类，也就是说，所有要求可事先想好并写于签上。

第四节 中国酒文化的内涵及其翻译

中国酒文化源远流长。可以说，有天地万物中的酒，中国文化将是一轮缺圆之月。中国酒文化在《红楼梦》、《水浒传》等文学名著中都有充分的体现。好的译文应当既传递中国的酒文化内涵特点，也能让外国人理解和接受。

（一）社会习俗和社交礼仪中的酒文化

节日庆贺、婚丧嫁娶、人际交往等社会习俗的形成和演变也影响着酒文化繁衍出不同的饮酒习俗。酒主要是用于节日庆典、祭祀、婚庆、接风洗尘和送别践行等，使得饮酒也具有一定的社会文化功能。

1. 婚庆酒

在中国，酒与婚礼相结合形成了中国酒文化的一个显著特点。

(1) **合卺**后，并肩夜膳，余暗于案下握其腕，暖尖滑腻，胸中不觉怦怦作跳。（《浮生六记》卷一，第10页）

After the ***drinking of the customary twin cups between bride and groom***, we sat down together at dinner and I secretly held her hand under the table, which was warm and small, and my heart was palpitating.（林语堂译）

(2) 只篦了三五下儿，见晴雯茫茫走进来取钱，一见他们两个，便冷笑道：“**交杯盏**还没有吃，倒上头了！”（《红楼梦》第二十回）

Pao-yu had just started combing it with a fine comb when Ching-wen hurried in to fetch some money. She laughed mockingly at the sight of them. “Fancy! You haven't yet ***drunk the bridal cup*** but already you are doing her hair.”（杨译）

(3) 到晚，一乘轿子、四对灯笼火把娶进门来。进房撒帐，说四言八句，拜花烛，吃**交杯盏**，不必细说。（《儒林外史》第二十七回）

Towards evening the bridal chair arrived, with four pairs of lanterns and torches. The bride and groom went to the marriage chamber, recited the usual phrases, bowed before the decorated candles, ***drank wine together***, and all the rest of it.（杨宪益，戴乃迭译）

评析 旧俗举行婚礼时，把两个酒杯用红丝线系在一起，新婚夫妇交换着喝两个酒杯里的酒，称“交杯酒”，在古代又称为“合卺”(jǐn)。“合卺”即新夫妇在新房内共饮合欢酒。译例中的译文虽然没有详尽介绍如何饮交杯酒，但是基本能传达原文的内涵，而且行文简练，不失为好的译文。

2. 祭祀酒

古往今来，酒已经是祭祀必不可少的用品。根据中国文化传统，一般在丧礼、祭祖时，人们习惯于在已故者坟前洒杯酒，以酒祭奠亡灵。

(1) 萧云仙建一坛场立起先农的牌位来，摆设了牛羊祭礼。萧云仙纱帽补服，自己站在前面率领众百姓，叫木耐在旁赞礼，升香、***奠酒***，三献、八拜。拜过，又率领众百姓，望着北阙山呼舞蹈，叩谢皇恩。(《儒林外史》第四十回)

He built an altar, set up a tablet to the God of Agriculture, and sacrificed cattle. Hsiao in his gauze cap and official robes stood in front of the altar at the head of the peasants, with Mu Nai beside his as his herald. After burning incense, ***pouring a libation***, offering three sacrifices and bowing eight times, he bade the people face north-east and bow towards the capital to thank the emperor for his favor. (杨宪益，戴乃迭译)

(2) 宝钗说着扶了莺儿走到灵前，一面***奠酒***，那眼泪早扑簌簌流下来了，奠毕拜了几拜，狠狠地哭了他一场。(《红楼梦》第一百十一回)

Then leading on Yinger's arm she went up to the coffin and ***poured a libation of wine***, tears flowing down her cheeks. After that she bowed several times with clasped hands and wept bitterly. (杨译)

评析 祭祀时的一种仪式，把酒洒在地上，表示对先人的怀念。奠酒要求：逝去的人须在家庭生活、社会地位都在中等偏上。重点参与人物：女婿、孙女婿、外孙。

其最简单的形式为“二揖九叩”。具体操作方式如下。

第一，丧棚设置：主家大门朝南，丧棚设在门口朝南，主位上放一张八仙桌，上面放香亭子，香亭前面两面放一副蜡烛台，中间放香炉，再前面祭品有鸡、鱼、肉、蛋等八盘或果品，还放筷子、酒杯。大桌两边放柴席，并放上被单，留给孝子孝孙叭丧棚用，因孝子在此期间不能坐板凳，八仙桌前放一个脚搭子，上面放一个垫子。丧棚里还有纸扎的童男童女、盆花、雪柳等。

第二，奠酒过程，摆设齐备，支客招呼奠酒的人，而且把桌两边传送物品的人也安排好。祭奠的人来了首先双手抱拳，作揖一个；接着在下边拜垫上叩四个头，起身向供桌走去，向前走三步半，到脚搭拜垫处跪下，有东边递物品的人，分别送上香一股、箔一块、糕一块、筷子一双、酒杯一个，接到后双手举至眉梢，一连三次，分别在西边接物品接下；最后送上的是酒杯，奠酒的人，手举杯子与胸口相平，由左向右，点三点，举杯齐眉，连续三次点，每次都要双手平胸，显的严肃认真。

3. 节庆酒

每逢节庆之际，家人朋友相聚，饮酒也成为一种不变的传统，如清明节时对亡灵的祭奠酒；端午节时驱瘟辟邪的黄酒；中秋佳节和春节时的团圆酒；长辈过生日时的祝寿酒等，名目繁多，其乐无穷。

(1) 果然贾珍煮了一口猪，烧了一腔羊，备了一桌菜蔬果品，在汇芳园丛绿堂中，带领妻子姬妾，先吃过晚饭，然后***摆上酒，开怀作乐赏月***，将一更时分，真是风清月朗，银河微隐。(《红楼梦》第七十五回)

On her return that evening, Jia Zhen had indeed prepared a feast: a whole pig and sheep together with other dishes and sweetmeats too many to enumerate. Peacock-

feather screens and lotus-patterned cushions were set out in the Hall of Green Shrubs in the Garden of Concentrated Fragrance, and there he and his wife and concubines dined, then ***drank together to enjoy the moon.*** By the time of the first watch the breeze was fresh and the bright moon silvered everything high and low. (杨译)

(2) 王夫人和凤姐天天忙着请人吃***年酒***，那边厅上和院内皆是戏酒，亲友络绎不绝。一连忙了七八天，才完了。(《红楼梦》第五十三回)

Lady Wang and Xifeng were busy entertaining guests, for an unending stream of friends and relatives attended ***the New-Year feasts*** and operas held daily for about a week in their hall and courtyard. (杨译)

(3) 至十五这一晚上，贾母便在大花厅上命***摆几席酒***，定一班小戏，满挂各色花灯，带领宁荣二府各子孙孙男孙媳等家宴。(《红楼梦》第五十三回)

On the evening of the fifteenth, the Lady Dowager ***had tables spread*** in the big hall in the small garden, an opera company hired, and gay lanterns of every description displayed at a family feast for her kinsmen in both mansions. (杨译)

(4) 摆上合欢宴，男东女西归坐，***献屠苏酒***、合欢汤、吉祥果、如意糕毕。贾母起身，进内间更衣，众人方各散出。(《红楼梦》第五十三回)

Then they took their seats for the family-reunion feast, the men on the east side, the women on the west, and ***New-Year wine***, "happy-reunion soup", "lucky fruit" and "wish-fulfilment cakes" were served, until the Lady Dowager rose and went into the inner room to change her clothes, whereupon the party broke up. (杨译)

评析　《红楼梦》好比一个展现民俗文化的大舞台，比较全面而具体地反映了清代初年的岁时节日风俗。例(1)描述了贾府过中秋佳节的习俗和情景。"中秋节"讲究"团圆"，瓜果圆，月饼圆，桌椅也要圆。通常要祭月、拜月、饮酒赏月作乐。例(2)中"天天忙着"、"络绎不绝"等词语便写出了请吃年酒和被请吃年酒的忙碌和频繁。"年酒"指为祝贺新年邀请亲友吃的酒席，席间饮酒是必然的助兴方式。《儒林外史》第二回中也有提到吃年酒的习俗："我议完了事，还要到县门口黄老爹家吃年酒去哩。"例(3)是《红楼梦》中写到的贾府第二次元宵节，元妃没有回家省亲，贾府虽不及前次那样隆重奢靡，却也十分热闹喜庆，依然张灯、看戏、举办家宴、饮酒取乐。例(4)中的"合欢宴"就是通常所说的"年夜饭"、"团圆饭"。除夕合家欢聚，团坐在一起吃年夜饭，是相传已久的重要年节活动之一。曹雪芹并未细写贾府除夕的年夜饭，只用"屠苏酒、合欢汤、吉祥果"几样典型食物做了概括。屠苏酒，是古时人们年节中必备的主要饮品。这种药具有益气温阳、祛风散寒、避除疫疬之邪的功效。一般人饮酒，总是从年长者饮起；但是饮屠苏酒却正好相反，是从最年少的饮起。也就是说，合家欢聚喝饮屠苏酒时，先从年少的小儿开始，年纪较长的在后，逐人饮少许。原因是小孩过年增加了一岁，所以大家要祝贺他；而老年人过年则是生命又少了一岁，拖一点时间后喝，含有祝他们长寿的意思。

4. 社交礼仪酒

中国的社交礼仪酒文化名目繁多，比如设宴为远道而来的客人接风洗尘，为上司上长辈等敬酒以表尊重，为即将远行的朋友亲人送别践行等。丰富多彩的社交酒文化是中国酒文化的一个显著特色。

(1) 王夫人家筵接风，子孙***敬酒***。凤姐虽是侄媳，现办家事，也随了宝钗等递酒。贾政便叫："递了一巡酒都歇息去罢。"命众家人不必伺候，待明早拜过宗祠，然后进见。(《红楼梦》第一百零四回)

Lady Wang ordered a feast of welcome at which Jia Zheng's sons and grandsons ***poured him wine***; and though Xifeng was the wife of a nephew, since she was running the household she joined Baochai and the others in passing the wine. After one round of toasts, Jia Zheng sent them away to rest and dismissed the servants too with instructions that the domestics could come to meet him after the ancestral sacrifice the next day. (杨译)

(2) 鸳鸯等也来敬，凤姐儿真不能了，忙央告道："好姐姐们，饶了我罢，我明儿再喝罢。"鸳鸯笑道："真个的，我们是没脸的了？就是我们在太太跟前，太太还赏个脸儿呢。往常倒有些体面，今儿当着这些人，倒拿起主子的款儿来了。我原不该来。不喝，我们就走。"说着真个回去了。凤姐儿忙赶上拉住，笑道："好姐姐，我喝就是了。"说着拿过酒来，满满的斟了一杯喝干。(《红楼梦》第四十四回)

By the time Yuanyang and the younger maids came to drink her health, she had really had all she could take.

"Good sisters, let me off," she begged. "I'll drink with you some other time."

"So we have no face, is that it?" protested Yuanyang. "Why, even the mistress condescends to drink with us. You usually show us more consideration, but now in front of all these people you're putting on the airs of a mistress. Well, it's my fault for coming. If you won't drink, we'll leave you." She turned to go.

Xifeng hastily stopped her, crying. "All right, good sister, I'll drink."

She picked up the winepot, filled her cup to the brim, and tossed it off. (杨译)

(3) 母亲又向他说秦老许多好处。他慌忙打开行李，取出一匹茧绸、一包柿饼，拿过去拜谢了秦老。秦老又***备了酒与他洗尘***。自此，王冕依旧吟诗作画，奉养母亲。(《儒林外史》第一回)

She told him that Old Chin had been very good to her, whereupon Wang Mien hastily unpacked a whole bolt of silk and a package of dried persimmons which he gave to Old Chin to express his thanks. And Old Chin ***prepared a feast for his homecoming***. After that Wang Mien lived as before, chanting poetry, painting pictures and taking care of his mother like a good son. (杨译)

(4) 展眼已到十月，因有各铺面伙计内有算年帐要回家的，少不得家内***治酒践行***。

（《红楼梦》第四十八回）

In no time the tenth month arrived, and as some of their shop managers were to get home to settle their annual accounts, the Xue family had to ***prepare a farewell feast*** for them.（杨译）

评析　敬酒　中国的饮酒礼仪体现了对饮酒人的尊重。主人、客人都有固定的座位和固定的敬酒次序。敬酒时要从主人开始敬，主人不敬完，别人是没有资格敬的，如果乱了次序是要受罚的。而敬酒一定要先敬最尊贵的客人，而且酒杯要满，表示对被敬人的尊重。晚辈对长辈、下级对上级要主动敬酒，同时讲究先干为敬。例（1）中的译文"poured him wine"远远不能传递"敬酒"所蕴含的丰富的文化内涵，这是中英语言文化的差异使然。

劝酒　劝酒是中国酒文化的一大特点。只要你坐在酒桌旁，不喝酒别想走，直到喝醉才算尽兴，才能散伙。例（2）描写的劝酒习惯迥异于西方的主随客便的习俗。译文基本采取了直译的方法，向译入语读者介绍不同的中国酒文化特点，使"文化传真"和地道的语言达到有机结合。

接风酒　"来时接风酒，去时送行酒。"这是中国人热情好客的典型例子。所谓"接风洗尘"，是指设宴款待远来的客人，以示慰问和欢迎。例（3）中的"洗尘"采用意译的方法，虽未能保留原文的"异国情调"，但很准确地再现了原文的语意，通俗易懂。

践行酒　人际交往中以酒达意的习俗还有送别践行，如例（4）所示。古人践行或搭帐篷与郊外，或设别宴于家里、长亭、旅舍、酒肆等，借酒抒发离情别绪。

社交礼仪中的酒文化丰富多彩，除了以上诸多译例之外，还有"压惊酒"、"犒赏酒"、"酬谢酒"、"金兰酒"、"见面酒"等，这些都能在《水浒传》里找到佐证。"杯中乾坤大，壶里日月长。"一部《水浒传》浸泡在酒中，全书一百二十回，无处不写酒：其人物，无一不吃酒；其场面，无一不摆酒；其故事情节，无一不述酒，无一不描写酒店、酒肆、酒楼。因此，从一定社会文化的视角去解读，《水浒传》大抵是以酒的文化、酒的艺术为框架而创制的文学艺术精品。

（二）中国酒文化的翻译

中国的酒文化有着悠久的历史和深厚的沉淀。翻译是一种跨语言的交流行为，是一种文化接触和文化认知，翻译过程具有文化传承和延伸的特点，文化的价值在互动中不断推进。因此，在向英语国家传播酒文化的过程中，译者应该力求最大限度地再现原语所要传达的思想、风格和特色。

1. 直译法（异化为主）

翻译中国酒文化目的是与其他民族进行平等的文化交流，使目的语读者最大限度地品尝、欣赏到原汁原味的中国酒文化，在他们理解和接受原语文化的同时也让中华文明对世界的贡献得以承认。过多地采用归化式翻译很可能会掩盖文化之间的差异和原作的历史感。适时采用异化翻译，以不完全地道的英语来刻意保留原语的本土文化意象，也不失为一种良策。

(1) 李纨早又捧过手炉来，探春另拿了一副杯箸来，亲自***斟了暖酒***，奉与贾母。贾母便***饮了一口***，问那个盘子里是什么东西。(《红楼梦》第五十三回)

By now Li Wan had passed her a hand-stove, and Tanchun brought over clean chopsticks and a cup and ***poured some warm wine*** for her. The old lady ***took a sip***. "What's on that plate there?" she asked. (杨译)

(2) 当下摆上来，果然是清清疏疏的几个盘子。买的是永宁坊上好的***橘酒***，斟上酒来。(《儒林外史》第二十九回)

Sure enough, a few simple dishes only were served, while their cups were filled with the best ***orange wine*** from Eternal Quiet Store. (杨译)

(3) 鸳鸯也半推半就，谢了坐，便坐下，也***吃了一钟酒***，笑道，"***酒令***大如军令，不论尊卑，惟我是主。违了我的话，是要受罚的。"(《红楼梦》第五十三回)

After making a show of declining, Yuanyang took the seat with thanks and ***drank a cup***, after which she announced: "***Drinking rules*** are as strict as martial law. Now that I'm in charge I'll be no respecter of persons-anybody who disobeys me must pay a forfeit." (杨译)

(4) 宝玉便要了一***壶暖酒***，也从李婶薛姨妈斟起，二人也让坐。凤姐便笑道："宝玉***别喝冷酒***，仔细手颤，明儿写不的字，拉不的弓。"(《红楼梦》第五十四回)

Baoyu now called for ***a pot of a warm wine*** to toast Aunt Li and Aunt Xue, who both begged him to be seated.

"***Don't drink cold wine***, Baoyu," warned Xifeng. "If you do, your hands will tremble too much to write or draw your bow later on." (杨译)

(5) 武大只顾上下***筛酒烫酒***，那里来管别事。那妇人笑容可掬。(《水浒传》第二十四回)

Wu the Elder was so busy ***warming the wine and refilling the cups*** he had no time for anything else. Golden Lotus was all smiles. (沙博理译)

(6) 便唤这几个小喽罗近前来***筛酒***吃。方才***吃得两盏***。(《水浒传》第五回)

He told the two bandits attending him to ***pour some wine***, and he ***drank two cups***. (沙博理译)

评析 直译法能够最大限度地保留原文的"异国情调"，实现"文化传真"的目的。译例中的"一钟"、"一壶"、"两盏"等都直译为"a cup"，"a pot"和"two cups"，虽然未能准确地再现中国的酒文化特点，但至少让目的语读者了解了原文是中国饮酒的器皿和量具。原文中的"暖酒"、"冷酒"、"橘酒"等直译为"warm wine"，"cold wine"，"orange wine"等都能让目的语读者比较直观地感受中国丰富多彩的酒类和多种多样的饮酒方式。此外，"酒令"直译为"drinking rules"也不失为好的译文，

能让英语读者通过上下文推断出中国人饮酒时还有很多游戏规则以助兴取乐。

2. 意译法（归化为主）

在中国酒文化的翻译过程中，由于汉英两种语言中存在着巨大的文化差异，有很多酒名、酒俗所表现的文化特征往往不能通过直译表达出来，这时就应该采取意译。

(1)（王熙凤）便笑道："国舅老爷大喜！国舅老爷一路风尘辛苦。小的听见昨日的头起报马来说，近日大驾归府，略预备了一杯***水酒掸尘***，不知可赐光谬领否?"（《红楼梦》第十六回）

"Congratulations, Imperial Kinsman!" she said with a smile when, except for the servants, they were at last alone together. "You have had a tiring journey, Imperial Kinsman. Yesterday when the courier gave notice of your arrival, I prepared ***a humble entertainment to celebrate your homecoming***. Will the Imperial Kinsman graciously condescend to take a cup of wine with his handmaid?"（霍译）

(2) 谁知薛蝌又送了巾扇香帛四色寿礼与宝玉，宝玉于是过去陪她吃面。两家皆治了***寿酒***，互相酬送，彼此同领。至午间，宝玉又陪薛蝌吃了两杯酒。（《红楼梦》第六十二回）

But now Xue Ke sent Baoyu four birthday presents—a scarf, a fan, some scent and silk—so Baoyu went over t eat noodles with him. Both families had ***prepared feasts*** and exchanged gifts. At noon Baoyu drank a few cups of wine with Xue Ke.（杨译）

(3) 大家坐定，贾母先笑道："咱们今日闲坐吃酒，太觉寂寞，也***行一令***才有意思。"（《红楼梦》第四十四回）

As soon as the party was seated the Lady Dowager proposed, "Let's begin with a few cups of wine. It would be fun to ***play a drinking game***."（杨译）

(4) 他提起炮仗来，咱们也把烟火放了，***解解酒***。（《红楼梦》第五十四回）

She mentioned fire-crackers. We'll let off some fireworks, too, to ***sober ourselves up***.（杨译）

(5) 贾母便说："他小，让他斟去，大家倒要***干***过这杯。"说着，便自己***干***了。邢王二夫人也忙***干***了，薛姨妈李婶娘也只得***干***了。贾母又命宝玉道："你连姐姐妹妹的一齐斟上，不许乱斟，都要叫他***干***了。"宝玉听说，答应着，一一按次斟上了。至黛玉前，偏他不饮，拿起杯来，放在宝玉唇边。宝玉***一气饮干***，黛玉笑说："多谢。"（《红楼梦》第五十四回）

"Let the boy fill your cups," said the Lady Dowager. "And mind you ***empty*** them."

She ***drained*** her own cup then. And when Lady Xing and Lady Wang ***followed suit***, Aunt Xue and Aunt Li had to ***drink up*** too.

"Fill your cousins' cups," the old lady told Baoyu. "See that you do it properly and make them all ***drink up***."

Baoyu assented and filled every cup in turn. When he came to Daiyu she refused to drink but held the cup up to his lips, thanking him with a smile when he ***tossed it off***. He poured her another cup.（杨译）

（6）只见店主人把三只碗、一双箸、一碟热菜，放在武松面前，***满满筛一碗酒***来。武松拿起碗，***一饮而尽***。（《水浒传》第二十三回）

The tavern keeper brought three bowls, a pair of chopsticks and a plate of tidbits, placed them on the table, and ***filled one of the bowls to the brim with wine***. Wu Song raised the bowl and ***drained*** it.（沙博理译）

（7）这酒好生有气力！主人家，有饱肚的买些***吃酒***。（《水浒传》第二十三回）

This wine has a kick in it! If you've got anything filling, host, I'll buy some to ***go with the drinks***.（沙博理译）

（8）柴进教再整杯盘，来劝三个***痛饮***。（《水浒传》第二十三回）

Chai Jin called for wine and urged his three guests to ***drink without restraint***.（沙博理译）

（9）比及过冈子时，先有***三五分酒***了，一发吃过这四角酒，又被朔风一吹，***酒却涌上***。（《水浒传》第三十二回）

He was already ***half drunk*** from his tippling on the way. Now with four more drafts, consumed quickly, and having been fanned by the wind, he could feel ***the wine rising to his head***.（沙博理译）

评析　例（1）中的"水酒"是谦称，类似的还有薄酒、小酌，都是我们中国人邀请他人做客的谦称，但绝不是说自己的酒质量不好，往里面掺水。中国人历来是重客薄己，自己宁可吃差的酒饭，也得让客人吃好喝好。所以，当我们说"略备两三个小菜"，那就一定是场丰盛的酒宴。一说"水酒"，别以为就是度数低、价钱便宜的酒。"水酒"，就如同"寒舍"、"犬子"、"拙妻"一样，充满了中国文化的谦虚。霍译本中将"水酒"一词意译为"humble entertainment"，其中"humble"一词正好表达了说话者的谦虚之意；"掸尘"一词意译为"celebrate your homecoming"，虽未能保留其文化意象，但充分表达了其语意，也让目的语读者容易理解和接受。比较而言，杨宪益夫妇的英文译本中，"水酒"一词被翻译成"watery wine"，显得过于拘泥于字面的意义，而未传达出王熙凤说此话时所体现出的夫妻间的亲昵气氛，似乎掉进了中国这一特有的谦虚文化的陷阱。

例（2）中的"寿酒"十分讲究，人生逢十为寿，办寿酒，这似乎已成定规。民谚曰："十岁做寿外婆家，廿岁做寿丈姆家，三十岁要做，四十岁要叉（开），五十自己做，六十儿孙做，七十、八十开贺。"祝寿喝寿酒，由来已久。"酒"与"久"谐音，故以酒祝人长寿。很多地区是用桂花酒作为寿酒的，但从广义意义而言，做寿酒中所用的酒都可以称为寿酒。这里的"寿酒"简单意译为"feast"，虽然没有准确传递原文所蕴含的文化信息，但目的语读者通过上下文应该可以推断出"prepared feast"的真

正缘由。

例（3）中“行令饮酒”是中国古代沿袭至今的一种宴饮和郊游中助兴取乐的游戏，一般指席间推举一人为令官，余者听令轮流说诗词、联语或其他类似游戏，违令者或负者罚饮。由于西方国家没有酒令之说，所以翻译成目的语文化易于理解的说法“play a drinking game”。

例（4）中的“解解酒”指贾母一行人喝酒后想到屋外吹吹风清醒清醒，所以意译为“sober ourselves up”准确再现了“解解酒”的语意。当然，要解酒也有专门的“醒酒汤”，这在《红楼梦》和《水浒传》里都有相关描写，如《水浒传》第三十二回中“剖这牛子心肝做醒酒汤”（a broth of the heart and liver of this ox to sober him up）和“造三份醒酒酸辣汤来”（cook us three portions of sour and peppery sobering? up broth）等。

例（5）中连续有六个“干”字，所谓“干”字，意指把酒杯里的酒全部喝完，通常是一次把酒饮完。这里的六个“干”字分别意译为“empty”，“drain”等，虽然措辞不同，但都准确再现了原文所要表达的语意。其中“邢王二夫人也忙干了”中的“干”字意译为“follow suit”（跟着做；学样）也是可以理解和接受的，因为前文说到贾母“便自己干了”，两位夫人跟着做，当然也就是把酒杯里的酒“干”了。

例（6）中的“满满筛一碗酒”意译为“filled one of the bowls to the brim with wine”，其中“to the brim”意为“……的边缘”，译文表达形象生动，让人情不自禁想要品尝一口。

例（7）中“吃酒”本意是“喝酒”，这里指买喝酒时所用的菜肴做下酒菜。因此译文“go with the drinks”采用意译的方法准确地道，避免了直译带来的误解和歧义。

例（8）中“痛饮”即“痛快淋漓地饮酒”，是古代诗人一种主要的饮酒方式，更是《水浒传》中各位英雄好汉豪饮的方式，即“好汉酒”。译文“drink without restraint”虽然并不是特别形象，但也能让目的语读者感受到好汉们豪饮的豪迈之气。

例（9）中的“三五分酒”和“酒却涌上”指饮酒者喝酒后的状态，在《水浒传》中有多处类似的描写。译者均采用意译的方法，把“三五分酒”和“酒却涌上”分别翻译成“half drunk”和“the wine rising to his head ”，原文中的“三五分”其实也是一种概述，是饮酒后微醉的程度，“half drunk”不失为好的译文，比较准确达意。同样，“酒却涌上”也并非是酒真正地涌上来，是指代喝酒后酒劲上来后头脑晕乎的状态。

3. 直译和意译相结合（兼顾归化与异化）

归化与异化是矛盾统一的，在翻译过程中要根据实际情况将二者结合起来。不够地道的直译有可能会造成译文读者理解的偏差，完全异化的翻译也要考虑到读者接受水平加入适当的归化翻译。因此，为避免误译之嫌，要从语用翻译既准确传达源语文化又便于目的语读者理解出发，将归化与异化结合起来，使译文信息准确、文字通畅、语言优美。

(1) 宝玉笑道："听我说来：如此滥饮，易醉而无味。我先喝一大海碗，发一新令，有不遵者，连罚十大海，逐出席外与人斟酒。"冯紫英蒋玉菡等都道："有理，有理。"宝玉拿起海来一气饮干，说道："如今要说悲、愁、喜、乐四字，却要说出女儿来，还要注明这四字原故。说完了，饮***门杯***。***酒面***要唱一个新鲜时样曲子；***酒底***要***席上生风***一样东西，或古诗、旧对、《四书》、《五经》、成语。"（《红楼梦》第二十八回）

"Listen," put in Baoyu. "If you drink so fast, you'll soon be drunk and we shan't have any fun. Suppose I empty a goblet first and we play a new game of forfeits? Anyone who doesn't do as I say will have to drain ten goblets in succession and leave the table to wait on the others." When they all agreed to this, he picked up a goblet and drained it. "Now," he said, "you must all make four lines about a girl's sorrow, her worry, her joy and her delight, explaining the reason for each. ***Then you must drink a cup of wine, sing a new popular song, and recite either a line from an old poem or couplet, or a saying from the Four Books or the Five Classics connected with some object on the table."*** （杨译）

(2) 那妇人（欲心似火，不看武松焦躁）便放了火箸，却***筛一盏酒***来，自***呷了一口***，剩了***大半盏***，看着武松道："你若有心，吃我***这半盏儿残酒***。"（《水浒传》第二十四回）

She put down the poker, ***poured a cup of wine***, ***drank a mouthful*** and offered Wu Song ***the rest***. "Finish ***this***, if you have any feeling for me."（沙博理译）

(3) 店主人却捧出***一樽青花瓮酒***来，开了泥头，倾在一个大白盆里。武行者偷眼看时，却是***一瓮窨下的好酒***，被风吹过酒的香味来。武行者闻了那酒香味，喉咙痒将起来，恨不得钻过来抢吃。（《水浒传》第三十二回）

The host brought ***wine in a flowery jug***, opened the clay stopper, and poured the wine into a large white basin. Wu Song could see that it was ***a vintage brew***, ***fresh from cellar storage***. Its bouquet wafted to his nostrils. ***The fragrance was almost unbearable***. Wu Song's throat tickled. He could scarcely restrain himself from rushing over and grabbing.（沙博理译）

评析 例（1）中"门杯"是酒席上放在各人面前的一杯酒，又称"门酒"。"酒面"，义同"盏面"，杯满的样子。酒宴时，先斟满一杯酒，再行酒令，叫"酒面"。行完一个酒令之后，饮干一杯酒，叫"酒底"。"席上生风"指取酒席上现有的一个东西，说一句相关的成语，使大家感到妙趣横生。由于酒令在我国有着深厚的文化渊源，又是我国独有的现象，翻译时为了向英语读者更加清楚地介绍酒的文化内涵，将直译和意译结合起来，兼顾归化与异化，才能真正传情达意。

例（2）中"筛一盏酒"和"呷了一口"都采用直译的方法，翻译成了"pour a cup of wine"和"drank a mouthful"；而"大半盏"和"这半盏儿残酒"分别意译为"the rest"和"this"，用"the rest"和指示代词"this"使得译文更简洁明了，也充分

表达了说话者的意图。

例（3）通过描写武行者闻到酒香时的反应，非常形象生动地刻画出青花瓮酒是何等好酒，译文将直译和意译有机结合起来，更大胆增加“the fragrance was almost unbearable”以强化其酒香醇厚，因而武行者“喉咙痒将起来”也就非常合情合理了。

第五节　相关论著选读

绍兴酒文化英译：归化与异化

汪宝荣

（绍兴文理学院　外国语学院　浙江绍兴　312000）

摘　要：本文旨在探讨绍兴黄酒文化的翻译策略问题。作者重点考察了异化与归化概念的定义以及各自具有的优缺点，认为这两种文化翻译策略实为互相补充、互相依存的关系，译者在传译黄酒文化时应切忌偏重一法而偏废另一法。对绍兴黄酒文化的异化和归化翻译所作的实例评析可以支持本文论点。

关键词：归化；异化；互补互依；黄酒文化

（一）引言

黄酒是中国历史最为悠久的传统饮料酒，其典型代表绍兴酒的起源可追溯到 2 300 多年前的战国时期。绍兴酒悠久的酿造历史和绍兴这片文化沃土拥有的独特的人文、地理环境铸造了深厚的酒文化积淀和独树一帜的酒文化特色，是博大精深的越文化的重要内容之一。近年来，绍兴酒积极开拓海外市场，出于对外促销、宣传黄酒的目的，许多本地黄酒厂家纷纷将企业简介、推销宣传品等译成英语。此类文字材料中往往包含着丰富的黄酒文化信息，如著名历史人物、典故、趣闻逸事、黄酒名称由来、地方风俗传统等，这些文化因素的主要载体是文化负载词或文化专有项（culture-specific item），即源语文本所负载的源语文化所专有的事物、人物、概念、习俗、制度等，是一个民族或地方的智慧和历史文化的结晶，也是绍兴酒文化的精粹所在。因此，译者除了须在译本中传递与企业和产品有关的信息，还担负着黄酒文化传译的重要任务。

鉴于文化传译难度大、译者往往苦于翻译策略选择、译文质量不理想的事实，本文拟以绍兴一些黄酒企业的公司简介、推销宣传品及其英译为例，运用归化翻译与异化翻译为参照系，探讨绍兴酒文化的翻译策略问题。

（二）归化与异化：两种互补互依的翻译策略

1. 归化与异化的定义

论及文化翻译，必然要面对归化与异化这两个核心的翻译概念。当今译界公认，率先提出这两个概念的是德国译者兼神学家施莱尔马赫。早在1813年，施莱尔马赫就指出，真正的译者只有两条途径可以选择：一是他尽量不打扰原作者而将读者移近作者；二是尽量不打扰读者而将作者移近读者。两条途径彼此迥然不同，译者必须步步为营，尽最大的努力紧紧沿着其中一条途径前进，否则，如果将两者混二为一，即会出现无法预见的后果，作者与读者极有可能永远无法走在一起。施氏坦言自己偏爱第一条途径，主张译者应采用异化翻译法（alienating）：以源语文本的语言和内容为依归，尊重文本的异域性（to valorize the foreign），并将这种异域性移植到目标文本中。20世纪90年代，美国翻译理论家韦努蒂（Lawrence Venuti）借用了施氏的异化归化（naturalizing）概念并加以修正，成为今日人所共知的foreignization和domestication（Munday，2001：27-28）。继Venuti之后，翻译文化学派旗手Bassnett和Lefevere（1998：3-11）提出了贺瑞斯模式（The Horace model，即归化翻译）和施莱尔马赫模式（The Schleiermacher model，即异化翻译），正式将归化、异化概念与文化翻译结合起来。

Venuti（2001：240）给归化翻译所下的定义是：遵守目标语言文化当前的主流价值观，公然对原文采用保守的同化手段，使其迎合本土的典律（canon）、出版潮流和政治需求的翻译策略。英国学者Shuttleworth和Cowie（1997：43-44）将归化定义为：在翻译中采用透明、流畅的风格以便最大限度地淡化原文陌生感的翻译策略。解构主义学者Robinson（1997：116）的定义是：归化翻译是异化派翻译学者用以描述最差翻译的用语。这种翻译采用将原作同化于目标文化和语言价值观的方式，对原作进行归化。传统上，人们多将这一概念称为意译，又称同化式翻译（assimilative translation）。与归化翻译形成对比的是，异化翻译是指偏离本土主流价值观、保留原文语言与文化差异的翻译策略（Venuti，2001：240）。Shuttleworth & Cowie（1997：59）的定义与之相似：异化翻译是指在一定程度上保留原文的异域性（foreignness），故意打破目标语言常规的翻译策略。

由上述几种大同小异的定义可见，归化与异化分野的焦点在于如何看待源语语言文化和目标语言文化，尤其是源语文化的身份和地位问题。如译者或其赞助人偏重目标语言文化和目标读者的反应，则倾向于归化翻译；如尊重源语文化的身份和地位或试图故意保留其异域性，则倾向于异化翻译。

2. 归化与异化的利弊及相互关系

就黄酒文化传译而言，译者采取不同的翻译策略会造成不同的翻译效果，从中可见归化与异化各自具有的优缺点。一般而言，异化翻译有利于保留我国黄酒文化的异域性，即鲁迅所称的“异国情调”，有助于目标读者（尤其知识水平较高或对中国文化有所了解者）了解黄酒文化的实质，从而起到对外弘扬我国黄酒文化的作用；其缺陷在

于：由于异化翻译故意打破目标语言常规，追求一种不透明、不流畅的言语风格，且译本中所含源语文化信息过多，容易造成译文晦涩难懂，即损害译本的可读性和可接受性，进而可能因信息传递不畅而影响我国企业的黄酒出口业务。

归化翻译的实质是尽量遵循目标语言规范并用目标文化材料替代源语文化材料，其译文追求一种透明、流畅的风格，因而可读性和可接受性都较高，比异化翻译更能吸引潜在外国商家和消费者，有助于扩大我国的黄酒出口业务。Munday（2001：155）指出，采用流畅（或归化）翻译策略的倾向不仅表现在其他语言译成英语的文本中，而且在译入其他语言的译本中也同样存在。由此推断，当今翻译似乎仍以归化为常用的方法。归化翻译的弊端也很明显：过分倚重目标语固有表达形式和文化材料，以目标语酒文化替代源语酒文化容易造成我国悠久、独特黄酒文化身份的丧失甚至错位和扭曲，因而不利于对外传播和弘扬我国的黄酒文化。

由以上分析不难看出，归化与异化瑕瑜互见，各有利弊，难分高下；两种翻译策略可以实现各自不同的翻译目的，取得不同的翻译效果：归化翻译可以更好地服务于商业目的，但不利于文化传播和交流；异化翻译则更能推动文化传通，却不利于对外贸易事业。正如陈德鸿（张南峰，2000：19-20）所指出的，两个途径各有优劣。施莱尔马赫认为，译者必须在两种译法中选择一个，然后贯彻到底，这是他的理论美中不足之处。Venuti（1995：20）沿袭施氏的见解，也认为译者应选取其中一个策略并从一而终，两者都失之片面和绝对。

我们认为，实际翻译过程中，译者总是交替采用归化和异化策略，使两者互为补充，互相依存，这是不可否认的翻译事实。所谓互补（complementarity），是指两种翻译策略优势互补，互相借鉴，以收扬长避短之效；所谓互依（symbiosis），是指两者互为依存，互利互惠，犹如生物间的共生关系，利益相关，休戚与共。罗选民（2004：103）十分精辟地指出，作为翻译技巧的归化和异化是互补的，而西方学者讨论的归化与异化却是相互排斥的。当然，西方学者对此并不都持绝对态度。例如，Newmark 提出的语义型翻译和交际型翻译分别相当于异化翻译和归化翻译，但这位英国学者持论却较为客观和公允。他指出，语义型翻译和交际型翻译应被视为对立统一的整体（1988：47）。

综上所述，互补互依是异化与归化相互关系的根本和最终依归，是译者必须遵守的翻译原则和工作规范。独尊一法而罢黜另一法的做法会造成严重后果，在翻译实践中也是不现实的。当然，鉴于企业简介、推销宣传品等归属 Newmark 所称信息传递类文本因而适用交际型翻译即归化翻译的事实，译者可能较多倚重归化翻译，但同时绝不可偏废异化翻译。翻译最理想的境界应是将两者融合并用，使译文在接近读者和接近作者之间找到一个融会点。（孙致礼，1999：36）这样，目标读者和作者通过译者这个中间人终会相遇，翻译的终极目标也就达到了。

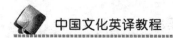

（三）归化与异化在绍兴酒文化翻译中的应用

本节以绍兴一些黄酒企业推出的公司简介、推销宣传品及其英译为例（摘自企业宣传资料或下载自相关网页，出处恕不一一注明），对有关译者处理黄酒文化所采用的异化或归化翻译进行评析兼匡谬，以支持上文提出的观点。

（1）沈永和酒厂创业于清代康熙三年（1664 年），很早就拥有行销中外、驰名遐迩的金字招牌。永远和气生财是沈永和的经营宗旨。

原译：Initiated during Kangxi Time of Qing Dynasty (1664), Shen Yong He Rice-Wine Factory enjoys a high reputation for its golden brand of well-sold both in China and abroad, well-known far and near , and regards "be kind to the customer for ever to get rich" as its managing purpose.

"清代康熙三年"是中国历史纪年方法中的年份概念，属于源语文化专有项。对此有三种处理方法：一是保留我国历史纪年的本来面目，即运用异化翻译法；二是将其归化，即简单换算成公历纪年 1664 年；三是将上述两种方法合用。显然，异化与归化融合并用是上上策。原译尽管采用第三种方法，但有较大疏漏和不当之处：其一，康熙为清圣祖年号，译为"Kangxi Time of Qing Dynasty"所指不明；其二，因三年漏译，使原本清晰的时间概念在译文读者看来可能非常模糊。"金字招牌"原指用金粉涂字的商店招牌，直译应为"a gilded signboard"，而不是"golden brand"（金色品牌）。鉴于"金字招牌"实指该厂家资金雄厚、信誉卓著（《现代汉语词典》），如归化翻译成"well-established"，译文的可读性和可接受性更高。"和气生财"谓待人和善能招财进宝，体现了国人的传统价值观和生财观，也是一个文化负载词。考虑到"和气生财"相当于西方商家恪守的"客户是上帝"这一信条，可以用归化法处理。上例改译为：

Established in 1664, the third year of the reign of Emperor Kangxi of Qi ng Dynasty (1644-1911AD) , Shenyonghe Brewery has long enjoyed a high reputation both at home and abroad. The well-established maker of quality Shaoxing rice wine has ever since adhered to The Client is God as its business concept.

（2）古越龙山商标取材于 2 400 多年前的吴越春秋故事，商标图案是越王句践兴师伐吴时的点将台城门和卧薪尝胆的龙山背景。

原译：The trademark of Guyue Longshan draws materials in the story of era in spring and autumn of Wu Yuemore than 2004 years ago. And the trademark pattern is a background of Longshan Mountain and flat form where emperor Goujian name a person to particular job.

作为绍兴黄酒集团的驰名品牌，"古越龙山"代表着绍兴酒源远流长的历史，其商标图案蕴含深厚的中国文化内涵，寓意深刻精妙，故译文应尽量保留文化内容。吴越春秋故事"越王句践"和"卧薪尝胆"均为本文所称的源语文化专有项，对它们的处理是上例翻译成功与否的关键。一方面，原译避而不译体现企业刻苦自励、锐意进取精神

的“卧薪尝胆”，造成“古越龙山”品牌文化内涵的严重缺损。另一方面，原译虽用异化法翻译“吴越春秋故事”和“越王句践”，但错漏甚多，如“吴越”是指吴国与越国，不应译作“Wu Yue”；“春秋故事”译为“the story of era in spring and autumn”让人不知所云；“越王句践”译文中的“emperor”一词不恰当，也未明确句践是越国国王及古越是绍兴与绍兴酒的发祥地。“卧薪尝胆”的典故原指越国初败于吴国后，句践立志报仇，刻苦自励。据说他坐卧于薪草之上，苦身焦思，置胆于坐，坐卧即仰胆，饮食亦尝胆也（《史记·越王句践世家》）。鉴于“卧薪尝胆”包含的源语文化信息过多，完全异化处理的效果可能不甚理想，可考虑适度归化，即删去“卧薪尝胆”的字面意义，代之以其立志复仇、成功反击的内涵实质。上例以异化翻译为主、归化为辅改译为：

The trademark Guyue-Longshan is derived from the historic Wu State versus Yue State wars 2 400 years ago. Its design suggests both Longshan Hill where Gou Jian the king of Yue State (the cradle of today's Shaoxing and Shaoxing rice wine) once nursed bitter vengeance before staging a decisive counter offensive against his archenemy and the towers over the city gate where the king assigned his officers battle tasks.

(3)“祭禹”典礼的重头戏是向禹陵献上绍兴酒，百年陈酿表达了绍兴人对大禹治水三过家门而不入的献身精神的一种歌颂，一种怀念。

原译：The memorial ceremony for Yu is to commemorate the great hero Yu, who lead people to fight with floods in ancient times. Legend has it that Yu worked for many years to prevent the floods and for several times when he passed his own home, he was too busy to go in. The focal part of the ceremony is to offer rice wine to the tomb of Yu. The a-hundred-year-old wine expresses Shaoxing people's praises of and the yearning for Yu's devotion to the prevention of floods.

作为植根于中国历史和文化土壤的源语专有词项，禹陵“大禹治水”和“祭禹”是文化传译的难点和关键所在，要求译者灵活运用异化法和归化法。遗憾的是，原译者在翻译策略上的处理不甚妥当，谬误也较多。禹陵又称大禹陵，相传为夏禹的陵墓。大禹为传说中古代部落联盟领袖，奉舜命治理洪水，治水十三年中，三过家门不入（《辞海》）。据此，大禹其人及禹陵只是传说，不宜言之凿凿，译者须依据典籍记载向目标读者传递真实信息。此处可考虑用目标语文化材料中亚瑟王的传说加以同化，译为“the legendary head of ancient Chinese chieftains”。此外，原译语言问题甚多，如“祭禹”应译为“The sacrificial rite to King Yu”；“lead”应为“led”，“ to fight with floods”应为“fighting the floods”；“wine expresses”这一主谓搭配颇不自然；“praises of”应为“praise for”，“yearning”一词则有点莫名其妙。上例可借助异化和归化翻译为：

The highlight of the grand sacrificial rite is to offer Shaoxing rice wine to the Yu's Mausoleum, which is believed to contain the grave of King Yu, the legendary head of ancient Chinese chieftains and tamer of floods. People use 100-year-old premium wine as an offering in praise and memory of Yu the Great, who was said to be so dedicated to his undertaking that he did not get in to visit his family three times he passed his house.

(4) 绍兴的风俗大多与酒有关，比如有婚嫁的“女儿红酒”，小孩满月的“剃头酒”，满岁的“得周酒”，祝寿的“寿酒”，除夕之夜的“分岁酒”，造房的“上梁酒”，迁房的“进屋酒”等。

原译：Customers of Shaoxing are mostly related to rice wine. They drink rice wine in all kinds of ceremonies，where both the rice wine and the ceremonial banquet are given a same special name. For example，the daughter swine in weddings，the hair-cutting wine and the first birthday wine respectively in ceremonies for a child reaching one month and one year old，the birthday wine at birthday parties，the wine for bidding farewell to the outgoing year on new year's eve，the putting-beam-i n-place wine at the completion of building a house，and the moving-in wine on moving into a new house.

所谓“非酒无以庆贺”，绍兴酒已渗入人们日常生活的方方面面，使得各种民间庆典仪式中都离不开酒，久而久之，为绍兴酒赋予了众多文化内涵隽永的名称。这些酒名为源语文化所独有，是黄酒文化和绍兴地方酒俗酒习的重要内容，也是文化传译的重点。原译对这些文化专有项均用意译法处理，是典型的归化翻译。尽管译文比较通顺，但文化意义的部分缺损在所难免，如“女儿红酒”源出地方风俗：生女之年，酿酒埋藏，于婚宴之日取出饮用，或以此酒陪嫁，因在地下放陈十许年，酒色黑里透红，酒味醇厚，故称“女儿红”。酒坛在土坯时雕上人物鸟兽花卉图案，女儿出嫁时，再绘以“八仙过海”、“嫦娥奔月”等彩图，十分喜庆，故又名“花雕”。原译将“女儿红酒”简单译为“daughter's wine”，显然未将其文化内涵传递出来。再者，用意译法翻译容易造成酒名过于冗长而又不得要领，如“wine for bidding farewell to the outgoing year”可能使目标读者误以为是一种特制的酒，“outgoing year”也让人茫然。为解决上述翻译弊病，可以先用异化翻译之一的音译法译出酒名，然后辅以简洁的文内解释法。

As an integral part of many local customs in Shaoxing，rice wine drunk on various occasions has been given special names with rich cultural connotations. For example，at wedding feasts people drink Nuerhong jiu，which derived from the local custom of burying home-brewed rice wine underground in the year a baby girl was born. On the day the girl was married the wine would be dug up for consumption or serve as a dowry with its container decorated with bright-colored carvings and traditional patterns. Titou jiu (literally hair-cutting wine) and Dezhou jiu are drunk respectively in celebration of the first month and first birthday of a baby，Shoujiu (longevity wine) at elderly person's birthday parties，Fensui jiu on Lunar New Year's Eve，Shangliang jiu after the erection of beams for a new house，and Jinwu jiu upon moving into a new house.

(5)“会稽山”牌绍兴酒酒度适中，性醇和，营养丰富，能修身养性，延年益寿。

原译：Kuaijishan Brand Shaoxing Wine is rich in nutritious and favorable of health.

“修身养性”源出《礼记·大学》：“欲齐其家者，先修其身。”谓修养身心，以提高

自己的品德，是儒家思想的核心内容；“延年益寿”则反映了国人的养生之道，是我国饮食文化的重要组成部分，因而两者均为源语文化专有项。姑且不论常饮绍兴酒能否起到如此神奇功效，就翻译本身而言，译者理应把句中包含的文化信息传译出来，何况该信息也是“会稽山”牌绍兴酒的最大卖点。不难看出，原译不仅“偷工减料”，漏译了“酒度适中”、“性醇和”、“修身养性”及“延年益寿”等重要内容，而且连最低级的语言错误都难以幸免：“rich innutritious”应为“nutritious”，“favorable of health”应为“good for health”。现以异化翻译为指导原则将原句试译如下：

With a moderate alcoholic content, Kuaijishan Rice Wine is mellow and nutritious. It is believed that regular drinking promises longevity and can even help one attain self—fulfillment and self—improvement.

(6) 咸亨酒店位于绍兴市区鲁迅路，创建于清光绪甲午年间（1894 年），其摆设格局悉如鲁迅小说《孔乙己》所述。

原译：Xianheng Restaurant is located in Luxun Road, city of Shaoxing. The layout of the restaurant is exactly like what was written in Luxun's work *Kong Yiji* . The restaurant was built in 1894 in Qing Dynasty .

众所周知，“咸亨酒店”因鲁迅小说《孔乙己》而闻名于世，而实际上，这家酒店与鲁迅家族的渊源可以追溯到清光绪甲午年间，即 1894 年。是年，周氏家族出资开了酒店，由老秀才周仲翔出任掌柜。满腹学问的周秀才从《易经·坤卦》中拣出“咸亨”二字做酒店的招牌，意思是“群贤毕至，少长咸集”（出自王羲之《兰亭集序》），万事亨通，财源顺达。此外，原文刻意说明酒店布局悉如鲁迅在《孔乙己》中所描述，无非想要借鲁迅之名扩大酒店的影响和知名度。如“咸亨”二字一样，鲁迅其人及其小说《孔乙己》都是对目标读者而言异域性较强的源语文化负载词，需要译者运用文内解释法补充背景信息，以帮助读者建构起鲁迅及其作品《孔乙己》与酒店的意义关联。原译除“鲁迅”拼写不当外不可谓不忠实于原文，且措辞得当，似乎无懈可击。但是，作为咸亨酒店卖点的“鲁迅”和“孔乙己”只是照直译出，未作任何解释，正所谓“译犹未译也”。像这种“省事式”的异化翻译只适合懂英语的国人看。笔者认为，这个实例暴露了纯粹异化法的缺陷，同时说明异化和归化互为补充的必要性。诚然，用音译法翻译“咸亨酒店”未尝不可，但鉴于上述“咸亨”二字的出典及其含义，初次提及时应对其含义加以解释 。最后，原译者对“清光绪甲午年间”这一中国历史纪年方法中的年份概念采取了消极回避的做法，也是不足为训的。上例综合运用异化和归化翻译改译为：

Xianheng Tavern , which literally means popularity and prosperity , was established in 1894 during the reign of Qing Emperor Guangxu. Standing in the middle section of Lu Xun Road in downtown Shaoxing, it has a layout exactly as described by Lu Xun the Shaoxing—born great writer in Kong Yiji. The famous story, which has brought tremendous fame and profit to the establishment since its publication in the early 1920s, describes Kong Yiji, a down—and—out penniless intellect who once frequented the tavern.

（四）结语

本文考察了归化与异化翻译的定义以及各自的优缺点，认为两者在文化翻译中可以实现各自不同的翻译目的，取得不同的翻译效果，因而是相辅相成、互为补充的关系，译者绝不可独尊一法而罢黜另一法。翻译最理想的境界应是将异化和归化翻译策略融合并用，而要达到这一境界首先需要译者具备跨文化意识，其次需要应用翻译理论指导自己的实践，最后需要深厚的双语及文化功底。对绍兴黄酒企业简介中所含文化因素英译实例所作的评析兼匡谬可以支持上述论点，同时也揭示了当前绍兴酒文化翻译理论与实践两方面存在的欠缺和问题。由于文章篇幅所限，本文只援引了若干有代表性的绍兴酒文化翻译实例，但窥一斑而见全豹，我们不难发现，由于目前对翻译传播理论研究及其指导意义重视不足，导致了大量的盲目实践；盲目实践者职业道德素质低下或业务水平差强人意则造成翻译质量更加令人忧虑。显然，翻译陷入如此窘境对绍兴酒出口及文化传播极为不利，应引起有关部门的高度重视，及早出台有力措施加以整治和提高。同时，笔者希望翻译界热情关注黄酒文化翻译，积极开展严肃、深入的理论和实践探索，以便为中国黄酒开拓海外市场和黄酒文化对外传播提供有力的学术支持。

《绍兴文理学院学报》2006（1）：83-88.

翻译练习

一、酒名翻译。

1. 茅台酒（贵州）
2. 汾酒（山西）
3. 泸州老窖（四川）
4. 剑南春（四川）
5. 双沟大曲（江苏）
6. 绍兴酒（浙江）
7. 五粮液（四川）
8. 古井贡酒（安徽）
9. 竹叶青酒（山西）

二、句子翻译。

1. 时至今日，我依然庆幸自己在那个时候读了那篇文章。正如《红灯记》中主人公李玉和说过的一句话：“有这碗酒垫底，什么样的酒我都能应付。”（《中国翻译》2011年第1期）

2. 阿Q正喝了两碗黄酒，便手舞足蹈的说，这于他也很光彩，因为他和赵太爷原来是本家。（鲁迅《阿Q正传》）

3. 酒意味着欢畅、幸福、顺遂，所以遇喜事则觥筹交错，逢知己则千杯犹少。

(《中国翻译》2003 年第 1 期)

4. 登临华山，立于下棋亭上，喝干了那一壶“西风”。(《中国翻译》2003 年第 4 期)

5. 一个星期六下午，他请唐小姐喝了茶回家，看见桌子上赵辛楣明天请吃晚饭的帖子，大起惊慌，想这也许是他的订婚喜酒。(钱钟书《围城》)

6. “你可以不罚，他至少也得还喝一杯，我陪他。”说时，把鸿渐杯子里的酒斟满了，拿起自己的杯子来一饮而尽，向鸿渐照着。(钱钟书《围城》)

7. 湘云一边吃，一边说道：“我吃这个方爱吃酒，吃了酒才有诗。若不是这鹿肉，今儿断不能作诗。”(《红楼梦》第四十九回)

8. 星澜、忆香群起嚷曰：“来迟罚三杯!”席间荤素精洁，酒则黄白俱备。(《浮生六记》卷四，第 285 页)

9. 余在洞房与伴娘对酌，拇战辄北，大醉而卧。(《浮生六记》卷一，第 11 页)

三、段落翻译。

中午盛宴款待，安排得恰到好处。菜不太多却很精致，酒是“干红”，养颜健脾。喝酒时，米局长巾帼不让须眉，杯杯见底。特地前来作陪的县长连连称赞：如此豪爽，大家之气！吴有仁不知道米局长酒量大小，他恐怕她酒醉失态，形象受损，想趁机拍拍马屁，在人们纷纷敬酒时赶忙站起来劝止。本想说局长酒量有限谁知却顺嘴滑出来一句：“米局长水平有限……”话一出口，便觉失言，急忙打住，为时已晚。米局长脸色顿时由红变白，一圈人呆若木鸡。短暂的冷场之后，人们纷纷端起杯说：喝酒，喝酒……(孟庆升《新编实用汉英翻译教程》)

第十四章　中国建筑文化与汉英翻译

第一节　概　述

旅途中，总有一些风景，虽然存在，你却不能真正领略。因为只有知道，才能看见。建筑，尤其如此。所以看之前，要多一些知道、多一些了解，看的过程才能让呈现在眼前的景色变得丰富而立体，才能让视觉的震撼转换成心灵的滋养。

建筑是文化的。中国具有非常悠久的历史和丰富的文化。历史和文化的传承，最主要的载体就是建筑。建筑也是艺术的。大门不仅仅是出入口，所以才有夸张的门罩和精致的门楼，黄色和绿色的视觉冲击，白色和黛色的浑然天成，那都是美轮美奂的色彩搭配；叠山流水、梅兰竹菊，更是对美、对艺术的高度浓缩概括。分不清楼与阁，轩与榭，就读不懂建筑的艺术，就不会欣赏建筑。建筑当然是实用的。吊脚楼（Stilted Building）蕴含着南方多雨区的干燥诉求；宏伟的箭楼（embrasured watchtower）要实现的是防御功能；美人靠椅（Beanty Couch）可供“美人”凭栏休憩；临水阁楼则是为浣纱的村妇遮风挡雨；无梁殿（Beamless Hall）不是秀技术，是对广阔空间的需求。读懂了建筑的本意，才能理解建筑的设计本意。

建筑是一个民族文明的结晶，是先人留给我们的这份宝贵财富。一带山水孕育着一方文化，一方土地滋养着一方生灵。在中华民族这块古老的土地上，至今仍保留着一大批传统建筑，这其中包括府邸、古桥、民居、牌坊、宗祠等。中国古民居凝结着古代劳动人民的智慧，反映了当时中国建筑技术和艺术上的成就，是中国古代文化也是人类建筑宝库中的一份珍贵遗产。福建的土楼、江南的水乡古镇、开平的碉楼村落、山西的晋商大院、徽派的山水村落、苏州园林等无疑将带领我们开启一段有深度的中国古建筑之旅。

园林建筑是中华民族建筑历史上的一朵奇葩。在漫长的历史长河中逐步形成了两个园林传统：皇家园林和私家园林。前者是皇室权力和财富的象征，后者是文人学者隐退后远离尘嚣的居所。中国园林的一个典型特征是它深深扎根于中国哲学，尤其是道家哲学。园林可以看作是自然界的一面镜子。亭、台、楼、阁、榭、廊等自成一景。中国古代园林称得上是诗、景、画的统一，故中国园林有“诗园”之称。

本章将从古建筑的风水文化、古建筑的匾额文化、古建筑的朝向、古建筑术语文化等方面介绍中国古建筑文化，并在此基础上探讨亭、台、楼、阁等建筑物名称的英译和中国典型特色建筑，即园林建筑的英译。

第二节 中国古建筑的文化内涵和翻译

历史和文化的传承，最主要的载体就是建筑。故宫大门上的门钉体现的是等级；丹陛桥彰显的是地位；四水归堂的寓意是让四方之财如同天上之水，源源不断地流入自己的家中；木雕上红色的蝙蝠则是“洪福（红蝠）齐天”的谐音。只有读懂了中国的建筑，才能读懂中国的历史和文化。

（一）古建筑的风水文化

建筑是文化的，其鲜明的特点之一是其风水文化（Fengshui Culture）。徽州古建筑、福建土楼、广西大芦村建筑群等都秉承了古建筑文化中的风水理念。中国的福建土楼在加拿大魁北克城举行的第32届世界遗产大会上被列入《世界遗产名录》，这是继开平碉楼申遗成功后，中国民居的建筑风格和文化内涵再次获得世界的认可。换句话说，就是中国的风水文化得到了世界的认可，因为无论是开平碉楼还是福建土楼，都深深地刻上了风水的烙印。以福建土楼为例：源自中原的汉民族各民系，特别是客家民系，自宋代以来，民间风水理论盛行，风水师无乡不有，风水活动在乡村文化中成为极重要的内容。客家聚居中心，也就是土楼分布中心闽、粤、赣三省边区，则又是风水学说最盛行的地方，对土楼文化有极大的影响，如南靖田螺坑土楼群中方形土楼步云楼和圆形土楼振昌楼的简介中提到了风水习俗。

（1）天井自外向内分3级台阶，取***平步青云***之意，体现了土楼人家的风水文化。（步云楼）

The patio with 3 flight of steps was well arranged from outside to inside meaning ***rapid to fame*** and unbiased expressing the Fengshui culture of the Tulou people.

（2）内堂与门不在同一直线上，反映着一种“***富不露白***”的风水文化。（振昌楼）

The inside hall is not in the same axial line with the gate expressing the geomancy idea of “***wealth but concealing***”.

（3）古井深30余米，乃齐云楼始肂者请风水先生“***寻砂点穴***”而得。（齐云楼古井）

The ancient well is 30m deep and was formed by the builders of the cloud tower who invited the geomancer to ***seek and fix the vital point***.

评析 客家人的风水理念表现在土楼的选址和土楼内部结构的布局上。例（1）和例（2）正是风水文化在土楼内部结构布局上的体现。3级台阶喻指“平步青云”（rapid to fame）；而内堂与门不在同一直线上暗指“富不露白”（wealth but concealing），只不过语言表达上欠妥，“平步青云”建议改为“achieving one's fame rapidly”。

土楼的选址必须经过风水师的觅龙、察砂、观水等步骤，最终确定楼址。觅龙就是观察山脉的走向，求得阴阳之气和合之地，以期“万物不失，生气不竭，天地气交、万物华实”的理想风水之地；察砂是观察主体山脉四周的小山或护山，来风的一边为上砂，要求高大，能遮风挡暴；与上砂相对的就是下砂，要求低矮，能回风护气；观水是指观察水源与河川之走向，观水要“开天门，闭地户”，天门是来水处，去水处为地户，要求天门敞开，财源广进，地户缓出，留住财源，几乎所有早期开基的客家土楼村落都是临水而建。例（3）是风水文化在土楼选址上的体现，“寻砂”就是“察砂”。但 geomancer 一般指非洲和欧洲中世纪的占卜师，中国的风水在英语中有对应的 Fengshui 一词，因此整句话不妨改译为：The ancient well is 30m deep and was formed by the builders of Shengping Lou who invited the Fengshui master to locate the auspicious site. 改译后的译文更易于目的语读者理解和接受，也很好地传递了原文所要传递的风水理念。

（二）古建筑的匾额文化

“自从有了建筑物，也就有了建筑文化。”传统的匾额常常被称作“古建筑的灵魂”，是最能体现中国古代建筑文化和建筑特色的一种装饰构件。它集标名、教育、装饰等多重意义于一身，具有丰富的文化内涵。匾额之于中国传统建筑有着灵魂性的作用，它不仅是一种建筑装饰，同时具有宣传教化、传播精神文化的非物质属性。匾额以丰富的人文内涵，为建筑内外环境营造了一个精神文化空间。

匾额通常摆设于门楣、寿梁及坊梁上，少量设于窗楣之上或照壁之上，多为木质、石质或砖质。以横长形及竖长形居多，多为黑漆金字，醒目端庄。有的还配以楹联或艺术雕刻，制作精美，具有极高的审美价值。匾额的文辞，自古即以简短文句，或一言，或两语，或三言，或四字书写于册或刻之于简、雕之于木以赠人，因悬之于门额、墙眉，以横式书写居多。

在古代，匾、额二字所指的意义各有不同：“额为名称，匾指颂词。”挂于寺庙、殿、堂、楼、阁用作指示建筑物名称的匾额均属于“额”的范围，例如“乾清宫”、“凌霄殿”、“岳阳楼”、“钟楼”、“鼓楼”等。“额”具有指示空间功能的作用，因此只具书法艺术价值，没有文学意义；而属颂词的“匾”则极富文学韵味，如拙政园匾额——“梧竹幽居”，是对建筑本身的描写，此亭位于水池的尽头，临山面水，在游廊后面种了一片梧桐和竹子，为一幽深之处，匾额“月到风来”又是对其环境的精彩描述；而“与谁同坐轩”匾，借景抒情，具有极高的美学意境和文学价值。而到了现代，“匾额”二字已经逐渐发展成为一专有名词，涵盖了“匾”和“额”两字的含义。

（1）山顶有阁，***匾曰：“海阔天空”***，一望无际，但见怒涛接天而已。（《浮生六记》卷四，第 241 页）

A tower on its top bore the ***signboard: “The Sea is Wide and the Sky Spacious”***, from which place one could gain un unlimited view of the universe, with nothing except angry sea waves rising to meet the sky at the horizon.（林语堂译）

（2）越日过大庾岭，山巅一亭，***匾曰：“举头日近”***，言其高也。（《浮生六记》卷

四，第 255 页）

Next day we passed the Tayu Pass. One the top of the Pass there was a pavilion with ***a signboard reading***: ***"The Sun hangs quite near over our heads"***, referring to the height of the place.（林语堂译）

（3）……余记其厅***额曰"紫藤红树山房"***。（《浮生六记》卷四，第 321 页）

We were staying at "Liu's Garden", whose ***hall signboard***, I remember, read ***"The Mountain Hut of Wistarias and Red Trees."***（林语堂译）

（4）上面小小五间抱厦，一色硐楼新鲜花样隔扇，上面悬着一个匾额，四个大字，题道是***"怡红快绿"***。（《红楼梦》第二十六回）

The five-frame apartment before him had lattice-work carved with ingenious designs, while above its door hung a tablet inscribed with the words: ***Happy Red and Delighted Green***.（杨译）

（5）进入堂屋中，抬头迎面看见一个赤金九龙青地大匾，匾上写着斗大的三个大字，是***"荣禧堂"***。（《红楼梦》第三回）

Once inside the hall she looked up and her eye was caught by a great blue tablet with nine gold dragons on it, on which was written in characters large as peck measures: ***Hall of Glorious Felicity***.（杨译）

评析　以上匾额译例大致分为两类，一组是例（3）和例（5），属于"额"类，用于指示建筑物名称；另外一组是例（1）、例（2）和例（4），属于"匾"类，颂词类，具有很高的文学价值和美学价值。不管是《浮生六记》的林语堂译本，还是《红楼梦》的杨译本，两位译者基本上都是采用直译的方法来翻译匾额，如"海阔天空"译为"The Sea is Wide and the Sky Spacious"；"怡红快绿"译为"Happy Red and Delighted Green"。

《红楼梦》里贾政说："偌大景致，若干亭榭，无字标题，也觉寥落无趣，任有花柳山水，也断不能生色。"此话道出了匾额在美化景点方面具有不可忽视的作用。《红楼梦》里匾额名目繁多，如金陵十二钗所居之处题写的匾额"潇湘馆"（the Bamboo Lodge）、"怡红院"（Happy Red Court）、"大观楼"（Grand View Pavilion）等。

例（4）是贾宝玉的怡红院中的匾额，宝玉的院子里种有海棠和芭蕉，宝玉据此题"红香绿玉"，红代指海棠，绿代指芭蕉。元妃省亲的时候改为"怡红快绿"，意味院子里的海棠和芭蕉使人心旷神怡。此外，据周汝昌先生推断，这里的红绿，也就是海棠和芭蕉还分别暗示史湘云和林黛玉，因为"寿怡红群芳开夜宴"一回中，史湘云抽到的花名就是海棠，而林黛玉潇湘馆的主色调是绿色，所以，怡、快二字也代表了宝玉对她们的感情。此处直译为"Happy Red and Delighted Green"，保留了原文中的色彩文化。

无独有偶。元春省亲时要求众姐妹各为大观园题一匾一联，"旷性怡情"是迎春题的匾额，意思是大观园的美景，陶冶性情，让人心旷神怡。结构上来说，前两字与后两字形成对应：动词“旷”对“怡”，名词“性”对“情”，构成宾语，形式平衡、工整，体现了汉语的结构美。不过，不管是杨译的“Refreshing the Heart”还是霍译的“Heart's Ease”都大大简化了原文的结构，失去了原文匾额所传递的音韵美。

此外，“潇湘馆”是林黛玉住所的题名匾额。那里幽竹成林，因而得名。“潇湘”是“湘江和潇水”的并称。这个匾额是有典故的：传说尧帝有两个女儿，娥皇、女瑛，居住在潇水湘江一带。她们得知舜帝的死讯后，悲痛万分，眼泪滴在竹子上，形成竹斑，所以斑竹又叫湘妃竹。这里的“潇湘”除了点院内斑竹之景外，还预示林黛玉一生都与眼泪结缘，命运如娥皇、女瑛一般凄苦。杨译本将之译为“Bamboo Lodge”，而霍译本译为“the Naiad's House”。Naiad是古希腊和古罗马人认为生活在湖、河、泉中并赋予其生命和永久存在的仙女。杨译起到了点景的作用，而霍译为了让西方读者容易接受，偷换了原文的概念，把一个具有中国民族色彩的凄美故事换成了西方神话中的快乐女神。因此，原文匾额所承载的民族色彩在两个英译本中似乎都流失了。

（三）古建筑的朝向

古代的建筑一般都是坐北朝南，所以左为东，右为西。正是因为南面阳光充足，和风拂煦，温暖宜人，我国自古房屋就以坐北朝南为尊。这种观念由来已久，早在距今六千年之前的仰韶文化时期，房屋的基本走向就是坐北面南。西安半坡遗址的房屋也是南向的。其后，封建社会的宫殿、宗庙等都是南向的。这一方面是自然地理环境的原因，另一方面是长期以来形成的伦理、秩序等观念的体现。

（1）楼有五椽，***东向***，余居其三。晦明风雨，可以远眺。（《浮生六记》卷二，第109页）

The house ***faced east*** and consisted of five beams, of which I occupied three. From it one could get a beautiful view of the distance in rain or shine. （林语堂译）

（2）正面五间上房，皆雕梁画栋，两边***穿山游廊厢房***。（《红楼梦》第三回）

In front were five rooms with carved beams and painted pillars, and on either side were ***rooms with covered passageways***. （杨译）

评析 例（2）中的厢房是在正房前面两旁的房屋。以四合院（quadrangle courtyard）为例，四合院是以正房、东西厢房围绕中间庭院形成平面布局的汉族传统住宅统称。四合院在中国民居中历史最悠久，分布最广泛，是汉族民居形式的典型。四合院在建筑上有一套固定的规格：北面是正房，东西是厢房，南面是倒座，东西南北四面都是房子，中间是天井（patio），整体由廊子贯通。老式中国家庭居住在四合院时，老人住北房（上房），中间为大客厅（中堂间），长子住东厢，次子住西厢，用人住倒座房，女儿住后院，互不影响。

一般来讲，房子最好是南北朝向的。这和我们中国人的传统观念有关系。南北为正。而且，我们国家处于北半球，南北向的房屋，尤其是居室在南面的房屋，采光性好。而且，我们国家气候特点是以南北向风为主，这样南北向的房屋，只要是通透户

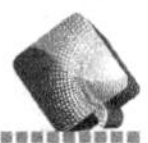

型的，通风也比较好。一般而言，房子朝向的优劣顺序大致为南、东南、东、西南、北、西，朝南最好，朝西最差。

（四）古建筑术语文化与英译

中国古代建筑在世界建筑历史上独树一帜，中国古代建筑的演变和中国古代历史的发展是相一致的。现存我国各地的历史文化建筑反映了我国历史文化发展的全貌，体现了我国古建筑历史文化的源远流长、绚丽多彩。中国古代建筑以其独特的风格展示了我国历史上劳动人民创造历史、推动历史前进的聪明智慧。

以《浮生六记》为例

（1）有**廊**有**厢**，地极幽静。（《浮生六记》卷二，第109页）

There were ***corridors*** and ***living rooms***, and the place was quite secluded.（林语堂译）

（2）过桥见三层高阁，画**栋**飞**檐**，五彩绚烂，叠以太湖石，围以白石阑，名曰"五云多处"。（《浮生六记》卷四，第233页）

After passing by the bridge, I saw a high three-storeyed tower with projecting ***eaves*** and painted ***girders*** in rainbow hues, decorated with rocks from the Taihu Lake and surrounded by white marble balustrades. This place was called "Where the Five-colored Clouds Are Abundant."（林语堂译）

（3）游陈氏安澜园，地占百亩，重楼复阁，**夹道回廊**。（《浮生六记》卷四，第239页）

I also visited the "Garden of Peaceful Eddies" of Mr. Ch'en, which occupied over a hundred mow and had any number of towers, buildings, ***terraces*** and ***winding corridors***.（林语堂译）

评析　廊　廊是指屋檐下的过道、房屋内的通道或独立有顶的通道。包括回廊（winding corridor）和游廊（verandah），具有遮阳、防雨、小憩等功能。廊是建筑的组成部分，也是构成建筑外观特点和划分空间格局的重要手段。

厢　厢，即厢房，是在正房前面两旁的房屋，通常译为"side room"或"wing room"。

栋　屋的正梁，即屋顶最高处的水平木梁，支承着椽皮子的上端，因此常用来比喻堪当大任的人或重要的物，如《国语·晋语》中"天子，国之栋也"。例（2）中的"画栋"（painted girders）指有彩绘的栋梁楼阁。

飞檐　檐是房顶伸出墙壁的部分，如房檐儿、廊檐等。例（2）中的"飞檐"（overhanging eave）是中国古代汉族传统建筑檐部形式，多指屋檐特别是屋角的檐部向上翘起，若飞举之势，常用在亭、台、楼、阁、宫殿、庙宇等建筑的屋顶转角处，四角翘伸，形如飞鸟展翅，轻盈活泼，所以也常被称为"飞檐翘角"。飞檐为古代汉族建筑民族风格的重要表现之一，通过檐部上的这种特殊处理和创造，不但扩大了采光面、有利于排泄雨水，而且增添了建筑物向上的动感，仿佛是一种气将屋檐向上托举，建筑群中层层叠叠的飞檐更是营造出壮观的气势和中国古建筑特有的飞动轻快的韵味。

夹道　夹道是左右都有墙壁等的狭窄道路，通常译为"a narrow lane"或"passageway"。

以《红楼梦》为例

（1）进了***垂花门***，两边是***抄手游廊***，当中是***穿堂***，当地放着一个紫檀架子大理石的***大插屏***。转过插屏，小小的三间厅，厅后就是后面的***正房大院***。（《红楼梦》第三回）

Inside, ***verandahs*** on both sides led to a three-roomed ***entrance hall*** in the middle of which stood a ***screen*** of marble in a red sandalwood frame. The hall gave access to ***the large court*** of the main building. In front were five rooms with ***carved beams and painted pillars***, and on either side were rooms with covered ***passageways***. (杨译)

（2）原来这藕榭盖在池中，四面有窗，左右有***曲廊***可通，亦是跨水接岸，后年又有曲折竹桥暗接。（《红楼梦》第三十八回）

This pavilion, built in the middle of the lake, had windows on all four sides, ***twisting corridors*** on left and right leading to both shores and, behind, a winding bamboo bridge connecting it with the bank. (杨译)

（3）左边一个楼便是殿元公的赐书楼。楼前一个大院落，一座牡丹台，一座芍药台，两树极大的桂花正开的好。后面又是三间***敞榭***，横头朝南三间书房后，一个大荷花池，池上搭了一条桥。过去又是三间***密屋***，乃杜少卿自己读书之处。(《儒林外史》第三十一回）

A two-storeyed building on the left was the library built by the Number One Scholar, overlooking a large courtyard with one bed of moutan peonies and another of three peonies. There were two huge cassia tree as well, in full bloom. On the other side were three ***summer houses***, with a three-roomed library behind them overlooking

a great lotus pool. A bridge across this pond led you to three ***secluded chambers*** where Tu Shao-wing used to retire to study.（杨译）

(4) 王夫人忙携黛玉从后房门由后廊往西，出了角门，是一条南北宽夹道。南边是***倒座***三间小小的***抱厦厅***，北边立着一个粉油大***影壁***，后有一个半大门，小小一所房室。（《红楼梦》第三回）

Lady Wang at once led her niece out of the back door, going west along a corridor and through a side gate to a broad road running from north to south. On the south side was a ***dainty three-roomed annex*** facing north; on the north a big ***screen wall*** painted white, behind which was a small door leading to an apartment.（杨译）

评析　垂花门　垂花门是中国古代建筑院落内部的门，因其檐柱不落地，垂吊在屋檐下，称为垂柱，其下有一垂珠，通常彩绘为花瓣的形式，故被称为垂花门，杨译本将之译为“a gate decorated with overhanging flowery patterns carved in wood”。

垂花门是四合院中一道很讲究的门，它是内宅与外宅（前院）的分界线和唯一通道。前院与内院用垂花门和院墙相隔。前院，外人可以引到南房会客室，而内院则是自家人生活起居的地方，外人一般不得随便出入，这条规定就连自家的男仆都必须执行。旧时人们常说的“大门不出，二门不迈”，“二门”即指此垂花门。

因垂花门的位置在整座宅院的中轴线上，界分内外，建筑华丽，所以，垂花门是全宅中最为醒目的地方。垂花门整座建筑占天不占地，这是垂花门的特色之一，因此垂花门内有一很大的空间，从而也给家庭主妇与女亲友的话别提供了极大的方便。

抄手游廊　中国传统建筑中走廊的一种常用形式，连接垂花门、厢房和正房，雨雪天可方便行走。抄手游廊的名字是根据游廊线路的形状而得名的，一般抄手游廊是进门后先向两侧，再向前延伸，到下一个门之前又从两侧回到中间。在院落中，抄手游廊都是沿着院落的外缘而布置的，形似人抄手时，胳膊和手形成的环的形状，所以叫抄手游廊（verandah）。抄手游廊是开敞式附属建筑，既可供人行走，又可供人休憩小坐，观赏院内景致。

穿堂　宅院中，坐落在前后两个庭院之间可以穿行的厅堂，例（1）中译为“entrance hall”。

插屏　于镜框中插入图画或大理石、彩绘瓷板等，下有座架。明代以前，屏风（screen）多趋于实用，被归为家具的一种，主要用于遮蔽和做临时隔断，大都是接地而设。清初出现的插屏和挂屏则开始兼有供人欣赏之用。在室内，它又有装饰作用。这种插屏以双面心为佳，如果是以山水、风景为内容则更美。由于山水、风景都具有由近及远、层次分明的特点，虽置于室内，能起到开阔视野、消除疲劳的效果，给人一种舒畅的感觉。

正房大院 在《红楼梦》中指坐落在贾母院主轴上的主要建筑，是贾母居住的地方。正房（the large court）通常是这一路建筑中体量最大的，正房前的院落也是这一路中最大的院落，所以人们习惯称为正房大院。

曲廊 曲廊（twisting corridor）依墙又离墙，因而在廊与墙之间组成各式小院，空间交错，穿插流动，曲折有法或在其间栽花置石，或略添小景而成曲廊，不曲则成修廊。

敞榭 敞榭（summer house）是隐秘的房间，用于秘密活动。语出南朝梁简文帝《和徐录事见内人作卧具》："密房寒日晚，落照度窗边。红帘遥不隔，轻帷半卷悬。方知纤手制，讵减缝裳妍。龙刀横膝上，画尺堕衣前。"

倒座 住宅建筑群中最前边一进院落中与正房相对而立的建筑物称倒座，通常坐南朝北。

抱厦厅 抱厦厅（annex）是围绕厅堂、正屋后面的房屋。

影壁 也称照壁（screen wall），古称萧墙，是中国传统建筑中用于遮挡视线的墙壁。旧时人们认为自己的住宅中，不断有鬼来访。如果是自己祖宗的魂魄回家是被允许的，但是如果是孤魂野鬼溜进宅子，就要给自己带来灾祸。如果有影壁的话，鬼看到自己的影子，会被吓走。当然，影壁也有其功能上的作用，那就是遮挡住外人的视线，即使大门敞开，外人也看不到宅内。影壁还可以烘托气氛，增加住宅气势。

第三节　中国古代建筑名称的翻译

中国的园林建筑主要讲求的是叠山、理水、筑屋、构景。所谓叠山，就是利用各种天然石材建造假山，以"瘦、皱、漏、透"为主要特征，力求与园内其他建筑浑然一体。所谓理水，就是建造小桥流水、飞瀑灵泉。所谓筑屋，就是在园林中建造亭台楼阁，使之成为可居、可游、可赏的处所。所谓构景，就是通过山、林、水、屋来构造整座园林，用布局、掩映、虚实、疏密、动静结合的手法，来达到"山重水复疑无路，柳暗花明又一村"的境界。在游园林时，人们往往被园中那些造型奇特、构思精巧、布局充满情趣的亭、台、楼、阁、榭、轩、舫所吸引、陶醉，有时甚至驻足于一副对联之前而情思飞扬，流连忘返，陶醉其间。

"榭"，多指水榭，是临水而建，供人们休息、观景的建筑。一般在水边架设平台，平台的一部分建在岸上，一部分探入水中。平台的上部建有顶盖，而四周如亭子般敞开，临水的周围环以低平的栏杆或安置美人靠椅，供人依栏观景，如北京颐和园谐趣园中的"洗秋"和"饮绿"即为水榭。"轩"是指园林中小而明亮、适宜读书的建筑，也有称其为"斋"或"室"的。"舫"是指用石料制成的船形建筑。古时有一种巨型画

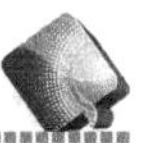

舫，雕龙描凤，金碧辉煌，专供游人在水面上荡漾游乐。在园林建筑中模仿画舫的模样，用石头在水边建一石舫，其三面临水，一面与陆地相连，似船而不能划动，故而称“不系舟”。私家园林建舫，除作为景观外，还寓意主人归退山林，不再涉险于官场。皇家园林建舫，寓意水不可覆舟，确保皇家江山万代永固。

下面将主要结合《浮生六记》的林语堂译本探讨这些亭台楼阁名称的翻译。

（一）阁

阁，一种架空的小楼房，中国传统建筑物的一种。其特点是通常四周设隔扇或栏杆回廊，供远眺、游憩、藏书和供佛之用，如唐朝杜牧《阿房宫赋》中“五步一楼，十步一阁”；《聊斋志异·促织》中“细瞻景状，与村东大佛阁逼似”；《淮南子·主术训》中“接屋连阁”。“阁”在英语中通常译为“pavilion”或“tower”，林语堂先生采用的是“tower”这一译法。《浮生六记》中形形色色的阁楼通过直译、意译、音译加直译等方法得以再现在目的语读者眼前。

1. 直译

大悲阁 the Tower of Great Mercy（《浮生六记》卷三，第195页）

飞云阁 the Tower of Flying Clouds（《浮生六记》卷四，第297页）

宾香阁 the Tower of My Guest's Fragrance（《浮生六记》卷三，第195页）

2. 音译+直译

滕王阁 the Tower of Prince T'eng（《浮生六记》卷四，第253页）

晴川阁 Ch'ingchuan Tower（《浮生六记》卷四，第317页）

历下亭 Li-hsia Pavilion（《浮生六记》卷四，第333页）

水香亭 Shuihsiang Pavilion（《浮生六记》卷四，第333页）

滕王阁位于江西省南昌市西北部沿江路赣江东岸，始建于唐朝永徽四年，因唐太宗李世民之弟——李元婴始建而得名，因初唐诗人王勃诗句“落霞与孤鹜齐飞，秋水共长天一色”而流芳后世。始建于唐朝永徽四年，它与湖北武汉黄鹤楼、湖南岳阳楼并称为“江南三大名楼”。历史上的滕王阁先后共重建达29次之多，屡毁屡建。现在的滕王阁主阁落成于1989年10月8日，是1985年按照梁思成绘制的《重建滕王阁计划草图》重建的，是南昌市的标志性建筑之一。滕王阁共九层，濒临赣江，面对西山，视野开阔，距唐代阁址仅百余米，主体建筑为宋式仿木结构，突出背城临江，瑰玮奇特的气势。2001年元月核准为首批国家4A级旅游景区。

大悲阁又名佛香阁、天宁阁，位于隆兴寺内，是主体建筑之一。大悲阁高33米，五檐三层，面阔七间，深五间，歇山顶，上盖绿琉璃瓦，外形庄严端正。北宋开宝四年，宋太祖驻跸正定，于七月在隆兴寺建大悲阁，并铜铸大悲菩萨像于阁内。铜佛有42臂，故又千手千眼观音，通高22米余，下有2.2米高的石须弥座，是我国现存铜像中最高的一座。像体纤细颀长，比例匀称，衣饰流畅，腰部以下尤佳，富有宋代艺术风格。须弥座的上枋，壶门内刻有纹饰图案、伎乐、飞天、蟠龙等精美宋代雕刻。阁内有楼梯直达顶层，可纵览正定古城风光。正定大铜佛和沧州狮子、定州塔、赵州桥一起誉为河北四宝。

晴川阁，又名晴川楼、“楚国晴川第一楼”，坐拥于中国内陆最大城市武汉市汉阳龟山东麓禹功矶上，始建于明代嘉靖26年至28年（1547—1549年），得名于唐朝诗人崔颢《黄鹤楼》“晴川历历汉阳树，芳草萋萋鹦鹉洲”诗句，为汉阳太守范之箴在修葺禹稷行宫（原为禹王庙）时所增建，是全国重点文物保护单位，也是武汉市著名旅游景点之一。北临汉水，东濒长江，与“天下江山第一楼”黄鹤楼隔江相望，是武汉地区唯一临江而立的名胜古迹。高台砌筑，两层石木传统结构，重檐歇山，屋顶前方仍设一水骑楼，匾书“晴川阁”三字。两层飞檐四角铜铃，临风作响；大脊两端龙形饰件，凌空卷曲，神采飞动；素洁粉墙，灰色筒瓦；两层回廊，圆柱朱漆；斗拱梁架，通体彩绘；对联匾额，字字贴金，富有浓郁的楚文化气息。因与对岸黄鹤楼隔江对峙，相映生辉，被称为“三楚胜境”。

（二）楼

楼阁，中国古代建筑中的多层建筑物。“楼者，重屋也”，“重屋为楼，四敞为阁”，这是楼与阁的重要区分点。早期楼与阁有所区别，楼指重屋，多狭而修曲，在建筑群中处于次要位置；阁指下部架空、底层高悬的建筑，平面呈方形，两层，有平坐，在建筑群中居主要位置。后来楼与阁互通，无严格区分。楼阁多为木结构，构架形式有井偰式、重屋式、平坐式、通柱式等。佛教传入中国后，大量修建的佛塔即为楼阁建筑。林语堂先生主要采用了直译、意译和音译的方法翻译《浮生六记》中各种各样的“楼”（tower）。

1. 直译

烟雨楼 the Tower of Mist and Rain（《浮生六记》卷四，第237页）

桂花楼 the Cassia Tower（《浮生六记》卷四，第239页）

曲江楼 the Tower of Winding River（《浮生六记》卷四，第323页）

黄鹤楼 the Tower of Yellow Stork（《浮生六记》卷四，第317页）

2. 音译

萧爽楼 Hsiaoshuanglou（《浮生六记》卷一，第71页）

3. 意译

胜概楼 the Tower of Triumphal Delight（《浮生六记》卷四，第231页）

烟雨楼是嘉兴南湖湖心岛上的主要建筑，现已成为岛上整个园林的泛称。此楼自南而北，前为门殿三间，后有楼两层，面阔五间，进深两间，回廊环抱。二层中间悬乾隆御书“烟雨楼”匾额。楼东为青杨书屋，西为对山斋，均三间。东北为八角轩一座，东南为四角方亭一座。西南垒石为山，山下洞穴迂回，可沿石磴盘旋而上，山顶有六角敞亭，名翼亭。此楼是澄湖视高点，凭栏远瞻，万树园、热河泉、永佑寺诸处历历在目。每当夏秋之季，烟雨弥漫，不啻于山水画卷。

黄鹤楼，即“天下江山第一楼”。地处于湖北省武汉市，是中国江南三大名楼之一。黄鹤楼始建于三国时期吴黄武二年（223年），传说是为了军事目的而建，孙权为实现“以武治国而昌”（“武昌”的名称由来于此），筑城为守，建楼以瞭望。至唐朝，其军事性质逐渐演变为著名的名胜景点，历代文人墨客到此游览，留下不少脍炙人口的诗篇，因此黄鹤楼是古典与现代熔铸、诗化与美意构筑的精品。在《浮生六记》里，“萧爽楼”是真实的楼名，三白的朋友鲁半舫所建，三白第一次被逐就是寄住于此，楼中只待雅洁不俗之客，不言官商时政，唯取豪情诗意。

曲江楼位于泰州市姜堰区南大街219号，以其位于古运盐河拐弯处，故名曲江楼。曲江楼原来是做酒楼旅馆之用，是一座典型的中式建筑，内部虽小，但是五脏俱全，歇山顶、硬山顶等中国古建筑传统风格都在这里得到了应用。1940年夏秋，新四军抗日东进。9月，新四军苏北指挥部驻曲江楼，总指挥陈毅下榻于楼上，运筹帷幄，为我军决战黄桥前打赢了政治仗，进而取得了“黄桥决战”的胜利。

（三）桥

桥是指用于跨越水面，连接陆岛，便于交通的建筑。庭院内的桥不同于庭院外道路交通用的桥，所以园林建筑中建桥的原则是“宜小不宜大，宜低不宜高，宜曲不宜直，宜低栏或无栏”，使人行走在其上有一种凌波之感。桥的用途除宜于交通外，主要用于驻足观鱼、休闲观景、移步换景等。“桥”原本是一种高大的树（参见“乔木”），因为够高大，砍下来就够长放在河面，可以连着两边岸，即独木桥。《浮生六记》中可谓“桥”目繁多，林语堂先生主要采用的是直译、音译加直译的翻译方法。

1. 直译

饮马桥 the Bridge of Drinking Horses（《浮生六记》卷一，第37页）

金母桥 Mother Gold's Bridge（《浮生六记》卷一，第51页）

虎啸桥 the Tiger's Roar Bridge（《浮生六记》卷一，第63页）

万年桥 the Bridge of Ten Thousand Years（《浮生六记》卷一，第65页）

断桥 the Broken Bridge（《浮生六记》卷四，第211页）

枣市桥 the Date Market Bridge（《浮生六记》卷四，第221页）

莲花桥 the Lotus Bridge（《浮生六记》卷四，第231页）

塔影桥 the Pagoda's Shadow Bridge（《浮生六记》卷四，第309页）

行春桥 the Pacing Spring Bridge（《浮生六记》卷四，第289页）

2. 音译＋直译

西泠桥 Hsiling Bridge（《浮生六记》卷四，第209页）

都亭桥 Tut'ing Bridge（《浮生六记》卷一，第75页）

吴门桥 Wumen Bridge（《浮生六记》卷四，第235页）

水踏桥 the Shuita Bridge（《浮生六记》卷四，第283页）

虎山桥 the Hushan Bridge（《浮生六记》卷四，第313页）

断桥，即西湖断桥。位于杭州里西湖和外西湖的分水点上，一端跨着北山路，另一端接通白堤。据说，早在唐朝断桥就已经建成，宋代称保佑桥，元代称段家桥。在西湖古今诸多大小桥梁中，它的名气最大。断桥之名得于唐朝。其名由来，一说孤山之路到此而断，故名；一说段家桥简称段桥，谐音为断桥；传说白娘子与许仙断桥相会，确为断桥景物增添了浪漫色彩。现在的断桥是1941年改建，20世纪50年代又经修饰。桥的东北有碑亭，内立“断桥残雪”碑。

饮马桥是建在苏州第三横河上沟通护龙街的南北拱桥，河东是十梓街，河西是道前街。处在苏州城市中心的位置。桥名传说来自东晋高僧。东晋时代的支遁大和尚当年牵了一匹名叫“频伽”的宝马经过苏州城里的这处桥下喝水，这匹马喝足了水，又随地撒了一泡尿，那马尿流过处竟在河里长出一丛莲花来。名僧、宝马、马溲生莲花的祥瑞之相催生了饮马桥的名称。

虎啸桥始建于北宋，原名龙首桥，俗称火烧桥。因柳市话“火烧”和“虎啸”同音，故雅化为虎啸桥。该桥位于柳市乐琯运河上的一座古桥，东连长虹，西达前街。桥东为虎啸路，桥西为建设路。一千多年来，虎啸桥几经重建，清朝时为五间石板桥，桥两旁书写的对联曰：“猛虎高啸孤篁畏缩，神龙现首宵小销声。”民初改建成双曲拱桥。民国三十二年，内河班轮撞毁桥孔两间，搭木头连接。民国三十五年十一月十日重建落成，加宽桥面，复建路亭。1979年，航管所拆桥改建成三孔双曲拱桥，1987年再次重建，现今的虎啸桥是2001年重建的。

（四）亭

古籍《释名》中曾记载：“亭者，停也。所以停憩游行也。”亭（凉亭）是一种中国传统建筑，亭子常常建在山上、水旁、花间、桥上供行人休息、乘凉或观景用。亭一般为开敞性结构，没有围墙，顶部可分为六角、八角、圆形等多种形状。汉语中的“亭”在英语中通常译为“pavilion”。《浮生六记》中亭类颇多，林语堂先生主要采用了直译、意译和音译来翻译这些亭名。

1. 直译

兰亭 the Orchid Pavilion（《浮生六记》卷四，第207页）

湖心亭 the Mid-Lake Pavilion（《浮生六记》卷四，第209页）

放鹤亭 Flying Stork Pavilion（《浮生六记》卷四，第287页）

2. 音译+直译

沧浪亭 the Ts'anglang Pavilion（《浮生六记》卷一，第19页）

二赋亭 the Pavilion of the Two Fu-poems（《浮生六记》卷四，第319页）

3. 意译

皂荚亭 a pavilion with a honey-locust tree（《浮生六记》卷四，第223页）

无忧亭 the Carefree Pavilion（《浮生六记》卷四，第331页）

沧浪亭，世界文化遗产，位于苏州市城南三元坊附近，在苏州现存诸园中历史最

为悠久。始建于北宋，为文人苏舜钦的私人花园，称“沧浪亭”。沧浪亭占地面积 1.08 公顷。园内有一泓清水贯穿，波光倒影，景象万千。踱步沧浪亭，未进园门便见一池绿水绕于园外，临水山石嶙峋，复廊蜿蜒如带，廊中的漏窗把园林内外山山水水融为一体。园内以山石为主景，山上古木参天，山下凿有水池，山水之间以一条曲折的复廊相连。沧浪亭外临清池，曲栏回廊，古树苍苍，垒叠湖石。人称“千古沧浪水一涯，沧浪亭者，水之亭园也”。

无忧亭，取意“无忧无虑”，过去在无忧亭此面是一片桃树林和竹林，两面是古代战国魏长城遗址，亭内宽敞雅洁，游人至此，有乐而忘忧之感，因无忧亭在玉泉院内西北方向，故有句俗话这样说：“玉泉院内西北角，天大的事也能睡着。”

放鹤亭，为彭城隐士张天骥所建。亭南北长 11.95 米，东西深 4.95 米，歇山飞檐，古朴幽雅。张天骥自号“云龙山人”，苏轼任徐州知州时与其结为好友。山人养了两只仙鹤，每天清晨在此亭放飞仙鹤，亭因此得名。元丰元年秋，苏轼写了《放鹤亭记》，除描绘了云龙山变幻莫测的迷人景色外，还称赞了张山人的隐居生活，塑造了一位超凡出群的隐士形象。因此文脍炙人口，被选入《古文观止》，云龙山和放鹤亭也因此闻名于世。鹤，乃喻古代贤士也。古有林逋“梅妻鹤子”之美谈，再有张天骥隐居之不仕之名。放鹤乃喻招贤士也。

兰亭，位于浙江省绍兴市越城区（晋会稽郡山阴县），国家重点文保单位，国家 AAAA 级旅游景点，兰亭是晋代贵族王羲之取的名，门阀贵族王羲之、谢安等在兰亭盛会，曲水流觞、宴游赏花，为后世华人景仰。兰亭也是中国山水园林的发源地，自兰亭后，中国兴起造园之风。宋代苏轼的“相将泛曲水，满城争出。君不见兰亭修褉事，当时座上皆豪逸”，写的就是山阴豪逸。有诗“山阴座上皆豪逸，长安水边多丽人”；“会稽王谢两风流，王子沉沦谢女愁”。

（五）寺庙

寺庙——我国的艺术瑰宝库，它是我国悠久历史文化的象征。从广义上来说，寺庙不仅仅与佛教有关。仅在佛教中，寺庙就有许多种称谓：如“寺”，最初并不是指佛教寺庙，从秦代以来通常将官舍称为寺。在汉代，把接待从西方来的高僧居住的地方也称为寺，从此之后，“寺”便逐渐成为中国佛教建筑的专称。

在道教中，寺庙的称谓也很多：道教创立之初，其宗教组织和活动场所皆以“治”称之。又称为“庐”、“靖”、也称为静宝。在南北朝时，道教的活动场所称呼为仙馆。北周武帝时，道教活动场所被称为“观”，取观星望气之意。到了唐朝，因皇帝认老子为祖宗，而皇帝的居所称为“宫”，所以道教建筑也称为“宫”了。其他还有叫“院”、“祠”的，如文殊院、碧霞祠等。儒家则称之为“庙”、“宫”、“坛”，如孔庙、文庙、雍和宫、天坛等。在原始或民间中，称之为“庙”、“祠”，如旧时奉祀祖宗、神佛或前代贤哲的地方。叫太庙、中岳庙、西岳庙、南岳庙、北岳庙、岱庙等。如祖庙、祠堂（祭祀祖宗或先贤的庙堂），有武侯祠、韩文公祠等。

1. 直译

水仙庙 the Narcissus Temple（《浮生六记》卷一，第 57 页）

中峰寺 the Central Peak Temple（《浮生六记》卷四，第 221 页）

莲心寺 the Lotus Seed Temple（《浮生六记》卷四，第 231 页）

海珠寺 the Sea Pearl Temple（《浮生六记》卷四，第 269 页）

来鹤庵 Come Ye Storkes Temple（《浮生六记》卷四，第 283 页）

2. 音译＋直译

姑姑庙 Kuku Temple（《浮生六记》卷四，第 213 页）

昭庆寺 Chaoch'ing Temple（《浮生六记》卷四，第 211 页）

支硎古刹 Chih'hsing Ancient Temple（《浮生六记》卷四，第 221 页）

寒山寺 Hanshan Temple（《浮生六记》卷四，第 219 页）

华阴庙 the Huayin Temple（《浮生六记》卷四，第 331 页）

3. 意译

无隐庵 the Temple of Candour（《浮生六记》卷四，第 289 页）

土地祠 Shrine of the God of Earth（《浮生六记》卷三，第 167 页）

寒山寺在苏州城西阊门外 5 公里外的枫桥镇，建于六朝时期的梁代天监年间(502—519 年)，距今已有 1 400 多年。原名“妙利普明塔院”。唐代贞观年间，传说当时的名僧寒山和拾得曾由天台山来此住持，改名寒山寺。1 000 多年内，寒山寺先后 5 次遭到火毁（一说是 7 次），最后一次重建是清代光绪年间。历史上，寒山寺曾是我国十大名寺之一。寺内古迹甚多，有张继诗的石刻碑文，寒山、拾得的石刻像，文徵明、唐寅所书碑文残片等。寺内主要建筑有大雄宝殿、庑殿（偏殿）、藏经楼、碑廊、钟楼、枫江楼等。

中峰寺为峨眉山古刹之一。晋时为道教寺庙，称乾明观。北魏时明果和尚降伏蟒蛇有功，庙中道士承师学佛，遂改观为寺。因地处白岩中峰之下，故名中峰寺。宋时中峰寺已是峨眉山著名禅林。

昭庆寺位于安徽省六安市金安区孙岗镇昭庆村，坐落在长江、淮河分水岭之顶。附近民风淳朴，景色宜人，依山傍水，周围茂林修竹，古木参天，气候宜人，景色壮美。该寺始建于唐朝贞观年间，系太宗皇帝亲诏敕建的我国四大昭庆古寺之一，亦是其中仅存的皇家寺庙。

第四节　中国古典园林建筑的翻译

中国古建筑以其特有的建筑风格和其蕴含的丰富文化内涵一直是人类文明的重要遗产。其中最具代表性的中国古典园林历史绵延两千余年，堪称世界园林之母，其观赏价值和历史价值已备受关注。古典园林以山水写意的艺术手法，完美融合中华文化

象征物，将建筑和哲学思想融为一体，堪称中国古代园艺典范之作。1997年12月，苏州古典园林被列入《世界遗产名录》。苏州古典园林介绍的英文翻译在向世界传播中国古典园林艺术和传统文化方面起着非常重要的作用。好的英文翻译能够精妙地表现出原文的行文之美，准确地传达中华文化，激发读者实地旅游的兴趣。因此，园林的翻译需要经过反复加工和提炼并符合美学要求，做到音美、形美、意美结合。下面结合苏州园林探讨园林翻译的具体策略和方法。

古典园林景点介绍的英译基本原则可以归纳为：以中国文化为根本，以译入语读者接受为主导。所谓以中国文化为根本，就是尽量保留中国文化信息，尽量宣传中国民族特色与传统，因为了解中国文化是很多外国旅游者来华旅游的主要目的之一，他们具备了充分感受与领略异国文化的心理准备。所谓以译入语读者接受为主导，也就是说，在翻译时既要忠实于原文，又不能拘泥于原文，要充分考虑中西文化不同思维方式，从译文读者接受的角度出发，在不损害原意的基础上，对某些信息的表达方式和句型结构适当调整，使译入语读者身心愉悦，得到美的享受，从而传达旅游文化信息、宣传中国文化。

（一）苏州古典园林介绍的英译策略

根据苏州古典园林介绍文化内涵丰富的文本特点和以传播中国文化为根本的翻译原则，应首先考虑异化的翻译策略，因为它忠实再现了源语的文化和表达方式，体现了文化差异，能让不同的民族彼此了解对方的文化。通过异化翻译，把译作当作一面镜子，反映出原汁原味的异国风情，满足读者的求知欲和好奇心。进行异化翻译时，可对其中具有典型文化特色的内容加注说明从而优化异化翻译。归化是在异化不能被理解或不能准确达意的情况下，使之本土化的一种翻译策略。在翻译中适当地采用归化策略，在透彻消化、理解原文的前提下，考虑中西文化差异，灵活变通，选择合适的译入语，使译入语既兼顾文化传递的重任，又能符合读者的审美心理和欣赏习惯，以增加译文的可读性和可接受性，达到预期的宣传效果。

（二）古典园林介绍英译的方法

1. 音译加注法

中国古园林建筑名称音韵优美，用词凝练，音美、意美兼顾，读起来朗朗上口，意境悠远。在翻译的时候可采用音译加注的方法，这样不仅能保留源语的音韵美，还可传递建筑名称所蕴含的丰富的文化内涵。

（1）燕誉堂 Yan Yu Hall

（2）翠玲珑 Cui Ling Long (a Quaint Three-room Construction, so named because there are green bamboo growing on all sides)（引自 *Gardens of Suzhou*）

评析 例（1）中的“燕誉堂”是苏州狮子林里面的一景点，也是狮子林的标志建筑，为园内主厅之一，富丽堂皇，高大宏敞，装修精美。如此处仅仅采用音译法翻译成

"Yan Yu Hall"，读者恐怕根本不知道"燕誉堂"真正的建筑特色，无法感受这栋建筑的美。而不同的是，例（2）采用音译加注的方法，将"翠玲珑"译为"Cui Ling Long"，并加注"a Quaint Three-room Construction，so named because there are green bamboo growing on all sides"，不仅让目的语读者直观地了解源语文化，而且能将源语中的文化内涵传递渗透目的语文化中，既贴切又达意。

2. 增译法

增译法指在译文中增加帮助目的语读者准确理解原文的字、词、句，对原文作进一步的解释。增译法在园林建筑名称的翻译中也很适用，尤其是在一些包含中国特色文化内涵，如地名、人名、朝代名等的园林名称的翻译。对这些文化专有项的表达进行简单的注释，不仅让目的语读者易于理解和接受，而且能真正传达原文名称所蕴含的文化寓意，达到文化交流和传播的目的。

小飞虹 the Little Flying-Rainbow-Like Bridge（引自 *Gardens of Suzhou*）

评析 "小飞虹"在温州江心屿的江心寺后。披绿色琉璃瓦，黑檐白顶，朱红梁柱，翘角斗拱，下砌大理石坐凳以一组紧连性的亭、桥、廊、榭构成，随形就势，明媚绮丽，如飞虹挂空、老龙卧地，故名"小飞虹"，其实就是拙政园中一座凌跨于池水之上的精美小巧的廊桥。如果直译为"the Little Flying Rainbow"，所指含混，目的语读者一定不知所云。此处，译者增加"bridge"一词恰到好处，让读者清楚知晓"小飞虹"为何物，而且对桥的形状和走势一目了然，生动形象，自然贴切。

3. 减译法

对偶、排比和四字格结构等在园林景点介绍中比比皆是，其描写栩栩如生，读来抑扬顿挫，可谓音美、意美、形美。但遗憾的是，由于汉英语言差异，要在译文中再现这"三美"恐怕甚为困难，即使勉强为之也只会拖沓冗长，词不达意，因此最好采用减译法，适当删除那些华丽的辞藻，这样既能便于目的语读者理解和接受，同时更能符合他们的审美习惯和审美取向。

退思园简朴无华、清淡素雅，是一座古典贴水园林。

There is something unaffectedly elegant about the Retreat and Reflection Gardena classical waterfront garden.（引自 *Gardens of Suzhou*）

评析 译例中的"简朴无华、清淡素雅"是典型的四字结构，对退思园的描写生动自然，富有生命力。倘若直译，只会累赘而不得其意，因此适当减译才是上策，译文中的"unaffectedly elegant"简单明了，不失为好的选择。

4. 转换视角法

受制于汉英两种语言在语言结构和表达习惯上的差异性，在汉英翻译中运用视角转换的方法，可以使译文通顺流畅，符合译语读者的语言习惯，大大增强译文的可读性。园林建筑的翻译也不例外。

（1）月到风来亭 Pavilion of Greeting the Moon and Breeze

（2）荷风四面亭 the Pavilion in Lotus Breezes

评析　上面两个例子都是视角转换的佳译，以例（1）为例：“月到风来亭”位于网师园内彩霞池西，踞西岸水涯而建，三面环水，取意宋人邵雍诗句“月到天心处，风来水面时”。亭东二柱上，挂有清代何绍基竹对“园林到日酒初熟，庭户开时月正圆”，这是园林之亭的文人雅意所在。如果照字面直译，译文就是“the Moon Comes with Breeze Pavilion”，表达晦涩难懂。因此此处译者采用视角转换法，将其翻译为“Pavilion of Greeting the Moon and Breeze”，读来自然流畅，诗意浓浓，不失为译中佳作。

5. 释义法

释义法即在译文中对目的语读者不理解的内容用直接明了的表达方式来翻译，对含有文化寓意的文字做释义处理，这种做法对含有比喻或写意文字的园林建筑名称和园林描写的翻译非常实用。

小蓬莱 the Small Fairy Isle（引自 *Major Attractions of Suzhou*）

评析　小蓬莱是留园中部水池中的一座小岛。据《史记》记载瀛洲、方丈和蓬莱三座神山在渤海之中，传说山上有仙人和长生不老之药。秦始皇曾经派徐福去寻药，并在宫苑中叠造三神山，此后“一池三岛”就成为造园中常见的建筑风格。为了激发读者的游兴，可用释义法将其译为“the Small Fairy Isle”，直接点明其文化内涵，清楚易懂。

第五节　相关论著选读

苏州园林景点的名称翻译与文化缺失

孙　瑾

（上海理工大学外语学院　上海　200093）

摘　要：语言和文化密不可分，文化语境在翻译中起着重要的作用。本文通过分析苏州园林景点名称的现行翻译，指出其中存在的误译与文化缺失现象，并提出景点名称的英译应遵循旅游文体翻译的通用规则，同时要注重文化因素，在译名中尽量表达出原名的文化内涵。

关键词：文化缺失；苏州园林；汉英翻译

（一）引言

语言是人类历史发展的产物，语言从无到有，经历了人类社会的不断变迁和进步。人们需要用语言来交流、沟通，社会和历史也需要语言来记录和传承。人们总是生活在一个社会群体之中，不可能脱离社会、历史、文化而生存，人与人之间的交流使人获得更多的知识与信息。在这个交流的过程中，语言起着举足轻重的作用，而当来自不同语言、不同社会制度和文化的人进行交流时，就会必然的涉及翻译。

在翻译的过程中，必然要面对两种甚至是多种语言各自的语言特点和文化内涵。汉英两种语言属于不同的语系，汉语属汉藏语系，汉字由于其发达的表意功能造就了独特的汉字文化，汉字的偏旁、部首促进了人的类比思维的发展，其形音、会意特点也形成了华人的音韵和形象思维，使之更加细腻，这些对中国人的思维模式和艺术形象的创作有深远的影响。（金惠康，2003：8-9）而英语属印欧语系，是由 26 个字母组合而成的拼音文字，重在表音。英语中的特殊音律和意蕴就得拼音语言之便，但这也给汉英翻译带来了诸多障碍和困难。

众所周知，语言和文化密不可分。语言是文化的有机组成部分，而且是极其重要的一部分；它记录着人类文化发展的历史，反映着社会文明进步的成果，是交流、传播、延续和发展文化的工具；但语言不能脱离文化而存在，总是生长在一定的文化背景之中。文化是语言活动的大环境，各种文化因素都必须体现在语言文字之中。在语言活动过程中，处处都有文化的烙印，时时可见文化的踪迹。

翻译理论家尤金·奈达曾指出："对于真正成功的翻译而言，熟悉两种文化甚至比掌握两种语言更重要，因为词语只有在其作用的文化背景中才有意义。"对于一个合格的翻译工作者来说，熟悉两种文化至少跟掌握两种语言同等重要。译者在分析原文时必须考虑每个翻译单位可能包含的文化意蕴（邱懋如，2000：319-320）。

（二）苏州园林景点名的文化语境及其英译不足

苏州是中国著名的历史文化名城，这里山水秀丽，文化意蕴深厚，而苏州园林历来就是中华民族的瑰宝，不仅是其历史价值，更有其不可估量的文化内涵。苏州园林建造于 16～18 世纪，以其精雕细琢的设计折射出中国文化中取法自然而又超越自然的深邃意境，素有"江南园林甲天下，苏州园林甲江南"的美称。根据记载，苏州城内有大小园林近 200 处，苏州园林被称为"文人写意山水园"。古代的造园者都有很高的文化修养，能诗善画，造园时多以画为本，以诗为题，通过凿池堆山、栽花种树，创造出具有诗情画意的景观，被称为"无声的诗，立体的画"。在园林中游赏，犹如在品诗，又如在赏画。为了表达园主的情趣、理想、追求，园林建筑与景观又有匾额、楹联之类的诗文题刻。而园林的名称更蕴含着深刻的意义，园主在命名之时或是引经据典，或是题诗作赋，给人以无穷的联想、无限的遐思。

正因如此，这也给苏州园林的英译带来了诸多的困难。

比如拙政园，是苏州最大的一处园林，也是苏州园林的代表作。拙政园始建于明正德四年（1509 年），为明代弘治进士、御史王献臣弃官回乡后，在唐代陆龟蒙宅地和元代大弘寺旧址处拓建而成。取晋代文学家潘岳《闲居赋》中"筑室种树，逍遥自得灌园鬻蔬，以供朝夕之膳，……此亦拙者之为政也"句意，将此园命名为拙政园。赋

中“拙政”是种菜浇园，不管天下事的意思。英语中将拙政园翻译为“Humble Administrator's Garden”，“humble”一词根据《牛津高阶英汉双解词典》意思是“谦虚的；低下的，卑微的；简陋的，低劣的”。拙政园还有一种译法：the Garden of the Unsuccessful Politician，显然，英文的表达完全未将园名的本意表达出来，更不用说园主那种逍遥自得、享受田园的洒脱心境了。

以下列出了拙政园部分景点的英译：

小飞虹 Small Flying Rainbow Bridge

十八曼陀罗花馆 18 Camellias Hall

卅六鸳鸯馆 36 Pairs of Mandarin Duck's Hall

盆景园 Bonsai Garden

雅石斋 Elegant Stone House

倚玉轩 the Leaning Jade Pavilion

荷风四面亭 the pavilion in lotus breezes

浮翠阁 the Floating Green Tower

与谁同坐轩 the“With Whom Shall I Sit?” Pavilion

留听阁 the Stay-and-Listen Pavilion

枇杷园 the Loquat Garden

在这些景点名称中，比较简单和没有太多深意的名称就很容易翻译，比如说盆景园、雅石斋和枇杷园，直译就可以，译名很忠实，与汉语意思也很一致。但是，对于一些有文采和诗意的景点名就有些差强人意了，比如小飞虹，是指园林中的一处桥上有走廊的地方，这也是苏州园林中唯一的廊桥，将其形象的形容为“飞虹”，但英译名却因逐字翻译而略显呆板，同样的还有与谁同坐轩、留听阁、浮翠阁等。

另一个比较特别的园林就是狮子林了。狮子林为苏州四大名园之一，至今已有 650 多年的历史。元代至正二年（1342 年），元末名僧天如禅师惟则的弟子“相率出资，买地结屋，以居其师”。因园内“林有竹万固，竹下多怪石，状如狻猊（狮子）者”；又因天如禅师惟则得法于浙江天目山狮子岩普应国师中峰，为纪念佛徒衣钵、师承关系，取佛经中狮子座之意，故名“师子林”、“狮子林”。

狮子林是禅宗寺庙园林，惟则法师为禅宗高僧。园因寺而闻名。在佛学中，佛为人中狮子，狮子座为佛之坐处，泛指高僧座席；林即禅寺。因此，“狮子林”本身即是一个宗教用语。禅僧以参禅，斗机锋为得道法门，不念佛，不崇拜，甚至呵佛骂祖。所以狮子林不设佛殿，唯树法堂。而建筑题名全都寓以禅宗特色。如立雪堂，为讲经说教之堂。其名取自慧可和尚少林立雪之事：达摩祖师在少林修禅时，慧可为拜师在门外站了一个晚上，积雪没膝，后被达摩祖师收为弟子，修成正果成为禅宗二祖。如卧云室，为僧人休居的禅房。还有指柏轩、问梅阁等，都是以禅宗公案命名。即便狮子林成为私家园林，这些建筑重建后，题名依然不改，可见狮子林是禅宗与中国园林相互影响的一个详细例证。

这样一个有着特殊意义和背景的园林，对于翻译者来说更是一个巨大的挑战。先看园名的翻译，狮子林，译为“The Lion Forest Garden”或“The Lion Grove Garden”，与上文提到的佛徒衣钵、师承关系可谓毫无关联。可能最大的联系就是因为园中多假山怪石，状如狮子吧。

以下列出了狮子林部分景点的英译：

立雪堂 Standing-in-the-Snow Hall

卧云室 the Hall Sleeping on Clouds

问梅阁 the Pavilion for Greeting the Plum Blossoms

指柏轩 the Pavilion for Pointing to the Cypress

燕誉堂 Yan Yu Hall

真趣亭 the Genuine Amusement Pavilion

石舫 Stone Boat

暗香疏影楼 Faint Fragrance Dim Shadow Mansion

扇亭 the Fan-Shaped Pavilion

五松园 Five-Pine Garden

在这些译名中，与拙政园相类似的是，如石舫、扇亭和五松园这样的名称就十分容易让英语读者明白，理解起来也并不困难，与汉语基本是一致的。而像立雪堂、卧云室、问梅阁、指柏轩这样有禅宗由来的名称英译就完全失去了其内在的含义。而暗香疏影楼这样有诗词典故的词语也丢掉了其让人感受诗情画意的色彩。像燕誉堂这座狮子林的主厅却只根据读音音译为“Yan Yu Hall”，可见文化的障碍在某些地方确实很难跨越。

其他的园林，如沧浪亭（The Surging Waves Pavilion/Blue-Waves Pavilion），“沧浪”，取《孟子》和《楚辞》中“沧浪之水清兮可以濯吾缨，沧浪之水浊兮可以濯吾足”之意。网师园（The Master of-Nets Garden），网师园的由来，据钱大昕分析，因为有小巷本名王思，后音讹为网师，而南宋时史正志在此筑花圃，亦名为渔隐，故宋宗元取“渔隐”之义，“王思”之音，而以“网师”为名。

苏州园林中有沧浪亭，拙政园和怡园都有“小沧浪”，网师园有“濯缨水阁”，都与《楚辞·渔父》中记屈原被逐的故事有关。屈原是战国时代楚怀王的大臣，当时有位渔父问他为什么会被楚怀王放逐，屈原回答说：“举世皆浊我独清，举世皆醉我独醒，是以见放。”于是渔父就笑着唱了一首歌：“沧浪之水清兮，可以濯吾缨；沧浪之水浊兮，可以濯吾足。”渔父劝告屈原，如果皇上英明，可以把帽缨洗干净去为他管理朝政；如果皇上昏庸，就退隐过糊涂日子算了！这就是网师园先取名“渔隐”，后改名为“网师”的由来，网师就是渔父。那么，网师园的一个水阁又为什么不叫濯足而取名濯缨呢？这是因为皇帝会杀人，谁敢骂皇帝呢？所以只得似是而非了。于是凡是“沧浪”、“网师”、“渔父”、“渔隐”、“濯足”、“濯缨”……这一类的名词都含有隐居之意。由此看来，沧浪亭并不是因为有翻腾的波浪，而网师园也不是住着编织渔网的高

手。濯缨水阁（The Washing-My-Ribbon Pavilion）也不是用来洗帽缨的。

此外，留园（The Lingering Garden），曾取名“寒碧山庄”和“刘园”，后谐“刘”字音并取意“长留天地间”，故名曰“留园”。而寒山寺（Hanshan Temple /Cold Mountain Temple），原名“妙利普明塔院”。唐代贞观年间，传说当时的名僧寒山和拾得曾由天台山来此住持，改名寒山寺。寒山是指当时的一位名僧，居然有人望文生义，认为是建在寒山（Cold Mountain）上的寺院。还有耦园（The Couple's Garden Retreat），耦园之“耦”，本义是二人并肩耕作的意思。此字后又引申为夫妻、配偶之义。耦园以“耦”为园名，是双关以上二义，表示夫妇耦耕的意思，也暗示出了在时局混乱、举世滔滔之际，夫妻双双避世隐居的意思。这些园林的英译名称虽然部分表达了原来的汉语意思，但是说到意境、典故由来却只能说是“得其意，而忘其形”了。另外，古代士大夫往往将自己对山水林泉的怀恋、对仕途的担忧、对社会的不满，统统化作对舟船生活的憧憬，所以江南私宅园林建筑中的“舫”也往往被视为隐居的象征物，暗示隐居之意。

苏州园林是完全按照中国人，确切地说，是中国传统读书人所向往的生活方式精心营造的。山石水榭无不寄托着他们最优雅的情思，体现着中国式的人与自然心灵上的沟通。苏州园林中的“人与自然的和谐”在千百年后的今天依然是人们孜孜以求的理想境地。园林作为士大夫一种精神家园，寄托自我心绪的乐土，是一种风雅的象征，也是其忧患心态的一种物化。园林的主人大多是人品高、志趣雅、有着诗书画三绝的才艺，因此可以说园林是集中体现中国士大夫文人的一种文化艺术载体。

因此，园林的名称更是这种文化的精简和浓缩。而作为汉语，这样内涵丰富而又文化底蕴深厚的文字，如此的英语译文似乎差强人意。那么对于英语读者而言，他们印象中的苏州古典园林也许是我们不知道的另一番景象，对于如此博大精深的文化也只好是管中窥豹了。

（三）译者在翻译过程中所要注意的问题

综上可见，苏州园林景点名的翻译确实不尽如人意，有些名称的翻译与汉语的本意甚至有很大的偏差，所以在翻译的过程中，必须区别对待景点名。

首先，译者在翻译时，必须弄清楚所译景点的文化内涵、背景知识和命名由来。有些景点因其形状与一些动植物相似而得名；有些景点因某个名人的趣闻轶事而得名；有些景点则引自文人墨客的诗词而得名。只有了解了其中缘由才能对景点名作出针对性的翻译。

其次，景点名的翻译因遵循旅游文体的通用规则，简单而易于外国朋友理解，可以对一些意义特别的景点名加以适当的解释和说明。

最后，因现有的景点译名存在多个版本的现象，景点名的翻译要注意其一致性，即有关景点介绍的地图、指示牌、宣传册等上面的译名应保持一致，否则就容易使人产生误解。

李国林教授（2000：329-332）曾在汉译英的过程中提出了以下建议：

(1) 尽量用直译的方法将汉语中的形象说法介绍给英语的读者。

(2) 在保留原文的字面意义不能传达原文的真正意义时，改变原文的形象和比喻说法，根据英语民族的心理，采用内涵相似的说法去表现原文的意思。

(3) 在直译行不通，又没有对应说法时，意译也是不可避免的。

(4) 在中国历史文化中形成的特有的词汇采用加注的办法来处理。

以下结合李国林教授的建议，对苏州园林景点名的翻译作简要的分析：

关于建议(1)：比如拙政园的盆景园、雅石斋、枇杷园，狮子林的小方厅、石舫、扇亭、文天祥碑亭、荷花厅、五松园等比较直接、简单的景点均可以采取直译的方法，这样既可以在一定程度上保留源语的民族色彩，又可以使译语读者能多接触并逐渐去接纳源语的文化特色。最典型的，如将回廊译为“Winding Corridor”，将双塔译为“The Twin Pagodas”。

关于建议（2）：以下是一个很好的例证，2005 年 4 月，桂林市政府与中国翻译协会共同举办了为“桂林山水甲天下”这句熟语在全球范围内征求译文的活动。主办者要求参赛译文优美贴切，既能准确表达原文含义又符合译语受众的欣赏习惯。据报道，出自吴伟雄教授笔下的“East or west，Guilin landscape is best”最后夺得优秀奖第一名。（杨全红，2007：74）因此，我们不妨将网师园试译为“Garden of the Retreating Fisherman”，这样比“The Master-of-Nets Garden”更贴近此园渔隐的本意。

关于建议（3）：由于汉英两种语言中存在巨大的文化差异，对于一些寓意深远的景点名的翻译，意译是不可避免的。在翻译时，尤其应对带有民族文化色彩的词语谨慎处理。比如，将苏州园林中的怡园译为“Joyous Garden”，就远比译为“Yi Garden”更能被英语读者理解和接受，也很好地传达了汉语“怡”字那种给人以舒适、愉悦的感觉。再如，将退思园译为“The Garden of Quiet Meditation”可能比按字面逐字翻译的“The Retreat and Reflection Garden”更能体现园主引退田园，退思补过的那份情怀。

关于建议（4）：这已是在翻译中被广泛采用的做法，也不乏成功的先例。苏州园林中的部分景点也可采取类似的译法，如将寒山寺译为“The Hanshan Temple”，注释为：Hanshan，a famous monk came to take charge of the temple in the Tang Dynasty, then the temple inherited his name。

（四）结语

翻译中文化内涵和文化语境的处理是个十分复杂的问题。王佐良先生曾指出：“译者处理的是个别的词；他面对的则是两大片文化。”“翻译者必须是一个真正意义的文化人。”翻译是两种思想文化交流的过程。作为译者，在处理文化语境的翻译时，应在深入了解自己民族文化的同时，深入了解外国文化，真正理解原文的意思，将附加在源语上的“超语言信息，即文化信息”传递出去。同时，应尽力使源语与译语在各自

文化里的含义相当。（许文胜，朱章华，2000：347）

作为跨文化交际的重要部分，翻译不仅仅是语言文字的转换活动，更是不同文化之间的交流。正如美国著名汉学家李达三（John Deeney）教授所指出的："每一种语言都从文化中获得生命和营养，所以我们不能只注意如何将一种语言译成另一种语言，还必须力求表达两种文化在思维方式与表达情感方面的习惯。"

本文结合苏州古典园林分析了其景点名翻译的文化语境及不足，权当抛砖引玉，希望对汉译英过程中的文化语境翻译的处理有所帮助和启发。

《安徽文学》2008（4）：332-335.

翻译练习

一、建筑物名称翻译。

1. 岳阳楼
2. 喇嘛白塔
3. 九峰园
4. 雁洲索桥
5. 清河古桥
6. 鹊桥
7. 赵氏花园
8. 天坛
9. 黄龙古寺

二、句子翻译。

1. 栈桥是青岛的标志性建筑，始建于1892年，桥身长440米，桥面宽8米，被誉为青岛十大景之一。(《今日中国》2005年第5期)

2. 按照地址，他敲开了那家的门，这是一个在这座边远小城常见的四合小院。(宗利华《租个儿子过年》)

3. 相传，唐贞观年间（627—650年），名僧寒山和拾得两人由天台山来此处住持，改名寒山寺。(朱一飞，汪涵昌编著《中国文化胜迹故事》)

4. 避暑山庄和北京的故宫、山东曲阜的孔庙一样，是中国保存最完好的古代建筑群，也是中国现存规模最大的古典皇家园林。(朱一飞，汪涵昌编著《中国文化胜迹故事》)

5. 中国园林，往往在大园中包小园。游园的时候，对于这些小境界，宜静观盘桓。它与廊引人随的动观看景，适成对比。(陈从周《中国明园》)

6. 主要建筑群为庙宇群，布局精巧，色彩调和，构造独特，堪属世上最美的建筑成就，也是中国传统建筑的优秀杰作。(孟庆升《新编实用汉英翻译教程》)

7. 古商业街内店铺林立，古迹众多，有建于唐代的明教寺，建于清代的魁星阁，有闻名天下的"八大祥"等商业老字号。(孟庆升《新编实用汉英翻译教程》)

三、段落翻译。

黄鹤楼濒临万里长江，雄踞蛇山之巅，挺拔独秀，辉煌瑰丽，享有“天下绝景”的盛誉，是“江南三大名楼”之一。关于黄鹤楼的起源，有一传说为黄鹤楼原为辛氏开设的酒店，一道士为了感谢她请酒之恩，临行前在壁上画了一只鹤，告之它一听到拍掌声便下来起舞助兴。从此宾客盈门，生意兴隆。过了十年，道士复来，取笛吹奏，道士跨上黄鹤直上云天。辛氏为纪念这位帮她致富的仙翁，便在此地盖楼，取名“黄鹤楼”。（龙毛忠等《中国文化概览》）

翻译练习参考答案

第二章

一、把下面的句子翻译成英语，注意句子中人名和地名的翻译。

1. Situated in the Laoshan District, 40 meters from the city center, Laoshan Mountain is the most famous Taoist mountain in China.

2. Covering an area of 1 035 square kilometers, Ulungur Lake is one of China's ten largest freshwater lakes.

3. When I am in the South, the arrival of each autumn will put me in mind of Peiping's Tao Ran Ting with its reed catkins, Diao Yu Tai with its shady willow trees, Western Hills with their chirping insects, Yu Quan Shan Mountain on a moonlight evening and Tan Zhe Si with its reverberating bell.（张培基译）

4. More than 30 paintings covering the full spectrum of works by Pan Tianshou, who is honored as one of modern Chinese painting's Traditionalist Masters, will be on display at the Hong Kong Museum of Art.

5. Hanshan Si or the Cold Mountain Temple is located in a small town named Fengqiao Zhen or Maple Bridge on the outskirts of Suzhou, at a distance of some 3.5 km from Chang Gate.

6. With their vast expanses of waters, the top five lakes—Lake Poyang, Dongting, Tai, Hongze and Chao—gather like pearls of the pearls along the Yangtze River and the Huai River.（袁晓宁译）

7. Little Erhei and Little Qin had been steady friends for the past two or three years.

8. Jigong, Robin Hood in China, who robbed and rich and helped the poor, was much loved by the people in poverty.

9. When a child get enrolled in school, he or she is given a "school name". This name is used by his or her teachers and schoolmates and alluded to his or her intelligence, diligence or scholarship.

10. Wu The Elder went into the kitchen and said to his wife, "I called to him and he did not answer, but he only walked on that street leading to the court. I truly do not know how it is with him. "（赛珍珠译）

二、段落翻译。

A Chinese may have many given names throughout his life. One month after birth, an infant is given a "milk name". This name is used by family members, relatives and close friends. The name is usually selected either by the family elder or by a literate friend. Names for boys reflect the parents' wishes for his good health, longevity, prosperity, expected talents, virtues, diligence, filial piety, patriotism or intelligence. Girls are named after exotic flowers, pretty birds, musical instruments or jewels. In some rural families, girls are not given names but are simply referred to as the "oldest girl", "second girl", "third girl" and so forth.

第三章

一、把下面的句子翻译成英语，注意句子中称谓语的翻译。

1. He felt as if somewhere inside his body had been struck by a heavy blow, his eyes becoming wet. "Mom, I'm home!"（黄俊雄译）

2. His second wife was the adopted daughter of Xiurui Pang from a prosperous family from the Village of Pang Family of the South Plain.（杨孝明译）

3. It took barely a year for this woman to go from stepping out of the marriage sedan and walking past the arch of the Bai family's gateway to being taken past it once again, this time, in a thin-wooded coffin.（杨孝明译）

4. "I don't suppose he ever stops to think if it weren't for our support, what Miss Su or Miss T'ang would ever take a fancy to him!"（凯利，茅国权译）

5. As expected, Mrs. Chou was waiting to query him in detail. "Don't forget, you must make me your adopted mother," she said.（凯利，茅国权译）

6. Hung-chien arrived at his parents' home some time after four o'clock. As soon as she opened the door, the old maidservant yelled, "Eldest Young Master is here! Madam, Eldest Young Master is here! No need to invite him here any more. "（凯利，茅国权译）

7. That man answered, "His surname is Shih and his name is En and he is clever at boxing and at fencing. Every one calls him The Gold Eyed Tiger Cub. "（赛珍珠译）

8. Then Yang Hsiung was overjoyed and he asked, saying, "Noble Sir, what is your high surname and your great name? where is your honored place of residence? And why are you here?"（赛珍珠译）

9. Hsieh-ch'uan observed objectively, "My wife is rather pretty, and her painting is quite professional in style. "（珍妮·凯利，茅国权译）

10. That man replied, "She is this humble one's wedded wife. Yet although she has eyes she cannot recognize the Mountain T'ai. I do not know how much she has

offended the captain. But consider my poor honor and I pray you forgive her sin."(赛珍珠译)

二、段落翻译。

"Don't stand on ceremony, anyone," said the old lady when all was ready. "Just sit where I tell you." She made Aunt Xue and Aunt Li take the seats of honor on the north side and took an east seat herself with Baoqin, Daiyu and Xiangyun beside her. Baoyu, told to sit by his mother, found a place between her and Lady Xing. Baochai and the other girls sat on the west side, Madam Lou and her son Jia Jun came next, then Jia Lan between Madam You and Li Wan, and Jia Rong's wife on the south side.(杨译)

第四章

一、把下面的句子翻译成英语，注意句子中颜色词的翻译。

1. The couple who received him appeared to be older than he had expected. Their hair was all grey, and they walked very slowly.(黄俊雄译)

2. He was wondering how to address them when the red-eyed hostess called out, "My child, you are finally back home!" He saw the corner of her mouth twisting when she spoke.(黄俊雄译)

3. Then comes the autumn wind in sharp gusts, turning his dark green color into many shades of red, yellow and orange. Standing in the autumn sun, he radiates a stately calmness, tinged not with an indulgence in the pride in his forgone blooming prowess or the bliss of sweet fruition, but rather with a sense of accomplishment and satisfaction.(蔡力坚译)

4. One day, winter's bitter air bites off the last of his withered leaves and parched twigs.(蔡力坚译)

5. The old lady in the office turned ghastly pale when she learned about the purpose of their visit, and said , "you both return home now. We have to study your case carefully. It also requires the approval of the upper level."(黄俊雄译)

6. In the rear of the kitchen he found a small room in which a few old monks were sitting, their faces sallow and sunken.(沙博理译)

7. The sky, once so blue, turns a purplish blue and then a purplish red. It soon changes into a vast expanse of multihued clouds.(王维东译)

8. They were still fresh in color. One was purplish-red, another pink, still another a sickly ivory-yellow slightly tinged with blood-red.

9. The street was lined with fine houses, their illuminated windows beaming quietly towards the dark blue sky.

10. In all this silver world there was no place for him to sit, nowhere for him to

go. In this expanse of whiteness, there were only starving little birds and a man at a dead end sighting in despair.

二、段落翻译。

Chinese people seem to like the red and yellow colors a lot. The two colors are used for the Chinese national flag. They are also the predominant colors for the cover design of some important books, as well as in the decorations for major events, such as the flower display in Tian'anmen Square during the National Day holidays. The color preferences of the Chinese people are influenced by the five elements of metal, wood, water, fire and earth, in addition to geographical locations and weather. China is a huge and geographically diversified country. It is cold in the north so people there like warm colors. But it is just the opposite in the south. Of all the warm colors, the Han people like yellow especially.

第五章

一、把下面的句子翻译成英语，注意句子中动植物文化词的翻译。

1. The cuckoo is a grayish-brown bird with none too beautiful feathers. She is characteristically domineering and cruel.

2. Other birthday tributes include screens, coral, lingzhi fungus, and peach-shaped crafts (in Chinese mythology of the Queen Mother of the West, the peach is a symbol of immortality and is presented on the Queen Mother's birthday).

3. Peaches have long been symbols of longevity, which ranks first among the five blessings in Chinese culture.

4. Dragon is one of the four auspicious animals in Chinese folk legend, comprising features of nine animals. It is credited with rainmaking powers and is often adopted by Emperor as a symbol of strength and absolute authority.

5. Mei Lanfang, a Peking Opera master singer, planted two persimmon trees and one apple tree in his courtyard to invite obstacle-free future. (郭辉译)

6. Lin Bu, a Song Dynasty hermit who lived at Mt. Gushan near the West Lake in Hangzhou, was famous for his love of both plum trees and cranes. An idiom, 梅妻鹤子 (mei qi he zi), literally meaning plum as wife and cranes as children, actually was generated from Lin Bu's way of life, as a metaphor for a lifestyle free of worldly worries. (郭辉译)

7. So, when I find myself in an overcrowded airport or a railway station with long queues scrambling for tickets, I am simply moved by the festival culture deeply engraved in the minds of the people.

8. Jia Zheng himself was deeply affected, and tears as round as pumpkins rolled

down both his cheeks.（霍译）

9. Plum blossom is evaluated as the No. 1 of Chinese Top Ten Famous Flowers. The five petals of the plum blossoms symbolize happiness, good luck, longevity, smooth sailing and peace.

10. The pronunciation for "orange" in Chinese is similar to that of "auspicious". Therefore, orange symbolizes good luck. Tradition has it that you must bring a basket of mandarin oranges together with a red packet when visiting family or friends anytime during the Chinese New Year celebration.

二、段落翻译。

The 15th day of the first lunar month is the Lantern Festival in China. It is the custom to hang red lanterns on the door. Colored lanterns in different regions has their own specific feature. Farmers in northern Shannxi Province make lanterns out of pumpkins. The shape of the lantern hung up at festival has auspicious implications. Lotus-and-fish-shaped lanterns symbolize wealth; watermelon lanterns and pomegranate lanterns symbolize many offspring; chicken lanterns and sheep lanterns symbolize luck; and elephant lanterns symbolize the refreshment of everything. Riddles are often inscribed on the lanterns at lantern fairs. The riddles are composed in elegant languages and have ingenious structures. Guessing the answer to a lantern riddle is supposed to be a good omen.

第六章

一、把下列的句子翻译成英语，注意句子中数字的翻译。

1. On the seventh night of the seventh moon, known in Chinese as Qixi, and the Chinese equivalent of St. Valentine's Day, Yuhuan and the emperor pledge their love to each other, their witnesses the mythical Niulang and Zhinü.

2. They spoke very little at home, and they would think twice if they ever said something lest it be misinterpreted or rouse suspicion.（黄俊雄译）

3. Finally, the City's Women's Association, the Labor Union, the Lecturing Group and the Five-Four-Three Office jointly awarded them a "Five-Good Family" certificate.（黄俊雄译）

4. However, if we perceive it as a cultural phenomenon, we will see that what "Spring transport" does is to take the people working elsewhere back home for family reunion, a highly cherished dream of the Chinese people over history.（孟庆升，刘士聪译）

5. In ancient China the odd numbers (1, 3, 5, 7, 9) were regarded as "sun numbers". So the numbers of stone slabs in any part of this Altar is made in multiple of 9.

6. The doctor said her blood pressure was too high and instructed her not to let

herself get upset. If she does, it may be dangerous, so I always give in to her three parts of the way.（凯利，茅国权译）

7. Let it be told further. When the old woman Wang had prepared the delicacies she invited the woman to eat and drink. Then when she had sewed again for a while, seeing that the night was coming, with a thousand thanks and ten thousand gratitudes, the old woman let her go home.（赛珍珠译）

8. Wu Yung said, "there are a hundred and a thousand difficulties in my coming hither. It is fortunate that I can sleep the night at my brother's house. I can see also that you will not allow me to pay for this wine and this meat."（赛珍珠译）

9. Knowing how bored she was at home, Kao Sung-nien wanted to give her a job at school. Clever woman that she was, Mrs. Wang refused the offer at once.（凯利，茅国权译）

10. This may have ruined the geomantic layout of his face, for after that misfortunes happened to him one after another.（凯利，茅国权译）

二、段落翻译。

In Cantonese, the number "8" has a similar pronunciation to the word "prosper". Guangdong is one of the first provinces to benefit from China's open policy. There is a lot of temptation to become wealthy, so "8" is a lucky number for people in Guangdong. Similarly, "6" is often associated with smoothness. Many people like to choose a date for their weddings which includes the number "6". Lots of people got married on June 6, 2006. In contrast, "4" is the least favorable number because it sounds very similar to the word "death". Many buildings do not, even, use the number for their elevator programming. Now, as a result of western influence, more and more Chinese people start to dislike the number of "13".

第七章

一、把下面的句子翻译成英语，注意句子中方位词的翻译。

1. It faces the Yellow Sea to the east and south, covering an area of 446 square kilometers with a coastal line of 87.3 kilometers.

2. Life begins like a nascent river flowing eastward, having emerging from ice and snow somewhere up high.（蔡力坚译）

3. After thinking it over, I decided you were the only fit to share it. So I came over specially to invite you.（杨译）

4. The plentiful scenic spots in Nanjing form her unique and famous tourist resorts. Situated on the eastern outskirts of the city are Dr. Sun Yat-sen's Mausoleum, Xiaoling Mausoleum of the Ming Dynasty, and the Spirit Valley Temple; in the south-

ern part of the city lie the Confucius Temple, Zhonghua Gate (or China Gate), and the Rain Flower Terrace (Yuhuatai); in the western part Muchou Lake, and Chao Tien Temple; in the eastern part Meiyuan New Village, and Presidential Palace; in the northern part Xuanwu Lake, and Jiming Temple. (袁晓宁译)

5. Finally they buried the hatch and reunited. This was directly attributed to the mediation of their helpful and sincere neighbors, friends, relatives, administrators and colleagues. (黄俊雄译)

6. There is only a gap of twelve hours between sunrise and sundown, yet the one will never have the chance to greet the other. (王维东译)

7. There is no lack of young lordlinges, but they want three wives and five concubines and their affections change from one day to the next. (杨译)

8. The Temple of Heaven, which is the name given to these ceremonial building, has two surrounding walls, both of which are round to the north and square to the south. Such a pattern symbolizes the ancient belief that heaven is round and the earth is square.

9. When Chief-secretary Wang read Fang Hung-chien's letter, he had high praise for his boss's would-be son-in-law, remarking that the young man's calligraphy and literary style were both excellent. (凯利，茅国权译)

10. Now Ling Ch'ung was in a very great fury and he left the home of Li The Second and went first out upon the street and bought himself a crooked short sword. He thrust this into his bosom and he searched in all streets and in the small hidden alleys and he searched everywhere. (赛珍珠译)

二、段落翻译。

When all the men and maid-servants of both mansions had paid their respects according to their degree, there was a distribution of New-Year money, as well as pouches and gold and silver ingots. Then they took their seats for the family-reunion feast, the men on the east side, the woman on the west, and New-Year wine, "happy-reunion soup", "lucky fruit" and "wish fulfillment cakes" were served, until the Lady Dowager rose and went into the inner room to change her clothes, where-upon the party broke up. (杨译)

第八章

一、将下列句子翻译成英语，注意句子中成语、典故和歇后语的翻译。

1. I won't have any complaint if you let me serve you tea, wash your feet, cook our meal, sweep, sew and be your slave. (杨孝明译)

2. Having read the essay, I seemed to realize that, among other things, a man's

life was full of sufferings and misfortunes after all. (袁晓宁译)

3. Famous for its tranquil river fringed with rich vegetation, Leshan in Sichuan Province has the ideal setting for its Dragon Boat Festival.

4. Actually, they had been cautiously been protecting their once-broken lute string. They were so scared all day long that any accident would cause it to snap again. (黄俊雄译)

5. On the third day, before they could get out of their door for their daily activities, neighbors, friends, relatives, administrators and colleagues, group after group, streamed into their home to persuade them to stay together. (黄俊雄译)

6. Lu was very meticulous about his clothes and always kept his hair slick and shiny. Afraid of having his hair buried by a hat, he would not "share the same sky with a hat" and went bareheaded even in the dead of winter. (凯利，茅国权译)

7. Toward the end of the month, it sweeps all over the country with an overwhelming force. When this happens, I cannot help wondering if there is such a thing in any other country that, once a year, millions upon millions of people rush home for their New Year. (孟庆升，刘士聪译)

8. Many men of letters like to compare the West Lake in Hangzhou, whose Chinese name is Xi Hu, to the famous ancient beauty Xi Shi of the State of Yue, calling it "Xi Zi Hu," where "zi", in Chinese, is used to refer to a female person.

9. "So you see, sister, even if I'd been as wise as Han Xin or Zhang Liang, such talk would have frightened me out of my wits." (杨译)

10. Ever since that business with our marriage, you always like to show how smart you are and then end up with making a mess of it every time. (凯利，茅国权译)

二、段落翻译。

Evening activity brings another exciting moment to the festival. As night falls, salutes from the city cannon thunder across the sky, a signal for countless bright lights to flash alive on all the dragon boats up and down the river. These myriad-lighted boats become a riot of color which blends most subtly with colors from the river's reflected surface. As the dragon boasts row slowly and silently downstream, search lights along the shore highlight the procession of sparkling beauty. For a moment, before all fades to night, the spectators both afloat and ashore share this beautiful picture of universal brightness and magical color.

第九章

一、把下面的句子翻译成英语，注意句子中委婉语表达的翻译。

1. So please don't scare me with your stuff in the dark. Spare me, my kind hus-

band, my good elder brother, my merciful father, please.（杨孝明译）

2. It was with painstaking effort and out of obligation that they had mended the "snapped lute string".（黄俊雄译）

3. Suddenly they became exceptionally polite to each other. For the first time, courteous terms, such as "please", "excuse me" and "thank you", which were just being promoted in society, found their way into the newly restored relationship.（黄俊雄译）

4. Wukui sets the woman down and goes off to relieve himself.

5. Romance is the big event of a lifetime, far more important than gambling.（凯利，茅国权译）

6. But since Lady Dowager was unwell, the whole family came the next morning to ask her health, and a doctor was sent for.（杨译）

7. With a sad face Manager Chou said, "well, I can't figure out your affairs, but since Shu-ying passed away, you mother-in-law has never been in very good health."

8. From the day he married his wife, he had always yielded to her every wish.（凯利，茅国权译）

9. "Mother, since Third Daughter-in-law is expecting, I think she could use this prescription."（凯利，茅国权译）

10. Jia Qiang was as intelligent as he was handsome, but he attended the school only as a blind for his visits to cock-fights, dog-races and brothels.（杨译）

二、段落翻译。

They're always introduced as girls from cultured families whose fathers are invariably high officials or prime ministers. In that case, an only daughter would be treasured and brought up as a real fine young lady, well-versed in literature and a model of propriety; yet her first glimpse of a handsome man, whether a relative or family friend, sets her thoughts running on marriage. She forgets her parents then and gets up to all sorts of devilry, behaving quite unlike a fine lady.（杨译）

第十章

一、把下面的句子翻译成英语，注意句子中宗教文化词语的翻译。

1. Yuhuan is looked after by the local god of the land, and Zhinu, also sympathetic to her, helps her to become a goddess.

2. Said Hsin-mei, smilingly, "on the way there I thought, thank God I'm not the bridegroom today…"

3. The other is that, due to our ignorance of festival culture, we look at traditional customs as outmoded practices and cast them aside of our own accord, such as celebrations with fireworks and firecrackers, and sacrifice to ancestors, etc.（孟庆升，刘士聪译）

4. Honored as a smaller Mecca, Yinchuan is the capital of Ningxia Hui Autonomous Prefecture. Ever since the Ming and Qing Dynasties, it has been a place for Moslems to live and a center of Islamic education in the Northwest.

5. This group of temples was built at the same time as the Imperial Palace. The feudal emperors who called themselves "the sons of heaven" held ceremonies to worship heaven every year and the Temple of Heaven was built just for this purpose.

6. It was God's will that this piece of blank paper be created, ready for a most beautiful and ingenious human picture to the painted by a clever hand, brushes, paints and ink lying by, ready for use.（黄俊雄译）

7. Gifts to women are rarely one's own, it's nothing more than borrowing flowers to offer to Buddha.（凯利，茅国权译）

8. But I know my dark journey to the Underworld is near and that what I do not say now will never be said.（布莱克译）

9. He had gone not half a mile when he saw an old temple. Ling Ch'ung bowed to it and murmured, "Merciful Spirit, protect me and in a few days I will come and worship with silver and with incense."（赛珍珠译）

10. Inside the Garden there was indeed a sinister atmosphere.（杨译）

二、段落翻译。

On the hilltop stands the Yellow Dragon Monastery, a Taoist retreat built in the Ming Dynasty (1368-1644). A karst cave lies before it, deep and unpredictable. A stone tablet is behind. All but the top of the tablet has been eroded by calcium carbonate, and the inscriptions have become unreadable. Every year in the sixth lunar month, the local people, along with Tibetan, Qiang, Hui, and Han visitors from neighboring Qinghai and Gansu travel to the monastery on horseback for a temple fair. They set up tents and celebrated with song and dance far into the night.

第十一章

一、菜名翻译。

1. cha shao pork (Cantonese roast pork)
2. stewed turtle in clear soup
3. stir-fried boiled pork slices with hot sauce
4. scrambled eggs with shrimps
5. dry braised crucian carp
6. braised chicken (Shandong fashion)
7. Tangyuan (Glutinous Rice Balls)
8. Chicken of South China Style

9. Sweet Soup of Lily and Lotus Root

10. Sweet corn and pine nuts

二、句子翻译。

1. The washroom is on this side and the kitchen is over here. Wash your hands first, and then we'll make dumplings together.（黄俊雄译）

2. Lee Kum Kee XO Sauce can be savored as a premium appetizer on its own. Try some XO Sauce with different ingredients, such as cracker, eggs, tomatoes, cucumbers or other vegetables. It's simple and convenient, with great taste!

3. When Beijing Cabbage is shipped to Zhejiang, it is hung upside-down in the green grocer's by a red string tied to the root, and given the grand title "Shandong Vegetable".（杨宪益译）

4. Indeed, the next day she only bought a few common types of vegetables, and no pork at all. The following day he offered to do the grocery shopping, bringing home over five pounds of lean pork.（黄俊雄译）

5. I love baked sesame buns, fried puffs, five-spice beans, dried beancured strips, dried mucus, stinky salt-preserved fish. With a yell, Huang-chien grabbed Hsiao-cheng, cutting short his proposed menu and frightening him into begging for mercy.（凯利，茅国权译）

6. Today, the advent of Spring Festival is no longer heralded by the aroma of laba porridge, but by the hustle and bustle of Spring transport, or "Spring Travel" from the passengers' point of view, that gets thickly covered in the media (laba porridge: a rice porridge with nuts and dried fruits, served on the eighth day of the twelfth lunar month).（孟庆升，刘士聪译）

7. China is a vast country with a wealth of local specialties for the cooking, and in different places, there are different ways for preparing dishes.

8. Yue Cuisine includes Guangdong and Guangxi cooking. It is characterized firstly by its wide and strict selection of ingredients. Seafood and game food are the first-rate courses.

三、段落翻译。

Chinese food is widely known for its variety and abundance. According to statistics, the number of well-known ancient and modern Chinese dishes amounts to 8 000. The ingredients may be roughly classified into 600 categories. There are 48 different basic ways of cooking, including pan frying, stir-frying, brewing, deep-frying, stewing, roasting, grilling, instant boiling, steaming, braising (with soy sauce), broiling and baking, etc. Generally speaking, the Chinese cooking lays emphasis on the "complete presence of color, aroma and taste". "Color" refers not only to the color but also

to the modeling of foods. Foods are often carved by the chef into various artistic designs. Their modeling is often exquisite and symbolic to eyes and mind.

第十二章

一、茶叶名称翻译。

1. Taiwan Ginsen Oolong Tea
2. Jasmine Tea
3. Lümaofeng Tea
4. Assorted Chinese Herbal Tea
5. Greengage Black Tea
6. Steamed green tea
7. Powered green tea
8. Silver needle green tea
9. Sword shaped green tea
10. Shredded black tea

二、句子翻译。

1. You can, on getting up at dawn, sit in your courtyard sipping a cup of strong tea, leisurely watch the high azure skies. (张培基译)

2. When the man came home with his rice and coal from the market, the woman would walk up to express her appreciation: "What a load you have there. Now do take a rest!" With this, she would make him a cup of tea. (黄俊雄译)

3. Scarcely have you begun to tell them where you come from when a cup of hot and strong tea is handed over to you.

4. In Chinese society, the younger generation would show its respect to the older generation by offering a cup of tea.

5. We normally think of tea drinking as an invitation to stay and socialize. Starting from the Qing Dynasty, however, the drinking of tea could signal the close to the social encounter.

6. Tea represents thriftiness and cleanliness. Government agencies like to host tea parties to celebrate public holidays. It serves the purposes of both socializing and saving money.

7. Preparing and drinking "Gongfu" tea involves elaborate procedures. This tea is popular in Yunxiao, Zhangzhou, Dongshan and Xiamen in southern Fujian Province, and Chaozhou and Shantou in Guangdong Province.

8. People think that drinking tea can help lose weight and control blood pressure.

三、段落翻译。

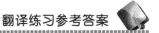

China, the homeland of tea, is the first country to grow, produce and drink tea. The most famous tea ceremony in China is that of gongfu tea. Gongfu tea is a technique of preparing tea. The drinking of gongfu tea is an old custom of Chaoshan area in Guangdong Province where almost every family is equipped with gongfu tea utensils. People there drink several rounds of gongfu tea a day. Even after moving to other places of the country or emigrated to foreign countries, they still maintain this custom.

第十三章

一、酒名翻译。

1. Maotai (wine)
2. Fenjiu (wine)
3. Luzhoulaojiao (wine)
4. Jianlanchun (wine)
5. Shuanggou (wine)
6. Shaoxing Rice wine
7. Wuliangye (wine)
8. Gujinggong (wine)
9. Zhuyeqing (wine)

二、句子翻译。

1. Today I still feel like lucky to have read that essay at that time, and thus managed to survive various types of adverse circumstances, an experience that is analogous to protagonist Li Yuhe's metaphorical line from the Beijing opera of The Red Lantern: "Having drunk this bowl of liquor, I can cope with any other liquor."

2. Ah Q had just downed a bowl of wine or two, soon as he heard the news, he danced for joy and told everyone what a great honor this was to him personally because he belonged to the same clan as Old Master Zhao. (W. A. 布莱尔译)

3. Wine means delight, happiness and smoothness. Hence, people drink a toast on joyous occasions and a thousand of cups of wine are not enough when they are with their intimate friends.

4. Having ascended the Mountain Huashan, I stood at the Chess-Playing Pavilion, drinking up a bottle of Xifeng liquor.

5. One Saturday afternoon after returning home from having tea with Miss T'ang, he saw on the table an invitation from Chao Hsin-mei for dinner the next day and was struck with the horrible thought that this might be Hsin-mei's engagement party.

6. "You can ignore the fine, but he must drink a glass. I'll drink with him." As he

spoke he poured Huang-chien a full glass, picked up his own, drank it down in one gulp, then held up the empty glass for Hung-chien to see.（凯利，茅国权译）

7. Hsiang-yun, still munching, replied, "It's only after eating this that I feel like drinking, and I need wine to give me inspiration. Without this venison I couldn't possibly write a poem today."（杨译）

8. Both Hsing-lan and Yi-hsiang got up and shouted to me, "You must be penalized three cups for coming late." On the table, there were very nice, pretty vegetarian and non-vegetarian dishes, with both yellow and white wine.（林语堂译）

9. I was playing the finger-guessing game with the bride's companion in the bridal chamber and being a loser all the time, I fell asleep drunk like a fish.（林语堂译）

三、段落翻译。

At noon, a grand banquet was held in honor of the new director. Everything was arranged just right. The dishes were not too many, but were all delicately prepared. The dry red wine served was good for both the complexion and the spleen. During the banquet, Director Mi accepted one toast after another, proving herself a good drinker even compared with men. The County Magistrate, who came specially to help entertain the guest of honor, kept showering praise on her: such forthrightness is an indication of manners of good breeding! Mr. Wu was not sure of Director Mi's capacity for liquor. He was afraid that she might behave foolishly under the influence of alcohol, which would do harm to her image. Taking it as a chance to flatter his superior, Mr. Wu rose to dissuade people from proposing further toasts. He meant to say that the director's capacity for liquor was limited. However, he made a slip of the tongue, and repeated his habitual phrase, "The Director's capacity is limited…" The moment he uttered this, he realized that he had made an indiscreet remark and stopped abruptly. But, it was too late. Director Mi's face turned white immediately, and all people present were dumbstruck. After a short moment of awkward silence, people raised their glasses one after another and said: cheers, cheers.

第十四章

一、建筑物名称翻译。

1. Yueyang Tower
2. Tibetan Pagoda
3. the Garden of Nine Peaks
4. Yanzhou Cable Bridge
5. Qinghe Bridge
6. Magpie Bridge

7. Zhao's Garden

8. Temple of Heaven

9. the Yellow Dragon Monastery

二、句子翻译。

1. Built in 1892, the 440-meter-long and 8-meter-wide Zhanqiao Pier is one of the city's ten major scenic spots and the landmark structure in Qingdao.

2. He knocked on the door as soon as he found the house at the address he was given. It was a common small siheyuan house in a remote town. (A siheyuan is a compound with a traditional one-story Chinese house built with grey bricks and tiles covering the four sides of the courtyard.)(黄俊雄译)

3. It is said that in the Tang Dynasty two famous monks from Tiantai Mountain in today's Zhejign Province were given charge of the temple and the name was then changed to Hanshan Si.

4. The Summer Palace of Chengde is one of the three best-preserved magnificent ancient architectural complexes in China, the other two being the Forbidden City in Beijing and the Confucian Temple in Qufu of Shangdong Province.

5. It is common for Chinese gardens to feature small gardens inside a large one. When visiting the gardens, it is advisable to view the small scenes while standing still, for such still views form a fascinating contrast with views at long open covered walkways that lead visitors forward without a stop. (李梅译)

6. The main buildings in this park are a group of temples which are noted for their exquisite layout, harmonious color, and unique structure. They are one of the most beautiful architectural achievements in the world and an outstanding masterpiece of traditional Chinese architecture.

7. Here, there are not only a great number of shops and stores, but also many historical sites. Among them are the Temple of Manichaeism built in the Tang Dynasty, the Pavilion of Kuixing (the god that governs literature and writing) built in the Qing Dynasty, and the old reputable shop "Ba Da Xiang" (Eight Great Lucks).

三、段落翻译。

Bordering on the Yangtze River and crouching on the top of the Snake Hill, the Yellow Crane Tower enjoys the fame of "The First Scenery under Heaven" and is listed as one of the three most famous towers on the south bank of the Yangtze River. As to why it was built, one popular legend goes like that the Tower used to be a wine-shop opened by a Mrs. Xin. One day, a Taoist monk, in order to thank the woman for her favor of free wine, drew a magic crane on the wall and ordered it to dance on hearing claps. Since then, thousands of people came to see the spectacle and the wine-shop was always full of guests.

主要参考文献

[1] Bassnett, Susan. *Translation Studies* [M]. London: Routledge, 1994.

[2] Black, Shirley. trans. *From a Floating Life* [M]. By Shen Fu. London: Oxford University Press, 1960.

[3] Buck, Pearl S. trans. *All Men Are Brothers* [M]. New York: The Heritage Press, 1948.

[4] David Hawkes. *The Story of The Stone* [M]. Penguin Books London , 1973.

[5] Hammerly, H. *Synthesis in Second Language Teaching* [M]. Illinois: National Textbook Company, 1982.

[6] Jiang Rong. *Wolf Totem* [M]. translated by Howard Goldblatt. New York: The Penguin Press, 2008.

[7] Lao She. *Rickshaw Boy* [M]. Evan King (Tr) . New York: Reynal & Hitchcock, Inc. 1945.

[8] Lao She. *Camel Xiangzi* [M]. Shi Xiaojing (Tr). Beijing: Foreign Language Press. 1981.

[9] Leech, G. N. *Principles of Pragmatics* [M]. London and New York: Longman Group Ltd. 1983.

[10] Lin Yutang. *Six Chapters of a Floating Life* [M]. Beijing: Foreign Language Teaching and Research Press, 2009.

[11] Newmark, Peter. *Approaches to Translation* [M]. London: Prentice Hall, 1988a.

[12] Newmark, Peter. *A Textbook of Translation* [M]. London: Prentice Hall, 1988b.

[13] Nida, Eugene. *The Theory and Practice of Translation* [M]. Leiden: E. J. Brill, 1969.

[14] Nida, Eugene. *Language & Culture* [M]. Shanghai: Shanghai Foreign Language Education Press, 2001.

[15] Shapiro, Sydney. trans. *Outlaws of the Marsh* [M]. By Shi Naian. Beijing: Foreign Language Press, 1980.

[16] Stern, H. H. *Issues and Options in Language Teaching* [M]. Oxford: Oxford University Press, 1992.

[17] Snell-Hornby, Mary. *Translation Studies: An Integrated Approach* [M].

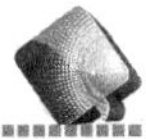

Amsterdam/Philadelphia: Benjamins, 1988.

[18] Yang Xianyi & Gladys. trans. *A Dream of Red Mansions* [M]. Foreign Languages Press, 1980.

[19] Tyler, E. *Primitive Culture* [M]. New York, 1889.

[20] Venuti, Lawrence. *The Translator's Invisibility—A History of Translation* [M]. London & New York: Routledge, 1995.

[21] 白靖宇. 文化与翻译 [M]. 北京：中国社会科学出版社，2010.

[22] 包惠南. 文化语境与语言翻译 [M]. 北京：中国对外翻译出版公司，2001.

[23] 包惠南，包昂. 中国文化与汉英翻译 [M]. 北京：外文出版社，2004.

[24] 曹雪芹，高鹗. 红楼梦 [M]. 北京：人民文学出版社，1979.

[25] 程裕祯. 中国文化要略 [M]. 北京：中国人民大学出版社，1998.

[26] 陈定安. 英汉比较与翻译 [M]. 北京：中国对外翻译出版公司，1998.

[27] 陈宏薇. 新编汉英翻译教程 [M]. 上海：上海外语教育出版社，2004.

[28] 陈松岑. 礼貌语言初探 [M]. 北京：商务印书馆，1989.

[29] 陈小慰. 新编实用翻译教程 [M]. 北京：经济科学出版社，2006.

[30] 党争胜.《红楼梦》英译艺术比较研究 [M]. 北京：北京大学出版社，2012.

[31] 戴聪腾. 英汉委婉语的对比研究 [J]. 福建师范大学学报（哲学社会科学版），2002 (2).

[32] 邓炎昌，刘润清. 语言与文化——英汉语言文化对比 [M]. 北京：外语教学与研究出版社，1989.

[33] 冯庆华. 红译艺坛——《红楼梦》翻译艺术研究 [M]. 上海：上海外语教育出版社，2006.

[34] 冯庆华. 母语文化下的译者风格 [M]. 上海：上海外语教育出版社，2008.

[35] 范干良. 曹雪芹笔下的颜色词 [A]. 吴竞存.《红楼梦》的语言 [C]. 北京：北京语言学院出版社，1996.

[36] 郭建中. 汉语歇后语翻译的理论与实践 [J]. 中国翻译，1996 (2).

[37] 郭建中. 文化与翻译 [M]. 北京：中国对外翻译出版公司，1999.

[38] 桂廷芳. 红楼梦汉英习语词典 [M]. 杭州：杭州出版社，2003.

[39] 胡芳毅，熊欣. 中英人名地名的特点与翻译 [M]. 南京：东南大学出版社，2012.

[40] 胡文彬. 红楼梦与中国文化论稿 [M]. 北京：中国书店，2005.

[41] 胡文仲. 英美文化辞典 [M]. 北京：外语教学与研究出版社，2000.

[42] 江丽容. 刘首昌中西饮酒文化差异探析 [J]. 中北大学学报（社会科学版），2010 (4).

[43] 姜戎. 狼图腾 [M]. 武汉：长江文艺出版社，2004.

[44] 贾玉新. 跨文化交际学 [M]. 上海：上海外语教育出版社，1997.

[45] 蒋荣荣. 红楼美食大观 [M]. 南宁：广西人民出版社，1989.

[46] 金凌燕. 古建筑翻译的文体特点和翻译策略——以中国古典园林翻译为例 [J]. 三峡大学学报（人文社会科学版），2011 (6).

[47] 克鲁克洪. 文化与个人 [M]. 杭州：浙江人民出版社，1986.

[48] 李畅. 宗教文化与文学翻译中的形象变异 [J]. 外语学刊，2009 (5).

[49] 李定坤. 汉英辞格对比与翻译 [M]. 武汉：华中师范大学出版社，1994.

[50] 李明. 翻译批评与赏析 [M]. 武汉：武汉大学出版社，2006.

[51] 李汝珍. 镜花缘 [M]. 林太乙译. 南京：译林出版社，2005.

[52] 李霞. 英语畅谈中国文化 50 主题 [M]. 北京：外文出版社，2007.

[53] 林语堂. 林语堂自传 [M]. 西安：陕西师范大学出版社，2005.

[54] 林语堂. 生活的艺术 [M]. 南京：江苏文艺出版社，2010.

[55] 刘重德. 西方译论研究 [M]. 北京：中国对外翻译出版公司，2003.

[56] 刘纯豹. 英语委婉语词典 [M]. 北京：商务印书馆，2001.

[57] 刘丹青. 现代汉语基本颜色词的数量及序列 [J]. 南京师大学报（社会科学版）. 1990 (3).

[58] 刘芳. 汉语文学作品英译中的异化与归化问题——兼评林语堂在《浮生六记》中的文化翻译 [J]. 解放军外国语学院学报，2003 (4).

[59] 刘洪辉. 英汉委婉语语法构成手段对比研究 [J]. 吉林化工学院学报，2011 (10).

[60] 刘宓庆. 文化翻译论纲 [M]. 北京：中国对外翻译出版公司，2006.

[61] 刘士聪.《红楼梦》翻译研究论文集 [C]. 天津：南开大学出版社，2004.

[62] 卢红梅. 华夏文化与汉英翻译 [M]. 武汉：武汉大学出版社，2006.

[63] 鲁迅. 阿 Q 正传 [M]. 杨宪益，戴乃迭译. 北京：外文出版社，2001.

[64] 龙毛忠等. 中国文化概览 [M]. 上海：华东理工大学出版社，2009.

[65] 孟庆升. 实用汉英翻译教程 [M]. 天津：天津大学出版社，2009.

[66] 彭秋荣. 英汉颜色词的文化内涵及其翻译 [J]. 中国科技翻译，2001 (1).

[67] 钱钟书. 围城 [M]. 珍妮·凯利，茅国权译. 北京：人民文学出版社，2004.

[68] 沈复. 浮生六记 [M]. 北京：外语教学与研究出版社，1999.

[69] 施耐庵. 水浒传 [M]. 长春：长春出版社，2006.

[70] 唐艳芳. 赛珍珠《水浒传》翻译研究——后殖民理论的视角 [M]. 上海：复旦大学出版社，2010.

[71] 唐振华. 英汉颜色词的翻译 [J]. 中国科技翻译，1997 (3).

[72] 田野. 论《红楼梦》中颜色词的翻译 [J]. 重庆交通学院学报（社会科学版），2004 (3).

[73] 王秉钦. 文化翻译学——文化翻译理论与实践 [M]. 天津：南开大学出版社，2007.

[74] 王东风. 文化缺省与翻译的连贯重构 [J]. 外国语，1997 (6).

[75] 王齐洲等. 绛珠还泪——《红楼梦》与民俗文化 [M]. 哈尔滨：黑龙江人民出版社，2003.

[76] 王小凤，曹志希. "东""西""南""北" 的文化蕴含及英译 [J]. 中国翻译，2006 (5).

[77] 王兆胜，林语堂；两脚踏中西文化 [M]. 北京：北京出版社出版集团，2005.

[78] 王振国，李艳琳. 新汉英翻译教程 [M]. 北京：高等教育出版社，2014.

[79] 魏瑾. 文化介入与翻译的文本行为研究 [M]. 上海：上海交通大学出版社，2009.

[80] 伍铁平. 模糊语言学 [M]. 上海：上海外语教育出版社，2000.

[81] 许钧. 文学翻译批评研究 [M]. 南京：译林出版社，2012.

[82] 徐晓燕. 从英译唐诗看中国酒文化信息的再现与失落 [J]. 西南民族大学学报（人文社科版），2008 (12).

[83] 杨自检，刘学云. 翻译新论 [M]. 武汉：湖北教育出版社，1994.

[84] 袁学汉，龚建毅. 苏州古园林 [M]. 王宏，华苏扬译. 南京：江苏人民出版社，2004.

[85] 张彩霞. 中西方饮食文化中的饮食礼仪差异 [J]. 安徽文学，2009 (11).

[86] 张培基. 英语声色词与翻译 [M]. 北京：商务印书馆，1979.

[87] 张全. 全球化语境下的跨文化翻译研究 [M]. 昆明：云南大学出版社，2010.

[88] 周红民. 汉语称谓英译杂议 [J]. 西安外国语学院学报，2003 (4).

[89] 周志培，陈运香. 文化学与翻译 [M]. 上海：华东理工大学出版社，2013.

[90] 褚雅芸. 也谈典故翻译中的欠额补偿——兼与乐金声先生商榷 [J]. 中国翻译，2000 (4).